HISTOIRE DOCUMENTAIRE
DE
L'ACADÉMIE DE PEINTURE ET DE SCULPTURE
DE MARSEILLE

PAR

M. ÉTIENNE PARROCEL

(MEMBRE DE CETTE ACADÉMIE, SECTION DES BEAUX-ARTS)

TOME PREMIER

PARIS
IMPRIMERIE NATIONALE

M DCCC LXXXIX

HISTOIRE DOCUMENTAIRE

DE

L'ACADÉMIE DE PEINTURE ET DE SCULPTURE

DE MARSEILLE

IMPRIMÉ

EN VERTU DE LA DÉCISION PRÉSIDENTIELLE DU 6 JUILLET 1888,

APPROUVANT

L'AVIS DU COMITÉ DES IMPRESSIONS GRATUITES.

HISTOIRE DOCUMENTAIRE

DE

L'ACADÉMIE DE PEINTURE ET DE SCULPTURE

DE MARSEILLE

PAR

M. ÉTIENNE PARROCEL

MEMBRE DE CETTE ACADÉMIE (SECTION DES BEAUX-ARTS)

TOME PREMIER

PARIS

IMPRIMERIE NATIONALE

M DCCC LXXXIX

HISTOIRE DOCUMENTAIRE

DE

L'ACADÉMIE DE PEINTURE ET DE SCULPTURE

DE MARSEILLE

PAR

E. PARROCEL

TOME PREMIER

PARIS
LIBRAIRIE VIGNOZAT

A MONSIEUR LE PRÉSIDENT,

A MESSIEURS LES MEMBRES

DE L'ACADÉMIE DES BEAUX-ARTS DE L'INSTITUT DE FRANCE.

Messieurs,

L'Académie de peinture et de sculpture de Marseille s'enorgueillissait de la qualité de fille aînée de l'Académie royale de peinture et de sculpture de Paris, considérée par elle comme la première académie du monde; ses directeurs perpétuels devaient être choisis dans le sein de cette dernière.

Vous êtes aujourd'hui, Messieurs, les représentants illustres de cette glorieuse Académie royale. Il est naturel que l'histoire de la fille aînée de vos ancêtres vienne prendre place dans vos archives, puisqu'elle a tenu d'eux son plus grand lustre.

L'auteur de cette histoire, en réclamant votre indulgence pour la faiblesse de son œuvre, vous prie de vouloir bien en agréer la dédicace, comme un hommage respectueux de sa part. Il croit obéir en cela aux traditions des membres de cette compagnie et continuer ce qu'ils auraient fait vivants. Il est avec un profond respect, Messieurs, votre très humble et très obéissant serviteur,

Étienne PARROCEL,
Membre de l'Académie de Marseille (section des beaux-arts),
Membre non résident du Comité des Sociétés savantes.

AVANT-PROPOS.

Le titre d'*Histoire documentaire*, placé en tête du présent ouvrage, indique la nature des matières qui en composent le fond; mais l'auteur doit faire connaître les motifs qui l'ont dicté. Voici le point de départ de ce livre et les circonstances qui lui ont donné naissance.

En 1877, le Gouvernement de la République ajoutait une section des « Beaux-arts » aux réunions des Sociétés savantes des départements à la Sorbonne. Le seul but alors était de dresser l'inventaire des richesses d'art de la France.

En 1878, le nombre des délégués des départements avait triplé. M. le directeur des beaux-arts élargit tout aussitôt le programme en demandant aux délégués des notes biographiques sur les artistes dont les œuvres avaient été l'objet de leurs études.

En 1879, l'affluence avait encore augmenté. M. le vicomte Delaborde, parlant au nom du ministre et de l'Académie des beaux-arts qu'il représentait, accentuait l'invitation relative à l'envoi simultané de la biographie des artistes et de la description de leurs œuvres.

Cependant, en 1883 l'ancien programme était élargi de nouveau. La circulaire du ministre du 15 octobre portait : « C'est à compléter l'histoire de notre art national que les sociétés des départements doivent être fières de concourir par la mise au jour des pièces d'archives, comptes, marchés, autographes que les érudits des départements peuvent découvrir dans leurs patientes recherches. Mes prédécesseurs ont voulu provoquer ainsi un mouvement d'étude parallèle à celui qui est né de l'inventaire des richesses d'art de la France. Les collaborateurs de l'inventaire décrivent l'œuvre d'art, les correspondants du comité s'occupent de l'artiste ou des institutions qui ont influé sur les progrès de l'art. J'ose espérer, Monsieur le Président, que vous voudrez bien faire le plus promptement possible un pressant appel aux membres de votre Société dans le sens que je viens de vous préciser. »

L'auteur du présent ouvrage a été fidèle à ce programme. Il a présenté en sept années six volumes sur l'art dans le Midi[1]. Membre de l'Académie de Marseille, seul délégué de la section des beaux-arts de cette académie, occupé de ces matières depuis 1877, la nouvelle voie était pour lui toute tracée. Après quatre années d'un travail non interrompu, il a apporté à la Sorbonne, en 1887, le quatrième et dernier fascicule de l'ouvrage qui va suivre.

Dans une série de discours en 1884, 1885, 1886, 1887, il avait eu soin de préciser de point en point les éléments, hommes et choses, qui entraient dans la composition de son œuvre. En 1884, il écrivait : « Dans l'amas prodigieux de documents que j'ai réunis touchant cette école de peinture de Marseille, il est nombre de pièces qui, au premier aspect, semblent sans valeur; mais alors que ce corps académique était debout, elles constituaient autant de fibres qui contribuaient à sa vitalité. Je n'ai rien omis; le travail préparatoire que j'ai l'honneur de vous soumettre, muni de ses tables des matières, permet de se reconnaître dans le dédale, afin que l'heure venue, en écartant ce qui fait surcharge, on puisse mettre les pièces

---

[1] *Des origines;-Marseille et ses édifices; Architectes et ingénieurs du xixe siècle.* L'auteur a offert ces ouvrages aux bibliothèques de Paris, des chefs-lieux et des sous-préfectures de chacun de nos départements.

en œuvre pour en extraire ce qui se rattache à l'administration, à l'enseignement, à l'histoire des personnages qui couvraient cette institution de l'éclat de leur nom, à l'histoire de ces artistes provinciaux, qui considéraient l'art comme un culte et qui, lors de la constitution de leur académie, l'avaient placée sous l'égide de la vertu[1]. »

L'ordre de la publication projetée la divisait en quatre parties. L'auteur donnait communication à la Sorbonne de la première série en 1885[2]. En 1886, il touchait plus vivement au côté psychologique de l'œuvre[3]. En 1887, l'ouvrage était complètement terminé.

Les documents et les autographes ayant trait à des institutions qui honorent l'humanité commandent le respect et captivent l'attention. Ils sont l'expression d'une vérité irréfutable. Ils ont la brutalité du chiffre et tout à la fois le rayonnement d'une pensée humaine active. Ce que l'écrivain portait en lui a revêtu une forme claire; le document ou l'autographe qui défie le temps n'est qu'un reflet de son immortalité. « Chacun de nous, disait une femme de beaucoup d'esprit et de jugement, possède une petite lampe; projetons-en la lueur autour de nous : ce sera toujours autant de ténèbres de moins. » C'est ce qu'ont fait les hommes dont les noms sont inscrits sur les tables de l'Académie de Marseille. Les uns simples lampes, les autres phares éclatants, tous, à leur époque, ont dissipé l'ombre autour d'eux, selon l'importance de leur rayonnement.

L'Académie de peinture de Marseille et l'Académie de peinture de Paris étaient comme fille et mère : l'histoire de l'une est le complément obligé de l'histoire de l'autre; la gloire de la fille n'est qu'un large rayon ajouté à la gloire de la mère.

[1] *Réunion des Sociétés des beaux-arts*, année 1884, page 74.
[2] *Réunion des Sociétés des beaux-arts*, année 1885, page 133.
[3] *Réunion des Sociétés des beaux-arts*, année 1886, page 497.

Éterniser le souvenir de cette fille aînée, c'est apporter un nouveau et brillant appoint à la glorification de l'art français.

Dans la séance des Sociétés savantes du 30 avril 1886, occupant le fauteuil vice-présidentiel à côté de M. le vicomte Delaborde, qui présidait, l'auteur dédiait son livre à l'Académie des beaux-arts de Paris[1]. On regrettait alors que le *Bulletin de la Sorbonne* ne pût le reproduire. A cette heure, c'est l'Imprimerie nationale qui l'édite aux frais de l'État. L'auteur n'avait pas à ambitionner une faveur plus haute. Le livre est imprimé : l'auteur est heureux d'avoir accompli son œuvre et fier de la manière dont elle est présentée au public.

Marseille, juin 1889.

---

[1] *Réunion des Sociétés des beaux-arts*, année 1886, page 503.

HISTOIRE DOCUMENTAIRE
DE L'ACADÉMIE DE PEINTURE ET DE SCULPTURE
DE MARSEILLE.

PREMIÈRE PARTIE.
FONDATION ET FONCTIONNEMENT.

COMPOSITION DE L'ACADÉMIE.

Les membres de l'Académie de Marseille, au xviiie siècle, se divisaient en deux classes; les artistes, parmi lesquels le corps enseignant était recruté, et les amateurs choisis par ces artistes eux-mêmes parmi les notabilités de la Provence et de la capitale, amateurs connus par leur goût éclairé et leur amour de l'art et qui en projetant sur l'Académie l'éclat de leur nom, en devenaient les protecteurs naturels. L'élément artistique formait donc véritablement le noyau de l'Académie. Après plusieurs années de tâtonnements, dont nous suivrons ici les péripéties, voici comment, d'après ses statuts, cette compagnie était organisée.

L'Académie comptait : 1° un directeur perpétuel; 2° un recteur; 3° un chancelier; 4° un trésorier; 5° un secrétaire; 6° dix professeurs, dont six de dessin, un d'architecture civile et de perspective, un de géométrie et de mécanique, un d'anatomie, un d'architecture navale; 7° quatre professeurs-adjoints pour le dessin, nommés par l'Académie; 8° des adjoints laissés au choix des professeurs de sciences; 9° un nombre illimité d'artistes ne devant avoir d'autres titres que celui d'académiciens ou d'agrégés. En ce qui touche les amateurs, le protecteur de l'Académie figurait au premier rang. Le titre de protecteur, après la mort du duc de Villars, dut être attribué aux directeurs et ordonnateurs des bâtiments du roi faisant office de ministre des arts. Le titre de fondateur, qui revenait de droit aux professeurs dès 1752, fut dévolu en 1756 aux échevins de la ville de Marseille, qui avaient doté l'Académie.

Les honoraires amateurs étaient divisés en trois catégories : la première ne comptait que quatre places devant être attribuées à des membres de l'Académie royale de Paris; la seconde catégorie comprenait tous les membres de l'Académie des belles-lettres et sciences de Marseille; la troisième se composait de vingt-six autres honoraires amateurs, généralement titrés, et pris dans le sein de l'aristocratie de la Provence. Les quatre honoraires amateurs de l'Académie royale de Paris et les quatre plus anciens de la troisième catégorie avaient seuls, dans les assemblées de l'Académie, voix délibérative; les autres n'avaient que voix consultative.

DOCUMENTS ET PIÈCES D'ARCHIVES

SE RATTACHANT À L'ORDRE INTÉRIEUR ET À L'ADMINISTRATION DE L'ACADÉMIE
DE 1752 À 1756.

Grosson, en fixant la fondation de l'Académie en 1753, a fait erreur; voici les premières pièces, elles la font remonter à 1752.

NOMS DE MESSIEURS DE L'ACADÉMIE DE PEINTURE ET DE SCULPTURE DE MARSEILLE.

Protecteur.

Monseigneur le duc DE VILLARS, pair de France, grand d'Espagne, chevalier de la Toison d'or, gouverneur de Provence.

Directeurs.

MM. FENOUIL, peintre du Roi.
VERDIGUIER, sculpteur.

Conseillers.

MM. BOUCHARD DE ROME, sculpteur.
PELLEGRIN, peintre.

ACADÉMICIENS HONORAIRES ET AMATEURS.

MESSIEURS de l'Académie des belles-lettres de Marseille.

Professeurs.

MM. Panon, peintre.
Kapeller, peintre, géomètre-architecte.
Coste, peintre.
Bertrand, sculpteur.

MM. Richeaume, peintre, trésorier.
David, peintre.
Nicolas, sculpteur.
Charnier, peintre.

Adjoints à professeurs.

MM. Olagnier, architecte, dessinateur.
Chateauneuf, peintre.
Maxime, peintre.

MM. Guérin, peintre.
Décugis, peintre.

Agrégés académiciens.

MM. Kapeller fils, peintre.
Levy, peintre.
Henry, peintre.

MM. Lauriès frères, sculpteurs.
Despêches neveu, sculpteur.

Élèves.

MM. Croisier (Joseph).
Julien.
Bonefoy.

MM. Laurent.
Vian.
Roux.

MM. Géry.
Robert.
Olive.

Nous soussignés, officiers et membres de l'Académie, affirmons le présent catalogue, contenant les noms des officiers et académiciens de notre Académie, dressé en conséquence des délibérations prises à cet effet, lequel sera exposé dans le bureau de Marseille, le 25 septembre 1752.

Suivent les signatures des précédents, à l'exception seule de celles des élèves. Kapeller tient la plume de secrétaire.

Puis la même affirmation est renouvelée :

Nous soussignés, etc., paraphée à nouveau par tous les assistants.

A Marseille, le 25 septembre 1752.

STATUTS ET RÈGLEMENTS.

ARTICLE PREMIER.

L'on aura un logement le plus convenable qu'il se pourra pour y dessiner d'après le modèle, sous les ordres et la conduite des officiers, que l'Académie aura nommés et établis à cet effet.

ART. 2.

Le lieu où l'assemblée académique se fera, étant dédié à la vertu, doit être en singulière vénération, à ceux qui la composent, lesquels observeront de garder le silence; pendant l'exercice du dessin, ils ne parleront que dans le besoin, et relativement à ce.

ART. 3.

Ceux qui jureront ou qui proféreront des paroles obscènes seront exclus pour un temps des assemblées et en cas de récidive, après avoir été remis, seront bannis pour toujours et leurs noms rayés du catalogue et des registres; l'on fera pareillement attention à ne point parler des matières de religion, sous quelque prétexte que se puisse être, ni par colibés, jeux de mots et autres plaisanteries, à peine d'être mis à l'amende.

ART. 4.

Il sera expressément défendu aux élèves de porter à l'Académie des batons et des choses pour badiner, non plus d'y jouer et badiner ensemble, n'y y manger à peine d'être exclus pour toujours, s'ils ne se corrigent, sans espoir d'y rentrer.

ART. 5.

L'Académie sera ouverte aux étudiants tous les jours de la semaine, excepté les dimanches et les fêtes, savoir : le lundi, mercredi et vendredi, pour l'étude du modèle, et les autres jours seront destinés pour les études de géométrie, perspective et anatomie, pour lesquelles sciences l'Académie établira des professeurs.

ART. 6.

Il y aura une étroite union et bonne correspondance entre ceux de l'Académie, parce qu'il n'y a rien de plus contraire à la vertu, que l'envie et la médisance et la discorde, et si quelqu'un était enclin à ces sortes de vices et qu'il ne s'en corrigea pas, après les avertissements qui lui auront été faits, l'entrée de l'Académie lui sera défendue.

ART. 7.

Toutes les délibérations qui seront prises dans les assemblées du bureau seront enregistrées pour s'y conformer et pour être suivies.

Le bureau sera composé du directeur du mois, des professeurs et des conseillers pour délibérer sur la police et la dépense de l'Académie, les assemblées qui seront tenues pour l'agrégation de quelque externe et pour l'examen de quelque ouvrage de peinture ou de sculpture; entre tous les conseillers, tous les académiciens y seront admis et donneront leurs suffrages.

ART. 8.

Les peintres et sculpteurs et tous autres artistes à qui l'étude du dessin est nécessaire, qui se présenteront pour être admis dans l'Académie, seront adressés aux directeurs, lesquels exigeront de leur part des preuves de leurs talents par quel-

DE L'ACADÉMIE DE PEINTURE DE MARSEILLE.

ques ouvrages qu'ils présenteront à l'assemblée convoquée qui décidera, sur le mérite de l'ouvrage, de la place qu'on donnera à celui qui en est l'auteur.

ART. 9.

Les directeurs feront leurs fonctions un mois chacun alternativement; il en sera créé deux; un peintre et un sculpteur; ils seront perpétuels; ils présideront aux assemblées; ils porteront la parole dans toutes les occasions qui se présenteront et veiller[ont] en général sur tout ce qui se passera dans l'Académie. Ils auront de droit la première place dans la salle du modèle; à l'absence de l'un, l'autre remplacera, et si les deux venaient à s'absenter, le plus ancien des professeurs tiendra sa place et présidera concernant les assemblées du bureau.

ART. 10.

S'il arrive qu'un des directeurs vienne à manquer, soit par accident de mort, ou qu'il quitte avec l'agrément de l'Académie, il sera remplacé par le plus ancien des professeurs, à moins que celui à qui cette place échoit de droit ne la veuille céder.

ART. 11.

Les officiers de l'Académie seront au nombre de vingt-deux; savoir : deux directeurs, huit professeurs; six adjoints, quatre conseillers; un secrétaire et un trésorier.

ART. 12.

La charge des professeurs est à vie; ils pourront toutefois la quitter; ils seront remplacés par les adjoints; ils serviront un mois chacun, assistés d'un adjoint pour les remplacer à leur absence : ils seront obligés de paraître une fois par semaine à moins qu'ils ne soient malades ou en voyage.

Toutefois s'il arrivait qu'ils eussent à s'absenter pour un certain temps, ils en donneront avis au bureau qui prendra là-dessus ses arrangements si leur absence est au delà d'une année. Le bureau les remplacera et ils seront placés au rang des anciens professeurs et à leur retour ils auront rang de conseiller de l'Académie et auront séance et voix délibérative dans toutes les assemblées d'ycelle.

ART. 13.

Le professeur du mois pour le modèle [sera] assisté seulement de son adjoint et en présence du directeur s'il se trouve à l'Académie, duquel il prendra les avis qui seront convenables pour la pose du modèle. Lorsqu'il sera posé et que le directeur, le professeur et l'adjoint auront marqué leurs places, l'adjoint appellera les membres qui se tiendront prêts à venir prendre après les autres les places que le sort leur aura donné. Ils se placeront le plus déligemment qu'il leur sera possible pour ne point perdre de temps. Ceux qui par imprudence ou par malice causeront quelque dérangement marqué seront mis à l'amende.

ART. 14.

Le choix des places pour dessiner d'après le modèle seront tirées au sort toutes les semaines, à la fin de la dernière séance; ceux qui tireront les places sont les officiers qui ne sont point de service et les académiciens, à l'exception des directeurs à qui la première place est de droit attachée à leur dignité, comme il a été dit ci-dessus.

ART. 15.

L'emploi des adjoints est d'aider les professeurs avec lesquels ils sont de service et d'en faire les fonctions en leur absence.

ART. 16.

Les conseillers sont pour remplacer les adjoints quand il vient à en manquer, lesquels sont remplacés par les anciens académiciens.

ART. 17.

Le secrétaire tiendra les registres et journal de toutes les expéditions qui seront faites, et des délibérations qui seront prises en la dite Académie, dont les feuilles seront signées des directeurs et professeurs qui seront présent; le dit secrétaire aura aussi la garde de tous les titres et papiers concernant l'Académie et possèdera cette charge sa vie durant.

ART. 18.

Le secrétaire aura soin de retirer les deniers destinés pour subvenir à la dépense journalière de l'Académie. Il tiendra un journal d'entrée et de sortie de la caisse. Il rendra ses comptes toutes les fois qu'il en sera requis par le directeur ou par le professeur en exercice. La charge de trésorier sera exercée par un professeur ou par un adjoint autant de temps que le bureau le trouvera à propos.

ART. 19.

Comme il est d'une nécessité indispensable de décorer les appartements destinés pour le bureau et pour le salon où on reçoit les étrangers, tous les officiers et les académiciens seront obligés d'apporter dans le courant de la première année quelque morceau de leurs ouvrages pour servir à décorer les dits appartements. Il leur sera permis, toute fois de les remplacer par d'autres morceaux, le tout au profit de l'Académie; s'il arrivait, ce qu'on ne présume point, que l'Académie suspendit ses exercices pour un long temps, il sera permis à ceux qui auront déposé ces tableaux ou des morceaux de sculpture de les retirer. Ils s'obligeront toute fois de les rapporter lorsque l'Académie reprendra ses fonctions.

ART. 20.

L'ouverture de chaque séance pour dessiner d'après le modèle commencera à six heures et demie précise du soir à laquelle heure le modèle sera posé. L'on dessinera deux heures. Ceux qui ne se trouveront pas à l'heure fixée perdront le choix de leurs places et se placeront sans aucun murmure où ils pourront, à peine pour ceux qui en agiraient autrement d'être mis à l'amende, d'où il suit que toutes les amendes seront au profit de l'Académie et employées pour son entretien.

DE L'ACADÉMIE DE PEINTURE DE MARSEILLE.

Les présents statuts et règlements ont été faits et arrêtés par délibération du bureau, desquels copie sera exposée et affichée dans la salle du modèle et dans le bureau pour s'y conformer autant que besoin sera.

A Marseille, le 25 septembre 1752.

Signé : FENOUIL, peintre du Roi; VERDIGUIER, sculpteur, directeur; P. PANON, V. KAPELLER, COSTE, BERTRAND, RICHEAUME, DAVID, P. NICOLAS et CHARNIER, professeurs; MAXIME, GUÉRIN et CHATEAUNEUF, adjoints.

Ces préliminaires terminés, une députation se rendit à Aix, chez le duc de Villars, pour obtenir l'autorisation de s'assembler et tenter d'obtenir un logement à l'Arsenal, alors abandonné en grande partie par suite du transfert de la marine royale à Toulon, ce qui lui fut accordé ainsi que le constate le brevet ci-dessous, signé du duc :

Honoré-Armand, duc DE VILLARS, pair de France, grand d'Espagne de la première classe, chevalier de l'ordre de la Toison d'or, prince de Martigues, vicomte de Melun, marquis de la Nocle, brigadier des armées du Roi, gouverneur général pour Sa Majesté des pays et comté de Provence.
Sur la représentation qui nous a été faite par les peintres et les sculpteurs de Marseille que tant pour se perfectionner eux mêmes dans leurs talents que pour former leurs élèves il serait à propos qu'ils s'assemblassent à des jours marqués dans une salle destinée à leurs exercices; mais qu'ils ne voulaient point former de telles assemblées sans y être autorisés par notre permission; voulant favoriser le désir qu'ils ont de perfectionner leurs arts, examiner leur émulation, nous avons permis et permettons aux dits peintres et sculpteurs de s'assembler dans la salle qui leur a été accordée à l'Arsenal aux jours qu'ils ont fixés, à la charge par eux de maintenir dans leur assemblée le bon ordre et la décence convenable, déclarant qu'en cas de trouble et de mésintelligence, nous leur retirerons notre permission. En foi de quoi nous avons signé ces présentes, fait, contresignées par notre secrétaire ordinaire à icelles apposer le cachet de nos armes.
Donné à Aix en notre hôtel, ce 28 décembre 1752.

LE DUC DE VILLARS.

Par Monseigneur :

LIEVRE [1].

---

[1] Extrait des archives de l'Académie des belles-lettres, sciences et arts de Marseille. Le premier paragraphe de cette pièce, énonçant les titres du duc de Villars, est écrit en grandes capitales.

1753.

Le premier soin de l'Académie, entrée en fonction, fut d'assurer chez elle l'ordre intérieur.

RÈGLEMENTS INTÉRIEURS ET DE DISCIPLINE.
(Pour être communiqués à M. Fenouil, directeur.)

L'Académie de peinture, sculpture et géométrie sous la protection de Monseigneur le duc de Villars étant assemblée le 1ᵉʳ février 1753, pour examiner et faire jouir les directeurs des prérogatives qui sont attachées à la direction, de même pour faire valoir les droits, privilèges qui sont légitimement dus à l'Académie, et pour éviter à l'avenir toute contestation, nous avons délibéré :

ARTICLE PREMIER.

Les directeurs dans l'Académie sont censés être les premiers entre leurs égaux; et la douceur, l'union, l'amitié et la politesse feront la base de la Société;

ART. 2.

Dans le bureau d'assemblée, de même que dans la salle d'exercice, les chaises [seront] égales, sans distinction et posées au même niveau; les directeurs auront leur place dans le centre, et elle ne pourra être occupée par qui que ce soit, et au cas qu'ils ne soient pas rendu à l'heure indiquée, on ne doit commencer de délibérer, qu'après la demie heure de spectative. Alors le plus ancien des fondateurs préside et la délibération ne peut être querellée;

ART. 3.

A la première assemblée le secrétaire instruira les directeurs de la délibération passée ;

ART. 4.

Pour éviter dans les délibérations toute contrainte ce qui pourrait empêcher plusieurs d'y assister, les académiciens fondateurs en adressant la parole soit à l'assemblée ou aux directeurs seront assis; les uns et les autres sans distinction auront leurs chapeaux bas;

ART. 5.

Le secrétaire ne doit rien écrire, ni faire imprimer, sans en donner avis aux directeurs;

ART. 6.

Le directeur, le secrétaire ou les fondateurs qui recevront des lettres adressées à l'Académie les communiqueront incessamment, et ne pourront les ouvrir qu'en présence du directeur, ou de l'assemblée, ni faire réponse que de son consentement;

ART. 7.

Pour ce qui concerne la réception d'académiciens agréés ou élèves, on s'en tiendra aux premiers arrangements de la fondation de l'Académie, tels qu'ils étaient prescrits par les imprimés envoyés à tous les peintres et sculpteurs où il est dit que ceux qui voudront y être admis pourront s'adresser aux directeurs, ou aux académiciens fondateurs;

ART. 8.

Les directeurs fixeront les jours et l'heure soit pour l'exercice de l'étude, comme pour les affaires particulières et assemblées, sans pourtant rien déranger de l'ordre général, ainsi qu'il est statué dans ces règlements, et ne pourront faire aucun changement que du consentement de l'assemblée qui a droit de représenter et d'approuver tout ce que les directeurs voudront bien lui proposer;

ART. 9.

La délibération passée le... pour corriger les élèves d'après les dessins sera exécutée dans toute sa forme et teneur, et les directeurs dans la salle d'exercice de l'étude d'après le modèle corrigeront les élèves; sans empêcher pourtant les académiciens fondateurs, puisqu'ils ont droit alternativement de poser le modèle, de dire leurs sentiments à ceux qui leur présenteront leurs dessins, soit élèves comme agrégés, surtout quand il sera question de leurs élèves particuliers;

ART. 10.

Les fonds appartenant à l'Académie, le trésorier ne peut faire aucune dépense considérable sans le consentement de l'assemblée, et à l'égard des dépenses journalières que l'administration fera, il sera obligé d'en rendre compte toutes les fois et quand l'assemblée le jugera à propos.

ART. 11.

Les délibérations passées jusqu'aujourd'hui doivent avoir leur force et valeur.

ART. 12.

Les articles ci-dessus mentionnés, après avoir été passés en délibération seront écrits dans nos registres et signés des directeurs et académiciens fondateurs.

Il en sera communiqué une copie aux directeurs signée par le secrétaire, conformément à l'original.

L'assemblée après avoir délibéré conformément aux articles ci-dessus mentionnés, a nommé pour député MM. Panon et Moulinneuf académiciens fondateurs, accompagnés de M. Kapeller secrétaire, pour communiquer à M. Fenouil directeur ce qui a été délibéré.

L'ordre intérieur une fois garanti par les règlements précédents, il fallut déterminer ceux qu'on désirait adopter pour assurer l'ordre et la discipline parmi les élèves; de là la promulgation de la pièce suivante :

RÈGLEMENT

DE L'ACADÉMIE DU DESSIN ET DES ARTS QUI LUI SONT RELATIFS
POUR SERVIR AUX ÉLÈVES DANS LES SALLES DE LA BOSSE ET DU DESSIN.

ARTICLE PREMIER.

Les élèves qui voudront venir étudier à l'Académie dans la salle de la bosse ou dans celle du dessin, seront obligés de s'adresser à un des professeurs qui sur le témoignage de leurs mœurs et de leur talent leur fera un billet de réception visé par le Directeur et qu'ils remettront ensuite au professeur en exercice pour avoir une place selon leur rang à la prochaine concurrence;

ART. 2.

Il y aura dans la salle du dessin trois différentes classes et le banc des commençants, où les élèves en entrant seront placés auparavant de passer à une place plus distinguée qui ne leur sera adjugée qu'en conséquence de la décision portée sur leurs dessins ainsi qu'il est expliqué à l'article suivant;

ART. 3.

La dernière semaine de tous les mois, chaque élève pour concourir aux trois différentes classes, sera obligé de faire un dessin qu'il signera de son nom et qu'il aura soin de laisser à la place qu'il occupe le dernier soir de l'exercice de l'étude.

Le dimanche suivant, M. le Directeur, MM. les professeurs en exercice dans les salles du modèle et du dessin les examineront et désigneront par des billets signés les places qu'ils méritent selon le plus ou moins de capacité et d'application.

Les dits billets seront distribués par le concierge le premier jour de la séance du mois une heure auparavant que l'école soit ouverte. Les élèves qui ne seront pas présents perdront leur rang et ne seront placés jusqu'au mois prochain qu'à la suite des autres;

ART. 5.

Il y aura un élève de garde à la porte pendant les exercices pour empêcher l'évasion des dessins et pour que la tranquilité règne; il y aura trois autres élèves, chacun à son tour, en commençant par la queue des classes, qui pointeront ceux qui seront dans le cas de causer, de courir d'une place à l'autre, d'exciter des disputes, ou d'interrompre l'étude; à la fin du mois les listes pointées seront vérifiées, et l'élève le plus chargé de points sera exclu pour un mois de l'Académie;

ART. 6.

Les élèves qui ne [se] soumettront pas à la police de l'école, qui manqueront de respect aux officiers ou aux professeurs, ou qui causeront quelque dérangement notable, seront renvoyés sur le champ par le Directeur ou le professeur ou tel autre officier présent et ne pourront rentrer qu'après avoir fait leur soumission à M. le Directeur et à M. le professeur qui les aura renvoyé. Dans des faits plus graves le bureau en décidera selon l'exigence du cas;

ART. 7.

Tous les dessins appartenant à l'Académie seront numérotés et les élèves qui oseront les faire passer des uns aux autres sans le consentement du professeur seront mis à la queue dans le banc des commençants;

ART. 8.

Les élèves qui auront resté quatre mois de suite sans atteindre à aucune classe, seront censés n'avoir pas de talents et par conséquent seront renvoyés jusqu'à ce qu'ils soient en état d'avoir fait quelques progrès; en ce cas l'Académie les admettra de nouveau avec les formalités requises;

ART. 9.

L'arrangement ci-dessus énoncé par la salle du dessin sera pareillement suivi dans la salle de la Bosse, à la réserve que dans celle-ci il n'y aura qu'une classe. Les élèves de cette salle à l'instar de celle du dessin, seront obligés de donner un dessin ou un modèle la dernière semaine de chaque mois pour concourir à la prééminence des places, ainsi qu'il est expliqué dans l'article 3;

ART. 10.

Les articles du sus dit règlement dressés et délibérés dans le bureau pour maintenir le bon ordre et la tranquilité parmi les élèves seront exécutés dans toute leur force et teneur, et pour qu'aucun n'en prétende cause d'ignorance, ils seront lus et affichés dans les salles de la Bosse et du dessin à Marseille.

VERDIGUIER.

1755.

EXTENSION DE L'ACADÉMIE.

Les artistes de Marseille en fondant leur académie s'étaient, pour leurs premiers statuts, probablement inspirés de ceux qui avaient présidé à la fondation de celle de Saint-Luc à Rome. Ils remplaçaient comme cette dernière les petits ateliers que chaque maître tenait en particulier, par une grande école libre ouverte à la jeunesse; ils instituaient une association de professeurs pour la surveiller et la conduire, et ils créaient en quelque sorte entre eux une école d'émulation. Les disciples ayant atteint une certaine force, venaient s'asseoir sur les mêmes bancs que leurs maîtres pour l'étude du modèle.

On a vu avec quel soin la première place était réservée aux Directeurs, puis celles que devaient occuper les professeurs, enfin les élèves. Tous, réunis ainsi autour du modèle, ne semblaient plus devoir composer qu'une seule et même famille; le droit d'aînesse savamment appliqué et gradué appartenait aux professeurs; les directeurs étaient les chefs choisis par eux, et l'on doit remarquer avec quelle attention ils indiquent cette nuance, car tous sont jaloux de leur propre dignité; ils élèvent de leurs mains le mérite, mais ils ne s'inclinent devant personne. « Les directeurs, disent-ils, sont censés être les premiers parmi leurs égaux, et la douceur, l'union et la politesse feront la base de la société »; plus bas : « les chaises seront égales, sans distinction et posées au même niveau dans les salles d'exercice ou d'assemblée, et les directeurs ou présidents, occuperont celles du centre ». Cet esprit démocratique, et tout à la fois d'union et de concorde, bien que troublé de loin en loin par quelques orages passagers, ne se perpétuera pas moins dans le sein de l'Académie pendant les quarante et une années de son existence.

Quant à son rôle et à son action, nous les voyons se dessiner nettement dès la troisième année après, soit en 1755. Depuis que l'Académie fonctionne avec un certain éclat, que ses expositions ont captivé l'attention publique, et qu'elle s'est acquis des sympathies universelles, ses idées se sont élargies; les professeurs mettent en pratique cette maxime que Michelet devait énoncer cent vingt ans plus tard : « Il faut que la patrie se sente dans l'école; » ils ont entrevu la portée de leur enseignement dans l'intérêt de cette patrie qu'ils veulent honorer et servir. Le mémoire que nous publions ci-dessous donne une idée des bienfaits que doit produire leur institution.

MÉMOIRE

DE L'ÉCOLE ACADÉMIQUE DE DESSIN, PEINTURE, SCULPTURE, GÉOMÉTRIE,
MÉCANIQUE, PERSPECTIVE, ARCHITECTURE ET ANATOMIE,

Envoyé à Monseigneur le Contrôleur général le 5 mai 1755,
Et à Monseigneur le premier président et intendant de Provence, pour l'établissement dans la ville de Marseille d'une école académique gratuite des arts de dessin, peinture, sculpture, géométrie, mécanique, perspective, architecture et anatomie.

« Monseigneur,

« L'intérêt que vous prenez à tout ce qui peut contribuer au bien de la Provence en y favorisant de tout votre pouvoir les arts et le commerce, fait espérer aux professeurs, peintres, sculpteurs et autres artistes, tant de la ville de Marseille que des autres villes de la province, que vous seconderez de votre protection l'établissement qu'ils ont commencé de faire depuis environ trois années dans la ville de Marseille, d'une école académique pour le bien du service du roi, pour les arsenaux de la Provence, et pour le commerce. Le grand nombre d'élèves que nous avons eu dès le moment qu'elle fut ouverte vous déterminera, Monseigneur, à la croire utile et même nécessaire pour vous porter à joindre votre protection à celle de Mgr le duc de Villars, pour nous attirer les bienfaits du Roi, qui toutefois n'accorde ni prix, ni pensions aux académies établies dans les villes du royaume; mais Sa Majesté permet aux magistrats des villes où il est de convenance qu'il y en ait, de les entretenir des deniers publics; c'est de cette manière qu'on a fondé les écoles académiques des arts et manufactures des villes de Rheims, de Rouen, de Toulouse, de Bordeaux, etc.

« Nous osons nous promettre, Monseigneur, que votre amour pour les Beaux-Arts vous portera à favoriser notre établissement en rendant notre école gratuite. Le bien général qu'elle procurera n'est pas seul pour les habitants de Marseille, mais pour tous ceux de la Provence, auxquels il ne manque que des moyens pour cultiver les heureux talents qu'ils apportent en naissant. Daignez, Monseigneur, parcourir le mémoire que nous avons l'honneur de vous présenter contenant les motifs de notre établissement et nos dépenses annuelles :

ARTICLE PREMIER.
Avantages pour les élèves du Roi allant à Rome.

« Les élèves, peintres, sculpteurs et architectes pensionnés du Roi pour aller étudier à Rome, trouveront à Marseille le moyen de continuer l'étude du modèle, pendant le séjour qu'ils sont obligés d'y faire pour trouver un embarquement et pour attendre les vents favorables pour leur départ, séjour souvent trop long; outre les études ils y trouveront des personnes qui s'intéresseront pour eux et leur procureront tout ce qui peut convenir à des étrangers qui ne connaissent point le local de la ville; à leur retour de Rome, ils trouveront encore les mêmes agréments.

ART. 2.
Avantages pour les arsenaux de la Provence.

« Il a presque toujours manqué de peintres et de sculpteurs pour les ornements qu'on fait à Toulon; ayant été obligés d'en faire venir des provinces voisines et du comtat d'Avignon. L'Académie de Marseille est en état d'en former et d'en entretenir un nombre suffisant; ainsi de plusieurs autres artistes nécessaires à ces mêmes ornements.

ART. 3.
Avantages pour le commerce.

« Marseille dont le commerce est le plus étendu que celui d'aucune autre ville du royaume aura à sa disposition un grand nombre d'artistes et d'ouvriers en état de fournir une grande partie des marchandises propres pour les expéditions des îles de l'Amérique et pour les échelles du Levant; l'on aura les ouvriers à portée de les voir travailler au lieu que jusqu'à présent nos commerçants tirent ces mêmes marchandises des pays étrangers, où les artistes sont réputés plus habiles que ceux de Marseille, auxquels il ne manque que du dessin, étant d'ailleurs doués de beaucoup de génie.

ART. 4.
Avantages pour les manufactures et fabriques.

« Marseille possède quantité de manufactures et de fabriques pour l'utilité de son commerce, dont les productions exigent qu'ils soient dessinateurs; telles sont les manufactures d'étoffes de soie, les fabriques de toiles peintes, celles de faïence qui s'y trouvent en grand nombre; outre que le commerce de Marseille tire de toutes les manufactures et fabriques, elle emploie un très grand nombre d'artistes dont les ouvrages ne doivent leur beauté et leur bonté qu'au dessin, à la géométrie et à la mécanique;

« Parmi tous ces artistes nous comptons les orfèvres, les cizeleurs, les graveurs, les horlogers, les machinistes, les armuriers, les ouvriers en cuivre, les serruriers, les maçons tailleurs de pierre, les menuisiers, les ébénistes et autres métiers où les éléments des arts et dessin sont très nécessaires;

ART. 5.

Avantages pour la marine.

« Les éléments des arts et du dessin sont encore nécessaires aux ouvriers destinés à la construction des bâtiments de mer, à ceux qui composent et construisent les machines. Ils sont d'une nécessité indispensable aux pilotes pour marquer et dessiner avec exactitude la vue des différentes côtes maritimes, les ports sur les cartes réduites dont la justesse fait la sureté des navigateurs. Combien de découvertes mal placées sur les cartes par des pilotes qui ignoraient le dessin ont causé les erreurs à ceux qui les avaient pris pour guides et combien de découvertes maritimes faites dans les voyages de long cours, se sont perdues fautes d'avoir été placées et dessinées avec précision!

ART. 6.

Avantages pour les équipages des vaisseaux.

« La marine a besoin de chirurgiens habiles pour les armements, principalement pour les vaisseaux marchands où l'on embarque ordinairement un d'eux. Les chirurgiens navigateurs ne sont pas assez instruits du mécanisme du corps humain. Les leçons d'anatomie qu'on donne exprès pour eux leur procureront les connaissances et les moyens dont ils ont besoin dans les voyages de long cours, où pour l'ordinaire les équipages sont attaqués de diverses maladies;

ART. 7.

Avantages pour la jeunesse qui est née avec des talents.

« Depuis trois années que notre école académique est ouverte, nous avons beaucoup d'élèves, non seulement de la ville de Marseille, mais de plusieurs autres villes, de la province, et de celles de l'intérieur du Royaume qui se vouent à l'étude des Beaux-Arts; leur nombre serait encore plus grand, si notre école était ouverte gratis, la plus part ayant beaucoup de talents qui ne peuvent devenir utiles qu'autant qu'ils auront les moyens de les cultiver. Les progrès qu'ils font tous les jours pour les soins que l'on prend à les instruire relativement aux arts, où chacun d'eux se destine, les prix que leurs ouvrages ont mérité, et qu'on leur a distribué pendant deux années prouvent l'utilité et même la nécessité de l'établissement d'une école académique gratuite des Beaux-Arts, dans une ville où toutes les branches du commerce viennent aboutir ;

Les élèves de Marseille n'ont pas été les seuls qui ont eu part au prix. Ils ont été partagés avec les élèves des villes de Toulon et d'Arles qui sont venus profiter de nos études.

ART. 8.

« Les écoles académiques des arts etc. établies dans les provinces du Royaume sont entretenues des deniers publics des villes où elles sont jugées nécessaires. La Provence est la seule où il n'y ait pas encore une académie des Arts. »

ÉTAT DES DÉPENSES ANNUELLES.

Dépenses des exercices qui se font tous les jours d'œuvres dans l'école académique des arts pour former des artistes dans le dessin, la peinture, la sculpture, la géométrie, la mécanique, la perspective, l'architecture et l'anatomie :

Pour deux hommes servant de modèle une semaine chacun à 400 francs par année..	800
Pour la lumière et pour le feu à l'usage des trois salles savoir : une salle pour l'étude du modèle vivant, une pour l'étude de la bosse dite figures antiques et bas reliefs, une pour l'étude des dessins, des grands maîtres et professeurs...	700
Pour les gages du concierge, dont l'employé est la garde de l'académie, faire les convois, pour les assemblées du bureau, faire le feu, éclairer les lampes et servir selon les besoins pendant les exercices....	300
A reporter............................	1,800

DE L'ACADÉMIE DE PEINTURE DE MARSEILLE.

Report...	1,800
Pour les prix que l'on distribue tous les ans aux élèves à la fête de la Saint-Louis consistant en huit médailles d'argent de différentes grandeurs, soit quatre pour le dessin et modèle, et quatre pour partager entre l'architecture, la géométrie, la mécanique et la perspective......	200
Pour deux prix de la valeur de cent cinquante livres chacun, l'un destiné pour un ouvrage de peinture ou de sculpture dont on donne le sujet aux élèves, et qu'on leur distribue chaque année, l'autre distribué de la même manière, mais adjugé, savoir : une année à la mécanique, l'année d'après à l'architecture et la troisième année à un ouvrage d'anatomie..	300
Pour faux frais, consistant en ports de lettres, papiers, remploiement des platres cassés, entretiens des bancs et tables pour la distribution des prix, l'exposition des ouvrages et autres menus frais qu'on ne saurait prévoir...	400
Pour frais journaliers, études, géométrie, mécanique, perspective, architecture et anatomie, pour feu, papier, lumière, couleur, pour les lavis, linges, matériaux pour les expériences et entretien des instruments pour l'usage des démonstrations.........................	600
	3,300

ARRÊT DU CONSEIL D'ÉTAT.

Le mémoire précédent, appuyé par une pétition signée de membres actifs et honoraires de l'Académie, suivi d'une délibération et d'un mémoire des échevins, exigea quatorze mois pour passer à travers les filières administratives, dans les bureaux de Marseille, d'Aix et de Paris. Enfin il y fut fait droit et les professeurs considérèrent comme une victoire mémorable l'arrêt suivant du Conseil d'État.

EXTRAIT DES REGISTRES DU CONSEIL D'ÉTAT.

Veu par le roi étant en son conseil, le mémoire des échevins de Marseille et la délibération par eux prise le dix neuf mars dernier contenant qu'il s'est établi dans cette ville depuis l'année 1753 une académie de peinture, sculpture, anatomie, et autres arts également utiles à la société, aux manufactures et au commerce, et dont les progrès répondent des avantages qui doivent en résulter pour l'avenir; mais que les directeurs et professeurs de cette académie qui ont fourni jusqu'à présent à ces dépenses n'étant plus en état de le faire, cet établissement ne peut plus se soutenir, si la communauté de la ville ne vient à son secours; que les élèves qui ont pour les arts des dispositions et des talents que leur peu de fortune ne leur permettrait pas de cultiver y trouvant une ressource gratuite pour leur instruction, il y a lieu de penser qu'il s'y formera des sujets de distinction et que ces considérations jointes aux vœux des habitants de cette ville ont porté les dits échevins à délibérer d'accorder annuellement sous le bon plaisir du Roi, une somme de trois mille livres pour les dépenses journalières et indispensables de cette académie;

Veu aussi les mémoires des directeurs, ensemble l'avis du sieur de la Tour, premier président du parlement et intendant de Provence, ouï le rapport du sieur Peyrème de Maras, conseiller d'État et ordinaire au conseil royal, controleur général des finances, sa majesté étant à son conseil a approuvé et autorisé la délibération des échevins de Marseille, du dix neuf mars dernier. En conséquence leur a permis et leur permet de prendre annuellement sur les revenus de la communauté de cette ville la somme de trois mille livres pour être employée aux dépenses journalières et indispensables de ladite académie, enjoint sa majesté au sieur de La Tour de tenir la main à l'exécution du présent arrêt. Fait au conseil d'État du Roi, sa majesté y étant, tenu à Versailles le quinzième jour de juin mille sept cent cinquante six.

Signé : PHELIPEAUX.

Vu l'arrêt du conseil ci-dessus,
Nous ordonnons que le dit arrêt du conseil sera exécuté selon sa forme et teneur.
Fait à Aix, le 2 juillet 1756.

Signé : LA TOUR.

Collationné sur l'extrait en parchemin conservé dans les archives de l'hôtel de ville de Marseille, par nous soussigné secrétaire garde des dites archives.

Signé : Capus.

Collationné par nous secrétaire perpétuel de l'Académie des Beaux-Arts établie à Marseille.

Moulinneuf.

EXTRAIT D'UNE DÉLIBÉRATION DE L'ACADÉMIE DES ARTS.

L'arrêt du Conseil d'État du 15 juin 1756 n'avait été rendu exécutoire par M. de La Tour que le 2 juillet suivant. Certaine du succès, toutefois, l'Académie avait délibéré dès le 13 du même mois de juin, pour donner à l'un de ses membres pouvoir de retirer la somme qui lui était accordée. Voici la délibération relevée dans les archives de la mairie :

Ce jourd'hui 13 juillet mil sept cent cinquante six, le bureau assemblé, M. le

Directeur ayant proposé de donner pouvoir à quelques uns des professeurs de retirer du trésorier de la communauté de Marseille la somme de trois mille livres par an pour l'entretien de l'Académie des arts, du dessin, de peinture, de sculpture, architecture et perspective, géométrie, mécanique et anatomie, en vertu de l'arrêt du 15 juin dernier, la société a décidé d'autoriser M⁺ Zirio, déjà nommé trésorier par délibération du 28 décembre 1755, conformément à nos règlements, lui donnant pouvoir, accompagné du directeur et du sécrétaire, de retirer la dite somme de 3000 livres et d'en être le dépositaire pour fournir aux dépenses annuelles tant générales que particulières de la dite académie; les professeurs administrateurs ayant soin d'y pourvoir alternativement pour le bien et l'avantage de la société et dont ils rendront compte régulièrement tous les mois au bureau ainsi qu'il est d'usage.

      Signé à l'original : Verdiguier, directeur principal en exercice; Coste, *chancelier;* Zirio, *trésorier;* Dageville, Nicolas, Bertrand, Richeaume, David, Guérin, Beaufort, Kapeller.

      Collationné par nous :

      Moulinneuf, *secrétaire perpétuel.*

        (Archives de la mairie.)

1756-1763.

TRANSFORMATION DE L'ACADÉMIE.

A la suite de l'arrêt du Conseil d'État, l'Académie de Marseille fut mise en demeure de présenter de nouveaux statuts. Bien que Verdiguier fût alors directeur perpétuel et partageât cette charge avec d'André Bardon, tout nous porte à croire que ce dernier, s'inspirant des statuts de l'Académie royale de peinture de Paris, contribua pour la plus large part à leur rédaction. Nous avons trouvé les statuts ainsi rédigés dans les archives de la mairie.

Ces statuts tracent les règles auxquelles étaient soumis les professeurs et les académiciens et les privilèges dont ils jouissaient; ils indiquent d'une manière authentique la nature des études et démontrent, une fois de plus, le but et l'incontestable utilité de l'Académie.

STATUTS ET RÈGLEMENTS
DE L'ÉCOLE ACADÉMIQUE DES BEAUX-ARTS ÉTABLIE À MARSEILLE
EN VERTU DE L'ARRÊT DU CONSEIL D'ÉTAT DU 15 JUIN 1756.

ARTICLE PREMIER.

L'école académique des Beaux-Arts sera composée d'un directeur, d'un secrétaire, d'un chancelier, d'un trésorier, de douze professeurs de dessin, d'un professeur d'architecture civile, d'un professeur de géométrie, d'un professeur de mécanique, d'un professeur de perspective, d'un professeur d'anatomie, d'un professeur d'architecture navale, et d'un nombre illimité d'artistes, et qui, pour en devenir membres, seront jugés par elle avoir les talents nécessaires;

ART. 2.

La place de Directeur sera remplie par un membre de l'académie Royale de peinture et de sculpture de Paris; l'école académique en reconnaissance des peines et soins de Mr Verdiguier, sculpteur, lors de son établissement, l'a nommé Directeur perpétuel; mais sa place venant à vaquer, elle sera remplie tous les ans par un des professeurs en qualité de recteur, qui sera élu à la pluralité des suffrages;

ART. 3.

Le Directeur présidera au bureau, il portera la parole dans toutes les occasions, et il fera observer le bon ordre et les statuts, et il aura l'inspection générale sur toutes les opérations de l'académie;

ART. 4.

Le secrétaire sera perpétuel, il sera chargé de la garde des archives de l'Académie, il inscrira dans les registres le résultat de toutes les propositions agitées et examinées, et toutes les délibérations; il dressera la liste, qui sera renouvelée tous les ans, conformément au projet, des mandats expédiés pendant le courant de l'année;

ART. 5.

Le secrétaire en cas d'absence priera un des professeurs de remplir ses fonctions à sa place, et s'il n'y a pas pourvu, le directeur comettra l'un deux à cet effet; si l'absence du secrétaire excède le terme de trois années, il perdra sa place à l'instar des professeurs qui perdront la leur pour la même raison; comme il sera dit ci-après art. 12;

ART. 6.

Le bureau choisira tous les ans, à la pluralité des suffrages, et parmi les professeurs, un chancelier qui aura la garde du sceau et du cachet de l'Académie; il ne fera usage du sceau qu'en vertu d'une délibération, et ne se servira du cachet que pour les lettres que le secrétaire écrira au nom de l'Académie;

ART. 7.

L'Académie choisira tous les ans, parmi les professeurs, un trésorier libre dans ses actions, établi et domicilié dans Marseille, lequel retirera du trésorier de la ville, sur son acquit signé du Directeur, du secrétaire et de lui la somme destinée à l'entretien de l'Académie; il présentera au bureau, le premier dimanche de chaque mois, le compte général de l'argent qu'il aura payé lui-même pendant le cours du mois précédent pour tout être vérifié et alloué par les auditeurs des comptes au bas du compte du trésorier; le Directeur et le chancelier dresseront et signeront un mandat de remboursement tiré sur lui et contrôlé par le secrétaire;

ART. 8.

Les places des professeurs ne seront remplies que par des adjoints à professeurs, ou à leur défaut par des académiciens nommés par le bureau à la pluralité des suffrages; les adjoints à professeurs seront tirés du nombre des académiciens les plus capables d'en faire les fonctions et on n'aura égard dans le choix des uns et des autres qu'au talent et au mérite des sujets;

ART. 9.

Les douze professeurs de dessins, chacun à leur tour, dirigeront pendant un mois l'école de dessin, ils y maintiendront le bon ordre, veilleront sur les élèves, ils seront tenus de garnir les portefeuilles, pour les élèves, d'une figure académique, d'une tête, d'un pied et d'une main; ils seront en même temps administrateurs de l'académie; ils auront sous leur garde tous les meubles et effets relatifs aux exercices, ils tiendront une note exacte de leurs dépenses qu'ils présenteront au bureau rassemblé pour le premier dimanche du mois suivant; le professeur, en quittant l'école de dessin, sera en fonction le mois d'après dans la salle du modèle pour y maintenir le bon ordre et indiquer le commencement et la fin des séances; le même professeur en l'absence du Directeur, en remplira la place dans toutes ses fonctions, et au défaut de ce dernier, ce sera le professeur qui se trouvera présent, selon l'ordre du tableau; tous les professeurs pourront assister à tous les différents exercices de l'Académie, ne devant, ni les uns, ni les autres s'ingérer dans les fonctions qui ne les regardent pas;

ART. 10.

Toutes les années, quatre professeurs de dessin enverront alternativement pour tribut à l'Académie royale de peinture et de sculpture de Paris, quelques unes de leurs académies dessinées d'après nature;

ART. 11.

Les professeurs d'architecture civile, de géométrie, de mécanique, de perspective, d'anatomie et d'architecture navale conviendront entr'eux des jours et heures de leurs divers exercices, de façon que l'un ne dérange pas l'autre. Le professeur d'anatomie fera en hiver, sur les cadavres, les démonstrations nécessaires et relatives à l'étude du dessin, et démontrera en été la myologie sèche et l'ostéologie;

ART. 12.

Si un professeur fait une absence, il en préviendra le bureau; son rang et son titre lui seront conservés et sa place sera occupée par un adjoint ou un académicien nommé par le bureau et qui jouisse de toutes les prérogatives du grade; si l'absence du professeur excède le terme de trois ans, l'adjoint ou l'académicien déjà substitué à sa place, sera nommé professeur à perpétuité et celui qui sera ainsi remplacé n'aura plus le titre que d'ancien professeur avec le droit de remplir de nouveau la première place vacante. Tous les professeurs seront obligés d'être assidus dans leurs fonctions respectives, et autrement il y sera pourvu par le Directeur et par le bureau même selon l'exigence du cas;

ART. 13.

L'Académie s'assemblera, à l'indication du Directeur, tous les premiers dimanches du mois pour la reddition des comptes des mois précédents et autres affaires concernant la police de l'Académie et par extraordinaire, toutes les fois que le cas paraîtra au Directeur l'exiger. L'on ne traitera dans l'assemblée que des actes relatifs à l'Académie; les assemblées ordinaires seront composées du directeur et des professeurs et dans les assemblées générales où les adjoints et professeurs et les académiciens seront appelés, les professeurs et les adjoints auront seuls voix délibérative, et tous les autres n'auront que voix consultative. Le directeur, en cas de voix de partage, aura voix prépondérante; le secrétaire fera les billets de convocation par mandement du directeur; ces billets indiqueront le jour, l'heure et le sujet de l'assemblée et il sera donné demi-heure d'expectative après laquelle les présents au-dessus de la moitié délibèreront pour les absents;

ART. 14.

L'assemblée publique se tiendra tous les ans dans la grande salle de l'hotel de ville, le dimanche après la saint Louis, ou tel autre jour au gré de MM. les échevins; les académiciens honoraires et amateurs y seront invités; MM. les échevins en qualité de protecteurs et de fondateurs y présideront ainsi que dans toutes les assemblées où ils voudront se trouver en corps ou en particulier. Ces Messieurs distribueront ce jour-là les médailles qui auront été décernées au jugement de l'Académie, par les deux tours de suffrages, aux élèves qui les auront méritées;

ART. 15.

L'Académie donnera tous les ans onze médailles, deux en or de cent cinquante livres l'une, et neuf en argent de la valeur ensemble de deux cents livres; une des médailles d'or sera donnée à la concurrence aux élèves peintres, sculpteurs ou dessinateurs, qui auront composé et exécuté un ouvrage dont le sujet aura été donné par l'Académie. Les élèves reconnus pour avoir été aidés directement ou indirectement du moindre secours étranger seront exclus de la concurrence. La seconde médaille d'or sera adjugée aux mêmes conditions à l'élève artiste ou mécanicien ou anatomiste, ou constructeur, ou de perspective, qui aura composé et exécuté le meilleur ouvrage relatif à son art.

Quatre médailles d'argent seront données aux mêmes conditions aux élèves peintres, sculpteurs ou dessinateurs, et les cinq autres aux élèves des cinq arts; nul élève ne sera admis à composer pour un prix inférieur à celui qu'il aura déjà remporté;

ART. 16.

La salle du modèle et l'école du dessin seront ouvertes tous les jours ouvrables depuis six heures jusqu'à huit en hiver, et depuis six heures jusqu'à la nuit en été;

ART. 17.

La pose du modèle sera de trois, quatre ou plus de séances, selon que celui qui aura fait la pose le jugera convenable; le Directeur posera le modèle la première semaine de chaque mois, accompagné du professeur en fonctions, de quatre groupes dans le cours de l'année. Le professeur en fonction fera la pose pendant le reste du mois. Les professeurs de dessin, au nombre de six, alternativement, poseront toutes les années un groupe chacun; le modèle posé, les professeurs prendront leurs places selon leur rang d'ancienneté, ensuite le même rang d'ancienneté décidera de celle des adjoints, des académiciens, des agrégés, des externes qui seront appelés selon l'arrangement du tableau; les fils des professeurs viennent après les agrégés et après eux les élèves qui auront remporté des prix les uns et les autres selon leur rang d'ancienneté respective; ceux qui ne seront pas présents lors de la pose et de l'appel prendront leur rang et se placeront ensuite sans déranger personne;

ART. 18.

L'Académie ne recevra en qualité d'académiciens que des sujets d'un mérite reconnu dans les arts qu'elle y professe, et pour s'assurer de la réalité de leur mérite elle usera des précautions prescrites par les sept articles suivants;

ART. 19.

Tout sujet qui voudra se présenter à l'Académie s'adressera à l'un des professeurs exerçant un talent de même genre que le sien; ce professeur après avoir examiné les ouvrages de l'aspirant priera le Directeur de le proposer à l'Académie assemblée, mais sans déclarer le nom;

ART. 20.

Alors le directeur nommera quatre commissaires au gré du bureau pour aller voir les ouvrages de l'aspirant; le directeur et les quatre commissaires seront instruits en secret du nom du candidat, et sa présentation sera agréée ou différée par l'Académie sur le rapport que lui feront les commissaires, des talents de l'aspirant;

ART. 21.

L'aspirant, la présentation étant agréée, fera apporter à l'Académie, un ou plusieurs de ses ouvrages sur lesquels le bureau jugera par scrutin. Il sera agrégé, si les deux tiers de suffrages au moins lui sont favorables, autrement il ferait de nouveaux efforts pour s'en rendre digne;

ART. 22.

Dès que l'aspirant aura été agrégé, il se rendra chez le directeur pour recevoir de lui le sujet qu'il devra traiter pour son morceau de réception; il en présentera à l'Académie une esquisse peinte à l'huile, s'il est peintre, une maquette modelée en terre, s'il est sculpteur. L'Académie en jugera par scrutin à la pluralité des suffrages; son esquisse ou sa maquette sera reçue s'ils lui sont favorables; dans le cas contraire il recommencera jusqu'à ce qu'il puisse le mériter;

ART. 23.

Le peintre agrégé sera tenu de finir dans l'Académie, et non ailleurs, le tableau qu'il fera sur son esquisse d'agrégation. Le sculpteur agrégé fera de même son modèle en grand, mais il pourra l'exécuter en marbre chez lui, et l'Académie nommera deux commissaires pour l'aller voir travailler; elle en usera de même à l'égard des graveurs, dessinateurs et autres artistes pour l'agrégation et la réception;

ART. 24.

S'il est reconnu que les agrégés se soient prévalus dans leur morceau de réception d'aucun secours étranger, ils seront déclarés déchus du bénéfice d'agrégation qu'ils perdront également s'ils ne présentent pas à l'Académie leur tableau ou leur modèle dans le temps qui leur a été prescrit;

ART. 25.

L'Académie jugera les morceaux de réception par le scrutin. L'agrégé sera reçu académicien s'il y a pour lui les deux tiers des suffrages; si ce nombre n'est pas atteint, son titre d'agrégation sera annulé et non avenu. Les peintres agrégés seront tenus d'orner leurs tableaux de réception d'une bordure convenable;

ART. 26.

Les présents règlements seront exécutés selon leur forme et teneur après qu'ils auront été approuvés par MM. les échevins et par l'Académie royale de peinture et de sculpture de Paris; les directeurs et les professeurs, sous quelque prétexte que ce soit, ne pourront y faire aucun changement sans une délibération expresse et approuvée par MM. les échevins et par l'Académie royale.

LISTE

DE LA SOCIÉTÉ DE L'ÉCOLE ACADÉMIQUE GRATUITE DES BEAUX-ARTS, DU DESSIN,
DE PEINTURE, DE SCULPTURE, ARCHITECTURE CIVILE,
GÉOMÉTRIE, MÉCANIQUE, PERSPECTIVE, ARCHITECTURE NAVALE.

Directeur perpétuel, commissaire et officier de l'Académie royale.

M. D'ANDRÉ BARDON, professeur royal des élèves protégés par S.-M., et membre de l'Académie des belles-lettres de Marseille;

OFFICIERS EN EXERCICE.

Directeur et recteur perpétuel.

M. VERDIGUIER, sculpteur de la ville.

Professeurs perpétuels de dessin.

MM. COSTE, peintre.
BERTRAND, sculpteur.
RICHEAUME, peintre.
DAVID, peintre.
NICOLAS, sculpteur.

MM. MOULINNEUF, peintre de la ville, secrétaire perpétuel.
ZIRIO, peintre.
BEAUFORT, peintre.
KAPELLER, peintre.
REVELLY, peintre.

Professeurs perpétuels d'architecture civile.

M. D'AGEVILLE, dessinateur, architecte de M. le duc DE VILLARS et inspecteur des travaux publics;

Professeur perpétuel de géométrie.

M. KAPELLER, peintre géomètre, architecte et professeur.

Professeur perpétuel de mécanique.

M. GARAVAQUE, ingénieur de la marine.

Professeur perpétuel de perspective.

M. D'AGEVILLE, inspecteur des travaux.

Professeur perpétuel d'anatomie.

M. GÉRARD, chirurgien major des forts et citadelles de Marseille.

Professeur d'architecture navale.

M. LEPÊTRE, constructeur.

Fait et délibéré au bureau assemblé le dixième octobre mil sept cent cinquante six.

Signé : Verdiguier, directeur perpétuel ; Coste, chancelier ; Guérin, professeur de dessin ; d'Ageville, inspecteur ; Kapeller, professeur de dessin et de géométrie ; Lepêtre et Moulinneuf, secrétaire perpétuel.

Signé à l'original : Roux, Villet, Remuzat et Ricaud, échevins.

L'affiche porte au centre les armes de France, à gauche les armes de la ville, à droite celles de l'Académie de Marseille.

L'arrêt qui assurait la dotation de l'Académie constituait un événement mémorable. La compagnie décréta qu'une affiche serait placardée sur les murs de Marseille et des principales villes de la Provence pour annoncer cette prise de possession et l'entrée en exercice de la compagnie; ainsi en avait ordonné d'André Bardon, son directeur perpétuel :

ACADÉMIE DES ARTS.

Le public est averti, qu'en vertu d'un arrêt du Conseil, Sa Majesté ayant autorisé l'établissement gratuit d'une Académie des arts, du dessin, de peinture, sculpture, architecture, perspective, géométrie, mécanique et anatomie dans la ville de Marseille à la demande de MM. les échevins conseillers du roi, lieutenants généraux de police, pour le bien et l'avantage du commerce, des arts et manufactures, les salles d'exercices seront ouvertes pour tous ceux qui voudront y venir étudier gratuitement munis d'un certificat de quelqu'un des professeurs ci-après mentionnés :

Visé par le Directeur.

Directeur.

M. Verdiguier, sculpteur de la ville.

Professeurs de dessin.

MM. Coste, peintre.
Bertrand, sculpteur.
Richaume, peintre.
David, peintre.
Nicolas, sculpteur.
Moulinneuf, secrétaire de l'Académie, peintre de la ville.

MM. Zirio, peintre.
Beaufort, peintre.
Kapeller, peintre.
Guérin, peintre.
Chateauneuf, peintre.
Revelly, peintre.

Professeur d'architecture et perspective.

M. d'Ageville, architecte de Mgr le duc de Villars, inspecteur des travaux publics;

Professeur de mécanique.

M. Garavaque, ingénieur | M. Lepêtre, adjoint, constructeur.

Professeur de géométrie.

M. Kapeller.

Professeur d'anatomie.

M. Girard, chirurgien.

A Marseille chez Sibié imprimeur du Roi de la ville et marchand libraire sur le port... M.D.C.C.L.V.I.

PROJET DE DOTATION POUR LES PROFESSEURS.

Le Conseil municipal, très satisfait de l'Académie, avait voté spontanément un supplément de subvention de 3,000 livres (il voulait les porter à 9,000) à ajouter aux 3,000 livres qu'il lui avait précédemment accordées. Ce crédit devait être appliqué à des honoraires pour les professeurs. Nous n'avons pas trouvé trace de la délibération du Conseil de ville à ce sujet, mais la lettre ci-dessous de M. de La Tour aux échevins lève tous les doutes.

MARQUIS DE LA TOUR AUX ÉCHEVINS.

Aix, le 2 avril 1758.

Je vous renvoie, Messieurs, les mémoires des professeurs de l'Académie de peinture de la ville de Marseille, avec celui des observations que vous avez fournies sur la demande qui y est contenue;

Je connais toute l'utilité de cet établissement et je sens qu'il conviendrait pour le soutenir avec succès, d'augmenter les émoluments de 3000 livres qui y ont été déjà attachés sur la communauté, mais vous êtes instruits comme moi de la situation critique où elle se trouve actuellement: cette circonstance ne laisse pas d'arrêter, elle doit du moins suspendre la faveur que la ville doit y donner par ses libéralités;

C'est l'observation que ne manquerait pas de faire M. le contrôleur général, si je lui proposais une augmentation de neuf mille livres par an suivant votre avis, je ne sais même si en la réduisant à trois mille il y donnera les mains. Je vous prie de faire prendre cependant la dessus une délibération par le Conseil de la communauté, et de m'envoyer une expédition afin que je puisse en rendre compte au ministre [1].

Je suis, etc.

LA TOUR.

Les suites de la correspondance échangée à ce sujet ont disparu. Le ministre avait dû refuser d'approuver la délibération du Conseil municipal.

1758.

A cette époque l'Académie était en pleine prospérité. Aucune épreuve sérieuse n'était venue paralyser son essor. Tout nous porte à croire que le règlement relatif à la concurrence pour le grand prix fut rédigé cette même année; cependant nous ne voyons décerner ce prix qu'en 1762. Ce fut le peintre Polo Bernard qui le remporta. Coste fils obtint après lui le premier prix.

Voici le règlement dont il s'agit:

RÈGLEMENTS

POUR SERVIR DE FORMULE AUX ÉLÈVES DE L'ACADÉMIE QUI METTENT À LA CONCURRENCE POUR LE GRAND PRIX CONSISTANT EN UNE MÉDAILLE D'OR DE LA VALEUR DE 150 LIVRES.

ARTICLE PREMIER.

L'Académie en la personne du directeur, ou du professeur en exercice, annoncera la concurrence pour le prix d'or, et indiquera le jour pour recevoir le nom des élèves qui se présenteront au bureau assemblé;

ART. 2.

Leur nom sera reçu; on leur assignera le jour pour faire l'esquisse du sujet qui doit entrer en concurrence;

ART. 3.

Le jour prescrit pour faire les esquisses, les élèves attendront dans le vestibule les ordres de l'Académie;

[1] Archives de la mairie.

ART. 4.

L'ordre d'entrer dans le bureau leur ayant été signifié, ils seront attentifs à la lecture du sujet pris dans le nouveau ou dans l'ancien testament qui leur sera donné par le directeur ou le professeur en exercice;

ART. 5.

Le sujet donné, ils seront enfermés dans une salle tout le reste de la journée pour en faire et finir l'esquisse;

ART. 6.

Le soir du même jour, le directeur ou le professeur en exercice recevra dans le bureau les esquisses qui auront été faites, avec le nom de leurs auteurs, et leur indiquera le jour que l'Académie aura déterminé pour en faire le choix;

ART. 7.

L'Académie après avoir rejeté les médiocres et admis les bonnes annoncera à ces derniers une nouvelle concurrence en esquisses qui se fera avec les mêmes formalités que la première. Les esquisses remises, l'Académie les scellera de son sceau, et ne les rendra à ceux qui les auront faites, soit peintre, soit sculpteur, que le jour prescrit pour l'exécution du tableau, ou du bas relief;

ART. 8.

L'Académie assignera aux dits élèves des loges pour l'exécution de leur ouvrage, elle veillera avec sévérité à ce qu'ils ne se prévalent d'aucun secours étranger comme estampes, bosses, dessins, tableaux, avis même de professeur ni de quelqu'autre. En ce cas l'élève sera déchu de tout bénéfice de concurrence; son ouvrage interdit, et sera renvoyé à une autre année;

ART. 9.

Les élèves auront cinquante jours pour l'exécution de leur ouvrage, il leur sera permis de se servir de l'étude de la nature, tant des modèles vivants, que de ceux de nature morte;

Les peintres peindront leur sujet sur une toile de cinq pans sur quatre, et les sculpteurs feront mouler leurs bas-reliefs qui sera de la même grandeur, que les tableaux.

Peu après, l'Académie se trouva aux prises avec des difficultés de toutes sortes, et nous ne trouvons plus trace de concurrence pour le grand prix. L'Académie dut sans doute renoncer à le décerner.

1760.

L'Académie n'était alors soumise à aucun autre contrôle que celui précisé par ses règlements. Elle avait toute liberté pour l'emploi des 3,000 livres que la ville lui octroyait. Grâce à l'ordre et à l'économie apportés par elle dans l'emploi de ces fonds, elle put jouir d'un léger boni; elle l'employa à rénumérer quelque peu les professeurs, l'attribuant à des billets de séance : nous en trouvons la preuve dans la pièce suivante :

CONVENTION PARTICULIÈRE SOUS FORME DE DÉLIBÉRATION.

ARTICLE PREMIER.

« Deux professeurs de chaque mois, savoir celui de la salle du modèle, et celui de la salle du dessin, devront être exactement rendu à l'ouverture de l'Académie, après une demi-heure d'expectative; s'ils n'ont pas paru, ils seront remplacés par le professeur, suivant le rang de la liste, qui sera présent au bureau, lequel jouira des émoluments représentés par le billet de séance, sans que l'absent puisse y prétendre.

« Les dits billets de séance seront timbrés aux armes de l'Académie, ils désigneront l'année, le nom, le jour; ils seront contrôlés par le secrétaire, le concierge aura soin tous les matins d'aller les prendre chez le dit secrétaire, et de les faire viser par le directeur.

« Le même concierge, chaque soir, après la dernière heure d'expectative, sera attentif de les remettre aux professeurs qu'il verra en fonction, et qui lors du partage des honoraires, seront payés sur les billets et au prorata de la quantité que chacun en aura.

« Quant aux professeurs des sciences, comme ils n'ont personne pour les remplacer, lorsqu'ils manqueront, leurs billets tomberont dans la masse.

ART. 2.

« Pour exciter les élèves, lorsqu'une répétition continuelle des mêmes dessins les dégoute, les douze professeurs de dessin seront obligés de donner chacun tous les mois une figure académique, ou une tête, un pied, ou une main, dont ils retireront un billet timbré, contrôlé, et visé comme il est dit à l'article 1er, évalué à la somme de.....

« Les professeurs munis des dits billets recevront le payement lors de l'échéance des honoraires. Tout autre dessin que celui des mois n'aura point droit à une indemnité.

ART. 3.

« Le payement des billets de dessin pour les élèves sera pris sur la somme totale des honoraires, qui seront ensuite partagés savoir : trois parts au directeur, une part au sécrétaire comme à chacun des professeurs à l'exception des deux professeurs d'anatomie qui se partageront une seule part.

« NOTA. Les billets de séance entreront en compte dans le dit partage, augmentant la portion de celui qui en aura bénéficié aux dépens de celui qui aura manqué l'heure.

ART. 4.

« Les douze professeurs enverront chaque année un tribut à l'Académie royale; ceux qui s'en dispenseront payeront une taxe réduite sur la portion de leurs honoraires au profit des professeurs qui auront été exacts;

« Cejourd'hui, février 1760. »

1763-1770.

Les bonnes dispositions des échevins en faveur de l'Académie se maintenaient. Elle avait été forcée d'abandonner les salles qu'elle occupait dans l'Arsenal depuis plus de sept années, l'État les ayant réclamées pour son service, et le Conseil municipal s'était empressé de voter une somme de 500 livres pour pourvoir aux frais du nouveau logement.

Les Archives de la mairie fournissent la correspondance suivante, échangée à ce propos. On y voit avec quelle rigueur le gouvernement exerçait son droit de tutelle sur l'emploi des finances au sein des compagnies qu'il dotait :

MESSIEURS LES ÉCHEVINS DE MARSEILLE À MONSEIGNEUR DE LA TOUR.

4 mars 1763.

« Les professeurs de l'Académie de peinture, sculpture et autres arts ayant présenté un comparant, pour demander que la communauté accorde un logement à l'Académie, le Conseil municipal a délibéré le premier de ce mois de leur accorder annuellement cinq cents livres. Nous joignons le comparant, et la délibération afin qu'il vous plaise de l'autoriser. »

Signé : ROLLAND, NOUAN et SAMATAN.

EXTRAIT DU COMPARANT PRÉSENTÉ PAR LES PROFESSEURS.

« Depuis l'établissement de l'Académie les professeurs ont toujours gardé le silence, c'est-à-dire n'ont rien demandé : preuve convaincante qu'aucun intérêt personnel ne les fait agir ; et quoique des honoraires leur aient été accordés (ils font ici allusion aux 3000 liv. que le Conseil avait votées précédemment en leur faveur) plus jaloux du bien de la patrie que de leurs avantages particuliers, ils n'ont jamais fait la moindre démarche pour les exiger.

« A ce point de vue, Messieurs, daignez par vos généreux soins faire apercevoir au Ministre quel est le bien qui résulte pour les arts que les professeurs exercent dans leurs écoles ; bien loin de rendre un tas d'hommes inutiles à l'État, ils s'occupent à faire en sorte que tous ceux professant les arts et métiers, après s'être nourris de bons et vrais principes s'attachent à faire valoir leurs talents et en insinuent le goût et l'affection dans le cœur de leurs enfants, afin de les cultiver successivement à l'avantage des manufactures du commerce et de la marine. »

Signé : VERDIGUIER, MOULINNEUF.

Le 5 mars 1763, M. de La Tour annonçait aux échevins que cette dépense ne pouvait être faite qu'avec l'agrément du contrôleur général et qu'il allait lui transmettre leur délibération.

En effet, le 11 mars 1763, M. de La Tour, écrivant à M. Bertin, terminait en disant : « Un établissement de cette espèce est très utile dans une ville comme Marseille. Il me semble qu'on ne peut trop le protéger, et qu'il n'est pas possible d'exiger que les professeurs fournissent à leurs frais les salles nécessaires pour les exercices. Je vous prie de vouloir bien me faire connaître vos intentions. »

La réponse du Ministre ne se faisait pas attendre ; sa lettre, datée de Versailles le 30 mars 1763, contenait un refus catégorique : «Je ne peux pas approuver, disait-il, ce nouvel objet de dépense; dans la situation actuelle des affaires de cette communauté, il me paraît au contraire convenable d'assujettir les associés et professeurs de l'Académie à se procurer un logement sur les 3,000 liv. que la ville accorde chaque année pour le soutien de cet établissement; c'est ce que je vous prie de faire savoir aux échevins.»

Le 12 avril 1763, M. de La Tour faisait part de cette lettre aux échevins et il ajoutait : «Si vous croyez devoir insister auprès de M. le Contrôleur général pour obtenir l'autorisation, vous pouvez lui adresser des représentations; je les appuierai volontiers.»

En présence de la fermeté de ce refus, le Conseil craignit de fatiguer le Ministre et la décision resta définitive.

1768.

A dater de 1763, forcée de pourvoir à son logement sur les 3,000 livres que lui accordait la ville, un certain malaise commença à peser sur l'Académie. Le refus du contrôleur général Bertin l'avait frappée au cœur. Sa situation s'aggravait chaque année par suite de l'augmentation progressive du prix de tous les objets de nécessité. Les Archives de la préfecture contiennent des ordonnances de 1766, frappant d'un nouveau droit d'entrée à Marseille un grand nombre de denrées, et les loyers suivaient la même progression.

Or, vers 1767, l'Académie des sciences et belles-lettres ayant obtenu de la ville une salle dépendante de l'église Saint-Jaumes, l'Académie de peinture, toujours jalouse de la prospérité de son école, sollicita la même faveur, mais infructueusement. Nous n'en citons pas moins la supplique qu'elle adressa aux échevins. C'est un tableau achevé de sa situation.

A MESSIEURS LES MAIRES, ÉCHEVINS ET ACCESSEURS (sic), CONSEILLERS DU ROI, LIEUTENANTS GÉNÉRAUX DE POLICE, DÉFENSEURS DES PRIVILÈGES, FRANCHISES ET LIBERTÉS, FONDATEURS DE L'ACADÉMIE DE PEINTURE ET DE SCULPTURE DE LA VILLE DE MARSEILLE.

«Les directeurs, officiers, professeurs et membres de l'Académie de-

peinture et de sculpture ont l'honneur de vous exposer que quoique par l'effet de la protection, dont vos sages prédécesseurs les ont honorés, la ville de Marseille a été autorisée par Sa Majesté de fournir annuellement la somme de 3,000 liv. pour l'entretien de cette Académie, néanmoins la cherté des loyers obligea ses administrateurs à choisir une maison hors l'enceinte de cette ville. Cette épargne quoique considérable ne l'est pas assez pour quelle puisse trouver sur le restant de ses revenus une somme suffisante pour pouvoir mettre en exécution les moyens de rendre les études académiques toujours plus utiles au commerce.

« Ses revenus suffisent à peine aux objets les plus pressants tels que l'huile, pour l'entretien des lampes pendant dix mois de l'année, le charbon pour la salle du modèle, et celle des principes, du dessin, celles des sciences et du bureau pendant tout l'hiver; les chandelles, l'achat des médailles pour les prix annuels et les jetons à distribuer chaque mois aux élèves qui se distinguent; les appointements et vêtements du concierge et mandataire, ceux du modèle pour dessiner d'après nature, l'entretien des tables, bancs et autres meubles, les figures en plâtre de ronde bosse nécessaire aux éléments du dessin, celui du loyer du local.

« On voit que ce n'est que par le fruit de la plus sage économie que l'Académie a pu subsister jusqu'à ce jour. Il n'est aucun citoyen qui n'ait été dans le cas de s'apercevoir des progrès des arts depuis que Marseille possède cet établissement. »

La supplique passe en revue les manufactures auxquelles l'Académie fournit des ouvriers et des dessinateurs ainsi que Grosson l'indique dans plusieurs de ses almanachs : puis elle ajoute ceci :

« La menuiserie, la marqueterie rivalise [avec] celle des plus habiles ouvriers de l'Europe; la serrurerie soumise auparavant à un goût gothique a fait un pas immense; les ferblantiers donnent, grâce à nous, au fer blanchi la forme de vases qu'on ne connaissait qu'en matière d'argent. Nos colons d'Amérique tirent tous les jours des meubles, et tout ce qui est nécessaire aux ménages, des fabriques de Marseille, que nous voyons autrefois passer en transit, sans soupçonner que nous pourrions un jour les imiter.

« Quelque précieux que soient pour Marseille ces avantages, elle est en droit d'en attendre de plus considérables, si l'Académie se trouve en état de pouvoir mettre les diverses écoles dans l'ordre nécessaire pour les rendre également utiles.

« Le dessin, la peinture et la sculpture, ne sont pas les seuls arts qu'on y professe, tous ceux qui ont une analogie intime avec le dessin sont également enseignés.

« La géométrie, la mécanique, la perspective, l'anatomie, l'architecture nautique ou la construction, forment autant de chaires remplies par divers professeurs, que l'insuffisance d'une seule salle commune à ces trois divers exercices, met dans la nécessité de ne professer qu'alternativement pendant quelques mois de l'année, et rend les cours de ces sciences et arts trop abrégés pour que les élèves puissent en profiter avec succès.

« Si pour éviter cet inconvénient, l'Académie se transportait dans un local plus vaste, elle s'assujettirait par là à un loyer plus considérable, et le défaut qui en résulterait dans les seuls revenus qu'elle tient de la libéralité de la communauté la mettrait dans le cas d'être privée d'autres objets indispensables. Un autre inconvénient non moins digne de votre sollicitude pour le bien public, résulte de la situation actuelle du logement de l'Académie : elle se trouve hors l'enceinte de la ville, également éloignée des quartiers les plus habités par les artistes et les manufacturiers, dont les enfants et leurs élèves forment et formeront toujours le plus grand nombre parmi les élèves et ceux dont la patrie a lieu d'attendre le plus de leur industrie.

« Cette même situation est cause que la majeure partie des parents refuse d'envoyer ses enfants à l'Académie pendant l'hiver, pour ne pas les exposer à l'intempérie de l'air dans un lieu découvert, tel que le cours des Capucines; les exercices finissant en hiver à huit heures du soir, les professeurs pour se retirer, sont souvent obligés d'endurer la pluie et des vents affreux sans pouvoir trouver dans ce quartier les ressources qu'on trouve dans le sein de la ville.

« L'Académie possède un dépôt précieux en tableaux, dessins, estampes, et livres relatifs aux arts, qu'il est avantageux de conserver; elle n'a qu'un seul concierge commis à la garde de ces effets, dans un lieu isolé où il y a des lacunes considérables d'une maison à l'autre, surtout du côté des jardins, ce qui pourrait faciliter leur enlèvement.

« Ces divers inconvénients que les exposants ont l'honneur de mettre sous vos yeux, Messieurs, se trouveraient franchis, si l'Académie pouvait être logée, dans la ville, également à portée des cinq paroisses, dans le quartier le plus habité, et dans un édifice appartenant à la communauté; l'église Saint-Jaumes, dont elle est propriétaire, paraîtrait, aux exposants, l'endroit le plus convenable pour remplir les vues qu'ils se sont proposés pour le bien général. Nombre de maîtres de pension habitant dans les environs, les jeunes citoyens confiés à leurs soins pourraient par ce moyen profiter des exercices de l'Académie; ce qui n'est pas praticable dans la situation actuelle.

« L'épargne du loyer qui en résulterait mettrait l'Académie à même de pouvoir faire peu à peu acquisition de nombre d'instruments indispensables pour pouvoir démontrer avec fruit les sciences et arts relatifs au dessin. Elle est totalement dépourvue de ces instruments, ce qui met les professeurs dans l'impossibilité de donner à leurs élèves toutes les connaissances dont ils sont susceptibles. Votre amour pour les lettres et sciences vous a fait consentir avec plaisir à donner, dans ce local de Saint-Jaumes, un logement à l'Académie des belles lettres sciences et arts. L'Académie de peinture et sculpture ne pourrait-elle se flatter d'obtenir la même faveur? Elle vous appartient de plus près par le titre de fondateur que vous avez daigné accepter; son utilité pour le commerce de cette ville vous est connue. Jalouse de l'augmenter, elle se fera un devoir de concourir par la sagesse de vos vues qui distinguent à si juste titre votre administration; dans ces circonstances les exposants ont recours à vous, Messieurs, aux fins qu'il vous plaise leur faire octroyer par la communauté la jouissance du local dont s'agit d'une manière stable et permanente, pour y établir les salles de la dite Académie. Ils ne cesseront de faire les vœux les plus ardents pour la durée de vos jours et la prospérité de vos entreprises. »

Signé: KAPELLER, directeur; JARENTE, SABATIER, LA-
TOUR D'AIGUES, FONTAINIEU; le chevalier DE REVEL;
MOULINNEUF, sécrétaire perpétuel; l'abbé DE JARENTE,
CAMPION, CH. CH. LA TOUR D'AIGUES, off. aux gardes
françaises; MAZARGUES, GUYS.

1770.

M. le duc de Villars étant mort, les professeurs avaient offert à M. le marquis de Marigny le titre de protecteur, et celui-ci l'avait accepté; mais les échevins ne tardèrent pas à élever des prétentions à ce titre, et ils menaçèrent l'Académie de lui retirer ses subsides s'il n'était pas fait droit à leur réclamation.

La correspondance du secrétaire et celle de d'André Bardon, de mai, de juillet et d'août 1772, contiennent de curieux détails sur ce conflit qui compromettait encore l'existence de l'Académie. D'André Bardon avait obtenu de M. de Montucla, premier commis, un mémoire à ce sujet; les archives nous l'ont conservé; nous le consignons ici[1].

MÉMOIRE.

Les raisons de MM. les échevins pour ne point reconnaître les droits de M. le marquis de Marigny, sont; (disent-ils)

1° Parce que le règlement de 1751 détruit celui de 1676.

Pour juger de l'erreur de cette proposition il suffit de lire les deux articles de 1751.

«ART. 2. L'Académie royale de peinture et de sculpture sera toujours sous la protection immédiate du Roi et recevra ses ordres par le directeur et ordonnateur général de ses bâtiments, jardins, arts et manufactures.»

Non seulement cet article ne détruit rien, mais encore il établit la protection immédiate du directeur et ordonnateur général; aussi M. le marquis de Marigny a-t-il sur la liste de l'Académie royale sa place immédiatement après le Roi, et dans les assemblées occupe-t-il la place du Roi, lui-même, dont il a l'autorité dans le département des arts.

«ART. 3. Les statuts et règlements de l'Académie royale autorisés par lettres patentes du .. décembre 1663 continueront d'être exécutés suivant leur forme et teneur, ensemble tous autres lettres patentes, arrêts et règlements donnés en sa faveur.»

Les statuts de 1751, confirment bien plutôt ceux de 1676 qu'ils ne les détruisent.

2° Disent MM. les échevins : «Il n'y a point d'académie de province qui ait M. de Marigny pour protecteur.»

---

[1] Ce mémoire rédigé par M. de Montucla, premier commis du marquis de Marigny, fut expédié à Marseille le 6 juin 1772.

Si c'est là une raison pour ne pas admettre ses droits, il faut que l'Académie de Marseille renonce à son affiliation à l'Académie royale, et au directeur perpétuel qu'elle lui a donné parce qu'il n'y a point d'Académie de province qui soit ainsi affiliée et qui ait un de ses officiers pour directeur.

Si les académies de province n'ont pas eu la pensée, l'ambition, ou les moyens de se procurer la protection du directeur général des arts, s'ensuit-il que l'Académie de Marseille, parfaitement instruite de ses obligations ait eu tort de se les procurer?

Dans toutes les Académies de province et notamment dans celle de Toulouse, MM. les échevins n'ont que le titre de fondateurs; ce titre qu'ont si bien mérité MM. les échevins de Marseille, parce qu'ils sont en effet les distributeurs d'un bienfait pécunier, obtenu du Roi par leur généreuse médiation en faveur de l'Académie, le comble d'honneur et de gloire. Est-il possible qu'ils fassent craindre à cette louable société si utile depuis longtemps à la ville, à la province, au commerce et aux arts, une destruction prochaine en les menaçant d'engager le souverain de retirer le bienfait par lequel elle se soutient? Les pères de la patrie pensent trop noblement pour qu'on ait à craindre qu'un pareil projet s'exécute [1].

Nota. — Le roi veut que les académies de province dépendent de l'Académie royale, il est dit dans le préambule des lettres patentes de 1676 : «La dite Académie juge qu'il serait très utile d'établir en diverses villes du royaume des écoles académiques qui dépendent d'elles.»

1772.

L'incident soulevé par les échevins en 1771 fut clos dans le courant de 1772. L'Académie, ne continuant pas moins depuis longtemps de poursuivre l'obtention de lettres patentes en sa faveur, n'avait pas cessé ses instances, et M. le duc de la Vrillière avait chargé M. de La Tour de demander des éclaircissements aux professeurs : «Le ministre pense que ces derniers avaient dû correspondre avec l'Académie royale pour lui faire connaître les progrès de leurs élèves puisqu'ils demandent de participer à ses privilèges et à se placer sous sa direction.» C'est M. de La Tour qui parle. Il lui avait été répondu le 11 septembre 1771 et, cette fois, les professeurs adressaient directement à Paris le mémoire suivant :

[1] La correspondance du secrétaire (septembre-octobre 1772) démontre à quel point ce conflit compromettait l'existence de l'Académie.

PRÉCIS HISTORIQUE

DE L'ACADÉMIE DE PEINTURE ET DE SCULPTURE ÉTABLIE A MARSEILLE,
CONCERNANT LE PROJET DES LETTRES PATENTES DEMANDÉES POUR LADITE ACADÉMIE.

20 juin 1772.

Ce précis rappelle les débuts de l'Académie en 1752, la nomination de M. d'André Bardon en 1756 [1], son affiliation à l'Académie royale à cette époque, la satisfaction des échevins, leur visite à l'école avec M. Glené de La Tour, intendant, leur demande au Roi de la soutenir : « attendu qu'il n'était pas juste de charger plus longtemps les artistes fondateurs d'en supporter la dépense, tandis qu'ils sacrifieraient pour le bien public leur temps, leurs soins et leurs veilles. » Dans ce précis on fait également sentir combien l'étude du dessin influait sur les manufactures de soie, les fabriques de toiles peintes et celles de faïence où le dessin est indispensable, « nonobstant une grande quantité de métiers dont les produits acquièrent par le dessin une plus grande valeur et dont le commerce profite sans avoir recours aux pays étrangers. De ce nombre le dessin sert aux ciseleurs, aux orfèvres, aux graveurs, aux horlogers, aux ouvriers en cuivre, aux serruriers, aux ferblantiers, aux maçons, tailleurs de pierre, ébénistes, menuisiers, plâtriers, constructeurs, etc.

« En effet, par un arrêt du 15 juin 1756, le Roi ordonna que la ville donnerait tous les ans trois mille livres pour l'entretien de la dite école académique; de nouveaux règlements furent dressés, les statuts observés, la correspondance avec l'Académie royale suivie, un grand nombre d'amateurs du rang le plus distingué empressés de devenir membres de la compagnie, et sa réputation s'étendit dans la capitale et dans les principales villes du Royaume.

« En 1770 l'Académie pour assurer sa stabilité demanda des lettres patentes. L'Académie royale appuya cette demande; à cet effet de nouveaux statuts furent dressés sous la direction de M. le marquis de Marigny.

« Les nouveaux règlements furent seuls approuvés et la demande renvoyée pour y satisfaire à des temps plus heureux. La principale objection consistait en l'impossibilité où se trouvait le ministre de

---

[1] Ici le précis commet une erreur. Il existe une lettre de Moulinneuf datée de 1754, prouvant que d'André Bardon était alors à la tête de l'école.

concilier la dite demande avec l'article premier des lettres patentes accordées par Louis XIV, enregistrées au Parlement le 22 décembre 1676, à savoir que, les dites écoles académiques seront sous la protection du protecteur de l'Académie royale et qu'on choisira pour vice protecteur telle personne de qualité éminente qui sera trouvé à propos dans tous les lieux ou les dites écoles seront établies.

« Or le duc de Villars étant mort, l'Académie n'a pas hésité à reconnaître à sa place le protecteur de l'Académie royale, ainsi qu'il est expressément ordonné par l'article des lettres patentes plus haut mentionné.

« L'obstacle ayant disparu, l'Académie renouvelle sa demande; rien ne s'oppose plus à ce qu'il y soit fait bon accueil, M. le duc de la Vrillière ayant rappelé que la première condition consistait à ce qu'elle fût placée sous la direction de l'Académie royale pour participer à ses privilèges et obtenir des lettres patentes.

« Ce fait est accompli, de plus l'Académie de Marseille a reçu d'elle un grand nombre de figures académiques dessinées par ses plus grands maîtres, avec une lettre pleine d'estime et d'amitié ainsi que celles qui lui ont été envoyées depuis, l'exhortant de « soutenir un éta-« blissement qui fait honneur à la ville de Marseille.

« M. le duc de la Vrillière demande s'il est sorti de l'école quelques sujets distingués.

« A cela l'Académie répond que plusieurs de ses professeurs et de ses élèves ont été reçus à l'Académie royale, que d'autres ont obtenu les grands prix et ont été qualifiés de pensionnaires du Roi, pour être entretenus à ses dépens pendant sept ans, soit trois ans à Paris et quatre ans à Rome. Ainsi le sieur Beaufort, peintre, reçu à l'Académie royale a un logement au Louvre. Les peintres MM. Bounieu et Julien également logés au Louvre, et le sculpteur Foucou actuellement à Rome.

« L'Académie a grandement aidé au perfectionnement des toiles peintes et des faïences dont la réputation de celles fabriquées à Marseille est universelle. Ainsi des autres arts et métiers nécessitant des dessinateurs.

« Les professeurs font observer que sans autre intérêt que celui de servir la patrie, ils travaillent depuis vingt ans à faire progresser l'industrie et les arts, que leur Académie est estimée et admirée jusque dans les pays les plus éloignés; ainsi elle est considérée non seulement par les Académies établies dans le Royaume, mais encore par celles de Copenhague, de Londres, de Pétersbourg.

« Elle compte dans son sein des associés et amateurs de la plus haute distinction, qui lui ont donné les marques les plus glorieuses de leurs sympathies et qui sont inscrites dans les fastes de ses archives.

« M. Tannuci, premier ministre du roi de Naples, lui écrivait au nom de son souverain la lettre la plus flatteuse en lui faisant don du *Recueil des monuments d'Herculanum* « Sa Majesté était charmée de trouver cette « occasion pour marquer l'estime et le cas qu'il faisait autant de l'Aca- « démie que de ses professeurs et de la supériorité de leurs talents. »

« Le comte de Caylus lui envoyait ses ouvrages avec des dessins de Bouchardon. Le baron de Gaillard de Longumeau lui offrait deux recueils in f° évalués à un prix très considérable contenant une quantité de dessins des maîtres les plus célèbres. etc.

« Par tous ces motifs l'Académie espère qu'on la trouvera enfin digne d'obtenir ces lettres patentes sollicitées depuis vingt ans. »

Marseille, le 20 juin 1772.

1773.

A la suite du précis précédent, l'Académie avait soumis de nouveau à l'approbation de M. le marquis de Marigny le projet des règlements exigé.

STATUTS ET RÈGLEMENTS
POUR L'ACADÉMIE DE PEINTURE ET SCULPTURE ÉTABLIE À MARSEILLE.

Sa Majesté ayant bien voulu, par son arrêt du conseil en date du 5 juin 1756, autoriser l'établissement fait par le corps de ville de Marseille d'une école académique des arts relatifs au dessin et cette école désirant contribuer de plus en plus à l'utilité publique, tant au moyen des règlements propres à la faire fleurir, qu'en se mettant sous la direction et affiliation de l'Académie royale de peinture de Paris, elle a proposé le premier projet de règlements et statuts en 62 articles.

ARTICLE PREMIER.

L'école académique des arts, relatifs au dessin, établie à Marseille portera désormais le titre d'Académie de peinture et de sculpture.

ART. 2.

M. le marquis de Marigny protecteur et fondateur, conseiller d'état ordinaire d'Épée, commandeur des ordres de Sa Majesté, directeur et ordonnateur général de ses bâtiments, jardins, arts, académies et manufactures, sera le protecteur de la dite Académie. Les maire et échevins de Marseille auront le titre de fondateurs.

ART. 3.

L'Académie de peinture et de sculpture de Marseille continuera d'employer pour son entretien les trois mille livres que Sa Majesté, par arrêt de son Conseil d'état du 15 juin 1756, lui a assigné à prendre sur les revenus de la communauté de la dite ville de Marseille.

ART. 4.

La dite Académie sera composée d'un directeur, de plusieurs honoraires amateurs dont le nombre sera ci-après fixé, d'un recteur, d'un chancelier, de dix professeurs dont six de dessin, un d'architecture civile et de perspective, un de géométrie et de mécanique, un d'anatomie et un d'architecture navale, d'adjoints à professeur ainsi qu'il sera expliqué par la suite, d'un trésorier, d'un secrétaire et d'un nombre illimité d'artistes qui n'auront que le titre d'académiciens.

ART. 5.
Continuation des anciens membres de l'Académie.

Le sieur d'André Bardon continuera d'en être le directeur perpétuel; continueront pareillement tous les honoraires amateurs, officiers et académiciens qui se trouveront présentement en place, pour jouir des honneurs et prérogatives attachées aux dites places.

ART. 6.
Affiliation à l'Académie royale.

La dite Académie sera sous la conduite et administration de l'Académie royale de peinture et sculpture de Paris et participera à ses privilèges dans l'étendue de la Provence seulement.

ART. 7.
Différentes espèces d'Assemblées.

Il y aura trois sortes d'assemblées dans la dite Académie, savoir : celles du bureau, qui feront des assemblées particulières, des assemblées générales non publiques, et une assemblée générale publique.

ART. 8.
Manière de recueillir les voix.

Les délibérations de toutes les assemblées seront faites par la voix du scrutin.

ART. 9.
Bureau.

Les bureaux ou assemblées particulières se tiendront tous les premiers dimanches du mois; les assemblées seront seulement composées du directeur, du recteur, du chancelier, des professeurs, du trésorier, du secrétaire; elles auront pour objet la reddition des comptes, leur examen et autres affaires économiques et d'administration concernant la dite Académie.

Le directeur y présidera et en son absence le recteur et au défaut du recteur, le plus ancien des professeurs de dessin, et au cas que les dites assemblées ordinaires du bureau ne soient pas suffisantes pour terminer les affaires de la compagnie, il en sera convoqué d'extraordinaires, toutes les fois que le directeur ou en son absence le recteur ou son représentant le juge nécessaire.

ART. 10.
Assemblées générales non publiques.

Il sera fait tant pour conférer sur les arts que pour les réceptions des honoraires amateurs et des académiciens le premier dimanche de tous les trois mois de l'année, une assemblée générale non publique de deux heures, où l'on fera la lecture des mémoires, que le directeur, les honoraires amateurs, les officiers ou académiciens auront composés concernant les arts, et des vies des membres de la dite Académie.

Dans le cas où il n'y aurait point de mémoires particuliers à lire, le temps de la séance sera employé à la lecture des conférences imprimées de l'Académie royale de peinture et de sculpture de Paris, des vies des peintres, des sculpteurs et autres artistes célèbres. Le secrétaire fera sommairement mention sur un registre particulier pour la tenue des assemblées, des lectures qui y auront été faites et le fera signer par les assistants.

Il fera en outre indispensablement dans la première assemblée l'ouverture des conférences par la lecture des présents statuts, et il terminera la dernière séance des dites assemblées par la lecture d'un résumé de tout ce qui aura été lu et se sera passé dans les dites assemblées.

À l'égard des affaires particulières du bureau qui doivent s'ajouter ce jour là, elles seront terminées après la séance générale en la manière accoutumée et seulement par ceux qui ont droit d'y assister. Il sera même libre au directeur et en son absence au recteur, ou à son représentant, de remettre l'assemblée particulière du bureau à un autre dimanche s'il le trouve convenable.

ART. 11.

Ceux qui désireront se charger de faire les vies des membres de la compagnie préviendront le directeur et en son absence le recteur. Il leur sera donné une année pour délais; les vies dont personne ne se chargera seront faites par le secrétaire; on observera en les écrivant de n'avoir égard à aucune considération particulière qui puisse altérer la vérité, de s'assujettir à une grande exactitude dans les faits, d'indiquer les principaux travaux des artistes, de discuter leur manière et d'apprécier leurs talents à leur juste valeur.

ART. 12.

Les honoraires amateurs ou académiciens qui auront composé des mémoires concernant les arts ou les vies de quelques membres de la compagnie, dont ils souhaiteraient de faire la lecture dans l'une des dites quatre assemblées générales, en préviendront le directeur ou celui qui en son absence le représentera afin que le sujet des lectures puisse être annoncé sur les billets de convocation.

ART. 13.

Ceux qui auront lu des mémoires ou des vies de quelques membres de la compagnie dans l'une des dites quatre assemblées seront obligés d'en laisser une copie manuscrite bien lisible au secrétaire qui la déposera dans la bibliothèque de la dite Académie.

ART. 14.

Assemblées générales publiques.

Tous les ans il sera tenu à l'hôtel de ville, le premier dimanche après la saint Louis, une assemblée publique et générale où sera faite la distribution des prix décernés aux élèves qui les auront mérités, lesquels pour les recevoir seront appelés à haute voix par le secrétaire. Le protecteur présidera à cette séance. Les fondateurs auront la seconde place, la troisième sera pour le directeur perpétuel et les autres membres de l'Académie se placeront selon l'ordre du tableau.

Si le protecteur, après avoir été invité, ne pouvait pas se trouver à la dite assemblée, les prix seraient distribués par les fondateurs et à leur défaut par le directeur ou son représentant.

Avant la distribution des prix il pourra être fait lecture dans la dite assemblée de l'un des mémoires qui aura été approuvé dans l'une des quatre assemblées du premier dimanche de chaque quartier de l'année. Le secrétaire terminera la séance par une description et une analyse succinte des ouvrages qui auront remporté le prix. Il en fera remarquer les beautés, sans oublier ce qu'on y aurait encore désiré pour qu'ils puissent approcher de la perfection.

ART. 15.

Différence pour Messieurs de l'Académie royale.

Dans le cas où quelques membres de l'Académie royale de peinture et de sculpture de Paris, soit officiers honoraires ou académiciens, se trouveraient à Marseille lors de la dite assemblée générale publique, et lors des quatre assemblées générales non publiques, s'ils se sont fait connaître, ils seront invités aux dites assemblées, et l'on aura pour eux toutes les déférences convenables au rang qu'ils occupent à Paris dans les assemblées de l'Académie royale.

ART. 16.

S'il arrivait que le directeur de l'Académie royale de peinture et de sculpture de Paris se trouvât à Marseille, le directeur perpétuel de l'Académie de peinture et de sculpture de Marseille ou son représentant l'invitera à prendre sa place dans toutes les assemblées, même dans celles du bureau et il ne prendra séance qu'au dessous de lui.

ART. 17.
Billets de convocation.

Les billets de convocation dans toutes les assemblées seront faits par le secrétaire; mais ils ne seront distribués qu'après avoir été approuvés par le directeur, et en son absence par le recteur ou celui des officiers qui représentera le recteur, en cas d'empêchement légitime de sa part. Les billets indiqueront le lieu, le jour, l'heure et les motifs de l'assemblée.

ART. 18.
Forme des délibérations.

Avant que de procéder aux délibérations, il sera donné une heure d'expectative, après laquelle les présents, s'ils sont au dessus de la moitié, délibéreront valablement, et à l'égard des assemblées générales qui auront pour objet de conférer sur les arts, les élections d'honoraires amateurs, et les réceptions d'académiciens, il ne sera pas nécessaire, pour la validité des dites élections, que la moitié des honoraires s'y trouve; on délibérera valablement, avec tous ceux des honoraires qui seront présents, pourvu néanmoins qu'il y ait aux dites élections plus de la moitié des officiers de l'Académie.

ART. 19.
Directeur perpétuel.

Le directeur perpétuel sera toujours un des officiers de l'Académie royale de peinture et de sculpture de Paris, nommé par la dite Académie pour remplir cette place; cependant si quelque membre de l'Académie de Marseille se trouvait en même temps membre de l'Académie royale de Paris, il serait préféré pourvu qu'il soit au nombre des officiers de la dite Académie royale; s'il y était simple académicien, il ne pourra être nommé que si l'Académie royale l'en juge capable, et s'il se rencontrait alors dans l'Académie royale de Paris en même temps plusieurs membres de l'Académie de Marseille dont un ou plusieurs seraient au nombre des officiers et un ou plusieurs simples académiciens de la dite Académie royale, l'officier ou les officiers ne pourront alors prétendre exclure les simples académiciens, et la dite Académie royale de Paris, au dit cas, choisira entre les uns et les autres celui qu'elle jugera le plus capable.

Le directeur présidera dans toutes les assemblées, aura le droit d'en convoquer d'extraordinaires, portera la parole dans toutes les occasions, veillera à l'observation des statuts et règlements, et en cas d'égalité de suffrages dans les délibérations sa voix sera prépondérante.

ART. 20.

Honoraires amateurs et ce qui compose leur classe.

La classe des honoraires amateurs sera composée :
1° De quatre honoraires de l'Académie royale de Paris;
2° De tous les membres de l'Académie des belles lettres de Marseille;
3° De vingt six autres amateurs choisis parmi les personnes recommandables non seulement par leur condition, par leurs charges, ou professions distinguées, mais encore pour leur goût décidé pour les arts.

ART. 21.

Cas où les honoraires amateurs ont voix délibérative.

Du nombre des dits honoraires amateurs de l'Académie de Marseille, il ne sera accordé voix délibérative qu'aux quatre honoraires de l'Académie royale de Paris, aux quatre plus anciens des vingt six autres amateurs honoraires de la dite Académie de peinture et de sculpture de Marseille.

A l'égard de tous les autres honoraires amateurs, ils n'auront que voix consultative.

ART. 22.

Élection des précédents.

Il ne sera procédé aux élections des places vacantes d'honoraires amateurs que dans les quatre assemblées générales qui se tiendront le premier dimanche de chaque quartier, à moins qu'il en soit convoqué une d'extraordinaire à cet effet par le directeur et en son absence par le recteur. Les dites élections se feront à la pluralité des suffrages et les honoraires amateurs qui auront voix délibérative concourront aux dites élections, ainsi que les officiers de la dite Académie.

ART. 23.

Recteur et son élection.

Le recteur, actuellement en exercice, sera perpétuel en considération de ses services et des preuves de son zèle lors de l'établissement de l'Académie; son successeur sera changé tous les trois ans, à moins que le bureau qui seul aura droit de l'élire à la pluralité des voix ne juge à propos de le continuer. En l'absence du directeur, le recteur en remplira toutes les fonctions, et aura, comme lui, voix prépondérante en cas de partage des suffrages et le directeur en retenue à Paris pour le service de l'Académie royale, le recteur entretiendra avec lui la plus étroite correspondance pour le bien et l'utilité de la dite Académie de peinture et de sculpture de Marseille.

ART. 24.

En l'absence du recteur, ses fonctions seront remplies par le professeur de dessin le plus ancien selon l'ordre du tableau.

ART. 25.
Chancelier, son élection.

Le chancelier sera choisi tous les ans à la pluralité des suffrages parmi les professeurs de dessin sans que cette nouvelle dignité puisse l'empêcher de professer. Il aura la garde des sceaux et du cachet de l'Académie. Il ne pourra faire usage du sceau qu'en vertu d'une délibération. Il scellera les provisions des académiciens et ne se servira du cachet que pour les lettres qui seront au nom de la compagnie; son élection se fera par l'assemblée du bureau.

ART. 26.
Élections de professeurs adjoints.

Les élections de tous les professeurs et adjoints à professer seront faites par l'assemblée du bureau à la pluralité des voix; on n'y aura égard dans le choix des sujets qu'au talent et au mérite; les places vacantes des professeurs de dessin seront remplies par leurs adjoints et celles des autres professeurs seront remplies ainsi qu'il sera expliqué ci-après.

ART. 27.
Professeurs de dessin.

Les six professeurs de dessin exerceront alternativement de manière qu'il y ait toujours un enseignant dans la salle du dessin et un autre dans la salle du modèle.

Le professeur qui sera pour la salle du dessin aura soin de fournir aux élèves des figures, des têtes, des pieds, des mains et autres parties dessinées; son mois d'enseignement fini dans la dite salle, il entrera en fonction dans celle du modèle, pour le poser dans les attitudes convenables, donner l'exemple en dessinant et présider à la décence de l'exercice.

ART. 28.

Les deux professeurs en exercice dans la salle du dessin et dans celle du modèle auront chacun la police de leur salle, pleine et entière autorité sur les élèves et pourront renvoyer de l'école ceux dont ils seront mécontents.

Ils seront de plus, chacun dans leur salle, chargés des détails qui concernent l'école; les meubles et effets relatifs aux exercices seront sous leur garde. Mais l'administration de la dépense générale des dites salles sera confiée seulement au professeur du modèle qui à cet effet délivrera les mandats, lesquels seront contrôlés en la manière ordinaire et usitée en la dite Académie.

ART. 29.

Lorsque les professeurs auront renvoyé pour toujours de l'école quelques élèves, afin que leur décision soit exécutée, ils seront obligés de la faire confirmer à l'assemblée ou au bureau; et il en sera fait mention sur le registre; aucun professeur ne pourra recevoir l'élève renvoyé.

Dans les cas qui exigeront une punition moins sévère, les décisions des professeurs seront exécutées sur le champ, et ils n'auront pas besoin de porter leurs plaintes à l'assemblée du bureau.

Si l'élève est renvoyé pour un temps, le professeur en finissant son mois sera tenu seulement d'en avertir le professeur ou adjoint à professeur qui lui succèdera afin que l'élève qui aura été renvoyé ne puisse rentrer.

ART. 30.
Professeurs des sciences.

Les professeurs d'architecture civile et perspective, de géométrie et mécanique, d'anatomie et d'architecture navale, conviendront entr'eux au bureau, des jours et heures de leurs divers exercices, de façon que les uns ne dérangent point les autres, et qu'aucun ne puisse porter obstacle à l'étude du dessin qui doit être l'objet essentiel de l'Académie.

Le professeur d'anatomie démontrera en été l'ostéologie et la miologie sèche; en hiver il fera les démonstrations sur les cadavres et aura soin que toutes ses leçons soient relatives à l'étude du dessin. Les dits professeurs feront afficher à la porte de l'école les jours et heures qu'ils donneront leurs leçons, etc.; ils auront sur leurs élèves la même autorité que les professeurs de dessin.

ART. 31.
Adjoints à professeurs.

Indépendamment des six professeurs, il y aura quatre adjoints à professeurs de dessin, qui seront élus parmi les académiciens les plus habiles; les professeurs d'architecture civile et perspective, de géométrie et mécanique, d'anatomie et d'architecture navale, pourront chacun se choisir un adjoint qui puisse exercer pour eux, en cas d'absence ou de maladie, et même les remplacer si l'assemblée du bureau les en trouve capables lorsque leurs places viendront à vaquer, soit par décès soit par démission.

ART. 32.

Tous les professeurs et adjoints à professeurs seront assidus et attentifs à remplir les devoirs de leurs fonctions respectives, autrement il y sera pourvu par le secrétaire suivant l'exigence du cas.

ART. 33.
Trésorier et son élection.

Il sera fait choix tous les ans par le bureau, à la pluralité des voix parmi les professeurs, d'un trésorier établi à Marseille et y domicilié, sans que ce nouvel emploi puisse le dispenser de professer à l'ordinaire; le trésorier rendra compte tous les premiers dimanches de chaque mois au bureau de l'administration des deniers, et tous les ans aux échevins lors de sa sortie de place. Il veillera en outre à la décoration et entretien de la salle où sont les ouvrages de réception et de celle où se tiennent les assemblées de l'Académie, et à ce qu'il ne s'y passe aucun abus, et si ce dernier cas arrivait, il en informerait le bureau et ferait exécuter les ordres qu'il aurait reçus de lui pour les empêcher.

ART. 34.
Secrétaire perpétuel.

Le secrétaire sera perpétuel, son élection se fera à la pluralité des voix par le bureau, il se chargera de la garde des archives, il inscrira dans les registres le résultat de toutes les propositions agitées et examinées ainsi que toutes les délibérations qu'il fera signer par ceux qui seront présents aux assemblées, et le signera ensuite lui-même. Il expédiera tous les actes et certificats. Il dressera la liste des membres qui composent la dite Académie, laquelle liste sera renouvellée tous les ans, conformément au projet qui en sera arrêté par le bureau et approuvé par le directeur perpétuel; lorsqu'il arrivera le décès de quelques membres de la compagnie, il les notifiera dans une de ses quatre assemblées générales et fera mention de la dite notification sur les registres.

ART. 35.

Si le secrétaire est obligé de s'absenter, il engagera un des professeurs de remplir sa place; s'il n'y a point pourvu, le directeur, et en son absence le recteur, nommera quelqu'un des professeurs pour y suppléer.

ART. 36.
Droits du bureau.

Si l'absence du secrétaire excède le terme de trois ans, le bureau sera en droit d'en nommer un autre à sa place; il aura la même liberté à l'égard de tous les officiers qui s'absenteront pendant un pareil intervalle, à moins que ce ne fut pour les affaires de la compagnie et avec la permission par écrit du bureau.

ART. 37.
Académiciens.

L'Académie ne recevra en qualité d'académiciens que des sujets d'un mérite reconnu, tant pour les mœurs que pour leurs talents dans les arts qu'ils auront embrassés; leur réception sera toujours précédée d'un agrément, et aucune ne pourra être agréée et reçue en même temps.

ART. 38.
Agréés et formalités de l'agrément.

Celui qui désirera se faire agréer sera obligé d'aller voir le directeur et en son absence le recteur ou celui qui le représentera, ainsi que les officiers du bureau, pour leur faire part de son intention, et leur montrera l'ouvrage ou les ouvrages qu'il se propose de présenter à l'Académie, car il sera libre à l'aspirant d'y exposer un ou plusieurs morceaux et lorsque plusieurs des membres du bureau auront jugé que l'aspirant peut les présenter, l'un deux se chargera de la présentation de son ouvrage au bureau, dont les officiers seront seuls juges de son mérite. Si l'aspirant obtient les deux tiers des suffrages, il sera agréé, s'il y en a moins, on l'invitera à faire de nouveaux efforts pour l'être une autre fois.

ART. 39.

Celui qui aura été agréé ira demander le sujet de son morceau de réception au directeur et en son absence au recteur ou à celui des officiers qui le représentera. Le directeur ou son représentant rendra compte au bureau du sujet qu'il aura donné à l'agréé et il en sera fait mention sur le registre.

ART. 40.

Lorsque l'agréé aura reçu du directeur ou de son représentant le sujet de son morceau de réception, il exposera sous les yeux de l'assemblée du bureau l'esquisse de ce morceau; si elle n'en est pas contente, on lui enjoindra de la recommencer, si au contraire elle en est contente, on lui prescrira la grandeur dans laquelle son morceau de réception sera exécuté et on lui fixera pour le rendre un délai qui ne pourra être plus long que dix-huit mois pour les peintres et trois ans pour les sculpteurs, à l'expiration duquel délai l'agréé qui n'aura point fourni son ouvrage demeurera déchu de plein droit de son agrégation. Pourra néanmoins l'Académie, dans des cas extraordinaires et pour les raisons extrêmement importantes seulement, user d'indulgence et donner un délai. Mais cette grâce ne pourra être accordée que dans une assemblée générale et par la réunion des trois quarts des suffrages.

ART. 41.

Les agréés ne pourront assister à aucune assemblée. Ils seront néanmoins employés sur la liste après les académiciens, ils participeront à tous les privilèges et exemptions de la dite Académie. Lorsque les dits agréés seront déchus de leurs droits d'agrégation, ils ne participeront plus aux privilèges et exemptions et seront rayés de dessus la liste.

ART. 42.

Réception des académiciens.

L'agréé avant que de se présenter pour être reçu engagera un des membres de la compagnie à lui servir de présentateur, ou bien priera le directeur ou celui qui présidera en son absence de lui en nommer un. Celui qui sera chargé d'être le présentateur ou qui aura été nommé pour l'être instruira le récipiendaire des devoirs qu'il doit rendre à la compagnie; ces devoirs consisteront principalement à aller voir les officiers en exercice et tous les vocaux (*sic*).

ART. 43.

Les morceaux de réception seront jugés dans les assemblées générales des dimanches de chaque quartier de l'année, à moins qu'il n'en soit convoqué une extraordinaire à cet effet; ils seront soumis au jugement des honoraires amateurs qui ont voix délibérative, et à celui des officiers; le récipiendaire ne pourra être reçu que dans le cas où il obtiendra les deux tiers des suffrages.

ART. 44.

Aussitôt que le récipiendaire aura obtenu le nombre de voix nécessaire pour être reçu, son présentateur l'introduira dans l'assemblée pour être admis à prêter le serment qui sera pris de lui sur le champ par le directeur ou celui qui présidera à sa place; ce serment consistera à promettre de faire ses efforts pour se perfectionner dans son art, d'observer les statuts de l'Académie, d'en tenir les délibérations secrètes, de ne rien faire qui soit contraire aux intérêts de la compagnie, de porter respect à ses anciens et de se comporter en tout comme un bon académicien.

ART. 45.

Les récipiendaires peintres seront tenus d'orner leurs tableaux d'une bordure dorée convenable et enrichie d'un cartel où sera inscrit le nom de l'auteur et le sujet de l'ouvrage. Les sculpteurs signeront pareillement leur morceau de réception et en écriront le sujet dans un endroit apparent. Ils fourniront ainsi qu'il leur sera désigné les guéènes ou piédestaux en bois nécessaires pour le soutenir.

ART. 46.

Faculté de retirer son morceau de réception.

Si quelque temps après sa réception un académicien demande à retirer son morceau de réception pour y substituer un autre ouvrage qu'il croira être meilleur, la liberté lui en sera accordée dans une assemblée générale pourvu que le nouveau morceau obtienne les deux tiers des suffrages.

ART. 47.

Cas où l'Académie peut exclure un de ses membres.

S'il arrive que quelque académicien se rende indigne de l'honneur d'être membre de l'Académie en faisant quelque chose contre l'honneur et la probité, il sera nommé dans une des assemblées générales ordinaires et dans une assemblée générale extraordinaire qui sera convoquée à cet effet; si le cas requiert célérité, trois commissaires tirés du nombre des officiers pour en rendre compte à l'une des dites assemblées générales, l'académicien sera mandé au nom de la compagnie par le directeur et en son absence par le recteur ou son représentant et sur le rapport des commissaires et les réponses faites par celui qui sera cité, il sera rayé de la liste et destitué de sa qualité, s'il est trouvé coupable. Mais une pareille délibération ne pourra avoir force que lorsque les trois quarts des suffrages se réuniront pour la radiation; si celui qui sera mandé refuse de venir répondre en personne à la dite citation, il sera jugé sur les pièces et autres preuves qui seront à sa charge.

ART. 48.

Expositions publiques.

Les expositions publiques des ouvrages des membres de l'Académie seront continuées dans la même forme qu'elles ont été faites jusqu'à présent.

ART. 49.

Police et discipline de l'Académie.

La salle du modèle et celle du dessin seront ouvertes tous les jours ouvrables depuis six heures du soir en hiver, et depuis six heures et demie en été jusqu'à huit heures et demie du soir. Il sera observé un silence profond, la pose sera de trois séances; la dernière semaine de chaque quartier de l'année, le recteur de concert avec le professeur en exercice posera un groupe.

ART. 50.

Tous les professeurs pourront être présents aux divers exercices de l'école, mais sans pouvoir s'ingérer de faire les fonctions de professeur en exercice.

ART. 51.

Tous les membres de l'Académie qui viendront dessiner dans la salle du modèle, prendront leur place suivant leur grade et leur ancienneté; les élèves seront appelés dans l'ordre qui suit : les médaillistes entreront les premiers, les fils d'académiciens entreront après et les externes seront appelés suivant le rang que les professeurs adjugeront à leurs talents. On fera tous les ans un concours pour les places qui seront arrangées sur le mérite des dessins et les élèves seront obligés de montrer tous les jours leurs dessins aux professeurs.

ART. 52.

Les élèves qui seront admis tous les ans par le bureau à concourir pour le prix recevront les sujets des grands prix par le directeur et en son absence par le recteur ou son représentant. Ces sujets seront tirés de l'histoire. Le bureau leur donnera un temps suffisant pour les rendre, leur prescrira la grandeur dans laquelle ils doivent être exécutés, et il sera fait mention sur son registre, et des sujets des prix, et du délai accordé; il sera apporté à l'exécution des prix les précautions convenables pour que les élèves ne soient pas aidés dans leur travail.

ART. 53.

Les ouvrages qui auront concouru au prix seront exposés publiquement dans une salle de l'Académie, le dimanche qui précèdera le jour où ils seront jugés.

ART. 54.

Jugement des prix.

Pour le jugement des prix il sera convoqué par le directeur, et en son absence par le recteur ou son représentant, une assemblée générale non publique, où les académiciens auront voix conjointement avec ceux des honoraires amateurs qui ont voix délibérative, et avec les officiers. Les prix seront adjugés à la pluralité des suffrages, et ceux qui auront été couronnés resteront en propriété à l'Académie.

ART. 55.

Il sera distribué tous les ans, dans l'assemblée générale publique qui se tiendra à l'hotel de ville le premier dimanche après la Saint-Louis, des prix aux élèves en la manière qui suit.

Savoir : une médaille d'or de la valeur de cent livres au peintre qui aura le mieux fait un tableau, une autre médaille de pareille valeur au sculpteur qui aura le mieux modelé un bas-relief, le tout conformément au sujet donné par le directeur ou son représentant; de trois médailles d'argent à ceux des élèves qui auront le mieux fait des dessins au bas-relief d'après nature.

Dans la salle du modèle et pour encourager pareillement les dits élèves à se perfectionner dans les autres parties relatives au dessin, il sera distribué encore six autres médailles, une à celui qui aura le mieux rendu le sujet proposé par le professeur d'architecture, une autre à celui qui aura le mieux résolu le problème proposé par le professeur de géométrie, une autre à celui qui aura le mieux rendu l'objet proposé par le professeur de mécanique, une autre à celui qui aura le mieux tracé en perspective le monument proposé par le professeur de perspective, une autre pour celui qui a le mieux démontré la pratique anatomique désigné par le professeur d'anatomie, une autre enfin à celui qui aura le mieux tracé la coupe et démontré les parties d'un vaisseau, suivant l'indication du professeur d'architecture navale.

De ces six médailles l'une sera d'or de la susdite valeur de cent livres, et les cinq autres d'argent, celle d'or ne sera affectée spécialement à aucune des dites parties relatives au dessin, mais sera donnée une année à l'une, une année à l'autre et ainsi successivement chacun à son tour;

ART. 56.

Invitation à la distribution des prix.

L'Académie des belles lettres, établie à Marseille, sera invitée par députation à assister à l'assemblée générale publique qui se tiendra tous les ans le 1er dimanche après la saint Louis à l'hôtel de ville pour la distribution du prix. Les autres honoraires amateurs y seront convoqués par des billets particuliers ainsi que tous les officiers et académiciens de la dite Académie.

ART. 57.
Huissier.

Le bureau pourra choisir un huissier qui aura soin d'entretenir et nettoyer les logements, peintures, sculptures, meubles et ustensiles, d'ouvrir et fermer les portes, porter les billets de convocation et d'assemblée et de servir à tous les autres besoins de la dite Académie sous les ordres particuliers du trésorier.

S'il se trouve que le dit huissier ait embrassé quelqu'un des arts qui sont du ressort de la dite Académie, il aura le privilège de travailler publiquement selon sa capacité sous l'autorité de l'Académie, tant qu'elle jugera à propos de le conserver.

ART. 58.
Modèle.

Ceux qui serviront de modèle seront choisis et arrêtés à l'assemblée du bureau par le directeur, le recteur et les six professeurs de dessin seulement; on leur prescrira les devoirs qu'ils ont à remplir et si l'on est mécontent d'eux on les renvoyera en vertu d'une délibération du bureau qui ne sera faite que par le directeur et les officiers ci-dessus nommés.

ART. 59.
Tribut.

Tous les ans un des professeurs et un des adjoints à professeur enverront alternativement pour tribut à l'Académie royale de peinture et de sculpture de Paris deux de leurs académies dessinées d'après le modèle; et pour lui rendre compte des progrès de leurs élèves ils y joindront les meilleurs dessins de ceux qui auront remporté des médailles.

Tous ces dessins, pour être présentés à l'Académie royale seront adressés au directeur perpétuel de l'Académie de peinture et de sculpture de Marseille, s'il est à Paris, et s'il est à Marseille ils seront adressés au secrétaire perpétuel de la dite Académie royale.

ART. 60.
Cas de recours à l'Académie royale.

S'il arrivait contestation entre les officiers de la dite Académie dans les exercices de l'école touchant les arts qui y seront enseignés, ou touchant l'instruction des élèves, ils seront tenus d'en informer incessamment l'Académie royale afin que les dites contestations y soient décidées.

ART. 61.
Droit de régler sa police intérieure à charge de la confirmation par l'Académie royale.

Les détails de police jugés nécessaires au bon ordre de l'Académie, dont il n'est point fait mention dans les présents statuts et règlements, seront mis en délibération et arrêtés à l'assemblée du bureau; mais les dites délibérations ne pourront avoir leur exécution qu'autant qu'elles seront autorisées et confirmées par l'Académie royale de peinture et de sculpture de Paris.

62 ET DERNIER ARTICLE.

Les présents statuts et règlements seront lus dans la première assemblée générale de la dite Académie de peinture et de sculpture de Marseille et insérés sur les registres de la dite assemblée du bureau, à ce que personne n'en ignore et que chacun des membres de la dite Académie s'y conforme exactement.

Nous, marquis DE MARIGNY, conseiller d'État ordinaire d'épée, commandeur des ordres du Roy, lieutenant général pour Sa Majesté au gouvernement d'Orléanois, directeur et ordonnateur général des batiments du Roy, jardins, arts, académies et manufactures royales, gouverneur du palais du Luxembourg, capitaine gouverneur du chateau royal de Blois et gouverneur de la ville;

Après avoir examiné les présents statuts et réglements, nous avons déféré au désir de l'Académie de peinture et de sculpture de Marseille et voulant la traiter favorablement, tant en notre qualité de directeur et ordonnateur général des batiments, jardins, arts, académies et manufactures de Sa Majesté qu'en celle de son protecteur, titre que nous avons accepté, conformément au vœu de la dite Académie, la mettons sous la direction et affiliation de l'Académie royale de peinture et sculpture de Paris, et en attendant que Sa Majesté ait bien voulu manifester sa volonté sur le présent projet des statuts et règlements. En conséquence du pouvoir donné à nos prédécesseurs en la personne de M. Colbert pour les lettres patentes du mois de novembre 1676, enregistrées au Parlement approuvons les dits statuts et règlements pour être observés suivant leur forme et teneur, en tout ce qui ne sera pas contraire à l'ordre public, et aux usages de la Province.

A Compiègne, le 19 juillet mille sept cent soixante treize.

Le marquis DE MARIGNY.

1774.

Tout marchait à souhait pour l'Académie lorsque le marquis de Marigny abandonna son ministère (octobre 1773); l'abbé Terray avait succédé au marquis et l'Académie continuait à poursuivre l'obtention de ses lettres patentes. Sa correspondance jette la lumière sur la marche de l'affaire; nous n'enregistrerons ici que les documents fournis par les archives. D'un autre côté et à la même époque, un changement s'était produit dans l'administration de la Provence :

M. Sénac de Meilhan avait remplacé M. de Montyon comme intendant de la généralité.

À MONSEIGNEUR SÉNAC DE MEILHAN,
Intendant à la généralité de Provence.

(Résumé.)

M. le duc de La Vrillière a envoyé le projet des lettres patentes à M. de Sénac de Meilhan. L'Académie s'appuyant sur l'intérêt que lui porte l'abbé Terray, son nouveau protecteur, lui envoie un nouveau mémoire pour le mettre au courant de la situation. M. de La Tour auquel, dans l'intervalle, avait succédé M. de Montyon avait été prié de donner son avis. « Les révolutions subies par le Parlement ont suspendu sa réponse. »

Marseille, le 24 janvier 1774.

MÉMOIRE

CONCERNANT L'ACADÉMIE À L'ÉGARD DES ARTISTES SUR LESQUELS M. LE DUC DE LA VRILLIÈRE, EN 1771, AVAIT DEMANDÉ DES INFORMATIONS À MONSEIGNEUR DE LA TOUR, PREMIER PRÉSIDENT AU PARLEMENT D'AIX ET INTENDANT DE LA GÉNÉRALITÉ DE PROVENCE.

Variante abrégée du précis historique de 1772.

(Résumé.)

L'Académie revient sur les élèves qu'elle a formés. « Tels sont le sieur Julien peintre, actuellement à Rome en qualité de peintre du Roi. Le sieur Foucou, sculpteur à Paris avec le même titre de pensionnaire du Roi, ayant remporté le grand prix il y a deux ans, à l'Académie royale; parmi ce nombre d'élèves nous nommerons le sieur Bounieu peintre, reçu membre de l'Académie royale; le sieur Beaufort, aussi peintre, un de nos anciens professeurs qui, reçu à l'unanimité des suffrages, a été jugé digne de mériter un logement dans le Louvre. Nous aurons encore l'honneur d'observer que plusieurs membres de l'Académie royale sont associés académiciens de celle de Marseille, et que le sieur d'Ageville, architecte, un de nos professeurs est associé correspondant de l'Académie royale d'architecture de Paris, et qu'il est encore quantité d'élèves qui sont sur les rangs de l'Académie royale pour parvenir à mériter d'y être reçus. »

« L'Académie s'honore de plus d'avoir pour directeur perpétuel M. d'André Bardon, peintre du Roi, professeur de l'Académie royale, professeur des élèves protégés du Roi, etc. »

L'abbé Terray ne fit que passer au pouvoir; l'Académie écrit le 12 septembre 1774 à M. le comte de la Billarderie d'Angiviller pour féliciter sur sa nomination ce successeur : « L'Académie rend son hommage au protecteur et au Mécène des beaux-arts...; elle le supplie de la prendre sous sa protection et de placer à ce titre son nom en tête de la liste de ses membres. »

Le ministre répond le 30 septembre 1774; il est « très sensible au compliment que lui adresse l'Académie sur sa nomination ». Il se fera rendre compte de ce qui a été fait; il apportera une attention toute particulière à cette affaire et il termine par ces mots : « Je serai flatté de pouvoir lui procurer enfin un titre essentiel à la solidité de son établissement et à son illustration. »

A dater de ce jour, la correspondance nous donne la clef des négociations qui ne cesseront de se poursuivre pour l'obtention des lettres patentes, enfin délivrées à l'Académie en 1780.

Nous ne citerons plus ici que les pièces relatives à cette négociation, recueillies dans les Archives du département.

1778.

LETTRE ÉCRITE À M. LE COMTE D'ANGEVILLER (*sic*)
PAR LES MAIRES, ÉCHEVINS ET ASSESSEURS DE MARSEILLE.

Le 8 avril 1778.

Monsieur,

« Nos prédécesseurs fondèrent en 1753 l'Académie de peinture et sculpture établie en cette ville et la dotèrent d'une pension de mille écus que Sa Majesté voulut bien autoriser. Les progrès de cette Académie, les soins assidus des professeurs qui la dirigent et les succès de plusieurs de ses élèves que nous avons constamment suivis, nous ont convaincu de son utilité et nous promettent des succès encore plus éclatants.

« C'est pour les seconder que nous désirerions, monsieur, pouvoir donner à cet établissement tout l'éclat et la stabilité dont il est susceptible; des lettres patentes rempliront parfaitement cet objet, et le désir que nous avons de rendre hommage au zèle des fondateurs, au mérite et à l'application des professeurs et aux talents des artistes qui s'y sont distingués ; un encouragement de cette nature ne peut qu'exciter toujours plus le zèle, développer le génie et assurer à cette ville un établissement qui sera toujours l'objet de l'attention des administrateurs.

« C'est du protecteur, etc. . . . »

COPIE DE LETTRE ÉCRITE PAR L'ACADÉMIE À M. D'ANGEVILLER (sic) EN LUI ENVOYANT LE MÉMOIRE QUI SUIT.

Cette lettre confirme une lettre précédente envoyée au ministre, le 17 février 1778. « L'Académie continue à solliciter auprès de lui ce qu'elle était sur le point d'obtenir de M. le marquis de Marigny lorsque Sa Majesté a remis aux mains de M. d'Angiviller le gouvernement des Arts dans son royaume. »

« L'Académie lui présente un mémoire qui renferme les vœux des membres qui la composent, et elle espère que le ministre voudra bien la soutenir. »

MÉMOIRE

ADRESSÉ À M. LE COMTE D'ANGIVILLER, DIRECTEUR ET ORDONNATEUR GÉNÉRAL DES BÂTIMENTS DE SA MAJESTÉ, PAR L'ACADÉMIE DE PEINTURE ET DE SCULPTURE DE MARSEILLE.

Variante du précis historique de 1772 et du mémoire de 1774.

Les faits nouveaux que nous relevons ici sont relatifs d'abord à un artiste élève de l'école qui n'avait pas encore été mentionné. L'auteur du mémoire s'exprime ainsi :

« Nous pouvons citer MM. Beaufort, Bounieu, Julien, Foucou, Poncet, ce dernier rendu recommandable par le choix qu'on a fait de lui à Rome même, pour l'exécution du portrait en buste de M. de Voltaire. »

Après avoir développé tous les avantages que cet établissement procure au commerce et à l'industrie de Marseille, l'auteur écrit :

« Les officiers de l'Académie de Marseille presque tous sexagenaires, qui ont volontiers sacrifié la plus grande partie de leur vie à former, entretenir et soutenir un établissement aussi intéressant pour la ville, pour la Province, et pour tout le royaume, se flattent que le ministre leur saura quelque gré de leurs veilles, de leurs soins gratuits, et de ce zèle opiniâtre qui ne s'est pas démenti chez eux un seul instant depuis plus de vingt cinq ans, et qu'il voudra bien assurer la stabilité de l'Académie par le don de lettres patentes.

« Cette Académie allègue de plus à son avantage un titre bien flatteur et bien honorable pour elle c'est celui de *Fille aînée*, que lui a donné toujours l'Académie royale de Paris. L'amour des arts et de la patrie ayant toujours été le principal aiguillon de son zèle, le défaut d'honoraires quoique juste dans le fond, ne sera jamais pour elle un principal sujet de demande. Elle s'en rapporte à cet égard à la prudence, à la sollicitude de son Mécène dont la prospérité fera toujours l'objet le plus intéressant de leurs vœux. »

1779.

M. le comte d'Angiviller écrivait au Conseil municipal de Marseille, le 30 janvier 1779, afin de connaître son opinion, et savoir de lui le chiffre de la subvention qu'il serait disposé à accorder à cet établissement...

Les échevins délibèrent le 6 mars, et font part de leur décision deux jours après à M. l'intendant de la généralité de Provence :

À MONSEIGNEUR DE LA TOUR [1].

Marseille, le 8 mars 1779.

« Les professeurs de l'Académie de peinture et de sculpture établie à Marseille depuis vingt-cinq années s'étant proposé d'obtenir de nouvelles lettres patentes pour donner une consistance plus assurée à cet établissement et de plus grands fonds pour l'entretien se sont

[1] M. Sénac de Meilhan avait cédé son poste à M. Glené de La Tour.

adressés à M. le comte d'Angevillier, directeur des batiments de Sa Majesté, qui nous a fait l'honneur de nous écrire le 30 janvier dernier pour nous remettre le projet des lettres patentes, et pour nous demander notre sentiment à leur sujet.

« Le mémoire qui nous a été remis par les professeurs tend à obtenir un logement convenable et une augmentation d'honoraires.

« Cette affaire a été exposée au Conseil tenu le 6 de ce mois : tout ce que le corps municipal a cru pouvoir faire pour favoriser cet établissement a été d'accorder à cette Académie une augmentation d'honoraires de mille livres, pour être ajoutés aux trois mille livres dont elle a joui jusqu'à ce jour, en vertu de l'arrêt du Conseil du 15 juin 1756, et quant au projet des lettres patentes, le Conseil a nommé des commissaires pour l'examiner et en faire rapport;

« Nous avons l'honneur de vous remettre ci-joint l'extrait de cette délibération sur laquelle nous vous prions, Monseigneur, de vouloir bien donner un avis favorable, si vous jugez qu'elle soit au cas d'être homologuée par un arrêt du Conseil ; dans le cas contraire, nous vous prions de l'homologuer. »

« Nous sommes avec respect...

« Le maire, échevins et assesseurs de Marseille. »

Signé : MAZARGUES, FERRARI, E.-P. NAPOLLON [1], BRÈS, HENRY, AMAURY.

« Au Conseil municipal tenu à Marseille le 6 mars 1779. Il a été arrêté que « le conseil de ville a délibéré à la pluralité des suffrages « d'ajouter la somme de mille livres à celle de trois mille ci-devant « accordées à l'Académie, qui au moyen de ce jouira annuellement de « quatre mille livres à compter du premier janvier dernier. »

« Il a été délibéré en outre « qu'il sera nommé quatre commissaires, « pour conjointement avec MM. les maire, échevins et assesseurs exa-« miner le projet des lettres patentes et en faire rapport ».

« A cet effet ont été nommés comme commissaires MM. Bérenger, de la Beaume, Crudère, Cristophe et Ricaud. »

Signé : DEJEAN.

[1] « Cette pièce est signée Pnapollon. Le P n'est que la première lettre de Pierre, un de ses prénoms. » (Observation de M. Laugier, conservateur des médailles.)

Ce supplément de mille livres était insuffisant et les professeurs protestèrent avec respect, mais énergiquement contre ce qu'ils considéraient comme un déni de justice. La délibération qu'ils prirent alors résume en quelque sorte leur existence et nous la reproduisons *in extenso*.

PREMIÈRE DÉLIBÉRATION DE L'ACADÉMIE.

9 mars 1779.

Archives de la préfecture.

« Le Conseil municipal de Marseille, sur la lecture à lui faite d'une lettre écrite à MM. les échevins, les maires et assesseurs nos fondateurs, par M. le directeur des batiments de S. M. en date du 30 janvier dernier, d'un projet de lettres patentes portant règlement pour notre Académie, d'un mémoire présenté par MM. les directeurs et officiers, et d'une note remise à MM. les échevins et assesseurs assemblés le 6 du présent mois, a délibéré d'ajouter la somme de 1,000 l. à celle de 3,000 liv. ci-devant accordée à l'Académie etc..... qu'il sera nommé des commissaires etc.....

« A cet effet M. le Maire a nommé pour commissaires MM. Bérenger, de la Beaume, Crudère, Christophe et Ricaud. »

« L'extrait de cette délibération dûment collationné par M. de Jean notaire et sécrétaire de la communauté ayant été présenté à la compagnie par M. le directeur, le bureau extraordinairement assemblé à ce sujet ce jourd'hui 9 mars 1779 a délibéré en premier lieu, à la pluralité des suffrages, de former une députation pour aller en son nom remercier MM. les maire, échevins et assesseurs de l'effet de leur proposition, consignée dans la délibération du Conseil municipal.

« Elle a chargé MM. les députés de faire observer à MM. les fondateurs que l'intention de S. M. interprêtée par son ministre dans la direction des arts est de pourvoir par l'état du projet des lettres patentes tant au logement de l'Académie qu'aux honoraires de ses officiers; et dans cet objet de désignation de la somme que ces MM. ont trouvé convenable pour remplir ce double objet, était et est encore confiée à leurs sages et prudentes dispositions.

« Dans cet état le bureau voit avec regret que 1,000 liv. sont bien éloignées de pouvoir tout à la fois fournir à un logement propre aux divers arts qu'on y professe dans cette Académie, au dépôt de divers effets précieux dans tous les genres dont elle est dépositaire, et aux honoraires de plus de vingt officiers chargés des fonctions les plus pénibles.

« Ces officiers, toujours remplis du même esprit qui excita leur zèle, il y a près de trente ans pour fonder ce temple des arts, le second du royaume, qui depuis lors a soutenu sans relâche leur constance et leur fermeté pour cultiver ces mêmes arts avec les succès les plus réels d'autant plus flatteurs pour eux qu'en les comblant d'honneur ils sont jusqu'à présent leur unique récompense.

« Cet esprit patriotique toujours vif et toujours ardent ne les a pas abandonnés, et la gloire d'avoir été les premiers et les seuls jusqu'à ce jour, dans tous les temps et dans tous les états, à former et à soutenir un établissement si honorable et si utile, en sacrifiant leur temps, leurs veilles, leurs soins et leur fortune même, est un avantage trop flatteur pour eux pour qu'ils ne redoublent pas leurs efforts pour le conserver à jamais, en le transmettant à leurs enfants et à leurs élèves, et les officiers, balançant avec cette gloire qu'ils perdraient, s'ils acceptaient la faible répartition qui résulterait pour eux de la somme accordée pour des honoraires que leur nombre forcément trop multiplié, ne pourrait que rendre trop modique le bonheur de servir leur patrie sans intérêt comme une société artistique ou littéraire ne servit jamais la sienne, ni dans Rome, ni dans Athènes; ces officiers sont enchantés de continuer le même sacrifice, au temps facheux, dont les circonstances présentes n'ont sans doute pas paru permettre à ses administrateurs prudents tous zélés et éclairés qu'ils sont, de suivre tout ce que l'amour des arts et des talents a dû leur inspirer.

« En cet état, messieurs les députés sont expressément chargés d'assurer à ses respectables fondateurs combien la compagnie est persuadée qu'ils n'ont été gênés que par ces fâcheuses circonstances dans la fixation d'une somme évidemment insuffisante pour fournir tout à la fois et à un loyer qui ne peut que devenir considérable dans la suite, et à des honoraires d'un nombre d'officiers autant multiplié que nécessaire aux divers objets d'enseignement auxquels elle s'est volontairement engagée.

« La compagnie vous supplie même, messieurs, de vouloir bien ne pas trouver mauvais qu'elle refuse avec respect cette donation en tant qu'elle sera appliquée à remplir ce double objet.

« Mais considérant que les 3,000 liv., dont la communauté fut autorisée à doter l'Académie pour les dépenses de son entretien en 1756, étaient insuffisantes alors pour remplir cet objet, logée qu'elle était alors *gratis* dans l'arsenal, les approvisionnements pour son entretien ont doublé de prix depuis cette époque; cette somme est donc insuffisante aujourd'hui pour ses dépenses annuelles. La compagnie reçoit donc cette pension avec satisfaction et reconnaissance, comme un supplément devenu nécessaire à son entretien annuel et journalier.

« MM. les députés sont chargés de prier MM. les fondateurs de ne pas perdre de vue un établissement dont personne mieux qu'eux ne connait l'utilité et l'avantage, d'assurer ces messieurs de toute la reconnaissance de la compagnie et de la ferme intention dans laquelle sont tous les officiers de redoubler leur attention, leur zèle et leurs soins pour l'honneur et le progrès des arts.

« Leurs vœux se joindront toujours à ceux de ces dignes magistrats pour le retour de ces temps heureux et serins qui permirent, il y a vingt et un ans, à leurs prédécesseurs de prendre une délibération dont l'effet eut à jamais consolidé le temple des arts dans notre patrie, si rien ne l'eut entravé. Le conseil de ville avait voté 3,000 livres en faveur de l'Académie, pour être ajoutés aux 3,000 livres qui lui avaient été accordées en 1756.

« Il eut été heureux que cette délibération eut été mise sous les yeux du conseil de ville du 6 mars 1779.

« A cet effet M. le directeur a nommé pour députés MM. Moulinneuf, Dageville, Kapeller et Henry, lesquels en qualité de commissaires nommés par le bureau pour poursuivre la présente affaire, à la charge d'en rendre compte à la compagnie, se porteront en qualité de députés à l'hotel de ville pour remplir les vœux de l'Académie à tous les égards et pour remettre une copie de la présente délibération dûment collationnée à MM. les maire, échevins et assesseurs, pour y avoir tel égard qu'ils verront bon être, les priant d'en donner communication et d'en faire lecture au prochain conseil.

« Il a été unanimement décidé de consigner dans la présente délibération, les sentiments d'amour, de respect et de reconnaissance qu'ont excité dans la compagnie, les bontés dont son illustre protecteur est dans l'intention de la combler, d'offrir à ce digne Mécène les hommages les plus sincères et de l'assurer que c'est chez elle que se forment les vœufs les plus vifs, et les plus ardents pour la conservation précieuse du respectable successeur de Colbert. »

Collationné par nous.

MOULINNEUF,

professeur et sécrétaire perpétuel.

Les échevins ne tinrent aucun compte du mémoire de l'Académie du 9 mars; ils consacrèrent, par une nouvelle délibération en date du 21 mars, leur précédente décision, et l'Académie blessée fit connaître au conseil le sentiment qui l'animait.

DEUXIÈME DÉLIBÉRATION DE L'ACADÉMIE.
26 mai 1779.

« Le 26 mai 1779, le bureau extraordinairement assemblé, M. le directeur a exposé à la compagnie que le conseil de ville, tenu le 6 mars dernier, ayant délibéré que la volonté du roi étant que l'augmentation trouvée convenable en sus de la pension annuelle que reçoit l'Académie de la communauté de cette ville, fut affectée aux frais du logement et des honoraires des officiers; l'Académie aurait fait de vains efforts pour faire diriger dans le conseil de ville du 21 de ce mois, qui devait statuer sur le projet des dites lettres patentes, l'application des dites 1,000 liv., à tout autre objet, tel que celui d'une plus forte dépense devenue indispensablement nécessaire depuis plus de vingt ans par l'augmentation de prix de tous les objets de consommation relatifs à l'entretien de l'Académie et cependant le conseil municipal aurait littéralement délibéré le 21 de ce mois, en statuant sur le projet des lettres patentes que les 1,000 liv. accordées dans le précédent conseil du 6 mars dernier seraient expressément affectées au payement d'un logement et des honoraires des officiers de l'Académie sur quoi le dit sieur directeur ayant requis la compagnie de délibérer il a été unanimement statué et convenu :

« En premier lieu, de continuer chacun dans la partie le concernant, les exercices, études et instructions dans les divers départements, avec plus de zèle, d'assiduité et d'exactitude que jamais, pour soutenir

DE L'ACADÉMIE DE PEINTURE DE MARSEILLE. 65

et augmenter s'il est possible les progrès d'une Académie utile, avantageuse et honorable à cette ville;

« En second lieu, la compagnie, ne s'arrêtant pas et écartant bien loin d'elle toute idée d'humiliation qu'une si modique somme lui présente naturellement par son application expresse à un logement immense et à des honoraires multipliés d'un nombre considérable d'officiers, ne sait être sensible pour le présent qu'au regret qui doit affecter des administrateurs zélés d'être encore plus ses apologistes que ses numérateurs;

« En troisième lieu, la compagnie plus sensible à l'honneur d'être utile à la patrie et à l'avantage de tenir à ses devoirs plutôt par l'agrément de la liberté, du zèle et du sentiment que par l'appât d'un salaire dont elle se passe honorablement depuis vingt-six ans, se fera toujours un plaisir dans tous les temps et dans tous les cas de témoigner la reconnaissance qu'excitent chez elle les bonnes intentions de ses fondateurs;

« Elle se flatte avec raison qu'ils ne trouveront pas mauvais qu'elle refuse avec respect et sensibilité cette dernière donative comme de beaucoup insuffisante à son objet, en tant qu'elle serait appliquée à ceux de la destination qu'ils lui affectent, ou qu'elle l'accepte comme devenue nécessaire aux frais de son entretien considérablement accru depuis 1756.

« En quatrième lieu, la compagnie, toujours attentive au bien d'un établissement, dont la stabilité intéresse autant son honneur que l'utilité et l'avantage de la patrie, renonce bien volontiers pour le présent et pour tout autant de temps qu'il plaira à ses supérieurs de laisser les choses en l'état, à des honoraires quoique bien justement mérités par de vieux officiers qui comptent déjà *vingt six ans de service;* mais elle se croit autorisée par le vœu même de Sa Majesté, interprété par l'intention expresse du digne ministre à qui elle a confié l'administration des arts dans son royaume, à réclamer moins pour elle-même qu'en faveur des artistes qui remplaceront un jour les membres qui la composent, contre l'insuffisance de la modique somme délibérée pour remplir tous les objets aux quels elle est destinée;

« Enfin la compagnie qui n'oubliera jamais avec quel zèle Monseigneur le premier Président et intendant a toujours daigné veiller sur elle pour encourager ses travaux et accroître ses progrès, trop bien

5

instruite que ce n'est qu'aux bontés seules de ce respectable chef de notre Province, que cette ville est redevable de son institution qui n'existerait plus depuis longtemps si elle n'eut été l'objet de son attention et de sa sollicitude, puisque ce n'est qu'à lui seul qu'elle doit rapporter les bienfaits du Roi depuis 1756, dans la pension de 3,000 liv. qu'elle reçoit annuellement de la ville pour son entretien, prie M. le secrétaire d'adresser respectueusement à cet ami illustre, à ce protecteur puissant des talents et des arts, les prières, les plus vives et les plus pressantes de sa part, afin qu'il daigne sacrifier quelques instants de ce temps précieux, qu'il consacre au service de S. M. et au bonheur de cette province pour siéger de la justice et de la convenance des observations renfermées dans la présente délibération et dans celle du 6 mars dernier, dont l'extrait est ci-joint.

« Ce puissant magistrat, aussi juste qu'il est éclairé voudra bien continuer en cette occasion sa bienfaisante protection à une Académie qu'il a toujours aimée et qui se fera toujours un devoir de se rendre digne de sa bonté et de son attention. »

Collationné par nous :

MOULINNEUF,

professeur et sécrétaire perpétuel.

Conformément au vœu des professeurs, le secrétaire adressa en leur nom et en second lieu la lettre suivante :

À MONSEIGNEUR DE LA TOUR.

Marseille, le 2 juin 1779.

« La stabilité de l'Académie de peinture, sculpture et architecture de Marseille est votre ouvrage, puisque c'est à ses bontés seules qu'elle doit les 3,000 livres affectées à son entretien annuel qu'elle reçoit de la ville depuis 1756. Il plaît aujourd'hui à S. M. de sceller pour toujours cette stabilité par des lettres patentes, dont l'article 4 désigne une somme laissée à la prudence de l'administration de notre ville pour remplir le double objet de son logement et des honoraires de ses officiers.

« Le conseil municipal assemblé le 6 mars dernier aurait décidé et fixé cette somme à 1,000 liv.

« Nous eumes l'honneur, après la tenue de ce conseil, de faire à ce sujet des représentations bien fondées à MM. les échevins qui seraient demeurées sans effet;

« Ces messieurs, et ce n'est assurément que par oubli de leur part, ont négligé de rapporter nos représentations, non seulement au conseil de ville du 2 du mois dernier, comme nous les prions instamment de le faire, mais même aux commissaires, qui, conjointement avec eux devaient faire rapport au même conseil du projet des lettres patentes; et ensuite le conseil qui a adopté le projet tel qu'il lui a été présenté, n'ayant pas eu nos justes représentations sous les yeux a rempli l'article de la somme délibérée de 1,000 livres, avec désignation expresse de logement d'honoraires, frais d'impression etc.

« Un coup d'œil, monseigneur, qu'il vous plaira de jeter sur nos deux délibérations, justifiera la prière que nous avons l'honneur de vous adresser aujourd'hui, de vouloir bien en approuver les fins;

« Nous avons éprouvé l'effet de vos bontés dans tant d'occasions que nous osons espérer que vous voudriez bien nous les continuer dans celle-ci qui va pour toujours fixer le sort et l'honneur d'une Académie qui, depuis son établissement, a le bonheur de vous être agréable;

« Nous sommes avec un très profond respect, monseigneur, vos très humbles et très obéissants serviteurs;

« Les associés professeurs de l'Académie de peinture et de sculpture. »

Signé : Moulinneuf,
professeur et secrétaire perpétuel.

La correspondance donne la clef de cet incident, dont les Archives du département ne conservent aucune trace; on y retrouve l'échange des lettres qui précédèrent la délivrance des lettres patentes, et qui sont imprimées dans la première édition de l'histoire de l'Académie sous le titre : *Discours et fragments; annales de la peinture*, p. 317 et suiv. Voici toutefois la nomenclature de ces lettres, dont nous reproduisons la dernière.

M. D'ANGIVILLER À M. L'INTENDANT DE PROVENCE.

Versailles, le 8 novembre 1779.

Mᵍʳ DE LA TOUR, INTENDANT DE PROVENCE,
À M. LE MARQUIS D'ANGIVILLER, DIRECTEUR DES BÂTIMENTS DU ROI.

Aix, le 7 décembre 1779.

Mᵍʳ DE LA TOUR, INTENDANT DE PROVENCE,
À M. NECKER, DIRECTEUR GÉNÉRAL DES FINANCES.

Aix, le 7 décembre 1779.

M. NECKER À Mᵍʳ DE LA TOUR

Versailles, le 9 janvier 1780.

« J'ai reçu, Monsieur, la lettre que vous m'avez fait l'honneur de m'écrire le 4 de ce mois relativement à la délibération du conseil municipal de Marseille par laquelle il a accordé à l'Académie de peinture et de sculpture une somme de 1,000 liv. en sus des 3,000 liv. que la communauté lui a données jusqu'à présent.

« D'après votre observation que cette Académie est véritablement utile et qu'elle ne pourrait se soutenir si l'augmentation dont il s'agit ne lui était pas accordée, je ne trouve aucune difficulté à l'autoriser.

« J'ai l'honneur d'être, etc. »

Signé : NECKER.

Cette correspondance prouve que le gouvernement appréciait l'utilité de l'Académie. Mais les échevins de cette époque étaient les dignes successeurs des échevins de 1667 [1]. Les professeurs, depuis vingt-sept ans sur la brèche, allaient encore servir gratuitement leur pays; c'est un honneur qui ne devait pas leur être ravi.

1780.

L'Académie avait fondé les plus grandes espérances sur l'obtention des lettres patentes; on voit dans la correspondance les projets qu'elle

---

[1] Voir notre introduction.

avait échafaudés sur la réalisation de ce premier succès. Beaufort avait donné lui-même le plan de la nouvelle école à construire. Elle eût été digne du grand siècle. Il en avait établi le budget; il ne parlait que de 12,000 livres devant être appliquées par an à l'entretien de cet établissement et à rétribuer les professeurs. On payait donc ceux-ci avec un peu d'honneur.

Les professeurs s'étaient résignés, mais une autre épreuve non moins sensible les attendait : un mémoire diffamatoire avait été adressé sur eux au ministre.

Il faut lire la correspondance à ce sujet pour juger à quel point les esprits étaient surexcités. Les détails ne seraient point ici à leur place; mais nous notons cet incident pour éclairer le lecteur relativement à la lettre suivante, adressée à d'André Bardon par M. d'Angiviller en lui annonçant l'envoi des lettres patentes.

M. D'ANGIVILLER À D'ANDRÉ BARDON.

Versailles, 26 mars 1780.

« Je compte, Monsieur, que la lettre que j'ai écrite à monsieur Pierre, et que sans doute il vous a communiquée, vous a déjà tranquilisé entièrement sur l'impression que le mémoire du sieur Chays pouvait avoir fait sur moi. Cependant comme je lui annonçai que je me proposais de lui écrire et de vous marquer directement ma manière de penser sur les imputations faites à l'Académie de peinture de Marseille dans ce mémoire, je ne tarde pas davantage à le faire, d'autant que la dernière lettre que vous m'avez écrite et qui contient divers certificats et les retractations relatives ajoutent à la solidité de la justification que vous m'avez adressée par l'intermédiaire de M. Pierre;

« Je me fais donc un plaisir de vous marquer que je ne regarde le mémoire dont il s'agit que comme l'ouvrage d'une odieuse jalousie ou méchanceté et qu'après les éclaircissements que vous vous êtes procurés, il ne me reste pas le plus léger nuage sur les abus graves et importants dont on accusait la compagnie estimable dont vous êtes le directeur;

« Il n'y en avait qu'un léger sur lequel vous m'avez marqué votre avis, mais je vois par une pièce jointe à votre dernière lettre, que sur l'observation que vous faites à l'Académie de Marseille, elle a aussi délibéré de se corriger en supprimant ce jour de vacance du modèle, qui, quoique peu important par lui-même, coupait l'exercice à le rendre moins utile aux élèves; je vous marque donc ma satisfaction de la résolution qu'a prise l'Académie de Marseille de supprimer ce jour de vacance quoique autorisé par ses anciens usages.

« Je crois devoir vous prévenir que les lettres patentes relatives à l'Académie de Marseille sont actuellement et même depuis quelques semaines envoyées au Parlement de Provence pour l'enregistrement.

« Vous connaissez les sentiments avec lesquels je suis, Monsieur, votre très humble et très obéissant serviteur. »

Signé à l'original : Comte D'Angiviller.

« Voila, Messieurs, les bonnes nouvelles, que je viens de recevoir de votre bienfaisant protecteur, et que je me hâte de vous communiquer; vous comprendrez que, lorsque dans certaines circonstances je vous ai écrit dans un style qui a du vous paraître sévère, je n'écrivais pas au ministre avec moins de vivacité pour votre justification.

« Je vous félicite de voir que tous les dénouements sont en votre faveur, et vous reitère des sentiments de mon zèle et mon affection. »

Signé à l'original : D'André Bardon.

Paris le lundi de Pâques 1780.

Les lettres patentes (nous les reproduisons ci-dessous) dédommageaient enfin en partie les professeurs, par le brillant éloge de l'Académie qu'elles contiennent. L'éloge réduisait à néant les calomnies dont ils venaient d'être l'objet.

LETTRES PATENTES DU ROI.

PORTANT ÉRECTION DANS LA VILLE DE MARSEILLE D'UNE ACADÉMIE DES ARTS, SOUS LE TITRE D'ACADÉMIE DE PEINTURE, SCULPTURE ET ARCHITECTURE CIVILE ET NAVALE.

Du 18 février 1780.

(Enregistrées au Parlement.)

« LOUIS, par la grâce de Dieu, ROI DE FRANCE ET DE NAVARRE, comte de Provence, Forcalquier et terres adjacentes, à tous ceux que ces présentes lettres verront, SALUT.

« Le maire, échevins et assesseurs de notre ville de Marseille nous ont exposé que depuis environ vingt cinq ans il s'est formé dans la dite ville, une association d'artistes et d'amateurs qui, animés par le goût des Beaux Arts et des considérations d'utilité publique ont entrepris de former une Académie de peinture et de sculpture; que dans cette vue et sous les auspices des dits maires et échevins, ils ont établi une école de dessin d'après le modèle, consacré leur temps et leurs soins à la direction; qu'étendant plus loin leurs vues, ils ont depuis joint aux objets de leurs travaux, l'enseignement de l'architecture tant civile que navale;

« Nous avons encore été informés que cet établissement n'a pas tardé à produire dans notre ville de Marseille les avantages qu'on en attendait, soit en y répandant le goût des dits arts, soit en y excitant l'émulation de la jeunesse à participer aux instructions des professeurs de la dite école, soit enfin en formant un nombre considérable d'élèves distingués, dont quelques uns ont mérité de devenir membres de notre Académie royale; mais quoique par notre arrêt du Conseil, du 15 juin 1756 nous aurions autorisé les officiers municipaux de la dite ville, à faire dépense annuellement d'une somme de mille écus, pour l'entretien de la dite Académie, ils nous ont témoigné désirer, pour donner plus de stabilité à cet établissement, un acte plus authentique de notre protection et de notre volonté;

« A quoi voulant pourvoir et considérant que notre ville de Marseille, l'une des plus florissantes de notre état, ne mérite pas moins que plusieurs autres, notre attention pour y faire fleurir les Beaux Arts, et voulant donner à l'Académie de peinture et de sculpture de Marseille une marque spéciale de notre protection ainsi que de notre satisfaction, les efforts qu'elle a fait pour remplir l'objet de son institution, à ces causes et autres à ce nous mouvant, de l'avis de notre conseil, de notre certaine science, grâce spéciale et autorité royale, nous avons ordonné et par ces présentes signées de notre main, ordonnons vouloir et nous plait ce qui suit:

ARTICLE PREMIER.

« Confirmons, et en tant que de besoin, érigeons dans notre ville de Marseille une Académie des arts, sous le titre d'Académie de peinture, sculpture et architecture civile et navale.

ART. 2.

« Ordonnons, que conséquemment à l'art. 6 de notre déclaration du 15 mars 1778, la dite Académie se retira par devers notre cher et bien aimé le comte d'Angiviller directeur et ordonnateur de nos bâtiments, jardins, arts, académies et manufactures royales, à l'effet par lui autoriser et confirmer les statuts et règlements, après qu'ils auront été communiqués aux maires, échevins et assesseurs, voulons qu'ils aient ensuite une pleine et entière exécution.

ART. 3.

« Les maires et échevins de la dite ville, étant les fondateurs de la dite Académie, y jouiront en conséquence de tous les honneurs et prééminences qui appartiennent à des patrons et fondateurs.

ART. 4.

« Autorisons les dits maires et échevins à faire les fonds nécessaires pour loger l'Académie et les écoles en dépendant, ainsi que pour le paiement de ses officiers, dépenses journalières, établissement de prix et toutes autres dépenses, le tout jusqu'à la concurrence de la somme des quatre mille livres y compris les trois mille livres déjà accordées par l'arrêt de notre conseil du 15 juin 1756. Laquelle somme de quatre mille livres servira à satisfaire aux objets ci-dessus, en commençant par ceux qui seront jugés les plus urgents, jusqu'à ce que nous ayons jugé à propos d'augmenter ce fonds.

ART. 5.

« Permettons à la dite Académie de prendre pour sceau les armoiries suivantes : « Trois écussons d'argent, deux en chef et un en pointe « à une fleur de lys posée en cœur; » au chef les armoiries de la ville de Marseille qui sont d'Argent à la croix pleine d'azur;

le cartouche sera orné des instruments nécessaires à la peinture, sculpture, architecture; autour sera écrit : *Academia Massiliensis Picturæ, Sculpturæ.*

ART. 6.

« La dite Académie sera affiliée à notre Académie royale de peinture et sculpture de Paris, et en conséquence entretiendra correspondance avec elle, lui faisant part de ce qui sera arrivé de plus remarquable, lui demandant ses avis sur les objets qui pourront la partager, à quoi notre Académie royale de peinture tachera de satisfaire de la manière la plus convenable au bien des arts de la dite Académie de Marseille.

ART. 7.

« Permettons à la dite Académie de faire imprimer et graver à ses frais, par tel imprimeur et graveur qu'elle voudra, les statuts et règlements, listes recueils, dessins, estampes et autres ouvrages de ses membres relatifs à quelques-uns des arts auxquels elle s'adonne sur l'approbation particulière et signée par deux commissaires officiers de l'Académie nommés par elle à cet effet, de laquelle approbation il sera fait mention sur les ouvrages imprimés ou gravés, faisons défense à tous autres, imprimeurs, graveurs, ou mouleurs, d'imprimer, graver ou mouler, ou contrefaire aucun des dits ouvrages sans l'aveu de son auteur ou à son défaut sans l'aveu de l'Académie, à peine de cinq cents livres d'amende et de tous dépens dommages et intérêts;

« Ce donnons en mandement à nos amis et féaux conseillers, les gens tenant notre cour de Parlement à Aix, que les présentes ils aient à enregistrer, et du contenu en icelles faire jouir et user la dite Académie pleinement et paisiblement, cessant et faisant cesser tous troubles et empêchements à ses contraires, car tel est notre bon plaisir; en témoin de quoi, nous avons fait mettre notre scel à ces dites présentes;

« Donné à Versailles, le dix-huitième jour du mois de février, l'an de grâce mille sept cent quatre vingt et de notre règne sixième; »

Signé : LOUIS.

Et plus bas :

Par le Roi, comte de Provence :

AMELOT (et scellé).

« Lues publiées et enregistrées, ouï et ce réquérant le procureur général du Roi, pour être exécutées suivant leur forme et teneur; et copies collationnées des dites lettres patentes seront renvoyées aux senechaussées du ressort, pour y être lues, publiées et enregistrées; enjoints aux substituts du procureur général du Roi d'y tenir la main et d'en certifier la cour dans le mois, conformément à l'arrêté de ce jour.

« A Aix, en Parlement, les chambres assemblées le 17 mars 1780. »

Signé : De Régina.

LETTRE ÉCRITE À M. LE DIRECTEUR GÉNÉRAL
PAR M. AMELOT.

(Résumé.)

29 avril 1780.

Les déclarations du Roi au sujet des lettres patentes à accorder à l'Académie de Marseille sont enregistrées à Paris. Elles sont soumises au Parlement de Provence. L'article 8 soulève des difficultés. Il contient en faveur de quelques-uns des membres des Académies des exceptions que le Roi n'est pas dans l'intention de leur accorder. Elles donnent lieu à plus d'inconvénients dans les provinces que dans la capitale. Cet article ne peut donc subsister.

La correspondance de d'André Bardon[1] et du secrétaire expliquent comment l'incident avait été vidé.

1780-1793.

Les lettres patentes obtenues par l'Académie assuraient son existence. Elle s'installa dans un nouveau local situé aux allées de Meilhan. Son concierge avait revêtu la livrée de la ville. Elle avait disposé les principales salles d'études de façon à recevoir les nombreux tableaux et modèles qu'elle possédait; la salle d'assemblée en contenait le plus

---

[1] Lettre du 3 février 1780, notamment.

grand nombre. L'Académie était un véritable musée que les étrangers avaient plaisir à visiter. Les expositions bisannuelles commençaient à reprendre leur ancien éclat. Une ère nouvelle, en un mot, semblait s'ouvrir pour la compagnie lorsqu'un nouveau malheur vint la frapper. En 1783 D'André Bardon mourut.

Pierre, premier peintre du Roi et directeur de l'Académie royale de Paris, fut nommé directeur perpétuel, au lieu et place de d'André Bardon; Bachelier, peintre du Roi, professeur à l'Académie royale et directeur de l'école de Paris, lui fut adjoint comme vice-directeur.

Pierre se démit de cette fonction en 1784, conservant toutefois le titre de directeur honoraire, et Bachelier prit la qualité de directeur en titre; après sa mort en 1789, il fut remplacé par Vien, peintre du Roi et directeur de l'Académie royale.

Les ferments de discorde avaient commencé à couver dans le sein de l'Académie; ils se développèrent en 1789 avec une force irrésistible. Les idées nouvelles tendaient à bouleverser de fond en comble toutes les anciennes institutions placées sous l'autorité immédiate du Roi.

L'Académie de Marseille était de ce nombre. Les réformateurs, nouveaux venus à l'Académie, employaient la violence et l'intimidation pour introduire chez elle des réformes qu'ils croyaient nécessaires, et les excès auxquels ils se livrèrent entraînèrent peu après sa ruine complète.

En 1793, les registres de l'Académie étaient lacérés et brûlés, ses objets d'art précieux : statues, tableaux, bibliothèque, étaient dispersés ou détruits.

L'Académie de peinture et de sculpture de Marseille avait vécu. Elle devait fournir ses martyrs à la cause de l'art; d'Ageville, entre autres, tombait sous la hache révolutionnaire.

PIÈCES D'ARCHIVES.

Archives de la mairie. — Protestation des membres de l'Académie de peinture de Marseille (26 juillet 1790) au sujet des violences commises dans leur assemblée du 23 courant par trois membres de la compagnie : les sieurs Renaud, statuaire, Brard et Charlier; les deux premiers armés de sabres, firent irruption dans l'Académie, la menace et l'injure à la bouche, tous trois exigeant une réforme entière, complète et générale du régime de l'Académie.

Cette pièce est signée :

> Wanvick, directeur; Chays, Lo. Dreveton, Nicolas Embry, Casati, d'Ageville, Nicolas J.

Mêmes Archives. — Rapport du 28 octobre 1790, constatant que l'Académie n'avait pas touché sa pension depuis plus d'un an; qu'il lui était dû 4,800 livres d'arrérages, et que depuis cette époque « les professeurs, s'inspirant du même zèle qui présida chez eux à la formation de l'Académie, se sont imposés à eux-mêmes une contribution volontaire pour la soutenir ».

Ce rapport constate que les artistes sont loin d'être riches à Marseille; il conclut à ce que la ville vienne en aide à ces professeurs *qui servent gratuitement le pays depuis plus de trente-sept ans.*

Mêmes Archives. — Supplique du 14 mai 1791, établissant que le sieur Vincent réclame l'arrérage de plusieurs termes de loyer de la maison occupée par l'Académie s'élevant à 1,500 liv. et qu'il va exercer ses droits sur elle dans toute leur étendue. Les professeurs supplient le conseil municipal de leur épargner la douleur de voir saisir et vendre tous les objets d'art contenus dans les salles, alors que, n'ayant rien touché de la ville, il leur était impossible de satisfaire le propriétaire, et qu'ils ne pouvaient être responsables de la location.

Mêmes Archives. — Dernière pièce concernant l'Académie; elle porte la date du 28 brumaire de l'an II de la République (18 novembre 1793).

Cette pièce contient le détail des sommes avancées par les professeurs à l'Académie, s'élevant à 4,755 livres; ces derniers en réclament le remboursement;

Les signataires sont :

> Wanvick, directeur; Chays, d'Ageville, secrétaire; Embry, chancelier; Casati, professeur; A. Renaud, statuaire; Honoré Nicolas, professeur; P. Henri, professeur.

C'en était fait de l'Académie de peinture de Marseille; toutefois sa partie active, celle qui pouvait rajeunir cette institution indispensable à la prospérité publique, devait, obéissant aux courants des idées de l'époque, se reconstituer sous une forme démocratique, tandis que la partie conservatrice, aristocratique, devait à son tour renaître sous une forme nouvelle, bien que réduite, en constituant la section des beaux-arts dans notre moderne Académie des sciences, belles-lettres et arts.

Dans un discours à la session de la Sorbonne, en 1886 [1], j'ai indiqué les phases de la reconstitution de cette dernière fraction de l'Académie; je n'ajouterai ici que quelques mots à propos de sa partie militante.

Les professeurs sont dispersés en 1793; mais la République, *une et indivisible*, ne doit et ne peut vouloir détruire ou abandonner l'enseignement des beaux-arts. En 1795, Marseille ouvre donc, tout d'abord, une école publique de dessin, dont Guenin, ancien membre de l'Académie, est nommé Directeur.

Le calme se fait. La nouvelle institution grandit, et bientôt son titre ne répond plus à l'importance qu'elle a acquise. Nous sommes arrivés en 1807. Les magistrats de la cité promulguent alors un arrêté, publié et affiché à Marseille le 27 août, touchant la réorganisation sous la dénomination d'*École gratuite de dessin*, de l'Académie du modèle, et du musée [2]; mais ce que nous devons souligner ici, c'est le préambule de cet arrêté :

« Considérant que cette institution doit rendre à l'enseignement l'étendue et l'éclat qu'elle eut dans l'ancienne Académie de peinture, où se sont formés tant d'illustres artistes qui ont honoré Marseille, ARRÊTONS, etc. »

Les services rendus par l'ancienne Académie étaient, on le voit, loin d'être oubliés sous le premier empire; de plus, son dernier directeur perpétuel, Vien était alors sénateur.

---

[1] Voir p. 41.
[2] Dans mes *Annales de la peinture*, p. 404 et suiv., on trouvera le récit des diverses transformations que cette école eut à subir jusqu'en 1860. La continuation de cet historique jusqu'en 1885 est indiquée dans l'*Art dans le Midi* (t. IV, p. 212 et suiv.).

Les professeurs de la nouvelle École, salariés par l'État, avaient perdu le droit, que possédaient leurs prédécesseurs de porter l'épée, en leur qualité d'officier de l'Académie; mais ils devaient continuer les traditions. Transformée en École des beaux-arts, l'institution ne cessera de produire d'heureux résultats.

DEUXIÈME PARTIE.

BIOGRAPHIE ET CORRESPONDANCE.

Directeurs perpétuels : FENOUIL et VERDIGUIER.

Fenouil, peintre du Roi et membre de l'Académie royale, n'a guère fait que laisser son nom dans les fastes de l'Académie. Les papiers de cette époque ayant disparu, à part quelques rares documents, aucun autographe de sa main, aucune feuille pour nous éclairer sur sa personnalité ne nous sont parvenus.

Quant à Verdiguier, partageant la charge avec Fenouil, il a laissé une correspondance qui date de 1761. Ses lettres éclairent l'histoire de l'Académie au même titre que celles de d'André Bardon, bien que Verdiguier, à cette date, ne nous apparaisse plus qu'au second plan. En effet, d'André Bardon occupait depuis 1756 la charge de directeur perpétuel, tenant seul la tête de la liste.

Or ce fut en cette même année 1761 que Verdiguier commença ses voyages, pour se fixer peu après en Espagne, où il s'illustra par ses travaux.

Nous ne devons pas moins examiner rapidement quel fut le rôle de Fenouil et de Verdiguier dans l'Académie, et le degré de leur influence sur ses destinées.

Verdiguier, sculpteur de la ville, se répandait beaucoup; son atelier était un lieu de réunion fréquenté par les amateurs et par les artistes de passage ou résidants à Marseille. Fenouil était un de ses hôtes assidus; sa qualité de peintre du Roi lui valait une considération particulière, que justifiaient du reste son talent et son caractère.

Ce fut dans une de ces réunions d'amis[1] épris de l'amour de l'art

---

[1] Ces artistes sont inscrits dans la liste précédant les statuts de 1752 (voir 1re partie, p. 2). D'André Bardon était connu d'eux tous; mais son nom n'est pas alors prononcé et nous avons lieu de croire qu'il est resté étranger à cette première création.

que l'idée d'établir une Académie de peinture et de sculpture dans la ville de Marseille prit naissance. Toulouse, Bordeaux et d'autres villes étaient déjà en possession de pareilles institutions : ils s'indignaient en bons patriotes d'être ainsi précédés. Sous l'empire de ces idées, ils résolurent d'accomplir leur projet.

Les statuts rédigés en petit comité devaient recevoir la sanction de tous les artistes qui avaient promis leur adhésion. Ceux-ci furent donc convoqués chez Verdiguier le 25 septembre 1752, et les statuts furent approuvés à l'unanimité [1].

Ces statuts portaient que l'Académie devait être présidée par deux directeurs perpétuels; il fallait un peintre et un sculpteur; le choix n'était pas douteux : les noms de Fenouil et de Verdiguier furent proclamés.

Ces préliminaires remplis, il fut décidé dans une des assemblées suivantes qu'une députation se rendrait à Aix pour solliciter du duc de Villars l'autorisation de se réunir en assemblée, et, tout à la fois, pour obtenir un logement dans l'arsenal, alors déserté par la marine royale et transférée à Toulon.

Cette autorisation et une salle de l'arsenal leur étaient concédées par brevet signé du duc le 28 décembre 1752 [2].

Les règlements d'ordre intérieur furent élaborés en commun, puis approuvés le 1er février 1753. Le tout devait être communiqué à M. Fenouil, directeur perpétuel [3].

Quant au règlement appliqué aux élèves de la bosse et du dessin, il fut rédigé peu après et signé par Verdiguier, directeur perpétuel [4].

A partir de ce moment, le nom de Fenouil n'est plus prononcé. Était-il retourné à Paris? Était-il mort? Ce dernier cas est le plus probable; car nous voyons en 1754 le nom de d'André Bardon apparaître comme directeur perpétuel [5], les statuts exigeant un peintre et un sculpteur comme directeurs. D'André Bardon avait sans doute succédé à Fenouil.

En 1755, Verdiguier prend encore une large part à la rédaction du mémoire, adressé au contrôleur général [6], qui doit décider la ville à

---

[1] 1re partie, p. 7.
[2] 1re partie, p. 7.
[3] 1re partie, p. 8.
[4] 1re partie, p. 10.
[5] 3e partie, lettre de Moulineuf du 11 mars 1754.
[6] 1re partie, p. 13.

accorder une allocation à cette Académie jusqu'alors soutenue avec les propres deniers des artistes associés, et Verdiguier n'a point cessé de conserver son titre de directeur perpétuel, conjointement avec d'André Bardon.

Mais l'Académie a pris un vigoureux essor. Ses expositions ont fait grand bruit, des élèves accourent en foule de tous les points de la Provence. Des professeurs de sciences viennent se joindre à ceux qui enseignent les arts. De nouveaux statuts sont nécessaires. D'André Bardon a présidé à leur rédaction, et ils sont promulgués par arrêt du Conseil d'État du 15 juin 1756 [1]. Le titre de directeur perpétuel lui est alors attribué exclusivement et sans partage; son nom sera désormais inscrit en tête de la liste, et celui de Verdiguier n'arrivera plus qu'en seconde ligne, comme directeur et recteur perpétuel. Dans les actes administratifs auxquels Verdiguier prendra part à l'avenir, il ne conservera d'autre qualité que celle de directeur principal [2].

Aussi ne suivrons-nous plus le directeur perpétuel dans ses actes. Nous étudierons simplement Verdiguier comme artiste, dans ses œuvres et dans sa correspondance privée avec ses confrères de l'Académie.

[1] Le premier article n'ordonnait qu'un seul directeur perpétuel.
Le deuxième article exigeait que ce poste fût occupé par un membre de l'Académie royale de Paris. Il contenait cependant cette réserve : «En reconnaissance des peines et soins de M. Verdiguier, sculpteur, lors de son établissement, l'Académie l'a nommé directeur perpétuel; mais sa place venant à vaquer, elle sera remplie tous les ans par un des professeurs en qualité de recteur, qui sera élu à la pluralité des suffrages.»
Ce n'était alors qu'une question de préséance sur la liste, car le droit de contresigner tous les actes administratifs ou les délibérations touchant les réceptions des amateurs ou artistes devant faire partie de la compagnie, afin de valider leur élection, était indifféremment rempli par l'un ou l'autre des directeurs perpétuels. L'un exerçait de Paris, l'autre de Marseille, et même de l'étranger au besoin. Nous en trouvons la preuve à propos de la réception du président d'Orbessan, et de Joseph Vernet, présentés par Verdiguier.

[2] Voir l'Acte du 15 juin 1756, 1ʳᵉ partie, p. 20.

VERDIGUIER, ARCHITECTE ET SCULPTEUR.

Le talent de Verdiguier, comme sculpteur, se distingue par la grâce, par l'élégance et la désinvolture du ciseau. Il se montre fin, délicat, enjoué, amoureux de la belle forme et d'une vérité quelque peu embellie par une imagination de poète. Sa signature elle-même, ferme, large, enlevée d'une main souple, sorte d'arabesque gracieuse, semble offrir un avant-goût de son faire.

Son style épistolaire, dont il ne faut pas juger par les débuts, témoigne d'une inexpérience résultant d'une instruction rudimentaire, il n'en brille pas moins par un tour vif, original, foncièrement artiste. Sa première lettre contient une description humoristique de l'Académie de peinture de Toulouse, des détails amusants sur le président à mortier d'Orbessan et sur Joseph Vernet. Sa verve gauloise captive l'attention. Verdiguier n'écrit qu'au courant de la plume, sans se préoccuper si l'avenir réservera à sa prose l'honneur d'être imprimée; il s'abandonne à ses saillies avec une insouciance railleuse, mais la note du cœur y vibre constamment; c'est un charmant causeur, prime-sautier, dont le cœur déborde d'enthousiasme et d'amour de la gloire.

Ce style ne varie pas, chez lui, jusqu'en 1766; mais ses lettres nous révèlent un côté de son talent que n'ont pas précisé ses biographes espagnols, celui d'architecte de mérite. Sa correspondance nous le montre sous ce jour, à propos de ses démêlés avec Dreveton, sur lequel il l'emporte dans tous les concours, et Dreveton, membre de l'Académie de peinture de Marseille, était un homme de valeur. La construction du couvent des Bernardines qui coûta 400,000 livres, aujourd'hui occupé par le lycée de Marseille, avec sa chapelle aux bas côtés à colonnes et son élégante coupole, donne la mesure de ses qualités d'architecte.

Verdiguier, tout en obtenant la préférence sur Dreveton, laisse de son côté, comme architecte, des œuvres remarquables dans plusieurs villes et notamment à Cordoue, où le Triomphe de saint Raphaël, ce monument que montre avec orgueil la patrie des deux Sénèque et de Lucain, est bien son œuvre personnelle, comme la façade du collège de Sainte-Pélagie. Le titre d'architecte doit donc lui être attribué. Les dessins et les eaux-fortes qu'il a laissés en outre prouvent la variété de ses aptitudes.

En 1766, il est frappé en plein cœur dans son amour-propre d'artiste. Son indignation éclate alors; son style devient incohérent, semé d'épithètes exagérées; sa nature méridionale exubérante se donne libre cours; l'injustice, l'indélicatesse l'ont révolté à ce point qu'il a perdu toute mesure. Il n'est point encore calmé qu'une maladie dangereuse survient, et il se réconcilie avec Dreveton, son ennemi. Sa lettre du 15 novembre 1767 est d'une fermeté, d'une couleur admirables, où ses qualités d'homme et d'artiste resplendissent d'un véritable éclat.

A dater de ce moment, ces qualités se maintiennent chez Verdiguier; l'épreuve a agrandi sa pensée. Une nouvelle maladie le frappe le 20 décembre 1768. Aussitôt rétabli, il rassure l'Académie avec le laconisme pittoresque qui ne l'abandonnera plus. Après sa dernière lettre, datée de 1777, nous le perdons de vue.

Dans une étude sur Verdiguier présentée à la Sorbonne en 1881 [1], M. Bouillon Landais nous dit que ce maître est né à Marseille en 1716 et qu'il est mort à quatre-vingt-dix ans; « qu'ayant quitté la Provence en 1722, il s'en fut à Paris; qu'employé aux Gobelins, puis qu'ayant gagné les premiers prix à l'Académie, il fut envoyé à celle de Rome, et que quatre ans après il se fixa en Provence. » Ces faits doivent être exacts, bien que l'auteur élève des doutes à leur égard, tout en affirmant les avoir relevés dans un mémoire imprimé en 1752 par l'artiste lui-même. A cette époque Verdiguier fondait l'Académie de peinture de Marseille, et nous ne le croyons pas capable de mentir. Quant à ce que dit M. Bouillon Landais de la même Académie, les détails qu'il en donne ne sont pas précisément exacts à propos de d'André Bardon, etc.; mais nous avouons en toute humilité avoir égaré notre confrère si estimable; il a copié simplement toute cette partie dans notre *Histoire de l'Académie*, écrite il y a vingt-quatre ans (insérée à nouveau dans nos *Annales de la peinture, Discours et fragments*, publiée en 1867, p. 223 et suiv.). C'étaient des erreurs que nous venons de rectifier.

M. Bouillon Landais dit également : « Il est très difficile d'être ren-

---

[1] Réunion des sociétés des beaux-arts à la Sorbonne, p. 101.

seigné sur le séjour de Verdiguier en Espagne; une grande obscurité règne sur lui, et ses biographes ont largement contribué à épaissir les ténèbres. » Or, la correspondance qui suit fait cesser les doutes. Elle donne de plus une notion précise des rapports qui ont existé entre notre artiste et Dreveton.

Voici le post-scriptum d'une lettre que Moulinneuf secrétaire perpétuel de l'Académie, adressait à d'André Bardon. Ce document fixe le jour du départ de Verdiguier pour Bayonne, départ qui fut le prélude de son premier voyage en Espagne.

LE SECRÉTAIRE À D'ANDRÉ BARDON.

Marseille, 15 mai 1761.

« Verdiguier part pour Bayonne. M. Coste, comme premier professeur de dessin, suivant l'ordre du tableau remplira les fonctions de directeur recteur, en l'absence du précédent. »

Nous laissons maintenant la parole à notre artiste.

VERDIGUIER À L'ACADÉMIE.

Bayonne, le 4 juin 1761.

« Messieurs,

« Je devrais commencer par vous parler de Bayonne puisque cette ville est le but de mes travaux, mais pour user un peu d'ordre, s'il m'est permis d'en avoir dans mon dérangement, je commenceray par vous entretenir de Toulouse ou j'arrivay assès tost pour visiter sa triste Académie de peinture; l'aspect humiliant de cette école eut été capable de me faire réflechir sur la notre, sans la prévention avantageuse que j'ay pour vous tous en général, et pour chacun en particulier. Oui! messieurs, je suis d'autant plus pénétré de cette verité, que je sentis en cette occasion un secret mouvement d'amour propre que j'eus de la peine à estouffer.

« J'ignore si c'est à mon zèle, ou à ma prévention que je doits à la sincerité de ma façon de penser, mais je scay que l'idée facheuse qui me reste de ce pitoyable tableau fait encore gémir toute ma sensation.

« Nous jugeons ordinairement, par l'activité ou la tiedeur, des choses présentes, nous sommes également affectés de ce qui nous séduit, et de ce qui nous révolte ; l'un flatte nos sens, l'autre les irrite et les indispose. Ce sentiment fut malheureusement le fruit de l'impression qu'elle me fit, jusque là que je suis fort en peine de vous dire si cette Académie existe, ou si elle n'est plus. Un instinct, presque seul, guide encore cette école dans son enfance, bien qu'elle soit sexagénaire. Une sale payable pour des évocations funéraires, semble n'estre préposée qu'à la tristesse, et à la consternation. Un modèle humblement assugetis (sic) au caractère local de ces lieux moribonds semble trainer avec lui l'emblème languissant du trouble qui y règne.

« Séduit par les apas d'une autorité subalterne, le maître, maitrisé lui même, vogue dans la tiedeur et le découragement, perpetuellement agité, contrarié par sa propre raison, toujours flottant entre les interest de sa gloire, et ceux de sa fortune, de ses désirs, avec ses démarches, de celle cy avec celles de ses compétiteurs, nage sans connaitre s'il s'égare, ou s'il va droit au port. L'on dirait enfin que les élèves délivrés de la gène, qui altererait des inclinations relatives à une conduite toute opposée, ont pris un parti qui ne tient plus d'elles, et qui ne les interesse plus.

« Les lois mal établies, mal commentées, causent tot ou tard des désordres, dont les législateurs sont la cause, le vice n'est pas toujours dans ceux qui enfreignent la loy. Il est souvent dans la loy même ; des mesures mal combinées lors de la naissance de cette Académie ont entrainé un mécanisme de viscicitudes (sic), qui sont suivies d'une alternative continuelle d'offenses, et de réparations, qu'il sera difficile de vaincre, parcequ'elle n'est pas réglée sur des principes solides et permanents.

« Nous vivons au contraire sans remords, sans crainte parceque nous estant jamais écartés de nos loix, nous ne scaurions voir qu'une route proportionnée au gouvernement dont nous sommes les arbitres, liés par une seule volonté, par une sagesse qui nous guide vers le bien commun, nous parviendrons infailliblement à l'unique moyen de rendre notre société inaccessible aux traverses les mieux concertées.

« Passez moi, messieurs, des réflexions que je dois à mon entretien avec M. d'Orbessan, où je dinai le lendemain de mon arrivée, après avoir été reçu avec les marques les plus sensibles qu'il a pour les Beaux arts, et de l'amitié qu'il a voué à notre Academie.

« Ce seigneur non content d'avoir apporté la bonne compagnie à la bonne chère qu'il nous fit faire, me força d'accepter des lettres d'amitiés pour le Parlement de Paris, que je trouvai sur ma route. Il voulut ensuite me faire voir les tableaux nombreux et variés qui décorent les églises de cette grande ville. J'y trouvai des Caravages, des Jouvenet, des Lebrun, des Lafosse, du Boulongne, des Vouet, des Rivalz, des Darcis, des Subleyras, et de quantité d'autres artistes fameux, dont la plus part sont de Toulouse, et dont M. Depax, qui vit encore, est le digne émule.

« Enfin nous terminames nos courses par la comédie, où nous eumes un long teste à teste, roulant sur la police de nos académies. Il voulut connaître nos loix. Il m'instruisit des siennes, et l'ayant questionné sur les causes qui avaient agité leur société académique, voici ce qu'il me repondit :

« Vous scaurez, me dit-il, que les capitouls sont à la tête de notre
« Académie, vous scaurez aussi, que nos loix admettent un corps
« d'amateurs, qui dans l'origine ne formoient qu'un tout avec les pre-
« miers, que nous avions les uns et les autres voix déliberative dans
« les assemblées ainsi que les professeurs et les académiciens. Or vous
« sentez qu'une telle multitude de sentiments, ne peut produire qu'un
« abime de contradictions. Le desir de dominer agita les uns, la
« crainte d'être subordonnés émut les autres. Ceux-ci excités par l'in-
« téret, ceux là par l'émulation, l'ambition, la loix, la crainte, le bon
« sens, la politique, la raison ; enfin un mélange confus de bien et de
« mal, composant un océan de vices d'autant plus difficiles à calmer
« qu'ils n'avaient pas été prévus des le commencement.

« Quant à ce que vous a écrit M. de Puymaurin, continua-t-il, sa
« politique ne lui a pas permis de vous en dire d'avantage. Il est vrai
« qu'il y eut une sorte de concordat entre les deux factions. Mais l'Aca-
« démie royale n'y a pris aucune part. Nous espérons, cependant, que
« tout se renouera à l'avantage de la paix. »

« Voilà, messieurs, en substance, ce que j'ai appris de M. d'Orbessan. Cependant si j'en juge par un autre entretien que j'ai eu avec le directeur M. Rivalz, et deux autres artistes qui me donnèrent à souper, la paix est loin d'être conclue.

« L'Académie de Toulouse, plus sage que nos projets, reçut ses lettres patentes avec cette tranquilité que l'on possède lorsqu'on reçoit quelque chose qui vous est due. Elle fit omologuer ses titres, et chacun s'en fut souper chez lui.

« Par une nouvelle loi, cette école vient d'augmenter sa liste d'une colonne d'académiciens honoraires; monsieur Dandré Bardon, M. Vien sont à la tête, elle sera plus nombreuse à l'avenir.

« Ne vous fachés pas, messieurs, j'ay pourvu à l'ennuy que je vous cause par l'acquisition que je viens de faire en la personne de M. d'Orbessan, dont je vous envoie ci joint les titres, que je vous prie de joindre à celui d'amateur, qu'il vous demande. Il me fera parvenir, à Bayonne, l'extrait de la délibération que vous lui envoyerez, afin que la signe.

« Je vous dois, messieurs, encore deux mots, que vous recevrez avec plaisir, quand vous connaitrez combien ils sont interessants pour votre gloire (à part les jambons). Je ne vous parlerai que de M. Vernet, que je n'ay pas discontinué de voir depuis mon arrivée. Il m'a introduit dans toutes les bonnes maisons de la ville, à compter par M. le comte de Grammont qui en est le commandant, jusqu'aux simples particuliers, en sorte que je trouve tous les jours en rentrant au logis, les titres des visites que l'on me rend.

« Il me semble entendre M. Bertrand s'écrier, « que m'importent tes « visites? y a-t-il là de quoi interesser notre gloire? » Un moment? vous n'y êtes pas encore; préparez vous à bénir mes travaux; oui, messieurs, il s'agit vraiment de notre gloire; je dis plus, de la fortune de notre Académie : il s'agit de l'acquisition de M. Vernet, non point comme amateur, mais comme membre de notre Académie. Je ne vous parle pas de mes frais pour l'acquerir. Mon ambition satisfaite du succès a mis à néant toutes mes démarches; ne croyez pas au moins qu'il en aye couté à la gloire de la direction.

« Je ne sugererai pas à M. Coste, et à M. Moulinneuf, la route que la société doit prendre, ni le tour que vous devez donner à la lettre préliminaire que vous lui écrirez. Il s'agit ici d'un membre celèbre de l'Académie royale.

« Soyez persuadés, messieurs que je n'oublierai jamais rien pour augmenter la gloire de l'Académie, et pour vous prouver combien j'ai l'honneur d'être

« Messieurs

« Votre très obligé et très humble s^r. »

VERDIGUIER.

TITRES DE M. D'ORBESSAN.

« M. le président d'Orbessan, secrétaire perpétuel de l'Académie de peinture et de sculpture de Toulouse, des Académies des sciences des jeux Floraux de Cortone et de Pau.

« Vous ajouterez, messieurs, si vous voulez : et amateur honoraire de celle de peinture et de sculpture de Marseille. »

On conçoit aisément la satisfaction de l'Académie de Marseille en recevant cette lettre. Moulinneuf, dans sa lettre du 15 juin, dit à Verdiguier, en le remerciant, combien son tableau de l'Académie de Toulouse l'a égayée et intéressée, et combien elle se félicite « de n'être pas dans cette situation ». La nouvelle de l'« acquisition » de M. Vernet la comble de joie; elle regrette toutefois que leur directeur n'eût pas tracé la façon dont la compagnie doit agir vis à vis de cet homme célèbre. L'acquisition de M. d'Orbessan est non moins bien goûtée.

Le dernier paragraphe de la lettre de Verdiguier suffit pour donner la mesure de l'intérêt qu'il porte à l'Académie; d'André Bardon ne cessera non plus jamais de tenir le même langage empressé pour elle.

VERDIGUIER A L'ACADÉMIE.

A Bayonne le 22 juin 1761.

« Messieurs,

« Il paroit que je vous en ay assez dit à l'égard de M. Vernet puisque vous êtes entré dans ses vues, et dans nos intérêts avec tous les ménagements que vous devez à un homme tel que lui, et tel que vous le devez à vous même. »

Le sculpteur ajoute qu'il aurait souhaité que la lettre à lui adressée par la compagnie contînt un extrait de la délibération prise en assemblée extraordinaire, constatant l'inscription du nom de M. Vernet

sur la liste des academiciens. « Il convient de réparer cette omission.
« M. Vernet se trouve encore à Bordeaux, d'où il partira pour la Ro-
« chelle, où il doit s'arrêter pour faire le tableau de cette place. »

D'André Bardon a écrit de longs détails à Verdiguier sur tous les
mouvements que se donne l'Académie royale en faveur de l'Académie
de Marseille, et l'artiste termine par ces mots :

« Pardon de mon griffonnage, mon autel que je viens de finir en
est la cause. On le sacre demain, au grand plaisir de toute la ville, et
notamment de M*gr* l'evèque qui nous prépare un grand diner.

« J'ay l'honneur d'estre avec l'estime et l'amitié la plus sincère
« Messieurs. Votre etc. »

Verdiguier D. P.

LE SECRÉTAIRE DE L'ACADÉMIE À VERDIGUIER.
(Résumé.)

29 juin 1761.

Après de longs détails sans importance, le secrétaire annonce que
le peintre Loys, reçu depuis peu, a insulté ses confrères et déblatéré
contre l'Académie. On lui envoie l'extrait du procès-verbal dressé à
ce sujet; plusieurs assemblées ont été tenues; on est prêt à pardonner
si le délinquant fait sa soumission, porte fermée dans la salle du
modèle, où l'insulte s'est produite.

Les protecteurs voulaient que le sieur Loys fut exclu à perpétuité;
mais la compagnie a considéré que l'honneur de cet artiste, sa fortune, sa famille seraient couverts d'une tache innéfaçable, dont il le
faudrait sauver.

LE SECRÉTAIRE PERPÉTUEL À VERDIGUIER, À BAYONNE.
(Résumé.)

12 août 1761.

La compagnie a reçu les instructions de son directeur et elle lui
écrit : « M. Joseph Vernet se glorifie d'appartenir à l'Académie de Marseille; elle n'oubliera jamais qu'elle doit à M. Verdiguier l'honneur de
posseder un artiste si célèbre. »

VERDIGUIER À L'ACADÉMIE.

De Bayonne le 25 aoust 1761.

« Messieurs,

« Par la dernière lettre recuc de M. Vernet j'ay scu que vous aviez lieu de vous louer de son acquisition. Il ne m'a pas laissé ignorer qu'il vous avoit témoigné par des actes expressifs de sa sensibilité ceux de sa sincère et vive reconnaissance.

« Je suis à mon tour sensiblement touché de ce que vous me dites d'obligeant à cet égard. Il est vrai que son entrée dans notre Académie flatte trop son ambition pour que je ne vous en témoigne pas ici toute ma satisfaction. L'avantage de posséder un artiste tel que luy est quelque chose de si grand pour elle, que quel que marque que j'aye donné de mon zèle depuis sa création, je ne me suis jamais mieux connu en droit de m'applaudir que dans cette occasion, puisque en lui procurant le plus grand peintre du monde, je lui attache le plus sincère amy.

« Je ne doute pas, messieurs, que l'approche de la saint Louis n'aye exercé vos talens en vue de son exposition. Outre que vous le devez au public, vous vous le devez à vous même ; je suis persuadé que vous vous donnerez tous les mouvemens nécessaires pour rendre ce concours brillant par le nombre et par la bonté des pièces que vous exposerez au public.

« Je rends a cet égard toute justice à votre zèle et à votre ferveur, mais je crains bien que vous ne permettiez que l'Académie se relache au sujet du sieur Loys, dont le procedé me révolte encore. Je puis bien vous protester, messieurs, que je n'aurais pas été si débonaire que vous. Car quoique je doive m'unir aux volontés d'un corps que je respecte et que j'aime, j'aurais sçu par des raisons sagement refléchies, et finement combinées vous inspirer assez de fermeté pour ménager ce que vous devez à l'Académie, et pour ne point porter atteinte à ce qu'il est essentiel qu'elle se conserve.

« Passez moi, messieurs, ce petit échappé, je le dois à la gloire de la société, je le dois à chacun de vous en particulier, et me le dois à moi-même ; je n'ay pas besoin de vous dire ce à quoy expose l'impunité.

« J'ay l'honneur d'estre avec les sentimens les plus sincères de l'estime et de l'amitié, Messieurs, votre trés humble et très obéissant serviteur. »

« Si la figure représentant l'*Escolle de la vertu*, que j'ay faite pour M. Bourlac, est bien venue du four, je vous prie, messieurs, de la placer parmi vos ouvrages.

« Je compte que l'on verra votre exposition mentionnée dans la Gazette. »

LE SECRÉTAIRE À M. VERDIGUIER.
(Résumé.)

A Bayonne 13 septembre 1761.

Sa dernière lettre a comblé de joie l'Académie. Tout est en émoi dans la compagnie, qui poursuit l'obtention des Lettres patentes[1]; il est mis au courant de ce qui se passe à propos des Règlements, et de la séance publique du 30 aout; le sieur Loys n'est pas oublié.

MOULINNEUF.

Verdiguier a terminé tous ses travaux à Bayonne : une lettre du secrétaire à d'André Bardon, du 26 octobre 1761, contient ce postscriptum :

« M. Verdiguier est de retour depuis le 24. Il a été installé de nouveau, le jour même dans ses droits de directeur recteur perpétuel. »

VERDIGUIER DANS L'EXERCICE DE SES FONCTIONS.

Nous sommes à la fin de 1761. Verdiguier a repris la direction. Il l'abandonnera, il est vrai, de nouveau, en 1763. En attendant, jetons un coup d'œil sur ce qui se passe et doit se passer à l'Académie, afin de juger de l'action qu'il exercera sur elle durant cette période.

M. de Voltaire a écrit en août au duc de Villars « dans les termes les plus obligeants et les plus expressifs en faveur de l'Académie de Marseille ».

---

[1] La correspondance de d'André Bardon élucide cette question. Voir ses lettres de 1761.

La séance publique de la saint Louis et l'exposition de l'Académie ont eu un très grand succès. D'André Bardon avait mis Verdiguier, alors à Bayonne, au fait de toutes ses démarches au sujet des lettres patentes. De nouveaux règlements et l'histoire de l'Académie avaient été demandés par le marquis de Marigny.

En septembre, ces règlements, conformément aux exigences de la filière administrative, étaient aux mains du comte de Saint-Florentin. Le marquis de Marigny, à la sollicitation de la compagnie, avait envoyé son portrait gravé. L'Académie enchantée l'avait fait encadrer, et lui avait réservé une place d'honneur dans la salle de son exposition. D'un autre côté, la compagnie était toute à la joie que lui causait la réception récente de M. Watelet, « cet illustre amateur dont le poème sur la peinture, chef-d'œuvre de poésie, manifeste l'excellence du goût et du génie de l'auteur ». Les généreuses attentions du comte de Caylus, également reçu depuis peu, avaient touché les professeurs *très sensiblement*.

Enfin, le 5 octobre 1761, le secrétaire envoyait à d'André Bardon pour la remettre au ministre, la demande formelle des lettres patentes pour l'Académie. Cette demande était appuyée par l'Académie royale de Paris, par M. de Marigny et par une lettre pressante du duc de Villars; elle était suivie d'une histoire de l'Académie en brouillon, écrite par M. Coste, et le secrétaire de s'écrier, à propos de ce brouillon : « Notre cher directeur perpétuel voudra bien se charger de rédiger cette histoire; sorti de sa plume, cet ouvrage, en flattant notre amour propre, donnera un plus grand relief à notre compagnie et sera digne de passer à la postérité. »

Verdiguier était à peine mis au courant de tous ces incidents qu'on le vit, dès le 26 octobre, faire écrire par le secrétaire, à l'adresse de d'André Bardon et pour être remise au comte de Caylus, une lettre de remerciements chaleureux à propos de son « recueil d'antiquités dont il a fait présent à l'Académie ». Ensuite, le secrétaire insinue à son directeur perpétuel de Paris que la compagnie se féliciterait « si M. Watelet voulait bien joindre son poème sur la peinture à ses savantes recherches, qui contribuent si dignement à sa gloire ».

Mais le jour de l'an approche; dès lors la correspondance prend de plus grandes proportions. Elle va motiver des lettres de l'Académie royale en réponse aux souhaits des professeurs, et cet échange s'opère également avec MM. Watelet, de Caylus, Gougenot, de Boulongne, ministre et secrétaire d'État, de Beryer, garde des sceaux, de Bertin, contrôleur général des finances, de Romegas, conseiller du roi, lieutenant général de la sénéchaussée de Provence, que l'on remercie pour le recueil rare d'antiquités dont il a fait hommage à la Société, de M. de La Tour, intendant de la généralité de Provence, du comte de Saint-Florentin, du duc de Choiseul, ministre de la guerre et de la marine, du duc de Villars, etc.

Joseph Vernet, Natoire, directeur de l'École de Rome, Restout, secrétaire perpétuel de l'Académie royale, ne sont pas oubliés, ni les amateurs-fondateurs résidants, tels que MM. de Gaillard, baron de Longumeau, de Villeneuve marquis de Vence, de Thomas, marquis de La Garde, comte de Laurens, baron de Lauris, baron de La Tour-d'Aigues, comte de Rousset, baron de Châteaufort, comte et marquis d'Albertas, etc.

Au moment d'obtenir ses lettres patentes, l'Académie tenait à cultiver l'amitié de ses amateurs et protecteurs, et Verdiguier présidait à la rédaction de toutes les lettres, qui ne pouvaient être expédiées avant qu'il n'en eût été préalablement donné lecture dans les assemblées particulières de l'Académie.

1762.

Le zèle que les membres mettaient à recruter des adhérents ne se refroidissait pas et Verdiguier ne s'épargnait pas à cet égard. Grâce à lui, le président d'Orbessan et Joseph Vernet étaient de la compagnie; en cette même année, par ses soins, Arnaud et Robert, directeur de l'école de Reims, tous deux anciens élèves, étaient reçus académiciens, ainsi que Cellony, le peintre de l'hôtel de ville d'Aix, et Forty, le célèbre ciseleur marseillais, de même que Watelet et le comte de Caylus, présentés par d'André Bardon.

En cette même année 1761, Peise, avocat; Dufraigne, commissaire de la marine à Toulon; Preaudeau de Chemilly, étaient venus à leur tour grossir la liste des honoraires amateurs. En 1762, était reçu M. Leguay premier commis du ministre de la marine, présenté par d'André Bardon, et Verdiguier présidait à la réception des artistes suivants : Dupuis, architecte à Versailles, auteur d'ouvrages importants sur l'architecture; Cochin, secrétaire perpétuel de l'Académie royale. Il contresignait les nominations de Bouton, peintre du roi d'Espagne, de Julien, prix de Rome, ancien élève de l'école, de Jardin, architecte du roi de Danemark, un des dignitaires de l'Académie royale de Copenhague, et du directeur de cette compagnie, Sally, sculpteur du roi, également membre de l'Académie royale de Paris. Quant à Mlle Marie-Anne Loir qui, pour son morceau de réception, avait fait le portrait de d'André Bardon, ce dernier s'était réservé la satisfaction de lui présenter son brevet signé de sa propre main.

A ce moment Verdiguier s'intéressait particulièrement à trois de ses élèves de grande espérance : les Fossaty, oncle et neveu, à l'un desquels Marseille doit sa fontaine de la place des Fainéants, et Dejoux, devenu membre de l'Institut de Paris, auteur d'une statue colossale en bronze représentant le général Desaix. Ces trois artistes étaient couronnés par l'Académie en 1763. Verdiguier, pour stimuler l'émulation des élèves, avait fait voter par la compagnie l'institution d'un grand prix de la valeur de 150 livres, prix qui serait décerné à des époques déterminées; ce fut le peintre Polo qui le remporta en 1762.

Les prix à décerner, le choix entre les concurrents, les élections du bureau, les réceptions des nouveaux membres, les lettres des correspondants dont on donnait lecture, aussi bien que les réponses incombant au secrétaire, étaient des incidents bien faits pour égayer ou passionner les professeurs réunis deux fois par mois en assemblée privée. La nomination de certains personnages ou de grands artistes provoquait parfois des assemblées extraordinaires. Il en avait été décrété ainsi pour les Caylus, les Watelet, les Vernet, les Jardin, les Sally, et cette particularité était soigneusement consignée dans la délibération.

En dehors des exercices quotidiens consacrés à l'instruction des élèves, tout se concertait, se décidait dans ces assemblées bimensuelles. Les professeurs donnaient leur avis, et la majorité prononçait sans appel. On s'entretenait des soins que devait nécessiter la prochaine séance publique, on écoutait les discours qui devaient être prononcés. On se préoccupait de l'éclat à donner à l'exposition des œuvres des artistes associés, afin d'intéresser les amateurs ; les professeurs ménageaient des places aux œuvres des lauréats ayant remporté les premiers prix ; on ne négligeait jamais de préparer, dans la salle du modèle, quelques surprises aux échevins qui présidaient eux-mêmes à l'ouverture de ces expositions.

Mais ces assemblées avaient aussi leurs heures de tristesse. Un membre de la compagnie était-il mort, on célébrait sa mémoire ; un confrère était-il gravement malade, on s'empressait à son sujet. La gêne, la pauvreté, formaient entre ces artistes un lien indissoluble. Comme des soldats, animés de l'amour de l'art et de la patrie, ils se tenaient par la main. Nous n'en citerons qu'un exemple et nous y trouvons encore Verdiguier au premier rang.

Verdussen, ce grand artiste oublié, si peu connu de nos biographes qu'Adolphe Siret nous le donne comme membre en 1744 de l'Académie de Marseille, fondée seulement en 1752, et qu'il le fait mourir à Avignon, Verdussen, était mort membre de l'Académie de Marseille, et le secrétaire, écrivait à d'André Bardon :

LE SECRÉTAIRE À D'ANDRÉ BARDON.

1er avril 1763.

« Cet artiste distingué dans son genre, et encore meilleur chretien, a rendu son âme à dieu le 30 mars, à quatre heures du matin ; le lendemain 31 nous lui avons rendu les derniers devoirs. Durant le cours de sa maladie, nous ne l'avons pas abandonné un instant. M. Verdiguier ainsi que les professeurs se sont empressés à le soigner sans que les plus basses fonctions fussent capables de nous rebuter. Nous l'avons veillé nuit et jour, et si son rétablissement n'eut dépendu que de nos secours, il est certain qu'il ne serait pas mort.

« Ce digne associé a pris mal le vendredi 18 mars. Il sortait du sermon : la rigueur du temps lui a causé une fluxion de poitrine ; né un jeudi, il a été enterré un pareil jour dans la soixante-dixième année de son âge.

« Tandis que les professeurs sont très sensibles à cette perte, ils ne cessent de renouveller leurs vœux pour la santé de leur cher directeur, » etc.

MOULINNEUF.

1763.

CORRESPONDANCE.

Dans le mois de mars de l'année 1762 survint un événement qui menaçait l'existence de l'Académie. Devant quitter l'Arsenal, elle ne savait où s'établir. La correspondance du secrétaire et celle de d'André Bardon nous retracent les démarches tentées à ce sujet et la solution de l'affaire. Le rôle de Verdiguier en cette occurrence était tracé. Il présidait à la rédaction des lettres-circulaires ou particulières, des mémoires et des suppliques. La correspondance de d'André Bardon devant nous mettre au courant de ces divers incidents, nous ne nous occuperons que de celle de Verdiguier.

Verdussen était mort le 30 mars; le 30 mai suivant, le secrétaire annonçait à d'André Bardon que le départ de leur directeur-recteur pour Madrid était décidé :

« Il va par mer jusqu'à Malaga, disait Moulinneuf, le bâtiment qui doit le transporter n'attend qu'un vent favorable; son éloignement afflige toute la compagnie. M. Coste remplira le poste de directeur en l'absence de M. Verdiguier. »

Le 2 septembre, le secrétaire écrivait encore à d'André Bardon :

« M. Verdiguier est à Cordoue, il travaille à trois ouvrages encore plus considérables que le premier, et qui l'attendaient, sans compter ce qui lui est demandé par les particuliers. Il écrit que ses modèles sont très goutés... Le voilà en train de faire fortune pour le reste de ses jours... Celle des professeurs de l'Académie est hélas! bien différante, mais leur zèle pour l'école et pour leur directeur perpétuel ne saurait se lasser. »

De son côté, Verdiguier était trop attaché à l'Académie et à ses confrères pour les laisser sans nouvelles. Il connaissait l'intérêt que tous ses amis lui portaient, et voici ce qu'il leur racontait :

A Cordoue le 30 juillet 1763.

« Messieurs et chers confrères,

« J'aurais pu dès la veille de la saint Pierre vous annoncer mon arrivée ici, mais si j'en juge par l'intérêt que vous me portez, et par votre amitié, vous devez être curieux de connoitre les motifs qui m'ont ammené à Cordoue.

« Je vous dirai donc que j'ai commencé hier une chapelle pour laquelle j'étois attendu depuis longtemps, ou pour mieux dire, je n'étois plus attendu et dont les esquisses m'ont occupé jusqu'à ce jour. Je crois que j'aurai à me louer de mon voyage en Espagne, si j'en juge par l'accueil que m'ont fait les personnes à qui j'ai affaire pour mes ouvrages.

« J'ay été très bien accueilli par Mgr l'évêque. Ce prélat parle bon italien, et comme je n'entends pas l'espagnol, il se plait à me parler des arts en cette langue. J'ay occasion de parler français avec deux seigneurs du pays très estimables par leur amour et leur connoissance des arts. L'ami Dreveton profite tant qu'il peut de leurs dispositions pour moi, afin de me faire valoir, je dis tant qu'il peut, parcequ'il faut être Français pour entendre son espagnol. Je n'en scais pas encore le premier mot, mais mes modèles, graces à Dieu, parlent pour moi; et ce qui me fait plaisir, c'est que l'on me fait souvent parler cette langue pour me familiariser avec elle.

« Car outre la chapelle dont je viens de dire un mot, j'ay fait des modèles pour deux autres chapelles très riches : l'une dédiée à s^t Raphaël, et l'autre à s^t Philippe de Nerio.

« J'ay remis aussi le modèle du Triomphe de s^t Raphaël qui doit décorer le centre d'une place publique, dont le plan a 21 pieds carrés, sans compter une quantité de petits ouvrages pour des particuliers, et que mon arrivée a fait naître, de sorte qu'il est à croire que je mettrai à profit les trois années que je tiens de l'Académie. Je n'ay jamais tant senti le plaisir de vivre avec vous, messieurs, que depuis que je vous ai quités; que faire? il faut à l'homme du bien et du mal; comme mon bonheur réside dans mon retour, je goute déjà par avance une sorte de satisfaction qui adoucit l'amertume dont mon cœur est dévoré.

« Dreveton dans le portrait qu'il m'a fait du bien être dont on jouit dans cette ville, ne m'a pas dit toutes les vérités. Il est vrai que le superflu y est à donnation, en revanche le nécessaire y est fort cher; c'est à dire que le bon gibier se paye avec la plus petite monaie de cuivre, tandis qu'il faut de l'argent pour avoir du bœuf et du mouton. Dimanche dernier j'achetais trois gros pluviers dorés tout récemment tués pour trois sols et demi les trois.

« Comme je prévois qu'à l'exposition publique de nos ouvrages vous voudrez bien, messieurs, m'honorer d'une place parmi vous, je vous prie de jeter l'œil sur un groupe de trois figures que j'ai fait pour M. Guis, amateur de l'Académie. L'ami Bertrand m'a promis de me faire parvenir l'imprimé qui aura paru dans la gazette, ou tout autre papier public faisant mention de votre séance publique; cela ajouterait beaucoup à l'idée que l'on a de moi dans cette ville.

« Adieu, mes chers amis, souvenez vous de moi dans vos travaux académiques, et ne m'oubliez pas quand vous aurez le plaisir de vous trouver ensemble à midi.

« J'ay l'honneur d'estre avec tous les sentimens d'estime et d'amitié que vous me connoissez,

« Messieurs et chers confrères,

« Votre très humble et très obéissant serviteur.

VERDIGUIER.

« Recevez tous tant que vous êtes mes sincères embrassements.

« Comme je me flatte que vous me fairez l'honneur de m'écrire, mon adresse est comme à l'ordinaire :

« A Verdiguier, etc.,
à Cordoue
Andalousie.

En réponse à la lettre précédente, le secrétaire donne à Verdiguier des détails sur la séance publique et sur l'exposition de ses ouvrages : « Le groupe de l'*Innocence entre le vice et la vertu* a fait l'admiration du public et de tous les vrais connaisseurs. » Et il le complimente sur le grand nombre de travaux qui lui sont commandés, « qui mettent au grand jour ses talents, et ses capacités et lui assurent une fortune brillante ».

Cette lettre est datée de Marseille, le 3 octobre 1763.

L'année 1764 approche, Verdiguier prend les devants sur l'Académie, et écrit :

A Cordoue le 12 décembre 1763.

« Messieurs,

« Que puis-je vous dire pour cette nouvelle année qui réponde à ce que je ressens pour vous ? Je le donnerais en cent à mons Ciceron : en effet, messieurs, ce que je pense en faveur de vous en particulier, et de tous en général est si au dessus de tout ce que pourroit vous dire ce grand homme, qu'il seroit forcé lui même de fermer la bouche et de se taire.

« C'est pourquoi, messieurs, je crois ne pouvoir mieux répondre à ma sensation qu'en priant le ciel de vous accorder généralement tout ce que vous lui demanderez, et pour votre gloire, et pour vos intérets.

« Je doute, messieurs, que vous ayez rien à desirer, s'ils sont aussi généreusement exaucés, qu'ils sont sincèrement offerts.

« J'ai l'honneur d'estre, etc.

« Il me semble vous voir à table, le verre à la main, vous excitant mutuellement à la gaieté ; il m'en coute trop de ne pas partager avec vous ce plaisir, pour ne pas désirer que vous le goutiez souvent.

« J'apprends par M. d'André que Beaufort a reçu beaucoup d'éloges du grand tableau qu'il a placé à l'église s^t Lazare. Celui-ci a éteint l'ardeur qu'il avait pour son retour à Marseille, car il me dit qu'il est très content de Paris. »

1764.

Absorbé par ses travaux multiples, Verdiguier n'avait plus le temps d'écrire à ses confrères, bien qu'il conservât toujours pour eux l'amitié la plus vive. Sa nature ardente faisait germer dans son cerveau mille projets. L'accueil qu'il avait reçu de la ville de Cordoue le flattait. Non content d'embellir cette ville par ses œuvres, il méditait pour elle la création d'une école académique comme celle de Marseille et il s'était livré à un commencement d'exécution. Ses confrères en étaient instruits. Ils applaudissaient à ses projets. Mais cette année encore touchait à son terme. Ne recevant plus de ses nouvelles, l'Académie était inquiète. Le secrétaire, lui adressant le 17 décembre 1764, au nom de la compagnie, les vœux de bonne année, lui demandait : « Serait-ce votre Académie naissante qui vous distrait de la notre? »

Au moment où cette lettre du secrétaire était mise à la poste, ses confrères recevaient celle-ci :

Cordoue le 8 décembre 1764.

« Messieurs,

« J'ai commencé l'année tout comme commencèrent nos affaires avec les anglais. Je la finis comme elles finirent. Je commencerai bien la prochaine si vous m'apprenez que la face qu'elle présente est de bonne augure; si vos travaux vont leur train; — si votre santé vas de même; — si notre Académie fait des progrès; — si la paix est parmi vous; — si les élèves sont en nombre; — et s'ils sont dignes de vos soins. — Vous me connoissez assez pour croire que tout ira bien si mes vœux sont exaucés : c'est la garantie la plus solide des sentimens d'estime et d'amitié que puisse vous donner celui qui a l'honneur d'estre,

« Messieurs et chers confrères,
« Votre, etc. »

VERDIGUIER.

« Je me prépare à partir pour Madrid, où mes amis à l'aide de quelques ouvrages que j'ai faits pour cette cour, m'ont déja annoncé, et où j'espère percer, si je ne trouve pas quelque traitre qui me traverse, et me persécute, comme j'en ai trouvé ici. En ce cas je me retire et vais vous joindre et vous aider dans nos travaux académiques.

« Votre filleuil [1] vous prie de vouloir bien recevoir des marques de son souvenir. Mon épouse qui prend beaucoup de part à tout ce qui peut être avantageux à l'Académie, et à chacun de vous en particulier vous fait icy son compliment. »

Le cœur de ces artistes battait à l'unisson. Verdiguier et ses amis de Marseille avaient eu la même pensée. Leurs lettres s'étaient croisées en route.

[1] Le fils de Verdiguier.

1765.

La collection ne compte qu'une seule lettre écrite par Verdiguier dans le courant de cette année. Il n'a pas abandonné le projet de revenir à Marseille :

A Cordoue le 1er aout 1765.

« Messieurs,

« Je me flate que si vous avez commenté sur mon silence apparent, vous m'aurez rendu la justice de croire que j'ai trop d'estime pour vous, et trop de vénération pour l'Académie pour avoir différé jusqu'aujourd'hui pour vous écrire. Vous sçavez combien j'aime les arts, je les cultive avec trop d'ardeur, pour négliger une correspondance qui est d'autant plus précieuse pour moi, qu'elle est le seul fruit qui me reste du zèle que j'ai montré lors de leur établissement dans notre ville. J'apprends avec tout le plaisir possible les progrès qu'ils font par vos soins, et combien notre Académie s'accrédite par les acquisitions illustres qu'elle fait chaque jour. J'y suis d'autant plus sensible que sa gloire fit toujours toute mon ambition, la regardant dans le peu que j'ai fait pour elle comme l'expression la plus vive de mon amour pour la patrie, heureux si je pouvais lui en donner bientôt de nouvelles preuves; mais un ouvrage de marque que j'ai en main y met un obstacle considérable pour le présent : néanmoins la quantité d'ouvriers que j'y employe, me mettra à même de vous parler bientôt de mon retour.

« Je m'attends à ce que vous me fassiez part de notre séance publique de la saint Louis. — L'exposition des ouvrages doit être considérable vu l'intervalle mise (*sic*) entre les deux expositions.

« Je suis, Messieurs et chers confrères, etc. »

Le secrétaire ne manqua pas de donner à Verdiguier tous les détails de la solennité annuelle, précédemment envoyés à d'André Bardon et que nous trouverons dans sa correspondance. Il lui faisait part aussi de cette nouvelle : « Carle Vanloo est mort frappé d'apoplexie! » Verdiguier avait été également mis au courant, en septembre 1764, « de la fin funeste de Balechou », du présent que l'Académie avait reçu du roi des Deux-Siciles, en avril 1765 : le *Recueil des ruines d'Herculanum*, et de la réception de Mariette comme honoraire amateur, ainsi que de celle du marquis de Calvierre, lieutenant général, reçu au même titre le 8 avril.

1766.

Verdiguier caresse toujours le rêve de venir reprendre son poste à l'Académie; mais il est dans un état d'agitation extrême. On en jugera par le pli suivant :

A Cordoue le 4 mai 1766.

« Messieurs,

« Il faudrait que je sois bien plus calme pour vous peindre ma situation telle qu'elle est, et le pourrai-je que cela ne servirait qu'a vous faire connoitre un monstre déclaré contre l'humanité, la nature, la religion, la politique même.

« Ma famille n'a rien à désirer, ses besoins sont satisfaits; graces à Dieu, rien ne manque, tout abonde dans son domestique, mais à quoi lui servent ces avantages quand le pain qu'elle mange est pétri avec de l'absinthe. «L'on peut, dit un grand homme, résister à tous ses « besoins avec un peu de philosophie. » Mais combien n'est-il pas plus difficile d'assujetir l'esprit et le cœur.

« Les hommes ont toujours un point de vue qui les flatte dans leurs entreprises, l'amour propre masque les difficultés dans tout ce qui nous affecte, il nous fait souvent prendre pour de l'or ce qui n'est que l'oripeau.

« Voilà ce qui m'est arrivé avec Dreveton; le plan qu'il s'était tracé pour faire sa fortune consistait à employer tous les moyens de m'attirer à lui, son ignorance de sa profession l'obligeait à avoir un second. Je lui parus propre à cet office pour le faire arriver promptement; mais passez moi le reste. J'ay trop de consideration pour vous, messieurs, pour vous présenter un tableau si affreux. Tout ce que je puis vous dire sans blesser vos oreilles, c'est que je ne crois pas que depuis onze siècles que la France se donne des Rois, les loix ayent chatié un monstre qui le mérite mieux que lui.

« Je me souviens des murmures de quelques uns d'entre vous sur la dureté du temps, sur l'indifférence des amateurs, sur le peu de cas qu'il font du mérite. Hélas! combien ne suis-je pas plus malheureux que vous? tel se plaint d'une minute passagère, et ne s'attendrit pas sur une famille qui souffre en secret, parce qu'il n'a pas sous les yeux l'image affreuse qui la consume. Je suis persuadé que si vous vous representez bien mon estat, vous ne vous plaindrez plus; il est vrai que vous n'avez point de reproches à vous faire, car outre les impetions (sic) que vous avez recu (sic) de la nature, vous y êtes encore portés par le noble exemple que vous vous donnez mutuellement.

« C'est en raison de ces dispositions, que je sollicite le renouvellement de mon congé se bornant à trois ans qui vont expirer. Je me flatte d'autant plus que vous me l'accorderez que je le demande à des amis que j'aime, et que je considère.

« J'ai l'honneur d'estre avec tous les sentiments que vous me connoissez,

« Messieurs,

« Votre très humble et très obeissant serviteur. »

Verdiguier.

1767.

La lettre précédente de Verdiguier avait vivement impressionné ses confrères. L'Académie éprouvait une indignation sincère, et le secrétaire se faisait le 16 juin suivant l'interprète des sentiments de la compagnie :

« Comment peut-il se trouver dans le monde des êtres aussi malfaisants que celui que vous dépeignez. Quoi! cet ennemi n'est donc pas un homme, mais un monstre... Cependant nous espérons que vous triompherez de toutes ses menées...

« Soyez bien persuadé de la constance de notre amitié, du cas que nous faisons de votre personne, des qualités et du talent qui vous distinguent supérieurement... Ce qu'il y a de certain c'est qu'en tout et partout, nous vous défendrons de cœur et d'âme contre quiconque voudrait vous dénigrer.

« Bien qu'éloigné de Marseille, vos droits y sont conservés, et nos directeurs par interim s'empresseront toujours de s'effacer devant vous. »

Le mois de décembre venu, le secrétaire, offrant au nom de la compagnie ses vœux et ses hommages à son cher directeur-recteur perpétuel, terminait par ces mots :

« Vos confrères et vos amis souhaitent que votre fortune ait changé; que vos ennemis soient confondus, et que vous jouissiez d'un état heureux et tranquile, afin de n'avoir à regretter que votre absence... tous se languissent d'avoir le plaisir de vous embrasser. »

A ce moment une nouvelle épreuve affligeait Verdiguier. Ce ne fut qu'au bout de deux mois que l'Académie de Marseille reçut la réponse que voici :

A Cordoue le 12 fevrier 1767.

« Messieurs,

« Ma femme était mourante quand on me remit la lettre que vous m'avez fait l'honneur de m'écrire. Une maladie causée par une révolution de sang qui s'était portée au cerveau, et qui ne lui rendit les esprits qu'après la troisième saignée. Vous pensez, messieurs, que le penchant que j'ai à secourir les malheureux, ne me donna pas le temps qu'exigeait et ma reconnaissance, et la satisfaction que je vous devais à l'occasion de la nouvelle année, que je vous souhaite à mon ordinaire, c'est à dire au delà de toute expetion (*sic*).

« Votre amitié, messieurs, m'a paru si étroitement liée avec mes intérêts que c'était vous manquer que de vous laisser ignorer ce qui m'est arrivé depuis que j'eus l'honneur de vous écrire ma dernière lettre. Mais il fallait pour cela jouir de cette tranquilité que ne permettent les malheurs, qu'à proportion du plus de lacheté, ou de plus d'amour propre, ou être assez philosophe pour regarder les divers accidents de la vie comme des dissonances dans la musique; mais venons au fait :

« Il y a environ huit à dix mois que les prêtres propriétaires d'une chapelle dédiée à s^t Pierre ayants dessein de la faire rebatir, me demandèrent un plan en conséquence, tandisque d'un autre côté le doyen

DE L'ACADÉMIE DE PEINTURE DE MARSEILLE. 105

du chapitre auquel appartient la juridiction de la dite chapelle, en fit faire un autre à Dreveton.

« Celui-ci surpris, autant que moi de la duplicité des dessins, et enragé de ce que tout le chapitre, ainsi que tous les artistes de la ville m'avaient donné leurs suffrages (c'est à dire la préférence) fit un autre dessin plus travaillé, mais plus indigne que le premier, et dit qu'il ne comprenait pas que n'étant pas architecte, j'osais me présenter en concurrence avec lui pour ce genre.

« Quoi que mon intention ne fut pas d'entreprendre l'architecture, et que je ne l'avais employée dans mon dessin que pour y asseoir la sculpture, je fis un second dessin plus grand que le premier, j'en présentai la coupe, et je fis voir que le sien n'était ni selon le local, ni selon le bon gout. De plus je lui fis assigner à tel jour qu'il plairait au chapitre nous donner, pour que là, sur la même table, sans règles ni compas, il fut exécuté à l'instant, par chacun de nous. tel sujet qu'il plairait à ces I. seigneurs de désigner [1].

« Je lui fis le même défi par devant les vingt quatre II dan une salle de leur hotel de ville, et qu'ensuite on s'en rapporterait pour la décision au jugement de l'Académie.

« Ce procédé et la crainte de manquer ce travail lui fit prendre le parti d'exécuter un troisième dessin, et d'intéresser le doyen pour que je joignis sur ce dessin ma décoration, lui fesant entendre que l'ouvrage serait d'autant meilleur que chacun y aurait appliqué son talent. Ce à quoi je me rendis, à la condition qu'il sortirait de la chapelle aussitôt son architecture terminée, et qu'il n'y rentrerait qu'avec le peuple; c'est à dire quand j'aurai complettement achevé la partie qui me regardait.

« Dreveton m'envoya son dessin, j'y dessinai la décoration qu'il me demanda avec la précaution d'écrire sur l'endroit qui était de moi : Verdiguier Fecit; et la partie qui était de lui; Verdiguier non Fecit.

« Comme il n'y a pas, selon moi, de passion qui s'éloigne le plus du bons sens que la vengeance, la sienne fut si loin qu'elle lui fit commettre une faute, qu'il ne fut plus maître de réparer. Il s'offrit d'exécuter l'ouvrage à la moitié du prix que j'en avais demandé.

---

[1] I. signifie que tous les chanoines sont nobles; II. signifie les nobles qui gouvernent la ville.

« À ce coups le chapitre ouvrit les yeux, il comprit que le rabais de Dreveton n'était produit que par la crainte que je ne mis au jour un ouvrage fait pour discréditer les siens. Or que fit le même chapitre? il lui abandonna simplement la chapelle pour le prix auquel il s'était soumis lui même, et il m'en procura un autre à moi plus considérable pour les Pères s^t Philippe de Nery, dans laquelle il y a également une coupole à décorer.

« Non content de ce procédé, le chapitre chargea quatre chanoines pour qu'ils tinsent ce discours à Dreveton : « Nous scavons que votre « rupture avec M. Ver... ne procède que de votre mauvais cœur, nous « en sommes d'autant plus convaincus que nous nous sommes chargés « de vous dire : que notre sureté dans l'œuvre que conduisez dépend « de votre union avec lui parceque nous entendons qu'il entreprenne la « sculpture qui en dépend. »

« Je ne vous dirai pas la mine qu'il fit à cet oracle, ce que je sais seulement par un des quatre députés qui me l'a raconté, c'est qu'il en versa des larmes (je ne sais quelles larmes ce furent). Depuis on a tout mis en œuvre pour faire une 4eme Paix, que l'on nommera la *Bonne Paix.*

« Il y a certaines gens avec lesquels on peut tout hazarder, mais il en est d'autres contre lesquels il faut se tenir constamment en garde. Cette façon de nuire est trop génante pour moi. Voilà ce que j'ai répondu.

« Adieu, messieurs, jouissez aussi longtemps que vous le méritez de la gloire de notre Académie; jouissez-en avec de la santé, et de la fortune, ce sont les vœux sincères de celui qui a l'honneur d'être avec toute l'estime et la considération possible,

« Messieurs,

« Votre très humble et très obéissant serviteur

VERDIGUIER.

« Votre filleul vous présente ses respects, recevez ceux de mon épouse, et du reste de ma famille. »

Sans attendre la réponse de l'Académie, Verdiguier lui écrivait de nouveau :

Cordoue le 16 avril 1767.

« Messieurs,

« J'aurai à vous parler d'un homme qui mérite toute notre attention, tant pour ce qui regarde ses talents, que pour ses qualités personnelles.

« M. Arnal, membre de l'Académie royale de Toulouse, et de celle de Madrid, ne croit point avoir assez fait pour sa gloire, s'il n'obtient l'honneur d'être votre associé, et d'être placé dans votre liste en qualité d'étranger, comme le sont MM. Jardin etc.

« Il passa icy le mois dernier, avec deux autres architectes de Madrid, tous les deux élèves de Rome, pour recueillir les monuments romains et arabes qui sont répandus dans l'Espagne; ouvrage faisant autant d'honneur au monarque qui le demande, qu'aux architectes qui l'exécutent. J'ai été très satisfait de la façon dont il s'est acquitté de la partie qui lui est dévolue, et je me flatte que vous le serez d'autant plus de son acquisition, que vous aurez lieu d'applaudir à l'ouvrage qu'il faira en conséquence.

« Notre union avec l'Académie de Toulouse, à laquelle il appartient, est un garant presque assuré que vous ne dédaignerez pas la demande à laquelle je m'intéresse autant qu'on le doit à ce qui le mérite.

« J'ai l'honneur d'être de rechef avec les sentiments que je vous ai toujours marqué,

« Messieurs,

« Votre, etc. »

VERDIGUIER.

Alors le secrétaire, faisant allusion à la lettre du directeur-recteur en date du 12 février, et tout à la fois répondant à celle du 16 avril, s'exprimait de la manière suivante le 6 juin 1767 :

À M. VERDIGUIER..... À CORDOUE.

« Votre silence avait allarmé la compagnie. La voilà rassurée; elle avait deviné que dans le tournoi de sçavoir et d'émulation engagé entre M. Dreveton architecte et vous la victoire n'était pas douteuse, et que vous deviez l'emporter.

« Vous vous intéressez à M. Arnal architecte à Madrid; vous le proposez comme associé académicien. La compagnie vous prie de prevenir M. Arnal qu'il doit produire un morceau de réception, comme l'ont fait M{{ll}}e Loir, M. Sally, M. Jardin; ce dernier a envoyé le plan, l'élévation, la coupe, et le côté latéral du temple qu'il fait construire par ordre du Roi de Danemarck, à Copenhague. Ses lettres de réception lui seront alors renvoyées en forme.

« L'exposition publique doit avoir lieu cette année; si leur cher directeur a quelque morceau à y faire figurer, il est prié d'épargner à l'Académie les frais de transport. Dans ce temps elle ne saurait supporter aucune dépense extraordinaire. La même recommandation s'adresse à M. Arnal pour son morceau de reception [1]. »

Les craintes de l'Académie étaient donc dissipées. Elle voyait Verdiguier poursuivre à l'étranger le cours de ses succès et en était fière. Elle ne se doutait pas qu'un mal terrible s'était alors abattu sur lui. La lettre qui suit vint lui annoncer tout à la fois la dangereuse maladie et le rétablissement de son chef :

A Cordoue 15 novembre 1767.

« Messieurs,

« La place que j'ai l'honneur d'occuper parmi vous, la gravité qu'elle exige dans certaines opérations, la prudence avec la quelle on doit y procéder m'exposerait à un reproche, si ayant fait un voyage aussi scabreux que celui que je viens d'accomplir, je ne vous faisais pas, au moins, part de mon retour, n'ayant pu vous annoncer mon départ en raison de la précipitation innatendue et inaprouvée avec le quel je me suis mis en route.

« Hélas! comment aurai-je pu prévoir qu'il me fallait partir pour l'autre monde? et comment y aurai-je consenti? eh bien! messieurs, j'ai vu les frontières de l'éternité; j'ai touché aux portes qui nous en séparent; j'ai vu la mort face à face; et j'ai éprouvé cette impression où à un moment tout nous devient indifférent, — santé, famille, fortune, en un mot le monde entier. On m'a vu en proie à cet anéantis-

---

[1] A ce moment l'Académie, obligée de pourvoir à son logement sur les 3,000 livres que lui accordait la ville ne pouvait se soutenir que grâce à la plus rigoureuse économie.

sement de la machine, qui nous enlevant les sensations, nous rend incapables de juger, si nous sommes ou si nous avons été et si nous avons à risquer en ce que nous allons être.

« Heureusement j'étais couvert sur ce dernier article. Le s^t viatique et les s^{tes} huiles que j'avais reçu dans la plénitude de mon entendement m'avaient mis dans une sécurité si parfaite, qu'il me semble que si j'avais pu porter un jugement sur la mort, je l'aurais conçue avec tous les attributs qu'entraine sa suite, hormis la crainte que j'en aurais soustrait, bien qu'elle soit sa compagne ordinaire.

« Tel est, messieurs, le voyage que je viens de faire, embarqué sur une belle et bonne fièvre maligne, accompagné d'un fougueux transport au cerveau, fruits inevitables de mes longs chagrins, et d'un travail outré, auquel je me suis livré, même aux heures brulantes de la sieste, et au depens du repos nécessaire de la nuit;

« Aussi ai-je pris une ferme résolution, celle de dormir, comme les autres, pendant les deux heures qui suivent le diner, et de ne plus travailler que le jour. C'est du moins ce que j'ai promis à nombre de mes amis, qui outre leur assiduité pendant ma maladie, n'ont point cessé de me visiter pendant ma convalescence.

« Vous ne devez point douter, messieurs, que Dreveton fut de la partie. Notre réconciliation précéda les sacrements. Ce fut l'ouvrage de mon ami le chanoine électoral, qui vient de refuser la mitre pour la quatrième fois.

« Comme mon plus grand mal s'était porté à la tête, à peine ai-je pu aujourd'hui, m'appliquer à quelque chose; je l'ai fait bien agréablement, puisque c'est avec vous, messieurs, que je me suis entretenu; fasse le ciel que ce soit avec tous gens en bonne santé, c'est une partie des vœux sincères que fait pour vous tous en général et pour chacun de vous en particulier,

« Messieurs,

« Votre très humble et très obéissant serviteur. »

VERDIGUIER.

1768.

L'Académie écrivait à Verdiguier, le 1ᵉʳ janvier 1768 :

« Nous vous félicitons sur la force de votre tempérament. Votre retour à la vie nous a été d'autant plus agréable que le bruit public annonçait votre mort, bien que M. Fossaty l'eut dementie.

« Vous voilà rétabli, conservez vous, et agréez nos vœux les plus fervents pour l'accomplissement de vos désirs sans oublier votre épouse, votre famille et nominativement notre filleul.

« L'action de M. Dreveton, se présentant à votre chevet, pour se réconcilier avec vous, au moment où l'on vous administrait, nous a très édifié. Cette demarche annonce un cœur chrétien, sensible à la voix de Dieu et de l'humanité; puisse cette reconciliation vous être également favorable, et manifester par sa sincerité, combien la sainteté de notre religion influe sur nos mœurs et sur notre âme.

« Nous serons charmés d'apprendre que vous avez repris vos travaux, que vos ouvrages méritent de toutes parts les éloges, et les applaudissements, car la réputation est pour un artiste supérieure à l'intérêt, et ce sont ces sentiments qui vous animent et qui vous acquièrent la célébrité.

« Puissions nous, etc. »

A cette lettre le directeur-recteur répondait :

Cordoue le 20 fevrier 1768.

« Messieurs,

« Je ne pouvais mieux commencer l'année qu'en apprenant que vous êtes tous en parfaite santé. Je prie Dieu qu'il vous conserve en cet état pendant une longue suite d'années, tant pour notre gloire que pour vos intérets, et que j'ai la satisfaction de voir vos travaux couronnés par le ministère, comme vous le méritez si bien. Ce sont là les vœux que je fais pour vous, etc.

VERDIGUIER.

« J'ai voulu résister aux instances de votre filleul voulant à tout prix vous donner des marques de son souvenir, mais mon obstination irritant sa tendresse pour vous, messieurs, et ses petites facheries devenant tous les jours plus opiniatres, j'ai cru devoir m'y prêter, et dire avec Don Diégo :

> A ce noble courroux je reconnais mon sang.

« Enfin quelque soit son savoir faire je vous le presente. S'il était en France, il serait plus avancé. Cependant bien qu'il étudie le latin à l'espagnole, je me flatte que vous serez plus content de lui une autre fois.

« Notre reconciliation avec Dreveton se maintient, il y a apparence qu'elle sera permanente, attendu que nos interêts sont séparés; il a son œuvre, j'ai les miennes. — Le chapitre est pour lui; l'évêque et tout son diocèse, sont à moi; ainsi nous serons longtemps amis, parce que nous nous passons l'un de l'autre.

« Je ne sçais si je vous ai parlé de deux chaires à prêcher, l'une aux frais du chapitre, l'autre aux frais de l'évêque.

« Comme la décoration, en sculpture, de ces chaires est en cuivre, et que c'est un projet ancien, Dreveton présenta plusieurs dessins qu'il avait fait venir de Marseille, et dont Forty était l'auteur.

« L'évêque m'ayant fait exécuter un nouveau modèle, j'emportais ces deux chaires d'assaut, et les engageants conséquents se contractèrent le 25 du mois dernier.

« Je viens encore de contracter, avec le recteur de s^t Pélage, pour l'exécution de la façade de son collège, et de celle d'un grand escalier à deux rampes, dont les dessins et modèles ont été reçus et approuvés; ces ouvrages me sont bien payés, parce que l'évêque voyant que je gagnais fort peu sur celui que je termine en ce moment, a voulu ainsi me réserver une compensation.

« Je crois que je vous donnerai bientot des nouvelles d'un autre ouvrage public projetté.

« Mais pardon de mon verbiage, j'ai voulu vous mettre au courant de mes affaires. »

Suit une lettre du fils de Verdiguier, en grosse écriture ronde, enfantine, dont nous ne relevons que le dernier paragraphe :

« Le droit incontestable que vous avez sur moi vous est garant de l'estime et de l'amitié que vous devez attendre de celuy qui ayant l'honneur d'être votre filleul, se dit avec plus de sincérité et plus que personne qui vive, Messieurs et chers Parrins, » etc.

L'Académie répondait au père le 11 avril 1768 :

« Nous sommes charmés d'apprendre que vous jouissez enfin d'une tranquilité relative : . . . « en effet il est temps que votre gloire et vos « succès éclatants soient proclamés, et qu'on rende justice à vos sen-« timents. »

A la même date, elle écrivait à *M. Verdiguier fils, filleuil de notre Académie, à Cordoue* :

« Monsieur notre très cher et très aimé filleul,

« C'est avec les sentiments de l'amitié la plus tendre, que nous vous remercions de vos vœux...

« ...Nous ne sommes pas surpris de votre façon de penser; nous connaissons l'amitié de votre père, et combien ses sentiments vous incitent à marcher sur ses traces « remplis de cette idée nous sommes « persuadés que vous ne ferez que croitre en mérite, en talent, en « vertu, et tandis que vous ferez de plus en plus le bonheur de celui « à qui vous devez le jour, nous nous applaudirons de vos succès. »

Du reste, elle faisait part à Verdiguier de la présence à Marseille de Lutherbourg, peintre du roi : « Ce célèbre artiste, disait le secrétaire, voudra bien venir le soir à notre Académie pour poser le modèle; nous serons heureux de voir comment il profite avec avantage de la nature dans quelque position qu'il la place. »

Le 13 juin suivant, Lutherbourg se faisait recevoir membre associé de la compagnie.

Cependant, Verdiguier a éprouvé peu après une cruelle rechute; il explique ainsi cet accident :

Cordoue 20 décembre 1768.

« Messieurs,

« Vous auriez reçu cette lettre depuis le mois d'aout, si une maladie ne m'eut pas surpris au moment ou je tenais la plume pour vous écrire. Je ne vous entretenais que du plaisir que je vous souhaitais à l'occasion de la gloire que vous aviez à recueillir pendant la quinzaine de la saint Louis.

« Le temps est passé où j'ai couru le risque qu'il le fut totalement pour moi, un mal plus terrible que celui essuyé par moi l'année dernière, car après avoir reçu les s^{tes} huiles, j'étais tombé en léthargie, et que cet état avait duré trois jours. Cette fois je fus en proie à des convulsions extraordinaires, à des battements de cœur insupportables; et par surcroit, quand après deux mois de tourments, lorsque je commençai à me lever, je fus assailli par des fièvres doubles et tierces qui m'ont tenu sur le grabat pendant près de trois mois.

« Enfin je dois à la divinité, et à une bonne partie de doublons mon entier rétablissement, puisque je compte deja dix huit jours de l'expulsion des fièvres.

« J'ai cru devoir ne point vous laisser ignorer cette nouvelle épreuve de ma soumission à la toute puissance, persuadé que vous me conserverez toujours la même amitié, dont vous m'avez honoré, et dont je vous paie si bien de retour.

« Passez, messieurs, les fêtes prochaines, en joie et en satisfaction, qu'une bonne fin d'année y mette le comble, et que vous m'aimiez autant que celui qui reste,

« Messieurs,

« Votre très humble et très obéissant serviteur. »

VERDIGUIER.

1769.

La collection des lettres conservées ne nous présente aucune lettre de Verdiguier pendant l'année 1769.

De son côté, l'Académie lui avait écrit plusieurs fois. Verdiguier, en donnant de ses nouvelles en 1770, fait allusion à des lettres reçues; nous n'avons pas trouvé trace de leur minute. Il n'est resté que deux minutes de lettres du secrétaire à son adresse.

Verdiguier, en sa qualité de directeur-recteur perpétuel, avait dû être mis au courant des démarches tentées par la compagnie, de

10 mars, auprès de M. le vicomte de Choiseul, ambassadeur de France près du roi des Deux-Siciles, pour obtenir les quatrième et cinquième volumes des *Ruines d'Herculanum*, l'Académie n'ayant reçu de Sa Majesté que les trois premiers en avril 1765.

Elle l'avait également instruit de la nomination de M. Blondel d'Azaincourt, amateur de l'Académie royale de Paris, et de Mgr de Boulongne, secrétaire d'État et intendant des finances, tous deux élus amateurs honoraires le 29 mars, ainsi que M. Soufflot, l'auteur de Sainte-Geneviève de Paris, aujourd'hui le Panthéon, dont la réception, le 7 août, avait fait sensation à l'Académie.

Quoi qu'il en soit, la première minute du secrétaire porte la date du 1er février 1769.

Ce sont des souhaits de bonne année toujours très chaleureux, et des compliments sur ses nombreux travaux « d'une grande importance, qui ne peuvent lui faire qu'un sort heureux ; la compagnie ne saurait rien souhaiter qui lui fût plus agréable. »

La seconde minute est datée du 25 décembre.

Après les souhaits pour l'année 1770, toujours empreints des mêmes sentiments, on lui annonce la mort de M. Coste, décédé le 16 novembre, l'un des professeurs les plus distingués de l'école et qui avait occupé par intérim le poste du Directeur.

1770.

La lettre suivante de Verdiguier indique que le secrétaire, avait écrit en son propre nom à son directeur :

Madrid le 5 mars 1770.

Monsieur et cher ami,

« Votre aimable lettre et celle de l'Académie ont fait le tour du monde avant de me parvenir. Le chanoine à qui elles étaient adressées, se trouvant alors en France, pour placer deux de ses neveux au collège de Sorèzes près Toulouse, il ne me les a remises qu'à son retour.

« L'exécution des bas reliefs de mes deux chaires à prêcher m'a amené en cette capitale, où je suis depuis quinze jours, et sans succès jusqu'à présent, attendu le prix excessif que me demandent les fondeurs en bronze, et les ciseleurs. J'aurais bien voulu que cet opèration se fît à Marseille; mais votre rapport sur le peu de scavoir des ouvriers en ce genre, m'en a tenu éloigné.

« Sur mon passage de Cordoue en cette cour, je m'arretai à la Peynoale, chateau appartenant à M. Olanidès, où il a établi sa résidence, pour veiller à l'établissement de nouvelles colonies que le roi a envoyées sur la Sierre Morène, anciennement connue sous le nom de Mariana. Ce seigneur ne vous a pas perdu de vue, mais les grandes affaires qui l'écartent de Seville paralysent sa bonne volonté. Une fois sa commission remplie, il pourra dans Seville donner l'essor à son amour pour les Beaux arts, et conséquement vous donner des preuves de son souvenir et de mon amitié.

« Ecrivez moi directement sans passer par mon chanoine. Dréveton n'a plus d'intérêt à connaitre mes affaires, d'autant plus que nous ne sommes pas aussi implacables qu'autrefois, etc. »

Verdiguier écrivait à la même date une lettre toute de politesse et d'amitié, destinée à l'Académie :

À M. MOULINNEUF.

Cordoue le 12 octobre 1770.

« Monsieur et cher ami,

« Il y a environ six mois que M^{de} Caron[1] écrivit sous notre pli une lettre à l'Académie. J'avais ajouté ma recommandation. Ni l'un ni l'autre n'avons reçu de reponse. Ce retard tout suspect ne m'affecte pas tant que le silence que vous gardez avec moi. Quand à elle, bien qu'elle n'aye pas lieu de craindre, elle ne laisse pas d'être alarmée. L'Académie de Madrid à qui elle appartient peut désaprouver cette demarche faite sans l'en instruire. Cette dame mérite quelque attention, elle a du talent, j'ai vu dernièrement de ses ouvrages à Madrid, où je me trouvais à l'occasion de la fonte des dix bas reliefs en bronze destinés à mes chaires à prêcher pour lesquels je vous avais demandé il y a quelque temps un ciseleur.

---

[1] Verdiguier confond les noms des deux sœurs. Il s'agit ici de Mme de Guilbert (Marie-Joseph). Voir 4e partie, lettre 6.

« Tirez moi de grace des importunités de cette dame par une réponse que je puisse lui envoyer à Madrid; ne sachant que lui dire, je cessai de lui écrire, mais sa sœur, un bel esprit, élève de M. de Fontenelle, ne se lasse pas de m'obséder; elle prétend que je dois lui faire raison de notre mépris, et de celui de l'Académie. Je ne vous cacherai pas que j'ai été sensible à cette conduite, moins pour cette dame, en verité fort estimable, que pour moi-même. — Serait-ce un vertigo de M. mon représentant? Je ne lui ai jamais donné lieu à une telle bravade. N'importe écrivez moi quelque chose de consolant pour notre muse, vous n'êtes pas si ennemi du beau sexe pour lui refuser cette satisfaction.

« Mon adresse est directement à moi « Verdiguier, etc. à Cordoue » nous sommes assez reconciliés avec Dreveton pour que ma méfiance cède à son endroit. D'ailleur le Directeur de la poste est mon ami, mes lettres sont réunies avec celles de l'évêque, et je les recois en même temps que les siennes.

« Les ouvrages augmentent tous les jours. L'évêque pour me donner de nouvelles preuves de son amitié, me reçoit à sa table depuis six mois, et vraisemblablement cela durera jusqu'à mon départ pour France.

« Donnez moi quelques nouvelles du temps, et si vous n'avez pas celui de m'écrire, je paierai le secretaire qui sera employé à cette occasion, et par là j'aurai plus souvent des marques de votre souvenir. Quand au mien il est immortel ainsi que l'honneur que j'ai d'être avec toute l'estime possible et l'amitié,

« Monsieur et cher confrère,

« Votre, etc. »

VERDIGUIER.

CONCLUSION.

Sept années se sont écoulées, et Verdiguier n'a plus donné signe de vie. La correspondance est suspendue entre l'Académie et lui. Mme Guilbert, sœur de Mme Carron, a gagné son procès. L'Académie lui a envoyé son titre d'académicienne le 21 janvier 1771, et durant ce long silence le maître sculpteur poursuit ses succès en Espagne, peuplant d'œuvres les églises de ce pays, tandis que son nom s'efface un peu de la mémoire de ses contemporains. La France oublie, après d'autres, cet enfant perdu qui, à l'étranger, soutient dans les arts l'éclat de son nom. L'Académie a donné un remplaçant à Verdiguier. Le dernier souvenir de son premier directeur et fondateur, que l'on retrouve dans ses papiers, porte la date du 27 avril 1777. Verdiguier y semble quelque peu abattu, mais son cœur reste toujours chaud et son âme ardente. Nous recueillons ici cette dernière page où ne cessent de vibrer les sentiments de ce grand artiste :

À M. MOULINNEUF.

Cordoue le 27 avril 1777.

« Monsieur et cher ami,

« Je profite du voyage de Mrs Dreveton frères, pour me remettre dans votre mémoire ; c'est vous faire entendre assez clairement que je ne veux pas être mal avec elle, car si cela était, je vous jure que je lui ferais un procès à tue tête, malgré la pente naturelle que j'ai pour le repos. C'est à ce même repos qui souvent chez moi dégénère en indolence pour tout ce qui est courrier que vous devez attribuer mon silence jusqu'à ce jour. Au reste le Diable ne perd rien, car les sentiments d'estime que vous m'avez connus, et l'amitié que je vous ai vouée ne sont pas fondés sur le sable. Je me flatte que vous en serez persuadés, et que vous me conserverez les mêmes titres auprès de vous.

« Mandez moi des nouvelles de notre chère Académie et croyez au sincère attachement avec lequel j'ai l'honneur d'être,

« Monsieur et cher ami,

« Votre très humble et très obéissant serviteur

VERDIGUIER.

« *Muchas memorias* à nos amis de l'Académie ? »

ŒUVRES DE VERDIGUIER.

L'étude de M. Bouillon Landais, insérée dans les Mémoires de la réunion des Sociétés des beaux-arts à la Sorbonne en 1881, abonde en pièces justificatives et en détails sur les travaux de ce sculpteur. Outre celles dont Verdiguier parle dans sa correspondance, il demeure acquis que les œuvres suivantes lui appartiennent : 1° la statue de saint Inès dans la cathédrale de Cordoue ; 2° la statue de saint Raphaël (hauteur, 2^m,60) qui surmonte la colonne triomphale du monument érigé en l'honneur de ce saint à Cordoue ; 3° les statues de sainte Barbe, de sainte Acisle et de sainte Victoire qui sont assises sur l'énorme piédestal circulaire servant de base au monument. Ici, il doit y avoir une figure oubliée, car voici un extrait de la description que Théophile Gauthier consacre à ce monument, dont il ignore l'auteur :

« Le soubassement (de la colonne) est composé de rocailles, où sont groupés un cheval, un palmier, un lion et un monstre marin des plus fantastiques. Quatre statues allégoriques complètent cette décoration. Une esplanade entourée de grilles s'étend autour de cette construction, et permet de la contempler sous toutes ses faces. Les statues ainsi placées ont quelque chose d'élégant et de svelte qui me plaît beaucoup. »

Verdiguier a fait encore 1° huit figures d'anges de grandeur naturelle et deux d'adolescents pour la chapelle du trésor de la cathédrale de Saint-Jean et les onze statues qui couronnent le faîte de cet édifice ; 2° les décorations de la chapelle de la Vierge du Rosaire à Cordoue ; 3° l'élégant aqueduc de la ville de Puente-Genil ou de don Gozalo ; 4° les statues de saint Cicilio, de saint Jean-de-Dieu et de saint Gil, dans la cathédrale de Grenade ; 5° le baldaquin en marbre, représentant l'ensevelissement de la Vierge, et qui surmonte l'autel de la cathédrale de Toulon.

A ces œuvres nous devons ajouter celles que mentionnent les papiers de l'Académie : 1° *L'innocence entre le vice et la vertu, Deux génies badinant*, à M. de Suffren de Saint-Tropez ; 2° *Prise du fort Saint-Philippe*, allégorie ingénieuse ; 3° *L'école de la vertu*, à M. Bourlac, ayant toutes figuré dans des expositions de l'Académie.

Nous mentionnerons également le fronton de l'ancien palais de justice, aujourd'hui école de médecine de Marseille. Dans notre premier volume de *L'Art dans le Midi, Marseille et ses édifices*, page 113, en décrivant cette œuvre dont nous n'avions pu relever la signature, nous terminions par ces mots : « En fait de sculpture en façade, le xviii° siècle ne nous a rien laissé de meilleur à Marseille. »

Quand on songe à la longue carrière parcourue par Verdiguier et à la vogue énorme dont il jouissait en Espagne, ce simple aperçu ne donne qu'une faible idée de l'œuvre de cet artiste. La France peut se montrer fière de lui à bon droit [1].

D'André Bardon, *Directeur perpétuel*.

BIOGRAPHIE [2].

D'André Bardon, né à Aix en 1700, appartenait à une famille très honorable. Son père, ancien consul, avait été procureur du pays; sa mère, née Bardon, nièce du commandeur de ce nom, lui fit par son testament un devoir de porter ses armes, et d'ajouter son nom à celui de d'André.

Le barreau et la magistrature étaient héréditaires dans sa famille; le jeune d'André fut envoyé à Paris pour y étudier le droit. La peste qui éclata en Provence en 1720, et dont la durée se prolongea jusqu'en 1721, suspendit son retour à Aix, alors qu'il venait précisément de prendre ses grades. Cultivant quelque peu le dessin et la musique par délassement, condamné à l'inaction, le goût de ces arts se développa en lui avec une intensité singulière, à ce point qu'ils devinrent un aliment indispensable à son activité. J.-B. Vanloo, son compatriote, avait été son premier professeur; Detroy le fils lui enseigna ensuite la peinture. Assidu aux exercices de l'Académie, il ne tarda pas à remporter le grand prix; il devenait en même temps compositeur facile et fécond.

La peste ayant disparu, d'André résolut d'aller se perfectionner à Rome, et lors de son passage en Provence, où sa réputation l'avait précédé, M. le duc d'Albertas lui proposa de décorer la salle d'audience de la Cour des comptes, dont il était le premier président.

D'André Bardon, sensible à cet honneur, promit de se mettre en ouvrage aussitôt après son retour d'Italie. Ayant fait ce voyage à ses frais, il fut, sur la recommandation du duc d'Antin, qui connaissait le

---

[1] Verdiguier, né à Marseille en 1706, est mort à Cordoue le 29 septembre 1796.
[2] Extrait abrégé de l'*Éloge historique* de d'André Bardon, prononcé le 6 avril 1785, à l'Académie des belles-lettres de Marseille, par M. Audibert.

talent de notre jeune artiste, admis au nombre des élèves pensionnaires du roi, sans qu'il eût recherché cette faveur.

Bardon passa six ans à Rome, ensuite six mois à Venise. De retour à Aix, il se mit à l'œuvre qui lui avait été réservée. A. Slotz, son ami, élève comme lui de l'Académie de Rome, voulut modeler sur ses dessins quelques-unes des principales figures destinées à entrer dans le grand et principal tableau qu'il se proposait d'exécuter. On y voyait l'empereur Auguste prononçant la peine de mort contre les personnes convaincues de péculat, et les faisant jeter dans le Tibre. Dans les tableaux placés entre les croisées, il représenta la religion, l'équité et les autres vertus qui doivent habiter le sanctuaire de la justice. Ces productions méritèrent à d'André père, dans une assemblée municipale où il assistait en qualité de procureur du pays, un compliment solennel de félicitations, d'avoir donné un tel fils à la patrie.

D'André reprit ensuite la route de Paris, et il fut reçu à l'Académie royale le 30 avril 1735, sur un tableau représentant : *La cruelle Tullie faisant passer les roues de son char sur le corps du roi son père.* Ce tableau se distinguait parmi ceux qui ornaient les salles de cette Académie.

Le désir de revoir sa ville natale, joint à la nécessité de défendre son patrimoine, l'engagea, vers 1744 ou 1745, à solliciter la place de contrôleur des peintures des galères de Marseille; il l'obtint avec 900 livres d'émoluments. Il ne tarda pas à se révéler également comme musicien et poète. Il fit exécuter à Aix, par le concert public, un premier ouvrage de musique de sa composition. L'Académie d'Aix crut devoir tout aussitôt s'associer ce nouveau maître, et pour témoigner sa gratitude d'André décora la salle de concert, existant alors dans l'hôtel de ville, « d'une ingénieuse perspective que les connaisseurs ne se lassaient pas d'admirer. »

Dans le mois de décembre 1746, les Autrichiens ayant fait une irruption en Provence par le Var, Bardon composa sur ce sujet un poème qui fut imprimé en 1750; il y donnait la mesure de sa verve abondante et facile.

Ce fut en cette même année 1750 que l'Académie des belles-lettres de Marseille l'ayant reçu au nombre de ses membres, « il prononça un beau discours sur l'Avantage de l'union des sciences et des lettres, dont il fournissait dans sa personne une preuve bien honorable; non seulement il se rendit assidu à toutes les assemblées que sa présence animait, mais encore il conçut et exécuta le projet de l'Académie de peinture et de sculpture de Marseille, dont il fut le fondateur et le directeur perpétuel. » C'est M. Audibert qui parle ainsi[1]; il continue :

« Quelques années après, le roi ayant jugé à propos de transférer la marine à Toulon, Bardon prit le parti de retourner à Paris[2]. La place de professeur des élèves protégés du Roi étant devenue vacante par la mort de Lépicié, il y fut nommé, personne n'étant plus propre que lui à cet emploi important, car il était à la fois peintre et homme de lettres. Dès ce moment il se consacra tout entier à l'instruction de ses élèves : il abandonna les pinceaux et ne quitta plus la plume. »

« Outre les académies de Paris et de Marseille, il était encore membre de celles de Rouen et de Toulouse. Cet homme justement célèbre était d'un naturel vif et enjoué, de mœurs honêtes qu'il respecta toujours dans ses tableaux et dans ses ouvrages littéraires. »

Ce fut pendant l'exercice de son professorat que d'André Bardon composa ses principaux ouvrages (sept volumes), en vue de l'instruction de ses élèves de Paris et de Marseille.

Au milieu de ses occupations multiples comme professeur-recteur à l'Académie royale et directeur perpétuel de l'Académie de Marseille, d'André eut en 1769 une attaque d'apoplexie qui lui laissa cependant la faculté d'écrire pendant les treize dernières années de sa vie. Il possédait, au point de vue de l'art, une érudition aussi étendue que profonde, éclairée par un goût sûr, un jugement droit et un bon sens pratique s'alliant à une imagination de poète. Il mourut à Paris le 13 avril 1783 (jour des Rameaux), n'ayant cessé jusqu'à ses derniers moments de correspondre avec l'Académie de Marseille, et travaillant à un traité d'anatomie destiné aux jeunes peintres[3].

---

[1] M. Audibert s'est trompé sur ce point. L'idée de la création de l'Académie de peinture revient de droit à Verdiguier et à Fenouil, peintre du roi, tous deux nommés en 1752, époque de sa fondation, directeurs perpétuels de cette Académie. Bardon n'apparaît qu'en 1754. Il n'a pas été convoqué à la réunion de 1752 où les premiers statuts ont été approuvés.

[2] Il y a là une erreur. L'ordonnance qui transférait les vaisseaux de Marseille à Toulon est datée du 27 septembre 1748. Bardon devait être à Paris en 1751.

[3] Pour juger de l'impression que causa la mort de d'André Bardon, voir dans la correspondance : Lettres de Beaufort, 15 avril 1783, à l'Académie; de Moulinneuf, 30 avril 1783, à Beaufort; à M. de Montucla; à M. Pierre; à MM. de l'Académie royale de Paris; lettre du comte d'Ange-

LES OUVRAGES LITTÉRAIRES DE D'ANDRÉ BARDON.

Le premier ouvrage littéraire de d'André Bardon porte la date de 1750. Comme beaucoup de nos bons écrivains, il débute par des vers. Jusque-là il n'a cultivé sérieusement que la peinture; nous laissons dans l'ombre son étude du droit et celle de la musique, qu'il ne considérait que comme un délassement. Il aborde résolument un sujet héroïque, qui a pour titre : *Le passage du Var, ou l'Incursion des Autrichiens en Provence.* Un sentiment patriotique a fait jaillir la verve du poète.

Louis XV avait déclaré la guerre le 15 mars 1744 à Marie-Thérèse d'Autriche, reine de Hongrie. Cette guerre se poursuivait depuis deux ans; une partie des troupes autrichiennes, jointes à celles du roi de Sardaigne, toutes deux soutenues par l'escadre anglaise, avaient fait irruption dans la Provence. Le général Brown, à la tête de quarante-deux mille hommes, avait passé le Var le 30 novembre 1746, et de son quartier général, qu'il avait établi à Cannes, il frappait de contributions de guerre les cantons environnants jusqu'à Castellane, également en son pouvoir.

Le 21 janvier suivant, le maréchal-duc de Belle-Isle, petit-fils de Fouquet, à la tête de quarante mille hommes de troupes combinées de France et d'Espagne, en une semaine avait délogé les ennemis de toutes leurs positions, les forçant de se réfugier à la hâte dans le comté de Nice.

Cet épisode tient peu de place dans notre histoire de France, mais il avait alors passionné le Midi. C'est là le sujet chanté par d'André Bardon. Le maréchal-duc de Belle-Isle, auquel il est dédié, y est traité de *libérateur de la Provence.*

Ce poème dont le merveilleux est banni, mais où, selon l'usage du temps, on rencontre des allégories empruntées à la fable, compte cinq cent trente-quatre vers faciles et parfois pleins de chaleur. Il est divisé en trois chants précédés par l'invocation suivante qui nous donne une idée du style de l'auteur :

---

villers, 16 mai 1783, à l'Académie; de M. de Montucla, 25 mai 1783, à l'Académie.

Ce manuscrit d'anatomie est peut être conservé soit dans les Archives, soit à la bibliothèque de l'Institut, soit à la bibliothèque de l'École des beaux-arts de Paris.

Sur ces bords où le Var voit ses ondes altières,
De l'empire du lis terminer les frontières,
Paroit l'Aigle d'Autriche; et déjà sa fureur
Annonce le ravage, et répand la terreur.
Muse, dis-nous comment le caprice des armes
Du Tessin jusqu'au Rhône a porté les allarmes?
Peins un peuple opprimé sous un joug odieux,
Affranchi par les soins de Louis et des dieux;
D'un herôs, son vengeur éternise l'ouvrage,
De la vérité seule emprunte le langage ;
Qu'elle soit aujourd'hui, par ses nobles accents,
L'appui de ton génie et l'honneur de tes chants!

Le *premier chant* nous montre les Français abandonnant l'Italie, les Autrichiens passant le Var, les préparatifs de défense, les Autrichiens chassés de Gênes, les Anglais s'emparant des îles de Lérins, Antibes assiégée par terre et par mer, défendue victorieusement par le marquis de Sade, les efforts du général Botta pour reprendre Gênes, et les progrès des Autrichiens en Provence.

Le *deuxième chant* nous fait assister à l'arrivée des troupes détachées de l'armée des Flandres, à leur jonction avec les troupes espagnoles, à leur mise en mouvement. Les ennemis sont alors chassés au delà du Verdon; Castellane est repris sur les Autrichiens; les ennemis sont contraints de repasser la rivière d'Argens; ils sont forcés dans leurs retranchements à l'Esterel, et leurs magasins situés sur les bords de la mer sont enlevés malgré la flotte anglaise.

Au *troisième chant*, la disette est conjurée; les efforts pour soulever les Cévennes sont paralysés; les Autrichiens sont obligés de repasser la rivière de Siagne; les paysans poursuivent l'ennemi; le maréchal établit son camp à Grasse, et les ennemis rassemblés au bord du Var sont définitivement culbutés.

Tel est ce poème, intéressant à plus d'un titre, et où le peintre et le poète se donnent la main; qu'on en juge par les citations suivantes :

Les ennemis se massent sur les bords du Var; Campo-Santo guide l'avant-garde de l'armée combinée de France et d'Espagne; il poursuit avec ardeur les Autrichiens ;

Brown échappera-t-il à leurs traits foudroyants
Comme un nuage épais que dissipent les vents?

Fier hongrois dont en vain les armes menaçantes
Remplirent de terreurs nos cités gémissantes,
Tu vois flotter des lys l'étendart redouté,
Et soudain vers le Var tu fuis épouvanté!
Tel au sommet d'Athos on voit une Aigle altière
Ouvrir sur un troupeau sa serre meurtrière,
Mais à l'aspect du feu s'élançant dans les airs
Elle échappe au chasseur et franchit les déserts.
Par des feux imposteurs Brown masque sa retraite,
Il tâche vainement de cacher sa défaite,
Et par le triple pont qu'il jette sur le Var
Se construit sur son onde un mobile rempart.
Le fleuve consterné dans sa grotte profonde
Se couvre de roseaux, abandonne son onde,
Sur son urne penché dévore avec effroy
La honte d'avoir pu desservir un grand Roy,
Heureux s'il eut osé de ses vagues altières
Au hongrois fugitif opposer les barrières,
Le livrer à l'effort du bras qui le poursuit
Et noyer dans ses flots l'orgueil qui l'a séduit!

Mais le chevalier comte de Belle-Isle, lieutenant général, frère du maréchal-duc, a rejoint Campo-Santo :

..........poussant les ennemis
Les Français ont rompu leurs rangs mal affermis,
Le désordre, les cris, le dépit et la rage
Du Pandoure tremblant raniment le courage,
Croates, Varadins, à nos coups exposés,
Sous cent globes brulants abatus, écrasés,
Germains et Piémontais que le péril rassemble,
Tous sont jaloux de vaincre, ou de mourir ensemble,
Le désespoir en vain ranime leur fureur.
Leur audace succombe et cède à la valeur
Par la fuite, et bientôt leurs troupes culbutées
De leurs ponts dans les eaux roulent ensanglantées.
Je les vois ces guerriers renversés, expirans,
Dans la foule des morts entraîner les vivans,
L'onde qui les reçoit les cache, les redonne,
La foudre les atteint, l'effroi les environne,
Par ce spectacle affreux nos soldats animés
Poursuivent des vaincus les restes alarmés,
Sur les ponts des Germains la valeur les emporte
Ils y forcent de Brown les nombreuses cohortes.

....
....

> Et le Var porte au sein de Neptune surpris
> Des bataillons germains la honte et les débris.

Dans ce poème nous voyons apparaître les noms de presque tous les hommes de guerre en réputation à cette époque. Nous citons :

Français. — Maurice, maréchal de Saxe; maréchal-duc de Belle-Isle; de Mauriac, maréchal de camp, commandant Toulon; le chevalier d'Orléans, grand prieur, général des Galères; le comte de Sade, gouverneur d'Antibes; le baron de Kellers, commandant à Chasteuil; le colonel d'Enfernet surnommé *l'ange tutélaire de la haute Provence*; M. de Chevert, maréchal de camp; le comte de Maulevrier, lieutenant général, commandant en chef l'attaque de Castellane; le marquis d'Escars, brigadier-colonel du régiment de Santerre, commandant du côté du Verdon; le marquis de Traisnel, brigadier-commandant l'avant-garde; le marquis de Bessons, colonel du régiment de la vieille marine, commandant la brigade de Guyenne.

M. le marquis de Mirepoix, lieutenant général, commandait en Provence; le marquis d'Aubigné, colonel du régiment de dragons portant son nom, était à la tête de la brigade des cavaliers de cette arme; M. de Vaubecourt commandait la brigade de Traisnel; M. de Gonderande, lieutenant-colonel du régiment royal-Bavière, commandait la brigade de Périgord; le marquis de Péreuse, maréchal de camp, commandait les grenadiers qui soutenaient les volontaires provençaux, dont le marquis de Saint-Tropez était le colonel.

D'Arnaud, maréchal de camp, avait passé le premier la rivière d'Argens.

Le chevalier comte de Belle-Isle, lieutenant général, frère du maréchal, avait eu l'honneur de porter les derniers coups en expulsant l'ennemi du territoire français.

Espagnols. — M. le marquis Campo-Santo, lieutenant général, commandait la cavalerie d'avant-garde; le marquis de Taubin commandait les deux mille cinq cents Suisses au service de cette couronne; une autre brigade était confiée au marquis de Las Minas, lieutenant général, ainsi qu'au marquis de Pignatelli, lieutenant général, et le commandement supérieur de l'armée d'Espagne était exercé par le prince Dom Philippe II, infant et grand amiral.

Étrangers. — Le comte de Neuhans commandait à Castellane pour la reine de Hongrie. Il y avait dans cette place trois bataillons autrichiens, Bernclau, Hagembach et Palfi; plus un piémontais, Cazal.

Le comte de Maker, général autrichien, commandait à Draguignan; il avait un instant rallié l'armée autour de cette place; le comte O'Donell commandait dans Fréjus; tous deux furent forcés d'abandonner ces positions. Le comte de Brown commandait en chef; il avait pour lieutenants le général Botta et le marquis de Novati, lieutenant général piémontais; le marquis d'Ormea, brigadier des armées de Sardaigne.

Charles-Emmanuel III, roi de Sardaigne, et François-Marie d'Est III, duc de Modène, exerçaient également un commandement supérieur.

Ce poème, où d'André Bardon avait mis tant de gens en scène, devait naturellement les intéresser, et ainsi contribuer à son succès; il porte l'indication : A Paris, chez Thiboust, imprimeur du roi, rue de Cambray, M.D.C.C.L.

Le volume est presque introuvable. C'est le seul ouvrage en vers de d'André Bardon, que nous ayons rencontré dans la bibliothèque de Marseille.

La bibliothèque de l'Académie des belles-lettres, à laquelle il a constamment offert ce qu'il produisit, ne possède pas ce poème; elle ne possède pas davantage les autres ouvrages que M. Audibert a mentionnés, savoir :

1° *L'Impartialité dans la musique*, 1 vol. in-12, 1750. « L'auteur désirait que tous les genres y fussent accueillis. »

Cette appréciation si brève, à propos de ce livre, est de M. Audibert; elle prouve que d'André Bardon, esprit libéral, n'était l'esclave d'aucun système; en un mot, qu'avant que M. Victor Cousin n'eût remis en honneur l'éclectisme il était essentiellement éclectique. Nous retrouverons, du reste, ces tendances exprimées d'une façon large et continue dans son enseignement.

2° *Le triomphe des talents et des arts dans la Grèce*, poème.

3° *Le sacrifice d'Iphigénie*, poème. Ces deux derniers ouvrages sont cités par l'auteur, secrétaire perpétuel de l'Académie de Marseille, comme ayant été offerts à cette compagnie, après le poème sur la déroute des Autrichiens en Provence.

4° *La vie de Charles André Vanloo*, in-8°. Paris, 1766. « Intéressante par l'histoire très circonstanciée des peintures, des travaux, des progrès et des succès de cet habile artiste. »

5° *L'apologie de l'allégorie, pour la défense de Rubens*, contre l'abbé Dubos.

Ce titre, que nous empruntons à M. Audibert, est ainsi rectifié par M. Gibert, conservateur au musée d'Aix : *Apologie des allégories de Rubens et de Lebrun, introduites dans les galeries du Luxembourg et de Versailles.*

M. Gibert nous a également signalé les brochures suivantes :

6° *Mausolée de monseigneur le Dauphin et de madame la Dauphine*, par Coustou, 1777.

7° *Description historique et pittoresque du mausolée de Maurice de Saxe*, par Pigalle, 1777.

La correspondance de d'André Bardon nous fait connaître également plusieurs ouvrage de sa plume qu'il est le seul à mentionner. Soit :

8° *Lettre à un amateur*, à propos de quatre tableaux de Bachelier, représentant les quatre parties du monde. Insérée dans *le Mercure* (11 avril 1761).

9° *Essai historique sur la mort de Bouchardon, sculpteur*. Inséré dans *le Mercure* et dans les feuilles de Fréron (23 août 1762).

10° Dans sa lettre du 17 juillet 1765, il annonce à l'Académie l'envoi d'un *petit ouvrage de sa façon*, dont le titre est omis. Cette lettre emportait la nouvelle de la mort de Carle Vanloo.

11° Le 4 septembre 1777, il envoie à l'Académie un « petit ouvrage pour servir à l'instruction de ceux qui s'occupent des beaux-arts, de peindre et de sculpter ». Sans titre.

12° Le 14 septembre 1777, il écrit de nouveau à l'Académie qu'il lui adresse « un petit ouvrage de sa façon, composé de cent pages, dédié à M. le comte d'Angiviller ». Également sans titre.

13° Le 8 septembre 1778, il annonce qu'il travaille à l'*Éloge historique de Lemoyne*, qui vient de mourir. D'André Bardon lui succède comme recteur à l'Académie royale; cet éloge va être imprimé.

Nous avouons en toute humilité ne connaître, à l'exception du premier, aucun des écrits que nous venons de mentionner sur la foi de M. Audibert, de M. Lautard, d'Achard, de M. Gibert et de la correspondance de leur auteur. La bibliothèque de la ville et celle de l'Académie de Marseille n'ont pu nous présenter aucun exemplaire des autres.

OUVRAGES DIDACTIQUES.

D'André Bardon, dès l'année 1757, avait prononcé un discours à l'Académie royale de peinture de Paris, démontrant l'utilité d'une *Histoire universelle traitée relativement aux arts du dessin*. L'*Année littéraire* en avait publié un extrait.

Or, chargé de faire ses cours aux élèves protégés du roi, et de fixer les bases de l'enseignement qui devait être professé à l'Académie de peinture de Marseille, il collectionnait ses notes et ses réflexions sur ce sujet. Ce ne fut qu'après avoir mis en pratique ses théories pendant sept ans, et s'être assuré de leur efficacité, qu'il se décida à publier son premier ouvrage didactique, qui n'était au fond que l'introduction de cette *Histoire universelle*, à laquelle il n'a cessé de travailler toute sa vie, soit jusqu'en 1782. Nous avons nommé son *Traité de peinture*, suivi d'un *Essai sur la sculpture*, et d'un *Catalogue raisonné des plus fameux peintres, sculpteurs et graveurs de l'École française*, 2 volumes, à Paris, chez Dessaint, libraire, rue Saint-Jean-de-Beauvais (1765).

« Cet ouvrage a le mérite, disait M. Audibert, d'être en même temps une poétique du dessin et un abrégé de l'histoire à l'usage des artistes. »

Nous ne portons aucun autre jugement sur cette œuvre, foncièrement utile et qui a donné ses fruits. Nous aurons à l'examiner plus particulièrement et à en citer des passages, en traitant de l'enseignement professé par d'André Bardon à l'Académie de peinture de Marseille. Deux ans après, soit en mars 1769, d'André Bardon donnait son *Histoire universelle*, composée de trois volumes. L'auteur en avait fait hommage à l'Académie des belles-lettres et à l'Académie de peinture de Marseille. Nous n'avons trouvé nulle trace de cet ouvrage dans leur bibliothèque, pas plus que dans celle de notre ville; c'est une lacune regrettable; de ce côté Aix est plus favorisé que Marseille. La bibliothèque Mejanes possède ces trois volumes de l'*Histoire universelle*. Ils sont du même format que le *Traité*.

L'avis de l'éditeur de ce *Traité* annonçait que le premier volume de l'*Histoire universelle* devait contenir les tableaux de l'*Histoire sacrée*; le deuxième, ceux de l'*Histoire profane*; le troisième, ceux de *La fable, ou des dieux du paganisme*.

Quant à la quatrième partie, qui ne commença à paraître qu'en 1770 [1], elle devait, selon l'avis du même éditeur, « devoiler le costume des anciens peuples »; mais ici le format était élargi.

En effet, le premier volume contient des chapitres distincts sur l'histoire de Job, de Jonas, de Judith, d'Esther, des Machabées, etc., fournissant chacun des suites de tableaux minutieusement décrits. L'auteur fixe le nombre des personnages nécessaires à l'action donnée; il indique leurs attitudes, leurs gestes, leurs jeux de physionomie, les passions qui les animent ou les agitent, le plan qu'ils doivent occuper dans le tableau, sans omettre aucun détail touchant les accessoires, meubles, costumes, le lieu où se passe l'action, précisant même parfois l'heure et l'état de la température qui doivent influer sur le coloris, les jeux de lumière. Le nombre de ces descriptions est considérable pour les trois volumes précités; elles sont esquissées de main de maître; elles ont fourni dans leur temps nombre de sujets de tableaux proposés, dans les concours, aux élèves des écoles de peinture de province et de la capitale, et même pour les prix de Rome, soit peintres, soit sculpteurs; les descriptions seront encore pendant longtemps bonnes à consulter par tout artiste ayant à traiter des faits historiques du genre de ceux dont d'André Bardon s'est occupé avec une entente si attentive de la composition.

Dans sa lettre du 29 mars 1769, d'André Bardon annonce que son *Histoire universelle* est terminée, et il offre ces trois premiers volumes à l'Académie de peinture de Marseille.

Le 14 juillet suivant, il a déjà repris la plume. Il avait eu dans cet intervalle une attaque d'apoplexie dont il était remis, et le 12 sep-

---

[1] Un seul fascicule fut imprimé à cette époque. Il portait, sur le titre de l'ouvrage, le millésime de MDCCLXX. Mais la correspondance nous renseigne sur l'époque précise de la mise en vente des cahiers, qui parurent successivement.

tembre il disait à ses confrères que « s'ils désirent connaître ce que les journalistes pensent de son ouvrage ils doivent consulter la feuille n° 13 de Fréron et *le Mercure* de septembre ». Ensuite, plus de trois années se passent avant qu'il soit question du *Costume des anciens peuples*. Enfin, le 22 janvier 1773, il écrit à ses confrères de Marseille : « Les sept premiers cahiers ont paru le 1ᵉʳ de l'an. — Le 8ᵉ cahier paraîtra le 15 février. »

Le 1ᵉʳ janvier 1774 : « Les 15 premiers cahiers qui composent le premier volume sont mis en vente; d'André Bardon a présenté lui-même ce volume le 6 janvier à M. le controleur général, à M. le marquis de Marigny et à M. de Sartines. »

Nouveau délai entre le premier et le second volume. Enfin, le 12 septembre 1776, d'André Bardon annonce à l'Académie que « les seize cahiers composant le second volume ont paru; l'ouvrage est terminé ».

Ces dates, que l'on ne saurait contester, prouvent que ce millésime de 1750, porté sur la couverture du premier volume du *Costume des anciens*, ne peut être exact que pour l'impression du titre, et non pour l'impression de l'ouvrage dans son entier. Il en est de même pour le second volume, dont la couverture porte une date antérieure à son apparition. Voici le libellé textuel du titre de l'ouvrage, qui est formé de deux volumes in-8° :

Costume des anciens peuples.

Louis Cellot, imprimeur à Paris. — MDCCLXX.

Dédié à M. le marquis de Marigny, conseiller du Roi, lieutenant général des provinces de Beauce et d'Orléanois, directeur et ordonnateur des batimens, jardins, arts, académies et manufactures royales, gouverneur du chateau de Blois et de cette ville, et gouverneur du Palais du Luxembourg à Paris.

« L'éditeur donne avis[1] que l'ouvrage présenté n'est point celui d'un antiquaire scrupuleux s'asservissant à de pénibles détails, mais bien celui d'un artiste qui sur les mœurs, les coutumes dont il parle, s'en est rapporté aux auteurs les plus éclairés en ces matières, et, per-

---

[1] Nous abrégeons quelque peu cet avis.

suadé que ce qui parvient à l'esprit par les yeux se grave plus profondément dans la mémoire, a réuni quantité d'objets épars pour en composer environ trois cent soixante planches de nature à intéresser plus particulièrement les peintres et les sculpteurs ayant à traiter des sujets d'histoire ancienne. »

En effet, en parcourant le livre on retrouve le même esprit qui a présidé à la composition du *Traité* et de l'*Histoire universelle*, et l'on est de nouveau frappé de la multiplicité des détails que l'auteur a réunis sous le titre modeste de *Costume des anciens peuples*. Ce titre ne répond qu'imparfaitement à l'étendue des matières traitées, car on a devant soi une véritable encyclopédie des usages, des mœurs, des coutumes des anciens peuples, au point de vue religieux, civil et militaire. Non seulement les ustensiles, les armes, les navires, leurs agrès, les machines de guerre alors en usage y sont dessinés, gravés et décrits minutieusement, mais on y retrouve plus particulièrement les cérémonies des triomphes et des apothéoses. Lorsqu'il y est traité des usages religieux, les néocores succèdent aux pontifes, aux sacrificateurs; puis viennent les prêtresses, les sibylles, les apprêts des sacrifices, les autels, les victimes, les temples, les jeux, les funérailles et les sépultures. De même, aucune des parties de la vie civile, intime ou extérieure n'est omise : bains, repas, meubles usuels, cérémonies de mariage, tribunaux, supplices, monuments publics, etc. Les bijoux, les ajustements, les costumes apparaissent là comme des compléments obligés.

Aucune des planches ne porte le nom du graveur. Celle qui sert de frontispice est seule signée au bas : « d'André Bardon inv. ». Nous avons la certitude qu'il avait fourni lui-même tous les dessins; ayant travaillé à cet ouvrage pendant une vingtaine d'années, il reproduisait peu à peu ce qui lui semblait devoir entrer dans la composition de son œuvre. Cependant, ces dessins ne semblent pas appartenir tous à la même main. Mais d'André Bardon avait été frappé de paralysie en 1769, et son crayon s'était alourdi.

Le premier volume ayant paru cinq ans après l'accident de l'auteur, soit en 1774, et le second en 1776, ainsi que l'indique la correspondance, il avait dû faire sur les planches des additions. Le goût en est moins pur que celui de ses premiers dessins; ceux-ci révèlent un maître. Ce n'est là toutefois qu'une question de second ordre, eu égard à la donnée du livre. L'intention de d'André Bardon ne consistait pas à présenter une œuvre absolument artistique. S'il en eût été ainsi, il n'aurait pas accumulé tant de sujets sur une même planche, en les étoilant de majuscules de renvoi ou de rappel. Les dessins ne devaient, selon lui, que fournir la démonstration directe et sensible de ce qu'il décrivait d'une plume exercée, avec une clarté et une précision mathématiques, en y ajoutant le charme des récits historiques.

Le frontispice du premier volume est une allégorie ingénieuse, largement traitée : un vieillard, assis sur les débris d'un obélisque renversé, caractérise les costumes des trois principaux peuples, dont le premier volume s'occupe tout particulièrement. Un génie, muni de son flambeau, éclaire, sur l'indication du vieillard, les trois usages les plus répandus de ces peuples, usages symbolisés : les religieux, par un sacrifice; les civils, par un bain; les militaires, par la colonne Trajane. Autour de ce dernier monument, à droite, sont groupés des soldats appartenant aux peuples dénommés, auxquels sont ajoutés des insignes appartenant aux Hébreux et aux Persans. A gauche se dresse l'autel surmonté du bûcher; le sacrificateur est à genoux, les victimes garrottées à ses pieds, accostées de deux jeunes canéphores, l'un chantant, l'autre jouant de la flûte. Au centre, une jeune fille nue, sortant du bain, est assise, une jambe relevée sur l'autre, et sa compagne lui présente ses vêtements. La pose de ces dernières est charmante, et les airs de tête ravissants.

Nous ne saurions mentionner tous les sujets qui méritent d'être loués dans ce volume. D'autre part, nous en trouvons dont le dessin est lourd et les formes défectueuses. Les graveurs ne sont pas toujours fidèles; mais nous détournons volontiers les yeux du laid pour les fixer sur l'élégant, le gracieux ou le beau, et sous ce rapport nous avons pu largement les satisfaire, car il y a nombre de figures grandement campées, au port noble et majestueux, de même que les femmes, en majorité, s'y distinguent par une grâce exquise. Il y a surtout des têtes coiffées d'une façon ravissante, au profil le plus pur. On rencontre également un grand nombre de tableaux complets où l'action est une, et où brille la vérité de l'expression et de l'attitude. Le morceau capital de cette collection est, selon nous, celui où d'André Bardon offre à notre vue le *Sacrifice humain*. Rien de plus suave et de plus doucement résigné que la jeune fille, demi-nue, attendant au pied de l'autel son immolation. Un jeune victimaire tient devant elle le vase prêt à recevoir son sang. Le sacrificateur, au corps athlétique, le torse et les bras nus, va frapper; son profil est sévère et non cruel; son regard semble interroger les dieux; il dissimule le glaive sacré; il s'est courbé et son bras gauche enveloppe la victime, sur laquelle ce glaive va s'appesantir. Derrière l'autel, sur lequel brûle le bûcher, le grand prêtre, coiffé du pan de son manteau et d'une couronne de chêne, comme les autres ministres qui l'environnent, répand des parfums sur la flamme qui monte; une pitié souveraine, mêlée d'admiration pour la fermeté, la candeur, la beauté et la résignation de la victime, brille sur leur visage, tandis qu'une sorte d'effarement douloureux se peint sur les traits des jeunes canéphores qui attendent, pour commencer leur symphonie funèbre, le signal du grand prêtre.

On trouve en tête du second volume le portrait de d'André Bardon peint par Roslin, et gravé par Moitte, l'œil vivant, bien dessiné, bien modelé. Encadré dans un médaillon surmonté d'un large nœud de ruban, il repose sur un bloc de pierre fruste, occupant tout le bas de l'estampe. Sur un grand cartouche, placé au centre de ce bloc, on lit ce quatrain, sorte d'épitaphe composée par d'André Bardon lui-même :

> Il vécut libre, exempt d'ambitieux désirs,
> Cultivant tour à tour les beaux arts et l'histoire.
> A leurs faveurs il borna ses plaisirs
> Et trouva dans leur sein son bonheur et sa gloire.
>
> D. B.

L'avant-propos nous fixe sur les matières traitées. Il y est dit qu'après avoir, dans la première partie, dévoilé le costume des Grecs et des Romains, l'auteur consacre la seconde d'abord aux Israélites. Tout ce qui a trait aux cérémonies religieuses, civiles ou militaires de ce peuple y est passé en revue: costumes, meubles du temple, tabernacle, arche sainte, chandelier à sept branches, mer d'airain, autels des holocaustes, fêtes, sacrifices, expiations; et aussi les monuments : arche de Noé, tour de Babel, Pyramides, mont Sinaï, etc. Ensuite viennent les Égyptiens, auxquels succèdent les Perses, les Amazones, les Parthes, les Scythes, les Daces, les Sarmates, les anciens Germains, les Étrusques, etc. « offrant, dit l'auteur, des points de vue nouveaux et pittoresques en ce qui touche plus particulièrement les accoutrements de la cavalerie sarmate, les signaux militaires, les armes, les coëffures des Scythes, des Parthes, des Étrusques, etc., contrastant par leur étrangeté avec la richesse des costumes des Hébreux, » etc.

La presque totalité des estampes contenues dans ce second volume et s'élevant à cent quatre-vingt-trois, de même que celle du premier, nous offre plus particulièrement des compositions importantes et des tableaux complets où les personnages abondent. On a devant soi de grandes eaux-fortes, largement traitées, et plus ou moins habilement retouchées au burin. Les eaux-fortes pures, généralement un peu grises et sans grande opposition d'ombres et de lumière, sont, à très peu d'exceptions, admirablement dessinées et d'une désinvolture magistrale : la finesse et la légèreté des contours, leur netteté et leur grâce ainsi respectée, laissant à leur premier jet leur saveur délicate, rendent plus sensible et plus défectueux les empâtements des lignes et des fonds que l'on rencontre dans le plus grand nombre des planches retouchées.

L'examen attentif auquel nous nous sommes livrés a fait naître en nous l'idée que d'André Bardon, auteur de tous les dessins, pouvait l'être également de ces planches non retouchées; en un mot, que ces eaux-fortes pouvaient être son œuvre personnelle. En effet, les différences et les inégalités déjà signalées nous semblent les tâtonnements d'un artiste qui cherche sa voie.

Nous ne saurions décrire ici une à une les estampes de cette œuvre curieuse, instructive et très remarquable. La table générale placée à la fin du deuxième volume mentionne, cahier par cahier, tous les sujets traités.

Cet ouvrage de d'André Bardon, aujourd'hui démodé, est presque oublié. Les études de nos antiquaires ayant jeté un jour plus complet sur la forme des costumes des anciens, il n'est plus que rarement consulté. Mais il n'en a pas moins porté largement ses fruits. Ce savant professeur, à n'en pas douter, avait relevé nombre de ses figures sur des bas-reliefs ou des statues antiques, et même sur des tableaux modernes, tout en en composant lui-même pour les besoins de ses démonstrations. On retrouve dans des tableaux contemporains appartenant en majorité à l'école de David des réminiscences de ces figures.

TABLEAUX ET DESSINS.

L'œuvre de d'André Bardon, comme peintre, est très réduite. Le catalogue de l'exposition régionale de Marseille en 1861 n'avait mentionné de lui que : 1° deux dessins, l'un appartenant à M. Gibert, d'Aix, l'autre à M. Giry; 2° deux esquisses peintes, l'une à M. Blachet (Gassier), l'autre à M. Bourguignon de Fabregoules; 2° un tableau représentant *Vénus et Adonis*, à M. Valet, d'Aix, dont l'attribution est restée contestée; 4° le grand *Christ en croix* du musée de Marseille, œuvre magistrale que la commission du livret de l'exposition lui avait attribuée, bien qu'il ne fût pas signé; mais il est de notoriété que d'André Bardon avait peint un tableau de ce genre à Aix, et d'après le relevé des tableaux, fait par nous en 1877, celui-là existait à l'église du Saint-Esprit.

L'église Saint-Jérôme d'Aix possède également un grand Christ qui a longtemps passé pour appartenir à Bardon. L'ancien inventaire le mentionnait sans nom d'auteur, ce qui laissait le champ libre aux suppositions; mais depuis peu on y a relevé la signature de Carle Vanloo. C'est un point jugé. Reste le Christ de Marseille. Doit-on accepter comme vraie l'attribution du livret de cette exposition de 1861? Il est permis de la croire juste, sans pouvoir l'affirmer, car d'André Bardon a peint un certain nombre de ces christs. L'église de Barjols en possède un.

Ce livret mentionne également un portrait de d'André Bardon peint par David, professeur de l'ancienne Académie de peinture de Marseille, appartenant au musée d'Aix. Ce n'est là qu'une copie du portrait peint par Roslin, dont l'original fait partie de la collection de l'École des beaux-arts de Paris. Il mesure, en hauteur, 80 centimètres; en largeur, 63 centimètres. Il est de grandeur naturelle, le buste est de trois quarts, l'habit gris est damassé, les deux mains apparaissent, la droite tient un porte-crayon garni de sanguine; elle s'appuie sur un carton à dessiner laissant apercevoir des feuilles de papier diversement teintées. Les mains ont été supprimées dans l'estampe, placée en tête du deuxième volume du *Costume des anciens;* elle ne forme ainsi qu'un simple médaillon. Nous avons déjà décrit cette pièce au point de vue de la gravure.

Le musée d'Aix possède également en magasin une grande toile mesurant en hauteur 2^m,35 et en largeur 6^m,33. Figures de grandeur naturelle, représentant *Auguste punissant les concussionnaires.* Elle avait été exécutée pour la grand'chambre de la Cour des comptes, située au rez-de-chaussée de l'ancien palais d'Aix, que l'on désignait aussi sous le nom de chambre du Conseil.

L'empereur occupe la droite; assis sur un trône élevé, il désigne du geste les coupables; les livres qui constatent leurs crimes sont à leurs pieds. Du même côté, sur le premier plan, des magistrats debout, après avoir délibéré, assistent à l'exécution du jugement; des gardes sont massés du côté opposé. Le char impérial se dessine en partie au second plan, tandis que, tout au fond, des soldats précipitent les condamnés du haut de la roche Tarpéienne. Toutes les figures, dans les attitudes les plus diverses, se font remarquer par leur grande tournure et par une fierté dans le trait dénotant chez l'artiste une main habile, conduite par une imagination qui perçoit et détermine clairement ce qu'elle veut exprimer. Le peintre s'est fait historien; il a dramatisé le sujet qu'il avait à représenter; il l'a fixé sur la toile en le poétisant et en restant fidèle aux lois de l'esthétique. De plus, il a répandu sur cette toile le charme d'une couleur brillante, et des effets de lumière bien entendus sont venus y ajouter leur séduisante magie.

Le sculpteur René Slodtz, ami et condisciple de d'André Bardon à l'école de Rome, avait modelé, sur ses dessins, les figures principales de cette grande composition. Au bas du tableau, sur un cartouche simulant une feuille de papier, on lit : « *In provincia grassantes præcipitavit in flumen.* Suetone, in vita aug. n° 67. D'André Bardon Aqui-Sextiensis pinxit Romæ, ætat. suæ 29 anno 1729. »

L'esquisse du tableau précédent, haut de 36 centimètres sur 96, offert par M. l abbé Trouillard, en 1823, au musée d'Aix, figure dans la salle de l'École française. M. Morizot en possède le dessin. On trouve dans cette même salle deux esquisses remarquables dont les tableaux, mesurant en hauteur 2^m,85 sur 1^m,70 de largeur, faisaient partie de la décoration de la chambre des États de Provence, à l'hôtel de ville, qui comptait du même maître sept autres toiles de la même dimension. Le 30 mars 1744, le conseil municipal d'Aix, après délibération chargeait d'André Bardon d'exécuter ces peintures, et votait des remerciements à M. de Haitze pour en avoir fourni les sujets. On sait que ces tableaux furent brûlés pendant la Révolution.

La première de ces esquisses représente l'*Union du Consulat d'Aix à la procuration du pays de Provence* : hauteur, 66 centimètres; largeur, 43 centimètres. Une jeune femme assise, vue de profil, tient dans l'une de ses mains le chaperon mi-partie rouge et noir des consuls d'Aix, et un guidon aux armes de Provence. Elle reçoit de l'autre un rameau d'olivier que lui présente une figure symbolisant la Paix. A ses pieds, un génie entouré de fruits, déploie un rouleau de papier, destiné à recevoir une inscription.

La seconde esquisse, de la même dimension que la précédente, rappelle ce fait : « Les habitants d'Aix secourant les Marseillais contre les Aragonais. » Un cavalier vu de dos, monté sur un cheval blanc, foulant aux pieds un cadavre, terrasse un autre cavalier fuyant sur une monture bai brun et emportant un étendard aux couleurs d'Espagne. On aperçoit au fond l'entrée du port de Marseille, et en haut un génie supportant l'écu des armes d'Aix.

M. Porte avait signalé une autre allégorie faisant partie de la suite des précédents tableaux et appartenant à M. le marquis d'Albertas. Elle a été la proie d'un incendie, il y a environ dix ans.

On trouve également à Aix, à l'église de la Magdeleine, une grande et excellente toile du maître, représentant saint Marc l'Évangéliste, et, à l'église Saint-Jean, la Religion tenant un calice.

Nous devons aussi mentionner pour mémoire le tableau de réception de d'André Bardon à l'Académie royale de Paris. Il doit exister encore dans cette ville. La correspondance nous fournit un rappel de ce tableau, qui en a inspiré un nouveau à son auteur. Dans une lettre du 10 septembre 1767, d'André Bardon, écrivant à l'Académie de peinture de Marseille, s'exprimait ainsi : « Je serais bien charmé de scavoir si le tableau representant *la Peinture*, que M. Fauquet a preté à votre salon, est celui que j'avais fait autrefois pour le fameux

Thomassin, en reconnaissance du portrait de feu mon père qu'il a gravé d'après J.-B. Vanloo. Je me rappelle que j'y avais représenté la Peinture ébauchant mon tableau de l'Académie où Julie est retracée fesant passer son char sur le corps de son père. »

M. Gibert, conservateur du musée d'Aix, possède de son côté une collection particulière, dont l'origine remonte à M. Clérian, son grand-père maternel, collection intéressante par le choix et la rareté des pièces de toute nature qu'elle contient. Nous aurons l'occasion d'y puiser de nombreux renseignements, en parlant des œuvres de certains membres de l'Académie de peinture de Marseille, actuellement oubliés. D'André Bardon y est représenté par deux esquisses peintes, achetées par son père, en vente publique; elles sont très avancées comme exécution, et remarquables par l'ordonnance des figures ainsi que par leur grande tournure.

La première représente un sujet historique difficile à préciser. Elle mesure en hauteur 71 centimètres; en largeur, 57 centimètres. Un grand vieillard à l'œil sombre, armé d'un coutelas, occupe le centre; deux hommes frappés à mort gisent à ses pieds; il se retourne en menaçant du regard et du geste divers personnages dont les physionomies et l'attitude expriment l'horreur et l'épouvante. La lutte a dû être vive, car çà et là, épars et renversés, des vases sacrés de toutes formes encombrent le parvis et les marches du péristyle d'un temple qui sert de fond à droite, et là se dresse sur un socle une statue de femme drapée, qui tient un arc. Dans le lointain, d'autres figures contemplent cette scène en se tenant prudemment à distance. La couleur n'a point l'éclat de celle des grandes compositions que nous venons d'examiner, mais l'association des tons n'est pas moins harmonieuse.

La seconde représente une *Allégorie de la Paix de 1749* (hauteur, 78 centimètres, largeur, 56 centimètres); elle est peinte dans le même sentiment que la précédente. En haut, assise sur des nuages, *la France* rend grâce au ciel; elle est entourée de groupes d'enfants; à ses côtés, le génie de la Guerre menace la Terre de ses foudres; à ses pieds, une femme vue de dos exprime son admiration en contemplant un plateau chargé de clefs de villes soumises, que lui présente humblement une figure agenouillée. Enfin, plus bas et à gauche, une autre femme, symbolisant la Civilisation, entourée des emblèmes des arts, des sciences et de la religion, témoigne par son attitude sa reconnaissance pour les bienfaits que ce traité de paix lui assure. Du côté opposé, un tambour devenu inutile pour animer les combattants, ainsi qu'un étendard fait pour les guider, reposent à terre, et tout à fait au centre, un petit génie tient une banderole où se lisent ces mots : « La paix de 1749. » Au fond, dans le lointain, une pyramide commémorative s'élève, et plusieurs groupes d'hommes transportent des marchandises, témoignant par leur activité que le commerce a repris son essor.

M. Gibert a l'heureux avantage de posséder également deux dessins du maître, dont le premier, comme composition, est de la valeur des esquisses précédentes. Il mesure 55 centimètres de hauteur et 42 de largeur. Une figure de femme couronnée d'étoiles, assise sur un nuage, fixe le ciel; à sa gauche, apparaît la *Vérité*, embellie par des Grâces qui la parent d'une guirlande de fleurs; à sa droite, elle est accostée par la *Nature*, l'artiste montrant ces deux figures comme les compagnes inséparables de la première, qui symbolise *la Peinture*. Toujours à droite, un génie tient une palette de peintre. Minerve veille pour l'inspirer dans le lointain, tandis que la Renommée plane, les ailes déployées. Au bas de la composition, un homme accroupi soutient une toile descendue de son chevalet, sur laquelle sont tracés ces mots: « Éloge allégorique de la Peinture. D'André Bardon. »

Le second dessin, beaucoup moins important, mesure 18 centimètres sur 30. Il est lavé au bistre. Nous ne saurions en préciser le sujet. On voit, au centre, un homme prêt à subir le dernier supplice. Le bourreau va le frapper. L'entrée de la prison dont on vient de le faire sortir occupe le fond. Au second plan, de nombreux groupes de personnages attendent son exécution.

M. Gibert possède en outre une toile très importante, et digne d'orner une collection publique. Elle a pour sujet : *Lucrèce et Tarquin*. Hauteur, 1ᵐ,50; largeur, 2 mètres. Figures de grandeur naturelle. Lucrèce vue de dos, se soulève vivement du lit où elle repose; elle va repousser Tarquin, qui les bras étendus, se précipite vers elle pour l'enlacer. Ce dernier n'est visible que jusqu'à la ceinture; la couche de Lucrèce masque le reste de son corps. Le tyran est accompagné d'un nègre campé au bord même du tableau.

M. Clapier, ancien député, auquel notre musée doit plusieurs œuvres remarquables obtenues de la munificence du gouvernement, proposa ce tableau à l'une de nos commissions municipales. Cette ouverture avait été prise en considération; mais des changements dans l'administration ont empêché la solution de l'affaire. On ne s'expliquerait pas comment le Directeur perpétuel de la première école de peinture de Marseille, école, qui avant 1789 jouissait d'une si haute et si légitime réputation, n'y serait point représenté par une œuvre authentique. Marseille ne saurait oublier que son Académie de peinture, fille aînée de l'Académie royale de Paris et la plus importante du royaume après celle de la capitale, a dû, pour la plus grande partie, à d'André Bardon ses progrès, son illustration et ses résultats.

ENSEIGNEMENT.

La plus grande des préoccupations de d'André Bardon, comme professeur des élèves protégés du roi et directeur de l'École de Marseille, consistait à imprimer une bonne marche aux études. Cette pensée-là absorba sa vie. Dès le début, ses préoccupations sont clairement exposées dans le *Traité de peinture*, qui n'est pas simplement « une poétique du dessin », comme l'a qualifié M. Audibert, mais bien un cours complet et condensé de philosophie et de rhétorique de l'art de dessiner, de peindre et de sculpter. En effet, il détermine non seulement les principes et le but de chacun de ces beaux-arts, mais il fait encore pénétrer dans l'esprit de l'élève la science pratique du bien voir, du bien penser, du bien faire et du bien dire.

A cet égard d'André Bardon, fervent admirateur des antiques, doué de vues larges, n'avait point d'idées préconçues, ni de système exclusif. Il était franchement éclectique : « Le vrai n'est qu'un, disait-il, mais les façons de voir la nature ne sont pas les mêmes pour tous, et les moyens de la rendre sont non moins différents. Il n'est rien de si ordinaire que de voir les jeunes artistes se laisser subjuguer par le préjugé scolastique ou par le goût national. C'est leur rendre service que de leur proposer des routes spacieuses, propres à les conduire au but par des chemins variés, qu'il leur est libre de choisir ou d'abandonner, selon les lumières de leur discernement. » Et plus loin il ajoute :

« Il se peut que les maximes que je propose trouvent des contradicteurs. Il ne faut pas s'en étonner. Du choc des opinions naissent souvent les étincelles lumineuses. Combien d'heureuses controverses ont servi à étendre les connaissances des artistes. Elles nous apprennent que tous les préceptes qui n'ont rien de contraire à la nature ni au bel antique, et qui ne sont point convaincus de n'être que de fausses conjectures, peuvent devenir également profitables aux personnes qui sauront en combiner les résultats.... »

Passant de cet exposé à l'action directe, d'André Bardon enseigne que trois moyens généraux concourent solidairement à l'excellence des productions artistiques : « Le génie, la théorie, la pratique; le génie est, dit-il, un don du ciel; la pratique est la fille du temps et de l'expérience; la théorie est la seule que l'on puisse acquérir par l'étude.

« Le génie sans principes ne sert qu'à égarer; sans pratique, il fait naître la présomption sans rendre plus éclairé. La théorie sans pratique ne peut servir qu'à discourir. La pratique sans principes et sans génie dégénère en routine et ne produit que des artisans. De là, la nécessité absolue, pour les artistes bien doués, d'ajouter la pratique à la théorie.

« La connaissance des principes est indispensable pour faciliter l'étude des antiques et des productions des grands maîtres modernes, car on trouve dans leurs œuvres ces trois qualités réunies. Ces principes instruiront les jeunes artistes à ne pas prendre le change sur l'objet de leur admiration, et sur les motifs de leur jugement, à ne point rechercher la correction dans Tintoret, les grands effets de lumière dans Albert Durer, la noblesse des expressions dans Pietre Teste; les graces dans Lanfranc; l'historique, le poëtique d'une composition dans Valentin; ni le sublime dans Rembrand.

« Elle leur apprendra que c'est dans Raphael et dans Carache que l'on doit chercher la correction, et le grand caractère des formes et des contours; dans Dominiquin et Le Sueur, la noblesse des expressions, qui ne souffre ni exagération, ni grimace; et qui n'est autre chose que la vérité élégamment rendue; dans Corrège et Pietre de Cortonne, cet aimable cadensement, cette souplesse naturelle qui constitue les graces; dans Poussin, l'exactitude de l'historique, les bienséances du costume, et cette judicieuse sévérité qui associe à la vérité des évènements les accessoires qui leur sont propres; dans Lebrun, cet heureux enthousiasme qui ravit, élève l'âme, ce beau poëtique qui charme les sens et l'esprit; enfin dans Rubens, Tintoret, et Paul Veronèse, les grands effets, les jeux, la magie que produisent les accidents singuliers de lumière et de couleurs.

« L'étude de la nature reste un mystère, si les préceptes ne le devoilent; ils en sont la clef et peuvent seuls ouvrir le sanctuaire des arts. »

D'André Bardon développe ces théories avec une admirable clarté, les appuyant d'exemples choisis, concluants, et de réflexions aussi judicieuses que bien trouvées. Selon le savant professeur, la théorie et la pratique dirigent le génie, fixent les incertitudes, règlent le sentiment et le goût, donnent la facilité d'exécution et forment les connaissances.

Entrant ensuite dans les menus détails d'exécution, il indique comment l'élève doit procéder pour s'habituer à donner aux formes la pureté, l'exactitude que leur offrent les modèles. Rien n'est plus savamment déduit, précisé d'une façon plus claire, plus lumineuse et plus pratique. Il fait toucher du doigt le danger où l'on s'expose en suivant tout autre chemin. C'est un praticien rompu au métier, qui dévoile, sans en rien omettre, les procédés que l'expérience lui a enseignés, et lorsqu'il a conduit l'élève au point de le rendre esclave de la nature « en reproduisant la souplesse du modèle, sans en perdre de vue la solidité, en en saisissant l'élégance sans altérer la précision, en rendant les effets sans diminuer le repos, enfin en se pénétrant de son esprit sans s'écarter de la justesse des formes et des proportions, qui font tout à la fois le mérite du modèle, et celui de la copie, » il ajoute : « Quoique ce ne soit qu'en s'asservissant aux finesses du naturel que l'on parvient à la correction du dessin, le jeune dessinateur doit se garer de ce goût froid et languissant qui ne dit rien à l'esprit. L'exactitude géométrique que nous lui recommandons, la justesse et la vérité qu'il lui convient d'avoir toujours en vue, doivent éclairer son génie, sans le mettre aux fers. C'est pour le guider et non pour le contraindre qu'elles se chargent de le conduire. Il ne doit rien perdre de son feu et de sa vivacité en restant soumis à une scrupuleuse exactitude. Qu'il renonce à ses préjugés, s'il en a sur cette maxime, il verra que l'esprit et le beau feu de la nature sont si inséparables de la justesse et de la vérité, que c'est par la précision même avec laquelle les grands maîtres ont imité leurs modèles, qu'ils ont fait passer l'âme et la vie sur le papier et sur l'argile. »

Le maître s'adressait là à des élèves déjà formés dans leur art; mais aux débutants il tenait un autre langage. Il imposait la géométrie comme point de départ de tout enseignement :

« La géométrie, disait-il, est aussi nécessaire aux peintres, aux sculpteurs, qu'aux architectes et aux astronomes. » Et dans cet ordre d'idées, la perspective et l'étude des divers ordres d'architecture ne devaient pas être négligées par les élèves se destinant à la peinture.

L'étude de l'anatomie leur était non moins vivement recommandée : « Il convient, écrivait-il, que le dessinateur ait une notion décidée, et une connaissance solide des proportions du corps humain. Malgré la variété que la nature a mise dans la grandeur des hommes et que les anciens ont introduite dans leurs chefs-d'œuvres, il est une proportion générale à laquelle elles peuvent toutes, à peu de chose près, se rapporter. Il suffit d'employer de temps à autres quelques jours pour les mesurer sur les plus belles antiques, et sur le naturel même. Cette opération suffira pour graver profondément les proportions dans la mémoire de l'élève et du dessinateur.

« Nous mettons au même degré d'importance l'étude de l'anatomie, envisagée relativement à l'art de peindre; sans les connaissances de la disposition, et de la forme des os, de l'origine, de l'insertion, et de l'office des muscles, on ne saurait observer la justesse des proportions, ni donner à chaque objet animé le caractère qui lui convient selon ses divers mouvements et sa constitution particulière; elle n'est pas la même dans tous les sujets, et l'on ne peut en exprimer la différence que par le juste développement des ressorts secrets et variés dont la nature est composée.

« En vain les artistes aussi présomptueux que jeunes s'imaginent qu'il est inutile d'approfondir les détails, qui sont en quelque sorte voilés par les superficies extérieures, et qu'il suffit de copier le modèle tel qu'on le voit; leur prétention fait ordinairement l'apologie des défauts de leurs ouvrages : sous le ridicule prétexte qu'il les ont copiés d'après le modèle et le naturel, ils se trompent lourdement. On voit souvent dans la nature ce qui n'y est pas, ce qui ne doit point y être, et l'on manque d'y apercevoir ce qui s'y trouve réellement, et ce qu'on doit représenter. »

« Sans une étude profonde des proportions et des détails anatomiques, les Grecs et les Romains n'auraient pas enfanté les chefs-d'œuvres qui ont mérité l'approbation de tous les siècles. Michel-Ange, Raphaël, Carache, et tant d'autres célèbres artistes n'auraient point enrichi leurs productions de l'élégance, de la force, et de mille savantes beautés qui y brillent. Que le jeune dessinateur imite ces grands maîtres dans leurs recherches s'il a la louable ambition d'aspirer à leurs succès, et à leur gloire. »

Les citations précédentes suffisent pour prouver que le *Traité de peinture*, mis entre les mains de professeurs de l'Académie de peinture de Marseille bien avant qu'il ne fût imprimé (il ne parut en librairie qu'en 1765), devint une cause déterminante de leurs progrès. Pendant tout le cours de sa direction, au reste, d'André Bardon ne cessa d'éclairer l'Académie de ses conseils comme de son enseignement. On en trouve les traces dans sa correspondance jusqu'en 1782. A cette époque il adresse à l'Académie quantité d'estampes représentant des fleurs, des ornements, des animaux, etc., en un mot, des études de tous genres pour l'instruction des élèves de l'École. L'Académie royale de peinture de Paris avait élargi le cadre de son enseignement; Bachelier le propageait dans l'École royale gratuite de dessin de Paris, dont il était le directeur, et d'André Bardon entraînait à son tour dans la même voie l'Académie de Marseille. Celle-ci ne devait pas, selon lui, cesser de suivre l'exemple de l'Académie qui l'avait honorée du titre de *sa fille aînée*[1].

SON ACTION.

Nous devons ajouter que d'André Bardon fut l'âme de l'Académie de Marseille, car il lui avait imprimé non seulement le mouvement et la vie, mais encore il avait su lui conserver l'un et l'autre. La correspondance de 1752 à 1760 a été perdue; une seule lettre appartenant

---

[1] Lire à la troisième partie de cet ouvrage les lettres de d'André Bardon du 12 avril 1782, du 26 avril, du 8 juin, du 29 juin, du 4 juillet, du 12 septembre, du 29 novembre 1782 et du 9 janvier 1783.

à cette période, lettre du secrétaire perpétuel, nous est conservée et elle nous édifie sur le rôle providentiel que ce directeur modèle va jouer, dès le principe, sur ses destinées :

«Notre école académique, qui par vos soins et votre zèle, s'établit de plus en plus sur de solides fondemens, jouissant de vous en voir le directeur perpétuel, semble emprunter à vos vives lumières toutes celles qui peuvent la faire briller avec éclat.

«Grâce à vos sages conseils, l'émulation, l'attachement, le bon ordre viennent de prendre de nouvelles forces, et rien n'est oublié pour y maintenir cette parfaite égalité, qui seule étouffe dans nos cœurs tout levain de jalousie.»

Ces lignes écrites par le secrétaire perpétuel Moulinneuf, le 11 mars 1754, marquent le point de départ de l'influence que d'André Bardon exercera désormais. En effet, dans la correspondance nous le verrons toujours se montrer l'instigateur des démarches nécessaires pour amener le développement, la stabilité et les progrès de cette institution. Il rédige lui-même les pièces administratives et les règlements, et dans toutes les situations délicates, il trace de sa main les minutes des lettres que le secrétaire n'aura plus qu'à transcrire ; mais avec quel soin, quel tact exquis il lui indique la marche à suivre ! Ce projet de lettre n'est qu'*un simple avis,* sur lequel les officiers de l'Académie sont appelés à délibérer ; puis il s'efface et avec quelle délicatesse !

Mais d'André Bardon, n'en est pas moins l'esprit qui prévoit, pense, organise et aussi sait réprimer, lorsqu'il le croit nécessaire. Il réprime toutefois avec une fermeté paternelle, sans impatience, sans colère, comme un homme qui se possède et qui veut avant tout le bien et la vérité, tenant haut les rênes du gouvernement. Il excelle surtout à entretenir l'enthousiasme des professeurs. D'André Bardon n'a d'autre mobile que «leur interet propre, leur lustre, le soin de leur gloire, comme un père qui rêve ardemment la grandeur et l'illustration de ses enfants». Ces mots, soulignés, se retrouvent souvent sous sa plume.

Le secrétaire perpétuel n'avait été tout d'abord qu'un copiste intelligent, plein de bonne volonté, mais enthousiaste, s'inclinant devant la supériorité du maître, qu'il vénérait et respectait en l'admirant ; mais il n'avait pas tardé à se former sous son action vivifiante. D'André

Bardon considérait de plus, comme un des éléments essentiels au succès de l'Académie, de la voir inscrire dans ses rangs les noms des artistes célèbres de l'époque. Il s'efforçait d'enrôler sous sa bannière ceux avec lesquels il se trouvait en rapport. Il mettait également sa gloire à lui recruter des adhérents, dont les talents, l'honorabilité ou la haute position sociale devaient projeter sur elle un certain éclat et, tout à la fois, lui assurer un appui et une considération indispensables à sa prospérité. Ce fut à cette politique habile, dont la correspondance n'est que l'écho, autant qu'au succès des élèves qu'elle avait formés, que l'Académie de peinture de Marseille dut sa notoriété.

CORRESPONDANCE.

Les autographes sont de nos jours en faveur; les moindres lignes échappées à la plume de nos illustrations des siècles précédents ou de nos gloires contemporaines sont recueillies avec soin. Certes, rien de mieux justifié, on sent ainsi revivre ces esprits d'élite.

Les autographes, autant que les notices biographiques, vont compléter la seconde partie de l'histoire de l'Académie de Marseille. Les autographes de d'André Bardon qui vont suivre ont été lus devant un groupe d'hommes voués au même labeur, devant un corps constitué délibérant sous la présidence de son directeur. Le directeur traçait lui-même, de Paris, leur voie à ces officiers de l'Académie. Ces artistes sont doublement respectables pour nous. Ne sont-ils pas les ancêtres de notre école de Marseille, et des membres de la section des beaux-arts de notre Académie des belles-lettres?

1760.

Nous avons dit que la correspondance de 1752 à 1760 avait été perdue. Dans une réunion du mois de janvier 1760, l'Académie délibère qu'une supplique doit être adressée à MM. de l'Académie royale de peinture de Paris, afin qu'il lui soit donné «un acte particulier, qui réunissant tous les titres de son établissement, puisse lui servir, autant que besoin sera, à la mettre à portée de jouir des privilèges, droits, et prérogatives attachés aux écoles académiques que le roi permet à son Académie royale d'établir dans les villes du royaume ou elles sont jugées nécessaires ».

Moulinneuf a rédigé cette supplique et il l'envoie à d'André Bardon, le 4 février 1760[1]. Voici la réponse :

D'ANDRÉ BARDON À MOULINNEUF.

Paris, 10 avril 1760.

« L'espoir ou j'étais de vous faire obtenir de l'Académie royale ce que vous lui demandés, par votre placet, a été longtemps retardé par la facheuse maladie de M. de Silvestre, notre respectable directeur; sa situation est des plus dangereuses, nous tremblons d'en voir la fin, et peut être est elle arrivée au moment ou vous lisez cette lettre. Vous perdez en lui un protecteur, zelé qui s'interessait avec chaleur à tout ce que je lui proposais de votre part. Heureux si nous trouvons dans le directeur qui lui succèdera un cœur aussi généreux que le sien et qui s'interesse aussi vivement à tout ce qui regarde vos succès et votre gloire. »

Et cette lettre de trois grandes pages indique que d'André Bardon a consulté des personnes éclairées, et il conclut que la voie des lettres patentes leur est ouverte à l'exemple de celles obtenues par les écoles de Toulouse, et que le roi seul peut délivrer « car le titre particulier que l'Académie sollicite n'ajouterait rien à la force des pièces et titres qu'elle possède. L'autorisation et la protection de l'Académie royale et celle de M. le marquis de Marigny suffisent pour confirmer l'établissement de l'Académie, si elle venait à être inquiétée par des ennemis jaloux. »

« Si vous êtes, ajoute-t-il en terminant, dans l'intention d'obtenir ces lettres patentes, je ne doute pas que l'Académie royale ne vous applanisse bien des difficultés, car l'opération est difficile et dispendieuse, et que nos amis particuliers ne vous sauvent une partie des frais, vous me trouverez toujours disposé à vous être utile, et à vous

---

[1] La minute de cette supplique n'a pas été conservée. Pour tous les actes antérieurs, voir la 1re partie (Statuts et règlements).

donner, dans cette occasion, des preuves du zèle avec lequel j'embrasse vos interets.

« C'est dans ces sentiments bien sinceres que je ne cesserai d'être
« Messieurs
« Votre très humble et très obéissant serviteur. »

D'André Bardon.

La précédente lettre d'envoi de Moulinneuf contenait un post-scriptum mentionnant des notes sur « la vie des peintres Serre et frère Imbert, chartreux, notes expediées en novembre 1759 ». Ce fait prouve que d'André Bardon s'occupait alors de l'histoire des peintres devant former le complément de son *Traité de peinture*. Voici que la lettre présente de ce même directeur recommande de nouveau en post-scriptum « de ne pas oublier les notes qu'il a demandées sur MM. Daniel, Daret, Fauchier, Faudran, Veyrier ». Ce qui leur est personnel lui est inutile; il désire connaître simplement la date et le lieu de leur naissance, celle de leur mort, le caractère de leur génie et de leur goût, et posséder la description de deux ou trois de leurs ouvrages.

M. de Silvestre est mort et Moulinneuf, le 7 mai 1760, demande le nom du successeur de « ce directeur si universellement regretté ». Il réclame des conseils, afin que l'Académie puisse se défendre contre le corps des peintres. Il insiste pour obtenir des lettres patentes; aussitôt lettre reçue, la compagnie fera des démarches auprès de M. le duc de Villars, de M. l'Intendant, de MM. les échevins; et il ajoute : « Comme avec notre requête il y a des règlemens à présenter, nous avons encore recours à vos sages conseils, et nous pourrons dire que notre cher directeur en dirigeant notre école en a été le restaurateur, et le vrai protecteur, et ces motifs perpetueront chez nous les sentiments de la plus vive reconnaissance. »

Suit, en post-scriptum, une note intéressante sur le peintre Daniel et sa fille, lequel a laissé des travaux de mérite à Aix, et notamment dans la chapelle des Pénitents-Bleus.

D'André Bardon répond le 18 mai 1760 :

D'ANDRÉ BARDON À MOULINNEUF.

« Je me doutais bien que la proposition des lettres patentes, pour constater d'une manière invariable la solidité de votre établissement, serait généralement acceptée par toutes les personnes qui sont dans vos véritables interets, en conséquence de ce projet j'ay écrit à M. le secretaire de l'Académie de Toulouse. Il a montré ma lettre à la compagnie, et j'ay reçu une réponse contenant leurs lettres patentes avec des offres les plus obligeantes de tout ce qui pourrait vous être utile et convenable. Cette démarche généreuse exige de vous, messieurs, un témoignage de reconnaissance. Ainsi la présente reçue adressez moy une lettre conçue en peu de mots pour «MM. de l'Académie «royale de peinture et de sculpture établie à Paris.» Je l'inserrerai sous le pli de celle que j'écrirai personnellement à M. le secrétaire.

«Voici par a peu près les termes à employer :

«Messieurs,

«La généreuse complaisance que vous avez eu de communiquer à M. D. B. N. D. vos lettres patentes dont il a besoin pour être à portée de cimenter d'une manière incontestable la solidité de notre établissement exige de nous les sentiments de la plus sincère reconnaissance, permettez que nous nous acquitions ici du juste tribut de nos cœurs. Nous y joignons les témoignages de respect avec lequel nous avons l'honneur d'être, etc.»

«Ce que je trace ici n'est qu'un à peu près que vous pouvez remanier si vous le jugez à propos.

«A cette lettre je vous conseille d'en joindre une autre adressée à «M. Gougenot conseiller au Grand Conseil et amateur honoraire de «l'Académie royale de Paris, rue de Condé, près la rue du Petit-«Lyon, à Paris.»

«M. Gougenot est extrêmement porté à rendre service, je ne saurais me passer de son crédit pour obtenir vos lettres patentes. Il convient que vous lui offriez la place d'amateur, dans votre société, laissée vacante par la mort de M. le comte de Vence, ou tout autre s'il n'y a point d'inconvénient essentiel qui y mette obstacle. Comptez, messieurs, que dans les demarches que je vous conseille je n'ay que votre interet et votre gloire en vue.»

Suit un projet de lettre pour M. Gougenot, et d'André Bardon de répéter : «Je ne vous dicte que des à peu près, tachez de les reformer!»

« Quand il en aura conféré avec qui de droit l'Académie sera instruite, elle saura au juste les dépenses que cette obtention nécessitera, rien ne sera commencé que la compagnie n'ay les moyens de mener ces projets à parfaite exécution. Il n'y aura d'oublié que mes soins et mes peines parce que ce sont pour moi des plaisirs, et que je les prends toujours sur mon compte quand il est question d'obliger. »

P. S. « L'Académie royale n'élira son directeur qu'au mois de juillet, suivant l'usage. Ces messieurs en seront instruits. »

« D'André Bardon a reçu des mémoires complets sur Veyrier, il attend les autres avec impatience et « sans vouloir mesuser du temps de ces messieurs ».

Moulinneuf a exécuté les ordres de directeur perpétuel et celui-ci répond le 20 juin 1760 :

D'ANDRÉ BARDON À MOULINNEUF.

« Je reçois les deux lettres contenues dans votre pli du 4 juin. Je les ai envoyées sur le champ à leur destination. Vous trouverez ci joints les remerciements de M. Gougenot. Je compte qu'en réponse à celle que vous écrit M. votre nouvel amateur honoraire, vous lui enverrès, « copie de la délibération », par laquelle votre Société le nomme « à la place vacante par la mort de M. le comte de Vence », ainsi que je les lui ai annoncé.

« Vous avez acquis en M. Gougenot un homme digne de toute estime, de toute considération, qui par son crédit ne peut que vous être fort utile. Ses qualités sont : « M. Gougenot conseiller au Grand « Conseil, honoraire de l'Académie royale de peinture et de sculp- « ture. »

« La copie de la délibération sera signée de M. le directeur en exercice, et de M. le secrétaire, de plus je la signerai moi-même avant que de la remettre à M. Gougenot.

« Je travaille à des arrangements nécessaires pour les lettres patentes de votre société; j'ai écrit à Rouen, à Bordeaux, je ne néglige rien pour que tout soit dans le meilleur ordre. Les frais de chancellerie ou autres que vous aurez à faire à Paris, n'excèderont pas la somme de trois cent livres, le plus embarassant dans cette entreprise sera peut être d'établir le rang des chefs de votre école académique. Je compte que vous ne négligerez rien, pour engager M. votre vice-directeur à ne point opposer d'obstacles à votre projet, et à vouloir se preter au bien de la chose. Votre équité, votre sagesse doivent vous suggerer les moyens convenables pour vous procurer cet avantage, sans désobliger un galant homme qui mérite toutes sortes d'égards, et à qui vous avez de grandes obligations. Vous êtes sur les lieux, vous connaissez ses intimes amis, sa façon de penser et son cœur. Que votre prudence tache d'obtenir de lui ce que vous jugés bien être indispensable pour remplir les vues de toutes les personnes respectables a qui vous devez des égards, des considérations, et de la reconnaissance.

« De mon coté je ne négligerai ni soins, ni peines, ni recherches, ni attentions pour vos interets tant généraux que particuliers, afin qu'ils soient solidement établis.

« Nous aurions grand besoin des derniers règlements qu'ont MM. les consuls [1]. Vous leur avez sans doute communiqué le projet des lettres patentes. Ils pourraient si vous les en priez instamment donner ordre qu'on cherchat ces statuts, car je n'ai ici que des brouillons informes, et il nous est important de les avoir au net. Vous comprenés qu'ils doivent être anexés aux lettres, et approuvés par le Roi.

« J'ai l'honneur d'être avec les sentiments que vous me connaissez,
« Messieurs,
  « Votre très humble et très obéissant serviteur. »

D'André Bardon.

1761.

D'ANDRÉ BARDON À MOULINNEUF.

Paris, 11 avril 1761.

D'André Bardon a reçu les statuts demandés, plus une somme de 400 liv.; il en fera l'usage convenable. « Le projet des statuts est actuellement entre les mains du secrétaire perpétuel de l'Académie royale,

---

[1] Il s'agit ici des *Statuts et règlements* approuvés pour être mis en vigueur par un arrêt du Conseil d'État du 15 juin 1756, que nous avons relevé dans les Archives de la mairie. Voir la 1re partie, p. 20.

qui l'a reçu du marquis de Marigny, pour qu'il lui soit rendu compte s'il n'a rien de contraire aux interets de cette compagnie.

« Cet examen sera fait dans un comité nommé par l'Académie, et ensuite par la compagnie en corps. Tous ces préliminaires prendront du temps et le directeur de s'écrier : « Ne soyez donc point en peine, « mes attentions et mon zèle veilleront sur vos interêts comme sur les « miens propres.

« J'ai l'honneur d'être, etc. »

P. S. « L'Académie de Toulouse m'a fait l'honneur de me donner une place au rang de ses associés honoraires.

« Vous pouvez lire dans le dernier *Mercure,* une lettre écrite *à un amateur,* au sujet des quatre tableaux de Bachelier représentant les quatre parties du monde. Les deux lettres majuscules vous annonceront qu'elle est de moi. Je vous felicite d'avoir reçu M. Loys. »

Paris, 7 juin 1761.

« Le projet des statuts a subi tous ses examens. Les réformes introduites n'ont d'autre but que de donner plus d'étendue aux droits de l'Académie de Marseille en les ennonçant en termes corrects. « Le « respect que j'ai pour les signatures dont cette pièce est revêtue, ne « m'a pas permis d'y rien raturer. J'ai tout reformé avec des cartons « attachés avec de petites épingles. »

« L'Académie royale a délibéré qu'il serait fait deux copies de cette pièce, l'une devant rester dans ses archives et l'autre vous être envoyée pour la faire revêtir des signatures portées sur l'original que vous recevrez également. Je vous manderai alors l'usage que vous « devez en faire. »

« Dès demain les deux copies seront transcrites.... » D'André Bardon remercie également ces messieurs de l'attention qu'ils ont eu de lui annoncer le départ de M. Verdiguier pour Bayonne. Il serait très heureux de le voir à Paris. Il les félicite sur le choix du successeur qu'il lui a donné pour remplir ses fonctions pendant son absence. »

Le peintre Loys, nouvellement nommé, et accepté comme professeur, s'était livré à des violences qui avaient profondément troublé l'Académie. La correspondance [1] du secrétaire développe les péripéties de ce drame intime.

D'André Bardon prévenu adresse à son tour à l'Académie la lettre suivante :

Paris, 6 juillet 1761.

« Je ne puis que louer votre sage conduite dans l'affaire du s^r Loys, et votre moderation extrême dans le jugement que vous avez porté contre lui. Ne croyez pas cependant que vous eussiez été blâmé de personne, si vous eussiez suivi le conseil de M. le duc de Villars, et les avis de MM. les échevins. Je ne doute pas que si j'instruisais les supérieurs, des procédés indécents de cet académicien, toutes les voix se réunissent pour le rayer entièrement de votre liste, car quelque talent que l'on suppose, dans le membre d'une société, on doit le regarder comme étant indigne d'en être, s'il est capable par son méchant esprit d'en troubler l'harmonie et le repos.

« Telle est la pensée de l'Académie royale à laquelle vous devez vous conformer. Il est inouï qu'un académicien obtienne la permission de corriger les élèves pendant l'exercice du modèle, en présence du professeur, et vous devez banir de l'école tout élève, qui après la défense à lui faite, s'avise de désobéir.

« Comme je suis persuadé que la façon modérée avec laquelle vous avez agi envers le délinquant le faira entrer en considération, et qu'il se comportera avec plus de décence, lorsqu'après avoir subi son jugement vous le recevrez parmi vous; je suspends la plainte que je pourrais porter contre lui à qui de droit. En cas de récidive de sa part, on prendra les voyes convenables pour empêcher ce qu'il ne convient pas de souffrir.

« La justice que vous avez rendue à M. Arnaud, en le nommant adjoint, doit persuader aux académiciens, qui ne sont pas de la fondation, que leur talent sera employé et distingué, toutes les fois que les places vacantes vous en donneront l'occasion, rien n'étant plus juste que de continuer aux instituteurs les récompenses que leur zèle et leurs soins leur ont mérité.

« M. le marquis de Marigny est encore à sa terre. A son retour je

---

[1] Cette correspondance sera insérée dans la 3e partie. Voir également les lettres de Beaufort du 15 juillet et du 10 septembre 1763.

vous enverrai les trois copies des statuts que je fais faire, lorsque toutes seront revêtues des signatures et paraffes nécessaires, car il y a une marche dans les affaires de chancellerie, dont on ne peut s'écarter; comptez sur mon attention à faire pour votre société tout ce qui dépendra de moi et de mes amis, et sur les sentiments avec lesquels je ne cesserai d'être

« Messieurs,

« Votre très humble et très obéissant serviteur. »

D'ANDRÉ BARDON À MOULINNEUF.

Paris, 14 juillet 1761.

D'André Bardon envoie le manuscrit exact et correct devant être annexé aux lettres patentes « qui devra être présenté au roi lorsqu'il sera revêtu des formalités requises ». Les instructions les plus minutieuses sont données à ce propos, jusqu'à la recommandation de « laisser une place d'honneur qui doit être rempli à Paris par les paraffes du directeur et du secrétaire de l'Académie royale, suivant le modèle joint à la lettre. »

« A cette pièce qui doit m'être renvoyée, ajoute d'André Bardon, je joins un exemplaire que vous devez déposer et garder dans vos archives. Il est signé de M. Restout directeur, et par M. Cochin secrétaire de l'Académie royale; il constate que vos statuts et règlements sont conformes aux intentions de cette compagnie; un pareil exemplaire paraffé et signé de même est conservé dans ses archives. »

Suivent de nouvelles recommandations, et d'André Bardon continuant ajoute : « M. le comte de Caylus veut bien accepter une place d'amateur honoraire dans votre Académie; vous comprenez toute la conséquence d'une acquisition si honorable, je compte que la présente reçue vous procèderez à son élection, que vous m'enverrez tout de suite copie de la délibération passée à ce sujet, accompagnée d'une lettre dont je crois que vous pouvez tourner le sens en ces termes. »

Suit la formule de cette lettre, et une amplification à ajouter à la formule des délibérations ordinaires « qui est fort bonne, mais à laquelle on pourrait cependant appliquer cette formule plus étendue et plus explicite : « Le bureau assemblé par convocation extraordinaire,

« M. le comte de Caylus amateur honoraire de l'Académie des inscrip-

«tions et belles-lettres de Paris, ayant été proposé... L'Académie de
«Marseille attentive à ce qui intéresse sa gloire a saisi avec une ex-
«trême vivacité l'occasion d'associer à sa compagnie un aussi respec-
«table protecteur des beaux-arts. »

« Le président d'Orbessan paraît très satisfait de la place qui lui a
été donnée. » Le directeur désirerait être mis en relations avec le
député de Marseille pour aller avec lui rendre visite à M. de St Florentin. Il recommande de nouveau l'envoi de la délibération et de la
lettre à M. de Caylus.

D. B.

Paris, 4 août 1761.

« De toutes les acquisitions faites par l'Académie, celle du comte de
Caylus est la plus avantageuse [1]; il demande un petit historique de
la Société depuis son établissement, *court, clair, précis et intéressant.*

« Si le délinquant (le peintre Loys) s'est amendé n'ébruitez pas ses
tracasseries.

« Ci joint un portrait du marquis de Marigny gravé par Will, qui a
servi pour sa réception à l'Académie royale. »

Ainsi que l'ordonnait l'article 10 des *Statuts et règlements de 1756* [2],
les professeurs avaient envoyé leur tribut à d'André Bardon pour être
présentés à l'Académie royale, et ce dernier, peu satisfait, leur envoyait la lettre suivante :

Paris, 25 août 1761.

« J'ay reçu les académies que vous m'avez adressées. Je vous avouerai
qu'en les examinant j'ay regretté les premiers tributs de votre zèle que
je présentais avec tant de plaisir à l'Académie royale. Serais-je devenu
plus délicat, seriez-vous devenus plus foibles?

« Permettez moy de vous rappeller les beaux ensembles, les formes
pures et élégantes, les détails exacts, qui sont exposés sous vos yeux
dans les dessins que vous avez de nos maîtres.

« Un de vos membres [3] a été témoin de mes regrets fondés sur les
objets de comparaison dont je l'ay fait juge. Tachez, messieurs, de lire
un peu mieux la nature, de l'étudier avec un peu plus de sang-froid,

---

[1] Voir lettres de Beaufort du 10 septembre, 25 novembre et 25 décembre 1761.

[2] Voir 1re partie, p. 86.

[3] Beaufort; voir lettre du 23 janvier 1764.

de la rendre avec un peu plus de précision, et de jetter un peu moins de manière dans l'imitation que vous faites.

« Je suis bien aise que M. Vernet vous aye écrit; quel rang lui donnez vous dans votre liste?

« Comptez toujours, etc.

P. S. « Le secrétaire est exhorté à ne point perdre de vue l'historique de la société demandé. »

A Paris, 10 septembre 1761.

Longue lettre détaillant les démarches tentées par le directeur au sujet de l'obtention des lettres patentes, puis il félicite l'Académie de la galanterie de M. de Voltaire, à propos de la séance publique dont il a reçu les détails. Il complimente M. Coste, M. Chabaud et M. Moulinneuf « d'avoir enrichi la séance de discours dont les sujets font l'éloge de leur juste discernement ».

D'un autre côté, il voit avec douleur l'obstination des académiciens coupables de mauvais cœur; il engage ces messieurs à se comporter avec équité et prudence. Il ajoute que le temps viendra où ils pourront sévir contre ces académiciens indignes, et qu'ils se conforment aux sages avis des échevins leurs respectables fondateurs. « Le trio tracassier, ce triumvirat odieux qui trouble l'harmonie de votre société mérite d'être jugé dans toute la rigueur prescrite par vos statuts; ne craignez pas que nous désapprouvions ici les effets d'une sévérité judicieusement refléchie [1].

« M. le c^te de Caylus fait présent à l'Académie de six volumes que l'on relie. Ce sont quatre in-4° du *Recueil d'antiquités grecques, romaines, étrusques,* ornés de beaucoup de planches, toutes gravées d'après les originaux conservés dans le cabinet de ce seigneur.

« Les deux autres volumes sont les tableaux de l'*Iliade,* de l'*Odyssée,* de l'*Énéide,* et aussi de la *Vie d'Hercule,* ouvrages très curieux et très convenables aux peintres et aux sculpteurs.

« Je vous remercie des attentions dont vous avez comblé M. Celoni mon élève, etc.

« Comptez toujours, etc. »

D. B.

[1] Beaufort, lettre du 10 septembre 1761.

A Paris, 12 septembre 1761.

L'objet de cette lettre est de donner à l'Académie, pour quatrième amateur, M. Watelet, receveur général des finances, amateur honoraire de l'Académie royale de peinture et de sculpture, et l'un des quarante de l'Académie française; son adresse est rue Charlot.

« M. Watelet est auteur d'un magnifique poëme sur la peinture, accompagné de réflexions excellentes sur cet art. »

D'André Bardon compte qu'à la première assemblée on procédera à son élection.

A Paris, 12 octobre 1761.

Lettre contenant des instructions et un accusé de réception de l'*Historique de l'Académie* demandé et apportant sous le même pli une lettre de remerciements de M. Watelet : « Vous avez fait en lui, s'écrie l'écrivain, une acquisition véritablement honorable, et bien digne des autres respectables amateurs qui sont associés à votre corps...

« J'ay reçu les six volumes dont M. de Caylus a fait présent à l'Académie. Voici ce qu'il me paroit à propos que vous fassiez vous même 1° une lettre de remerciement à ce généreux amateur, et lui faire sentir combien vous prisez les savantes recherches qu'il a faites sur les antiquités égyptiennes, étrusques, grecques et romaines, exalter la profondeur de son érudition, et la délicatesse de son gout, dans la manière de présenter ses recherches par le ministère de la gravure, enfin louer l'utilité que les artistes, comme les savants peuvent retirer des ouvrages dont il enrichit la République des lettres.

« Vous devez me procurer une occasion pour vous faire parvenir ces livres. M. Beaufort cherche de son côté.

« Comptez toujours, etc. »

D. B.

A Paris, 7 décembre 1761.

Détails sans importance à propos des lettres patentes :

« L'Académie royale qui ne juge que ce qui concerne le bon ordre et l'émulation nécessaire dans une société naissante a trouvé les statuts très convenables, elle n'oubliera rien pour seconder vos louables projets.

« Comptez, etc. »

D. B.

1762.

Obligé de tenir compte des distances, le secrétaire, à dater du 15 décembre, commençait à envoyer, de la part des officiers en exercice, des compliments de nouvelle année à tous les associés les plus marquants de l'Académie : un paquet contenant les lettres destinées à l'Académie royale et à ceux qui habitaient Paris ou Versailles était envoyé à d'André Bardon, qui les faisait distribuer ou les remettait lui-même en personne aux destinataires; c'est à ce propos qu'il écrivait la lettre suivante que nous abrégeons :

A Paris, 4 janvier 1762.

« Les lettres envoyées ont produit un excellent effet, M. Restout notre directeur vous écrit : « Vous jugerez des sentiments qu'il a pour « le succès de votre louable ambition. »

« M. le comte de Caylus me charge de sa réponse à votre lettre de bonne année... il vous fait présent de quelques estampes d'anatomie...

« M. Watelet vous fait présent de son magnifique poëme... Vous recevrez dans la quinzaine les réponses de MM. Cochin et Watelet.

« Comptez, etc. »

D. B.

A Paris, 19 janvier 1762.

Lettre annonçant l'envoi du poëme de M. Watelet sur l'*Art de peindre*, avec le rouleau d'estampes donné par M. le comte de Caylus.

L'Académie est en émoi. On l'expulse de l'Arsenal, où elle avait établi son logement, avec l'agrément de l'autorité. Cela donne lieu à une correspondance des plus actives, qui dure à dater du 17 mai jusqu'au 2 août 1762. Tous les ressorts sont mis en mouvement. La correspondance du secrétaire jette tout le jour désirable sur cette période. D'André Bardon est non moins préoccupé de cet incident fâcheux; nous ne relèverons dans sa correspondance que les traits les plus saillants.

A Paris, 26 mai 1762.

D'André Bardon prévenu, répond qu'il est touché de la situation de l'Académie. Il a fait parvenir les lettres qui lui ont été envoyées; il s'est présenté chez le chevalier de Flotte, très connu du ministre, lequel a écrit chaudement en leur faveur au duc de Choiseul et à M. Dufraigne, commissaire ordonnateur; il a remis lui-même ces lettres à la poste en y joignant une nouvelle lettre de sa main et un placet au nom de l'Académie finissant par ces mots : « Les supliants osent se flatter que Votre Grandeur voudra bien signaler son amour pour les beaux arts par un procédé égal a celui du hérôs macédonien, qui dans la destruction de Thèbes voulut qu'on respectat le domicile de Pindare. »

D'André Bardon écrit également à M. Huguet, premier commis de la marine, fort considéré du duc de Choiseul, en intéressant même l'abbé Barthélemy (auteur du *Voyage du jeune Anacharsis*), à appuyer la demande auprès de ce seigneur dont il est très aimé. Toutes ces lettres sont parties le 25. A l'avenir ces messieurs devront envoyer un placet au ministre, signé des principaux officiers, plutôt que d'avoir recours au crédit des honoraires amateurs.

La délivrance des lettres patentes étant ajournée, il prie ces messieurs de fournir sur lui une lettre de change de 350 livres, n'en ayant employé qu'une cinquantaine sur les 400 livres qui lui avaient été envoyées l'année précédente. Ils doivent garder cet argent en réserve pour parer aux éventualités.

« Continuez, ajoute le directeur, à compter sur le vif intérêt que je prends à ce qui vous concerne, instruisez moi du succès de la protection de M. le duc de Villars. Soyez persuadés de mon zèle et combien je suis attaché à votre satisfaction et à votre gloire; elles sont l'une et l'autre l'objet des sincères désirs de

« Votre très humble et très affectueux serviteur et directeur perpétuel. »

D. B.

A Paris, le 26 mai 1762.

« Si l'affaire réussit ce sera grace à M. de Flotte et à M. Huguet. Il ne faut point oublier de leur écrire. »

D. B.

A Paris, 10 juin 1762.

« L'Académie doit envoyer un plan pour démontrer au ministre que le logement de l'Académie n'est point enclavé (ainsi qu'on l'a fait entendre) dans la partie de l'Arsenal affecté à l'artillerie. A défaut de celui-là ne pourrait-on pas en obtenir un autre du ministre? Répondre au plutot. »

D. B.

A Paris, le 14 juin 1762.

« L'apui de M. Durson est le plus efficace, mais le succès dépend de M. Dubois chef des bureaux de la guerre, appelé à se prononcer. M. Durson est simplement chargé de lui présenter le rapport à ce sujet.

« Il sera non moins important que l'intendant de la marine à Toulon s'adresse directement au duc de Choiseuil pour obtenir ce logement.

« D'André Bardon souhaite que Mlle Loir entre dans les vues de l'Académie; il ira la voir. »

Il félicite également la compagnie du magnifique présent que lui a fait M. Verdussen : « Sa réputation est pour lui un garant assuré du bien que dit de lui l'Académie. »

D. B.

A Paris, 1er juillet 1762.

« Du moment que M. Dufraigne de qui votre sort dépend ne s'intéresse pas à vous, qu'il pense que vous devez sortir de l'Arsenal, que M. le duc de Villars n'obtient rien du ministre, que les commissaires ordonnateurs restent froids, votre directeur perpétuel reste impuissant; toutes les personnes sollicitées ont agi, une paralisie générale pèse sur leur influence, ce silence est de mauvaise augure. Cependant lorsque le plan de l'Arsenal demandé sera entre ses mains il tentera une nouvelle démarche. Mais les bonnes raisons ne suffisent pas, il faut du bonheur, et des amis puissants. Comment se fait-il que votre protecteur et vos fondateurs ne vous prettent point le secours qu'il leur serait si honorable de vous procurer?

« Si le généreux intendant M. Durson ne vous conserve pas le logement, ne peut-il vous en procurer un autre : s'il ne peut rien, il ne faut pas pour cela jetter le manche après la cognée. Dans l'adversité on doit faire usage de la constance puisée dans un zèle véritable.

« Trois expédients se présentent. Le premier : prendre sur les mille écus que le roi vous accorde de quoi louer un logement convenable, fut-ce même dans un couvent de religieux. Le second : faire contribuer les étudiants comme cela se pratique à Paris, par exemple dix sols par mois. Qui peut se refuser à une si modique contribution? Cent écoliers vous produiront 600 liv. et comme ils sont plus nombreux vous pourriez même diminuer cette taxe. Le troisième consisterait à intéresser les élèves par l'appat d'un gain éventuel. Je m'explique :

« En supposant que vous aiez cent cinquante élèves à 10 sols par mois, leur taxe rapporte neuf cent livres. Employez par exemple 600 liv. à un logement pour l'Académie, et des trois cent liv. restantes faites une espèce de loterie, dans laquelle il y aura un gros lot de cinquante livres, et vingt-cinq lots d'une pistole.

« Par cet appas vous attirerez beaucoup d'élèves qui paieront sans peine leur six livres par an dans l'espérance de gagner le gros lot.

« Si ce projet était de votre gout on pourrait le perfectionner et le rendre très avantageux à l'école académique et aux étudiants. »

Cette lettre nous montre la constance et l'esprit inventif de d'André Bardon et de quel poids ses conseils et sa direction pesaient sur les destinées de l'Académie. Elle contient encore quelques paragraphes que nous ne devons pas omettre, en les abrégeant toutefois. Il a pris des arrangements avec Mlle Loir, qui doit faire son portrait pour son morceau de réception à l'Académie de Marseille. « C'est une ancienne amie, dit-il, respectable par ses mœurs, par son esprit et par ses talents; et c'est pour l'Académie une très bonne acquisition. » Puis, rendant compte de sa démarche auprès de son confrère : « Le mois de juillet est celui de mon service. Je travaille tous les matins à la bibliothèque, les après midi sont pour l'Académie royale. Je n'ai pas une minute, ce sera pour le mois d'aout. Voilà la réponse de M. Vanloo. »

Le secrétaire avait écrit à Vanloo pour le mettre au courant des tribulations de l'Académie, à propos de son logement. Voici la réponse de Carle Vanloo à l'Académie de Marseille :

A Paris, 1er juillet 1762.

« Continuez, messieurs, à vous signaler par votre zèle, et ne cédez point trop facilement aux premières atteintes du sort; comme vous ne vous êtes point enorgueilli de votre fortune, ne vous découragez pas à l'aspect d'une petite adversité; attribuez-la à l'ingratitude du temps, qu'une paix prochaine vous rendra plus favorable.

« Comptez sur mon attachement, etc. »

Carle Vanloo.

D'André Bardon a reçu le plan de l'Arsenal; le 13 juillet, il a écrit à M. Dubois, chef des travaux de la guerre et intendant de la marine. Il envoie à l'Académie la copie suivante de la réponse de ce dernier :

A Versailles, le 12 juillet 1762.

« Je reçois, monsieur, avec la plus vive reconnaissance tout ce que vous engage de me dire d'obligeant, l'opinion que vous avez prise de ma façon de penser. Je ferai, je vous assure, tout ce qui dépendra de moi pour y répondre. Mon zèle pour une Société aussi respectable qu'est utile l'Académie de Marseille ne doit pas vous laisser aucun doute à cet égard. Je rendrai compte à M. le duc de Choiseul des représentations que vous faites, pour faire jouir cette Académie au défaut du logement qu'elle occupait à l'Arsenal, de celui qu'il sera possible de lui procurer dans le même emplacement, dans le pavillon de l'Horloge. Son amour pour les sciences me persuade qu'il ne négligera pas dans cette occasion d'en donner des preuves à M^{rs} de l'Académie, et j'ose vous assurer que s'il se trouvait dans l'impossibilité de leur donner cette satisfaction, ce sera avec un véritable regret.

« J'ai l'honneur d'être avec le plus parfait attachement, monsieur,
« Votre très humble et très obéissant serviteur. »

Signé : Du Bois.

« Voilà, s'écrie d'André Bardon, le point où j'ai avancé cette affaire; vous ne me dites rien du succès des démarches de votre protecteur et de vos fondateurs; si ces personnages sont impuissants, que pouvez-vous attendre de moi-même? »

« Ajoutez cette nouvelle idée à celles que je vous ai tracées le 1ᵉʳ juillet, celle de louer dans l'Arsenal une portion convenable des magasins qu'on y loue, et de donner de celle que vous occupez le prix qu'on voulait vous en faire payer il y a quelques années. Enfin je voudrais qu'il dépendît de moi de vous conserver ce que vous avez, et la seule consolation qui me restera, au cas que mes démarches n'aient aucun succès, c'est de vous avoir donné dans cette occasion des preuves de l'attachement sincère et du zèle avec lequel je ne cesserai d'être, messieurs, etc. »

P. S. « Je vous l'ai écrit et je vous le répète, si vous n'avez pas pour vous M. Durson et M. Dufraigne, il est difficile que vous réussissiez, le ministre ne se décide dans son cabinet qu'en conséquence des instructions qui lui viennent de Marseille. »

A Paris, 22 juillet 1762.

« Quand j'ay reçu la votre du 12 juillet j'avais envoyé en droiture au ministre le plan de l'Arsenal accompagné d'un placet en votre faveur, je ne suis plus étonné de n'avoir reçu aucune réponse, car votre sort est décidé.

« Le succès de cette affaire doit vous convaincre qu'il ne suffit pas pour réussir d'avoir de bonnes raisons, de fortes sollicitations, et des procédés honnêtes, à mettre en usage.

« Au reste je vous avouerai que le motif de votre délogement doit vous en consoler. L'incompatibilité du bon ordre convenable avec les polissonneries des élèves rendait votre cause presqu'ingagnable. Si j'avais été instruit de ce motif, je vous aurais conseillé d'autres moyens de sollicitation, mais il n'est plus temps de rien tenter à cet égard. La protection de MM. les échevins doit être votre principale ressource. Votre premier objet doit être de jeter les yeux sur quelque local qui soit convenable à vos exercices, et d'employer ensuite les moyens pour l'obtenir, car ne vous attendez pas que ceux par le crédit desquels vous devez vous procurer un logement, se donnent la peine de le chercher pour vous.

« J'apprendrai avec plaisir le succès de cette nouvelle entreprise, si vous avez l'avantage de réussir, je vous estimerai plus heureux que d'avoir un logement dans l'Arsenal, où n'étant établi que par tolérance, vous étiez exposés à chaque instant aux inconvénients de la vicissitude [1].

« Je me charge de tous vos remerciements auprès de ceux qui se sont employés pour vous, soyez tranquiles à ce sujet, mais une autre fois, en cas pareil, ne me laissez pas ignorer les vrais motifs des choses, car c'est d'eux que dépend la nature des moyens qu'il faut prendre pour réussir. Les supérieurs voyant que les raisons des supliants ne répondent point à leurs vues, les regardent comme des maladroits, et ne prennent pas la peine de les honorer de la moindre réponse.

« Comptez, etc. »

D'André Bardon avait instruit l'Académie de l'insuccès de ses démarches, quand un mois après il reçut l'avis officiel suivant :

A Versailles, 23 aout 1762.

« Je me suis fait rendre compte, monsieur, du mémoire que vous m'avez adressé pour demander la conservation d'une salle qui avait été accordée à l'Académie des beaux arts établie à Marseille dans l'Arsenal de cette ville pour y tenir ses séances.

« La partie de l'Arsenal où se trouve cette salle ayant été jugée nécessaire, tant pour l'établissement des cazernes que pour le logement des officiers majors, il n'a pas été possible de l'empêcher de déplacer votre Académie. Mais je suis informé qu'on lui a assigné un autre emplacement dans le bagne à la suite du logement des officiers des troupes cazernées, et elle pourra s'en servir tant qu'on n'aura pas besoin de lui pour le service de l'artillerie, ou de la marine.

« Je suis, monsieur,
    « Votre très humble et très affectionné serviteur. »

Le duc DE CHOISEUL.

« Voilà, messieurs, la copie de la lettre que le ministre me fait l'honneur de m'écrire. Si vos arrangements vous permettent de pro-

[1] Voir 1re partie, p. 31. Les échevins avaient voté 500 livres pour le logement de l'Académie. Ce vote ne fut pas ratifié par le ministre.

fiter de cette douceur, je vous en fais mon compliment, mais je crains que la grâce ne vienne un peu tard. Cependant je vais en faire mes remerciements à M. le duc de Choiseul. Quel est votre arrangement actuel? Pouvez-vous faire usage de l'emplacement qui vous est assigné? Le sort de l'Académie des belles lettres est pour vous un grand motif de consolation, puisque vous voyez que ce n'est pas vous personnellement que regarde le déplacement des académies.

« Comptez, etc. »
D. B.

P. S. « Vous lirez dans le premier *Mercure de France* et dans les feuilles de M. Freron, un essai historique sur la mort de M. Bouchardon, que j'y ai fait insérer. »

L'incident au sujet du logement de l'Académie est clos. Les lettres du secrétaire du 28 juillet et du 2 août en indiquent la solution. Elle a trouvé un abri dans le couvent des Carmes déchaussés, où l'Académie des belles-lettres s'est également réfugiée. La correspondance reprend son cours habituel :

A Paris, 8 octobre 1762.

Le morceau de réception de Mlle Loir est fini; elle n'attend qu'une occasion pour le faire parvenir à l'Académie. « Le tableau est très bien fait, le portrait fort ressemblant, je ne doute point que vous n'accordiez de justes éloges à cet ouvrage peint par les mains de l'amitié.

« L'acquisition de cet habile artiste, vous procurera celle d'un amateur zélé, affectueux partisan des intérêts de votre Académie; trouvez bon que je vous demande une place pour M. Leguay, premier commis des affaires étrangères. L'amour qu'il a pour les arts, son attachement pour les progrès de tout ce qui concerne la marine, le crédit dont le ministre l'honore, mille qualités personnelles qui le rendent bon citoyen et homme estimable, voilà les titres sur les quels je fonde la demande d'une place d'amateur pour lui dans votre Académie. Ils vous serviront de motifs dans la délibération que vous passerez en sa faveur, et que vous pourrez m'adresser avec la lettre que vous êtes en usage d'écrire en pareilles circonstances.

« J'ai reçu le détail de votre séance publique, la liste des tableaux de votre exposition, les bonnes nouvelles que vous m'apprenez. J'attendrai pour y répondre que vous eussiez vous même répondu à ma dernière.

« Je ne puis qu'approuver les arrangements pris par vous au sujet de votre logement, mais j'estime qu'il vous serait toujours très avantageux d'avoir toujours un pied dans l'Arsenal, autant pour ne pas paroitre dédaigner les graces du ministre, que pour vous ménager quelqu'espérance dans l'avenir. D'ailleur cette distinction doit vous flatter infiniment.

« J'apprendrai avec plaisir la réception de MM. Sally et Dujardin; je suis bien aise que M. de Cugis ait mérité d'être reçu, continuez, etc.

« Comptez, etc. »

D. B.

A Paris, 4 novembre 1762.

Nous relevons cette simple phrase faisant directement allusion à la communication que lui a adressée l'Académie à propos de son exposition prochaine :

« Votre projet de séance publique le jour de l'ouverture de votre exposition est sagement combiné. L'éloge historique de votre Académie, et l'essai sur M. Bouchardon sont deux lectures très convenables. Je compte que vous me ferez cadeau du premier morceau; à l'égard de la pose allégorique relativement à l'évènement actuel, je compte qu'elle sera flatteuse pour M^{rs} vos fondateurs, votre prudence m'en est garant. »

« Comptez, etc. »

A Paris, 19 décembre 1762.

« J'ay remis à Mlle Loir les lettres de réception. Je remettrai en son temps vos lettres de bonne année. Vous serez peut être surpris, si je vous demande d'écrire de nouveau à M. le comte de Caylus, en voici le motif. Cet illustre amateur vous a fait présent du cinquième volume de ses antiquités, et m'a promis le sixième auquel il travaille. Voila pour votre bibliothèque, voici pour votre école.

« Je vous apprends avec bien du plaisir, messieurs que vous êtes possesseurs d'un dessin du fameux Bouchardon. C'est la figure d'Antinoüs, de la grandeur du marbre, vous comprenez de quel prix est un pareil présent, et combien il est digne de votre reconnaissance.

« J'ay cet ouvrage chez moi, je vais le rouler, le faire encaisser, et si dans 15 jours je ne reçois pas de votre part une occasion de vous le faire tenir, je vous l'adresse par les rouliers.

« Je compte que lorsque vous l'aurez reçu, vous le ferez coller sur toile, que vous l'encadrerez légérement, et que vous y appliquerez cette inscription : ANTINOÜS *dessiné à Rome par* BOUCHARDON, *et donné à l'Académie en présent par M. le c[te] de Caylus.*

« Comptez, etc. »

D. B.

1763.

A Paris, 10 janvier 1763.

D'André Bardon a remis les lettres de la compagnie à leur adresse; il lui en envoie une autre de M. Watelet et les remerciements du comte de Caylus, plus un livret de l'exposition de l'Académie royale. Mlle Loir a fait partir son portrait. La compagnie le recevra du 20 au 30 courant. La caisse contient aussi la *Vie de Bouchardon* écrite par le c[te] de Caylus; quant à son grand dessin, il attend une occasion, et il désire des détails sur la rentrée de l'Académie dans son nouveau local. Il recommande la plus grande circonspection au sujet du protecteur, si l'on fait imprimer le compte rendu de la rentrée.

D. B.

A Paris, 15 février 1763.

« J'ai reçu avec un sensible plaisir le détail de ce qui s'est passé dans la séance d'ouverture de vos exercices académiques. On a rendu justice à votre zèle, je ne doute pas que les échevins aient été flattés de l'ingénieuse allégorie que vous leur avez présentée dans votre salle du modèle, et qu'à l'occasion en retour, ils ne vous appuyent de tout leur crédit. Les temps commencent à être favorables à vos justes prétentions, espérés tout des soins et des attentions que vous vous donnés pour mériter les bienfaits des dignes pères de la patrie, vos généreux fondateurs.

« Je suis ravi que l'ouvrage de Mlle Loir vous ait fait plaisir, et qu'il ait été témoin des applaudissements que vous a procuré votre brillante assemblée. Vous avez du lire dans mes yeux toute la satisfaction de mon cœur. Si la parole manque au portrait le sentiment l'en dédommage. Mlle Loir vous témoigne par sa réponse combien elle est sensible à vos politesses, elle en agit de même avec M. Verdiguier votre zèlé directeur.

« J'ai fait annoncer votre assemblée dans la feuille qui en devait au plustot donner la nouvelle au public. Ci joint un exemplaire.

« Continuez, etc. »

D. B.

P. S. « Mon compliment sur l'acquisition de M. de Fortia, comme amateur. »

A Paris, 6 juin 1763.

« Il y a plus d'un mois que j'attends que vous m'accusiez la réception du dessin de M. Bouchardon, et des deux académies de J. B. Vanloo, que j'y ai jointes. Je crois que cette attention de votre part était convenable à tous égards. Je comptais en réponse, vous faire compliment sur la manière honnête et charitable dont vous avez agi avec feu M. Verdussen à l'occasion de sa maladie [1]. Vous comprenez que j'ai reçu votre lettre dernière, non sans surprise, en voyant que vous ne faites nulle mention de cet envoi. Ne l'auriez-vous pas reçu? Si vous l'avez en main comment expliquer ce manque de convenance. Je n'ai pas répondu à cette dernière précisément à ce propos, ma santé n'y est pour rien, et je vous remercie de l'intérêt que vous y prenez.

« Le départ de M. Verdiguier laissant sa place vide, j'approuve le choix de M. Coste comme son successeur.

« La réponse de M. le controleur général est toute naturelle. Je souhaite que le zèle de M^rs vos fondateurs vous procure tout ce que

---

[1] Voir 4e partie, lettre V.

vous pouvés désirer à cet égard, mais il parait que la circonstance est peu propice.

« Vous pouvez compter, etc. »

D. B.

P. S. « D'après la relation avantageuse que vous me faites des talents de M. le ch^{er} de Lorge je vous félicite de l'avoir reçu comme académicien. »

« Ci-joint une lettre pour M. Coste :

A Paris, 10 octobre 1763.

« J'ai reçu avec un très grand plaisir les nouvelles de votre séance publique, de votre exposition de tableaux, et le détail des ouvrages qui ont fait tout l'éclat de ces fêtes. Les sujets de tous les discours prononcés à l'hotel de ville sont judicieusement choisis, et je ne doute pas qu'ils n'aient été rendus avec vivacité, et avec justesse; de là nait la véritable éloquence.

« Je félicite Mrs Coste, d'Ageville et Moulinneuf du zèle qu'ils ont fait paroitre dans cette occasion; des applaudissements bien mérités les engageront sans contredit à continuer de fournir des exemples aussi louables et des motifs d'encouragements très nécessaires à la gloire des arts et à l'intérêt des artistes.

« Le catalogue des ouvrages exposés chez vous m'a paru assez considérable eu égard à l'ingratitude du temps. Il y a peu de pays qui ne s'en ressente. Paris est la seule ville de l'univers qui soit privilégiée a cet égard; vous en jugerès par le livret que je vous adresse, comptant que vous aurès quelque satisfaction à connaitre le catalogue des chefs-d'œuvres des Appelles et des Xeuxis Français.

« J'ai reçu des nouvelles de M. Verdiguier, elles se rapportent à ce que vous me disiès vous même du succès de ses talents. Je souhaite que les vœux que vous faites pour sa fortune ayent un accomplissement parfait. J'en forme de semblables pour vous, puisse le ciel en faire une réalité.

« Continuès à vous signaler par votre zèle à meriter l'estime et la considération des amateurs, et à vous intéresser comme vous faites à la gloire de votre patrie. C'est avoir fait une sorte de fortune que d'avoir rempli ces louables objets. Celle qui dépend de la générosité des œuvres est quelquefois l'effet du hazard, celle, on peut dire que vous avez atteint est l'ouvrage du mérite.

« Vous pouvez compter sur tout ce qui dépend de moi, je me ferai toujours gloire de vous assurer des sentiments que vous me connaissez et avec lesquels je suis,

« Messieurs, etc.

D. B.

« M. Beaufort a fait dans une église de Paris un très bon tableau qui lui fait beaucoup d'honneur, distinction qui rejaillit sur votre Académie. »

A Paris, 3 novembre 1762.

« Je vous présente votre bien propre en vous adressant M. Julien. C'est le premier élève qui soit sorti de votre école, et le seul pour qui je me sois intéressé avec un succès complet. Je ne vous demande rien en sa faveur. Votre inclination et votre équité parlant assez haut pour lui dans votre cœur; mais je vous recommande M. Moinot sculpteur et M. Sanné peintre, ses dignes camarades, qui par leurs bonnes mœurs et par leurs talents distingués meritent comme M. Julien toute sorte d'égards et de considération. Je me flatte que vous les traiterés en pensionnaires du Roi et je vous remercie d'avance des honneurs que vous leur ferés.

« Je vous prie d'être persuadès, etc. »

D. B.

1764.

A Paris, 25 janvier 1764.

« Je n'ai différé de répondre à vos vœux de bonne année que pour accompagner ma reconnaissance du tribut littéraire que je vous adresse; quoi qu'il paraisse ne renfermer que le langage de l'esprit, il n'en est pas moins un témoignage parlant des sentiments de mon cœur.

« J'ay reçu dans son temps les lettres que vous m'avez envoyées. M. le c^{te} de Caylus me charge expressément de vous remercier de vos attentions.

« Continués, messieurs, à conserver le bon ordre qui règne dans votre Académie, et à vous distinguer par votre zèle, comme vous avés fait jusqu'aujourdhui. Vous pouvés compter sur l'intérêt que je prends à vos progrès et à votre gloire, il sera aussi inaltérable que les sentiments d'affection et d'estime avec lesquels je suis, etc.

D. B.

A Paris, 12 may 1764.

« Je réponds à vos dernières, j'ay été sensible comme je le devais à la perte que vous avés faite de plusieurs membres de votre Académie. Leur mérite m'était connu[1] et je ne veux que louer le digne choix que vous avés fait pour les remplacer; vous devés être persuadés que j'agirai en conséquence des avis que vous me donnés par la votre du 4 courrant.

« Je vous prie, messieurs, de vouloir bien accepter un tableau dont je fais présent à la compagnie. Le commandeur Bardon mon oncle l'avait envoyé de Malte à feu mon père. On l'a cru original du cavalier Mathias; j'estime qu'il n'est qu'une bonne copie faite sous les yeux du maître et retouchée de sa main. Je vous l'offre tel qu'il est, et avec la bordure dont il est orné; la forme en est d'environ huit ou neuf pieds de longueur sur environ cinq de hauteur. Vous trouverez ci joint un billet que j'adresse à Mme Roux ma sœur qui le remettra à celui que vous chargerez de le retirer. Je me flatte que vous l'accepterés comme un témoignage des sentiments d'attachement et d'estime avec les quels je ne cesserai d'être,

« Messieurs, etc. »

D. B.

A Paris, 16 juillet 1764.

« Je suis charmé que vous soyez contents du tableau que M. Barraly vous a fait parvenir. Je ne garantis pas qu'il soit original, quand même celui de M. Carfeuil serait encore plus faible; ce dont je ne saurais douter c'est qu'il ait été fait sous les yeux du cavalier Mathias; s'il est de sa main, on peut dire que ce n'est pas un de ses beaux

[1] M. Richeaume, peintre, et M. Pellegrin, architecte. Voir 4e partie, lettre P et R et lettre du secrétaire du 9 avril 1764.

ouvrages. La comparaison que vous pouvez en faire avec le pareil que vous avez à Marseille éclaircira sans doute notre indécision et fixera le jugement que l'on doit en porter.

« Je vous félicite des acquisitions que vous avez faites à l'inventaire de M. Duparc; vous ne sauriez faire des dépenses plus utiles au bien de votre école et plus honorables pour vous [1].

« M. le c^{te} de Caylus dont la santé est très mauvaise m'a remis un nouveau volume des *Antiquités*. Je compte que vous lui en fairés votre remerciement. C'est un sixième volume. Je vous l'enverrai avec les deux autres que j'ay et que je n'ai demandé que pour vous.

« En remerciant M. le c^{te}, temoignés lui le désir que vous avés que sa santé soit bientôt entièrement rétablie. Je me chargerai de lui remettre votre lettre. Continuez, messieurs, à vous signaler par vos soins, par votre zèle et soyez persuadés de la continuation des sentiments sincères avec les quels je suis, etc. »

D. B.

P. S. « Pouriés vous me faire le plaisir de m'envoyer une esquisse du bas-relief de la Consigne. Un trait à la plume, et quelques masses d'ombres bistre ou encre de Chine me suffiraient. Je serais content d'en avoir une bonne intention. »

A Paris, 12 aout 1764.

« Je me hâte de vous faire savoir qu'en consèquence de la votre du 30 juillet j'ay communiqué à M. Vanloo et à plusieurs de nos messieurs, le c^{te} de Caylus et autres amateurs, le projet d'exposition dont vous m'avés fait part. J'ay été fort aise qu'ils aient été tous de mon sentiment et je vous apprends avec plaisir qu'il n'en est aucun qui n'ait approuvé une idée aussi louable. Vous vous excités par là à une noble émulation. Vous proposés à vos élèves des modèles instructifs, vous flatés l'amour propre des curieux, dont vous vous faites autant d'amis, et vous faites voir par le désintéressement le plus généreux que la gloire des grands maîtres vous est en quelque sorte plus chère que la votre propre. Je ne saurais me refuser aux éloges que méritent ceux de vous, messieurs, qui sont les auteurs d'une si

[1] Voir lettre du secrétaire du 8 juin 1764.

belle pensée, mais sans doute il n'y a aucun de vous qui n'y aye eu part, et qui ne l'aye vivement approuvée. Je vous exhorte à la mettre à exécution, elle ne peut que vous faire un honneur infini [1]. Je compte communiquer aux principaux chefs de l'Académie royale le succès de cette entreprise.

« M. le c^{te} de Caylus dont la santé nous donne quelque esperance de retablissement me charge de vous remercier de la lettre que vous lui avèz adressée. J'aurais été suffisamment flatté que la note du présent que je vous ai fait eut été inscrite secretement dans vos registres, j'ay quelque peine à voir que vous l'avès publiée par une inscription. Tachés, je vous prie, qu'on sache que je n'ai aucune part à cet acte d'authenticité.

« Je recevrai avec plaisir l'esquisse du bas-relief de la Consigne que vous me promettez. En attendant recevez les témoignages sincères d'attachement avec les quels je ne cesserai d'être,

« Messieurs,

« Votre très humble et très obéissant serviteur. »

D. B.

A Paris, 6 septembre 1764.

« J'apprends avec plaisir l'heureux succès de votre assemblée publique, et des trois discours qui y ont été prononcés. Les sujets me paraissent bien choisis, et je ne doute pas qu'ils n'aient été traités de même. J'en félicite les auteurs.

« A l'égard des variations survenues au sujet de l'exposition proposée[2], je les attribue aux circonstances particulières qui les ont occasionnées. J'estime cependant qu'il est de la décence d'une compagnie de ne prendre des déterminations qu'après les avoir murement réflechies, surtout lorsqu'on en instruit le public. Il est rare, quand il est balancé entre deux jugements, qu'il ne prononce le plus défavorable.

« Vous devès être plus tranquiles sur ma façon de penser à cet égard. Je ne vous juge que selon mon cœur. Il faudra que votre tort soit bien grand pour que je me détermine à la relever.

« Je crains que vous ne donniez trop de soins pour l'esquisse des-

---

[1] Voir lettre du secrétaire du 30 juillet 1764. — [2] Voir lettre du secrétaire du 27 août 1764.

sinée que je vous demandais il y a quelque temps. Prenèz la peine de relire l'article de ma lettre et vous verrès que ce dont je vous priais était dans les mains d'un dessinateur intelligent l'affaire d'une matinée.

« Les arrangements que vous avez pris pour l'exposition de l'année prochaine sont excellents. Je souhaite que ce projet réusisse. Comptés toujours, messieurs, sur les sentiments d'estime avec les quels je ne cesserai d'être

« Votre très humble et très affectionné serviteur. »

D. B.

A Paris, 24 octobre 1764.

« Je reçois avec reconnaissance deux dessins d'après le bas-relief de P. Puget, placé dans la Consigne de Marseille. L'un est esquissé avec facilité, l'autre est rendu avec esprit. Mrs Zirio et David recevront ici mes remerciements à ce sujet. J'estime que cette pensée du Michel Ange de la France, également patetique et pittoresque mérite d'être publiée par le ministère de la pointe. Elle sera dans peu entre les mains d'un graveur, et dèz que la planche sera terminée, vous en recevrés des épreuves.

« Je vous félicite du succès de votre groupe représentant *L'union des arts et du commerce*. L'applaudissement que MM. les échevins ont décerné à cette idée, aussi noble qu'ingénieuse, est une preuve de leur discernement et de leur équité. Continuez à mériter la considération dont ils vous honorent et comptés, messieurs, que la mienne pour vous n'est pas moindre que la leur.

« Tels sont les sentiments avec lesquels je ne cesserai d'être,
« Messieurs,
« Votre très humble et très affectionné serviteur. »

D. B.

P. S. « M. Taraval m'a rendu compte des politesses que vous lui avés faites, je vous en suis sensiblement obligé. »

A Paris, 9 décembre 1764.

« Voila la première épreuve de la planche gravée d'après le dessin que vous m'avez envoyée, je l'ai retouchée et le graveur la finit au burin d'après les améliorations que j'ay jugé à propos d'y faire, dans peu elle sera entièrement finie et vous en serez instruit.

« Je vous prie de faire honneur au petit mémoire que vous trouverez ci joint, faites en une copie et envoyez le à Toulon au sculpteur de la marine. Si c'est M. Gibert que j'ay connu autrefois à Marseille, sans doute qu'il me rendra le petit service que je demande surtout si vous l'en sollicités en ma faveur [1].

« On imprime le premier volume de mon grand ouvrage et je serai bien aise d'avoir l'éclaircissement que je demande, au commencement du mois prochain. Je me flatte que vous ne négligerez rien pour me le procurer. Comptez que je ne négligerai rien de ce qui vous intéresse ; c'est dans ces sentiments que je ne cesserai d'être avec estime et avec zèle

« Messieurs

« Votre, etc. »

D. B.

A Paris, 23 décembre 1764.

« Je vous ai envoyé, incluse dans ma dernière l'*eau forte* du bas-relief du Puget, je vous apprends par celle-ci que la planche est entièrement finie au burin, mais ce qui doit vous intéresser singulièrement, c'est d'être instruit que M. le c^{te} de Caylus a pris sur lui tous les frais de cette gravure, qu'il vous fait présent de la planche, et qu'il s'est fait un plaisir de vous la dédier. Connaissez vous de procèdés plus nobles, plus généreux, et plus flatteurs pour vous ? — C'est peu, il joint la modestie à la générosité, vous allez juger par l'inscription qui est au bas de l'estampe, qu'il n'est fait aucune mention de lui ; vous pensés que je n'ay rien oublié pour l'engager à trouver bon que son nom eut une place dans cette inscription, il ne m'a pas été possible d'y réussir.

« M. le c^{te} n'a pas de plus grand soin, après le soin d'obliger, que

---

[1] Le 27 décembre 1764, M. Gibert fournissait les éclaircissements demandés sur les Thermes de Puget. Le 6 août 1766, M. Gibert adresse une nouvelle lettre au sujet d'un portrait en relief de Pierre Puget. D'André Bardon avait prié M. Gibert de rechercher pour lui ce portrait. Voir 4e partie, lettre G.

celui de laisser ignorer sa générosité à ceux qu'il oblige. Voici ce qu'on lit au bas de la planche :

« *Saint Charles prenant soin des pestiférés.*

« Ce bas-relief en marbre de Pierre Puget, haut de cinq pieds sur
« cinq et demie de large, est conservé à Marseille dans le bureau de
« la Consigne, il n'a jamais été gravé, et l'on s'est fait un plaisir d'en
« offrir l'estampe à l'Académie de peinture et de sculpture établie à
« Marseille. »

« Le nom du dessinateur et celui du graveur sont au bas.

« Je me suis fait un plaisir de conduire l'exécution et suis charmé qu'elle ait bien réussi.

« Voici une idée que la circonstance m'a fait naître. Vous pourriès à peu de frais publier la générosité de M. le c^{te} de Caylus d'une manière distinguée, en présentant à l'Académie des épreuves de ce morceau. Nous en fairions tirer une quantité d'exemplaires et dans la dernière assemblée qui se tiendra le 29 du courrant j'en fairois distribuer à tous les membres selon l'usage en pareilles circonstances. Je crois que le procédé flatterait M. le comte et vous fairait beaucoup d'honneur.

« Pour exécuter ce projet dans la décence convenable, il faudrait que vous m'adressiez une lettre particulière conçue à peu près en ces termes :

« Monsieur,

« Nous acceptons avec la plus vive reconnaissance la planche gravée
« d'après le bas-relief de Puget dont M. le c^{te} de Caylus vient de nous
« gratifier. Notre ambition serait comblée si nous pouvions dignement
« publier ce bienfait, en présentant des épreuves de cette estampe à
« MM. de l'Académie royale. Daignez, monsieur, nous obtenir de ce
« corps respectable, qu'il veuille bien les accepter. Il ne doit envisager
« dans le procédé que l'ouvrage d'un sculpteur célèbre, le bienfait
« d'un des plus illustres amateurs des arts, et l'hommage respectueux
« de notre compagnie.

« Nous, etc. »

« J'espère que vous gouterez cette idée et que vous en approuverés l'exécution. »

«En m'envoyant cette lettre, il ne faut pas oublier d'en joindre une pour M. le comte de Caylus, pour le remercier du présent qu'il vous a fait, et de la noblesse du procédé. Il est toujours très malade et n'a pas quitté le lit depuis huit mois. Mais c'est là une circonstance dont il ne faut faire mention que très légèrement. Il n'y a pas de tems à perdre. Je n'ay pu vous écrire plutôt : c'est que depuis hier je suis dépositaire de la planche.

«N'oubliez pas je vous prie le *petit mémoire* inclus dans ma dernière lettre.

«J'ay mis dans mon plan de présenter des épreuves à M. le marquis de Marigny; toutes ces présentations seront faites en votre nom et de votre part. C'est ainsi que dans toutes les occasions je m'emploierai avec zèle à tout ce qui peut faire honneur à votre compagnie.

«Je ne cesserai d'être avec affection, estime et sincérité,

«Messieurs,

«Votre, etc.»

D. B.

«Pensés que les deux lettres dont je vous parle ici, et celles que vous écrirez à l'Académie au sujet de la bonne année, et sans faire aucune mention de l'estampe (parceque à cet égard je me dirigerai relativement aux circonstances) pensés, dis-je, qu'elles doivent me parvenir avant le 29 du mois.»

Suit une nouvelle lettre, également du 29 décembre, annonçant l'envoi de la planche par le retour de M. Guis, plus d'une petite boîte ovale devant être remise à Mme Leroux, sa sœur, logée à Aix, «rue du Pont».

D. B.

1765.

A Paris, 9 janvier 1765.

«Je suis très sensible aux vœux que vous faites pour moi, je suis convaincu de leur sincérité, recevez ici les témoignages de ma reconnaissance.

«Vous ne doutés pas que je n'aye rendu exactement toutes vos lettres, vous trouverez sous ce pli la réponse de M. Vanloo. M. le c^te de Caylus me charge de vous remercier de vos lettres obligeantes. Dieu nous conserve ce cher amateur des beaux arts, l'état de sa santé nous inquiète toujours beaucoup.

« J'ay présenté à l'Académie royale les épreuves du bas-relief de Puget; elle les a reçues avec complaisance, et votre objet a été parfaitement rempli. J'en ai déjà distribué cent vingt, et je les donnerai de votre part à tous les amateurs, tant que j'en aurai; vous ne pouviés publier avec plus de succès la générosité de votre bienfaiteur.

« J'avais remis le cuivre à M. Guis lorsque j'ay reçu votre dernière lettre; je lui écrivis sur le champ, et lui fis part de vos intentions. Il me renvoya la planche; je fus sur le champ à la bibliothèque du Roi. L'imprimeur quitta tout pour satisfaire mon empressement, et quoique nous n'eussions que deux jours d'intervalle, vos trois cents épreuves ont été tirées. Je les ai fait emballer et les ai envoyées ce matin à M. Guis qui part demain et vous les remettra avec le cuivre.

« J'ay pris la dépense de ces trois cent épreuves et des cent cinquante distribuées à Paris, dans le sac où est l'argent qui vous appartient. Le cuivre est adossé à une petite boite, que je vous prie de faire tenir à Mme Leroux ma sœur.

« Dans ce même paquet est un livret de la nouvelle année, contenant la liste de l'Académie royale, dont elle vous fait présent.

« Je vous suis sensiblement obligé, messieurs, des éclaircissements provenant de M. Gibert, au sujet des Thermes de Puget à Toulon; j'ay trouvé la solution des difficultés que j'avais à l'égard de ces ouvrages fameux. Je vous félicite de l'*Académie* de ce grand sculpteur dont M. Gibert vous a fait présent, à propos de quoi je vous prie de me faire savoir si vous n'avés pas encore reçu une académie de feu Jean Baptiste Vanloo que je vous ai envoyée jadis par voye de Préaudeau. Vous me fairés plaisir, lorsque vous aurez occasion d'écrire à Toulon de remercier de ma part M. Gibert de son attention à me procurer les éclaircissements que je souhaitais; on ne pouvait le faire avec plus d'exactitude et plus de précision.

« Je compte que cette lettre arrivera à M. Guis car il est parti ce matin en chaise de poste, ou du moins il devait partir. J'espère que vous l'embrasserés avec un double plaisir.

« Priés le ciel qu'il me fournisse l'occasion de vous témoigner l'intéret que je prends à vos succès, et à votre gloire. Je n'ay pas de plus sensible satisfaction que celle de vous obliger et de vous convaincre des sentiments d'estime avec lesquels je ne cesserai d'être

« Messieurs,

« Votre, etc. »

D. B.

« L'impression de mon *Traité de peinture* s'avance. Vous ne serez pas des derniers à en avoir des exemplaires. »

Paris, 14 mars 1765.

Les trois cents épreuves envoyées de Paris se sont égarées; heureusement le cuivre était à part. D'André Bardon se félicite à ce sujet. Les épreuves que l'Académie a fait tirer à Marseille ont parfaitement réussi. Cela le console, et il ajoute :

« La reconnaissance de MM. de l'Académie des belles lettres est très flatteuse pour vous et bien digne de ces messieurs. Je m'en félicite pour mon vingtième.

« Je ne connais les eaux fortes de M. le c^{te} de Caylus que pour en avoir entendu parler; ce que j'en sçais c'est que M. le c^{te} n'en a pas une seule. De tous temps il a donné tous ses cuivres à différens graveurs comme encore aujourd'hui il donne à différentes personnes les manuscrits de tous les livres qu'on imprime d'après lui; et dont il ne se réserve des exemplaires que pour les donner à ses amis.

« Je verrai un de mes amis intimes, l'homme qui a les collections les plus compléttes de tout ce qui s'est gravé dans le monde, et l'ami particulier de M. le comte.

« Je m'informerai s'il y aurait moyen d'entrer dans vos vues, et si la chose est possible, peut être fairions nous d'une pierre deux coups. L'apostille à ajouter à votre dernière lettre me donne jour à ce projet.

« Les remerciements de l'Académie royale sont ici placés. Elle ne manque jamais d'être sensible à ce que lui fait plaisir. Continuez à vous rendre dignes de ses considérations. Je compte que vous avez retenu pour vous le livre que je vous ai adressé de sa part.

« La santé de M. le c^{te} de Caylus est moins mauvaise, mais elle est loin d'être bonne. Il est bien charmé d'avoir contribué à l'honneur qui vous est acquis. Tout homme qui chérit sincèrement les arts doit penser comme lui.

« Telle est la façon de penser de celui qui ne cessera d'être, etc. »

D. B.

A Paris, 17 mars 1765.

« Si vous n'avez rien dans vos statuts qui s'oppose au désir que j'ay d'accorder une place d'amateur honoraire à M. Mariette, vous m'obligerez sensiblement de répondre au désir qu'il a lui même de l'obtenir. C'est un de mes amis dont les connaissances et le mérite personnel sont dignes d'estime. Je me flatte qu'à ces considérations vous voudrez bien nous décerner cette flatteuse prérogative.

« Vous trouverez les titres de M. Mariette dans le livret de l'Académie royale; son adresse y est aussi. Mais je me chargerai avec plaisir de lui remettre la lettre qui vous lui écrirés, avec l'extrait de la deliberation qui lui donne à ma réquisition, une place d'amateur honoraire dans votre Académie.

« Vous obligerez celui qui ne cessera d'être avec un attachement et un zèle inalterable

« Messieurs,

 « Votre, etc. »

D. B.

« Les eaux-fortes que vous me demandés sont introuvables, telle est l'idée que j'en avais; mes perquisitions inutiles quoique réitérées, n'ont fait que me confirmer dans mon pressentiment. »

A Paris, 10 mai 1765.

« Je vous donne avis que M. Mariette vient de me remettre un petit in f° contenant un recueil de médailles qu'il a publiées d'après les plus beaux monuments antiques. Cet ouvrage précieux enrichira votre bibliothèque d'une manière distinguée. Vous en remercierez l'auteur quand vous aurés vu le volume. Tachés de me procurer les moyens de vous l'envoyer. J'y joindrai les trois volumes que j'ay à vous des *Antiquités* de M. le comte de Caylus.

« Mon *Traité de peinture* est imprimé, je vous en envoye un exemplaire relié, ainsi qu'à ces messieurs de l'Académie des belles lettres. M. Monget, m^d bijoutier, logé sur le cours à Marseille, est venu chez moi le lendemain que les premiers exemplaires m'ont été envoyés. Il a répondu avec plaisir à l'empressement que j'avais de vous adresser cet ouvrage. Je vous prie de l'accepter d'aussi bon cœur que je vous l'envoye.

« J'ay remis la réponse à M. Mariette[1]. Je vous félicite du respectable amateur que vous avez reçu en la personne de M. le marquis de Calvierre ; je ne doute nullement que M. le ministre d'État du Roi des Deux-Siciles ne vous régale d'un exemplaire d'*Herculanum*. Je vous en fais d'avance mon compliment.

« Continuès à vous signaler par votre louable conduite et par votre zèle, et soyez persuadé des sentiments d'estime et d'affection avec lesquels je suis,

« Messieurs, etc. »

D. B.

A Paris, 17 mai 1765.

Lettre d'envoi de trois volumes des *Antiquités* de M. le comte de Caylus, que l'Académie doit faire relier conformément aux autres exemplaires, plus deux volumes dont M. Mariette a fait présent, et deux autres volumes du *Traité de peinture* à l'adresse de M. de Valabres.

D'André Bardon l'a présenté la veille à messieurs de l'Académie française, pendant la séance. Ces messieurs l'ont « comblé des politesses les plus flatteuses. »

D. B.

A Paris, 17 juillet 1765.

« C'est avec douleur que je vous apprends la mort du celèbre Carle Vanloo, premier peintre du Roi. Je perds en lui un ami de quarante cinq ans, vous perdez vous même un ami et un protecteur.

« J'ai quelque sujet d'être surpris de ne recevoir de vous aucune

---

[1] Voir les lettres de Mariette du 16 avril 1765 et du 24 janvier 1766.

nouvelle de mon *Traité de peinture*. Je vous l'ai envoyé en même temps qu'à MM. de l'Académie des belles lettres. J'ai reçu de leur part le 17 juin un remerciement très poli, et nous sommes au 17 juillet.

« Je ne cesserai point d'être avec les sentiments que vous me connaissés,

« Messieurs,

« Votre, etc. »

D. B.

« On imprime actuellement un petit ouvrage de ma façon qui est adressé à votre Académie, etc. »

A Paris, 10 aoust 1765.

Le seul passage de cette lettre offrant quelque intérêt mentionne l'envoi « d'un paquet d'exemplaires de la *Description du monument érigé à la gloire du Roi, par la ville de Rheims* ». Des cinq cents exemplaires que d'André Bardon avait fait tirer il n'a pu réserver que vingt-cinq pour l'Académie. L'estampe de ce monument est adressée à M. Boyer de Fonscolombe; une de ces descriptions est envoyée par le même courrier à l'Académie des belles-lettres et une autre à M. le chevalier de Valabres.

A Paris, 9 septembre 1765.

« Je vous apprends avec douleur la mort du respectable comte de Caylus. Vous perdez un membre honorable et un protecteur bienfaisant. Les arts et les lettres perdent en lui un ami, et les artistes un soutien. Les uns et les autres le regretteront longtemps, sa mémoire doit leur être chère à jamais.

« M. Mariette le remplace et forme le quatrième amateur choisi parmi ceux de l'Académie royale, ainsi je ne vous propose personne.

« Je suis charmé que vous ayez reçus tous les envoys que je vous ai adressés. J'ai lu à l'Académie royale la *Vie de Carle Vanloo*. Je vais la mettre en état d'être imprimée. Vous serez des premiers à en avoir un exemplaire. Vous pouvez compter que dans toutes les occasions je vous donnerai acte du zèle et de l'attachement avec lequel je ne cesserai d'être, etc. »

D. B.

A Paris, 2 octobre 1765.

« J'ay appris avec plaisir le détail et le succès de votre séance publique ; je félicite M˚˚ les orateurs sur leurs discours, et sur les applaudissements qui les ont suivis. Votre reconnaissance avait un beau champ, et les bienfaits qui l'ont excitée étaient la plus part dignes d'éloges. Je m'en rapporte au zèle de M. Coste et le remercie particulièrement de ce qui a pu regarder le monument de Rheims. M. Dorange et Moulinneuf recevront ici mes compliments sur la manière éloquente et pleine de sentiment dont l'un a rendu justice à la mémoire de M. Ricaud, et sur la précision et la clarté dont l'autre a accompagné ses observations sur l'exposition publique de vos ouvrages. J'ai vu avec beaucoup de satisfaction la liste des peintures, sculptures, gravures et dessins qui ont été l'objet de votre exposition, et j'ay jugé par le détail que cet assortiment de genres variés devait produire un tableau bien intéressant aux yeux des connaisseurs.

« Il était juste qu'une si belle fête fut couronnée par la visite de M˚˚ les échevins. Leurs applaudissements devaient en être le résultat, et l'équité décide qu'il n'est pas moins honorable pour les pères de la patrie, de vous les avoir accordés, qu'à vous d'avoir su les mériter.

« Les regrets que vous donnez à la mort du respectable comte de Caylus sont bien fondés ; puisse le ciel pour le bonheur des artistes, leur donner des amateurs aussi éclairés et aussi généreux que lui.

« Je viens de finir le paquet que vous remettront M˚˚ Quentin et Boizot, pensionnaires du roi qui doivent partir pour Rome le 15. Ce paquet contient la *Vie de Carle Vanloo* dont vous distribuerez les exemplaires. D'abord pour vous, ensuite pour l'Académie des belles lettres et 3° pour M. de Fonscolombe à Aix.

« Continués à vous signaler, etc. »

D. B.

A Paris, 15 octobre 1765.

« Je me flatte que vous verrez avec une sorte de satisfaction le tribut que mon amitié paye à la mémoire d'un des plus grands artistes de l'école française, Carle Vanloo, votre partisan, votre ami. M. Quentin et Boizot qui vous remettront ce paquet sont deux pensionnaires du Roi qui vont à Rome profiter des bienfaits de S. M˚˚. Je crois ne devoir rien ajouter au titre qu'ils portent pour vous engager à leur faire toutes les politesses relatives aux droits de l'école; à l'égard des petits offices que vous leur rendrez, je vous tiendrai compte de tout ce que vous ferez pour eux. Je ne cesserai d'être, etc. »

D. B.

1766.

A Paris, 2 janvier 1766.

Lettre de remerciements à l'Académie pour ses souhaits de bonne année : « L'Académie royale a été très contente de la lettre que vous « lui avez adressée.

« Continués, etc. »

D. B.

L'Académie croyait son directeur en parfaite santé lorsqu'elle reçut la lettre suivante [1] :

A Paris, 18 mars 1766.

« J'employe les premiers instants de ma convalescence, suite d'une maladie grave et très longue, à vous envoyer les deux lettres qui m'ont été adressées pour vous, dans le temps où le mal avait, à quelques égards, suspendu l'usage de mes sens. Me voila graces au ciel, sur la voye du rétablissement de ma santé. Les personnes qui s'intéressent à moi peuvent calmer leurs allarmes. Croyez, messieurs, que je ne croirai pas pouvoir en faire un meilleur usage que de l'employer à servir vos succès, votre gloire et à vous assurer des sentiments pleins de zèle et d'affection avec lesquels je ne cesserai d'être,

« Messieurs, etc. »

D. B.

On le voit, la première pensée de d'André Bardon, à peine rétabli, a été pour l'Académie de Marseille.

[1] Voir lettre du secrétaire du 26 mars 1766.

A Paris, 8 avril 1766.

Lettre de remerciement pour l'intérêt qu'on lui témoigne à propos de son rétablissement. Il avait été atteint d'une fluxion de poitrine.

P. S. « M. Vernet a été fait conseiller de l'Académie royale, vous lui devez vos compliments. C'est son mérite qui l'a élevé à cet honneur. »

D. B.

A Paris, 8 juin 1766.

Le secrétaire, dans une lettre du 26 mai, annonçait que les trois années d'exercice de M. Coste étant expirées, M. Revelly avait été nommé recteur. Le directeur de répondre, alors :

« Il est juste que les officiers d'une compagnie participent alternativement et à la pluralité des suffrages aux honneurs, comme ils participent aux charges.

« Vous avez sagement fait élire un nouveau recteur en l'absence de M. Verdiguier; sans doute qu'à son retour vous le ferez jouir de son droit de perpétuité sans attendre que le nouveau recteur et directeur actuel ait accompli les trois années de sa gestion, ce terme n'étant que conditionnel et relatif à l'absence de l'officier dont il occupe la place vacante.

« Je vous prie de faire quelques perquisitions à Marseille pour savoir s'il n'y aurait pas quelque portrait de Puget, en relief, soit plâtre, terre cuite, marbre, cire, ou autre matière quelconque. On souhaiterait placer son buste parmi les célèbres sculpteurs de la France, et l'on se contenterait d'avoir son masque moulé [1].

« Continuez à vous distinguer par votre zèle, et votre attention à contribuer aux progrès de vos talents, je me ferai un devoir et un plaisir de perpétuer les sentiments d'estime et d'affection avec lesquels, etc. »

D. B.

A Paris, 4 octobre 1766.

« Recevez mes compliments sur le succès de votre assemblée pu-

[1] Voir lettre du secrétaire du 27 avril 1766.

blique. Après l'honneur que vous recevez du progrès des arts, au quel vous vous prettez avec un zèle bien louable, il n'en est pas de plus flatteur pour vous que l'accueil satisfaisant dont vous favorisent les Pères de la Patrie, l'Académie des belles lettres et tous les amateurs des talens. Ce qui doit mettre le comble à votre gloire, c'est que l'on dit de toute part que vous méritez par vos soins tous les bienfaits que les gens de gout prodiguent à la noble ambition qui vous anime. Heureux pronostic qui doit vous en faire espèrer de plus réel (sic).

« Les sujets des discours sont bien choisis. L'artiste qui n'a pas les connaissances relatives à ses talents, et qui se borne à la pratique du crayon, du pinceau, de l'ébauchoir ne sera jamais qu'un artisan médiocre. Grace au gout décidé en faveur de l'architecture grecque, la gotique a disparu. La question de M. Aulagnier est néanmoins fort intéressante. J'en propose une qui ne l'est pas moins : Existe-t-il des colonnes ovales? M. Leroi fait mention dans son ouvrage [1], des vestiges des colonnes ovales trouvées à l'isle de Délos, et a fait graver un chapiteau antique qui se trouve à Rome, à la Trinité du Mont, qu'il trouve convenir à ces sortes de colonnes.

« Des observations sur l'amour et la connaissance des beaux arts fournissent un champ vaste, fécond, et sont d'une grande utilité pour les connaisseurs, les talens, et pour ceux qui les professent. Je le répète, Messieurs, les trois sujets sont bien choisis, et ceux qui en ont fait le choix judicieux ne peuvent qu'avoir traité dignement les discours.

« Je vous suis sensiblement obligé des perquisitions que vous avez faites au sujet du portrait en relief du célèbre Puget; à l'impossible nul n'est tenu. Ce n'est point pour l'Académie royale qu'était la commission. C'etait pour un particulier, sculpteur.

« A l'égard du directeur triannal (sic), il n'a pas du y avoir deux sentiments, non plus qu'à remettre l'exercice de cette place à M. Verdiguier, en quelque temps qu'il revienne. Je me sçauré toujours bon gré de penser avec vous, suivant les lois de l'équité, et me ferai honneur de m'intéresser avec vivacité pour le bien général de votre compagnie.

---

[1] *Ruines des plus beaux monuments de la Grèce*, vol. in-fol. avec planches.

« Comptez sur l'inviolabilité des sentiments que vous me connaisséz, et avec lesquels je ne cesserai d'être,
« Messieurs, etc. »

D. B.

A Paris, 22 novembre 1766.

« Vos dernières lettres ont excité dans mon cœur deux sentiments de sensibilité. J'ai regretté la perte de mon ami dans la personne de M. le baron de Gaillard, et j'ai loué, j'ai admiré en lui la générosité de votre bienfaiteur.

« Puisse votre compagnie jouir à jamais du magnifique Recueil des dessins, que ce digne amateur vous a légué et puisse cette collection servir aux progrès des arts que vous professez, et à l'avancement des élèves dont l'éducation pittoresque vous est confiée.

« Il était bien naturel que M^{rs} les échevins s'intéressassent, comme ils ont fait, au présent que vous avez reçu de M. le b^{on} de Gaillard; votre procédé à leur égard est très décent, très honête, et vous fait un honneur infini. J'en dis de même de la démarche que vous avez faite vis à vis M. le m^{quis} de Gérente. Je sens comme lui tout le prix de votre attention, et de sa reconnaissance.

« Je vous remercie bien sincèrement, messieurs, des politesses dont vous avez honoré M. Alizar et sa compagnie. Il vient de m'écrire une lettre qui me persuade que vous n'avez pas obligé des ingrats. Il n'y a point d'éloges qu'ils ne m'ayent fait de toutes les démarches attentives et de tous les soins généreux dont vous les avez comblés.

« Comptez que si ces messieurs ont connu combien ma recommandation vous était précieuse, j'ai senti de mon coté, comme je crois que vous le sentez vous même, combien vos bons procédés me sont chers. Soyez persuadés de la sincèrité de ma reconnaissance et des sentiments d'estime et d'affection avec les quels je ne cesserai d'être,
« Messieurs, etc. »

D. B.

1767.

A Paris, le 2 janvier 1767.

« Je me hâte de vous confirmer la nouvelle de l'agréement à l'Académie royale, dont M. de Beaufort fut honoré la veille du jour de l'an. Les ouvrages qu'il a présenté lui ont valu les suffrages de la compagnie; elle s'est fait un plaisir de récompenser la modestie qui accompagne ses talents, la douceur de son caractère, et l'honêteté de ses mœurs. Je me suis chargé avec satisfaction d'être son présentateur. La commission m'a réussi parcequ'elle était bonne. Il n'y a point de vous à qui dans pareil cas je ne rendrai volontier le même service.

« Puissiez vous me mettre à portée d'exécuter avec succès mes heureuses dispositions à votre égard. C'est je crois le meilleur souhait que je puisse faire pour vous, dans ce renouvellement d'année, en reconnaissance de ceux que vous avez fait pour moi. J'y ai été infiniment sensible, et si le ciel les exauçe, j'employerai les moyens qui m'en reviendront, et les consacrerai à vous donner dans toute occasion des témoignages non équivoques de mon zèle et des sentiments d'estime et d'effection avec les quels je ne cesserai d'être,

« Messieurs, etc. »

D. B.

A Paris, 20 mai 1767.

« Je vous suis très sensiblement obligé de la connaissance que vous m'avez procurée du R. P. Bruzetin. Je vous félicite d'avoir un amateur aussi estimable. Il mérite d'être distingué de toutes les personnes de son état, et il en est digne autant par la douceur de son caractère que par les connaissances relatives aux arts que vous professez. Continuez à faire d'aussi bonnes acquisitions et d'être convaincus du zèle avec le quel je ne cesserai d'être, etc. »

D. B.

A Paris, 10 septembre 1767.

« J'ai lu avec bien du plaisir les détails de votre assemblée publique, et je vois avec satisfaction que M. le duc de Villars, MM. les

DE L'ACADÉMIE DE PEINTURE DE MARSEILLE.   189.

échevins, MM. de l'Académie des belles lettres et plusieurs de vos amateurs concourent avec constance à l'éclat de cette fête, aussi honorable à la ville de Marseille qu'intéressante pour les beaux arts.

« Les discours qui ont été prononcés avant et après la distribution des prix me paraissent d'autant plus louables qu'ils sont relatifs au bien public l'un, et l'autre au bien particulier des talens que vous professez.

« Le *Felices artes si soli artifices judicarunt* d'un grand orateur romain décide la question de M. Moulinneuf.

« La réussite du projet de l'architecte hydrolique provençal confirmera sans doute quelque jour les présomptions de M. d'Ageville. Je les félicite l'un et l'autre des applaudissements que leur ont merité leurs discours [1].

« Je suis persuadé que le spectacle offert par votre exposition des ouvrages de la compagnie a attiré à toute votre Académie bien des éloges, il est à souhaiter qu'il en résulte les motifs d'encouragements si nécessaires aux progrès des arts.

« Je serais bien charmé de sçavoir si le tableau représentant la *Peinture*, que M. Fauquet a prêté à votre salon est celui que j'avais fait autrefois pour le fameux Thomassin, en reconnaissance du portrait de feu mon père qu'il avait gravé d'après J. B. Vanloo. Je me rappelle que j'y avais représenté la *Peinture*, ébauchant mon tableau de l'Académie où *Julie* est retracée *fesant passer son char sur le corps de son père*.

« Vous avez très bien fait de mettre en évidence l'*Antinoüs* dessiné par Bouchardon, et donné par le c^{te} de Caylus. Ces anecdotes sont glorieuses à votre compagnie, et peuvent être d'un bon exemple.

« Recevez ci joint la liste de notre exposition, que je vous adresse au nom de l'Académie royale en reconnaissance de celle dont vous me faites part.

« Continuez à vous signaler par vos talens et votre zèle, le mien pour vos progrès et votre gloire prend tous les jours de nouvelles forces. Il ne me manque que les occasions d'en réaliser les effets. Soyez bien persuadés que je me ferai honneur de publier jusqu'à la mort les sentiments avec les quels je ne cesserai d'être,

« Messieurs, etc. »

D. B.

[1] Voir lettre du secrétaire du 2 septembre 1767.

A Paris, 5 octobre 1767.

« Je vous apprends avec douleur la mort d'un de vos plus zélés amateurs, M. l'abbé Gougenot, de mes amis les plus intimes, et le plus respectable des mortels. Je ne crois pas pouvoir vous dédommager mieux de sa perte qu'en vous proposant de lui donner pour successeur dans votre compagnie, l'héritier de son bien, l'émule de ses vertus. Monsieur Gougenot de Croizy, son frère, écuyer, conseiller, secrétaire du Roi, maison couronne de France, et de ses finances, et des commandements de son altesse serenissime, monseigneur le prince de Condé. Vous lui avez en partie obligation de ce qui a été fait pour vous dans la grande affaire (Lettres Patentes) que des circonstances graves vous ont empêché de terminer.

« Je ne doute point que lorsqu'il sera temps de la reprendre, M. Gougenot de Croizy ne vous rende d'importants services, quoiqu'il soit excessivement surchargé d'affaires. Il ne faut cependant rien introduire dans la délibération dont vous lui enverrez copie qui annonce vos espérances à ce sujet. Vous pouvez simplement glisser (ou quelque chose d'approchant) « que sa complaisance d'accepter dans votre société « la place d'amateur honoraire redouble dans vos cœurs la reconnais- « sance que vous lui devez comme à l'héritier des sentiments dont vous « étiez pénétrés envers monsieur son respectable frère. »

« Vous pouvez m'adresser la lettre que vous lui écrivez au sujet de son nouveau titre. Je me ferai un plaisir et un honneur de m'intéresser à votre gloire toutes les fois qu'il dépendra de moi et de vous confirmer les sentiments, etc. »

D. B.

A Paris, 15 novembre 1767.

« J'ai vu avec plaisir que vous avez fait honneur à ma proposition à l'égard de M. Gougenot de Croizy. Vous verrez par la réponse qu'il vous adressera au plutôt sous le sceau de M^{gneur} le Prince de Condé qu'il est extrêmement sensible à l'avantage de succèder en qualité d'amateur honoraire à la place que feu M. Gougenot son frère avait dans votre Académie. Si j'avais connu quelqu'un plus digne de remplir ce poste que M. de Croizy, je vous l'aurais proposé, n'ayant rien de plus à cœur que de vous témoigner en toute occasion l'intérêt que

je prends à ce qui vous regarde, et les sentiments de zèle, d'estime et d'affection avec les quels je me ferai toujours gloire d'être,
« Messieurs, etc. »

D. B.

1768.

A Paris, 11 janvier 1768.

« En vous adressant la lettre de M. Mariette ci jointe, je vous donne avis que cet amateur zélé m'a remis un paquet qu'il vous offre en présent. C'est le *Dictionnaire des graveurs anciens et modernes, depuis l'origine de la gravure*, avec une notice des principales estampes qu ils ont gravées. L'ouvrage est divisé en deux volumes in douze, aux quels est joint un troisième qui fait suite et qui contient le catalogue de l'œuvre de Rubens, plus ample et plus correct que celui du sieur Becquet.

« Je pense comme M. Mariette que cet ouvrage publié au mois d'octobre dernier pourra être de quelque utilité à votre compagnie et que les trois volumes qu'il contient sont très convenables à la bibliothèque d'une Académie de peinture, et de sculpture, où il se peut former des graveurs.

« Ayez pour agréable, messieurs, de me souffler le moyen de vous faire parvenir ce paquet. J'avoue que les occasions me manquent, et les frais d'un pareil envoy sont bons à épargner.

« Recevez ici les assurances des sentiments avec les quels je suis pour la vie,
« Messieurs, etc.

D. B.

A Paris, 5 mars 1768.

« Je vous adresse M. Lutherbourg, peintre ordinaire du Roi, et membre de l'Académie royale, c'est un de ces génies rares que les siècles produisent à peine. Tous les genres de peinture lui sont familiers, et il les traite d'un stile si supérieur que le moindre de ses ouvrages est digne de la plus grande admiration. Vous aurez occasion de vous confirmer dans l'idée que je vous donne des talens qu'il possède, et qu'on peut nommer universels par le séjour de six mois qu'il compte faire en Provence; je vous exhorte à le voir souvent, messieurs; c'est un avantage que je propose à tous ceux qui sensibles au vrai beau savent le mettre à profit en le voyant operer.

« Toutes les attentions que vous aurez pour M. Lutherbourg seront un hommage que vous rendrez au mérite et un nouveau motif de reconnaissance pour moi; vous ne sauriez obliger plus sensiblement celui qui dans toutes les occasions se fait gloire de veiller à vos intérêts et qui ne cessera d'être avec sincèrité,

« Messieurs, etc. »

D. B.

A Paris, 8 aout 1768.

« Vous avez eu la bonté de m'écrire au sujet du nouvel académicien; j'attendais qu'il eut répondu aux avances que j'ai faites pour l'engager à se faire recevoir. Quelque envie que j'eusse de vous procurer un membre si distingué, j'ai cru qu'agissant pour ainsi dire au nom de votre corps, je dois mettre quelque décence dans mes démarches, et ne rien faire qui tient de l'importunité, pour le succès de cette affaire. J'ai commencé par témoigner la considération due à des talens supérieurs : la dignité du poste que j'occupe parmi vous m'a empêché d'en venir à la recidive, quand je me suis apperçu qu'on ne rendait pas empressement pour empressement. J'approuve très fort ce que vous avez fait à cet égard, et les motifs de votre délibération sont trop conformes à ma façon de penser pour ne pas vous en sçavoir un gré infini. Je vous félicite donc, messieurs, de la brillante acquisition que vous venez de faire; je ne doute pas que le nouvel académicien ne constate son grade au moins par un dessin, comme a fait M. Vernet; s'il y manque pour le temps que vous comptez recevoir son tribut, je me charge de l'en faire souvenir quand il reviendra à Paris.

« L'intérêt que vous prenez à ce qui me regarde m'engage à vous apprendre qu'on imprime actuellement ici, les trois premiers volumes de mon *Histoire universelle traitée relativement aux arts de peindre et de sculpter*. Elle est enrichie d'une grande quantité de connaissances relatives à ces talens. Je me flatte qu'elle sera de quelque utilité pour les artistes, et qu'à bien des égards elle intéressera les amateurs. J'ai déjà corrigé ma 4me feuille et je compte que dans un an l'édition de ces trois volumes sera mise au jour. M^{rs} de l'Académie des belles lettres et vous, messieurs, en recevrez les premiers exemplaires, soyez bien persuadés que je saisirai constamment toutes les occasions, etc. »

D. B.

A Paris, 12 septembre 1768.

« Je vous adresse M. Bardin peintre et M. Julien sculpteur qui vont à Rome profiter des bienfaits de sa majesté. Les politesses que vous êtes en usage de faire aux élèves de l'Académie royale qui comme ces messieurs ont la qualité de pensionnaires du Roi, ne me laissent aucun lieu de douter que vous n'ayez les mêmes complaisances pour eux. Je vous les recommande, messieurs, avec instance, parce qu'ils sont également dignes de vos bontés par leurs mœurs et par leurs talens. Je vous aurai obligation de tout ce que vous ferez en leur faveur. Soyez persuadés que de mon coté je n'oublierai rien pour vous témoigner dans l'occasion, combien je m'intéresse pour vous, n'ayant pas de plus forte passion que celle de me faire gloire d'être avec zèle et sincérité.

« Messieurs,
    « Votre, etc. »

D. B.

« Je reçois à l'instant la votre du 31 du mois passé. J'y ai lu avec plaisir les détails de votre assemblée publique de la Saint-Louis. Je vous félicite des honneurs que vous avez reçu. J'y suis sensible, messieurs, comme à ce qui me concerne personnellement.

« Je vis hier M. Lutherbourg. Il fut le premier à me dire qu'il fairait quelque chose pour vous. Je n'en doute nullement, mais comme il est extrêmement occupé, je crois qu'il est à propos de ne regarder l'exécution de la promesse que dans le lointain du tableau. Je fairai à cet égard ce qui convient. »

D. B.

1769.

A Paris, 28 janvier 1769.

« Je reçois toujours avec un nouveau plaisir les témoignages que vous me donnez dans tous les renouvellements d'année. Vos attentions me sont d'autant plus chères qu'elles ne me laissent aucun lieu de douter de la sincérité de vos sentiments. J'y répond par les assurances d'une reconnaissance parfaite qu'accompagnent des vœux au ciel pour vos progrès dans vos talens, votre gloire et votre fortune.

« J'ai remis toutes vos lettres à leur adresse. M. Wattelet et Mlle Loir me chargent de vous faire parvenir leur réponse. Soyez toujours bien persuadés de l'intérêt que je prends à ce qui vous regarde, me faisant un vrai plaisir de vous confirmer dans toutes les occasions les sentiments que vous me connaissez et avec lesquels je ne cesserai d'être,

« Messieurs, etc. »

D. B.

« M. Loutherbourg veint hier me voir, il m'assura qu'il allait vous écrire, et vous envoyer quelque chose de sa façon. Vous comprenez que je n'oublierai rien pour l'engager à effectuer sa promesse.

« Mon second volume est fini, on travaille au troisième ; je compte qu'aux environs de Paques l'ouvrage sera terminé. Je me propose de vous en adresser alors un des premiers exemplaires. Si vous connaissez à Marseille quelque libraire qui fut en relation avec M. Merlin, libraire à Paris, qui a imprimé les *Contes moraux* de M. Marmontel, vous me fairiez plaisir de me l'indiquer, je lui adresserais le paquet que je vous destine.

« M. Moulinneuf peut vous communiquer un billet à moi écrit par M. Wattelet qui rend raison du retard de la présente lettre. »

A Paris, 9 mars 1769.

« Vous avez sans doute appris par les nouvelles publiques la mort de M. de Boulongne, l'un de vos principaux amateurs, à qui vous devez la position dont le Roi vous gratifie. Pour le remplacer dans votre compagnie, j'ai jetté les yeux sur M. de Boulongne, son fils, secrétaire d'État et intendant des finances, l'un des amateurs de l'Académie Royale. Je lui ai déjà écrit à ce sujet; mais comme il est actuellement dans ses terres, occupé des affaires qu'entraîne une succession immense, peut être ne recevrai-je sa réponse que dans plusieurs jours; dès que je l'aurai, vous en serez instruit. En attendant, je vais messieurs, vous proposer un autre objet à remplir.

« A la mort de M. l'abbé Gougenot, je sentis qu'il convenait que votre compagnie témoignât une attention distinguée à M. de Croisy, son frère, tant en considération des services qu'il vous avait déjà rendus, que dans l'espérance de ceux qu'il peut vous rendre dans la grande affaire commencée, et pour la consommation de laquelle vous ne sauriez mieux faire que de vous adresser à lui. Il a été très sensible à la place d'amateur que vous lui avez adjugée, et vous pouvez compter d'avoir en lui un amateur zélé, très disposé à user de son crédit et de ses lumières en votre faveur, lorsque les circonstances le permettront; ainsi vous pourez dire qu'en la personne de M. Gougenot de Croisy, vous avez tout à la fois acquis un bon conseil et un très utile secours.

« Cependant, comme il n'a pas été choisi par les amateurs de l'Académie royale, n'étant point de ce corps, et que suivant vos statuts, vous devez avoir quatre places occupées par des amateurs de l'Académie royale de Paris, je vais vous fournir les moyens de vous mettre en règle à cet égard.

« Pour remplir la quatrième place vacante, en supposant que M. de Boulongne accepte, je vous propose M. Blondel d'Azaincourt, lieutenant-colonel d'infanterie, chevalier de l'ordre royal et militaire de St Louis, l'un des amateurs honoraires de l'Académie royale. Il joint à l'amour des arts la pratique du dessin et de la gravure, et mille qualités personnelles, qui le rendent infiniment estimable. Vous pouvez fonder votre délibération sur ces motifs. M. d'Azaincourt d'ailleur est neveu de feu M. de Jouvencourt anciennement intendant des galères à Marseille, et cousin de M. de Jouvencourt qui a épousé Mlle d'Entrecasteau actuellement résident à Marseille. J'ajoute qu'il est fils de M. de Gagni qui a sans contredit un des plus beaux cabinets de Paris, où tous les curieux de peinture sont très bien accueillis. Je compte, messieurs que, la présente reçue, vous voudrez bien procéder à cette élection. Vous m'obligerez sensiblement, en donnant cette marque de distinction à un ami que j'estime et qui mérite toutes sortes d'égards. Vous pouvez m'adresser la délibération en sa faveur; je me charge de vous faire parvenir sa réponse.

« Des trois volumes de mon ouvrage il y en a deux et demi d'imprimés. L'impatience que j'ai d'en jouir et d'en faire jouir mes amis me fait trouver bien long le temps que l'on met à le faire passer sous la presse; mes plaintes et les moyens que je prends pour engager les ouvriers à se hâter ne les rendent ni plus actifs, ni plus diligents. Soyez assurés,

« Messieurs, etc. »

D. B.

« Vos quatre places d'amateurs honoraires qui suivant vos statuts doivent être occupées par des amateurs de l'Académie royale seront donc remplies par MM. Watelet, Mariette, d'Azaincourt et de Boulongne.

« M. Gougenot de Croisy aura rang au nombre des amateurs de votre Académie, choisis parmi les personnes les plus distinguées de la Province. »

A Paris, 17 mars 1769.

« Je me hâte de vous faire savoir que M. de Boulongne vient de faire la réponse la plus honnête à la lettre que j'eus l'honneur de lui écrire au sujet du titre d'amateur honoraire, vacante par le décès de son illustre père; il me marque que la proposition que je lui ai faite en votre nom lui est très agréable. Ainsi je ne doute pas, Messieurs, que la présente reçue, vous ne fassiez la délibération convenable à cet objet, que vous aurez la bonté de m'adresser afin que je la lui remette en main propre.

« L'amour que M. de Boullongne a pour les arts, la reconnaissance « que l'Académie de Marseille lui doit pour les bienfaits dont feu son « illustre père l'a honorée », sont les deux principaux motifs qui doivent entrer dans votre délibération; vous êtes les maîtres de glisser un mot sur « la complaisance avec laquelle ce respectable secrétaire d'État et « intendant des finances » a accepté la proposition que je lui ai faite à titre de Directeur de votre compagnie.

« Je compte qu'en conséquence de ma dernière lettre, je ne tarderai pas de recevoir la délibération en faveur de M. d'Azaincourt. Sans doute que vous vous faites un plaisir de répondre à l'empressement que j'ai de vous obliger par un empressement pareil; vous me le devez par la sensibilité avec laquelle je m'aperçois que vous recevez tout ce que je fais pour votre gloire. Puissai-je avoir beaucoup d'occasions de vous témoigner que je me fairai honneur jusqu'à la mort de vous assurer des sentiments avec lesquels je ne cesserai d'être,

« Messieurs, etc. »

D. B.

A Paris, 29 mars 1769.

« Vous jugerez par la lettre de M. d'Azaincourt dont je suis chargé pour vous, combien il est sensible à la délibération honête que vous avez dressée en sa faveur. Il prise infiniment le titre d'amateur honoraire que votre compagnie lui a concédée; rien ne prouve tant qu'il en est véritablement digne que les dispositions où il est à votre égard, et je ne doute point qu'à l'occasion vous n'en éprouviez les effets. Je suis de mon côté très satisfait de l'attention et de la diligence que vous avez mise à terminer cette affaire. Je ne suis point en peine que celle qui concerne M. de Boullongne ne se termine de même. Recevez, je vous prie, à cet égard mes remerciements très sincères et croyez que dans toutes les circonstances honorables pour votre compagnie, je me fairai gloire de m'intéresser vivement pour elles et de vous convaincre par des procédés des sentiments inviolables avec lesquels je ne cesserai d'être, etc... »

D. B.

A Paris, 14 avril 1769.

« J'ai remis à M. de Boullongne le paquet que vous m'avez remis. Il m'a paru le recevoir avec plaisir, il m'a assuré qu'en vous répondant il vous remercierait de votre politesse et de votre attention. — Vous voilà en règle...

« On imprime les tables de mon ouvrage... Il sera terminé dans le courrant du mois. »

D. B.

A Paris, 29 mai 1769.

« Voila enfin les trois volumes si longtemps attendus. Ils renferment le commencement de mon *Histoire universelle*, traitée relativement aux arts de peindre et de sculpter. Je me flatte que vous le recevrez avec autant de plaisir que j'en ai à vous le présenter; puissent-ils vous être de quelque utilité, et me servir en même temps auprès de vous de temoignage sincère des sentiments d'estime et d'affection, avec lesquels je me fairai gloire d'être pour ma vie,

« Messieurs, votre etc. »

D. B.

A Paris, 14 juillet 1769.

« J'employe les premiers instants de ma convalescence après une maladie grave et également obstinée à vous rendre compte des heureuses dispositions où se trouve l'Académie royale d'architecture à favoriser le projet de correspondance de M. D'Ageville, votre professeur d'architecture et de perspective.

« J'ai communiqué à M. Soufflot, controleur général des bâtiments du Roi la lettre qui m'a été écrite de votre part en faveur de M. d'Ageville, et celle qu'il m'avait écrite lui-même pour m'instruire de son projet; M. Soufflot a fait lecture de ces lettres à l'Académie d'architecture assemblée; elles ont produit le meilleur effet et je prévois qu'il ne faudra que le laps de temps convenable dans ces sortes d'occasions pour remplir certaines formalités, pour que l'affaire se termine. M. Soufflot m'a bien assuré qu'il ne la perdrait point de vue, et qu'on travaillait même actuellement à rediger des statuts relatifs à la correspondance. J'ai cru entrevoir dans les dispositions de l'Académie d'architecture, à accepter la correspondance d'un de vos membres, et dans le zèle particulier de M. Soufflot à seconder ce projet une occasion favorable de vous lier, messieurs, à ce corps respectable en vous associant un de ses membres.

« C'est dans cette vue, Messieurs, qu'après avoir rempli les préambules et les bienséances convenables, je vous propose ici M. Soufflot lui-même, écuyer, chevalier de l'ordre de St Michel, architecte du Roi et controleur général des bâtimens, honoraire associé libre de l'Académie royale de peinture et de sculpture, pour un des amateurs de votre Académie. En le nommant à cette place, votre compagnie aura la bonté, et c'est moi qui vous en prie, Messieurs, de le désigner pour remplir la première des quatre places d'amateur honoraire de l'Académie qui viendra à vaquer. Vous pouvez compter que dans la personne de M. Soufflot vous faites l'acquisition d'un architecte du roi, célèbre par quantité d'édifices respectables et notamment par la somptueuse église de Ste Geneviève qu'il batit actuellement par l'ordre du Roi, et qui passe pour une des merveilles du siècle, et de la France. Je connais peu d'hommes qui soient plus disposés par penchant et plus à portée de favoriser par son crédit les arts et les artistes, surtout dans la partie des bâtimens du Roi; ce qui dans la suite pourrait vous être d'une très grande utilité pour votre habitation.

« C'est ainsi, Messieurs, que lorsque j'entrevois des avantages où l'honorable se joint à l'utile, je ne néglige rien pour vous le procurer.

« Vous pouvez m'adresser l'extrait de la délibération en faveur de M. Soufflot, je me charge de la lui remettre et de vous faire parvenir sa réponse.

« Quelle nouvelle me donnerez vous des volumes que M. Merlin, mon libraire, s'est chargé de vous envoyer? Vous obligerez sensiblement celui qui se fait gloire d'être,

« Messieurs, etc. »

D. B.

A Paris, 26 aoust 1769.

« Je suis sensible, comme je le dois, à la manière honête et empressée dont vous avez accueilli ma proposition en faveur de M. Soufflot. Vous avez acquis en lui un amateur également distingué par les qualités du cœur et de l'esprit, par son crédit, et par son amour pour les arts. Je vous avais fait pressentir ses heureuses dispositions à votre égard, même avant que de vous appartenir, en s'intéressant avec vivacité à la gloire d'un de vos membres. Avec quelle chaleur ne s'affectionnera-t-il pas à vous, Messieurs, maintenant que son nouveau titre lui a fait pour ainsi dire, contracter des engagements d'union avec votre louable société! Je me sçai bon gré d'avoir saisi cette occasion essentielle et honorable de vous donner un témoignage aussi frappant de mon attachement et de mon zèle.

« Vous jugerez par les réponses de M. Soufflot, à qui j'ai remis le plus tôt qu'il m'a été possible, l'extrait de la délibération que vous m'avez adressée pour lui.

« Si mon libraire vous avait envoyé dans le temps convenable le paquet de livres dont je l'avais chargé, il y a plus de deux mois que vous et M`rs` de l'Académie des belles lettres auriès reçu les exemplaires de mon dernier ouvrage.

« Je suis très flatté, messieurs, des témoignages d'affection au sujet de ma mauvaise santé. C'est pour la rétablir parfaitement, que la présente lettre finie, je pars pour la campagne. Conservez-moi toujours vos sentiments et comptez sur ceux que vous me connaissez, et que je ne cesserai d'avoir pour vous.

« Je me fais gloire d'être sans réserve...

« Messieurs, votre etc... »

D. B.

A Paris, 12 septembre 1769.

« Je vous suis sensiblement obligé de me communiquer les détails de votre assemblée et de votre exposition publique. On ne pouvait guère choisir des sujets plus heureux que ceux qu'ont traités dans leurs discours M. le directeur en exercice, et MM. les professeurs. Ils sont tous parfaitement relatifs à l'intérêt des arts et au caractère des orateurs qui les ont prononcés avec applaudissement. Les sujets des ouvrages exposés ne sont pas moins dignes d'éloges, et comme il est d'ordinaire qu'un sujet bien pensé soit bien exécuté, je ne doute nullement du bien que vous me dites de l'exposition. A l'égard du petit nombre d'ouvrages et de l'économie des amateurs, Marseille a le sort de Paris. Si ce peut être là pour elle un motif de consolation, je le lui offre.

« L'Académie royale ne donne point de lettres d'association à ses amateurs honoraires, ils n'ont d'autre titre de leurs grades que ce qui est déposé dans les registres, à peu près en ces termes : « La compagnie ayant procédé à remplir la place d'honoraire amateur vacante par la mort de M. X..., elle a nommé M. X... Ainsi, messieurs, je n'ai rien : point de formules à vous envoyer [1].

---

[1] Voir la lettre du secrétaire, du 28 août 1769.

« Vous devez avoir reçu la réponse de M. Soufflot, et je crois que vous en avez été contens. Il s'en faut de beaucoup que je pense de même des procédés d'un académicien que je me suis repenti de vous avoir adressé, dès que j'ai été instruit de la façon dont il en a agi : mais on ne présume pas de pareilles impolitesses.

« Je vous prie de me faire sçavoir si MM. de l'Académie des belles-lettres, sciences et beaux-arts, ont reçu les trois volumes que je leur ai adressés en même temps que ceux que M. Mossi vous a remis. Vous pouvez voir dans la *Feuille de Fréron*, n° 13, et dans le *Mercure* de septembre ce que les journalistes pensent de cet ouvrage.

« J'ai l'honneur d'être avec les sentiments que vous me connaissez...

« Messieurs, votre etc... »

D. B.

A Paris, 8 décembre 1769.

« Messieurs, j'ai appris avec bien du regret la mort de M. Coste [1], ce digne professeur que vous avez eu deux fois à la tête de votre compagnie, et qui s'est toujours comporté avec distinction. Je ne doute pas que pour le remplacer vous n'usiez des moyens les plus simples, les plus décens et les plus légitimes.

« Le rapport que M. de Fontainieu vous a fait de mes sentiments est juste, je ne manque aucune occasion de les publier et de m'en faire honneur. Je les dois à vos bons procédés et au plaisir que j'ai de rendre justice à des personnes qui joignent aux bonnes qualités du cœur et de l'esprit, un zèle inaltérable pour leur devoir et pour le bien public.

« L'Académie royale d'architecture a fixé la nomination de M. d'Ageville à la séance de jeudi prochain 11 du courant. J'en ai été instruit par M. Blondel, professeur de ladite Académie, et chargé par elle de faire le rapport usité dans ces occasions, il m'a écrit à ce sujet.

« Voici ce que je lui ai répondu :

« Monsieur,

« Les bons temoignages que je vous ai rendus, en faveur de
« M. d'Ageville, architecte et professeur, etc. m'ont été fournis par
« l'Académie de peinture de Marseille. Les lettres qu'elle m'a écrites à

---

[1] Voir la lettre du secrétaire, du 22 novembre 1769.

« son sujet et que dans le temps je remis à M. Soufflot qui est en état
« de confirmer ce que j'avance, lui ont appris que dans la séance pu-
« blique de l'Académie de Marseille au mois d'aoust dernier, M. d'Age-
« ville prononça un discours sur les monuments divers propres à décorer
« une grande ville, et sur une nouvelle ordonnance de théâtre mo-
« derne.

« Ne nous étonnons donc pas, monsieur, s'il jouit dans sa patrie
« d'une réputation et d'une considération distinguées. J'ajoute à ces te-
« moignages mille rapports favorables qui ont été faits à M. Vanloo, à
« M. Berger et à plusieurs de nos amis, et je dois dire en faveur de la
« vérité que ceux qui nous parlent de M. d'Ageville en font l'éloge. Vous
« me demandez ses noms de baptême. Je ne les ignorerais pas, si la voix
« publique faisait mention de ces accessoires en parlant des hommes à
« talent dont elle exalte le mérite.

« J'ai l'honneur d'être etc. »

« Tel est le style dont j'userai toutes les fois que j'écrirai en faveur
des personnes qui vous intéressent, n'ayant pas de plus fort désir que
de vous témoigner dans toutes les occasions les sentiments sincères
avec lesquels je ne cesserai d'être pour la vie,

« Messieurs,

« Votre très humble et très obéissant serviteur. »

D'André Bardon.

1770.

A Paris, 8 de l'an 1770.

Lettre de remerciements pour les vœux de bonne année que lui adresse l'Académie. D'André Bardon la félicite sur le choix de M. Kapeller, qui succède à M. Revelly comme directeur.

Depuis dix-neuf ans que l'Académie fonctionne, ses premiers amateurs honoraires ayant voix délibérative ont vieilli. Leur zèle est moins ardent. La compagnie soumet alors un projet à son directeur afin de pourvoir à leur remplacement [1], et d'André Bardon indigné répond :

A Paris, 22 de l'an 1770.

« Messieurs,

« J'ai lu et relu avec une attention particulière votre lettre du 15 c^t; je l'ai combinée avec les articles 20 et 21 de vos statuts, et n'ai rien trouvé qui justifie, ni puisse autoriser la proposition que vous me faites. Je vous avouerai qu'elle m'a paru fort injuste à la première lecture, et je me donnerai bien garde de proposer à l'Académie royale une pratique tout à fait contraire à ses usages.

« Relisez, je vous prie, messieurs la troisième condition de l'article 20 : Il y est dit que la classe des amateurs sera composée de vingt-six autres membres (après les quatre qui doivent appartenir à l'Académie royale) choisis parmi les personnes recommandables, non seulement par leurs conditions, par leurs professions distinguées, mais encore par leur gout décidé pour les arts. Voilà précisément les quatre plus anciens de ce que vous avez de plus respectable dans votre compagnie (où ils ont seuls voix délibérative) que vous cherchez à déplacer, pour y substituer à la volonté et au caprice de quelques membres, les personnes qui seront le plus de leur gout. Cela ne me parait ni raisonnable ni décent. Les plus zèlés d'une compagnie sont ceux qui ont contribué les premiers à son établissement, ou à son lustre. C'est ce qu'ont fait les plus anciens amateurs. Les priver de leur droit d'ancienneté, c'est leur faire la même injustice que si vous déplaciez un officier que vous n'avez chargé d'un tel poste que parce qu'il était des fondateurs.

« . . . . . Le droit d'ancienneté nous élève aux charges, nous acquiert des prérogatives. . . . . un peu plus ou un peu moins de zèle ne vaut pas la peine de vous faire une pépinière d'ennemis. En préférant celui que vous estimés le plus zèlé, vous dites à tous les autres que vous êtes mécontents d'eux, et plus le reproche est fondé, plus il est désobligeant pour ceux à qui on l'adresse [2].

« Voila, messieurs, ce que me suggère l'intérêt que je prends au

---

[1] Lettre du secrétaire, du 15 janvier 1770. — [2] Mgr l'évêque de Marseille, M. de Pilles, et M. des Pènnes étaient au nombre des moins assidus.

bien de votre société, à votre réputation et à votre gloire. C'est dans ces sentimens que je me ferai honneur d'être jusqu'au trépas,

« Messieurs,

« Votre etc. »

D. B.

Alteri ne feceris quod tibi fieri non vis.

Le secrétaire, par une lettre du 30 avril 1770, annonçait que le duc de Villars, protecteur de l'Académie, était mort le 27 du courant.

La présence de ce personnage à la tête de la société était en désaccord avec l'édit de Louis XIV, qui exigeait que toutes les écoles académiques de province fussent placées sous l'autorité immédiate du ministre des arts. Colbert, instigateur de cet édit, travaillait à l'unité de la France en poussant à la centralisation; profitant de cette circonstance, d'André Bardon dictait ainsi son devoir à la compagnie :

À Paris, 8 mai 1770.

« Messieurs,

« Il est temps que votre société se range sous la protection immédiate de M. le marquis de Marigny, qui a titre de successeur de M. de Colbert, dans le poste de directeur et ordonnateur général des arts, et Protecteur nommé par le Roy de toutes les écoles académiques de peinture et de sculpture établies dans les provinces de la France.

« Écoutons parler Louis XIV dans le dispositif des lettres patentes du mois de novembre 1676, accordées pour l'établissement de ces écoles académiques dans toutes les villes du royaume où elles seront jugées nécessaires. Les dites lettres patentes sont enregistrées au Parlement le 22 décembre 1676 :

« Voulons, dit sa majesté, en parlant de ces écoles académiques, « que le sr Colbert en soit le chef et le protecteur; qu'il en autorise « les statuts et les réglements, sans qu'il soit besoin d'autres lettres « que les présentes, par lesquelles nous confirmons et maintenons « comme pour lors tout ce qui s'est fait à cet égard. »

« Dans le premier article des règlements donnés au sujet des établissements de ces écoles académiques, il est dit qu'on choisira pour

Protecteur telle personne de qualité éminente qui sera trouvée à propos dans tous les lieux où les dites écoles seront établies.

« Telles sont les intentions de sa majesté. Mon devoir est de vous les signifier; le votre de vous y conformer.

« Soyez toujours bien persuadés de mon zèle à vous servir, malgré la foiblesse de ma santé qui graces au ciel se rétablit tous les jours, et ne doutés pas que je me fais une gloire de vous assurer dans toutes les occasions de tous les sentimens d'estime avec les quels je ne cesserai d'être toute ma vie,

« Messieurs,

« Votre etc. »

D. B.

« Il convient à ce propos que vous écriviez une lettre à M. le m^{quis} de Marigny. »

A Paris, 9 mai 1770.

« Messieurs,

« Tout bien considéré, c'est à l'Académie de Marseille à demander elle même à M. le marquis de Marigny l'honneur de sa protection. Cette demande faite par un tiers ne serait point à propos.

« Voici à peu près le plan de la lettre que vous pouvez lui écrire :

« Monseigneur,

« L'Académie de Marseille à qui jusqu'aujourd'hui les circonstances
« ont fait la loi, demande au digne successeur de Colbert à lui rendre
« le droit, que par lettres patentes de 1676 Louis XIV accorda à ce
« ministre.
« Nous osons donc vous supplier, monseigneur, de vouloir bien nous
« prendre sous votre protection. — Daignez nous permettre d'orner
« la téte de notre liste de votre nom respectable, et de nous glorifier,
« de nous ranger sous vos auspices. C'est la grace que notre société
« ambitionne avec le plus vif empressement.
« Nous avons l'honneur d'être, etc. [1] »

---

[1] La correspondance du secrétaire achève de mettre dans son jour les négociations relatives à cette affaire.

« Vous pouvez m'adresser la lettre pour M. de Marigny, je me charge de la lui faire tenir.

« Je suis, messieurs, avec les sentiments que vous me connaissés,

« Votre etc. »

D. B.

A Paris, 6 juin 1770.

L'Académie, se conformant aux conseils de son directeur, a écrit à M. de Marigny; mais elle avait laissé imprimer la liste de ses membres dans l'almanach sans la lui communiquer, et d'André Bardon, qui a écrit lui-même au ministre, ne recevant pas de réponse, craint qu'on n'ait considéré ce fait comme une impolitesse de sa part. Il termine par ces mots :

« Ainsi, messieurs, communiquez moi une copie de la réponse que vous faira M. de Marigny, afin que je me dirige en conséquence, sur le ton que je dois prendre quand je lui parlerai pour vous.

« Je ne cesserai d'être, etc. »

D. B.

Enfin le ministre a répondu et d'André Bardon met de nouveau la plume à la main :

A Paris, 13 juin 1770.

« Messieurs,

« Je vous envoye ci joint une copie de la lettre que M. le m^{quis} de Marigny m'a fait l'honneur de m'adresser, et je vous en annonce pour votre Académie une à peu près pareille, que vous recevrez au premier jour. Il convient de profiter des bonnes dispositions de cet obligeant ministre des arts; j'estime que sa lettre reçue vous lui repondrez sur le champ, en ces termes :

« Monseigneur,

« Nous apprenons avec une joye inexprimable par votre lettre du
« ..... que vous nous faites la grace d'accepter le titre de notre Pro-
« tecteur. A cette faveur signalée votre complaisance ajoute les offres
« les plus flatteuses de contribuer à la prospérité de notre Académie,
« et à tout ce qui peut augmenter son lustre. Ce serait mal répondre
« à tant de bontés, Monseigneur, que de ne point mettre votre géné-

«rosité à portée d'agir, et de balancer à vous témoigner aujourdhui
«que nous avons le bonheur de vous avoir pour chef, le désir et l'em-
«pressement d'être favorisés de lettres patentes du Roy. Nous n'avions
«jamais compté à les obtenir que par votre crédit; si votre bienfai-
«sance juge à propos de nous enrichir de ce précieux bienfait, elle
«mettra le comble à notre ambition, et à notre gloire.
«Nous avons l'honneur d'être avec le plus profond respect,
«Monseigneur,
«Vos etc. »

Voici la copie annoncée :

A Versailles, ce 9 juin 1770.

«J'ai reçu la lettre par laquelle, monsieur, en qualité de directeur perpétuel de l'Académie de peinture et sculpture de Marseille, vous me témoignez le desir de me voir à sa tête en qualité de protecteur. Je suis fort sensible à cette demarche de l'Académie de Marseille, et j'accepte avec plaisir ce titre. Je serais flatté d'être à portée de contribuer à la prospérité, et à tout ce qui peut augmenter son lustre et faire fleurir les arts dans une ville qui de tous temps a accueilli avec empressement, et qui est une des premières qui aye tenté d'imiter la capitale dans ses établissements utiles. Il est à propos que l'Académie de Marseille m'envoye ses statuts et réglements, pour que je les examine et les approuve conformément à ce qui est porté dans les lettres patentes relatives à l'établissement des Académies de peinture et de sculpture dans les différentes villes du royaume. Ce qui la mettra en état de jouir des avantages attachés aux Académies de province affiliées à celles de la capitale.

«Je suis monsieur,
«Votre très humble et très obeissant serviteur. »

Signé : le marquis DE MARIGNY.

«Je compte, messieurs, que vous serez satisfait de la présente, et j'espère que le projet des lettres patentes réussira. Je n'y oublierai rien. — Comptez toujours sur le zèle et sur l'attachement avec lesquels je ne cesserai d'être,

«Messieurs,
«Votre etc. »

D. B.

A Paris, 18 juillet 1770.

D'André Bardon a fait les changements qu'exigeaient les circonstances dans les statuts et règlements de l'Académie, dont il possédait l'original. Il les a présentés à M. de Marigny. Il attend la copie qu'on lui a promise; aussitôt qu'elle lui sera parvenue, il consultera le secrétaire de ce ministre sur l'usage qu'il en doit faire. Il termine par ces lignes :

« La faiblesse de ma santé qui me permet à peine de lire et d'écrire, me donne à peine la liberté de vous assurer ici la continuation de mon zèle et mon attachement inviolable jusqu'à la mort. »

D. B.

A Paris, 7 août 1770.

D'André Bardon a eu une longue conférence avec M. de Montucla, premier commis de M. de Marigny qui part pour sa terre de Ménard. Il a fait insérer les observations de l'Académie dans ses statuts. Le nombre des professeurs et adjoints qu'elle supprime n'est pas rempli. Cette réforme ferait trop de mécontents. Les statuts qu'elle a envoyés directement à son protecteur ont produit un excellent effet. Cet acte d'obéissance à ses ordres a fourni à leur directeur perpétuel l'occasion d'obtenir la franchise pour les ports de lettres de l'Académie.

Les statuts doivent être approuvés par les échevins en charge et par ceux en exercice lors de la fondation de la société, et par ses officiers et membres actuels. Après quoi l'Académie royale les couronnera de toutes ses approbations.

« On sera à Ménard jusqu'à la fin de septembre.

« Comptez, etc. »

D. B.

A Paris, 26 septembre 1770.

« A mon retour de la campagne où j'ai passé quelques jours pour rétablir ma santé qui ne s'améliore que bien lentement, je trouve la vôtre du 27 août. J'y vois avec la plus grande satisfaction les détails et les succès de votre assemblée publique. Le choix des sujets des discours qu'ont prononcé Mrs Kapeller et Moulinneuf me persuade de plus en plus, que vous avés en tout une attention extrême de seconder les talens de vos élèves, dont vous manifestez les progrès, et que vous encouragéz par les récompenses. Continuez, messieurs, à meriter ainsi la consideration de vos louables fondateurs et l'estime de vos concitoyens; il vous en reviendra la vénération de tous ceux qui vous connaissent.

« J'ai accueilli du mieux qu'il m'a été possible le jeune élève de Toulouse que vous m'avez recommandé. J'ai jugé par ses ouvrages qu'il avait grand besoin d'étudier. Il dessine actuellement chez M. Vien.

« Qu'a répondu M. de Marigny à la lettre dont vous avez accompagné vos statuts. — Est-il vrai que M. de Villars avait reuni votre Académie à celle des sciences et belles lettres? Je n'en ai jamais rien sçu.

« On est toujours dans les terres de Ménard, d'où l'on ne reviendra qu'à la fin de novembre. Comptez, messieurs, sur les sentimens que vous me connaissès et avec les quels je ne cesserai de me faire gloire d'être

« Votre etc. »

D. B.

A Paris, 26 novembre 1770.

« Messieurs,

« Ma situation que la mauvaise saison rend tous les jours plus facheuse ne m'a pas permis de vous écrire plutôt. Il n'y a rien de nouveau concernant les lettres patentes; de concert avec M. de Montucla, premier commis des batimens du roi nous avons levé toutes les incertitudes et applani les difficultés. Vous trouverez ci joint le modèle des lettres que dans la conjoncture actuelle, j'estime à propos que vous écriviez à l'occasion du renouvellement de l'année. Comptez toujours, etc. »

D. B.

« Votre élève toulousain a obtenu à l'Académie royale d'entrer dans la classe du modèle par la porte des protégés. »

À M. LE MARQUIS DE MARIGNY.

« Monseigneur,

« L'Académie de Marseille, dont vous voulez bien être le protecteur immédiat, adresse ses vœux au ciel pour la conservation de vos jours respectables, et l'accomplissement de vos plus chers désirs. Quelque sincèrité, quelque étendue qu'elle prête à son hommage, elle sent qu'elle est très au dessous de ce que sa reconnaissance exige, surtout quand elle considère les heureuses dispositions, et les espérances glorieuses dont vous l'avez flattée en acceptant le titre qui vous était si justement dû. Oui, monseigneur, elle connaît tout le prix de vos bienfaits. Puisse-t-elle être bientôt à portée de [les] publier d'une manière convenable, en annonçant à l'Europe entière, que le Colbert de nos jours, soigneux d'encourager les arts par une protection distinguée, concourt de tout son crédit à la solidité des établissements faits en leur faveur et au plus grand éclat de leur gloire.

« Nous sommes avec un très profond respect, etc. »

À MESSIEURS DE L'ACADÉMIE ROYALE DE PEINTURE
ET DE SCULPTURE DE PARIS.

« Messieurs,

« L'Académie de Marseille, qui joint à l'avantage d'avoir M. le m^{quis} de Marigny pour son protecteur immédiat le bonheur de vous être affiliée, adresse ses vœux au ciel pour la conservation de vos jours respectables, et l'accomplissement de vos plus chers désirs. — Quelque sincérité, quelque étendue qu'elle prête à son hommage, elle le regarderait comme bien au dessous de ce que vous doit sa reconnaissance, si en vous l'offrant, elle ne suivait d'autres lois que les lois de l'usage. Non, messieurs, le tribut que nous vous rendons ici part d'une source plus pure. Il est le résultat de nos sentiments, et ce sont nos cœurs qui vous l'offrent. Permettez nous de joindre à cette assurance les témoignages de la juste vénération et du profond respect avec lequel nous avons l'honneur d'être,

« Messieurs, etc. »

1771.

La correspondance entre l'Académie et son directeur prend, à dater de cette époque, un caractère plus intime et plus affectueux que jamais. Moulinneuf, interprète des sentimens de ses confrères, lui a écrit :

« Le renouvellement d'année ne saurait augmenter la sincèrité de nos sentimens à l'égard de notre cher et digne directeur; puissions nous même forcer le destin à perpétuer ses jours bien au de là des nôtres. Ce sont là les vœux que nous adressons au ciel continuellement, heureux s'il daigne les exaucer. »

Dans la lettre que le même secrétaire adresse le 26 décembre 1770 à Beaufort, le confident le plus intime de la compagnie, on devine les angoisses que lui cause l'état de santé du directeur :

« Nous craignons sans cesse pour les jours de M. d'André Bardon, nos vœux à son égard sont ceux que des enfants pénétrés d'amour, de respect et de reconnaissance, doivent par tendresse à un père qui fait tout pour eux. »

Mais la souffrance ne saurait abattre cette nature enthousiaste et passionnée. Quelques plaintes effleurent à peine ses lèvres, puis on le voit tout aussitôt reprendre son œuvre et s'oublier. Pendant les douze années d'existence qui lui sont encore réservées son zèle ne se refroidira jamais.

Mais oublions un instant l'homme privé pour suivre avec l'homme public les principales étapes qu'a dû parcourir l'Académie.

A Paris, 12 janvier 1771.

« Messieurs,

« La paralysie dont je suis affligé, que la mauvaise saison rend tous les jours plus fâcheuse, me permet à peine de vous remercier des politesses que vous m'adressez au sujet du nouvel an. Comptez sur la sincèrité de ma reconnaissance, comme je compte sur la sincèrité de vos sentimens. J'en dis de même à M. Kapeller, d'Ageville et Moulinneuf. On ne saurait être plus sensible que je le suis à l'honêteté de leur procèdé.

« J'ai fait remettre toutes vos lettres, ci joint une partie des réponses. Si vous me faites part de celle dont vous honorera votre protecteur, je jugerai si l'on pense à vous dans cette cour.

« J'attends avec impatience quelque soulagement à mon infirmité, pour être à portée d'agir pour vous avec le zèle que vous me connaissez, et dont mon innaction forcée ne peut que rallentir les effets. Soyez persuadés que jusqu'au dernier instant de ma vie je me fairai gloire d'être
« Messieurs,
« Votre très humble et très obéissant serviteur. »

D. B.

A Paris, 11 février 1771.

« Messieurs,

« Je vous félicite de la lettre flatteuse dont vous a honoré M. le m^{quis} de Marigny, et de celle que vous avez reçue de M. de Montucla. Cet obligeant secrétaire m'avait instruit de tout, et je reçois avec plaisir de votre part la confirmation des bonnes nouvelles qu'il m'avait données, concernant vos lettres patentes. Vous jugez bien que cette affaire est en bon train : vraisemblablement elle ne tardera pas d'être finie.

« J'ai remercié en votre nom, M. Pierre, premier peintre du Roi, des bons procédés qu'il a eus à l'égard de vos statuts que M. de Marigny lui a donnés à examiner. Je sçai qu'il en a rendu de très bons témoignages, et qu'il a parlé très avantageusement de vous. J'ai minuté ci après, la lettre que j'estime à propos que vous lui écriviez. Il faudra me l'adresser.

« A l'égard des frais relatifs à l'affaire actuelle, j'ai de l'argent à vous plus qu'il n'en faudra pour tout aquiter, et même pour faire un présent, si mon conseil le juge nécessaire ou convenable.

« Vous êtes instruits de la réception de M. Beaufort à l'Académie royale. Je vous assure qu'il a bien mérité tous les suffrages qu'il a eus; et que la compagnie s'est faite un plaisir de lui témoigner, par un accueil favorable, la considération qu'elle a pour ses talens et ses bonnes qualités personnelles.

« Comptez toujours sur l'intérêt que je prens à votre gloire, et sur le zèle avec le quel je serai jusqu'au dernier instant de ma vie, comme je suis actuellement, et j'ai toujours été par le passé,
« Messieurs,
« Votre très humble et très obeissant serviteur. »

D. B.

DE L'ACADÉMIE DE PEINTURE DE MARSEILLE.   213

MINUTE DE LA LETTRE À ADRESSER À M. PIERRE, PREMIER PEINTRE DU ROI ET DE MONSEIGNEUR LE DUC D'ORLÉANS, CHEVALIER DES ORDRES DU ROI ET DIRECTEUR DE L'ACADÉMIE ROYALE DE PEINTURE ET DE SCULPTURE.

(Rue de Richelieu, au coin de la rue Neuve-Saint-Augustin.)

A Paris.

« Monsieur,

« L'Académie de Marseille, instruite des dispositions favorables où
« vous êtes à son égard, et de la part que vous prenez à ce qui con-
« cerne la solidité de son établissement, et son plus grand lustre, croi-
« roit manquer à son devoir, si elle differoit de vous en témoigner sa
« juste reconnaissance.

« Elle s'en acquitte, monsieur, par l'hommage de ses sentimens, qu'elle
« ose offrir au premier peintre du Roi, et au directeur de l'Académie
« royale. — Ces dignités distinguées, où vous ont élevé la supériorité
« de vos talens, et votre mérite personnel vous mettent en droit de
« vous intéresser à la gloire des arts et au bonheur des artistes.

« Comptez, monsieur, qu'il n'en est point qui ayent plus d'ambition
« que nous de se rendre dignes de vos bontés, et de cette bienfaisance
« généreuse qui fait le caractère de votre cœur.

« Nous avons l'honneur d'être avec la plus haute estime, et le plus
« sincère respect,

« Monsieur, etc. »

Nous avons vu d'André Bardon, courbé sous le poids de son infirmité, prendre la plume le 12 janvier. Il ne cessera de travailler, car il considère l'Académie comme son œuvre propre. Son rêve le plus cher est de l'asseoir sur des bases inébranlables. L'obtention des lettres patentes, que l'Académie poursuit depuis sa création, lui apparaît comme la clef de voûte de l'édifice; la protection du marquis de Marigny doit de son rêve faire une réalité. Les lettres flatteuses de M. de Marigny et de M. de Montucla lui présagent un succès certain; il croit toucher enfin au but, et sa satisfaction éclate dans les lignes qui suivent:

A Paris, 14 février 1771.

« Messieurs,

« Dans l'heureuse situation où vous êtes de reçevoir peut être incessamment vos lettres patentes, il convient que vous ayez à votre disposition la minute des lettres que vous aurez à écrire à ce sujet.

« Elles sont au nombre de cinq, sçavoir :

À M. LE MARQUIS DE MARIGNY.

« Monseigneur,

« L'Académie de Marseille reçoit avec un transport de joye plein de
« vénération les lettres patentes que vous lui faites la graçe de lui
« adresser. Mais si sa satisfaction est extrême, son embarras ne l'est pas
« moins, sentant que les expressions lui manquent pour manifester
« dignement sa reconnaissance. Le rare bienfait, que vous venez d'ob-
« tenir pour nous de la bonté du Roi est une preuve authentique de
« votre crédit, de votre amour pour les arts, et de votre complaisance
« pour notre compagnie.

« Eh! qu'eut fait de plus en notre faveur Colbert lui même? Digne
« successeur de ses emplois, heritier zèlé de son gout pour les talens,
« vous honorez les uns, vous illustrez les autres et vous faites voir que
« les grands ministres ne se servent de la confiançe de leur souverain
« que pour la félicité publique, et pour combler à propos les louables
« désirs et la sage ambition des sociétés qu'ils protègent.

« Puisse le ciel, monseigneur, pour prix du bienfait honorable et
« important dont vous favorisez l'Académie de Marseille, conserver vos
« jours respectables au delà de tous les notres réunis et rendre votre
« nom immortel, comme le seront dans nos fastes notre gratitude, et
« le trésor précieux qui constate la solidité de notre établissement, notre
« bonheur et notre gloire.

« Nous sommes avec un très profond respect,

« Monseigneur, etc. »

Nota. « Cette lettre doit être signée de tous les principaux officiers et adressée en droiture à M. le m^{quis} de Marigny en son hotel, à Paris.

« Vous comprenez qu'il a ses ports francs... Dans ce même paquet on placera sur une seconde enveloppe la lettre suivante pour M. de Montucla. »

À MONSIEUR DE MONTUCLA.

« Monsieur,

« Nous n'avons point de termes assez énergiques pour vous exprimer
« la reconnaissance que nous vous devons. Au défaut d'expressions
« convenables, nous osons vous assurer de la sincérité de nos senti-
« mens, et vous pouvez compter, monsieur, sur notre gratitude sans
« bornes. Pour vous en donner un léger témoignage, nous vous prions
« d'accepter une place au rang de nos amateurs de l'Académie. M. notre
« directeur perpétuel se chargera avec plaisir de vous en présenter le
« titre qu'il est en usage de signer dans pareilles occasions. Vos noms
« et qualités nous suffiront pour le dresser.

« Nous avons l'honneur d'être avec les sentimens de la plus haute
« estime,

« Monsieur, etc. »

À MM. DE L'ACADÉMIE ROYALE.

« Messieurs,

« L'Académie de Marseille pour qui vous daignés avoir tant de
« bontés, se flate que vous prenez trop d'intérêt à sa gloire pour ne
« vous point faire part de la nouvelle des lettres patentes, que M. le
« m^{quis} de Marigny, son protecteur immédiat, vient d'obtenir en sa
« faveur. Ce prétieux bienfait du Roi, joint au bonheur de vous être
« affiliés, met le comble à notre ambition, et met notre Académie au
« dessus de toutes les Académies de peinture et de sculpture établies
« dans les provinces. Loin de nous enorgueillir de si rares prérogatives,
« nous les fairons servir d'éguillons pour exciter nos soins et notre zèle,
« pour nous ranimer dans l'exercice de nos devoirs et nous rendre tou-
« jours plus dignes des sentimens dont vous nous favorisez.

« Nous avons l'honneur d'être avec un profond respect,
« Messieurs, etc. »

À M. PIERRE.

« Monsieur,

« Nous croirions manquer à notre devoir, si nous ne vous faisions
« point part nous mêmes, que M. le m^{quis} de Marigny, vient d'obtenir
« de la bonté du Roi, des lettres patentes, en notre faveur. Ce prétieux

« titre manquoit à une compagnie qui a le bonheur d'être affiliée à
« l'Académie royale, dont vous êtes le digne directeur.

« Dans l'intention où nous sommes de publier les prérogatives hono-
« rables dont jouit l'Académie de Marseille, nous osons vous prier,
« monsieur, de nous procurer une expédition du titre d'affiliation dont
« l'Académie royale nous honore. Nous nous flatons que vous voudrez
« bien le signer vous même et nous vous en suplions; afin que nos fastes
« apprennent à la postérité, que c'est sous votre direction que l'Acadé-
« mie de Marseille a été élevée au plus haut faite de bonheur et de
« gloire. »

« Nous avons l'honneur d'être avec respect,
« Monsieur, etc. »

À M. COCHIN.

« Monsieur,

« Dans l'heureuse situation où nous sommes d'avoir obtenu des lettres patentes du Roi, par le crédit de M. le m^{quis} de Marigny, et d'avoir le bonheur d'être affiliés à l'Académie royale, nous voulons publier ces deux titres honorables à la suite de notre liste imprimée. Nous prions par ce courrier M. Pierre de nous procurer une copie de l'acte de notre affiliation, et nous nous flatons, monsieur, que vous voudrez bien l'extraire de vos registres à votre premier loisir. Nous mettrons cette attention au rang de celles que vous avez eus si souvent pour notre compagnie.

« Nous avons l'honneur d'être avec les sentimens les plus distingués
« d'estime et de reconnaissance,
« Monsieur,
« Votre etc. »

A Paris, 17 février 1771.

« Messieurs,

« Je vous ai adressé par un des précédents courriers les minutes des cinq lettres qu'il est à propos que vous écriviez, dès que vous aurez reçu vos lettres patentes. Je m'occupe aujourd'hui de trois objets qui leur sont relatifs : sçavoir :

« 1° De la délibération en faveur de M. de Montucla;

« 2° De la manière dont vous devez célébrer votre nouvelle gloire ;
« 3° De l'impression de votre liste.

PREMIER OBJET.

« L'Académie de peinture et de sculpture de Marseille, pénétrée des bons procédés, des attentions officieuses, du zèle généreux avec lequel M. de Montucla, premier commis des Batimens du Roi, à l'occasion des lettres patentes qu'elle vient d'obtenir de Sa Majesté par le crédit de M. le m^{quis} de Marigny, et voulant déposer dans ses fastes un témoignage qui éternise sa reconnaissance, a placé M. de Montucla par acclamation, et par un acte unanimement applaudi, au rang des amateurs honoraires.

« La Compagnie a prié M. D. B. son Dir. perpétuel de signer l'extrait de ses registres (scellé et signé des principaux officiers) qui concerne ce nouvel et digne amateur; de le lui remettre, et de joindre à ce titre authentique l'assurance de tous les sentimens particuliers d'estime, de gratitude et de vénération qu'elle conservera toujours pour lui. A ces causes et suivant le stile ordinaire.

« Vous voyez, messieurs, que je ne suggère dans ce projet que des motifs fort honêtes de votre part, et très flateurs pour M. de Montucla. Je crois que vous pouvez vous y conformer au fond, et ajouter la forme qui lui manque. A l'égard de ses noms et titres qu'il m'a promis, vous les attendrez un certain tems, après quoi vous dresserez votre délibération, avec le nom et le titre ci-dessus. Je me charge de faire vos excuses.

DEUXIÈME OBJET.

« Dans la persuasion où je suis que M^{rs} les Échevins doivent être très flatés qu'une Académie dont ils sont les fondateurs, qui est qualifiée depuis longtems d'une pention du Roi, et que Sa Majesté honore aujourd'hui de lettres patentes particulières à la Ville de Marseille, exige quelques complaisances de leur zèle. Je vous conseillerois donc de les prier :

« 1° D'engager Monseigneur l'évêque de Marseille d'officier pontificalement au service divin, qu'avant toutes choses, vous devez faire célébrer dans l'église qui sera le plus à la bienséance de MM. les échevins, en action de grâces du nouveau bienfait que la bonté du Roi vous accorde.

« 2° De demander à M. le commandant de permettre qu'on tire le canon, au commencement, à l'élévation et à la fin de la messe;

3°. Que les échevins permettent que ce jour-là vous convoquiez une assemblée publique à l'hôtel de Ville, où l'on faira lecture des lettres patentes du Roi et de vos statuts;

« 4° Enfin les prier de permettre une illumination à l'Académie, à tous les académiciens, amateurs et citoyens intéressés à la gloire des arts.

« Vous, messieurs, dans cette occasion vous engagerez sans doute aisément le concert de Marseille de donner un motet à grand chœur, pendant ou après la messe, si la chose est possible. La faveur présente que vous accorde la générosité du souverain est une époque unique que vous ne sauriez célébrer avec trop d'éclat.

« En conséquence de ces arrangements (s'ils peuvent être exécutés) voici, Messieurs, une esquisse de la tournure que vous pourriez donner à votre annonce.

Date du jour... 1771.

« L'Académie de peinture et de sculpture établie à Marseille a fait célébrer une messe solennelle dans l'église de X.... en action de grâces des lettres patentes qu'elle vient d'obtenir de la bonté du Roi, par la protection de M. le m^{quis} de Marigny. MM. les échevins, M. le commandant, MM. de l'Académie des belles-lettres, des sciences et arts, et quantité des personnes les plus distinguées de la ville et de la province, amateurs honoraires de l'Académie de peinture et de sculpture, ont été invités par billets, et ont assisté à cette cérémonie.

— Monseigneur l'évêque de Marseille, accompagné d'un nombreux cortège éclésiastique y a officié pontificalement. Les musiciens du concert y ont chanté le *Te Deum* de Lalande, et le bruit éclatant des boites et du canon a annoncé le commencement, le milieu et la fin de l'auguste solennité.

« L'après midi de ce beau jour, l'Académie convoquée dans le même ordre qu'elle avait assisté à la messe, a tenu une assemblée publique à l'hotel de Ville; on y a fait lecture des lettres patentes du Roi et des statuts que Sa Majesté veut être exécutés par l'Académie de peinture et de sculpture de Marseille.

DE L'ACADÉMIE DE PEINTURE DE MARSEILLE.   219

Le soir il y eut illumination chez tous les académiciens, amateurs, et chès quantité de bons citoyens zélés pour la gloire d'une société qui fait tant d'honneur à la Ville, et dont l'établissement lui est si avantageux. De tous tems les habitants de Marseille, dignes héritiers du génie des anciens Phocéens, non contens d'être comme leurs ancêtres, grands cultivateurs du commerce, furent aussi comme eux sectateurs des lettres, des sciences, des lois et des beaux arts.

« Voilà un canevas que vous aurez soin de reformer suivant l'exigeance des cas. Lorsque vous en aurez fixé la teneur d'après l'exécution des circonstances, il suffira de m'en envoyer un exemplaire. Je le ferai copier, et je le ferai remettre aux auteurs de l'*Avant-coureur*, du *Mercure*, de la *Gazette de France*, de l'*Année littéraire*, et du *Journal des sciences et arts*. »

TROISIÈME OBJET.

« Il me reste, messieurs, à vous communiquer ma façon de penser au sujet de votre liste. Il faut la faire imprimer dans l'ordre de celui de l'Académie royale. Le format sera in-8° à cause de la longueur de plusieurs titres.

« On mettra au premier feuillet : Académie de peinture et de sculpture établie à Marseille par lettres patentes du Roi et affiliée à l'Académie royale de Paris. — Au deuxième feuillet on mettra en tête *Protecteur*, et les noms et qualités de M. de Marigny. Au dessous *Fondateurs*, et les noms et titres de M™ les échevins, et au-dessous directeur perpétuel avec mon nom et quelques uns de mes titres. — Au troisième feuillet on imprimera les noms de vos principaux officiers, comme directeur en exercice, récipiendaire, chancelier et on ne placera les professeurs qu'après les amateurs honoraires, comme le pratique l'Académie royale. A la tête des amateurs seront placés ceux de l'Académie royale; les autres le seront suivant l'époque de leur réception; M™ les professeurs viendront ensuite et après eux seront les académiciens en observant la distinction que vous devez aux membres de l'Académie royale tels que M. Beaufort, parmi vos professeurs, à M™ Sali et Vernet, parmi vos académiciens. Votre liste sera terminée par les noms de vos associés externes.

« Après votre liste on placera vos lettres patentes. Après seront imprimés vos statuts, quand le tout aura été enregistré au Parlement d'Aix, et enfin votre livret sera cloturé par l'arrêt du conseil d'État du Roi et par votre titre d'affiliation à l'Académie royale.

« J'attens toutes les observations que vous voudrez bien me faire sur les détails que mes deux dernières lettres renferment. Jugez par la de mon zèle pour tout ce qui concerne votre gloire, il est le fruit des sentimens d'estime et d'affection avec lesquels je seray sans réserve jusqu'à mon dernier instant,

« Messieurs,

« Votre etc... »

D. B.

L'enthousiasme de d'André Bardon était soutenu par la presque certitude de toucher au but. L'Académie partageait son sentiment, la correspondance du secrétaire en fait foi [1]. Aussi d'André Bardon écrivait-il :

A Paris, 15 mars 1771.

« Je suis charmé qu'en recevant mes dernières lettres consécutives, vous ayez été sensibles à ces nouveaux témoignages de mon zèle pour la gloire de votre compagnie, et de mon attachement pour vous.

« Voilà la réponse de M. Pierre. Vous trouverez en lui dans l'occasion un bien ferme soutien. Il vint avant hier avec M. de Montucla me faire part de ses observations, d'après son examen de vos statuts; elles sont de peu de conséquence, mais elles sont très judicieuses; les réformes ont été bientot faites. On va transcrire le tout au net et le rémettre à M. votre protecteur. Il n'y a qu'à attendre que le Ministre travaille avec le Roi.

« Nous ne connaissons en France qu'une Académie royale de peinture et de sculpture, celle de Paris, que le Roi honore de sa protection immédiate. Les abus des autres ne doivent pas vous faire illusion; mais je vous connais trop sages, et trop modestes, messieurs, pour rien attendre à ce sujet.

« A l'égard des prérogatives qui vous sont particulières elles sont flateuses, mais elles ne vous donnent aucune préséance sur les autres. Les lettres patentes vous donnent une consistance dans l'État; de simple

---

[1] Lettres du 4 février à d'André Bardon, du 13 à Beaufort, et des 20 et 27 février à d'André Bardon.

école que vous êtes au fond, elles vont vous ériger réellement en académie, et votre affiliation seule vous met en droit de réclamer certains privilèges que l'Académie Royale aura elle-même d'étendre jusqu'à vous. Vivez dans l'attente d'être bientôt comblés d'honneur. J'y contribuerai autant qu'il dépendra de mon crédit, n'ayant pas de plus forte envie que de vous témoigner en toute occasion les sentimens avec lesquels je ne cesserai d'être,

« Messieurs, etc. »

D. B.

Trois mois se sont écoulés, l'expédition des lettres patentes est suspendue. D'André Bardon est attristé, ses infirmités ont motivé des changements dans son service; sa situation officielle de professeur des élèves protégés du Roi ne lui est conservée qu'en partie. Il ne peut plus servir l'Académie avec la même activité, mais il n'abandonnera jamais la direction de cette école de Marseille qui lui est si chère.

A Paris, 11 juin 1771.

« Le triste état de ma santé ne me met point à portée de solliciter vos lettres patentes, je ne puis qu'en rapeller quelque fois le souvenir à M. de Montucla, quand par hazard j'ai l'occasion de le voir; mais depuis longtemps, il est si tristement occupé auprès de Mlle sa fille malade qu'il y aurait de l'indiscrétion à lui parler affaire. Dès qu'il sera un peu plus tranquile je lui communiquerai votre lettre d'aujourd'hui. Je suis comme vous étonné du retardement, mais je le suis moins quand je considère la quantité et l'importance des affaires dont es ministres sont occupés à la cour.

« M. votre protecteur l'a été particulièrement au nouvel arrangement de notre école Royale. Le nombre des élèves protégés a été réduit à deux, de six qu'ils étaient, et leur séjour à Paris au lieu d'être de trois ans, ne sera plus que d'une année.

« En m'apprenant cet arrangement tout nouveau, M. le m^{quis} de Marigny a eu la bonté de me faire part que le Roi m'avait fait la grâce de me continuer la pention de mille livres dont je jouissais à titre de professeur d'histoire, et d'y joindre une somme de mille livres pour m'indemniser de la table, dont ma mauvaise santé ne me permettait plus de jouir.

« Cette affaire dont les détails sont infinis a extrêmement occupé M. de Marigny. Il vous a accordé sa protection de si bonne grâce que je ne doute pas qu'il ne vous obtienne ce qu'il vous a promis; il y a certaines grâces du Roi qu'il faut sçavoir attendre, jusqu'à ce que les circonstances soient favorables.

« Je vous suis sensiblement obligé des vœux que vous faites pour le rétablissement de ma santé; mais malheureusement pour moi, il n'est que trop décidé que mon infirmité et mes douleurs ne finiront qu'avec ma vie. Jusqu'à ce terme, vous pouvez compter, Messieurs, sur l'inaltérabilité des sentimens de votre très affectionné directeur perpétuel.

D. B.

« Malgré ma triste situation je ne manquerai aucune occasion de parler pour vous. »

A Paris, 26 juillet 1771.

« ... La minute des lettres patentes et la lettre de M. de Marigny qui en sollicite l'expédition, sont chez le ministre... M. de Montucla m'a assuré d'avoir recommandé cette affaire dans les bureaux de M. le duc de la Vrillière, ci devant comte de S¹ Florentin... Il y a tout lieu d'espérer que dans le voyage de Compiègne ou de Fontainebleau, elle sera terminée. »

A Paris, 25 aoust 1771.

Lettre de recommandation très chaude en faveur de Messieurs Vincent et Lebouleux, peintres, et Messieurs Mouette et Foucou, sculpteurs, tous quatre pensionnaires du Roi allant à Rome.

12 septembre 1771.

Félicitations au sujet des discours prononcés à la séance publique de l'Académie, et sur son exposition dans la salle de peinture [1].

L'Académie attend avec impatience ses lettres patentes; mais elle ignore tous les ressorts qu'il faut mettre en mouvement à la Cour, dans les bureaux et auprès des ministres pour obtenir ces sortes de grâces. Si l'Académie n'avait pas pour elle M. de Marigny et M. de

[1] Lettre du secrétaire du 2 septembre 1771.

Montucla, qui compte des amis dévoués dans les bureaux de M. de La Vrillière, il s'en faudrait que les choses fussent aussi avancées; le ministre demande un mémoire, l'Académie ne manque pas de bonnes raisons à alléguer : «son affiliation à l'Académie royale; un de ses membres, Beaufort reçu académicien; un autre, Bounieu, agréé; deux pensionnaires du Roi à Rome, Julien et Foucou, etc.; » les services qu'elle rend aux manufactures, aux arts et aux métiers [1].

D'André Bardon est persuadé que Mgr de La Tour usera de tout son crédit auprès de M. de Marigny en faveur de l'Académie; il va communiquer sa dernière lettre [2] à M. de Montucla et M. de Marigny en prendra connaissance; il ne négligera rien, son «plus grand désir étant de la persuader de son attachement et de son zèle jusqu'au dernier instant de sa vie».

Un premier mémoire de l'Académie est égaré dans les bureaux. M. le duc de La Vrillière l'avait demandé et l'Académie l'avait remis le 23 septembre à l'intendant de Provence pour le lui faire parvenir [3]; mais M. de Latour qui occupait ce poste a été inopinément remplacé au mois d'octobre, et d'André Bardon répond à la compagnie :

A Paris, 6 novembre 1771.

« J'ai fait passer votre lettre à M. de Montucla; on croit que la Cour sera à Fontainebleau jusqu'au 22. Vous venez d'éprouver bien sensiblement que les affaires les plus avancées sont quelquefois suspendues par des événements qu'on ne scaurait prévoir ou prévenir... patience. Laissons au souverain maître le soin de faire réussir des projets auxquels la prudence humaine ne peut sans son secours que travailler imparfaitement. »

M. de Montucla donnera des ordres pour qu'une perquisition sérieuse soit opérée dans les bureaux de M. de La Tour et dans ceux du duc de La Vrillière.

(On voit que d'André Bardon ignore le nom du successeur de M. de La Tour, M. de Montyon.)

D. B.

---

[1] Ce *Précis historique* ne fut expédié à Paris que le 20 juin 1772. — [2] Voir la lettre du secrétaire du 2 septembre 1771. — [3] Lettres du secrétaire du 28 octobre 1771 à d'André Bardon et à M. de Montucla.

A Paris, 20 novembre 1771.

Un certain Decugis, adjoint à professeur, accuse ses confrères de lui avoir dérobé une miniature, etc. D'André Bardon renvoie la lettre du plaignant à l'Académie; il pense que ses confrères sont incapables de la moindre injustice; néanmoins cette affaire doit être éclaircie :

« Il est important à une compagnie de connaitre le caractère et l'esprit de certains membres. » Il ajoute : « les déclamations ne vous porteront aucun préjudice dans mon esprit, et rien n'altérera, messieurs, les sentiments que vous me connoissez. »

D. B.

Cette accusation a causé une très vive émotion. Le s^r Decugis est cité à la barre de l'assemblée des professeurs, et le secrétaire écrit le 21 décembre une lettre longue, assez curieuse, où tous les faits sont relatés. Le s^r Decugis a été jugé indigne; son nom est rayé de la liste des membres de la Compagnie. D'André Bardon écrit à son tour :

A Paris, 15 décembre 1771.

« Messieurs,

« Quand je vous ai prié par ma dernière de rendre justice au plaignant, je supposais qu'il la méritait, mais vous l'avez convaincu d'imposture, de tracasserie et de méchanceté; vous l'en avez puni : on ne peut qu'approuver votre équitable rigueur. »

Le mémoire dont il était parlé dans les lettres précédentes, a été retrouvé, M. de La Vrillière l'a renvoyé à M. de Montyon. L'Académie doit user du crédit des échevins pour appuyer ce mémoire auprès de ce nouvel intendant.

« Vous devez juger par ce qui se passe sous vos yeux, messieurs, combien il y a d'obstacles pour obtenir des bienfaits du Roi... J'espère le succès, c'est l'objet des vœux

« De votre très humble et très affectionné serviteur. »

D. B.

1772.

A Paris, 16 de l'an 1772.

Lettre de remerciements à propos des souhaits de la compagnie au renouvellement de l'année.

———

A Paris, 16 de l'an 1772.

Remerciements à M. d'Ageville et Moulinneuf, à propos de leurs lettres particulières de bonne année. La compagnie recevra sous peu de jours les lettres de Mrs Pierre, Cochin, etc.

———

A Paris, 20 mai 1772.

Lettre sans importance, où M. Pierre peintre du Roi et M. de Montyon sont cités.

———

A Paris, 16 mai 1772.

Lettre de politesses.

———

A Paris, 6 juin 1772.

Lettre annonçant l'envoi d'un mémoire de M. de Montucla. Cette lettre ne précise pas de quoi il s'agit, mais en voici une du secrétaire, datée du 3 juin, qui nous fixe. Ce sont des notes que le secrétaire de M. de Marigny envoie pour terminer le *Précis historique* demandé à l'Académie et qui est définitivement expédié le 20 juin 1772.

———

Le secrétaire écrit à d'André Bardon en juillet 1772 une lettre très intéressante où il expose la situation pénible et en quelque sorte désespérée de l'Académie. Pour surcroît, les échevins en réclament le protectorat, à l'exclusion du m^{quis} de Marigny. Le directeur répond :

A Paris, 25 aoust 1772.

« Messieurs,

« Vous me peignez vos embarras et vos alarmes avec des traits si énergiques qu'ils m'ont vivement touché. Dans la facheuse extrémité où je vous vois réduit je remonte à la source. Puisque le projet des lettres patentes présente des obstacles insurmontables ne serait-il pas prudent d'en suspendre l'exécution et d'attendre des temps plus heureux. Pesez cette reflexion. »

D'André Bardon termine cette lettre par ses protestations ordinaires, puis il reprend la plume pour en écrire une nouvelle à la même date :

« Nous ne vous avons jamais donné que des conseils conformes aux statuts de l'Académie royale, aux ordonnances de Louis XIV, aux droits du chef qui, dans la patrie représente le Roi. Si ces conseils n'ont pas toujours réussi, c'est qu'il s'en faut de beaucoup qu'on voye en province comme l'on voit à Paris.

« Ce n'est plus à moi, c'est directement à M. de Marigny que vous devez adresser vos justes plaintes, si le mémoire que j'ai encore eu le courage de faire pour vous tranquiliser, n'opère rien.

« Ce mémoire et vos deux dernières lettres ont été communiqués à M. de Montucla, afin qu'il en instruise celui qui seul par son crédit, par son autorité peut faire valoir des droits qu'on lui dispute.

« Je prends beaucoup de part à vos peines. Ne vous allarmez pas des menaces qui couvriraient d'une éternelle honte la mémoire des Pères de la patrie si elles étaient effectuées et comptez sur les sentiments de celui qui ne cessera d'être,

« Messieurs, etc. [1]. »

D. B.

La suite de la correspondance de d'André Bardon pour l'année 1772 a été supprimée. Mais celle du secrétaire jette le plus grand jour sur ce conflit de pouvoirs qui semblait devoir entraîner la dissolution de l'Académie [2].

---

[1] Les échevins menaçaient de supprimer les subsides que la ville accordait à l'Académie, si son protectorat leur était refusé. Voir le *Mémoire* par de Montucla, 1ʳᵉ partie, p. 37.

[2] Voir les lettres suivantes : Juillet, à d'André Bardon. — 7 septembre, au même. — 5 octobre, à M. de Montucla et à M. de Marigny. — 7 décembre, à d'André Bardon et à M. de Montucla, l'une et l'autre très intéressantes. M. le marquis de Marigny, froissé, avait donné sa démission de protecteur.

1773.

A Paris, 2 de l'an 1773.

D'André Bardon remercie la compagnie des vœux qu'elle fait pour lui. Nous reproduisons ce simple paragraphe : « Envoyez-moi, la présente reçue, une copie de la lettre par laquelle M. de Marigny vous retire sa protection. Je tenterai d'obtenir grâce pour vous. »

D. B.

D'André Bardon a gagné son procès, et il écrit à la Compagnie :

A Paris, 19 janvier 1773.

« Messieurs,

« Je vous félicite de la magnifique lettre que vous recevrez par le courrier de M. de Marigny[1]. M. de Montucla me la communiqua hier au soir; j'en ai versé des larmes de joye, et je suis persuadé qu'elle vous faira le plus grand plaisir. Je vous conseille de convoquer une assemblée générale, et d'y faire autentiquement la lecture de cette lettre. C'est dans cette assemblée qu'il est à propos, qu'à ma réquisition et à la prière que je vous fais ici en qualité de directeur perpétuel, vous adjugiez à M. de Montucla une place d'amateur. La façon généreuse, désintéressée, et pleine de zèle avec laquelle cet ami des beaux arts et des hautes sciences vous a rendu tant de services honorables et importants vous peut fournir les motifs les plus nobles d'une délibération unanime. Je vous tiendrai compte, messieurs, de tout ce que vous y insérerez d'obligeant en faveur de M. de Montucla; et puis vous assurer, moi qui connois les qualités de son cœur et de son esprit, et l'étendue de son attachement pour votre compagnie, que quelque éloge que vous en fassiez, il sera toujours au dessous de son mérite. Je n'ajoute rien à la connaissance que vous avez de mes sentimens pour vous, et de l'intérêt que je prens à ce qui vous touche. C'est avec ces dispositions, que jusqu'à mon dernier instant je me fairai gloire d'être,

« Messieurs, etc. »

D. B.

[1] Lettre de M. de Marigny, 17 janvier 1773.

A Paris, 22 janvier 1773.

Accusé de réception de la lettre de M. de Marigny. La paix dont jouit l'Académie par sa généreuse bienfaisance lui rend cette pièce inutile; elle sera remise à M. de Montucla afin qu'il entre dans les vues du protecteur de l'Académie.

Suivent des détails sur la souscription de l'Académie pour le *Costume des anciens peuples*. Le 7ᵉ cahier a paru le 1ᵉʳ de l'an, et le 8ᵉ paraîtra le 15 fevrier.

La Compagnie devra adresser sa délibération en faveur de M. de Montucla à son directeur pour qu'elle soit revêtue de sa signature.

A Paris, 16 février 1773.

« Messieurs,

« J'ai fait remettre à M. de Montucla votre lettre et votre délibération, après l'avoir signée. Elle est très bien faite, les expressions en sont convenables, honêtes, flateuses, et bien arrangées. Je ne doute pas qu'elle n'ait fait plaisir à votre nouvel amateur, et que dans sa réponse il ne vous en témoigne toute sa satisfaction, comme je suis persuadé, que, dans votre réponse à M. de Marigny, vous lui avez témoigné combien vous étiez sensibles aux temoignages de bonté dont il vous honorait.

« Je vous remercie de vos vœux, je suis si convaincu de leur sincèrité que je les prends pour modèle de ceux que je fais pour votre louable compagnie. J'y joins les sentimens de zèle et d'affection avec lesquels je ne cesserai d'être,

« Messieurs, etc. »

D. B.

A Paris, 20 mars 1773.

« Messieurs,

« Je sens combien vous devez être satisfait du succès de vos opérations, tant vis-à-vis de M. de Marigny, que de M. de Montucla, vrai Mécène du Titus votre protecteur. Vous ne devez pas douter qu'avec d'aussi puissantes resources vous n'obteniez tout ce qui peut contribuer au progrès, à l'intérêt et à la gloire de l'Académie.

« Mais dans les transports de votre ambition pour elle, n'oubliez jamais que M. de Marigny et M. de Montucla sont occupés à la Cour d'affaires trop importantes pour ne pas quelques fois perdre de vue celles qui le sont moins; la votre est de ce nombre. Rappelez-vous simplement de temps à autre à M. de Montucla, et ne vous adressez directement à votre protecteur que lorsque votre appui vous le conseillera. Votre nouvel amateur est aussi content de vous, que vous l'êtes de lui, il vous conseillera toujours bien....

« Le 9me cahier paroitra le 1er avril.

« Je suis enchanté que vos fondateurs, contens de leur honorifique, ne mettent plus d'obstacles à votre élévation; que ne puis-je y contribuer par mon zèle et vous voir bientot au dessus de toutes les académies de province. Tels sont les sentimens,

« Messieurs, etc. »

D. B.

A Paris, 11 avril 1773.

D'André Bardon a remis à M. Boyer de St Leu un paquet contenant les 9 premiers cahiers du *Costume des anciens peuples* pour être remis à l'Académie.

Un incident dont d'André Bardon est loin de soupçonner la portée, car il doit suspendre l'expédition des lettres patentes de l'Académie pendant encore six ou sept années, se produit tout à coup, et le directeur perpétuel l'annonce en ces termes :

A Paris, 8 aoust 1773.

« Messieurs,

« Je vous donne avis de la démission que M. le M^{quis} de Marigny a faite au Roi, du poste de directeur et ordonnateur général de ses batimens. Vous devez lui écrire à ce sujet, et vous pouvez lui marquer, qu'en vous donnant cette nouvelle, je vous ai laissé tout lieu d'espérer que ce changement volontaire et honorable par les distinctions dont il a plu à Sa Majesté de l'accompagner, ne l'empêcheroit point de vous continuer l'honneur de sa protection, ni de répandre sur votre compagnie les effets de ce génie noble, généreux et bienfaisant qui forme son caractère. Assurez le que vous ne cesserez de travailler à mériter de plus en plus ses bontés, et ses faveurs, n'ayant pas de plus forte ambition que de vous rendre dignes du titre de ses respectueux protégés. »

« Vous devez aussi une lettre à M. de Montucla, qui est conservé avec le titre de premier commis des B. d. Roi, etc., et une pention de 1,500 livres reversible sur madame son épouse. Il travaillera désormais dans les bureaux de M. le controleur général; c'est lui qui succède à M. le m⁸ de Marigny qui conservera toujours même confiance pour M. de Montucla.

« Je suis toujours avec le même zèle
 « Messieurs, etc... »

D. B.

Le crédit de M. de Marigny est toujours le même, et le zèle de M. de Montucla ne se refroidit pas. Grâce à eux les statuts de la Compagnie ont été approuvés en séance par l'Académie royale et d'André Bardon écrit :

A Paris, 8 septembre 1773.

« Messieurs,

« Je vous félicite de l'acte autentique qui en approuvant vos statuts constate la protection dont vous favorise M. le m⁸ de Marigny et l'affiliation dont l'Académie royale vous honore. M. de Montucla m'a remis un double de cet acte, nous sommes convenus qu'il vous fairoit sçavoir ce que vous avez à faire, vis à vis le nouveau ministre des arts relativement à vos lettres patentes.

« J'ai vu avec plaisir le détail que vous me faites de votre assemblée publique.[1]. Les sujets des discours sont choisis on ne peut pas mieux. Je ne doute pas qu'ils soient composés de même. J'en fais ici compliments bien sincères aux auteurs; puissent-ils servir de modèles à tous ceux qui leur succèderont.

« Comptez toujours, etc. »

D. B.

[1] Voir lettre du secrétaire du 30 août 1773.

A Paris, 28 novembre 1773.

« Messieurs,

« Vous pouvez regarder ma dernière lettre comme non advenue [1], et faites attention a celle-ci :

« Je viens d'avoir une conversation avec M. de Montucla; en voici le résultat : Vous pouvez écrire à M. le controleur général; le prier d'accepter le titre de votre protecteur. M. le M^{quis} de Marigny, consent, que dans votre liste imprimée, vous lui donniez la qualité d'adjoint. M. de Montucla m'a montré la minute de la lettre qu'il écrit à M. le duc de la Vrillière, et le prie de vouloir bien faire expédier vos lettres patentes.

« Les choses prennent le meilleur tour possible; ainsi M^{rs}, la présente reçue, écrivez à M. l'abbé Terrai, une lettre dans le gout de celle que vous écrivites à M. le m^s de Marigny, lorsque vous le priates d'être votre protecteur. Adressez-moi la lettre, je me charge de la faire parvenir à M. le controleur général. Nous avons pris à ce sujet des arrangemens avec M. de Montucla. Vous donnerez du Monseigneur et de La Grandeur au ministre qui va être votre nouveau protecteur. Il convient que vous écriviez aussi à M. de Marigny pour le remercier de tous les bienfaits dont il vous a comblé, et le prier de joindre sa protection aux dispositions favorables où est M. l'abbé Terrai de couronner l'œuvre des lettres patentes qu'il avoit commencé avec tant de bonté; vous lui fairez sentir combien vous vous estimez heureux qu'il veuille bien faire usage des distinctions que le roi lui a conservées pour vous permettre de placer son nom respectable sur votre liste, immédiatement après celui du directeur général des batimens de Sa Majesté actuellement en fonction.

« C'est avec le plus grand plaisir que je vous écris la présente. Je m'attens que vous m'adresserés au plutot les lettres pour M. le controleur général et pour M. de Marigny. — Vous pouvez compter que de ma part, je ne négligerai rien pour concourir avec M. de Montucla à l'accomplissement de vos désirs. C'est là messieurs toute mon ambition. »

D. B.

---

[1] D'André Bardon fait allusion ici à une lettre non conservée.

A Paris, 25 novembre 1773.

D'André Bardon a communiqué la lettre de la compagnie du 8 novembre à M. de Montucla, en le priant de l'aider de ses conseils, personne n'étant plus capable de lui donner de bons avis; il réclame la copie des lettres que ce protecteur doit lui avoir écrites, ainsi que de celles de M. de Marigny et du contrôleur général, ces trois séries de pièces lui étant indispensables pour dresser ses plans en faveur de l'Académie.

A Paris, 25 novembre 1773.

D'André Bardon se plaint qu'on ne lui accuse pas réception de son treizième cahier du *Costume des anciens* : « En janvier vous recevrez le quatorzième et le quinzième qui terminent le 1ᵉʳ volume.

« Comptez toujours,

« Messieurs, etc. »

D. B.

1774.

A Paris, 7 de l'an 1774.

D'André Bardon remercie la compagnie de ses vœux obligeants. Il a appris par la lettre du contrôleur général, à lui adressée, qu'il avait accepté le titre de protecteur de l'Académie : « Soyez contents, messieurs, s'écrie-t-il, et craignez de tomber dans le vice d'importunité en sollicitant avec trop d'ardeur ce que vous devez attendre de la bonté du ministre et des circonstances favorables.

« Ci joint un livret de l'Académie royale pour vous servir de modèle quand il sera tems de faire le votre. »

Suivent des recommandations pour qu'on écrive à M. de Montucla et à M. Gougenot, qui ont leurs ports francs, et pour qu'on lui accuse réception des cahiers du *Costume des Grecs et des Romains*. Le premier volume a été présenté le 6 à M. le contrôleur général, à M. de Marigny et à M. de Sartines.

« Continuez à solliciter de temps à autre M. de Montucla pour l'expédition des lettres patentes. Je voudrois que vous les eussiez déjà, personne ne s'intéressant plus, messieurs, à votre satisfaction et à votre gloire, que votre, etc. »

D. B.

Nous trouvons ici dans la correspondance une lacune de huit mois qui ne peut s'expliquer que par la disparition des lettres.

A Paris, 2 septembre 1774.

M. l'abbé Térret (*sic*) n'est plus en place; «le Roi a nommé directeur et ordonnateur de ses batimens M. le comte de la Billarderie d'Angiviller. L'Académie n'a rien de mieux à faire que de répéter ce qu'elle a écrit à son prédécesseur, en réclamant préalablement les bons offices de M. de Montucla. »

A Paris, 21 septembre 1774.

D'André Bardon félicite la compagnie sur son assemblée publique que présidaient les échevins, les dignes fondateurs, et tout particulièrement les orateurs [1]. Il n'est pas étonné qu'elle murmure contre le retard des lettres patentes : «Il faut, dit-il, convenir que vous avez joué de malheur. Le déplacement de M. de La Tour, les dispositions défavorables de son successeur passé et du présent (M. de Montyon et M. de Senac de Meilhan), les chicanes de vos échevins, les objections du ministre, la retraite de M. de Marigny, la mort du Roi (10 mai 1774), la disgrâce de votre dernier protecteur, sont autant de catastrophes successives qui ont rendu inutiles les soins, les peines, les démarches de ceux qui se sont le plus vivement intéressés pour vous.

«A qui vous en prendre? Contre qui murmurez-vous?......... Dans les affaires de ce monde il y a bien des dessous de cartes dont souvent les plus habiles et plus souvent encore les plus francs et les plus droits sont la dupe ou la victime..... Sous un directeur général aussi amateur des arts que l'est M. d'Angiviller, votre projet sera secondé, mais il faudra attendre, car il entre dans un labyrinthe d'affaires très sérieuses qui l'occuperont longtems.

«M. de Sartines a remplacé M. de Borde ci devant ministre de la marine. Les nouvelles qui déplacent M. le duc de la Vrillière sont fausses.

[1] Lettre du secrétaire du 29 août 1774.

« Vous avez perdu un de vos amateurs; M. Mariette est mort; vous devez le remplacer par M. Soufflot qui était surnuméraire, et le lui apprendre par une lettre.

« Oui, M. le M⁵ de Marigny conserve le titre d'adjoint au protecteur, et vous ne sauriez le lui retrancher dans votre liste; c'est à titre d'adjoint qu'il jouit de l'hotel du directeur et ordonnateur général des batimens de Roi.

« M. le c^te d'Angiviller qui est devenu le chef de notre Académie briguait depuis longtems une place d'amateur honoraire que les circonstances ne vous avaient pas permis de lui accorder. Espérez, messieurs, espèrez et comptez toujours sur le zèle de M. de Montucla et sur le mien.

« Le premier secrétaire du duc de la Vrillière est mort. Cela pourrait produire quelque changement dans l'esprit des bureaux. — Communiquez moi la réponse de M. d'Angiviller.

D. B.

A Paris, 2 octobre 1774,

« Messieurs,

« M. le c^te d'Angiviller a répondu à votre lettre. J'en juge par celle qu'il m'a écrite. En voici la teneur:

Versailles, le 30 septembre 1774.

« J'ai reçu, monsieur, avec votre lettre celle de l'Académie de Mar-
« seille, par la quelle elle me témoigne le désir qu'elle a de mettre
« mon nom à la tête de sa liste en me déférant le titre de protecteur.
« L'affiliation qui l'attache déjà à l'Academie royale de Paris lui donne
« trop de droits à la faveur du directeur et ordonnateur général des
« batimens de S. M^té pour que je me refuse à ce qu'elle désire. J'ac-
« cepte avec plaisir ce titre qu'elle me défère, et je serai charmé de
« lui marquer mes sentimens par mes bons offices pour tout ce qui
« pourra contribuer à son bien être et à son illustration.

« Je suis monsieur, etc. »

Signé: D'ANGIVILLER.

« Je crois messieurs que ces dispositions vous sont trop favorables pour que vous n'en soyés pas extrêmement flatés, ainsi je repète comme dans ma dernière : Espérez, messieurs, et comptez sur mes attentions et sur mon zèle. »

D. B.

« M. de Montucla ne m'a point encore répondu ; avez vous reçu sa réponse ? Il faut que le tems murisse les fruits pour pouvoir les cueillir. »

A Paris, 15 octobre 1774.

« Messieurs,

« Je vous adresse et vous recommande M. Lemonier peintre, et M. Ségla sculpteur tous deux pensionnaires du Roi, qui vont à Rome pour jouir des bienfaits dont Sa Majesté gratifie les arts. Je ne doute point que par vos politesses vous ne fassiez appercevoir ces messieurs de la considération que vous avez toujours eu pour les élèves de l'Académie royale. Je vous tiendrai compte de ce que vous ferez pour eux et vous obligerez sensiblement,

« Messieurs,
    « Votre, etc. »

1775.

La correspondance de d'André Bardon et celle du secrétaire de 1774 à 1775 manquent à la collection. Rien de saillant ne semble s'être produit dans la compagnie durant cette période. Selon le conseil de son directeur, elle attendait que *les fruits fussent mûrs*. Peut-être aussi que lassée par ses efforts antérieurs elle subissait une sorte de torpeur morale. D'André Bardon l'avait dit : « M. d'Angiviller est bien disposé en faveur de l'Académie, mais il est entraîné dans un labyrinthe d'affaires. A la cour elles sont trop importantes pour que les ministres ne perdent pas de vue celles qui le sont moins et la vôtre est de ce nombre. » Et le protecteur oubliait cette modeste école provinciale.

M. de Montucla lui-même avait cessé d'écrire à l'Académie depuis un an. Mais, au début de l'année 1776, il s'excuse si gracieusement que la compagnie ne saurait lui en tenir rigueur; « des circonstances exceptionnelles l'ont détourné de ce soin »; il ajoute :

« Sans chercher à atténuer mes torts, je les avoue, et je serai bien humblement obligé à ces messieurs, s'ils veulent bien les mettre en oubli.

« L'Académie a écrit à M. le c[te] d'Angiviller, elle doit avoir sa réponse. Il est en ce moment très occupé à solliciter une décision du conseil du Roy sur les vues qu'il lui propose relativement à la liberté des arts de la peinture et de la sculpture, et la correspondance des académies établies en province avec celle de Paris.

« Cette décision ne peut tarder, il a marqué que celle de Marseille serait regardée par lui comme la première, et l'aînée des filles de l'Académie royale de peinture.

« Je crois qu'il faut laisser terminer cette affaire avant que de lui rien proposer à ce sujet; mais l'Académie de Marseille peut se flatter de sa part de toute faveur. »

Puis M. de Montucla garde de nouveau le silence, et nous ne le verrons reprendre la plume qu'en 1779.

D'André Bardon sait ce qui se passe à la cour; ce spectacle l'attriste. Il n'a rien de bon à annoncer; il garde également le silence sur ces lettres patentes dont l'obtention préoccupe les professeurs depuis vingt-deux ans, et il continuera à ne plus réveiller cette question jusqu'au 2 décembre 1777. En attendant il entretiendra l'Académie de ses intérêts immédiats, de son administration intérieure, de la direction à donner à ses élèves, ne négligeant aucune occasion de stimuler le zèle des professeurs. Dans cette même année 1775, il leur a envoyé des cartons de dessins et d'estampes de maîtres. Plusieurs mois se sont écoulés et la compagnie ne lui en a pas accusé réception; il le croit du moins. La lettre du secrétaire (13 décembre 1775), très explicite à ce sujet, ne lui est pas parvenue; piqué au vif, il a cessé à son tour de donner de ses nouvelles. Enfin une lettre des plus touchantes du 22 janvier 1776, écrite par le secrétaire, met un terme à l'incident, et la glace est rompue.

1776.

Jusqu'à présent nous n'avons fait qu'indiquer quelques-unes des lettres du secrétaire. Notre intention était d'en publier les principales; mais c'eût été donner de trop grandes proportions au présent ouvrage. Voici cependant une lettre du secrétaire. Elle démontre l'intensité des sentiments de la compagnie à l'égard de son chef.

À MONSIEUR D'ANDRÉ BARDON, À PARIS

Marseille, 22 janvier 1776.

« Nous sommes extrêmement mortifiés en apprenant de M. Beaufort notre confrère, que vous nous soupçonniez capables d'indiférence à l'occasion des dessins et des estampes dont vous avez gratifié notre Académie. Quoi? monsieur, vous nous croiriez manquer à la plus juste de toutes les reconnaissances, quand vos bontés, vos générosités nous accablent de toutes parts? Non! cela ne se peut, lorsque toute notre attention se porte à vous regarder parmi nous comme un bon père de famille, que ses enfants respectent et chérissent; c'est par de tels sentiments que vous devez nous rendre justice.

« Dans notre lettre du 13 décembre nous vous avons annoncé que nous avions reçu la caisse contenant les dessins et les estampes, nous vous en fîmes nos remerciements en appréciant vivement les avantages qui en résultaient pour notre Académie, et le cœur pénétré de la délicatesse de vos attentions.

« L'ouverture de la caisse dut avoir lieu en présence de tous les professeurs. A mesure qu'on admirait chaque morceau, le secrétaire le paraphait, tandis que les professeurs en dressaient la note telle que vous la trouverez ci jointe.

« L'opération terminée, le tout remis en portefeuille a été déposé dans nos archives par les soins du secrétaire. Il eut convenu que nous en dressions une note plus circonstanciée. Mais de crainte de vous causer la moindre inquiétude, au moment où nos cœurs sont animés du plus grand désir de vous donner en tout et partout des marques de notre vénération, ce motif nous a fait agir sans différer, pour vous envoyer cette première liste en vous disant notre admiration pour tous ces beaux morceaux dont vous vous êtes défait en notre faveur, et plus particulièrement ceux qui sont sortis de votre main, et que nous estimons devoir être placés au premier rang comme une collection des plus rare et des plus précieuse.

« En un mot le présent fait honneur à notre Académie; de plus, monsieur, en voyant de si belles productions, il est certain qu'elles ne feront qu'exciter notre zèle, et marquer au plus haut point les progrès de vos élèves. Mais ce qui met le comble à tant de glorieux avantages, c'est d'en être redevables à notre illustre directeur qui ne s'occupe que de notre bonheur, heureux de pouvoir lui continuer pendant de longues années notre satisfaction de l'avoir pour chef, et le profond respect avec le quel nous avons l'honneur d'être,

« Monsieur,

« Vos, etc. »

MOULINNEUF,
secrétaire perpétuel.

Voici la réponse :

A Paris, 14 février 1776.

« Messieurs,

« Je n'ai pas cru devoir être plus empressé de répondre à vos dernières lettres que vous l'avez été à répondre en termes convenables, à mon envoye de desseins. Je ne vous le dissimule point : j'ai mis sur le compte de votre peu de sensibilité à leur mérite votre retard à me faire connoitre l'impression dont ils vous avoient affecté. Je m'en suis même plaint amérement à ceux qui instruits de mes bons procédés me demandoient des nouvelles des votres. La notice que vous m'avés enfin envoyée de ces desseins, a mis le terme à mes soupçons; mon improbation de votre indifférence à mon égard dans cette occasion a fini à cette époque; et la lettre obligeante dont la notice était accompagnée est l'éponge que j'ai passée sur vos torts, elle les a tous effacés.

« Je suis très satisfait de la justice que vous rendez aux prétieux chefs-d'œuvres (j'excepte mes ouvrages) dont vous êtes enrichis et du cas que vous en faites; ne vous bornez pas messieurs, à d'infructueuses spéculations sur les beaux principes qu'ils renferment; faites les servir à vous confirmer dans vos maximes, si elles s'y conforment, ou à les reformer si elles y sont contraires; employez les essentiellement à inspirer à vos élèves le bon gout, la grande et belle manière de dessein, et à vos amateurs, ainsi qu'à vos concitoyens, l'amour des beaux arts, en leur présentant dans des expositions annuelles et publiques ce que vous avez de plus rare, et de plus frappant parmi votre collection, tantot en desseins, tantot en estampes, et tantot en mêlant les uns et les autres.

« Vos lettres de bonne année sont remises à leur adresse. On ne saurait être plus sensible que je le suis aux sentimens dont vous me donnez dans cette occasion de sincères témoignages; soyez persuadés que je fais pour chacun de vous, tous les vœux, que, réunis en corps, vous faites vous même pour moi. Je n'oublierai point M^r votre attentif et officieux secrétaire perpétuel que je prie ici de vous proposer, messieurs, de faire encadrer, et de placer dans la salle des archives le portrait dessiné par Carle Vanloo, et de mettre en évidence le plus grand témoignage d'amitié qu'un si grand homme put donner à votre directeur perpétuel, le plus zèlé de vos serviteurs.

D. B.

Moulinneuf, par sa lettre du 2 septembre 1776, envoie au directeur le compte rendu de la séance publique de l'Académie et la liste des œuvres exposées. Celui-ci répond :

A Paris, 12 septembre 1776.

« Messieurs,

« Je prens trop de part à votre gloire, pour ne pas être extrêmement sensible aux détails de votre séance, la beauté de l'Assemblée, le concours des citoyens. La distribution des prix, la joye des vainqueurs, mais surtout les discours prononcés me donnent la plus noble idée de cette brillante cérémonie, que j'appelerois volontiers : la grande fête de Marseille; telles étaient autrefois les solemnités de la Grèce.

« Je félicite M. le directeur en exercice d'avoir ouvert la séance par un essai sur l'histoire de la sculpture, ce sujet est véritablement digne d'une compagnie décorée du titre que vous portez. M. le professeur correspondant de l'Académie royale d'architecture, voudra bien que je le félicite aussi d'avoir célébré la mémoire du grand Puget.

« Je puis assurer ces messieurs que j'ai presque entendu leurs discours des oreilles de l'imagination, et qu'ils ont excité en moi une si vive démangeaison de les lire que ce seroit une espèce de cruauté de leur part s'ils me refusoient ce plaisir.

« Après avoir rendu hommage aux arts libéraux, vous l'avez étendu, messieurs, jusque sur les arts méchaniques, par l'organe de votre digne secrétaire perpétuel. Son discours a rappelé à M^{rs} vos fondateurs l'idée de l'importance du dessin pour conduire à la perfection les ouvrages de la main. Il a démontré que depuis votre établissement vous aviez de meilleurs fayenciers, seruriers, ferblantiers, etc., etc., qu'auparavant. Que n'a-t-il pu démontrer de même que vous auriez un jour dans vos élèves de meilleurs peintres, des sculpteurs plus habiles que les Serre et les Duparc.

« J'aurais alors hardiment communiqué à l'Académie royale et au ministre des arts un discours qui lui aurait donné de telles espèrances. Mais les beaux arts et les métiers viennent de sources bien différentes : ne nous étonnons donc pas de leurs différens destins.

« Si de l'agréable sensation qu'a fait sur moi votre séance publique, je passe au plaisir dont j'ai été affecté par les détails de votre exposition, je vous avouerai, messieurs, que j'y vois avec la plus douce satisfaction des rivaux de nos excellens artistes se distinguer dans tous les genres ; combien ne suis-je pas affermi dans cette idée par l'assertion que je lis au bas de la liste : « Cette exposition est un témoi- « gnage du progrès qu'ont fait les artistes depuis notre établisse- « ment. »

« Oui ! messieurs, je m'en rapporte à cette assertion, et je n'ai pas besoin que vous la signiez pour le croire. Au reste je suis très sensible à la générosité avec la quelle vous m'avez départi une portion de votre gloire.

« Vous avez du remarquer que les cahiers du *Costume* qu'on vient de vous remettre de ma part sont les derniers de l'ouvrage. Le 31me finit par la table des matières. Quand vous voudrés les faire relier, conformez vous à l'exemplaire que j'envoye à MM. de l'Académie des belles lettres, sciences et arts ; ils le doivent reçevoir à la fin du mois.

« Soyez convaincu, messieurs, que je vois vos intérêts mieux que vous mêmes, et que dans toute occasion je les ménagerai à votre honneur et gloire, tant que j'en serai chargé. Mais voici bientôt le tems que, pour mettre un intervale entre la vie et la mort, je renoncerai à tous les honneurs du monde et je ne réserverai auprès de vous que le titre,

« Messieurs,

« De votre très humble et très obéissant serviteur. »

D. B.

1777.

Une partie de la correspondance de cette année a disparu. A part une lettre de d'André Bardon, datée du 15 de l'an 1777, remerciant la compagnie de ses vœux de bonne année, nous ne possédons de lui qu'un pli du 4 septembre, accompagnant un opuscule que nous croyons être l'*Apologie de l'allégorie, pour la défense de Rubens contre l'abbé Dubos,* opuscule qui, dans une autre édition, a du paraître sous le titre d'*Apologie des allégories de Rubens et de Lebrun, introduites dans les galeries du Luxembourg et de Versailles.*

« A mesure que les ans m'affoiblissent, s'écrie-t-il, je sens reveiller mon zèle quand il s'agit de soutenir la gloire des artistes fameux ou de publier leurs chefs d'œuvres. Vous trouverez ces deux motifs rassemblés dans le petit ouvrage que je vous présente; puisse-t-il servir d'instruction à ceux qui s'occupent des beaux arts de peindre et de sculpter. C'est là mon objet principal, il est inséparable des sentimens d'estime et d'affection que je me fairay honneur de conserver jusqu'à mon dernier instant pour votre louable compagnie. »

D. B.

Le 8 septembre, le secrétaire a envoyé son compte rendu habituel sur la séance de distribution des prix à l'Hôtel de ville. Le directeur écrit cette fois plus longuement :

A Paris, 14 septembre 1777.

« Messieurs,

« Je reçois toujours avec une véritable satisfaction les témoignages d'attention et d'attachement que vous me donnez. Les détails de votre séance publique du 7 courrant, les discours qui ont été prononcés, dont, sur les applaudissemens qu'ils ont mérité, je fais compliment à

MM. les auteurs; la distribution des prix à vos élèves faite par MM. les maires, échevins et accesseurs; tous ces objets m'ont fait le plus grand plaisir. J'ai communiqué votre lettre à M. le premier peintre du Roi, pour lui donner une juste idée du soin que vous prenez à former des élèves sur l'étude du modèle et à les encourager par des prix. Comptez, messieurs, que cette conduite vous fait ici beaucoup d'honneur. Je ne doute pas qu'elle vous en fasse autant dans l'esprit de M^{rs} vos fondateurs, qui pénétrés de sentiments patriotiques à l'égard de citoyens aussi zelés que vous l'êtes pour le bien de la ville, de la province, de la nation, ne manqueront pas dans l'occasion de signaler en votre faveur leur crédit et leur bienveillance. »

Le directeur annonce ensuite l'envoi de trois exemplaires d'un petit ouvrage de 100 pages, dédié à M. d'Angiviller, que le secrétaire voudra bien distribuer : un exemplaire est pour l'Académie des belles-lettres, un autre pour M. Boyer de Fonscolombe à Aix, et le dernier pour la compagnie. Il envoie de plus un livret de l'exposition de l'Académie royale de Paris, et il ajoute : « Je suis fâché qu'on ait fait qu'une mention toute simple des quatre figures en marbre du mémorable chancelier de l'Hopital, du grand Sully, de l'édifiant Fénélon, et du savant Descartes. Ces figures, faites pour le Roi, décorent la cour qui précède l'exposition, et la décorent bien noblement. »

Suivent de nouvelles recommandations au sujet des élèves que la compagnie lui adresse; il demande qu'ils soient pourvus d'attestations sur leur capacité, et qu'ils ne soient point dénués d'argent, afin qu'ils puissent attendre des places : « J'ai épuisé, dit-il, la complaisance de plusieurs de nos messieurs, et je suis toujours embarrassé quand il faut leur demander dans leur atelier, pour des élèves sans mérite et sans moyens, des places que des écoliers raisonnablement avancés n'occupent qu'en payant [1]. »

« Vous connaissez les sentimens d'attachement et de zèle avec lesquels je me fais gloire d'être jusqu'à mon dernier instant,

« Messieurs,
  « Votre etc. »

               D. B.

[1] Voir la lettre du secrétaire du 29 octobre 1777.

M. Aujolest Pagès, directeur de l'École royale de peinture, etc., de Poitiers, avait écrit le 2 février 1777 à l'Académie de Marseille, et le secrétaire, au nom de la compagnie, lui avait répondu le 10 mars suivant. Il s'agissait d'un projet de correspondance et d'affiliation entre les deux sociétés. Le secrétaire n'avait point en cela consulté le directeur perpétuel; mais M. Pagès l'avait mis au courant, et d'André Bardon ne voulant pas laisser établir des précédents que l'Académie royale aurait pu désapprouver, la connaissant jalouse de ses prérogatives, sentiments du reste qu'il partageait, avait fait part de ce qui se passait à l'Académie royale, et la décision de la compagnie lui dictait la lettre suivante; il l'adressait en novembre à Marseille :

« Messieurs,

« Je ne manque jamais de parler de vous à l'Académie royale, quand je puis le faire d'une manière flateuse pour elle, et honorable pour vous. L'occasion s'en présenta encore hier à l'Assemblée. Les projets d'affiliation de M. Pagès furent désaprouvés. Une correspondance entre les Académies provinciales est un droit naturel du supérieur à l'égard d'un inférieur. C'est le droit d'un père qui communique une portion de ses privilèges à son fils. On juge par là que l'Académie royale *première et principale*[1] de peinture et de sculpture, est la seule qui puisse avoir des affiliés. La manière dont M. Pagès m'a écrit à ce sujet, l'éloge qu'il me fait de la grande honnêteté qu'il a trouvé en vous, ne m'avait point fait soupçonner que vous fussiez entré dans ses vues, sans m'en faire part; cependant je vous fais part des intentions de l'Académie, afin que dans l'occasion vous agissiez en conséquence. En cas de correspondance, il faut que le consentement des correspondans soit notifié à M. le directeur général et à l'Académie royale.

« En attendant que j'aye quelque occasion de vous envoyer nos nouveaux règlemens, voici l'article qui concerne les Académies établies dans les provinces :

« Dans le cas où quelque officier des Académies provinciales affiliées
« à l'Académie royale se trouve à Paris, il jouira du privilège d'as-

---

[1] C'est le titre que le roi nous donne dans de nouveaux statuts.

« sister aux assemblées de l'Académie royale, première et principale,
« mais placé hors de rang, et sans avoir de voix aux scrutins. Il pourra
« seulement rendre compte des progrès de son école, et des objets de
« discussion qui pourroient s'élever dans ces Académies provinciales
« au sujet des arts qui y sont pratiqués et enseignés. »

Dans une lettre du 29 octobre, le secrétaire annonçait que M. Lelu, peintre, avait été reçu membre de l'Académie et qu'il soumettrait lui-même, à son arrivée à Paris, la délibération qui lui conférait ce titre à la signature de son directeur perpétuel. D'André Bardon, ratifiant ce choix, écrivait :

« J'applaudis d'avance à votre nouvel académicien. Je ne doute nullement du mérite de M. Lelu [1], je me ferai un plaisir de lui rendre la même justice que vous lui avez rendue. »

Puis quelques recommandations au sujet des médaillistes qu'on lui envoie, dénués de ressources et sans capacités supérieures. Il termine ainsi :

« Je ne crois pas que vous doutiez de l'intérêt que je prens aux arts, aux artistes, et à tout ce qui peut contribuer à votre satisfaction. Soyez persuadés que je me fais honneur de mon zèle, et qu'il ne finira qu'avec les jours de celui qui ne cesse d'être,
    « Messieurs,
        « Votre etc. »
                                                            D. B.

M. Aujolest Pagès, poursuivant son projet d'affiliation, avait écrit de nouveau à l'Académie de Marseille. Le secrétaire, par sa lettre du 4 novembre expliquait ce projet à d'André Bardon et disait en terminant : « Comme les lettres patentes établissent que l'Académie de Marseille porte le titre de *fille aînée* de l'Académie royale, ce qui la place à la tête de toutes les autres Académies de la province, elle ne saurait prendre aucun engagement sans l'avis de son illustre directeur. » Et ce dernier, jaloux de la dignité de la société dont il était le chef, mandait sa volonté ainsi qu'il suit :

---

[1] Voir ultérieurement la notice sur Lelu, peintre.

A Paris, 2 décembre 1777.

« Messieurs,

« Puisque vous souhaitez une explication plus ample que celle que ma dernière contenoit, au sujet de la proposition de M. Pagès, la voici :

« L'affiliation ne peut avoir lieu entre deux compagnies égales, et si elle pouvoit avoir lieu ce serait l'Académie de Marseille qui, à titre de plus ancienne, pourrait affilier celle de Poitiers, qui n'est affiliée à l'Académie royale que longtems après la votre. Mais comme l'Académie royale en vous affiliant ne vous a pas donné le droit d'en affilier d'autres, et qu'en société judicieuse, vous vous contentez de jouir de vos droits sans chercher à les étendre plus loin, vous devez encore moins souffrir une affiliation de la part de Poitiers, qui par là se mettroit au dessus de Marseille. Le droit de dominer tente M. Pagès; nous en jugeons par la permission qu'il demande de s'affilier quelques écoles qu'il y a autour de lui; mais il faudra bien que cette manie de domination lui passe. Ainsi, messieurs, je crois que quand on est comme vous l'étes à l'Académie royale première et principale du royaume, on peut renoncer poliment et sans regret à l'affiliation de l'Académie provinciale de Poitiers qui n'est que votre cadette à tous égards. Voila ma façon de penser, et je ne crois pas que vous en ayez d'autre. On peut être en correspondance avec une société quand on croit pouvoir s'être réciproquement utiles, à la bonne heure; mais on ne doit jamais contracter d'engagemens qui nous subordonnent, sur tout quand on se lie avec des sociétés sur les quelles nous pourrions à bien des égards avoir droit de prééminence et vous êtes au cas.

« Le titre de fille ainée de l'Académie royale dont vous a honoré M. le directeur général est d'autant plus flateur pour vous, messieurs, qu'il vous est justement acquis. Envoyez moi la date de la lettre où est contenue cette particularité que j'ignorais[1]; si je puis en tirer quelque avantage et qu'elle me donne jour à quelques espérances, je mettrai les fers au feu, ne desirant rien tant que de vous donner avant de mourir la seule satisfaction qu'il n'a pas été en mon pouvoir de vous procurer.

[1] Lettres de M. de Montucla et de M. d'Angiviller du 15 janvier 1776.

« Sachez de M. le secrétaire de l'Académie des belles lettres s'il a reçu ma dernière brochure. J'aurais été charmé d'avoir le sentiment de ces messieurs au sujet de cet opuscule.

« Ne doutez pas, etc. »

D. B.

« Le dernier élève envoyé, ayant quelque talent pour les animaux, a été placé par M. Cazanove, excellent peintre en ce genre. »

1778.

L'Académie profitant du renouvellement de l'année, avait écrit à M. de Montucla et à M. d'Angiviller, en leur offrant ses vœux et de nouveaux remerciements pour le titre glorieux de « fille aînée de l'Académie royale » qu'elle leur devait. Elle répétait leurs propres paroles qui la plaçaient la *première* entre toutes les académies de province. C'était un rappel à d'anciennes promesses.

D'André Bardon recevait de son côté les renseignements demandés; au courant des démarches de la Compagnie, il avait mis, comme il le disait, *les fers au feu*, et sa réponse marque le point de départ de la nouvelle campagne qu'il allait entreprendre, malgré son grand âge, avec une activité juvénile :

A Paris, 12 janvier 1778.

« Messieurs,

« Je reçois toujours avec un bien sensible plaisir vos témoignages d'affection ; puisse le ciel exaucer les vœux que vous faites pour la conservation de mes jours! et puissé-je être assez heureux pour réussir au désir que j'ai de les employer à l'accomplissement de votre louable ambition !

« Les affaires où me plonge mon emploi actuel de recteur en exercice, bien des soins qu'exige la police des deux écoles, quelques réformes que je juge à propos d'y introduire, les circonstances du tems, l'examen d'un projet de lettres patentes d'une des principales villes du royaume dont j'ai été chargé, et quelques ressentimens de mon infirmité, tous ces motifs m'ont empêché de faire pour vous, messieurs, ce que j'ai desseins de faire ou de tenter.

« Pour remplir mon objet, j'ai besoin de sçavoir quelles sont *les académies moins conséquentes que celle de Marseille*, qui ainsi que vous me le marquez dans votre dernière du 15 décembre 1777, *ont obtenu des lettres patentes au commencement même de leur établissement*. Vous comprenez que je ne puis pas avancer une pareille proposition au ministre, sans l'assurer par des preuves incontestables. Je sçai bien que l'Académie, dont j'ai examiné le projet, fondée depuis 1705, protégée par Louis XIV, ayant un arrêt du Conseil d'état qui constate les privilèges particuliers et exemptions dont le monarque l'a gratifiée, sollicite depuis le commencement de l'administration de M. l'abbé Terrai, et sollicite encore vivement pour des lettres patentes, que je suis persuadé qu'elle aura bien de la peine à obtenir, quoique ce soit les maires, le lieutenant, les jurats, fondateurs de cette Académie provinciale, qui sollicitent pour elle.

« Cela ne me décourage néanmoins pas. Envoyez moi donc ce que je vous demande ici, et soyez persuadés que je ne négligerai point vos intérêts : je les regarde comme les miens propres. Vous pouvez compter sur mon zèle pour votre gloire, et l'attachement que je ne cesserai d'avoir jusqu'à mon dernier soupir pour *la fille ainée de l'Académie royale première et principale du royaume*.

« Faites moi le plaisir de sçavoir pourquoi MM. des belles lettres ne m'ont pas seulement accusé reception de ma dernière brochure. Elle est petite à la vérité pour une aussi grande Compagnie, mais enfin cent pages qu'elle contient valent bien au moins quelques lignes de réponse. Je prie M. Moulinneuf de présenter de ma part mes civilités à M. Mouraille. J'ai vu M. Lelu et ses ouvrages. Toutes vos lettres sont remises. »

D. B.

A Paris, 19 de l'an 1778.

« Messieurs,

« En vous envoyant les deux lettres de nos amateurs, je vous fais sçavoir que j'ai communiqué à M. le premier peintre du Roi la copie de la lettre à vous écrite par M. le directeur général [1]. Il me parut en

---

[1] Sa lettre du 15 janvier 1776.

être fort aise, et après bien des propos où il fut question de vous, il me fit comprendre qu'on travailleroit à l'affaire de Marseille en travaillant à celle de Bordeaux, pour qui le ministre est vivement sollicité. Quelques jours après M. Pierre m'envoya demander vos statuts. En me les rendant il me fit entendre qu'il me demanderoit quelque jour la permission de les faire copier, vous comprenez ce que je lui répondis.

« J'attends avec autant d'impatience que vous que M. le c^{te} d'Angiviller qui est actuellement accablé d'affaires, puisse tourner ses occupations vers les académies provinciales; je suis persuadé que la vôtre sera de celles pour laquelle il aura le plus de considération. Si je suis consulté, comme je l'espère, vous pouvez compter, messieurs, que votre directeur perpétuel se faira un honneur et une gloire de signaler son inclination et son zèle. »

D. B.

La lettre du comte d'Angiviller du 21 janvier, en réponse aux vœux et souhaits de l'Académie, se terminait par ces mots : « La fin de votre lettre parrait m'annoncer qu'elle attend quelque chose de moy. Si vous voulez bien m'expliquer ses vues je les examinerai, et je ferai très volontier ce qui sera en mon pouvoir pour les remplir. »

Le ministre allait ainsi au devant des désirs de l'Académie. Mais la Compagnie n'avait deviné qu'à demi ce que le ministre attendait d'elle. D'André Bardon la gourmandait en ces termes de son peu de sagacité :

A Paris, 18 février 1778.

« Messieurs,

« Je vous félicite de l'obligeante lettre dont M. le c^{te} d'Angiviller vous a honorés. La fin surtout m'a paru devoir vous faire comprendre tout ce que vous pouvez souhaiter de plus flateur; mais vous ne l'avez pas compris, et avez mal répondu. M. le c^{te} vous demande que vous lui *expliquiez vos vues*. Vous lui répondez que votre directeur perpétuel est à même de donner tous les éclaircissemens nécessaires au sujet des avantages que votre Académie procure à l'État. Je vous demande si c'est là répondre à la demande. *Expliquez moi vos vues : où sont vos vues, et comment les expliquez-vous ?*

« Je présume la cause de votre inexactitude. Vous voulez qu'on vous devine. Les choses ne vont pas ainsi dans les bureaux. Il faut dire bien clairement vos prétentions, les appuyer par des raisons bien solides, lumineuses, et surtout qui n'offrent rien de vague et de louche.

« Alors le ministre examine, pèse, juge, présente les prétentions étayées de bonnes raisnos au souverain ; s'il les agrée, s'il accorde les demandes, on les revet des formalités, et l'acte qui en résulte prend le nom, la forme, l'autorité des lettres patentes : elles désignent précisément la concession de droits, privilèges, graces, ou bienfaits quelconques émanés du Roi, à la sollicitation du ministre.

« Voila la marche que M. le directeur général vous mettait à portée de suivre, par la demande qu'il vous fait de lui expliquer vos vues : voici par exemple comment vous auriez dû répondre : « Nos vues sont « d'obtenir la confirmation de notre établissement, l'augmentation de « notre pention, etc. »

« Alors vous auriez pu apuyer le 1er objet du détail des avantages que retirent de votre établissement, et de vos soins, le commerce, la marine, les manufactures, etc. Vous auriez pu étayer le 2me objet, de l'imposibilité de survenir aux frais de votre Académie, de l'obligation où sont la plupart des officiers de professer gratis, et du désintéressement avec lequel vous donnez vos soins depuis vingt années, sans en retirer aucune récompense, etc.

« Au reste les deux objets que je trace ici ne sont, de ma part, que des suppositions, et un modèle de la manière dont vous pourriez ce me semble expliquer vos vues à votre protecteur. Dans la bonne intention où il est, répondez toujours bien précisément, et bien clairement à ce qu'il vous prescrit. Je ne doute pas qu'il ne vous prescrive ce qui vous sera le plus utile, soit pour votre bien être, soit pour votre illustration, tel est le vœu de celui qui se fait honneur d'être,

« Messieurs,
    « Votre etc. »

D. B.

« Vous comprenez que *la constitution légale* n'est qu'une gasconade.

« Je n'entens nullement parler de M. Mouraille. Je vous prie néanmoins de lui présenter mes affectionnées civilités. »

A Paris, 7 mars 1778.

« Messieurs,

« Je me hâte de vous faire sçavoir que je sors d'une conférence que nous avons eue avec M. Pierre et M. de Montucla, à l'issue du diner chez le premier peintre du Roi. L'objet de cette conférence était de régler les prétentions des académies de Besançon, de Bordeaux, et de Marseille dans la huitaine. M. de Montucla vous apprendra les généralités qui concernent tous les établissements académiques, et les particularités qui concernent le votre. Je lui ai remis vos statuts, votre dernière lettre. J'ay fort appuyé sur la médiocrité de votre pention. J'ay fait voir que quand elle vous a été accordée vous étiez logés dans l'Arsenal, qu'aujourd'hui il vous faut déduire le cinquième de la somme pour vous loger; que les académies de Lion, de Besançon, etc., avoient des logements pour les académies, pour le directeur, et accordoient en outre une pention pour celui ci. J'ai ajouté que le directeur perpétuel de celle de Marseille ne demandoit ni logement ni pention, mais qu'il demandoit qu'on eut des attentions pour les professeurs, qui depuis vingt ans font le service sans recevoir aucune récompense.

« On soutient avec force et avec succès d'aussi bonnes causes; mes raisons m'ont paru faire leur effet, et je crois que cet article de ce qu'on obtiendra pour vous ne sera pas celui qui vous fera le moins de plaisir.

« Je laisse à M. de Montucla le soin de vous faire savourer d'avance toutes les douceurs que M. le c^{te} d'Angiviller vous prépare. J'ai fort appuyé sur la préférence que mérite l'ancienneté de votre établissement et le titre de fille aînée de l'Académie royale qui vous est concédé à juste titre. Vous verrez que le Parlement d'Aix sera requis à confirmer votre établissement, que le gouverneur de la province s'interessera pour votre bien être, etc.

« Envoyez moi les détails circonstanciés de l'emploi que vous faites de la somme de mille écus. On est étonné ici que vous la consommiez sans rien donner à vos professeurs, tandis que jusqu'à ce règne, l'Académie royale n'a eu que 4,000 livres du Roi, et qu'elle payoit 12 professeurs, 4 recteurs, et marquez moi aussi quel est le nombre de vos officiers, à qui il conviendroit d'accorder une gratification, et à quel prix on doit la fixer. J'attens une réponse détaillée, exacte et précise à ce sujet, dont vous ne m'avez jamais donné aucune connaissance. Comptez toujours sur le zèle de votre directeur perpétuel, etc. »

D. B.

A Paris, 27 mars 1778.

« Messieurs,

« En répondant à la votre du 20 de ce mois, mon premier soin est de vous dire que j'ai été fort content du mémoire que vous vous proposez d'adresser à M. votre protecteur; si vous n'attendez que mon aveu pour le lui envoyer, vous pouvez le faire partir, la présente reçue.

« M. Pierre m'a communiqué la lettre qu'il vous a écrite; je l'assurai qu'elle vous fairait grand plaisir, et je lui confirmai d'après ce que vous me marquez. Je serois surpris que vous n'ayez point encore reçu de nouvelles de M. de Montucla, si je ne sçavais qu'il a été s'établir, à demeure avec toute sa famille à Versailles. Ce déménagement considérable l'a sans doute empêché de vous écrire, ainsi qu'il me l'avoit promis, et que je vous l'avais marqué dans ma dernière, à laquelle (par paranthèse) vous n'avez guères répondu.

« Je fairai usage de ce qu'il y a de bon dans la note détaillée de vos dépenses annuelles[1], si je suis consulté; vous avez bien fait de suivre le conseil que vous donna le zélé Ricaud lors de votre première demande. La cour traite assez volontiers les mémoires qu'on lui présente, comme nous traitons communément les roles d'ap.... Il ne tiendra pas à moi qu'on en agisse tout différemment à votre égard.

« Je vous prie très instamment, messieurs, de supprimer votre directeur perpétuel de la liste des officiers qui prétendent aux honoraires. Je suis trop payé si pendant mon administration j'ai pu vous être de quelque utilité.

« Il est pour votre Académie de la dernière importance que M^{rs} vos fondateurs sollicitent pour elle, etc.

« J'ay bonne espérance qu'en employant tous ces moyens vous finirez par réussir; c'est le vœu bien sincère de celui qui ne cessera de se dire,

« Messieurs,

« Votre etc. »

D. B.

[1] Cette note était contenue dans la lettre du secrétaire du 20 mars 1778.

À MONSIEUR LE CHEVALIER DE GAUTIER DE VALABRES, À MARSEILLE.

A Paris, le 19 avril 1778.

« Mon cher chevalier,

« En lisant votre nom dans la dernière lettre que M^rs de l'Académie de peinture m'ont écrite, j'ai senti dans mon cœur un mouvement qui m'a persuadé que la paralysie dont je suis affligé depuis plus de huit ans n'avoit point altéré mes sentimens pour un aussi bon ami que vous. J'avois autrefois la satisfaction de parler de vous avec une aimable dame dont l'aspect me rapeloit le souvenir de Mme la B^ne de P. Mais depuis très longtems je ne la vois plus au jardin de l'infante, seule promenade que ma situation me permette de fréquenter; encore ne puis-je y aller qu'accompagné de deux domestiques.

« C'est avec un plaisir bien sensible que je vous ai vu associé avec M^rs les honorables amateurs pour solliciter M^rs les échevins de s'intéresser en faveur de l'Académie auprès de M. le c^te d'Angiviller; soyez persuadé, mon cher chevalier, que votre zèle aura le succès que vous avez lieu d'en attendre. Toutes choses sont en bon train. Les académies de Marseille et de Bordeaux occupent actuellement M. le directeur et ordonnateur général. Vous pouvez assurer de ma part ces messieurs, qu'ils ne doivent point s'inquiéter des retards. Les motifs m'en sont connus, ils leur sont avantageux. À la cour, les affaires sont toujours longues quand on a à combattre de puissantes protections, contraires à des droits établis sur les quels on voudroit empiéter. Vous saurez quelque jour, que sans en être à ces combats, je ne perds point ses intérêts de vue. J'espère que mes représentations produiront leur effet. Je vous prie, mon cher chevalier, de les assurer encore que je me charge de leurs intérêts auprès de M. Pierre et de M. de Montucla; qu'ils ayent patience; tout vient à point à qui sçait attendre.

« Je me flate que vous ne serez pas faché que je me rapelle à votre souvenir, le votre me sera toujours cher, et je le conserverai précieusement jusqu'au dernier instant de ma vie.

« J'ai l'honneur d'être, etc. »

D. B.

« Si M. le m^quis de Jarente, M. de Fontainieu, et M. Campion se souviennent encore de moi, je vous prie de leur faire agréer mes respectueuses civilités. »

«Messieurs, A Paris, 8 mai 1778,

« J'apprends avec plaisir que vous avez inséré dans votre recueil de correspondance la lettre que j'écrivis dernièrement à M. le ch^r de Valabres, et que je l'avois prié de vous communiquer[1]. »

Suivent des détails d'où il ressort que les échevins ont écrit le 8 avril au protecteur de l'Académie, et que leur demande était absolument nécessaire pour assurer le succès.

« Maintenant, ajoute le directeur, il ne reste plus qu'à attendre que M. le c^{te} d'Angiviller travaille avec le Roi pour vos lettres patentes... Si vous pouvez me communiquer la réponse que M^{rs} les consuls ont reçue de M. le directeur général, et celle que vous avez reçue vous même je combinerai les deux objets avec les connaissances que j'ai d'ailleur de la situation actuelle des choses, et nous en déduirons les conséquences convenables.

« Soyez toujours persuadés du zèle que j'apporte à la gloire de votre compagnie, etc. »

D. B.

Dans une lettre du 31 août, le secrétaire rend compte de la séance publique de l'Académie d'une façon circonstanciée, puis il accable le directeur perpétuel des doléances de la Compagnie au sujet du silence de son protecteur : « Ce silence, s'écrie-t-il, nous met dans le cas de voir nos magistrats nous refuser une autre fois leur appui, puisqu'il pèse si peu dans la balance. Si ayant fait tout ce que nous pouvions pour être patentés, l'Académie de Bordeaux obtient un tel bienfait, celle de Marseille ose aussi s'en croire digne, si l'on daigne examiner sa position, les avantages qui en reviennent à la société et le désintéressement de ses professeurs ne s'est jamais démenti.

« Mais il en est presque toujours ainsi des établissements utiles; leurs instituteurs travaillent, vieillissent et meurent sous le poids de la peine, et leurs successeurs ont l'honneur de la récompense.

[1] Voir la lettre du secrétaire du 28 mai 1778.

« Pardonnez cette dernière reflexion, elle n'affecte en rien notre cœur, et ne change nullement nos sentiments, toujours remplis du même esprit; nous ne cesserons jamais de vous témoigner le profond respect avec lequel [1], etc. »

Et d'André Bardon de répondre :

A Paris, le 8 septembre 1778.

« Monsieur,

« Je reçois toujours avec un nouveau plaisir la nouvelle des preuves autentiques, que vous donnez à vos fondateurs et à vos concitoyens de votre zèle, du progrès de vos élèves, et de la gloire de votre établissement. Je joins ici mes applaudissemens à ceux dont votre assemblée publique a honoré les discours qu'on y a prononcés ; je ne sçaurais trop en louer les auteurs ni trop les exhorter à ne point perdre courrage.

« Je ne suis pas moins surpris que vous du silence du ministre des arts. Celui du premier commis des batimens à mon égard me surprendroit encore davantage, si je ne sçavois que dans les circonstances actuelles on ne s'occupe guères à la cour des académies provinciales, et que les ministres, ni ceux qui tiennent à eux, n'écrivent point quand ils n'ont rien à nous dire sur ce qu'on leur demande. Il y a un tems infini que je n'ai point entendu parler de Mrs de Bordeaux. Je ne les crois pas plus avancés que les Mrs de Marseille, quoique leurs prétentions soient fortement sollicitées par des personnes de la plus haute considération, ducs, intendants, etc. Je crois que l'Académie de Bordeaux n'est encore aujourd'hui que ce qu'elle étoit en 1676, lors de son établissement, et qu'elle ne jouit que des droits généraux dont vous jouissez, qui lui furent accordés en 1706, c'est à dire 30 ans après sa fondation.

« Au reste, messieurs, s'il est dans ce monde des affaires qui exigent que l'on prenne patience, ce sont celles dont le succès ne dépend pas de nous, et où l'agrément du souverain devient clause nécessaire. Nous pouvons espérer que tant qu'il n'est point de refus absolu d'une chose, on a droit de se flater de l'obtenir.

[1] Voir la lettre du secrétaire du 31 août.

« Comptez, messieurs que je n'ai pas moins d'empressement que vous même de voir vos louables désirs comblés. Je mourrai content si j'ai le plaisir d'en être témoin. »

D'André Bardon, *recteur*.

« La mort de M. Lemoyne m'a élevé à ce grade. Je travaille à son éloge historique. Quand M. Pierre reviendra, je lui communiquerai vos perplexités bien légitimes. Le détail de votre exposition m'a fait plaisir. »

1779.

Necker, qui avait relevé nos finances, et dont la signature se retrouve dans la correspondance de l'Académie, avait en 1777 cédé la place à M. de Castries. En 1778, la France perdait définitivement ses possessions dans l'Inde, et participait à la guerre de l'indépendance américaine. C'étaient, sur les points les plus opposés du globe, des luttes maritimes où se trouvait en présence tout ce que le Nouveau Monde, l'Angleterre, la France, la Hollande, l'Espagne comptaient de plus illustre dans la diplomatie et dans les armes.

Les feuilles publiques de l'époque n'enregistrent que quelques échos de ces combats lointains. Mais ces luttes appauvrissaient les finances et jetaient la gêne dans les transactions. L'Académie de Marseille poursuivait son but sans se douter qu'il y eût autour d'elle d'autres intérêts à défendre que ceux de l'art et de son enseignement, et elle travaillait en attendant la réalisation de son rêve.

Quant au directeur, les événements ne troublaient point sa sérénité. D'André Bardon vivait dans une sphère supérieure. Le pays était en proie à une crise d'argent, et il la signale placidement sans commentaires : « Où l'on ne peut rien, on doit se soumettre. » Il engage l'Académie à partager son sentiment.

A Paris, 3 de l'an 1779.

« Messieurs,

« De tous les sentimens les plus flateurs qui me sont adressés, il n'en est point dont je sois plus sensiblement affecté que des témoignages d'affection et d'estime qui me viennent de votre part. Leur constance m'est garant de leur sincérité, et ces deux considérations réunies me pénètrent de la plus vive reconnaissance; pourquoi faut-il que des circonstances tiranniques m'empèchent de la porter au point où je me suis, autrefois, longtems flaté de parvenir?

« Rien n'est plus sage, messieurs, que le parti que vous prenés au sujet des lettres patentes; les payemens sont suspendus à la ville et au Trésor royal. Quel tems moins propre à demander des augmentations d'honoraires? qui l'oseroit!

« J'applaudis au choix que vous avez fait de M. d'Ageville pour votre directeur recteur, pour exercer pendant trois ans. L'idée avantageuse de ses talens et de son caractère m'est connue, et sa réputation est parvenue jusqu'à moi depuis longtems. Je ne doute pas que la prudence de son administration ne concoure à entretenir l'harmonie qui règne constamment parmi vous, accord dont toutes les sociétés ont besoin pour leur honneur, pour leur tranquilité, et pour leur existence : supprimez-en l'harmonie, vous en supprimez le soutien. M. le nouveau directeur en exercice trouvera sous ce pli ma réponse à sa lettre obligeante.

« Vous ne doutez pas, messieurs, des vœux que je fais pour votre félicité, et pour votre gloire; que ne sont elles l'une et l'autre en mon pouvoir?

« En cédant aujourd'hui aux circonstances défavorables, il ne faut pas négliger de rappeller de tems à autre à M. votre protecteur et au secrétaire amateur, vos justes motifs d'espérance. Pliez vous aux loix de la nécessité, rien n'est plus sage je le répète, mais ne perdez pas tout espoir, qu'un avenir plus heureux ne puisse rendre possibles les impossibilités actuelles.

« En tel état que les choses parviennent, n'oubliez jamais que tant qu'il me reste un soufle de vie je me ferai un devoir et une gloire de l'employer, messieurs, à vous servir. »

D. B.

La province semble partager les sentiments des académiciens de Marseille. Les crises qui se succèdent ne paraissent pas troubler sa tranquillité. Les idées philosophiques qui comptent de si nombreux adeptes à Paris n'y pénètrent que lentement; les passions politiques y sommeillent. Le vent souffle du côté des beaux-arts et d'André Bardon enregistre le fait en écrivant de nouveau à la Compagnie :

« Messieurs, A Paris, 16 de l'an 1779.

« En vous envoyant les réponses qui m'ont été adressées pour vous, je vous fairai part d'une conversation que j'ai eue avec une personne de poids, instruite autant qu'on peut l'être, des affaires qui occupent plus que jamais les académies provinciales. Je dis plus que jamais, parce qu'il s'en forme de toutes parts.

« Depuis un tems on lit quantité de lettres dans nos assemblées de plusieurs villes du royaume, dont le nom m'était inconnu, qui sollicitent l'Académie d'obtenir de M. le c^{te} d'Angiviller de leur accorder la permission de s'établir. Nous jugeons par les réponses que ce directeur et ordonnateur général fait à la compagnie qu'il est toujours très disposé à favoriser le progrès des arts en France.

« A l'égard des distinctions et bienfaits tant honorifiques que pécuniaires aux quels les académies établies depuis longtems aspirent, je sçai, à n'en pouvoir douter, que Toulouse qui sollicite constamment et puissamment, ainsi que plusieurs autres villes considérables, n'est pas plus avancée que Marseille qui agit avec les plus louables et les plus sages ménagements.

« En m'instruisant des circonstances, on a ajouté que le ministre des arts s'occupait actuellement même de ce qui les intéresse, autant que les circonstances le permétent, et qu'on espéroit que dans peu...

« Mais ne nous flatons pas. La cour a des soins trop importants, et des affaires trop sérieuses à méditer... Attendons qu'une paix bien assurée rende au protecteur des arts, non le zèle (le sien ne s'est point ralenti) mais les moyens d'augmenter l'illustration et le bien être dont ils jouissent. Si les réponses à vos lettres de bonne année vous ont appris quelques circonstances favorables à vos vues, communiquez les moi, vous verrez, messieurs, avec quelle vivacité votre affectionné directeur en faira usage pour vous servir. Il ne demande que des occasions de vous persuader de l'étendue de son zèle, et de son ardeur, et de sa sincérité. »

D. B.

Voici maintenant que le directeur stimule les bonnes dispositions de son ami M. le chevalier de Valabres pour l'Académie; les échevins sont consultés, et son influence peut peser d'un grand poids sur leurs décisions :

À MONSIEUR LE CHEVALIER DE GAUTIER DE VALABRES, À MARSEILLE.

A Paris, le 3 février 1779.

« Monsieur et cher chevalier,

« Si notre ancienne amitié m'a toujours donné droit à vos bontés, je les réclame aujourd'hui avec plus de vivacité que jamais. Je me flate de les obtenir avec d'autant plus de confiance, que je n'ai d'autre vue en vous les demandant, que de vous mettre à portée de signaler votre amour pour les arts, en concourant à la gloire et au bien être de l'Académie de peinture de Marseille. Ces messieurs vous communiqueront le projet des lettres patentes et la lettre particulière que M. le c^{te} d'Angiviler leur écrit. Je ne doute pas que M^{rs} les échevins ne vous fassent part de celle que le ministre des arts leur a adressée. Vous verrez avec quelle équité le protecteur de l'Académie de Marseille renvoie à ses bienfaiteurs, ses fondateurs tous les droits qui leur sont dus, en les laissant les maîtres d'indiquer la somme nécessaire pour les logemens, honoraires, et l'entretien général de cette louable compagnie à qui il ne manque que d'avoir un plus digne directeur perpétuel, pour mériter toutes les bontés dont le Roi l'honore.

« Souvenez vous toujours un peu de moi, mon cher chevalier, et soyez persuadé que mon amitié ne finira qu'avec ma vie. »

D'ANDRÉ BARDON, *recteur à l'Académie royale.*

Le directeur écrit le même jour à l'Académie :

A Paris, le lendemain de la Chandeleur 1779.

« Messieurs,

« Je vous félicite du paquet que vous avez reçu de votre bienfaisant protecteur. J'en ai reçu un pareil, et comme je juge de votre plaisir par le mien, je conclus qu'il est infini. Vous voyez que votre sort est entre les mains de vos fondateurs, comme leur droit l'exige, et vous devez être assuré que M. le c^{te} d'Angiviler obtiendra pour vous du ministre tout ce que M^{rs} vos échevins demanderont eux mêmes pour vous.

« Sans M^{rs} vos fondateurs, Monsieur votre protecteur, tout puissant et tout bien intentionné qu'il est, ne pourroit rien faire pour votre bien être. Employez donc vos plus fortes protections, vos amis les plus zélés, et n'oubliez pas le respectable chevalier de Valabres, à qui j'écris par ce courrier. Je ne doute pas qu'il ne fasse auprès de M^{rs} vos échevins tout ce que lui inspireront son amour pour les arts, et son zèle pour l'illustration et le bien être de votre Académie. Je suis si assuré du succès de ses bons procédés que je vous en félicite d'avance.

« Je compte que le projet de vos lettres patentes n'a besoin d'aucune réforme. Vous ne devez vous occuper qu'à faire remplir par une somme convenable à vos besoins les réticences ponctuées . . . . . et à envoyer la description de votre sceau, dont vous ne manquerez pas sans doute la légende, à M^{rs} de l'Académie des belles lettres à qui je présente ici mes respects.

« Je suis si charmé au moment que je vous écris que je vous embrasse tous,

« Messieurs,

« Du meilleur de mon cœur. »

D'André Bardon.

A dater du 12 février [1], le secrétaire entre à son tour en campagne. Il multiplie ses lettres. Sa correspondance avec Beaufort n'est pas la

---

[1] Lettres du secrétaire, de février, mars, etc. ; de Beaufort du 10 mars 1778 et du 7 février 1779.

moins intéressante. Les amis de l'Académie se disposent à aller en corps à l'Hôtel de ville, les officiers de l'Académie à leur tête; de précédentes démarches ont été déjà tentées auprès des échevins. D'André Bardon écrit encore avec le calme et le bon sens qui lui sont particuliers :

A Paris, 19 février 1779.

Messieurs,

« Je ne reçois pas de votre lettre du 12 fév. toute la satisfaction que j'attendois ; vous ne me parlez du projet des lettres patentes que comme d'un acte du quel M. de Montucla vous prévient et que M. d'Angeviler vous envoyera ainsi que son duplicata à M^{rs} vos Echevins. Vous mêtez la chose au *futur,* tandisque dans sa lettre du 31 janvier le respectable ministre, me fait l'honneur de me marquer, en m'adressant ce projet, « j'en envoyerai copie par l'entremise de M. Moulinneuf à l'Académie de Marseille, ainsi qu'à M^{rs} les Maires et Echevins. » Vous voyez, Messieurs, que cela est au *présent*, ne soyez donc pas étonnés, si j'ai peine à concilier le *présent* avec le *futur* que vous employez.

« Peut-être n'est-ce de votre part, qu'une petite faute de grammaire ; en attendant que vous éclaircissiez ce doute, je vais vous faire part des observations que M. le Cte m'avoit demandées sur le projet de vos lettres patentes.

« Ce projet, lui ai-je répondu, réunit dans le préambule de nombreuses circonstances toutes également honorables à la ville de Marseille, et favorables au progrès des arts professés dans son Académie, et les détails de ces circonstances sont dictés par la vérité. Ce corps de projet composé de VIII articles renferme tout ce que l'ordre, la décence, la justice, la générosité et l'intérêt des arts peuvent inspirer de plus digne de la bienfaisance du prince, et des attentions du ministre.

« J'attens avec impatience que vous me fassiez part du résultat de vos conférences avec MM. vos Fondateurs qui ont une si belle occasion de s'immortaliser. Ils peuvent être assurés que tous les bienfaits dont ils vous combleront, leur mériteront que les fastes de la ville de Marseille se réunissent avec ceux de la Provence entière pour apprendre à la postérité, que sous l'administration de ces généreux Pères de la Patrie, les modernes Phocééns sont redevenus aussi glorieux de leur destin qu'ils l'étaient sous l'empire des anciens Grecs.

« Ne négligez rien pour vous procurer honêtement et modérement tout ce qui vous est nécessaire. Comptez de mon côté sur le zèle et les attentions de celui qui se faira gloire de se déclarer jusqu'à la mort,

« Messieurs,

« Votre très affectionné serviteur. »

D. B.

Dans sa lettre du 1ᵉʳ mars, le secrétaire s'excuse d'avoir omis par distraction la réception des lettres patentes par la Compagnie, et par les échevins. Aussitôt après que ces magistrats les auront examinées, elles seront renvoyées au protecteur de l'Académie.

La Compagnie a été reçue en corps à l'Hôtel de ville le 25 février. Les magistrats délibèrent, le moment décisif approche. Le directeur sera tenu au courant [1].

Le 2 avril suivant, nouvelle lettre du secrétaire, le Conseil a délibéré sans rien statuer. L'Académie a répondu par une autre délibération. Quatre professeurs ont été délégués pour cet objet [2]. — Mais l'affaire ne sera pas terminée de sitôt. Mille livres ont été votées à titre d'honoraires; la Compagnie trouve cette somme humiliante; elle refuse de l'accepter à ce titre. L'intendant est mis au courant, etc. Mais les affaires de la communauté sont peu prospères, l'Académie en souffrira; en attendant, elle ne cesse de combattre et le directeur d'écrire :

A Paris, 4 mai 1779.

« Messieurs,

« Depuis votre lettre du 2 avril je comptois que vous aviez instruit Mʳ le Cᵗᵉ d'Angiviler de votre situation actuelle vis à vis Mʳˢ les Echevins de Marseille relativement au projet des lettres patentes que ce Ministre des arts vous avait adressé, aussi bien qu'à Mʳˢ les officiers municipaux. Cependant dans notre dernière assemblée d'avril, Mʳ le Directeur général étant venu faire la distribution des prix, j'eus le bonheur de me trouver un instant avec lui et Mʳ Pierre et je saisis

---

[1] Lettres du secrétaire des 1ᵉʳ mars et 2 avril 1779. — [2] Voir les délibérations de la Compagnie, 1ʳᵉ partie, p. 59 et 60.

la circonstance favorable pour lui exposer brièvement votre situation actuelle. Je jugeai par sa réponse qu'il n'étoit instruit de rien. En quoi, Messieurs, il me paroit que vous auriez pu faire mieux et l'instruire au moins des détails dont vous m'avez fait part. Vous êtes sans doute à portée de prendre de meilleurs conseils que les miens, faites en usage. Peut-être vous fairont-ils comprendre que votre silence vis à vis de votre protecteur, dans une conjoncture capitale, où il s'agit de votre illustration et de votre bien être, n'est ni dans les loix de la décence, ni dans les règles de la confiance que vous lui devez, ni dans l'ordre de vos intérêts que vous vous devez à vous même.

« Je sçai qu'on pense ici que vos fondateurs veulent avoir une Académie et des officiers à bon marché ; mais que faire à cela? dit l'un; il arrivera, dit l'autre, que les officiers découragés se dégouteront, que leur zèle se ralentira, qu'ils abandonneront les exercices, et que l'Académie se dissoudra.

« Il seroit bien humiliant pour la ville de Marseille, que, tandis que les échevins de Toulouse, de Bordeaux, etc., redoublent leurs soins et leurs dépenses pour le soutien de leurs Académies, et pour les encouragements et les récompenses des officiers qui en font le service et les exercices, il seroit bien humiliant, dis-je, que M^{rs} les échevins actuels de Marseille, dont les prédécesseurs leur ont transmis le titre honorable de Fondateurs, se servissent de ce titre pour être les destructeurs d'une académie qui faisant le bien de la ville, de la province, du commerce, et concourant à l'honneur, à la gloire des officiers municipaux, les met au pair, eux et leur commerce, leur province, et leur ville, des villes, provinces, échevins des principales cités, cités les plus puissantes et les mieux gouvernées du Royaume.

« Et par quels motifs les officiers municipaux actuels de Marseille s'opposent-ils à l'illustration, et au bien être de leur Académie? pour marchander mercenairement la dépense que la bonté du Roi veut qui soit faite pour le décent et commode entretien d'une louable société soutenue depuis vingt-cinq années [1] par une douzaine d'officiers qui en

---

[1] D'André Bardon ne fait remonter les services des professeurs qu'à l'année 1756, date à laquelle l'Académie fut dotée par la ville. Mais sa création effective remonte à 1752. Il passe sous silence les quatre années précédentes, pendant lesquelles les professeurs ont soutenu cette Académie de leurs propres deniers. C'est donc depuis près de trente années que ces officiers sont sur la brèche.

font gratuitement les exercices, et qui n'ont d'autre récompense que l'honneur ingrat de leur zèle généreux.

« Voilà, messieurs, ce que j'aurais répondu à l'un et à l'autre, si le tems me l'eut permis ; mais dans les occasions que l'on saisit pour ainsi dire par les cheveux, combien de bonnes choses n'est-on pas obligé de tenir ensevelies dans l'âme. Que fais-je ? Je ne m'apperçois pas qu'à peine il me reste la place de vous assurer, Messieurs, de mon attachement et de mon zèle. »

D. B.

Deux mois et demi s'écoulent avant que d'André Bardon n'écrive de nouveau à l'Académie. Il est navré de la lésinerie des échevins de Marseille. Il a dans sa dernière lettre laissé éclater son indignation. Mais les esprits s'apaisent peu à peu ; les officiers de l'Académie, vaincus dans cette lutte inégale, se soumettent, cédant aux conseils de M. de Montucla et de leur Protecteur. D'André Bardon les félicite en ces termes :

A Paris, 24 juillet 1779.

« Messieurs,

« Je vous félicite d'avoir accepté les 1,000 liv. ajoutées aux 3,000 dont vous jouissiez ; cet acte de modération est de votre part la preuve incontestable du désintéressement, dont en bons citoyens vous vous faites gloire, et dont en maîtres zélés pour le bien public vous faites profession depuis long-temps. — Votre acquiescement aux vues économiques de vos fondateurs vous fait d'autant plus d'honneur, et vous est d'autant plus avantageux qu'en vous mettant dans la façon de penser en harmonie avec eux vous faites non seulement disparoître toutes les discordances, qui pourroient être mal interprétées, mais encore vous vous mettez à portée de ménager la bienveillance de vos bienfaiteurs, pour, dans des circonstances plus favorables, obtenir un logement, ou tel autre suplément de gratifications auquel vous avez encore plus de droit de prétendre et d'espérance de parvenir, quand les brouillards de la guerre seront dissipés.

« A l'égard des changemens que vous me communiqués et que vous vous proposez de faire à vos statuts, voici ce que je pense :

« Ce qui est ajouté au 3ᵉ article est bien.

« La suppression du professeur à l'art. 4 présente ou une inconséquence ou une injustice.

« Dans l'art. 14 après avoir assigné la place du Directeur perpétuel, il faut quand on parle du Directeur qui exerce chez vous le caractériser de *Directeur en exercice*. Il ne convient pas de confondre un officier de l'Académie *Royale de Paris*, avec un de l'école de Marseille; on doit éviter les réticences, qui peuvent être soupçonnées d'affectation, tant que le Directeur Perpétuel subsistera.

« Le motif du 2ᵉ et du 24ᵉ me sont peu connus, je m'en rapporte à vous; en rappellant l'observation concernant *le Directeur en exercice*.

« Dans le 31ᵉ art. on a parfaitement bien observé qu'il est à propos que les adjoints soient nommés à la pluralité des suffrages, et non à la volonté arbitraire de chaque officier.

« L'augmentation des prix annoncés dans le 55ᵉ art. ne me paroit pas convenir dans une école où l'on se plaint de n'avoir pas de quoi fournir au nécessaire............................

« Quand on n'a pas suffisamment ce qu'on voudroit avoir, il faut rendre suffisant ce qu'on a, et scavoir s'y borner. La politique des administrateurs sages est de ne jamais se faire des besoins au delà de leurs facultés; lorsqu'ils sont forcés par les circonstances l'économie doit leur tenir lieu de moyens.

« Si je ne me trompe l'addition faite à l'art. 56 ne devoit point être proposée sans l'aveu de l'Académie des Belles Lettres, l'innovation projettée étant à la charge de celle-ci. Contrariant les usages des deux compagnies qui se qualifient de sœurs, l'équité et la bienséance exigent que la cadette prévienne son aînée sur la députation prétendue pour écarter tout sujet de désunion; il est encore temps de reparer l'oubli. C'est à quoi vous invite,

« Messieurs,

« Votre zélé et affectionné Directeur perpétuel. »

D'ANDRÉ BARDON,

Membre de l'Académie des belles lettres, sciences et arts établie à Marseille.

« Merci d'avoir remis les paquets que je vous avais adressés pour votre docte sœur ainée et mon ami le chev' de Valabres. J'ai reçu avec un grand plaisir leurs obligeantes réponses.

« L'age, les infirmités, la paresse de transcrire me forcent à laisser subsister les ratures, je les fais avec du blanc pour les rendre plus lisibles, je ne sçai si vous pourrez déchiffrer celles qui sont dans la présente. »

La lettre du secrétaire, du 4 août, donne sur tous les points satisfaction au Directeur perpétuel. En terminant, il sollicite au nom des professeurs le portrait du protecteur de l'Académie, et d'André Bardon satisfait répond ce qui suit :

A Paris, 15 août 1779.

« Messieurs,

« Sur ce que j'avois fait sçavoir à M^r le c^{te} d'Angiviler, au sujet de votre avant dernière lettre et des changemens que vous vous proposiez de faire à vos anciens statuts, ce ministre avoit envoyé à Mr Pierre vos observations, vos statuts rédigés, et lui avoit écrit de travailler avec moi à cette affaire, ne voulant rien arrêter définitivement, tant qu'il y auroit des difficultés à résoudre. Nous en étions là avec M^r le premier peintre du Roi, quand j'ai reçu votre dernière, qui, je vous l'avouerai, Messieurs, m'a autant satisfaite que la précédente m'avoit affligé. Je la communiquai à Mr Pierre qui comprit que vous aviez été sensibles à mes reflexions et à mes conseils, dont je lui avois expliqué les motifs.

« Des lors, instruit de sa façon de penser, et ne pouvant ignorer les dispositions où était M^r le Directeur général relativement à votre affaire, je pris le parti de lui écrire. Je joignis dans son pli votre lettre originale et un mémoire dans lequel je lui développe, article par article, les détails des motifs de ma façon de penser actuelle, sur les changemens que vous vous proposez de faire à vos anciens statuts.

« J'attends la réponse de votre bienfaisant Protecteur. Je vous fairai part de la réponse, dont vraisemblablement il ne m'honorera qu'au retour de sa campagne.

« A l'égard de son portrait il sera tems de le demander et d'espérer de l'obtenir, quand il sera fait : ni l'Académie Royale de Peinture, ni l'Académie Royale d'architecture ne l'ont point encore; comment seroit-il possible que vous l'obteniez?

« Comptez toujours sur le zèle vif et sincère,

« Messieurs,

« De votre Directeur perpétuel. »

D. B.

D'André Bardon excellait à exciter l'amour-propre des professeurs. La lettre du 15 août reproduite plus haut contenait un post-scriptum dont nous détachons les passages suivants :

« Tachez de détruire la mauvaise opinion que vous avez donnée de votre peu de reconnaissance, en articulant dans les motifs du 56° article que : « Avant l'obtention des lettres patentes, il n'étoit question « que d'une école académique sans titres, et presque sans assurance de « stabilité, etc. »

« Peut-on parler aussi innocemment, quand on a l'honneur d'être établie, et d'exister sous *la protection du Ministre des arts; d'être la fille ainée de la première Académie Royale de peinture du royaume; d'être pensionnée du Roi, fondée par les officiers municipaux de la ville; associée à une Académie des belles lettres, sciences*, etc.

« Si vous approfondissiez de sang froid cette reflexion, et que vous en tiriez les conséquences, qui en découlent naturellement, vous concluriez qu'il y a bien des personnes qui ont droit de se plaindre de pareils propos, mais qui heureusement pour vous sont trop audessus d'eux pour s'en formaliser. »

Mais les professeurs, vieillis, fatigués de ces luttes qui les usaient depuis vingt-huit ans, avaient vu se dissiper les illusions dont ils s'étaient jusque-là bercés. La lettre du 30 août que le secrétaire adresse au Directeur perpétuel en réponse à celle du 15, respire le deuil de leurs espérances détruites.

Ainsi Moulinneuf rend compte tout d'abord de la distribution des prix. M. David a ouvert la séance par *l'éloge de la peinture*. Moulinneuf a traité *des arts enseignés dans l'Académie*, et terminé par *l'éloge de Mlle Françoise Duparc*, fille du sculpteur de ce nom, née à Marseille et morte le 15 octobre 1778. L'assistance comptait toutes les notabilités de la ville; les discours ont été très applaudis, les professeurs vivement complimentés par les maires et les échevins sur leur zèle et leur attachement à soutenir l'Académie. Le secrétaire ajoute tristement, néanmoins :

« Si ces Messieurs ne veulent point nous enrichir, il faut avouer qu'ils ne laissent échapper aucune occasion de nous prodiguer les plus grands éloges. Cependant quand à notre age déjà fort avancé la récompense de nos peines ne consiste qu'en fleurs, et que les fruits, les agréments sont réservés à nos successeurs, sans qu'il leur en coute ni labeurs, ni mortifications, ni intérêts personnels sacrifiés. » La semonce du directeur pèse évidemment sur le cœur du secrétaire. Il continue :

« Vous nous permettrez aussi de rappeler combien vos observations au sujet de notre exposé précédant le 56° art. de nos réglements nous ont sensiblement mortifiées ; loin de vouloir de parti délibéré commettre la moindre indécence, ou faire preuve de présomption, nous ne nous sommes préoccupé que du souvenir agréable des honneurs et des bienfaits que notre Académie a reçu de toutes parts. En effet que pouvait-elle désirer de plus ? Jouir de la protection immédiate du respectable ministre des arts ; être dirigée et reconnue en qualité de *Fille ainée* par la première Académie du monde ; gouter la satisfaction la plus chère à nos cœurs en trouvant dans la personne de notre Directeur les sentiments d'un père qui n'a d'autre ambition que le bien être et la gloire de ses enfants, et qui par surcroît nous ménage les heureuses dispositions du premier peintre du Roi.

« Protégés par vos soins au delà de toutes nos espérances, nous n'ignorons pas aussi, Monsieur, que MM. les échevins qui furent les auteurs de notre institution ont fourni à ses dépenses annuelles.

« En réfléchissant à la position actuelle de l'Académie, quels remerciements ne devons nous pas aux puissances, aux artistes célèbres, aux amateurs les plus estimables, dont le vif intérêt porté à notre Académie en a fait une des plus importantes du Royaume, lui donnant l'éclat qui la distingue. Heureux si en consignant tous ces faits dans nos fastes nous pouvons inspirer, à ceux qui nous succèderont, nos sentiments désintéressés, reconnaissants, patriotiques, et à se sacrifier avec le même zèle à l'utilité publique.

« Pénétrés de ces sentiments, recherchant avec empressement toutes les occasions de les manifester, il nous est bien flatteur de vous en

assurer et de vous témoigner le profond respect avec le quel nous avons l'honneur d'être,
  « Monsieur,
    « Vos très humbles et très obéissants serviteurs, »

Les associés Professeurs de l'Académie
de peinture, etc.

Le Directeur perpétuel regretta-t-il un instant le petit mouvement de vivacité qui lui était échappé ? C'est probable ; cependant on ne trouve aucune allusion à ce sujet dans la nouvelle lettre, la dernière de l'année 1779, qu'il adresse à la Compagnie :

A Paris, 24 septembre 1779.
« Messieurs,

« Je reçois à l'instant une lettre de M^r le comte d'Angiviler, dont voici copie :

A Versailles, le 23 septembre 1779.

« J'ai reçu, Monsieur, votre lettre du mois dernier à la quelle étoit jointe celle que vous a écrite Mr de Moulinneuf, au nom de l'Acad^{ie} de peinture et sculpture de Marseille, et par la quelle elle vous témoigne déférer entièrement aux réflexions en effet judicieuses que vous lui avez communiquées, concernant des changemens à faire aux anciens statuts. Je suis charmé de voir que vous soyiés entièrement d'accord sur ce sujet. Je fais d'après ces reflexions mettre au net la nouvelle rédaction de ces statuts, qui vous sera communiquée pour avoir sur cela vos dernières observations, en sorte que je puisse l'arrêter définitivement.

« J'ai au surplus envoyé il y a quelque tems à Mr Amelot le projet de lettres-patentes, convenu avec vos magistrats ; mais j'ignore quelles démarches ont été faites auprès de Mr Neker, ou de M^r l'Intendant de la province pour l'homologation de la délibération du corps de ville par laquelle il accorde une augmentation de mille livres pour les dépenses de l'Académie ; ce qui me paroit requérir un arrêt du conseil.

J'interposerai volontiers, s'il en est besoin, ma recommandation auprès de l'un et de l'autre.

« Je suis, etc. »

Signé : D'ANGIVILLER.

« Méditez cette lettre, Messieurs, prenez conseil, faites vos reflexions et communiquez les moi. Je m'employerai de tout mon cœur pour vous servir jusqu'à la fin.

« Vous connoissez les sentiments de votre Directeur perpétuel et ami. »

D'ANDRÉ BARDON.

1780.

L'Académie allait enregistrer dans ses annales de l'an 1780, deux faits qui devaient la passionner au suprême degré. Pour mettre le premier de ces faits en pleine lumière, force nous est, comme nous avons déjà procédé en 1776, de reproduire la correspondance des deux principaux personnages, Moulinneuf et Beaufort, qui en relatent les péripéties, et qui par cela même peuvent seuls éclairer la correspondance de d'André Bardon. Cela nous fournira, de plus, l'occasion d'entrer d'une façon anticipée en connaissance avec deux des membres les plus vaillants et les plus actifs de la Compagnie.

Beaufort prend le premier la parole. Après ses vœux du jour de l'an à ses confrères, il ajoute :

A Paris, 10 janvier 1780.

« J'espère que cette année ne se passera pas, sans l'accomplissement des lettres patentes que vous désirez depuis si longtemps, et que vous méritez à tant d'égard. J'aurais désiré que le supplément pécuniaire eut été plus considérable. Il est étonnant que l'on apprécie si peu les services que vous rendez personnellement et journellement à vos concitoyens ; que de louanges ne méritez vous pas? Les âmes sensibles exhaltent votre générosité, et vous distinguent avec admiration de la foule des citoyens oisifs ou mercenaires. Quant à moi je suis on ne peut plus flaté d'avoir eu quelque part à vos travaux. Temps heureux pour moi, puisqu'il a constaté notre amitié que je vous prie de me conserver.

« Soyez persuadés du respect avec le quel je suis,

« Messieurs et chers confrères,

« Votre très humble et très obéissant serviteur. »

BEAUFORT.

Si cette lettre si affectueuse allait droit au cœur des professeurs, celle qui suit les frappait de stupeur :

A Paris, 10 de l'an 1780.

« Messieurs,

« La présente reçue, répondez moi aux questions suivantes : Est-il vrai que vous suspendez l'exercice du modèle, les jeudis, et que vous prenez des vacances depuis la Saint-Louis jusqu'à la Saint-Luc ?

« Que vous avez logé l'Académie dans un grenier à foin, mal éclairé, précédé, etc., que vous payez 300 livres.

« Qu'on n'observe aucun ordre pour les places, que le Directeur fait placer qui bon lui semble, et que l'Académie retire une rétribution de 8 sols par mois de chaque écolier[1], etc. Il n'est pas tems que je porte les questions plus loin, ni que je les fasse d'une manière plus étendue. Je me borne à vous dire qu'elles sont extraites d'une lettre de huit pages, signée de onze membres associés de votre Académie et qu'on m'apprend être une copie exacte de celle qu'on a écrite à M. le cte d'Angiviller.

« Vous comprenez, Messieurs, combien il est important que j'ay de quoi vous justifier, au cas que Mr le Cte me fasse l'honneur de m'écrire à ce sujet. Vous n'avez pas de tems à perdre, et je n'ay que celui de vous assurer de la continuation de mon zèle, persuadés que vous repousserez par des faits victorieux les accusations dont on vous a calomnié, etc. »

D'ANDRÉ BARDON.

[1] Ce dernier chef d'accusation ne devait avoir aucune gravité aux yeux de d'André Bardon, car dans sa lettre du 1er juillet 1762, il engage lui même les professeurs « à percevoir 10 sols par mois de chaque élève, ainsi que cela se pratique à Paris ».

Quel est ce mystère? Beaufort en a donné la clef à l'Académie; la lettre suivante du secrétaire va nous mettre au courant :

À M. BEAUFORT.

Marseille, 24 janvier 1780.

« Monsieur et cher confrère,

« Nous aurions souhaité de répondre de suite à M. d'André Bardon, mais il fallait convoquer tous les professeurs pour entendre leur dire. Un seul point suffira pour l'édifier sur cette odieuse cabale ; qu'il jette les yeux sur notre lettre du 4 mai 1764, dont copie peut lui être communiquée ainsi que sa réponse du 12 de ce mois.

« M. d'André, par ce simple trait d'ingratitude et de malice de l'élève Chaix envers ses maîtres, qui lui faisait dire que ce n'était qu'un serpent que nous échauffions, et qui tenterait un jour de nous mordre, ou de nous donner la mort. Nous savons, par des rapports certains, qu'il a trainé partout ses sentiments de haine, d'envie, de jalousie, se faisant partout le détracteur de tous ceux qui avaient établi l'Académie. Le dernier succès des 1,000 livres obtenus, et les lettres patentes ont mis le comble à sa malice, et à celle de ses complices.

« Vous avez la bonté de me communiquer le précis de leur mémoire diffamment et calomnieux avec la cordialité la plus amicale et la plus prévenante, mais j'aurai une grâce à vous demander, celle de nous faire parvenir les noms de tous ceux qui ont signé le dit mémoire.

« M. d'André nous en annonçait onze, vous ne nous en accusez que huit, un avis secret nous en nommait six dont voici les noms :

« 1° Première incapacité : Le sieur Chaix, agréé par nos règlements, ne doit être considéré que comme un aspirant à notre compagnie ;

« 2° Le sieur Robert, fabricant de fayence qui n'appartient en aucune façon à notre Académie, qui, animé des sentiments du s^r Chaix voudrait nous voir exterminés avec nos élèves de la salle des principes, attendu que plusieurs d'entreux par les progrès de leurs talents, admis dans d'autres fabriques que la sienne, éclipsent facilement sa prétendue supériorité. Le dépit a même porté ce bénévole fabricant à nous débaucher notre modèle, pour le donner à dessiner à ses élèves. Or, l'art. 8 de notre projet de lettres patentes a été rédigé précisément à son intention; il porte : « qu'aucun artiste, ou autre personne, sous quelque prétexte que ce puisse être, n'aura le droit de dresser une école du modèle sans la permission de l'Académie;

« 3° Le sieur Wanvick ; c'est un homme qui ne vient jamais à l'Académie, ni pour voir, ni pour dessiner; peut-il avoir le droit de s'inquiéter de l'ordre de nos exercices academiques ?

« 4° Le sieur Salignon, soit disant ancien militaire, dont nous ignorerions certainement le nom sans le dit mémoire, n'ayant jamais compté parmi nos artistes, ni même nos élèves; espèce de produit de quelque miniaturiste dont nous aurons probablement méconnu la valeur, et qui s'en autorise pour se hérisser contre l'Académie;

« 5° Le sieur Amic, jadis médiocre élève, aujourd'hui pas plus avancé, qui a bien voulu par sa signature rendre ce mémoire valable, lui qui naguèrre faisant sa cour à M. David, directeur en exercice ne le nommait que : *mon bon et doux maître; et la respectable compagnie,* il l'a vendue comme Judas, et pour un plus grand bien comme Candide;

« 6° Enfin, le nommé Durand, qui sans avoir l'état, le rang, la naissance pour être admis parmi nos honoraires amateurs, voulait être revêtu du même grade. — Ridicule dans sa demande, nous eumes toutes les peines du monde de lui faire abandonner cette prétention, et ce ne fut qu'après les plus pressantes sollicitations de l'un de nos professeurs que nous nous décidâmes à le placer au rang de nos associés académiciens. Blessé dans sa fatuité de ne pas marcher de pair, lui sans naissance et sans ombre de talent, avec des ducs, des marquis, des barons, et les personnes distinguées qui composent la liste de nos honoraires amateurs, il s'est dit : certainement je me vengerai de ces professeurs de Marseille, qui ne font cas de ma figure que pour me considérer simplement comme leur égal. Ah! parbleu je tiens ma vengeance; elle est assurée.

« Maintenant, cher confrère, il vous reste à nous faire connaître la queue de nos détracteurs, qui probablement ne vallent guère mieux que les premiers nommés. Notre besoin de les connaître est d'autant plus légitime, qu'en nous attaquant dans notre discipline et dans notre administration, ils avaient en vue de nous détruire. Nous devons démontrer la fausseté de leurs accusations, s'ils sont gens à être entendus, et à faire voir si l'avidité d'un sordide intérêt nous rend repréhensibles.

«Non, mon cher confrère, nous ne sommes rien moins que tout cela. Vous avez été témoin de notre zèle, de notre désintéressement, ils sont toujours les mêmes. Je dirai plus, si vous étiez présent vous y trouveriez un accroissement et une activité qui font honneur à la compagnie, mais qui est amèrement attristée de voir de lâches imposteurs la dégrader et la calomnier.

«En ce qui me touche, il m'est bien douloureux, après toutes les peines que je me suis donné pour le bien de l'Académie, après avoir sacrifié mon intérêt personnel de me voir en butte à des allarmes suscitées par des propos inspirés par la malice. Il y a vingt-cinq ans que j'ai l'honneur d'être le secrétaire de l'Académie et d'avoir de plus en plus merité sa confiance. J'ai constamment tenu tout en régle, lettres, mémoires, deliberations, visites; mes devoirs comme professeur n'en ont jamais souffert. Je n'ai jamais cessé de solliciter pour obtenir des lettres patentes. Enfin j'ai fait tout ce qui était en mon pouvoir pour l'honneur et l'intérêt de notre établissement. J'ai perdu huit mois de mon temps cette année, employés à obtenir ces lettres patentes, dirigeant les observations à faire tenir à M. d'Angiviler notre protecteur, à M. notre Directeur perpétuel, à MM. nos fondateurs; ayant avec ces Messieurs, nonobstant les renseignements demandés, des conférences particulières, pour concerter leurs idées avec celles des professeurs, et ne point perdre de vue les discours pour nos assemblées publiques, en un mot mettre en souci la compagnie en lui détaillant en assemblée les préoccupations que toutes ces affaires m'imposaient; et lorsque je me crois arrivé au terme où nos vœux sont comblés, et que je me félicite du succès de mes travaux, faut-il que des tracassiers soient capables de troubler ma tranquilité, qu'on les juge dignes d'être écoutés, et de me mettre ainsi dans le cas de nous justifier sur notre conduite qui est irréprochable au sçu et au vû de M. l'intendant, de MM. nos maires, échevins et assesseurs et qui nous a mérité des éloges perpétuels?

«Il serait à souhaiter que M. d'André Bardon fut témoin de tout ce qui se fait ici; certainement bien loin de nous blamer, il s'unirait à ces MM. des belles lettres, sciences et arts, s'adressant à nos professeurs : «Messieurs, le zèle de votre secrétaire perpétuel est digne de notre admiration.»

«Je ne répéte ces paroles que contraint et forcé par le cas actuel.

Aussi je ne cesserai de répéter combien je suis avec les sentiments les plus respectueux.

« Monsieur et cher confrère,
« Votre, etc. »

MOULINNEUF,
Secrétaire perpétuel.

Beaufort communique cette lettre à d'André Bardon sitôt reçue, et celui-ci écrit successivement :

A Paris, le 1ᵉʳ février 1780.

« Messieurs,

« En attendant vos objets de justification au sujet des questions que j'ai cru devoir vous poser dans ma dernière lettre, et auxquelles je vous prie de répondre d'une manière positive, j'ai été sensiblement tranquilisé par une lettre que M. Beaufort m'a communiquée. J'y ai vu que les traces d'une cabale contre votre Académie n'étoient point équivoques; que l'auteur est connu, non seulement en signant à la tête des onze conspirateurs, mais encore qu'il étoit désigné et prédit, il y a seize ans, par votre lettre du 4 mai 1764. J'ai confronté cette lettre, et j'y ai trouvé plus d'une preuve physique de la tracasserie qui vous est suscitée.

« Cependant comme les malins esprits peuvent n'être que médisants, comme il est possible que dans tout ce qu'on blâme dans votre administration, ne soit pas calomnie, ne déguisez point la vérité. Ne dissimulez point vos torts, c'est le seul moyen de les rendre graciables et de les faire oublier en y remédiant.

« M. le comte a envoyé à M. Pierre la lettre contre vous, afin que nous en conférions ensemble et que nous lui disions notre avis. Moi même je lui ai communiqué la lettre de M. Moulinneuf écrite à M. Beaufort pour prévenir M. le premier peintre du Roi, par cette espèce de justification trop vague à la vérité, mais capable d'adoucir les irrégularités les plus graves, que vos ennemis vous imputent. Car outre les questions auxquelles vous avez à me répondre, on vous accuse de vous être emparés au nombre de huit des fonds de l'Académie et d'économiser sur tous les objets pour vous en partager les bénéfices, au préjudice de l'établissement. Si on les en croit il n'y a point d'ordre dans les écoles, point de professeur qui dessine, point d'élève placé selon le mérite, et tous sont placés arbitrairement, suivant le plaisir du directeur. Selon eux vos modèles sont mauvais, mal payés, et la salle est très mal éclairée, etc. »

« Aux noms des six zélés confrères que vous connoissez sont associés F. Crozier, Fauchier, Marquetti, Marchand, Cassati.

« Mais pour vous faire voir que vos envieux ne triompheront pas aussi victorieusement qu'ils s'en flatent, voici ce que m'écrit M. de Montucla par sa lettre du 27 janvier :

« M. le comte attend votre avis sur cette tracasserie qui, au reste « ne nous empêchera pas d'aller en avant, » et cela après m'avoir dit « que M. l'Intendant de provence avoit adressé avec un avis favorable « à M. Neker, avec la délibération des magistrats de Marseille, que « M. Neker en avoit écrit à M. le c^{te}, qu'il avoit fait approuver par le « Roi la délibération de MM. de Marseille, et qu'enfin M. le c^{te} avoit « envoyé la lettre originale de M. Neker à M. Amelot en le priant « d'ordonner les lettres patentes... « Toute difficulté paroit levée, « ajoute M. de Montucla, et M. le c^{te} attend tous les jours cette ex-« pédition, dont j'aurai l'honneur de vous donner la nouvelle tout « aussitôt. »

« Vous voyez que si vous avez des jaloux qui tâchent de vous humilier, il vous reste encore des protecteurs et des amis équitables qui vous encouragent. Je vous prie, messieurs, d'être persuadés que votre directeur perpétuel n'est pas le moins zélé de ces amis, etc. »

D'André Bardon.

A Paris, 3 fevrier 1780.

« Messieurs,

« Le lendemain de ma lettre du 1er février que M. Beaufort mit lui même à la poste, je reçus une nouvelle lettre de M. de Montucla dont voici copie :

A Versailles, le 1er fevrier 1780.

« Monsieur,

« Je crois devoir vous communiquer une nouvelle difficulté qu'on « élève dans les bureaux de M. Amelot, sur un des articles des lettres « patentes pour l'Acad. de Marseille. Il est question de celui où il est

« dit que dans le cas où M¹⁸ les magistrats municipaux de cette ville
« acheteroient, pour loger l'Académie, une maison, cet achat se-
« roit exempt du droit d'amortissement, 100ᵉ denier sols pour
« livres, etc.

« Cet article, m'a-t-on dit dans le bureau de M. Amelot, est très dif-
« ficile à passer; il faudrait le traiter avec M. Neker, et il y a tout appa-
« rençe que ce sera infructueusement, puisque les hopitaux même ne
« l'obtiennent que dans des circonstances particulières, quelque soit
« la faveur de leur cause.

« D'après cet exposé, monsieur, je vous prie de me marquer si vous
« pensez qu'il faille en faire la tentative auprès de M. Neker, ou re-
« noncer, pour terminer cette affaire, à cet article; si vous jugez qu'il
« faille en écrire à vos messieurs, ou si vous croyez pouvoir prendre
« la chose sur vous, je me conformerai à ce que vous me fairez l'hon-
« neur de me marquer.

« J'ai celui d'être, etc. »

MONTUCLA.

En conséquence, d'André Bardon prend sur lui de faire renoncer
l'Académie à cet article. Il en donne l'assurance à M. de Montucla.
Il pense que ces messieurs l'approuveront : « La négociation seroit
très longue et très infructueuse vis à vis de M. Neker, au lieu que
vous touchez presque à votre but en ne perdant point de vue le bureau de M. Amelot, les peines et soins infinis de M. votre bienfaisant
protecteur, vos propres espérances, les attentions sans nombre de votre
infatigable associé, et le zèle de votre directeur perpétuel et ami. »

D'ANDRÉ BARDON.

« Ne manquez pas de ratifier par une lettre à M. de Montucla le
conseil que je lui donne, celui d'aller en avant, de renoncer à l'espoir
de droit d'amortissement de 100 deniers sou pour livre, et de travailler
à obtenir l'expédition des lettres patentes. Sans doute que vous m'en
remercierez n'ayant pas cru pouvoir mieux faire pour votre intérêt
actuel. »

Le secrétaire est à l'aise avec Beaufort; il n'a pas à mesurer ses
termes, et sa lettre le montre :

DE L'ACADÉMIE DE PEINTURE DE MARSEILLE.

À MONSIEUR BEAUFORT, COUR DU LOUVRE, À PARIS.

Marseille, 2 février 1780.

« Monsieur et cher confrère,

« Des cabaleurs méchants et calomnieux ont osé adresser un mémoire outrageant pour nous à notre protecteur. Notre compagnie a répondu à la lettre de M. d'André (du 10 janvier)[1] ; permettez moi d'y ajouter quelques éclaircissements qui joints à notre lettre du 24 serviront à justifier notre discipline et notre administration. La malice de nos ennemis s'attaque aux plus petits objets, espérant leur donner de grandes proportions.

« Ces indignes tracassiers dénigrant notre logement pretendent que *la salle du modèle est mal éclairée*, que *l'huile ne vaut rien*, que *les deux modèles sont détestables*.

« C'est la quatrième lampe que nous avons fait construire avec toutes les précautions immaginables afin qu'elle donne une vive lumière et ne fume point. Mais ce dernier inconvénient n'a pu, malgré tous nos soins disparaitre complétement. M. Fontanel administrateur de la nouvelle Académie de Montpellier est venu en personne tout exprès à Marseille pour étudier notre éclairage ; il a avoué qu'il avait fait construire une lampe dans les mêmes proportions et les mêmes contours que celle de l'Académie royale de Paris ; qu'elle éclairait peu ; qu'elle fumait énormément, et qu'on serait bien heureux chez eux s'ils pouvaient arriver aux mêmes résultats que ceux que nous avons atteints.

« En ce qui touche le modèle, comme nous n'avons qu'un but, la gloire et les progrès de l'Académie, le nommé Roux, que vous connaissez, que tous les pensionnaires du Roi, et autres artistes recommandables, en passant à Marseille, ont trouvé fort bon, et en état de fournir de très belles poses, a vieilli, car il a plus de vingt ans de service, ses muscles n'ont plus la même élasticité, que lorsqu'il avait vingt cinq ans, et nous sommes obligés de le remplacer ; aussi nous avons fait afficher dans tous les carrefours de la ville, et dans la feuille hebdomadaire, que nous avions besoin d'un homme pour servir de

[1] La minute de cette lettre n'existe pas dans les archives.

modèle. Cette démarche n'est-elle pas une preuve que nous ne sacrifions pas l'intérêt de l'école; il s'est présenté et il se présente tous les jours des individus nouveaux; mais nous n'en avons pas encore trouvé un seul qui valut ceux que nous possédons, et nous chercherons jusqu'à ce qu'il s'en trouve un véritablement convenable à nos exercices.

« Quant au dit Roux, ne serait-il pas douloureux de mettre à la porte brutalement un serviteur dont nous avons été si satisfaits pendant plus de vingt ans : aussi par humanité il puisera dans nos bourses autant que nos facultés nous le permettent pour satisfaire à ses besoins, en attendant que MM. nos fondateurs lui trouvent une place qu'il nous ont promise, afin qu'un si bon et si fidèle serviteur ne soit pas réduit à demander l'aumône.

« Jugez, cher confrère, si nous sommes en cela repréhensibles. Ces indignes délateurs méritent-ils qu'on les écoute?

« Ces imposteurs nous accusent de plus de ne point donner de gages à notre concierge, mais en sus du logement, des profits que lui procurent la vente des crayons, papier, porte feuille, et la garde de ces derniers, il touche 300 livres par an qui lui sont payés par l'administrateur. Il est encore à venir celui qui paraitra pour réclamer quelque dette impayée?

« Ces lâches tracassiers sont assez impudents pour oser affirmer que par épargne nous n'usons que de la plus mauvaise huille? Mais cette huile est au contraire de la première qualité; certains ménages s'estimeraient heureux d'en faire un usage comestible [1]. Mais quand on se fait fête de mordre, à quoi ne s'attaque-t-on pas?

« Ces ennemis jurés de l'Académie se plaignent que nous n'avons plus ni livres, ni dessins, ni estampes, que l'un de nous s'est emparé de tout cela, sans qu'il n'y ait rien d'écrit et de mis en ordre.

« Eh bien! mon cher confrère, ce quelqu'un c'est moi! oui c'est moi qui en qualité de secrétaire de la compagnie ai reçu comme mission la garde des archives, et qu'en conséquence je tiens sous clef, mais dont la vue n'est jamais refusée par moi aux amateurs, et aux personnes respectables qui désirent connaitre les riches productions dont nous jouissons, que nous tenons de l'Académie royale, du Roi de

---

[1] L'huile de graine était alors inconnue à Marseille. On n'usait que de l'huile d'olive.

Naples, d'un grand nombre de nos amateurs, et notamment de notre cher directeur perpétuel, dont le portefeuille est pour nous le monument le plus précieux, le plus intéressant aux fastes de notre Académie.

« Donc nous ne cachons pas; nous exhibons quand on nous le demande. Si nous mettions tout cela à la disposition générale, notre collection serait bientôt dispersée.

« Puis ces cabaleurs osent mentir assez effrontément pour soutenir que rien n'est en ordre, que rien n'est écrit; oh! si nous avions un local assez grand pour en former une galerie, nous aurions de quoi la décorer amplement. Les productions des plus célèbres artistes n'y seraient pas épargnées, en y joignant les productions de l'Académie et les morceaux dont elle a fait l'acquisition à ses dépens.

« Nos accusateurs nous reprochent également qu'aucun des professeurs ne dessine d'après le modèle; mais avons nous à leur rendre compte de nos actions? Prennent-ils garde à ceux qui ont le crayon à la main, ou qui corrigent les élèves. Le directeur et le professeur sont dans ce cas; d'autres se tiennent en cercle; à moins que la lumière de la lampe n'offense leur vue, et je suis au nombre de ces derniers. Comme mes fonctions ne m'appellent dans la salle du modèle que dans la journée, les deux tiers du temps je puis y dessiner à la clarté du jour. Prétendrait-on nous captiver comme des jeunes gens, nous vieillards? L'essentiel est que la classe soit surveillée et les élèves dirigés. Il y a toujours au moins un professeur qui y dessine et qui corrige.

« Ah! mon cher confrère, je vous prie de nous faire connaitre les noms de nos délateurs, ils nous ont offensé, outragé. Conformément à nos statuts, nous devons punir ceux qui ont transgressé nos règlements par leurs rapports injurieux et leurs basses calomnies. Aucun de nos amateurs, nous le pensons, n'a trempé dans ce mémoire adressé à M. d'Angiviller. Peut-on tenir compte de deux ou trois agrégés d'un caractère méchant, insociable, de quelques externes qui ne sont rien dans l'Académie. En effet ceux que nous soupçonnons ne sont que des peintrions à la douzaine, qui ne sachant pas dessiner un œil, viennent parfois barbouiller des figures de singes écorchés d'après le modèle, qui pour masquer leur ignorance prétextent que le modèle ne vaut rien, que la lampe n'éclaire pas; de ce nombre ce prétendu ancien militaire, soi disant soldat, garçon peruquier dans son régiment, puis domestique du marquis de Montolieu, et jadis amballeur, aujourd'hui faiseur de mignatures en portrait : en un mot la plupart de cette espèce de gens annoncés par leur signature dans un écrit plein de fausseté, ne savent pas même comment l'Académie est faite.

« Quant au sieur Chay, il est hautain et tracassier. Mais quel effort qu'il fasse lui et ses conjurés, nos vingt sept années de travaux parlent assez haut en notre faveur pour qu'il nous soit permis de penser qu'ils ne sauraient nous ébranler. Cet orage que des mauvais génies ont voulu faire éclater sur nos têtes, n'aura pas d'autre effet que celui de nous voir continuer à mériter par notre zèle et notre empressement la protection du digne ministre des arts. L'amour de l'Académie royale que nous considérons comme une mère tendre, vénérée et respectée par sa fille, et l'estime, l'amitié, les bontés de notre respectable directeur, qui n'auront tous qu'une voix pour vitupérer ceux qui nous ont attaqué dans notre discipline, et notre administration, comme gens avides, intéressés, ne pensant qu'à la rapine, tandis que nous laissons à nos actions le soin de notre défense.

« Pour vous, cher confrère, qui connaissez mon caractère, vous avez pu en juger pendant que nous vous possédions à Marseille, aussi je ne doute pas de vos sentiments. Veuillez me les conserver, je mettrai mes soins à les mériter, et à vous témoigner la respectueuse considération avec la quelle j'ai l'honneur d'être,

« Monsieur et cher confrère,

« Votre, etc. »

« Addition à ma lettre du 2 fevrier 1780 :

« Comme il est nécessaire de démasquer les méchants, voici encore quelques détails pour vous éclairer.

« Les sieurs Chay et Robert ont été comblés de politesses par nous, et cependant au moment de la pose le premier arrivait innopinément, frappant à la porte à coups redoublés, se plaisant, dans sa fierté et sa hauteur, à déranger constamment les professeurs dans leurs fonctions, à les rendre méprisables; mais ce qui l'exaspère, c'est que nous avons des attentions pour un habile artiste qui depuis quelques mois prend plaisir à venir dessiner dans notre Académie. Le sieur Chay en est jaloux.

« Cet habile artiste se nomme Kolowski, sculpteur envoyé à Rome comme pensionnaire par l'impératrice de Russie. A son retour se trouvant à Marseille, il s'y est fixé pour la saison d'hyver, pour ne retourner qu'au beau temps dans sa patrie. Nous, directeur en exerciçe et professeurs, avons cru que la politesse exigeait que nous fassions honneur au talent de cet artiste; nous l'avons invité à assister à la pose du modèle, et à prendre sa place parmi nous. Nous avons été de plus bien aise de profiter de ses avis et de ses lumières; nous pensions que cet artiste de retour à s^t Péterbourg rendrait justice à la courtoisie des professeurs de l'Académie de Marseille, et que les étrangers de talent y trouvaient attention et bon accueil.

« Ces politesses ont surexcité la jalousie des sieurs Chay et Robert, au point de nous noircir aux yeux de notre protecteur en intéressant à leur projet quelques agrégés ou externes dont ils ont extorqués les signatures.

« Si cet accueil à des étrangers en vue de la célébrité des arts qu'ils professent avec distinction est repréhensible, nous passons condamnation. Cependant nous ne saurions jamais refuser notre homage au vrai sçavoir.

« Du reste avant hier lundi 31 janvier, M. le duc de Rohan Chabot, reçu au commencement du mois parmi nos honoraires amateurs, nous a fait l'honneur de nous rendre une seconde visite, à l'heure de nos exercices. Il a examiné nos modèles, parcouru toutes nos salles, et il s'est arrêté à celle des principes du dessin. La quantité de nos élèves travaillant l'a surpris, et à son retour à Paris, ses rapports à M. le c^{te} d'Angiviller nous vaudront surement encore plus que nos justifications.

« Voilà, mon cher confrère, bien du papier barbouillé, et du temps perdu, il m'est bien cruel, ainsi qu'à mes confrères, malgré notre zèle à tous, de nous voir accusés et de subir des interogations que notre droiture n'aurait jamais pu immaginer.

« Je suis avec la plus vive affection et le plus grand respect,

  « Votre, etc. »

« Ci-joint une affiche pour demander un bon modèle, ainsi que la délibération passée à cet effet, afin que M. d'André puisse s'assurer si nous n'avons pour objet que l'avidité et la rapine. Communiquez lui cette lettre. »

On accusait la compagnie d'avoir logé l'école dans un grenier à foin. Le secrétaire écrit de nouveau à ce sujet au directeur perpétuel, en lui annonçant le plan géométral de l'Académie :

Marseille, 4 fevrier 1780.

« Peut être etiez vous impatient de recevoir cette pièce, pour vérifier ce qui en est de ce prétendu *grenier à foin*... Notre professeur d'architecture, M. d'Ageville vient de nous le remettre.

« Daignez, etc. »

A dater de ce jour, le secrétaire multiplie sa correspondance. M. de Montucla est mis au courant, et le 14 février une nouvelle lettre est adressée au directeur, qu'il remercie de lui avoir fait connaître les noms du reste des conjurés :

« Si les six premiers ne sont pas dignes de créance, les cinq derniers sont encore moins dangereux..... Vous nous donnez le titre d'ami et vous y joignez la tendresse d'un père. Tant de bontés ne peuvent qu'exalter notre âme pour ne cesser de vous témoigner avec quel profond respect nous sommes,

« Monsieur,

« Vos, etc. »

Au moment même où Moulinneuf écrivait cette dernière lettre, d'André Bardon lui adressait la suivante :

A Paris le 27 fevrier 1780.

« Messieurs,

« Je crois devoir vous prévenir qu'en blamant les fausses accusations que vos ennemis vous ont malicieusement imputées, et en condamnant leur noires calomnies, nous avons trouvé M. Pierre et moi que les vacances dont vous faites usage depuis un tems sont très repréhensibles. Ces licences sont contraires à vos statuts, à ceux de l'Académie royale, aux règlements qu'en vous accordant des lettres patentes Sa Majesté veut que vous observiez.

« Je borne pour le moment à ces motifs les raisons que nous avons à blamer ces vacances, persuadés que vous ne vous obstinerez pas à les continuer.

« Pour vous faire sentir que nous n'avons pas dessein de vous priver des douceurs dont jouissent presque toutes les sociétés académiques, nous avons observé qu'on pourroit engager votre mère, et les ministres des arts à vous permettre les vacances de la saint Louis à la saint Luc : 1° attendu l'exposition des tableaux; 2° la nécessité où chacun se trouve annuellement de pourvoir à sa santé et à ses intérêts domestiques, tels que les récoltes, les vendanges, et autres pareils besoins.

« A l'égard des vacances, des jeudis de chaque semaine qui sont d'un autre ordre, et d'une autre conséquence, je compte que vous allez les suprimer à l'instant, et je vous prie en réponse de la présente de m'envoyer une déclaration de la compagnie constatant que votre directeur perpétuel a blamé les dites vacances dès qu'il en a été instruit. Il vous sera plus honorable de vous reformer vous mêmes, que d'être réformé par vos supérieurs, évitant par là tout obstacle à l'expédition que vous attendez.

« Je ne cesserai d'être avec le même zèle, en usant de fermeté ou de complaisance, selon les conjonctures, sans jamais manquer d'affection,

« Messieurs,
« Votre, etc. »

D. B.

« J'ai communiqué le plan de votre logement à M. Pierre, prouvant la mauvaise foi de vos calomniateurs. »

Le secrétaire a envoyé le 6 mars, au directeur, un volumineux factum pour justifier de nouveau la compagnie. Ce dernier en donne acte comme il suit :

A Paris, 15 mars 1780.

« Messieurs,

« Je reçois votre lettre de 28 pages, en date du 6 mars, et me hâte de vous déclarer ce que je pense au sujet de votre projet de vengeance contre vos calomniateurs. Cet acte sera certainement blâmé par les personnes qui vous sont véritablement attachées, et déplaira très fort aux plus respectables supérieurs dont vous avez grand intérêt de ménager la protection et la bienveillance.

« Vous ne devez pas douter que je pense comme eux, et je ne vous dissimulerai point, que si au bout de la quinzaine, vous ne m'apprenez pas que vous renoncez à vos projets de vengeance, je prendrai mes précautions pour ne pas laisser soupçonner à M. le c^te d'Angiviller et à l'Académie royale qu'un pareil acte a été autorisé par votre directeur perpétuel.

« Il est bien extraordinaire que vous tombiez dans le piège que vous tendent vos ennemis. Leur dessein est de vous tracasser. Quel plus sûr moyen peut leur persuader qu'ils ont rempli leur objet que le parti que vous paroissez méditer de faire informer contre eux? Ils vous ont calomniés, dites vous? Soit. *Méprisez les calomniateurs et la calomnie; c'est le plus sûr moyen de vous justifier et de les confondre.*

« Ces deux lignes soulignées renferment ma façon de penser; elles vous retracent clairement le conseil que je vous donne.

« Je ne vous dis rien de n'être pas satisfait de la justification, que nous vous avons procurée par nos rapports, M. Pierre et moi, vis à vis de M. votre illustre protecteur, le seul qui en ait eu connaissance, et sur l'esprit duquel il eut été dangereux qu'elle eut fait quelque impression. Pourriez vous répondre par une plus grande imprudence à la justice que nous avons cru devoir vous rendre? C'est là le point essentiel où la tracasserie doit finir, et je ne vous conseille pas de rien faire qui tende à la prolonger.

« Vous avez pris le bon parti au sujet des vacances du jeudi; mais le ménagement et la réserve sous les quels vous avez mis l'exécution du parti, font voir que vous êtes honteux d'avoir tort. Vous parlez toujours de ces vacances comme d'un usage consacré depuis votre établissement, voici des preuves du contraire :

« 1° L'aveu d'un de vos professeurs, l'un de vos bons amis, mais meilleur ami encore de la vérité. — De plus je lis

« 2° Dans un almanac de Marseille imprimé en 1770 : « Les écoles « (en parlant de la votre, p^{ge} 184) sont ouvertes tous les jours, à l'ex-« ception des fêtes et dimanches »; il n'est pas parlé des jeudis.

« 3° Dans votre lettre du 31 janvier, vous dites : on a toujours reconnu que lorsque la pose duroit tous les six jours de la semaine, les figures académiques étoient ordinairement achevées à la fin de la séance du jeudi ou du vendredi.

« Donc on dessinoit alors le jeudi; donc les vacances du jeudi ne datent point de votre établissement.

« Voilà, messieurs, comment on soutient quelque fois des contre vérités sans y faire attention ; et voilà comment vos amis vous les passent avec trop de complaisance, jusqu'au moment qu'ils sont forcés de vous convaincre des faussetés par des preuves convaincantes.

« Soyez, je vous prie, moins féconds en paroles; quand le stile est verbeux, les lectures deviennent ennuyeuses, et l'on n'arrive rarement jusqu'à la 28me page, surtout quand on n'y retrouve que des répétitions de ce qu'on sçait déjà.

« Ce préambule de votre arrêté du 24 fevrier 1780 est mieux que l'arrêté même, qui renferme la contre verité ci dessus.

« Les déclarations de quelques uns de ceux qui ont signé le mémoire calomniateur de 8 pages ne les justifient que d'une manière imparfaite; ils méritent les uns d'être oubliés, les autres d'être méprisés.

« Craignez d'être plus sévères que moi; il est beau de sçavoir alier la noblesse et la générosité avec la justice, et de chercher la satisfaction dans nos petites adversités, dans la bonté de notre cœur, [plutôt] que dans la rétractation de nos envieux.

« Je me flate que vous entrerez dans mes vues de pacification, et que vous les prendrez pour de nouveaux témoignages de l'intérêt que je prends à ce qui vous regarde, et des sentiments que vous a bien sincèrement voués pour la vie

« Votre affectionné serviteur perpétuel, »

D'ANDRÉ BARDON.

Le secrétaire s'empressait de répondre, l'âme navrée, avec la plus touchante soumission :

A Marseille, le 24 mars 1780.

« Monsieur,

« Nous n'avons jamais projeté de nous venger de nos enemis, d'informer contre eux; quelles pièces pourrions nous produire ? Le mémoire qui nous diffame n'est pas entre nos mains. La punition de ce libelle diffamant est dévolue à l'autorité de notre illustre protecteur, aux oracles de l'Académie Royale, à notre directeur perpétuel, et au défaut de ces trois puissances à la discipline de la compagnie toujours disposée à l'indulgence, et qui dans ce cas actuel n'aurait suivi que vos inspirations.

« Nous n'avons jamais demandé que des instructions pour repousser les traits de la calomnie; le genre de satisfaction que nous étions en droit de réclamer, nous n'avons rien choisi, fait aucun mouvement et nous cessons de nous plaindre; mais ce mémoire est diffamant? mais son objet est inique? mais ses moyens sont odieux? et nous nous résignons puisque vous l'exigez, monsieur; nous ne nous réservons qu'une seule faculté : le mépris contre nos envieux; les délits contre l'autorité ne nous regardent pas? Mais, monsieur, quels seront désormais les délits tombant sous la discipline et la vindicte de la compagnie, si l'impunité est reservée à ceux qui nous imposent, d'après vos lettres du 10 janvier et du 15 février, l'obligation de nous disculper? avant même que nous ne nous justifions, vous reconnaissez vous même, que les plaintes qui vous sont adressées vous offrent les caractères d'une calomnie, et vous ne nous donnez pas même la satisfaction de nous laisser entrevoir que vous flétrirez de votre réprobation de pareilles récidives; nous nous flattions que vous ne laisseriez pas impunie une pareille équipée; une punition, quelque légère qu'elle eut pu être, nous aurait donné un dédomagement. Enfin nous avons mal vu la chose; ils ne sont point criminels! ou leurs torts sont légers. Eh bien monsieur, nous n'y penserons plus, et nous ne nous occuperons plus à l'avenir que de remplir encore avec plus de zèle des devoirs dignes peut être d'un peu plus d'égards de la part de nos supérieurs, à revenir du découragement complet où nous jeté cette humiliation imméritée; à l'avenir nous serons moins longs, moins ennuyeux dans nos lettres; plus laconiques dans nos plaintes; nous nous interdirons la faculté bien triste de n'en porter aucune, et nous ne nous affectionnerons désormais qu'à répéter, dans l'assurance toujours vive et toujours sincère de notre profond respect, que nous sommes,

« Monsieur,

« Vos très humbles et très obéissants serviteurs. »

Épuisé par la contrainte qu'il s'est imposée, Moulinneuf laisse de nouveau éclater son indignation; les sentiments qui l'oppressent font explosion, et Beaufort reçoit ses nouveaux épanchements trois jours après l'envoi de sa lettre à d'André Bardon.

A M. BEAUFORT, A PARIS.

A Marseille, le 27 mars 1780.

Monsieur et cher confrère,

« Le courrier précédent a emporté, écrite de ma plume au nom de l'Académie, une lettre adressée à M. d'André; en essayant d'étouffer tout ressentiment, je me suis efforcé de cacher les miens à toute la compagnie. Je lui ai persuadé autant qu'il m'était possible, et comme effectivement je le crois, que dans les tracasseries que de noirs calomniateurs nous ont suscitées, M. notre directeur perpétuel ne cherche qu'à les faire cesser, et à remettre le calme et la tranquilité dans notre académie. Une telle idée est digne des sentiments respectables qui l'animent.

« Cependant, mon cher confrère, permettez moi de me dégonfler au sujet de la malheureuse position où nous a mis ce mémoire diffamant de nos enemis. Notre protecteur reçoit ce mémoire. M. d'André le vérifie et nous impose l'obligation de nous justifier, tout en ayant reconnu le caractère tracassier du chef des conjurés, et du sieur Robert ne valant pas mieux que le sieur Chay; notre directeur est convaincu de la fausseté des griefs qu'on ose nous imputer; nous le lui prouvons dans un mémoire de huit pages. Nous lui envoyons copie des déclarations de trois agrégés, indignés qu'on eut surpris leur signature; nous lui mandons la réponse insolente du sieur Chay *se faisant*, disait-il, *un plaisir de nous tracasser*, au moment où des personnes prudentes lui représentaient que ce n'était pas bien d'agir de la sorte, vis à vis les instituteurs d'un établissement si utile à la patrie. Nous avons envoyé le plan géométral du local de notre académie, que nos calomniateurs ont eu la malice et la hardiesse de qualifier de *grenier à foin*.

« Que résulte-t-il de toutes ces justifications auxquelles notre probité n'a pas eu de peine à se soumettre, alors que ces interrogatoires ont navré notre cœur? Il résulte que nos calomniateurs restent impunis, et que nous sommes blamables et très répréhensibles d'avoir pris un fatal jeudi de vacances dans les semaines où il ne se rencontre auc ne fête.

« Nous avons pourtant adhéré à remettre ce jeudi dans l'ordre de nos exercices; nous nous prêtons avec empressement à tous les arrangements qu'on nous prescrit, et enfin accusés comme prévaricateurs, malversateurs, lorsque la calomnie est avérée et reconnue, nous sommes heureux d'en être quittes pour tous nos chagrins essuyés, en laissant à des imposteurs la liberté de nous molester, nous susciter autant de malices nouvelles qu'il plaira à leur méchanceté de nous infliger.

« Que notre protecteur, que l'Académie royale, que notre directeur exigent que tout soit en règle, rien de plus juste; nous nous sommes fait un plaisir constant d'obéir aux conseils de M. d'André Bardon; pouvons-nous être répréhensibles, et nos ennemis rester à l'abri de la moindre réprimande?

« MM. nos fondateurs auxquels le sʳ Robert a présenté un duplicata du mémoire nous ont donné une satisfaction entière et complète, sans qu'il en coutât à l'un de nous la moindre admonition. Ces messieurs, témoins perpétuels des soins que nous consacrons à la patrie, lorsque nous leur présentâmes l'extrait de notre justification, des lettres de M. d'André, de nos réponses, des déclarations, etc. sans vouloir lire aucune de ces pièces, nous accueillirent de l'air le plus prévenant et le sourire le plus gracieux aux lèvres : « Messieurs, nous dirent-ils, ce mémoire nous a été présenté, et bien que signé, par certaines personnes, nous l'avons considéré comme indigne, et ne pouvant qu'ammener du trouble et du désordre dans notre académie. Elle est trop utile, trop avantageuse à la ville de Marseille pour ne pas mériter toute notre attention; nous admirons, nous estimons trop votre administration pour vous juger coupables du moindre grief. Votre zèle inaltérable nous est connu depuis votre établissement, et nous ne pouvons qu'applaudir au sacrifice gratuit que vous faites continuellement de vos veilles, de vos soins, et de vos peines, ainsi que d'exalter avec éloge votre constance et votre désintéressement patriotique.

« Nous voudrions que des temps plus favorables nous laissassent la liberté de reconnaitre avec générosité les obligations dont le public vous est redevable. Mais si dans les circonstances présentes nos bienfaits sont suspendus, soyez assurés, messieurs, que nous ne les perdons pas de vue, et vous devez être d'autant plus tranquiles à l'égard de tous les mauvais propos qu'on peut tenir sur votre compte, que nous ne les regardons que comme les honteuses productions de la malice et de l'envie. »

« Un tel discours de la part de nos fondateurs fut un beaume pour nos blessures. Cette satisfaction fut charmante à nos âmes. En effet les magistrats en lisant cet écrit diffamant, loin de sonner le tocsin, de nous soumettre à des interogatoires durs et secs comme de vils mercenaires, nous reçoivent avec bonté, nous flattent, nous caressent, nous consolent même, et appliquant sur l'heure le remède à nos cœurs ulcérés, par leur accueil, par un seul mot font cesser toute tracasserie.

« Heureux s'il en eut été de même à Paris! mais on a écouté le rapport de nos ennemis, il a été reconnu faux et calomniateur, et des lettres viennent nous humilier, nous mortifier, sans mettre un terme aux projets de cabales et d'impostures fomentées par nos délateurs, qui, forts de l'impunité, continuent à nous nuire. Ils échappent à toute réprimande; la verge de fer n'est levée que sur nous, les menaces de la souffrance et du travail sont notre lot : mais que feraient M^{rs} les officiers de l'Académie royale s'ils se trouvaient en pareil cas? tout pensionnés qu'ils soient, n'exigeraient-ils pas une satisfaction éclatante? ne puniraient-ils pas les auteurs d'un tel attentat? et nous, sans jouir du moindre honoraire, attendant patiemment qu'on veuille bien avoir égard au zèle qui nous anime, respectant les puissances qui nous gouvernent, mettant nos soins à nous rendre de plus en plus dignes d'obtenir de notre illustre protecteur, des lettres patentes, nous, dis-je, nous gémirions dans l'amertume de nos cœurs sans oser pousser une plainte, sans demander une satisfaction quelque infime qu'elle soit! Se peut-il qu'on ne cherche pas à s'enquérir de la valeur des signatures de ces quatre agrégés, dont deux d'entreux affirment par déclaration avoir été surpris? Aucuns de nos académiciens artistes n'ont signé cette pièce.

« Si M. d'André Bardon veut parcourir nos réglements, il verra que les agrégés ne sont que des aspirants au grade d'académiciens; ils n'ont point le droit d'assister à nos délibérations, ils ont un temps limité pour présenter leur morceau de réception, sous peine, l'échéance passée, d'être déchus de leur agrégation, à moins qu'on ne leur accorde un sursis; or le sieur Chaix est dans ce cas; le directeur absent, il n'a point voulu s'adresser au recteur qui a aussi le droit de s'entendre avec l'artiste au sujet du dit morceau de réception; l'orgueil qui l'obsède lui a fait passer le double des délais, plutot qu'à se décider à cette démarche pour obtenir son titre d'académicien. Il brave nos statuts et nos règlements, et il ne cherche qu'à nous nuire.

« Ou nos règlements doivent rester sans valeur, ou cet homme doit voir son nom rayé du tableau.

« Si je ne craignais d'être trop long, mon cher confrère, que de choses n'aurais-je pas encore à vous dire! mais je fais trêve à mes reflexions; cependant soyez assuré qu'elles ont répandu dans mon sang un chagrin mortel, qui me mine, dont l'agitation est si forte que ma santé en est altérée. Quoi! passer pour des hommes qui ne respirent que le vol et la rapine? que nos supérieurs puissent le croire? sans considerer tout ce que nous avons fait pour l'Académie; mais qu'ils voient donc si dans son établissement l'intérêt nous a fait agir, alors que depuis vingt sept ans nous n'avons exigé ni pension, ni honoraires, et après nos soins, nos veilles pour former des sujets en tous genres, nous n'aurons pour toute récompense qu'à devenir les victimes d'une tracasserie impunie.

« J'ai caché autant que je l'ai pu mon affliction à mes confrères, mais je vous avouerai qu'il en est plusieurs qui sont résolus à se retirer, et que je fais tous mes efforts pour les en dissuader, car ce sont des artistes très estimables, et chéris de tous; ils feraient un grand vide dans notre académie; les motifs qui les déterminent sont ceux-ci : ils considèrent que toute compagnie est respectable, qu'un membre, quelque distingué qu'il fut, ne pouvait se placer au-dessus d'elle; que dans cette occurence la nôtre souffrait des humiliations, tandis qu'elle méritait des éloges; quelle retraite bon Dieu pour des âmes nobles et dignes de la plus vive reconnaissance!

« Pour moi, traité de voleur, accablé sous le poids d'un travail incessant nécessité pour notre justification et par les deux emplois à l'académie, et dont m'a investi la confiance de mes confrères, passant les nuits entières sans fermer la paupière, adressant mes larmes au ciel, en m'écriant : « grand Dieu, faut-il que la méchanceté l'emporte sur la vertu, et qu'en l'écrasant elle triomphe? » mais je m'arrête, je ne puis aller plus avant; la respiration me manque.

« Adieu, mon cher confrère, ménagez moi une réponse, je l'attends avec impatience de votre amitié, de vos bontés, tandis que je resterai tant que je vivrai avec la plus respectueuse considération,

« Monsieur et cher confrère,

« Votre très etc. »

MOULINNEUF.

Ému de cette lettre, Beaufort répond courrier par courrier au secrétaire :

A Paris, 6 avril 1780.

« Cher confrère et ami,

« Par votre dernière vous me faites part de tous vos chagrins; la sensibilité est le partage des âmes honêtes; la moindre atteinte à leur droiture est pour eux un coup de poignard; je connais votre délicatesse, et je ne suis point surpris que vous ayez été très vivement choqué des interogations et sommations de vous justifier que vous a fait M. d'André sur les noirceurs et calomnies contenues dans ce mémoire.

« Malgré l'invraisemblance des malversations dont votre corps est chargé dans ce libelle atroce, et le peu de créance que doit y accorder un ministre, il lui convient de s'instruire et d'avoir des certitudes que les faits dont on accuse votre compagnie ne sont que faussetés. Il s'est donc adressé à M. d'André, qui s'est empressé de le rassurer sur la droiture de votre compagnie, et que ce mémoire, rempli d'impostures, n'avait été dicté que par l'envie et la jalousie; il était donc de son devoir de vous demander de vous justifier. Il a été satisfait de vos explications, et sans attendre de nouvelles justifications, le ministre, persuadé à son tour, envoye les lettres patentes au Parlement d'Aix, pour y être reconnues et entérinées, constatant ainsi la protection que le roi accorde à votre établissement.

« Cette marque d'estime non équivoque d'un ministre doit être des plus flatteuses pour tous les membres de votre académie, car elle dénote le mépris le plus marqué pour vos vils ennemis.

« Lorsque vous avez écrit à M. d'André, il s'est imaginé que vous vouliez prendre les voies de la justice, et intenter un procès à vos accusateurs, et il vous a engagé à vous désister, et à vous réfugier dans un souverain mépris, la vengeance la plus noble et la plus digne d'un corps, reconnu estimable entre tous, et dont le ministre vient de vous donner la preuve la plus convaincante; vous devez vous trouver ainsi suffisamment vengés.

« En ce qui touche l'exécution de vos règlements, vous devez en faire usage selon le cas. Il sera représenté en assemblée que les s^{rs} C. et R. n'ayant point remis leur morceau de reception au terme indiqué, et que l'Académie avait déjà prorogé, et que loin d'en être reconnaissants, ils ont essayé de nuire à l'Académie par des écrits injurieux, la compagnie assemblée, par la voie du scrutin les a rayés de la liste, et privés de toute prérogative académique, comme d'exposer, et assister aux assemblées, etc. Votre délibération ainsi motivée servira à l'avenir de règle et de loi.

« Vous soumettrez cette délibération à M. d'André qui ne peut s'opposer à l'application des lois qu'il a approuvé lui-même. Ainsi pour ces derniers dorénavant les agréés ne figureront plus sur les listes imprimées, et ne recevront aucun billet d'invitation à l'avenir, vous vous montrerez plus difficiles sur le mérite.

« A présent, cher confrère, j'espère que votre âme est plus calme, que vos chagrins sont dissipés. Rentrez dans votre honête tranquilité, les chagrins nuisent à la santé, et inquietent vos amis.

« Pour mettre le comble à votre satisfaction j'espère que les échevins, sensibles à vos soins généreux, flattés des marques distinguées dont vous êtes couronnés, profiteront du moment pour vous témoigner aussi leur estime, car ils doivent voir combien votre établissement est utile.

« Toutes les grandes villes ont des académies de dessin; la ville de Bordeaux vient d'obtenir aussi des lettres patentes; votre académie est la plus favorisée, elle mérite plus ces faveurs, car elle porte le titre de *la fille aînée* de l'Académie royale de Paris. Celle de Toulouse qui s'érige en académie royale, n'a aucune relation avec celle de Paris. Celle de Bordeaux veut prendre le nom de sœur, ce qui ne lui sera pas accordé.

« Vous méritez le titre d'académie bien plus que celle des autres villes de province, car chez vous il y a un directeur à Paris, membre de l'Académie royale, un directeur recteur en exercice, des professeurs de dessin, des professeurs pour les sciences, des assemblées générales, où il se fait des lectures relatives aux arts, des réceptions d'académiciens, tant que le mérite en procurera et sans limite déterminée, et des amateurs honoraires, enfin tout ce qui caractérise une académie. Il est certain que si les échevins voyaient la chose grandement, en cherchant dans la suite des hommes dignes de vous remplacer, cette académie serait la seule digne d'être l'émule de celle de Paris.

« En attendant je désire vous savoir calmé et en bonne santé, et que vous croyez à mon plus sincère attachement. »

Beaufort.

Les esprits étaient déjà grandement apaisés lorsque cette réponse de Beaufort parvint à la Compagnie. Le comte d'Angiviller en avait adressé une autre le 26 mars au directeur perpétuel; elle contenait ces paragraphes concluants :

« Je me fais un plaisir de vous marquer que je ne regarde le mémoire dont il s'agit, que comme l'ouvrage d'une odieuse jalousie, ou méchanceté, et qu'après les éclaircissements que vous vous êtes procurés, il ne me reste pas le plus léger nuage sur les abus graves et importants dont on accusait la compagnie estimable dont vous êtes le directeur.

« Je crois devoir vous prévenir que les lettres patentes relatives à l'académie sont depuis quelques semaines envoyées au Parlement de Provence pour l'enregistrement. »

Signé : d'Angiviller.

Et le directeur d'ajouter, en envoyant copie de la lettre tout entière :
« Voilà, messieurs, les bonnes nouvelles que je viens de recevoir de

votre bienfaisant protecteur, vous comprendrez que lorsque, dans certaines circonstances, je vous ai écrit dans un stile qui a dû vous paroitre sévère, je n'écrivois pas au ministre avec moins de vivacité pour votre justification. »

A Paris, lundi de Paques 1780.

D. B.

Le secrétaire répond par le retour de la poste :

A Marseille, 5 avril 1780.

« Monsieur,

« Après l'orage que nous venons d'essuyer, la lettre du 27 mars de M. le c^{te} d'Angiviller, et l'obtention des lettres patentes est un coup de foudre pour nos ennemis; rien ne pouvait être plus consolant pour nos cœurs. Notre vengeance est des plus complèttes. En vous remerciant de cet heureux dénouement les expressions nous manquent pour vous témoigner notre reconnaissance; c'est une des pages les plus brillantes à ajouter à nos fastes, et c'est à vous que nous sommes redevables de l'interet généreux que vous prennez à illustrer notre compagnie. »

C'est ainsi que se dénouaient les incidents qui avaient passionné si vivement l'Académie.

La correspondance de d'André Bardon continue à présenter le même intérêt que précédemment. Il faut abréger, toutefois, et nous n'en extrairons plus que les principaux traits.

Ainsi il écrit, le 15 avril, qu'il a reçu la nouvelle de l'enregistrement des lettres patentes; il conseille à l'Académie de témoigner en peu de mots sa reconnaissance à son protecteur, d'agir de même vis à vis de l'Académie royale, de M. Pierre, de M. de Montucla, et il la félicite sur le bon ordre et la discipline qui règnent dans son école.

Mais les statuts qui accompagnaient les lettres patentes se sont égarés dans les bureaux. Le directeur perpétuel donne à ce sujet des instructions à la Compagnie le 5 mai. Seulement, d'André Bardon doit être très souffrant au moment où cette lettre est mise à la poste, car Beaufort écrit en même temps (4 mai 1780) : « M. d'André est dangereusement malade, on craint pour sa vie. »

Cependant, le directeur est resté sur la brèche; il a fait part à Beaufort de la lettre de l'Académie du 26 avril, il trouve la Compagnie en défaut de ne pas avoir encore remercié l'Académie de Paris. Elle aurait dû également engager avec adresse les magistrats de la cité à remercier de leur côté le ministre. Beaufort s'écrie en parlant de ces échevins :

« Il est incroyable de voir combien ils s'intéressent peu à ce qui vous regarde; comme si la ville et la province ne devaient pas en recueillir tous les avantages. Lorsqu'un citoyen est nommé pour régir les affaires d'une ville, il doit s'occuper de tout ce qui doit lui être favorable : toutes les démarches qu'il fait dans ce but ne peuvent que lui faire honneur, dut-il ne pas réussir. L'indolence est un crime vis à vis de ses concitoyens. Ce titre de fondateur dont il se pare doit être mérité; autrement, ce n'est plus qu'un titre chimérique enfanté par la vanité, alors qu'il ne coopère, ny par des fonds de son particulier et qu'il ne se donne aucun mouvement pour la réussite d'un tel établissement.

« Il est à présumer qu'ils n'ont montré aucun empressement vis à vis de l'intendant, vous abandonnant à vous même, pour traiter d'une chose qui mérite à tous égards d'être sollicitée par des chefs, surtout vis à vis du parlement d'Aix, qui n'obligeant que vous, peu instruits de ce que vous méritez, ne doit accorder que juste ce qu'il ne peut refuser.

« Les protecteurs des arts ne commandent point au parlement; chacun est jaloux de ses droits; combien de fois n'est-il pas arrivé au dernier gouvernement d'essuyer des mortifications, pour avoir agi sans la participation du dit parlement.

« Ainsi allez doucement en cette affaire, avec adresse et douceur, tachez d'intéresser pour vous des personnes en crédit, ayant de l'accendant sur l'esprit de quelques uns des membres du parlement, et surtout du premier président, et qu'ils deviennent eux-mêmes vos protecteurs.

« Croyez vous que les artistes de Bordeaux qui viennent également d'obtenir des lettres patentes, n'ont dû leur reussite qu'a leurs soins ? Non! Les Jurats et plusieurs membres du parlement les ont eux mêmes sollicitées.

« Pardonnez, etc. »

BEAUFORT.

Le secrétaire répond le 12 mai que ces conseils sont les bienvenus. Il met ensuite Beaufort au courant des pensées et des démarches de la Compagnie; mais l'état de santé de d'André Bardon prime toutes les autres préoccupations : « Nous avons été abreuvés d'une épreuve bien dure, écrit-il; mais notre sensibilité est aujourd'hui encore plus vivement excitée; quelle perte serait la nôtre s'il venait à nous être ravi! Mais nous espérons que la Providence exhaussant nos vœux voudra bien nous conserver un aussi bon père ! »

Les alarmes de la Compagnie sont dissipées. D'André Bardon a repris la plume, le 3 juin. Il envoie à l'Académie ses statuts et règlements, signés et approuvés par le directeur général. « Demain, ajoute-t-il, je me ferai porter à notre assemblée, pour avoir la double consolation, dans cette première sortie, après trois mois de maladie, d'entendre la lecture de vos lettres patentes et de les faire déposer dans les archives de l'Académie royale de Paris, pour y jouir de votre priorité et de son droit d'ainesse, non seulement sur l'Académie de Bordeaux qu'on expédie actuellement, mais encore par dessus toutes les autres Académies qui ont été, ou qui seront dorénavant établies d'après la déclaration du Roi sur les arts.

« C'est avec un véritable plaisir que je vois terminer une affaire si intéressante, malgré les obstacles épineux qui se sont à diverses reprises jettés à la traverse. »

D. B.

Le 12 juin le secrétaire accuse réception de ces statuts et règlements. « Ces lettres et ces papiers réunis, s'écrie-t-il, seront un monument fait pour stimuler notre émulation et notre zèle, devant manifester à nos successeurs l'estime et la considération que les artistes doivent mériter quand ils marchent avec sentiment dans le chemin de la gloire.

« Nous ne saurions assez vous témoigner le plaisir et la joie que nous cause le rétablissement de votre santé. Sans doute, l'ange tutélaire de notre Académie prend soin de vos jours, car il sçait combien leur durée est précieuse à toute la compagnie. »

La suite de la correspondance de l'année 1780 a disparu.

1781.

Les archives de l'Académie nous offrent pour cette année huit lettres de d'André Bardon. La première est écrite le 4 janvier, en réponse aux vœux de bonne année que lui a adressés la Compagnie; il y est question du groupe du Laocoon et du Gladiateur, apportés de Rome par un amateur honoraire de l'Académie et dont la Compagnie désirerait avoir une reproduction, si l'amateur dont il s'agit est en possession des creux de ces statues.

Les lettres du 3 février et du 18 mars ne traitent que du présent d'un baril d'huile adressé à M. de Montucla : cette « espèce de symbole de la Paix que vous avez fort bien imaginé de lui adresser, dans un moment où elle est très désirable ».

La lettre du 10 juin est plus intéressante; le cadeau envoyé à M. de Montucla a été bien reçu. L'affaire du Gladiateur a moins bien réussi :

« M. Bergeret, votre nouvel amateur, a rapporté de Rome le groupe du Laocoon et du Gladiateur; mais il a laissé le creux à celui qui lui a vendu les figures. Ce qui a donné lieu à la méprise, c'est que M. Bergeret a effectivement apporté beaucoup de grands creux de Rome, mais qui ne sont que des creux de têtes, de pieds, de mains monstrueuses pour la grosseur et qu'il n'a fait mouler que pour leur singularité. »

Dans sa lettre du 28 avril il recommande scrupuleusement M. Nadaud. « L'expérience satisfaisante que j'ai faite moi même de ses crayons me détermine à vous inviter d'exorter vos élèves à en faire usage. »

Le 20 juin, d'André Bardon annonce la mort du marquis de Marigny et ajoute : « Je vis hier pour la deuxième fois en 17 ans l'opéra de Paris réduit en cendre par les flammes. »

Le 6 septembre, à propos de l'assemblée publique de l'Académie, il loue la Compagnie sur la réserve des prix qu'elle a faite : « En constatant la négligence des élèves elle constate l'attention des maîtres. Suspendre à propos les récompenses est un des meilleurs moyens pour inviter à s'en rendre dignes ceux pour qui elles sont destinées. »

Il approuve également les sujets des discours; les applaudissements qui les ont salués ne l'étonnent point; il termine ainsi : « J'exhorte M. d'Ageville à faire part à l'Académie royale d'architecture de son *Essai pour servir à l'éloge de M. Soufflot;* un pareil projet ne peut que faire beaucoup d'honneur à son cœur et à son esprit. »

« Continuez, Messieurs, à mériter par votre zèle les suffrages de vos concitoyens et soyez persuadés que personne ne s'intéresse plus à votre gloire que celui qui ne cessera d'être jusqu'au trépas,

« Messieurs,

« Votre etc. »

Le secrétaire écrivait à d'André Bardon le 24 octobre; de sa lettre nous ne reproduirons que les deux paragraphes suivants :

« Lundi 22 de ce mois, MM. les maires, échevins et assesseurs sont venus présider la séance générale de la rentrée de nos exercices académiques; MM. des belles lettres, sciences et arts, MM. les associés honoraires et MM. les académiciens, y avaient été invités, M. David, recteur, en a fait l'ouverture en témoignant à MM. nos fondateurs combien l'Académie était sensible à leur attention, ainsi qu'à celle de MM. les amateurs de venir prouver par leur présence qu'ils s'intéressaient à l'émulation et au progrès des élèves.

« M. Moulinneuf en qualité de secrétaire a prononcé un discours sur le génie amenant les arts à leur perfection. Après quoi MM. nos fondateurs, accompagnés de toutes les personnes présentes, ont assisté à la pose du modèle et parcouru, avec une satisfaction patriotique, la salle des jeunes dessinateurs dont le nombre considérable les a charmés. Revenus ensuite dans le bureau, ils ont signé la tenue de notre séance. »

D'André Bardon répond le 4 décembre :

« Messieurs,

« Les fonctions de mon exercice actuel se réunissent depuis deux mois avec mes infirmités toujours croissantes, pour m'ôter le loisir de répondre à l'agréable détail de l'accueil que vous ont fait MM. vos fondateurs à l'occasion de votre rentrée.

« Je vous en félicite avec d'autant plus de plaisir que cette affection patriotique dont vous parlez avec éloge, ne peut être que l'avant coureur des témoignages qu'ils réaliseront, à raison des circonstances. Je souhaite de ne pas me tromper dans mes conjectures. M. Moulinneuf voudra bien recevoir ici mon compliment sur le magnifique sujet de son discours. Continuez, Messieurs, à vous distinguer par le zèle que vous n'avez cessé de mettre dans tous vos procédés académiques depuis votre établissement ; je mourrois satisfait si je voyois MM. vos respectables fondateurs vous en procurer la juste récompense. »

1782.

A cette année se rapportent neuf lettres assez importantes ; nous les reproduirons presque intégralement. A mesure que les forces de d'André Bardon s'affaiblissent, son esprit semble grandir et ses préoccupations converger de plus en plus vers les deux buts qu'il n'a jamais cessé de poursuivre : assurer des moyens d'existence aux professeurs et améliorer sans cesse l'enseignement de l'Académie.

La correspondance du secrétaire est non moins intéressante. Le 26 décembre 1781, ce dernier a adressé les vœux de la Compagnie à d'André Bardon. La réponse ne se fait pas attendre. Elle est datée de Paris « le premier samedi de l'an 1782 ». Après les souhaits qu'en retour celui-ci adresse à ses confrères, il les gourmande sur le retard des lettres qui lui sont adressées pour les amateurs et l'Académie royale de Paris : « Les vôtres sont, s'écrie-t-il, au rang des paresseuses qu'on lit le 1ᵉʳ samedi de janvier, jour où les assemblées sont peu complètes. Les lettres diligentes de Pétesbourg, de Stokolm, de Rome, etc., sont lues le dernier samedi de décembre, jour auquel l'Académie royale, extraordinairement convoquée tient sa dernière, sa plus complète et plus brillante assemblée.

« Vous devez un compliment à M. Beaufort ; l'Académie l'a mis au rang de conseiller. Il doit cette distinction à ses talens qui sont considérablement augmentés, à sa bonne conduite et à l'estime générale des supérieurs et de ses confrères, qu'il s'est acquise.

« Il me reste à vous assurer de la continuation de mes sentimens d'estime, d'affection et de zèle pour votre louable Compagnie, avec lesquels, je ne cesserai d'être jusqu'à mes derniers soupirs,

« Messieurs,

« Votre etc. »

D'André Bardon s'est lié plus étroitement avec Bachelier, dont il connaît depuis longtemps la valeur. Arrivé à la fin de sa carrière, il songe à celui qui devrait lui succéder comme directeur perpétuel de l'Académie. Bachelier, plus que tout autre lui semble réunir les qualités requises. Il ne s'en est pas encore ouvert à l'Académie, mais en attendant il lui fait part des méthodes d'enseignement que ce dernier a adoptées dans l'école qu'il dirige à Paris; nous laissons la parole à d'André :

A Paris, 12 avril 1782.

« Messieurs,

« Je crois entrer dans vos vues et faire l'intérêt de votre compagnie, en vous proposant d'inscrire sur votre liste M. Bachelier, professeur de l'Académie royale de peinture et de sculpture. Cet habile homme vous deviendra infiniment cher, quand vous scaurez qu'il est directeur de l'École royale gratuite de dessin établie à Paris, et que par ses soins, son adresse et sa rare intelligence, sous les auspices de M. le lieutenant de police, il a porté à cinquante une mille livres le revenu perpétuel de cette école.

« Tachez de trouver dans vos ministres des protecteurs et des bienfaiteurs qui aiment à concourir aux progrès des arts, à la perfection des manufactures. Livrez vous au dessin des ornemens, fleurs, animaux, qui leur sont infiniment plus nécessaires que la figure. Vous réussirez ainsi à rendre vos soins plus analogues aux vues des négocians, plus intéressans pour le public, plus faciles à démontrer des maîtres et plus aisés à apprendre de la part des écoliers, sans néanmoins négliger la figure, au sujet de laquelle il conviendroit que vous nous fassiez connoître le dégré où vous l'avez portée, en employant depuis près de 30 ans trois salles, une douzaine de professeurs, et plus de soixante mille livres, avec un désintéressement admirable de MM. les professeurs; sans nous donner aucune idée des progrès qu'ont fait vos écoles dans les parties du dessin et des sciences relatives, dont vous avez le zèle de les instruire avec autant de persévérance que de générosité.

« Je vais m'occuper sérieusement avec M. mon nouvel ami, des moyens de vous procurer une somme assez considérable pour faire avec agrément vos fonctions académiques, sans que le Roi et les citoyens ne soient point lézès. Nous fairons de notre côté tout ce qui dépendra de nous par nos conseils, par les expédiens que nous vous communiquerons, et par les moyens de réussir qui nous paraîtront plus analogues au local, au génie du climat que vous habitez.

« Si de votre côté vous répondez à nos vues, nous espérons que d'ici la Paix, nous vous mettrons à portée de retirer de grands avantages de nos soins. C'est ce que désire avec vivacité,

« Messieurs,

« Le plus zélé et le plus sincère de vos serviteurs. »

D. B.

« Les qualités de M. Bachelier sont : *Peintre du Roi, professeur en son Académie royale, directeur de l'École royale gratuite de dessin, inspecteur de la Manufacture royale de porcelaines de Sèvres.*

« Vous pouvez m'adresser l'extrait de votre délibération, je me charge de la lui remettre après l'avoir signée[1]. »

Le 15 avril, le secrétaire écrivait à d'André :

« M. Dageville un de nos professeurs, associé correspondant de l'Académie royale d'architecture de Paris, a été couronné mercredi dernier 10 de ce mois dans la séance publique tenue par l'Académie des belles lettres, pour la partie des sciences. Le sujet proposé était : *Quelles sont les causes qui peuvent diminuer la profondeur du port de Marseille ; quels sont les moyens d'en prévenir les effets, et d'y remédier ?*

« Au prix d'une médaille d'or de cent écus était jointe une somme pareille en valeur, fournie par la chambre de commerce de Marseille, à ce autorisée par M. de Castries, ministre de la marine. Le jugement

---

[1] Il faut voir, pour la suite, la lettre du secrétaire, du 29 avril 1782.

de l'Académie a été d'autant plus favorable pour notre confrère qu'il a obtenu les suffrages unanimes.

« L'accessit a été adjugé à M. F.-J. Gautier, architecte, un de nos associés académiciens. »

Et d'André Bardon de répondre, le 26 :

« Messieurs,

« J'ai reçu avec un grand plaisir la nouvelle de la double récompense que M. Dageville a méritée.

« Je trouve qu'on ne dit pas tout ce que l'on pourroit dire de cet événement; et je soutiens que le vainqueur a reçu une triple couronne, qui est nécessairement sous entendue avec celles que lui ont accordées l'Académie des belles lettres et des sciences; cette triple couronne je l'appelle la *Palme littéraire*, parce que, si ce mérite ne se fut pas trouvé dans le discours couronné, peut être n'aurait-il reçu ni le laurier dû au savant, ni la médaille due à l'artiste.

« Il y a plus : c'est que ce vainqueur est tout à la fois littérateur, savant, artiste habile et bon patriote, ce qui suppose encore un excellent citoyen.

« C'est sans doute pour ne pas le surcharger de dons que MM. les officiers municipaux se sont contentés, ainsi que MM. du corps de ville, d'applaudir M. Dageville, par l'unanimité de leurs suffrages réunis aux nobles et généreux procédés de MM. de la Chambre de commerce.

« Puisse la moderne Phocée, si disposée au bien général de la Patrie et de toutes les branches du commerce, répandre un jour sur l'Académie de peinture, de sculpture et architecture, les bienfaits qu'elle vient de départir avec tant d'équité sur un de ses membres.

« En attendant le retour de la Paix, nous travaillons aux moyens pécuniaires de procurer à cette louable société d'artistes, les facultés de se perpétuer, sans qu'il en coûte beaucoup, ni à la ville, ni aux particuliers, ni au commerce, ni au Roi; nous ne demandons que beaucoup de bonne volonté de part et d'autre.

« Comptez toujours, Messieurs, sur le zèle de votre affectionné serviteur. »

D. B.

Le 27 mai le secrétaire indiquait au directeur le moyen de faire parvenir les estampes dont il avait fait hommage à l'Académie :

« M. Jauffret, maître peintre et doreur, rue Beaubourg à Paris, est en correspondance avec M. Moulard, miroitier, sculpteur et doreur à Marseille; il lui envoie souvent des caisses remplies de glaces miroirs, etc. M. Moulard étant l'ami des professeurs, il est convenu avec lui que les dessins de papillons, fleurs, ornements, etc., seront remis à M. Jauffret, à Paris, afin qu'il les place dans une de ses caisses à destination de Marseille. »

D'André Bardon prévenu, écrit à son tour à l'Académie, le 8 juin :

« Messieurs,

« Je viens d'écrire à M. Jauffret, je le préviens que tout est prêt à partir.

« En attendant voici un petit détail. Elles sont contenues dans un carton de 14 pouces de long, de 8 de large et de 6 de haut, au fond duquel est un carton moindre, renfermant les principaux papiers de la partie de ma succession qui se trouve en Provence (tout m'avertit que je ne suis pas loin de la fin de ma carrière). Je recommanderai ce petit carton à M. Moulinneuf.

« Au-dessus, 200 morceaux, presque tous gravés en manière de crayon sont arrangés suivant les genres de fleurs, d'ornemens, d'animaux; c'est la partie qui m'a fourni le plus grand nombre d'objets intéressans; les uns en cahiers, les autres en feuilles; il en est que j'ai tiré de mes vieux porte feuilles. Enfin, je suis bien trompé, ou vous n'en trouverez aucun qui ne soit de quelque utilité pour les élèves.

« Aux dessins de genre, j'ai joint des principes de dessin pour la figure et surtout pour le détail des têtes; partie trop négligée par les étudians, et peut être au défaut de moyens; j'ai taché de mettre vos écoles à l'abri de ce fâcheux inconvénient.

« J'ai cru devoir leur communiquer les premiers élémens de l'architecture, qui forme une classe importante dans votre établissement, comme dans la société.

« Je souhaite que ces secours instructifs qui m'ont été fournis en grande partie par l'école gratuite de Paris, produise sur vos élèves les mêmes progrès qu'ils ont produit sur les élèves de Paris.

« Ces progrès consistent à fournir tous les ans, quatre ou cinq apprentits, à qui dans une très splendide assemblée, composée de ce qu'il y a de plus qualifié en amateurs et en maîtres, l'école gratuite distribue des maîtrises et expose à l'examen du public les ouvrages des étudians qui travaillent à mériter des distinctions aussi honorables et aussi utiles.

« Voilà ce qui a mis toutes les classes, tous les états, toutes les conditions, tous les corps et toutes les communautés de Paris, depuis le Roi, jusqu'au plus petit négociant, dans le goût de soutenir un établissement avantageux à toutes les branches du commerce et de la Société.

« Aussi l'école de Paris, établie longtems après celle de Marseille, a-t-elle cinquante une mille livres de rentes formées de ce que lui fournissent les bienfaiteurs qui ont droit de nomination des élèves et de fondation des prix.

« Les corps réunis en communautés, qui sont jaloux d'avoir droit chacun d'eux, à la nomination de ces places, et à la fondation de ces prix, ainsi que les bienfaiteurs autres, payent argent comptant le fond en acquérant le droit de nomination et de fondation.

« C'est ainsi que quinze cents élèves sont fournis de tout ce qui est nécessaire à leur étude et deviennent maîtres gratuitement, aux frais de l'école à laquelle ils rapportent eux-mêmes d'immenses profits, par l'espérance qu'ils donnent tous les ans au public de leurs heureux talens, de leurs constantes études et de leurs progrès réels dans leurs professions.

« C'est dans ce principe que je vous ai engagé pendant un tems à communiquer à l'Académie royale les ouvrages de vos élèves. C'est à l'adresse que vous avez eu de ne m'envoyer que des ouvrages de vos maîtres, que vous devez la cessation de cette gêne. J'ai bien voulu qu'on me trompât; mais je n'ai pas voulu tromper l'Académie royale et j'ai approuvé par mon silence, la discontinuation de ces envois.

« Je m'étendrai un peu plus sur cette matière quand vous aurez répondu à la présente, et que je pourrai juger si vous avez entrevu, ou non, ce que j'ai prétendu vous faire entrevoir.

« En attendant, je vous prie d'être bien persuadés que les progrès dans la fortune et dans la gloire de l'Académie de Marseille, sont, comme ils ont toujours été, l'objet des attentions et du zèle d'un bon directeur, qui représentant l'Académie royale, doit penser, parler, agir comme elle et conséquemment ne rien dire, ne rien conseiller, ne rien faire qui ne soit relatif à ses progrès, à son illustration et à son bien être.

« Voilà les dispositions où se trouve actuellement,

« Messieurs,

« Votre très affectionné serviteur. »

D. B.

« Pensez que de longtemps, l'augmentation des bienfaits du roi n'aura lieu et que des équivalens convenables au local, au génie de la nation, à l'intérêt des fournisseurs, au mérite des demandeurs, doivent être substitués à la générosité du monarque.

« Je prie M. le secrétaire de faire passer avec sureté à son adresse les papiers de ma succession.

« Mme Chais, à qui ils sont adressés, a soin de mes affaires en Provence, elle loge près la petite porte des Grands Carmes, à Aix. »

Certain paragraphe de la lettre d'André Bardon qui va suivre pourra paraître un peu sec; mais il entrait dans la politique du directeur perpétuel de maintenir les professeurs dans la modestie, afin qu'ils ne s'enorgueillissent pas de leurs services, sans les humilier toutefois, afin de ne point affaiblir leur zèle.

Ce paragraphe fait allusion à des lettres du secrétaire, peut-être à celle du 29 avril, où nous relevons les passages suivants :

« Sans cependant avoir mis tant de soins à dessiner les fleurs, les ornements, les animaux, ce qui nous sera toujours facile, comme nous mêlons les premiers à la figure humaine, nous n'en avons pas moins contribué à la perfection des ouvrages des manufactures, celles d'indiennes, de fayance, etc. grâce à la quantité d'élèves formés par nos écoles. Ces fabriques nous sont redevables de leur supériorité et de la réputation qu'elles ont acquises dans toutes les parties du monde. Les envois qu'on en fait sont considérables, ce qui prouve combien les unes et les autres sont recherchées.

« Il en est de même des arts et métiers; le sculpteur en bois pour cadres, ornements et bordures de miroirs, trumeaux, etc., le menuisier, le serrurier, etc., ne manifestent leur génie et leur dextérité que par les principes vrais et solides, qu'ils ont puisés chez nous.

« En un mot, à prendre les personnes les plus indifférentes à ce qui tient au goût, jusqu'aux connaisseurs les plus éclairés, tous conviennent unanimement que nous rendons de grands services à l'art et au commerce et qu'une Académie de dessin à Marseille était d'une absolue nécessité.

« Quant aux artistes qui ont besoin d'étudier la figure nous n'avons qu'à jeter les yeux sur cette quantité de sujets qui sont sortis de notre école; il s'en trouve à Paris, en Italie, en Amérique, etc., que les étrangers sont forcés d'applaudir. Tous ces artistes sont les garants irrévocables de la bonté de notre enseignement depuis que notre établissement existe, et qui ne cessera de devenir plus utile. »

D'autre part, la lettre du secrétaire, du 26 juin, répondant à celle du directeur du 8 juin, portait :

« Nous ne pouvons que vous remercier de tous les biens que votre main ne cesse de répandre sur notre Académie; les expressions nous manquent. La parenthèse sur votre santé, insérée dans votre lettre, mêle à notre satisfaction des sentiments d'amertume et de douleur qui sont légitimes. Daigne le ciel en éloigner les effets et nous conserver en votre personne un directeur si cher et si respectable!

« Nous sommes infiniment obligés au digne chef de l'École royale gratuite de dessin de Paris, de l'intérêt qu'il prend à notre bien être; nous vous sommes obligés de ses bonnes intentions en faveur de notre compagnie. Elle ose se flatter que dans son établissement, elle a été la première à créer une classe spéciale appliquée aux principes du dessin, dont le succès devient de plus en plus avantageux à la perfection des arts et dont l'idée ensuite a été généralement adoptée dans toutes les académies établies chez toutes les nations policées, par suite des progrès qui en sont la conséquence. Si leurs professeurs sont rémunérés par leurs peines, c'est avec plaisir et même avec attendrissement que nous voyons combien vous vous occupez du soin de nous procurer les mêmes avantages.

« Quant aux ouvrages de nos élèves, nous avons délibéré de vous en faire parvenir au moins tous les ans, en commençant cette année.

« C'est en adhérant à vos sages conseils que notre Académie s'est élevée au faîte de la grandeur et que notre reconnaissance nous engage à vous donner dans toutes les occasions des marques de notre zèle et du profond respect avec lequel nous avons l'honneur d'être,
« Monsieur,
 « Vos etc. »

Cependant, cette dernière lettre n'était point encore parvenue au directeur perpétuel, quand il s'exprimait ainsi qu'il suit :

De Paris, le 29 juin 1782.
« Messieurs,

« Je vous conseille d'exercer vos élèves au dessin des fleurs..... et principalement de l'architecture, afin que lorsque les tems favorables à demander une augmentation de fonds seront venus, nous puissions produire des pièces qui justifient vos prétentions.

« Quatre beaux dessins de plusieurs genres, car il ne faut pas négliger la figure, diront plus aux yeux des ministres, évaluateurs des bienfaits du Roi, que les noms de trente artistes, dont un très petit nombre n'a été connu dans nos écoles qu'après avoir étudié très long temps chez nos bons maîtres, et qui depuis 26 ans que le prince vous gratifie de ses générosités, coûtent à S. M. plus de 80,000 livres sans compter ce qu'ils vous doivent pour les avoir instruits gratuitement et volontairement depuis trente années.

« Les ministres n'entrent point dans ces détails, mais ils ont dans leurs bureaux des spéculateurs qu'ils en chargent et dont ils consultent les calculs, quand il s'agit d'ouvrir les cordons pour seconder la bienfaisance du souverain. C'est ce qui rend les grâces difficiles à obtenir, pour peu qu'elles soient hors de proportion avec le mérite de ceux qui les requirent, surtout quand les personnes intèressées en règlent elles-mêmes la valeur.

« Je crois devoir vous mettre au fait de ces maximes, afin que lorsqu'il sera temps d'agir vous empruntiez l'organe d'un intendant, d'un commandant, de vos fondateurs, qui doivent naturellement demander pour votre soutien ce qu'ils sont à portée de juger vous être absolument nécessaire.

« Quand vous aurez l'aveu de ces respectables Mécènes, vous ob-

20.

tiendrez bientôt celui de votre bienfaisant protecteur, et de là au succès il ne reste qu'un pas à faire.

« C'est là l'objet des ardents souhaits,
« Messieurs,
  « De votre très affectionné serviteur. »

D. B.

« Si vous voyez que mes observations politiques, quoique à bien des égards exemptes de flatterie, puissent être à votre avantage et conséquement être de votre goût, faites-m'en apercevoir.

« Mais quelque parti que vous preniez, n'oubliez jamais que, pour réussir à la cour comme dans la société, il faut non seulement écarter les obstacles capables de nuire au succès, mais encore prévenir les moindres prétextes qui peuvent affaiblir les moyens d'y parvenir.

« La générosité de la chambre de commerce à l'égard du vaisseau de 110 canons offert au Roi a fait ici la sensation la plus honorable à cette respectable société de négociants. »

La nouvelle de cette générosité était parvenue à Paris avant que le secrétaire n'en eût instruit d'André Bardon. Ce n'est que dans sa lettre du 17 juillet que Moulinneuf à son tour la confirme :

« La chambre de commerce après avoir offert au Roi un vaisseau de 110 canons, a donné 300,000 livres pour être distribuées aux veuves et parents des matelots victimes du combat naval du 11... Les pauvres familles accablées de douleur vous arrachent des larmes de pitié. »

D'André Bardon ne cesse de lutter pour l'Académie; à la même date il lui écrit de nouveau les deux lettres que voici :

De Paris, 4 juillet 1782.

« Messieurs,

« Votre dépendance à l'égard de M. le commandant, de l'intendant de la province, de vos fondateurs d'une part, et de l'autre l'approbation de votre protecteur, ainsi que celle du ministre au département de la Provence, qui vous sont absolument nécessaires pour augmenter le fonds de 4,000 livres dont le Roi vous gratifie rendent impossible le secret vis-à-vis de la compagnie. C'est elle qui, d'un consentement unanime, doit proposer aux supérieurs les moyens les plus simples et les plus équitables d'obtenir l'augmentation à laquelle vous aspirez.

« La prudence à laquelle vous avez eu recours pour scavoir ce que le corps des arts et metiers paye au Roi vous a si mal réussi, qu'il y a tout lieu de croire que ceux à qui vous vous êtes adressés ne sont pas de vos amis. S'ils sont vos confrères, vous êtes à plaindre d'en avoir de tels, et si les communautés des arts et métiers qui retirent les plus grands avantages de l'établissement académique refusent de contribuer à son bien-être et à sa perpétuité, un des plus beaux articles de notre projet s'évanouit, et vous perdez le plus brillant fleuron de votre couronne.

« Ainsi, messieurs, loin de faire un secret à la compagnie de nos bonnes intentions à son égard, conciliez-vous pour seconder nos vues, afin de concourir au succès de nos projets.

« Surtout ménagez la bienveillance de M^{rs} vos associés de l'Académie des belles-lettres, sciences, etc., ainsi que l'estime de M^{rs} de la chambre de commerçe, dont les procédés patriotiques méritent aujourd'hui l'admiration du monde entier, vous aurez besoin des secours de ceux-ci et de la protection des autres pour augmenter vos fonds et faire parvenir vos besoins jusqu'à l'oreille du monarque.

« Le salutaire conseil que je crois devoir vous donner à cet égard est de n'employer que des personnes sincères, estimables et puissantes, de mettre beaucoup de discrétion, de désintéressement, de bonne foi dans les expositions, et de justice dans vos demandes, enfin d'avoir une scrupuleuse attention de ne point vous permettre ces exagérations révoltantes qui font jeter un mémoire sous le bureau, avant qu'il soit achevé d'être lu.

« Je m'en rapporte à votre bon esprit et à la droiture de votre cœur pour me persuader que vous êtes incapables de rien hasarder dans vos prétentions qui ne soit du goût des ministres qui les examineront.

« C'est de vous, messieurs, que je regarde comme chargés de la boussole, du gouvernail, et des principales voiles du vaisseau académique, d'où dépend l'heureuse direction de sa route. Je ne doute pas que, par votre intelligence et vos sages manœuvres vous ne le conduisiez au port où il doit trouver des fonds propres à perpétuer son existence au sein d'une aisance honête, de temps en temps augmentés par les bénéfices de la postérité. C'est le destin que souhaite à la compagnie

« Son zélé directeur perpétuel, votre affectionné serviteur. »

D. B.

La seconde lettre, de Paris, 4 juillet 1782, n'est qu'une amplification de la précédente. Nous y relevons ceci [1] :

« Quand il s'agira de vous obliger selon mes faibles moyens, vous éprouverez que ma santé est encore assez bonne.

« La résolution que vous avez prise à l'égard de vos élèves était nécessaire. Il convient que vous constatiez leurs progrès dus à vos instructions.

« Envoyez tard et envoyez bon. Que la bonne foi soit de la partie, car si vous me rendez la justice de penser que je vois assez clair encore pour distinguer le dessin vierge et d'après nature d'un écolier, d'avec une copie retouchée de toutes parts, quelque adroit que puisse être le maître qui retouche, vous pouvez compter que je n'entreprendrai pas de tromper qui que ce soit sur les progrès qui se font dans vos écoles, motifs principaux de tous les avantages que vous attendez, et qu'on n'obtient du prince qu'en les méritant des ministres et des connaisseurs.

« En réfléchissant sur cette vérité, comptez sur la sincérité et la vivacité du zèle avec lesquels vous servira jusqu'au tombeau,

« Messieurs,

« Votre affectionné serviteur. »

D. B.

---

[1] Le secrétaire répond à ces deux lettres le 17 juillet, et les détails qu'il donne ne manquent pas d'un certain piquant.

1783.

Le 12 septembre 1782, d'André Bardon avait complimenté l'Académie sur son assemblée publique du 1ᵉʳ septembre.

Le 22 novembre, il continuait à prodiguer ses conseils en vue des progrès des élèves. Il attachait M. Blondel d'Azincourt à la compagnie comme honoraire amateur, et il obtenait pour elle les œuvres gravées de cet artiste. Toutefois, préoccupé de sa fin prochaine et voulant assurer son héritage à M. Pelas, avocat, son neveu, on le voit dans ces dernières lettres, comme dans plusieurs des précédentes, annoncer l'envoi des papiers de sa succession et donner des instructions à ce sujet.

La dernière lettre qu'il adresse à l'Académie est ainsi conçue :

A Paris, 9 de l'an 1783.

« Oui ! messieurs, vos compliments de bonne année, tout complimens qu'ils sont, me font toujours un nouveau plaisir, moins parce que ordinairement ils sont assez bien tournés que par ce que je crois y entrevoir au fond la sincérité de vos cœurs. Je souhaite que vous découvriez cette circonstance dans les lettres que je vous adresse à ce sujet, en réponse des vôtres.

« Vous trouverez sous ce pli que je serais bien tenté de vous affranchir les lettres qui me sont parvenues à votre adresse. J'ai proposé à M. Pierre de me charger de la sienne. Il m'a répondu très affectueusement qu'il vous répondrait. Le vrai est que l'année passée il fit trois maladies mortelles et assez longues. Ces maladies furent terminées par le somptueux mariage qu'il fit de Mlle sa nièce, riche de 60,000 liv. de rente, avec M. le v^{te} de Vergenne, fils aîné du grand ministre.

« Les grands soins que notre premier peintre du Roy fut obligé de prendre l'excusent à mes yeux qui ont tout vu s'il a manqué de faire une réponse de bonne année, et méritent que vous l'excusiez vous même quand vous sçaurez ce que je vous écris. Au surplus, il ne faut pas être si exigeants avec des supérieurs.

« J'attends toujours de votre part l'occasion que vous m'avez promise de vous faire parvenir le rouleau de M. d'Azincourt.

« Le facteur a rendu toutes vos lettres le plus exactement possible ;

ce n'est pas ma faute si quelqu'un manque ou diffère de vous répondre.

« M. de Bergeret est encore occupé à faire le tour du monde.

« Je dépouille l'inutile, comme vous voyez, et ne vous envoie que l'intéressant.

« En attendant que le tout vous arrive, je continuerai d'être,

« Messieurs,

« Votre très humble et très obéissant serviteur. »

D'André Bardon.

L'écriture de d'André Bardon avait eu une régularité méthodique qu'elle perdait peu à peu. Cette dernière lettre, très tremblée, dénotait une défaillance de mauvais augure. Décidément la plume s'échappait de ses doigts. Beaufort, en effet, écrivant à l'Académie le 27 janvier 1783, s'écriait :

« M. d'André ne cesse de s'occuper de vous; mais ses forces l'abandonnent de jour en jour, et cela me fait appréhender le moment fatal de sa perte. Si la sensibilité fait tant d'honneur à l'homme, elle lui coûte cher par tous les chagrins qu'elle lui cause. »

Trois mois s'étaient écoulés depuis la lettre de d'André Bardon du 9 janvier 1783. On ne recevait plus de ses nouvelles. L'Académie attendait avec anxiété un dénouement, quand la lettre suivante de Beaufort vint la frapper de stupeur :

A Paris, le 13 avril 1783.

« C'est avec la plus vive douleur, messieurs et chers confrères, que je prends la plume pour vous apprendre la triste et affligeante nouvelle de la mort de d'André Bardon, votre respectable directeur, décédé le 13 de ce mois, jour des Rameaux. Perte irréparable pour l'Académie de Marseille, dont j'ai l'honneur d'être un des anciens professeurs.

« A ce titre je ne puis que m'attrister avec vous, et en particulier en raison de l'amitié qu'il me portait, m'ayant toujours servi avec la chaleur dont il était capable, tant en qualité de parrain et caution pour mon agrément et réception à l'Académie royale. Ses sages conseils, son amitié pour moi, et tout ce qu'il a fait pour notre Académie de Marseille m'anéantissent dans les regrets d'une perte si cruelle! Ses talents dans la peinture et les belles-lettres, mais principalement ses qualités personnelles rendront sa mémoire toujours chère à tous les hommes sensibles.

« Je fais des vœux au ciel pour la conservation de votre santé et vous prie de croire que je suis avec respect,

« Messieurs et chers confrères,

« Votre très humble et très obeissant serviteur. »

BEAUFORT.

Les regrets et le respect de tous ceux qui l'avaient connu devaient saluer la dépouille mortelle de cet artiste remarquable, homme de bien par surcroit. Il avait noblement payé son tribut au pays, en professant l'art pendant près de soixante années à Paris et à Marseille. L'Académie de cette dernière ville lui devait son établissement, et elle avait été l'objet de sa plus chère ambition. « Tant qu'il me restera un souffle de vie, je me ferai un devoir et une gloire de l'employer à la servir », s'était-il écrié bien souvent. Naguère encore, le 8 septembre 1778, parlant de l'obtention des lettres patentes, il ajoutait : « Je mourrai content si j'ai le plaisir d'en être le témoin. » Il avait été ce témoin. Grâce à lui l'Académie avait complètement réussi. Pierre écrivit à la Compagnie :

M. PIERRE À L'ACADÉMIE.

Paris, le 17 avril 1783.

« Messieurs,

« Rien de plus flatteur pour moi que les marques de souvenir dont vous m'avez honoré au commencement de cette année; si j'ai différé si longtems à vous en remercier, et à vous temoigner combien j'y ai été sensible, je vous prie de ne l'attribuer qu'à la multiplicité de mes occupations et à la confiance que j'ai quelques fois d'avoir répondu. Et en effet, messieurs, je ne me ressouviens, je vous l'avoue, de mon oubli, dont je vous fais mes excuses, que dans ce moment où je me mets en devoir de vous faire part de la perte commune. que vient de faire votre Académie et la nôtre en la personne de M. d'André Bardon, décédé le 13 de ce mois.

« Si vous avez à regretter un directeur si digne de tout votre attachement, nous regrettons de notre côté un collègue dont la mémoire nous sera toujour chère et qui, quelque loin qu'il ait poussé sa carrière et malgré ses infirmités, n'a cessé jusqu'au dernier moment de donner des marques et des preuves de son zèle infatigable pour le bien des arts qu'il professait.

« J'ai l'honneur d'être avec un respectueux attachement,

« Messieurs,

« Votre très humble et très obeissant serviteur. »

PIERRE.

CHOIX DU SUCCESSEUR DE D'ANDRÉ BARDON.

Beaufort, en terminant la lettre en partie transcrite il y a un moment, invitait ses confrères de Marseille à écrire à M. d'Angiviller et à l'Académie royale pour qu'on nommât un des membres de cette compagnie comme leur directeur. Et en effet, dès le 30 avril, le secrétaire écrit à l'Académie de Paris, ainsi qu'à M. Pierre et à M. de Montucla. Auparavant, il avait répondu à Beaufort :

À M. BEAUFORT À PARIS.

Marseille, 30 avril 1783.

« Monsieur et très cher confrère,

« Bien que nous n'eussions qu'un faible espoir de voir durer quelque temps encore la glorieuse carrière du cher et respectable directeur que nous avons perdu, nous n'avons pas moins été terrassés par la triste nouvelle que nous apportait votre lettre du 15 courant. Nos larmes ont été le premier et le plus faible tribut que nous ayons pu rendre à sa précieuse mémoire. Les justes regrets que cause à l'Académie une perte si cruelle seront encore un hommage bien mérité que lui offriront les derniers de nos successeurs.

« Vous êtes trop éclairé et trop attaché vous-même au bien de l'Académie, notre cher confrère, pour ne pas lire dans le fond de nos cœurs et pour ne pas juger de leur premier mouvement en songeant au choix du successeur de M. d'André Bardon. Il n'y avait en eux nul équivoque, si le mérite, l'amitié, l'attachement, la reconnaissance, l'amour-propre même, d'accord avec le sentiment eussent pu être notre seul mobile. Chacun de nous trouvant tout à la fois dans son cœur un confrère chéri et un artiste d'un mérite distingué, nos vœux l'eussent sans doute proclamé le digne successeur du respectable chef que nous pleurons aujourd'hui. Rien n'eût été plus flatteur pour notre compagnie.

« Mais personne mieux que vous ne sait combien M. d'André Bardon a désigné clairement et à ses dernières heures son successeur.

« En effet, vous l'avez vu choisir et employer comme son coadjuteur M. Bachelier; vous avez été témoin du zèle apporté par lui à ce concours et qui l'a rendu digne également de notre reconnaissance.

« L'Académie royale, instruite des intentions du défunt et des bonnes dispositions de M. Bachelier à notre égard, n'a pu balancer dans un choix que les circonstances lui dictaient, et elle l'a désigné.

« Ces réflexions ont arrêté l'essor que nous aurions pu donner à nos désirs, en ajoutant de nouveaux regrets à la perte qui les a fait naître, si encore nous avions pu nous flatter d'en obtenir l'accomplissement.

« Conservez-nous toujours, notre cher confrère, une amitié qui ne cessera de nous être précieuse et soyez persuadé du respectueux attachement avec lequel nous sommes,

« Monsieur,
   « Vos etc. »

MOULINNEUF.

Il y a une deuxième minute de lettre du secrétaire à Beaufort, à la même date du 30 avril. Selon la première, l'Académie royale avait désigné M. Bachelier pour succéder à d'André Bardon. Mais tout porte à croire que l'Académie de Marseille n'avait été prévenue de ce choix qu'à titre officieux, par une lettre confidentielle de Renou, secrétaire perpétuel de l'Académie royale. Nous lisons, en effet, dans les lettres qui vont suivre, que ce choix n'était point définitivement arrêté ou du moins sanctionné. Voici cette deuxième minute de Moulineuf :

À MONSIEUR BEAUFORT, CONSEILLER, COUR DU LOUVRE, À PARIS.

30 avril 1783.

« Monsieur et très cher confrère,

« Votre lettre du 15 avril nous apprenant la mort de notre cher et bien aimé directeur n'a pu qu'exciter notre affliction et nos regrets, tout prévenus que nous étions, car son grand âge, ses infirmités s'aggravaient chaque jour, tout annonçait sa fin prochaine. Nous serions bien ingrats si nous pouvions oublier tout ce que ce savant et respectable artiste a fait pour le bien, la gloire, l'élévation de notre Académie. Vous en avez été le témoin quand nous vous possédions; puis à Paris vous l'avez vu de près, mû par le vif intérêt qu'il nous portait à nous placer sur le Pinacle.

« Vous dites que ce qu'il a fait pour nous, il l'a fait aussi pour vous : qu'il vous a servi tant à votre agrément qu'à votre réception à l'Académie royale. L'intérêt pressant qu'il vous portait était la preuve de votre talent et de vos grandes qualités personnelles, car c'est en découvrant ces vertus en vous que son âme brûlait de vous en marquer sa vénération et son estime.

« Comme vous, pénétrés de reconnaissance pour cette magnifique façon de penser et d'agir, nous écrivons à l'Académie royale pour que, conformément à l'article 17, elle nous désigne son successeur.

« Puisse-t-il, etc. »

Suivent les lettres adressées à M. de Montucla, à Pierre et à l'Académie royale :

À MONSIEUR DE MONTUCLA, À PARIS.

30 avril 1783.

« Monsieur,

« Notre Académie vient de faire en son directeur la perte la plus cruelle, nos cœurs débordent d'amertume... cet artiste si respectable, qui joignait au savoir les qualités les plus solides et les plus rares, que nous n'oublierons jamais, surtout en songeant à l'intérêt qui l'animait quand il s'agissait de l'élévation et de la gloire de l'Académie.

« Cependant il n'est plus, et c'est dans cette triste circonstance, qu'en raison même de l'estime et de la considération que vous lui portiez, que nous réclamons avec encore plus d'empressement la continuation de vos bontés; elles nous sont d'autant plus précieuses que c'est à elles que nous devons notre élévation. Aussi les consignons-nous dans nos fastes, pour qu'ils rendent compte, jusqu'à nos derniers neveux, de vos soins généreux et de vos bienfaits.

« Toujours animés du même zèle, attentifs à nous rendre dignes des sentiments favorables que vous nous avez tant de fois manifestés, permettez-nous de vous témoigner avec un profond respect combien nous avons l'honneur d'être,

« Monsieur,

« Vos etc. »

À MONSIEUR PIERRE, PREMIER PEINTRE DU ROI, À PARIS.

30 avril 1783.

« Monsieur,

« Votre lettre du 17 de ce mois nous annonce la mort de M. d'André Bardon. Vous nous marquez combien il méritait votre estime et votre amitié; mais si vous professiez pour lui de tels sentiments, quelle satisfaction ne goûtons-nous pas de savoir par lui-même combien il avait de vénération pour vos qualités personnelles. C'est ainsi que par l'excellence de leurs mérites les grands hommes, les artistes célèbres trouvent du plaisir à se respecter réciproquement.

« Notre Académie, qui considérait M. d'André Bardon comme un père qui lui était cher et qui par ses soins nous avait attiré vos bontés, votre bienveillance, notre Académie, dis-je, ose se flatter de la continuation de ces bontés, et qu'elle vous restera aussi chère que par le passé.

« Votre respectable compagnie, l'Académie royale, va nommer un nouveau directeur pour le placer à la tête de notre établissement. M. d'André Bardon sur la fin de sa carrière, nous avait communiqué, ses idées à ce sujet. Il avait désigné M. Bachelier. Cependant, comme nous ne saurions imposer nos préférences aux droits de nomination de notre respectable mère, son choix, quel qu'il puisse être, sera toujours accepté avec reconnaissance.

« Nous avons l'honneur, etc. »

À MESSIEURS DE L'ACADÉMIE ROYALE DE PEINTURE ET DE SCULPTURE DE PARIS.

30 avril 1783.

« Messieurs,

« L'Académie de Marseille, votre fille, vient en la personne de M. d'André Bardon notre directeur et l'un de vos officiers, de faire une perte qui serait pour elle un sujet d'affliction ineffaçable si elle n'était persuadée que sa respectable mère est en état de lui fournir autant de directeurs du plus grand mérite qu'elle compte d'artistes dans la liste des officiers et des membres qui la composent.

« L'établissement et la stabilité de votre fille aînée à Marseille y perpétueront à jamais la mémoire de M. d'André Bardon. Nos fastes apprendront à nos derniers neveux que cet artiste célèbre y a allumé le flambeau des arts, après y avoir fait briller celui des lettres.

« Nous n'entreprendrons pas un éloge; mais, si tel était notre cas, nous n'aurions qu'à puiser les principaux traits dans ce temple des arts, dont vous êtes, messieurs, les ministres et la gloire, temple dans lequel il a pendant si longtemps partagé vos peines et vos honorables travaux.

« Mais, en ces instants d'amertume, tout entiers à notre perte, il nous est doux de pouvoir répandre notre douleur dans le sein d'une mère qui ne saurait être plus vivement affligée que nous ne le sommes nous-mêmes.

« Il est également flatteur pour nous, messieurs, de pouvoir mettre d'accord nos devoirs et nos désirs dans la demande que nous avons l'honneur de vous adresser aujourd'hui, celle d'un directeur choisi par vous-mêmes dans l'Académie royale. Il n'est pas moins heureux que ce choix ne nous soit point déféré. La liberté que nous aurions à le fixer ne nous dédommagerait jamais du regret que nous aurions de ne pouvoir vous marquer à chacun en particulier combien nous serions flattés de le voir succéder au respectable maître que nous pleurons aujourd'hui.

« L'article 17 de nos règlements porte que le directeur perpétuel de l'Académie de Marseille sera choisi parmi les officiers de l'Académie royale de Paris.

« Nous avons cru démêler dans les procédés de M. d'André Bardon, vers la fin de sa glorieuse carrière, une tendance marquée vers M. Bachelier pour lui succéder. Ce dernier avait bien voulu se rendre son coadjuteur, et il a déployé dans cet office toute la chaleur possible.

« Nous augurons de là que M. Bachelier nous porte de l'intérêt, qu'il est au courant de notre situation, que les détails lui en sont familiers; nous craindrions donc de manquer à la mémoire d'un directeur, qui nous sera toujours bien cher et à ce que nous devons déjà à M. Bachelier, si nous laissions ignorer à l'Académie les dites particularités.

« Cependant nous nous empressons d'applaudir d'avance, avec autant de plaisir que de reconnaissance, à tel choix qu'il vous plaira, messieurs, de décréter, en nommant le directeur perpétuel que vous allez mettre à notre tête. Eh! comment pourrait-il ne pas nous être précieux, puisque vous partagez tous également notre attachement, nos cœurs et notre admiration.

« C'est autant avec ces sentiments qu'avec le plus profond respect que nous avons l'honneur d'être,

« Messieurs,

« Vos très humbles et très obéissants serviteurs. »

Rien n'était encore décidé quand l'Académie reçut les lettres suivantes de M. d'Angiviller et de M. de Montucla :

À MESSIEURS LES ASSOCIÉS PROFESSEURS DE L'ACADÉMIE
DE PEINTURE DE MARSEILLE.

A Versailles, le 16 mai 1783.

« Vous ne devez point douter, messieurs, de la peine que j'ai ressentie en apprenant la mort du digne directeur de votre Académie. Ses connaissances dans l'art de la peinture, ses travaux utiles pour l'instruction des jeunes artistes, m'ont fait partager avec vous le sentiment qui vous affecte aujourd'hui et que le zèle qu'il avait pour votre compagnie rend bien légitime.

« Mais vous ne devez point craindre que cette perte influe en rien sur ma manière de penser pour votre Académie, que je considérerai toujours comme la première des affiliées à l'Académie royale. Vous avez bien fait au surplus d'écrire à cette compagnie pour qu'elle vous choisisse un nouveau directeur. Il y a dans son sein plusieurs membres qui seront charmés de cette distinction et qui seront disposés à y mettre le même zèle que M. d'André Bardon.

« Quel que soit au surplus votre directeur nouveau, je serai toujours charmé d'avoir des occasions de témoigner à votre compagnie, et à vous en particulier, les sentiments bien véritables avec lesquels je suis,

« Messieurs,

« Votre très humble et très obéissant serviteur. »

DANGIVILLER.

M. DE MONTUCLA À L'ACADÉMIE DE MARSEILLE.

A Versailles, 25 mai 1783.

« Je partage, messieurs, bien sincèrement avec l'Académie, le regret de la perte qu'elle a faite dans la personne de feu d'André Bardon. L'amitié dont il m'avait donné des marques fréquentes exige bien ce sentiment de ma part, et, agrégé en qualité d'honoraire amateur, c'est pour moi un nouveau motif de regretter un artiste dont le zèle pour tout ce qui la concernait était aussi actif qu'éclairé.

« Je vous prie donc, messieurs, de recevoir le compliment, quoiqu'un peu tardif, de condoléance que j'ai l'honneur de vous faire sur cette perte. Vous ne devez point douter qu'en toute occasion je ne fasse tout ce qui est en mon pouvoir pour affermir M. le c^{te} d'Angiviller dans les sentiments qui le portent à distinguer spécialement l'Académie de Marseille; ce qu'il vous marque est la vraie expression de ses sentiments.

« J'ai l'honneur d'être,

« Messieurs,

« Votre etc. »

P. S. « J'écris en ce moment à M. Pierre, relativement à la nomination de votre nouveau directeur.

« Je serais porté à penser que, si ce choix tombait sur M. Vien, cela serait avantageux à l'Académie de Marseille, vu que M. Vien est, si je ne me trompe, de Montpellier, et par conséquent presque votre compatriote. »

MONTUCLA.

NOMINATION DE MM. PIERRE ET BACHELIER
COMME DIRECTEURS PERPÉTUELS.

BEAUFORT À L'ACADÉMIE DE MARSEILLE.

A Paris, le 28 juin 1783.

« Ayant été fort incommodé, j'ai mis du retard à vous informer de la délibération dernière de l'Académie dont vous êtes actuellement instruit par ladite[1] Académie royale et par M. Bachelier. Vous devez applaudir à cet arrangement. Le directeur de l'Académie royale étant directeur honoraire de celle de Marseille, ne peut que vous être très favorable dans toutes les circonstances où vous aurez à solliciter quelques faveurs auprès des ministres.

« M. Pierre aime beaucoup à rendre service; ses idées sont grandes et nobles; faites-lui part des choses principalement intéressant la gloire des arts. Il est l'ami intime de M. le c^{te} d'Angiviller; il a marié sa nièce au v^{te} de Vergennes, neveu du ministre; il est très considéré des grands. Les affaires de détail devront être communiquées à M. Bachelier, directeur en second, l'homme le plus capable et le plus fécond en ressources pour trouver les moyens de vous rendre heureux, en faisant obtenir des honoraires à chacun des professeurs.

« En ce qui me touche, je ne négligerai rien auprès de ces messieurs pour qu'ils prennent vos intérêts avec chaleur. Je suis très sensible à votre amitié. Ce titre, dont la bonté de votre cœur me gratifiait, eût été fâcheux et pour vous et pour moi. Je n'aurais pu vous servir aussi utilement que ces messieurs et selon l'étendue de mes désirs. Je suis trop inepte, et mes talents pour les affaires ne sauraient jamais égaler mon zèle, la seule chose que je vous offre, ainsi que le respectueux attachement avec lequel

« Je suis, etc. »

BEAUFORT.

---

[1] Cette lettre annoncée par Beaufort manque aux Archives.

BACHELIER À L'ACADÉMIE DE MARSEILLE.

A Paris, le 1ᵉʳ juillet 1783.

« Messieurs,

« Je dois plus que personne partager les regrets que la perte de M. d'André fait éprouver à tous ceux qui avaient le bonheur de le connaître : ses qualités personnelles, ses vertus sociales et son amitié seront toujours présentes à mes yeux. Je lui dois l'honneur d'être admis dans votre corps. C'est une obligation gravée dans mon cœur par la reconnaissance. Je n'ai pas, sans attendrissement, entendu les expressions que votre zèle emploie dans la lettre envoyée à l'académie, pour remplir les vœux de M. d'André sur le choix de son successeur.

« Pourrai-je jamais remplir toute l'étendue de ses vues et mériter les suffrages dont vous m'avez honoré? Ma plus chère ambition sera de me rendre digne de la place que je vais occuper.

« Vous verrez, messieurs, par la lettre de M. Renou[1], combien l'Académie s'est empressée de vous témoigner l'intérêt sincère qu'elle prend à votre existence; la nomination de M. Pierre est un de ces événements d'autant plus heureux qu'on n'osait l'espérer ; j'y vois des ressources infinies pour donner aux faveurs accordées par le Roy la plus grande extension. M. Pierre que je n'appellerai plus que notre directeur perpétuel, m'a chargé de vous informer qu'à son retour de la campagne il s'empressera de vous écrire pour vous faire connaître les sentiments dont il est pénétré pour vous.

« J'ai l'honneur d'être,

« Messieurs,

« Votre très humble et très obéissant serviteur. »

BACHELIER.

Dans sa lettre du 12 avril 1782, d'André Bardon proposait d'inscrire sur la liste des artistes associés de l'Académie le nom de Bachelier; la Compagnie avait pris une délibération à ce sujet, le directeur

[1] Renou avait négligé d'écrire à l'Académie. C'est dans sa lettre du 24 janvier 1784, seulement, qu'il confirme ces nominations, «présentées par lui et qui ont été adoptées sur-le-champ par toute l'assemblée».

perpétuel avait signé et mis à son adresse la nomination; Bachelier remerciait ainsi l'Académie :

A Paris, 18 mai 1782.

« Messieurs,

« J'ai reçu avec la plus vive reconnaissance la lettre que vous m'avez adressée pour me faire part de l'honneur que vous me faites de vouloir bien m'admettre au nombre de vos associés. Cette distinction me flatte infiniment à plusieurs titres.

« Comme artiste, je le suis beaucoup d'être membre d'une académie qui fait honneur aux arts, tant par le nombre d'hommes célèbres qui la composent que par les talents qu'elle a formés : comme citoyen, mon âme s'élève et s'agrandit dans une société d'hommes distingués par leur zèle, leur constance et leur désintéressement pour le bien public. Ces sentiments patriotiques méritent toute ma vénération.

« Je suis avec un très profond respect,

« Messieurs,

« Votre très humble et très obéissant serviteur. »

BACHELIER.

A peine ces nouvelles furent-elles parvenues, que le secrétaire de l'académie se mit en devoir de rédiger une série de lettres de remercîments. Il fallait qu'elles fussent une expression fidèle des sentiments de la compagnie; elles devaient donc être lues en assemblée et approuvées à l'unanimité. Aussi, ne furent-elles expédiées à Paris que le 25 juillet suivant. Les voici :

À MONSIEUR BACHELIER, PEINTRE DU ROI, PROFESSEUR DE SON ACADÉMIE, DIRECTEUR DE L'ÉCOLE ROYALE DE DESSIN, INSPECTEUR DE LA MANUFACTURE ROYALE DE SÈVRES, VICE-DIRECTEUR PERPÉTUEL DE L'ACADÉMIE DE PEINTURE, SCULPTURE, ET ARCHITECTURE CIVILE ET NAVALE DE MARSEILLE.

« Monsieur,

« Charmés du choix de l'Académie royale, nos cœurs vous témoignent avec toute la satisfaction dont ils sont capables combien votre nomination comme directeur perpétuel de notre compagnie comble nos vœux.

« Lorsque nous possédions encore M. d'André Bardon, vous concouriez avec notre cher directeur à nous procurer tous les avantages possibles, et notre académie semblait vous affecter autant qu'elle affectait ce respectable artiste.

« A ces dignes marques de vos généreux soins à notre égard, jugez combien nous nous sommes ensuite applaudis de cette attention toute particulière de notre illustre et tendre mère envers sa fille aînée, en remplissant ses souhaits, en se faisant un plaisir de nous féliciter de sa délibération à cet effet, en augmentant le prix par la distinction qu'elle faisait de notre académie, établissant sa préséance sur toutes celles établies dans les différentes villes du royaume, en lui donnant son propre directeur pour en partager avec vous la charge et le titre de directeur perpétuel de l'académie de Marseille.

« Pénétrés de tant de marques d'une considération dont nous apprécions tout le prix, que n'avons-nous pas de droit à nous glorifier de voir deux célèbres artistes préposés au bien et à la gloire de notre compagnie! Ce sont là les motifs les plus puissants pour que nous donnions encore plus d'essor à notre zèle, afin que les professeurs méritent de plus en plus les bontés de cette première académie du monde.

« Comme ce sera désormais à vous, monsieur, que nous aurons l'honneur d'adresser les rapports sur nos opérations académiques, nous considérons ce devoir comme un événement des plus heureux, car forts de l'appui de nos chers directeurs, l'avenir nous apparaît plus glorieux pour les progrès des arts.

« C'est avec un profond respect que nous avons l'honneur d'être,

« Monsieur,

« Vos etc. »

P. S. — « Nous pensons que l'exécuteur testamentaire des hoirs de M. d'André Bardon ne fera pas de difficultés de nous remettre tous les papiers concernant notre académie. Ces papiers en étant comme les secondes archives, sans conséquence pour les héritiers, elles peuvent l'être beaucoup pour nous. C'est l'histoire de notre établissement académique, ses différentes situations, ses accroissements, ses moyens, ainsi que ses derniers règlements adaptés à nos lettres patentes.

« S'il se trouve également des effets désignés comme devant parvenir à notre académie, daignez avoir la complaisance de vous en charger.

« Conformément à nos usages vis-à-vis de feu notre directeur perpétuel, nous lui envoyons des paquets contenant nos lettres pour Paris; nous vous prions de même, monsieur, de vouloir bien faire tenir les incluses chacune à son adresse.

« Nous n'attendons point que M. Pierre nous écrive pour lui témoigner notre satisfaction de le posséder comme honoraire perpétuel de notre académie. »

À MESSIEURS DE L'ACADÉMIE ROYALE DE PEINTURE ET DE SCULPTURE DE PARIS.

« Messieurs,

« Pénétrés d'amour et de vénération, de quels termes nous servir pour vous exprimer vivement notre reconnaissance et vous présenter nos remerciements? Nous osions bien nous flatter, Messieurs, qu'après la perte de notre directeur perpétuel, l'Académie royale, comme une mère tendre envers sa fille aînée, se ferait un plaisir de lui choisir parmi les grands maîtres qui la composent un chef pour la diriger. Quelque eût été ce choix, puisque tous avaient droit d'y prétendre, il aurait acquis sur nos cœurs la satisfaction et l'estime. Mais ayant eu l'honneur de vous communiquer les intentions manifestées par feu M. d'André Bardon, à l'égard de M. Bachelier pour lui succéder, en le liant d'avance à notre compagnie, en l'intéressant à la solidité de son existence, vous avez non seulement applaudi à nos désirs en nommant ce respectable artiste pour notre vice-directeur perpétuel, mais encore par la faveur la plus inattendue, vous nous donnez avec acclamation M. Pierre, votre propre directeur, pour être en même temps directeur honoraire perpétuel de l'Académie de Marseille.

« A ces traits, il est aisé de sentir combien vos bontés et votre attention à soutenir cette académie, à la distinguer sur toutes celles établies dans différentes villes du royaume, nous doivent être recommandables.

« Mais si en cette occurrence vous daignez augmenter notre bien et notre gloire, de quel zèle ne devons nous pas être animés pour témoigner à votre illustre compagnie, combien par de nobles efforts, nous tâcherons de nous rendre dignes de ces deux nominations, et nous lier plus intimement à des maîtres dont les talents ont toujours mérité les plus justes éloges et leur ont acquis la célébrité.

« Nous avons l'honneur d'être avec le plus profond respect,

« Messieurs,

« Vos très humbles et très obéissants serviteurs, etc. »

À M. LE COMTE D'ANGIVILLER, DIRECTEUR ET ORDONNATEUR DES BÂTIMENS DU ROI, JARDINS, ARTS, MANUFACTURES ET ACADÉMIE ROYALE, PROTECTEUR DE L'ACADÉMIE DE PEINTURE, SCULPTURE ET ARCHITECTURE CIVILE ET NAVALE ÉTABLIE À MARSEILLE, EN SON HÔTEL, À PARIS.

« Monsieur,

« Sensibles à la perte de M. d'André Bardon nous avons écrit à Mrs de l'Académie Royale pour que, conformément à nos statuts et règlements, ils voulussent bien choisir parmi leurs officiers un nouveau directeur, en lui communiquant toutefois les intentions de M. d'André Bardon, qui nous avait désigné pour ainsi dire l'artiste qui en la personne de M. Bachelier devait lui succéder.

« En conséquence l'Académie royale, notre respectable mère, non seulement a, pour nous satisfaire, nommé M. Bachelier, mais elle a fait plus encore en délibérant avec acclamation, de nous donner M. Pierre, son propre directeur, pour directeur honoraire perpétuel de notre académie.

« Cette nomination de M. Pierre comme notre chef et celle de M. Bachelier en qualité de son adjoint ne peuvent que pénétrer nos cœurs de vénération et de reconnaissance.

« Nous comprenons parfaitement, monsieur, combien la protection immédiate du ministre des arts, à qui par les généreux soins nous devons la gloire d'avoir obtenu des lettres patentes, sans compter les bienfaits dont il nous a comblés, a puissamment influé sur un tel événement. En effet après la solidité de notre établissement, que pouvions-nous attendre de plus honorable pour notre compagnie ?

« Ce bien, cette élévation où vous avez daigné nous placer devenant ainsi, sans doute, plus intéressante à la première académie du monde, elle s'est fait un plaisir de nous unir plus étroitement à elle, et distinguer l'Académie de Marseille sur toutes les autres.

« Daignez, monsieur, cimenter ce bonheur par la continuation de vos bontés, tandis que par de nouveaux efforts nous tâcherons de les mériter et de vous marquer le très profond respect avec lequel nous avons l'honneur d'être,

« Monsieur,

« Vos etc. »

À MONSIEUR PIERRE, ÉCUYER, CHEVALIER DE L'ORDRE DE St MICHEL, PREMIER PEINTRE DU ROI, DE Mgr LE DUC D'ORLÉANS, DIRECTEUR DE L'ACADÉMIE ROYALE DE PEINTURE ET SCULPTURE DE PARIS, DIRECTEUR HONORAIRE PERPÉTUEL DE CELLE DE MARSEILLE.

« Monsieur,

« Satisfaits au delà de toutes nos espérances, nous ne saurions assez vous témoigner notre admiration mêlée de la plus agréable surprise; vous, le respectable directeur de l'Académie royale, vous devenez en même temps directeur honoraire perpétuel de celle de Marseille : mais c'est un honneur qui lui donne un nouveau degré d'élévation, auquel elle n'aurait jamais osé prétendre, qui surpasse d'autant plus tout ce qu'elle aurait pu rêver, que votre illustre compagnie joint à cet insigne faveur, celle de vous donner M. Bachelier pour adjoint dans vos fonctions de directeur de notre académie.

« Enorgueillis de notre noble existence, nous croyons, monsieur, que prenant part à la perte sensible que nous avons faite en la personne de notre cher directeur, vous voulez bien nous en dédommager en vous chargeant de ses soins, et en vous intéressant encore plus affectueusement à notre bien et à notre gloire.

« Pour y correspondre, nous devons, etc. »

À MONSIEUR BEAUFORT, PEINTRE DU ROI, CONSEILLER DE SON ACADÉMIE, PROFESSEUR HONORAIRE DE CELLE DE MARSEILLE, COUR DU VIEUX-LOUVRE, À PARIS.

« Monsieur et cher confrère,

« La joie, la satisfaction et la surprise se sont partagé notre âme à la lecture de la lettre de M. Pierre, de celle de M. Bachelier, et de la vôtre nous annonçant la délibération de l'Académie royale, nous donnant pour remplacer M. d'André Bardon M. Pierre pour directeur honoraire perpétuel et M. Bachelier pour son adjoint.

« Cette insigne faveur de notre respectable mère nous pénètre de la plus vive reconnaissance, en mettant le plus haut comble à nos vœux, et donnant le plus grand lustre à notre compagnie.

« Nous ne doutons pas qu'après des marques d'estime et d'attention si distinguées l'Académie royale, ainsi que M. Pierre, dont le crédit est extrêmement étendu, et M. Bachelier ne s'intéressent en temps et lieu à notre bien et à notre gloire.

« Nous tiendrons M. Bachelier au courant de nos opérations académiques, de notre situation, du sacrifice que nous faisons depuis trente ans passés, de nos peines et soins, de nos travaux et de nos veilles, pour soutenir un établissement auquel, jusqu'à ce jour, il n'a pas été possible d'attribuer la moindre somme pour l'appliquer aux honoraires des professeurs.

« Nous savons, et feu M. d'André Bardon nous l'avait écrit, que le digne artiste, actuellement notre vice-directeur, est fécond en ressources quand il est question du bien de ceux qui professent les arts avec quelque zèle, et qu'il n'aime pas qu'ils soient négligés.

« Nous nous flattons, cher confrère, que dans les démarches que nous ferons à cet effet, vous daignerez nous seconder de vos soins et de votre généreuse amitié.

« C'est avec la considération la plus distinguée et avec un profond respect que nous sommes,

« Monsieur et cher confrère,

« Vos très humbles et très obéissants serviteurs. »

Dans une lettre à M. de Montucla, secrétaire général des bâtiments du roi à Paris, le secrétaire, qui met M. de Montucla au courant de la délibération de l'Académie royale et des sentiments de satisfaction de la compagnie au sujet de la nomination de MM. Pierre et Bachelier, ajoute :

« Nous sommes assurés, Monsieur, que de telles nominations doivent intéresser notre cher et digne amateur, auquel nous devons en grande partie nos lettres-patentes, et que ce motif ainsi que la protection dont nous honore M. le comte d'Angiviller ne sont pas complètement étrangers aux insignes faveurs dont on nous a comblés. »

Les réponses qui suivent aux lettres du secrétaire du 25 juillet, sont les seules que nous ayons retrouvées :

LE COMTE D'ANGIVILLER À M^{rs} LES ASSOCIÉS PROFESSEURS
DE L'ACADÉMIE DE PEINTURE, ETC. DE MARSEILLE.

A Versailles, le 9 août 1783.

« M. Pierre m'a en effet, messieurs, informé il y a quelques semaines de la délibération prise par l'Académie royale de peinture pour remplacer par un de ses membres feu M. d'André Bardon, directeur perpétuel de l'Académie de Marseille, conséquemment au vœu des statuts de cette dernière.

« Il m'a appris en même temps que l'Académie avait voté en faveur de lui même, en lui donnant pour adjoint M. Bachelier sur lequel les yeux de M. d'André Bardon s'étaient portés il y a déjà du temps, pour le remplacer un jour.

« J'ai agréé cet arrangement, qui m'a paru n'avoir rien qui ne tendît au bien de la chose, vu que, si d'un côté M. Pierre, par la multitude des détails dont il est chargé ne peut pas donner sa principale attention aux objets relatifs à l'Académie de Marseille, l'activité particulière et le zèle de M. Bachelier le rendent extrêmement propre à prendre sur lui la plus grande partie de ce soin et à s'en occuper d'une manière utile pour votre compagnie.

« Il me restait à lui marquer à elle-même mon approbation de ce choix, et c'est ce que je fais aujourd'hui avec un vrai plaisir, en vous renouvelant l'assurance des sentiments bien véritables avec lesquels je suis,

« Messieurs,

« Votre très humble et très obéissant serviteur. »

D'ANGIVILLER.

M. PIERRE, PREMIER PEINTRE DU ROI, À MESSIEURS LES ASSOCIÉS PROFESSEURS
DE L'ACADÉMIE DE PEINTURE ETC. DE MARSEILLE.

A Paris, le 8 août 1783.

« Messieurs,

« Je ne m'occuperai point dans cet instant du détail des causes qui m'ont empêché d'avoir l'honneur de vous écrire. M. Bachelier a eu l'amitié de s'en charger. Mais je saisis le premier instant de liberté pour vous témoigner combien j'ai été flatté de pouvoir être à portée de seconder les vues de votre respectable directeur feu M. d'André Bardon.

« Dans la douleur de sa perte, il vous restoit l'espérance qu'il avoit laissé entrevoir. La confiance dont il m'honoroit m'a donné les moyens de faire valoir le choix dont il vous avoit flatté en même temps; l'Académie a eu la délicatesse de vouloir vous prouver combien elle prenoit d'intérêt à la vôtre.

« Il ne manquoit à M. Bachelier qu'un grade auquel son mérite le fera parvenir : elle a jeté les yeux sur ma place, et je me suis empressé d'accepter un arrangement qui réunissoit les avantages de remplir vos vœux et le sien; mais aussi j'ai cru nécessaire de prendre les précautions convenables pour que M. Bachelier ne pût être arrêté dans aucune des démarches que sa capacité et son zèle lui dicteront. Eh! qui ne le partagera pas ce zèle? Vos travaux, votre désintéressement, et votre constance courageuse sont trop connus pour ne pas inspirer le plus vif attachement et le respect.

« C'est avec ces sentiments dont je suis sincèrement pénétré, que j'ai l'honneur d'être,
« Messieurs,
« Votre très humble et très obéissant serviteur. »

PIERRE.

Le 10 septembre 1783, le secrétaire avait envoyé à Bachelier un compte rendu très détaillé de l'assemblée publique du 6, où l'éloge de feu d'André Bardon avait été prononcé. Ne recevant aucune réponse, la Compagnie écrivit à Beaufort le 10 novembre suivant. « M. Beaufort, lui manda-t-elle, a remis les papiers de M. d'André à M. Pelas son héritier, mais ceux qui doivent être envoyés à l'Académie ne lui sont pas parvenus; il en est de même des ouvrages gravés de M. Blondel d'Azincourt. Le silence de M. Pelas paraît inexplicable; la Compagnie ne sait à quoi l'attribuer. D'un autre côté nous faisons nos efforts pour contribuer à soutenir avec honneur la gloire de la fille aînée de l'Académie royale. On nous laisse aussi sans nouvelles; au nom de tous mes confrères je vous prie de calmer mes inquiétudes, en nous instruisant des raisons qui peuvent ainsi nous faire oublier si longtemps. Au cas où l'on en fasse remonter la faute à nous, faites moi l'amitié de m'en donner avis; notre vénération envers nos directeurs est trop profondément gravée dans nos âmes pour ne pas travailler avec le plus vif empressement à nous concilier sans cesse leurs bontés et leurs attentions. »

Et Beaufort de répondre :

A Paris, le 29 novembre 1783.

« J'ai reçu votre lettre du 10. Ayant écrit à vos directeurs vous craignez d'avoir manqué et d'avoir peu intéressé vos chefs. Rassurez-vous; votre lettre a été communiquée à M. Pierre. Il vous sait gré du compte rendu de votre exposition. Il n'a pas cru vous devoir une réponse pour une simple chose d'usage... Mais que lorsque l'on s'adresserait à lui pour des affaires essentielles, où l'on ferait appel à son autorité et à son crédit, il s'en acquitterait toujours avec plaisir et promptitude; qu'il avait eu l'honneur de vous écrire en août, un peu tard peut être, par suite d'un surcroît d'affaires qui lui étaient survenues. En effet les différentes places qu'il occupe dans les arts, lui laissent à peine le temps de voir ses amis et les grands qu'il est obligé de voir par déférence ou par nécessité. Depuis huit ans, il n'a pu s'amuser un seul jour à peindre ou à dessiner, bien qu'il ait deux commis.

« M. Bachelier me dit qu'il n'avait pas répondu à votre lettre ne contenant que le compte rendu de vos opérations académiques, simple formalité usitée chez vous depuis votre création, et que n'ayant pas reçu des nouvelles des papiers qu'il croyait vous avoir été remis par l'avocat Pélas, héritier de feu d'André Bardon, il attendait de les avoir en main pour vous en accuser réception. Car ces papiers se composent des plans et projets de son établissement d'école gratuite à Paris (remis à M. d'André pour les examiner) qui doivent lui fournir les moyens utiles au plan qu'il se propose de faire adopter pour l'Académie de Marseille, afin que des honoraires puissent récompenser des professeurs qui remplissent si dignement leurs devoirs.

« En conséquence il désirerait que vous cherchiez les moyens à tenter pour réussir, connaître les oppositions, la façon de les vaincre, les droits que la ville perçoit ou peut exiger sans vexations sur les foires, spectacles ou établissements nouveaux, etc., où il est nécessaire d'obtenir l'autorisation des chefs d'une ville, pour leur ouverture, libre à eux d'imposer des conditions qui pourraient produire une somme annuelle au profit de l'établissement de l'Académie.

« Alors vous feriez part de vos idées à M. Bachelier de la façon dont il doit s'y prendre pour réussir. Chaque province est soumise à des charges différentes; ignorant les usages de la Provence, il ne peut rien vous proposer; mais fournissez des moyens et vous êtes sûr de trouver MM. vos directeurs prompts à vous servir.

« Ainsi ne vous mettez point de chimères en tête lorsqu'ils n'auront pas répondu à des bagatelles ou à des comptes rendus de gestions académiques.

« Mes compliments et les témoignages de ma sensibilité à tous mes anciens et chers confrères; je vous souhaite une parfaite santé ainsi qu'à tous. Obligez-moi de m'employer lorsque vous me croirez de quelque utilité; soyez persuadé de mon zèle et des sentiments avec lesquels j'ai l'honneur d'être,

« Monsieur et cher confrère,

« Votre très humble et très obéissant serviteur. »

BEAUFORT.

DE 1783 À 1789.

Le mois de décembre venu, l'Académie envoya à son protecteur, à ses directeurs, aux amateurs ou associés principaux, ainsi qu'aux académies avec lesquelles elle était en correspondance, ses lettres de bonne année pour 1784.

Ces devoirs de politesse ou de bonne confraternité, elle continua à les remplir jusqu'en 1789. Forte de l'impulsion que lui avait imprimée d'André Bardon, elle se soutenait maintenant sans le secours d'aucune influence étrangère.

D'ailleurs elle ne pouvait attendre grand secours de Paris. La mort venait de frapper Beaufort le 10 juillet 1784. La Compagnie perdait en lui son ami le plus sûr, le plus dévoué, le seul qui eût toute sa confiance; elle n'avait donc plus personne dans la capitale pour la renseigner, la conseiller, l'éclairer; elle devait désormais voler de ses propres ailes.

Elle poursuivit silencieusement son œuvre, ne négligeant aucune occasion d'attirer dans son sein des artistes de valeur tels que les Ponce, les Hemery, le frère et la sœur, Mme de Lingée, graveurs, et Gibelin, l'auteur des peintures du Val-de-Grâce. Elle augmentait sans cesse son prestige, non seulement par les succès de ses élèves, mais encore par les grands noms dont elle ornait la liste de ses amateurs honoraires : les de Croisy, les Rohan-Chabot, les Guéménée, les Parroy, les Polignac, les Vaudreuil; elle ne devait qu'à elle-même toutes ces acquisitions qui l'honoraient.

Le 2 janvier 1788, Bachelier, répondant aux vœux de bonne année, laissait échapper, à l'adresse de la Compagnie, ces lignes, empreintes d'une sorte de tristesse :

« Je suis on ne peut plus sensible au témoignage des sentiments flatteurs dont l'Académie m'honore et à la justice qu'elle rend à mon zèle, mais qui n'a, hélas encore rien produit. »

Vien devait succéder en 1789 à Bachelier comme directeur perpétuel; mais il n'est resté aucun papier de l'Académie, postérieurement à cette date, en dehors de ceux que nous avons relevés dans les archives de la préfecture et de l'hôtel de ville. Ces papiers ont été insérés dans la première partie de ce volume.

TROISIÈME PARTIE.

Moulinneuf
Secrétaire perpétuel de l'Académie.

BIOGRAPHIE ET CARACTÈRE DE MOULINNEUF.

Moulinneuf (Étienne), né à Marseille, dans une des années de 1715 à 1720, est membre de l'Académie en 1753. Il devait déjà jouir à cette époque d'une certaine notoriété, car les échevins lui avaient conféré, depuis quelque temps, le titre de peintre de la ville. Kapeller lui céda la plume de secrétaire en 1754.

Moulinneuf était de nature enthousiaste et remuante. Dans une communication à la Sorbonne en 1884, nous avons montré cet artiste cumulant, par un irrésistible besoin de mouvement, tout à la fois les fonctions de peintre de la ville, de secrétaire et professeur de l'Académie, de commissaire de police de la cité, charge qu'il exerça pendant quinze ans. Ces dernières fonctions, à vrai dire, étaient tout honorifiques, les premiers échevins occupant au même titre celles de lieutenants généraux de police. Cet artiste original avait eu soin, du reste, de se faire à lui-même l'apologie de son mandat policier, car Moulinneuf tenait un journal. Il y notait les vols, les incendies, les fêtes et autres événements. « Le poste de commissaire de police, bien que n'étant pas payé, est très recherché par des rentiers et surtout par les anciens militaires, écrivait-il; c'est une occupation très amusante et une façon de passer son temps très agréablement. » M. Joseph Mathieu, secrétaire de la chambre de commerce, possède quelques feuillets de ce curieux journal.

Moulinneuf avait en don une grande simplicité de cœur; en sa correspondance il pense tout haut. Mais il savait aussi se taire quand il craignait d'offenser, car la bonté formait le fond de son caractère.

Nul mieux que lui n'était propre à occuper l'emploi de secrétaire perpétuel d'une Académie naissante. Tenir la plume, discourir, étaient chez lui une passion au moins égale à celle qu'il professait pour l'art. Il s'était pris d'un amour et d'une admiration sans bornes pour d'André Bardon. Le directeur perpétuel de l'Académie apparaissait à Moulinneuf comme un être supérieur; il s'inclinait autant devant son intelligence que devant son cœur et son caractère. Aussi avait-il fini par s'identifier complètement avec les avis et les jugements de ce directeur vénéré. Ce n'est pas seulement dans sa correspondance que l'on peut remarquer cela; les discours de Moulinneuf prononcés en assemblées privées ou publiques de l'Académie semblent n'être le plus souvent qu'un écho des sentiments du modèle qu'il s'était choisi. Seulement, sa faconde personnelle parfois l'entraînait et il abusait des images.

La correspondance générale de l'Académie de 1752 à 1760 a été perdue; mais, à dater de 1760, les archives permettent de constater que Moulinneuf a pris la parole chaque année à l'occasion de la distribution des prix, et l'on peut juger de l'impression que produisaient ses discours.

Moulinneuf est applaudi en août 1762 et 1764.

En 1765, son discours traitait *Des causes ayant contribué aux progrès et à la perfection des arts en Grèce*.

En 1767, il avait pris pour texte : *Quand il est question du vrai, en matière de tableaux, le jugement des particuliers et du public peut être aussi juste que celui des artistes*.

En 1768, il était encore applaudi, et en 1769 il démontrait, dans un discours très goûté par messieurs de l'Académie des belles-lettres, que *Le dessin est indispensable aux progrès et à l'accroissement des arts*.

En 1770, il présentait des *Observations sur les ouvrages de Timanthe, peintre grec, contemporain de Xeuxis*.

En 1771, il traitait *De l'art d'exprimer les passions en peinture et de la nécessité d'en connaître la nature et les effets*.

En 1772, il avait pris pour sujet : *De la physionomie relativement à la peinture*.

En 1773, il terminait la séance par de nouvelles *Observations sur l'art de peindre*.

En 1774, il se livrait à une *Dissertation curieuse sur la peinture des Chinois*; l'Académie de Toulouse lui en demanda communication.

En 1776, il traçait le tableau *Des progrès des arts à Marseille*, discours dont d'André Bardon voulut avoir une copie.

On trouve de même Moulinneuf sur la brèche en 1777, 1778, 1779. Cette dernière fois, il traite *Des arts enseignés dans l'Académie*, et termine la séance par l'*Éloge de Mlle Françoise Duparc, peintre, morte le 15 octobre 1778*.

En 1781, il donne un *Précis sur les révolutions des arts*, et en 1782 il détermine *Comment l'esprit et le génie amènent seuls les arts à leur perfection*.

Moulinneuf prend encore la parole avec succès en 1783 et en 1784; il lit en séance l'*Éloge de Poussin*, écrit par Bachelier, que d'André Bardon avait désigné pour lui succéder comme directeur perpétuel.

En 1785, il retrace *Les origines de la peinture et ses progrès en Grèce et à Rome*.

En 1786, il prononce l'*Éloge de Beaufort*; on le retrouve en séance publique le 13 septembre 1788, donnant une analyse des ouvrages des élèves et faisant l'apologie du *Précis historique du costume des anciens peuples* « l'ouvrage de l'illustre directeur perpétuel » mort alors depuis cinq ans.

Fidèle au culte qu'il avait voué à d'André Bardon, Moulinneuf adressait ce nouvel hommage à ce maître vénéré. Il ne devait pas tarder à disparaître à son tour dans le silence de l'oubli. Mais comme le dit Schiller : « Celui qui fait le bien en son temps a travaillé pour les siècles. » Moulinneuf a eu ce privilège.

MOULINNEUF ÉCRIVAIN.

Des nombreux discours que Moulinneuf a prononcés pendant les trente-six années de son secrétariat, trois minutes seules nous ont été conservées. Les deux premières ont trait à des discours prononcés en séance publique, et la troisième a été lue en assemblée particulière. Une seule porte une date, celle du 4 septembre 1782. Nous analyserons ici rapidement ces discours, pour donner une idée de l'esprit et du style de l'auteur. Commençons par le dernier.

I.

L'ART DE LA PEINTURE DEMANDE DE L'ESPRIT ET DU GÉNIE.

Ce titre a été modifié dans la correspondance en celui-ci : *Comment l'esprit et le génie amènent seuls les arts à la perfection*. Moulinneuf établit tout d'abord que le plus beau de tous les arts ayant pour objet l'imitation de la nature est sans contredit la peinture. « Tout est de son ressort, dit-il; par elle le passé reste toujours présent; elle apprend à connaître les nations qui ont disparu ou qui existent encore; elle met en scène toutes les passions pour nous émouvoir. » L'orateur passe en revue ces passions et arrive aux émotions plus douces que procurent « les plaisirs champêtres que l'artiste par son pinceau rend si séduisants », et il se hâte d'ajouter : « Mais une simple inclination et quelques études de dessin et du maniement du crayon ne suffisent pas pour faire un peintre, bien que ces qualités soient le fondement solide de la pratique de la peinture. Aussi voit-on l'Académie appliquer ses soins à les développer. Mais l'élève n'acquiert que la théorie. Asservi à copier le modèle dans ses diverses attitudes, il est obligé de suivre le jeu des muscles, d'étudier l'agencement et l'intersection des os, d'observer le clair obscur et ses nuances, etc... » Si un seul sujet isolé exige une attention aussi soutenue et des reflexions aussi sérieuses, combien deviendront-elles plus abondantes quand il sera question, pour l'artiste, d'imiter les milliers d'objets répandus dans la nature et d'en faire un choix pour en composer un ensemble harmonieux, lisible, où le dessin, l'invention, le coloris, etc., ne laissent rien à désirer.

« Dans une œuvre, pour obtenir la vérité des expressions dans leurs contrastes, la variété des faits, il faut un esprit vaste, profond, érudit, éclairé. Si l'artiste ne possède pas ces qualités, il ne prendra place que dans le rang de la médiocrité.

« Si aveuglé par l'amour-propre, parce qu'il dessine avec quelque facilité, l'artiste n'approfondit pas son art, en se livrant uniquement à ses saillies, il ne résoudra rien; à son premier tableau jugé par le public, on sera dans le cas de dire :

> Le masque tombe, l'orgueil reste,
> Et le peintre s'évanouit. »

L'orateur se livre ensuite à des réflexions sur les pratiques que l'artiste doit adopter lorsqu'il se propose un sujet à représenter soit à propos du dessin, du coloris, de l'entente des lumières, « qui ne sont qu'une façon d'exprimer clairement les divers mouvements de l'âme ou des passions des personnages de tout âge qu'il met en scène », etc., et comme exemple il décrit le tableau suivant de Rubens : « Tandis que Marie de Médicis regarde avec une tendresse indicible l'enfant qu'elle vient de mettre au monde, son visage reflète tout à la fois une joie douce, rayonnante, à travers l'abattement causé par les douleurs de l'enfantement ». Et il ajoute : « De tels ouvrages sont œuvre de l'esprit, et le degré de plaisir que le spectateur éprouve en le considérant est la mesure de son estime pour l'artiste qui l'a exécuté. »

Puis Moulinneuf recommande la lecture de la vie des artistes célèbres, afin de connaître les procédés dont ils ont fait usage, soit « pour étudier la fable, l'histoire, la morale, les coutumes, les mœurs, les caractères des différentes nations, dans chaque siècle, et l'histoire naturelle de leur pays, etc. ». Selon lui, Lebrun est à cet égard le plus vaste et le plus sublime génie que la peinture ait produit, et il doit son développement autant à ses lectures qu'à l'étude de l'antique et du modèle. Et après avoir fait l'apologie des batailles de ce peintre : « Peut-on, s'écrie l'auteur, créer un caractère de tête plus fier que celui de Porus après sa défaite? Son front n'est point humilié devant Alexandre; il semble persuadé que la fortune seule a réglé les rangs entre son vainqueur et lui. »

Préconisant de nouveau l'utilité, pour les artistes, de lire la vie des maîtres qui les ont précédés, Moulinneuf fait une charge à fond contre Voltaire.

« M. de Voltaire nous permettra, s'il lui plaît, quelque déférence que l'on doive à ses lumières, de n'être pas de son avis dans le jugement que, dans son *Temple du goût*, il a prononcé contre la *Vie des peintres* écrite par Félibien. Ce livre, plus particulièrement destiné aux personnes de l'art, est rempli de détails peu intéressants pour M. de Voltaire, mais qui paroîtront curieux à un artiste érudit. Un militaire ne cherche-t-il pas à s'instruire des plus petits moyens employés par les plus grands capitaines pour se procurer la victoire? Pourquoi le peintre n'aurait-il pas une curiosité à peu près semblable? Il y a tel morceau décrit par Félibien qui n'a jamais été gravé ou dont les estampes sont rares et qu'il fait ainsi connaître en crayonnant les tableaux qu'il expose dans son livre. Les jeunes dessinateurs peuvent ainsi exercer et nourrir leur imagination. Alors leur génie se développera; ils apprendront à penser, et, pour s'être accoutumés de bonne heure à réfléchir, ils s'épargneront bien des fautes quand ils auront eux-mêmes à traiter des sujets d'histoire : car l'artiste bien doué doit chercher constamment à augmenter ses connaissances, afin de répandre de la variété dans ses compositions sans en rompre l'unité ni en détruire la vraisemblance. »

Moulinneuf appuyant ses démonstrations par de nouveaux exemples cite alors l'*Iphigénie en Tauride*, de Guymond de La Touche [1], « offrant sur le théâtre, à la dernière scène, le spectacle le plus frappant, et le plus contrasté dans ses divers groupes. Les peintres étant tenus d'éveiller l'attention et d'émouvoir doivent chercher le moment où la vue de l'action agit le plus directement sur nos sens et sur notre âme : ainsi le tableau de Lesueur, représentant *Alexandre prenant un breuvage de la main de Philippe son médecin accusé de vouloir l'empoisonner!* « Les peintres doivent donc étudier en philosophes le cœur humain? »

Parlant des emblèmes, l'orateur insiste pour qu'ils soient « ingénieusement composés, afin qu'on les puisse comprendre à première vue, en évitant les énigmes que personne ne peut deviner ». Le choix des costumes et des accessoires n'est pas moins important à ses yeux : « Il faut avant tout chercher la vérité. L'artiste fouillera dans les monuments de l'antiquité. Il ne donnera pas un habillement à la Française à Sémiramis ! Cléopâtre ne sera pas assise dans un fauteuil à la duchesse ou devant un miroir à la moderne? De tels anachronismes seraient impardonnables; ils provoqueraient le rire. Aussi bien que l'idée de Paul Véronèse, qui orne de rosaires ses pèlerins d'Emaüs, bien qu'on ne cesse d'admirer son tableau. Lebrun a ouvert la voie à cet égard : les peuples qu'a fait revivre ce grand maître portent le caractère qui leur est particulier; les gens de goût veulent le vrai dans chaque chose. »

« On ne doit plus présenter aujourd'hui Mithridate en manchettes et en chapeau, la tête couverte d'énorme perruque; le vieux Lusignan, roi de Jérusalem, en habit à la mode; les palais des musulmans enri-

---

[1] Voir Diderot, t. VIII, p. 322, et t. VIII, p. 427, où ce tableau est très étudié.

chis de figures, ainsi que les comédiens avaient coutume de nous montrer tout cela sur la scène jusqu'au moment où le comte de Caylus, les Bouchardon, les Vanloo, en ont fait remarquer le faux et le ridicule, en dessinant eux-mêmes les modèles des costumes auxquels on doit se conformer. Cette révolution est opérée. Aussi a-t-on maintenant la satisfaction de voir les acteurs costumés selon les exigences de leur rôle.

« En effet, au théâtre comme sur les tableaux, les bienséances, la vraisemblance doivent être rigoureusement observées, et les anachronismes repoussés.

« Élèves qui m'écoutez, tel est votre art. Portez votre attention sur les moyens dont se sont servis les grands maîtres pour poser sur leurs ouvrages le sceau de l'immortalité. Donnez sujet au public de vous admirer, et qu'applaudissant à l'adresse, aux capacités, à l'étendue des lumières qu'il faut posséder pour devenir artiste, ce même public soit enfin persuadé que les beaux-arts ne sont cultivés que pour concourir au bien de la société, et à produire des hommes célèbres? »

Nous ne saurions donner le discours précédent comme un modèle de style; mais aux seules images évoquées par l'orateur on sent assez qu'il possédait une certaine érudition, des connaissances théoriques étendues sur son art, surtout cet enthousiasme communicatif qui remue les assemblées et qui dans une école inspire l'émulation.

La minute du discours précédent compte huit grandes pages, d'une écriture serrée, où abondent les ratures. L'auteur en prenant la plume n'avait arrêté d'avance aucune des grandes lignes de son discours. Il fixait sur le papier les idées flottantes dans son cerveau, à mesure qu'elles y prenaient une forme plus ou moins claire.

II.

La seconde minute présente cette fois, au point de vue local, un certain intérêt historique. C'est une causerie où les débuts de l'Académie sont retracés. Elle porte en tête :

MÉMOIRE POUR ÊTRE LU DANS UNE ASSEMBLÉE PARTICULIÈRE.

Le zèle des membres honoraires de l'Académie s'est refroidi. Moulinneuf, après avoir cité les faits, adresse à ses confrères cette chaleureuse allocution :

« Il s'agit d'étayer avec solidité l'Académie; de la rendre de plus en plus digne de l'attention qu'elle merite, et de nos démarches mesurées et refléchies dependent le succès, surtout si elles sont inspirées par l'amour des arts et la gloire de la patrie? »

Prenant l'Académie à ses débuts, Moulinneuf ajoute : « Depuis longtemps, chers confrères, il existait des Académies dans les principales villes du royaume, et Marseille, non moins florissante, ne pouvait en établir une semblable. L'avantage d'en être les fondateurs nous était réservé. »

« Un appel fut adressé à tous les artistes résidant dans cette ville, c'est à dire à ceux dont les talents avaient trait au dessin : peintres, sculpteurs, architectes, graveurs, etc., les uns refusèrent poliment, d'autres méprisèrent notre invitation, mais un certain nombre adoptèrent nos idées, et n'hésitèrent pas un instant à contribuer en communauté aux dépenses annuelles d'un concierge, d'un modèle, de l'huile, du charbon, etc., en un mot, de tout ce qui était nécessaire pour une pareille institution. Mais il nous fallait la permission et l'agrément des échevins et celle de M. le duc de Villars, gouverneur de la Provence, dont il fallait également obtenir le protectorat.

« En effet, le duc s'étant déclaré notre protecteur, les personnages les plus qualifiés de la Provence, ainsi que *les amateurs* qui s'intéressent aux beaux-arts, se firent un plaisir de correspondre à nos vues. L'Académie des belles-lettres parut même fort sensible lorsque, ayant donné à tous les membres qui la composaient le titre distingué d'honoraires académiciens, nous les invitâmes, ainsi que les autres honoraires amateurs, à venir assister à l'ouverture de nos exercices. Ce fut le 2 janvier 1753, dans un logement que M. Charron, intendant de la marine, nous donna dans l'enceinte de l'Arsenal, avec l'agrément de M. de Machault, ministre de la marine, que cette première séance eut lieu, et que nous posâmes le modèle en Apollon couronné de lauriers, tenant dans ses mains une lyre.

« Ayant établi de la sorte les fondements de notre Académie, comme il convenait de lui assurer une existence ferme et durable, nous envoyâmes à l'Académie de peinture et de sculpture de Paris le plan de nos exercices et nos règlements, afin qu'ils fussent examinés par elle, étant bien aise de nous placer sous sa direction.

« Cette première Académie du monde nous fit tenir son approbation, rectifia nos règlements, applaudit à notre demande d'avoir pour directeur perpétuel de notre école l'un de ses officiers. Nous avions fait choix de M. d'André Bardon, l'un de ses professeurs, que nous avons encore aujourd'hui le bonheur de posséder, et pour lequel notre reconnaissance ne saurait être trop marquée, attendu le vif intérêt qu'il a toujours pris à l'honneur et au bien-être de notre Académie.

« Au bout de trois ans, M. de La Tour, premier président au parlement de Provence, et intendant de la généralité, informé par nos échevins, nos honoraires amateurs, et par MM. de l'Académie des belles-lettres, combien notre Académie devenait avantageuse à tous les arts, combien elle méritait l'attention du ministre et combien il était peu juste que ceux qui l'avaient fondée en supportassent la dépense, tandis qu'ils donnaient gratuitement leurs peines et leur temps pour l'instruction des élèves, M. l'intendant, disons-nous, fut sensible à toutes ces représentations, et il voulut enfin juger par ses yeux si ce qu'on disait de nos exercices académiques n'était point entaché d'exagération.

« En effet, M. de La Tour se rendit à Marseille, et fut témoin satisfait de la vérité, telle qu'on la lui avait dépeinte. Il écrivit le lendemain au ministre, et bientôt après un arrêt du Conseil d'État ordonnait de prendre sur la communauté une somme annuelle de trois mille livres pour fournir aux dépenses de notre Académie. Sa stabilité était dès lors assurée.

« MM. Roux, Rémuzat, Ricaud et Villet, nos échevins, tous portés vers le bien public, avaient déjà pensé que notre Académie deviendrait utile à la navigation, à la chirurgie, à la géometrie, à la mécanique, à la perspective, à l'architecture, en sus de la peinture et de la sculpture qui étaient les deux fondements sur lesquels les six autres arts et sciences étaient appuyés. »

Et Moulinneuf, après avoir poursuivi cet historique, sur lequel nous n'avons plus à revenir, puisqu'il est imprimé dans la première partie (sauf les particularités que nous venons de relever ici, et qui le complètent), après avoir engagé de nouveau ses confrères à redoubler de zèle « dans l'intérêt de la prospérité et de la gloire de leur école » après avoir fait l'apologie des exercices de l'Académie, terminait par cette péroraison :

« En ce qui touche l'usage des assemblées publiques dans les Académies, il a non seulement pour but de répandre le goût et l'amour des sciences et des beaux-arts, mais encore de mettre le public à même de juger si les académiciens sont des citoyens utiles, et s'ils forment un corps précieux à la société. »

III.

Le troisième brouillon que nous avons sous les yeux semble se rapporter au discours prononcé par Moulinneuf à la distribution des prix de l'année 1767, intitulé : *Quand il est question du vrai, en matière de tableaux, le jugement des particuliers et du public peut être aussi juste que celui des artistes.* Notons cependant que la minute porte simplement en tête et sans date :

DE L'AMOUR ET DE LA CONNAISSANCE DES BEAUX-ARTS.

Le projet de ce discours est, comme les précédents, très raturé, très étendu ; nous en relèverons simplement des passages qui ne manquent pas d'humour :

« Les élèves aussi bien que les gens du monde, s'écrie l'auteur, sont intéressés à former leur goût et leur jugement sur les arts : on trouve partout des tableaux, des estampes, des bronzes, des plafonds, des frises, etc., sur le mérite desquels on doit être fixé et qui font l'objet des entretiens journaliers ; il n'y a personne qui ne désire ardemment d'acquérir les connaissances nécessaires, mais peu de gens agissent en conséquence ; les uns, par excès de modestie, croient de bonne foi ne les pouvoir jamais acquérir ; les autres, remplis de la bonne opinion qu'ils ont d'eux-mêmes, hardis jusqu'à la témérité, décident de tout en aveugles.

« Les premiers rencontrent-ils un beau tableau ? — Je ne m'y connais pas ? disent-ils froidement, et ils détournent la vue. C'est comme si on leur présentait une belle fleur et qu'ils répondissent : Je n'ai point d'odorat ; car la peinture n'est autre chose que l'imitation de la nature constamment exposée à nos regards. Les yeux de l'homme s'ouvrent à peine que sans effort il compare machinalement les objets entre eux. Or, le degré d'intérêt et de plaisir qu'offre un ouvrage d'art est la mesure du degré d'estime que doit lui accorder tout galant homme amateur des belles choses ; il n'a pas besoin d'être initié aux mystères de l'art, mais simplement éclairé par la raison, par quelque justesse d'esprit, et par son goût, fruit des réflexions que lui ont inspirées la vue des autres ouvrages qui l'ont arrêté; et de cet examen résulte le sentiment fin et délicat qui, en se développant par degré, lui permet à la fin de décider du bon et du mauvais, et de ce qu'il faudrait ajouter ou retrancher dans les chefs-d'œuvre les plus parfaits, car il n'en est point qui ne laissent encore quelque chose à désirer pour les esprits sublimes. »

L'orateur s'engage ici, en se répétant parfois, dans une série de nouveaux raisonnements tendant à prouver que le goût s'acquiert par une observation soutenue des œuvres d'art, « par l'occasion fréquente d'en voir dans les lieux publics et chez tous les particuliers ». S'adressant ensuite plus directement à son auditoire, il s'écrie : « Les amateurs présents dans cette assemblée sont des maîtres à cet égard et peuvent être consultés avec fruit. » Et Moulinneuf, pour faciliter aux élèves, auxquels il s'adresse à leur tour, l'étude qu'il propose, se livre à de nouvelles comparaisons : « Pour juger, dit-il, de l'effet et de l'ensemble d'un tableau, il faut agir comme vis à vis de la musique; ses consonances produisent un effet plus ou moins agréable, selon qu'elles sont de nature à exercer les fibres de l'ouïe sans les fatiguer : or, il est raisonnable de penser que cette loi influe sur tous les sens. Il est bien des couleurs dont l'assortiment plaît ou déplaît aux yeux selon la consonance, pour ainsi dire, qu'elle forme au fond de la rétine. »

Puis, emporté par son sujet, Moulinneuf s'élève contre les faux connaisseurs : « Le manque de goût chez certaines personnes afflige les artistes et les décourage parfois. Prévenu que celui auquel est destiné son ouvrage est incapable d'en apprécier le mérite, il est à craindre que dans son dépit il n'arrive à quelque fâcheuse extrémité. Il voit ces curieux d'ostentation, uniquement poussés par la sotte vanité de paraître connaisseurs et plus habiles qu'ils ne le sont en effet, n'ayant d'attention, quand il s'agit d'un tableau ou de tout autre ouvrage, qu'au ton et à la décision des grands et des gens en place qui passent pour bons connaisseurs, lesquels si souvent se préviennent et ne jugent point avec la même justesse, soit par contagion, ou basse complaisance, soit pour paraître d'aussi bon goût que les autres, soit crainte aussi de se donner quelque ridicule; qui applaudissent à des choses sans mérite et insipides contre le témoignage réel de leurs lumières, de leurs goûts et de leurs vrais sentiments, qu'ils étouffent. C'est de cette manière que divers morceaux ont une réputation qu'ils ne méritent pas.

« Eh! si l'on voulait étendre cette morale plus loin, on trouverait des gens qui, pour se donner comme voluptueux et fins gourmets en musique, en poésie, en éloquence, en bonne chère même, se mortifient jusqu'à l'ennui et au dégoût pour paraître avoir une satisfaction complète et se mettre ainsi, par une fade complaisance, au niveau des gens du bel air. »

Cette sortie dut être trouvée d'un goût contestable par une partie de l'auditoire, qui comptait les notabilités et l'élite de l'aristocratie de la Provence; mais Moulinneuf, sincère et prime-sautier dans ses allures, ne se piquait pas de courtisanerie : « Certaines gens entrent dans un appartement, dans une galerie. Ils y sont assez longtemps sans voir le quart de ce qui mérite d'être examiné, et, sans s'arrêter à ce qu'il y a de plus remarquable, ils parlent beaucoup, et cependant ne disent rien de sensé; précipitent leur jugement sur tout, louant ou blâmant à tort et à travers, sans aucune intelligence, et sans se donner le temps de réfléchir et d'analyser leurs impressions; l'air gauche, embarrassé ou fanfaron. »

Comme correctif, il ajoutait : « Rien n'échappe au curieux intelligent; il voit autant des yeux de l'âme et de l'esprit que des yeux du corps. »

Et animant la scène : « Voyez-le, dit-il, ouvrant un portefeuille de dessins et d'estampes, il oublie le lieu où il se trouve, tout entier au charme d'une promenade dans les bois et les prairies qui lui offrent ces délicieux paysages de Breughel Hermann. Svanwelt le conduit ensuite auprès des ruines et des solitudes des environs de Rome. José de Mompré l'égare dans de vastes déserts, où au sommet d'une montagne escarpée, il lui découvre une prodigieuse étendue de pays, où s'aperçoivent des vallées profondes, sur lesquelles des forêts de chênes et de sapins projettent leur ombre mystérieuse. Bloëmart l'invite à se reposer auprès de ses bergers appuyés contre le tronc noueux d'un vieux chêne, d'où ses yeux se portent sur une chaumière enfumée de Rembrandt. Après lui avoir montré une charmante scène d'intérieur, David Téniers le fait assister à une fête de village. Il entre au cabaret avec Pierre de Laërt, Brawer et Van Ostade, mais pour en sortir bientôt, car on respire mieux dans les pâturages où paissent les bœufs et les brebis de Berghem; l'air y est plus sain : c'est un plaisir digne de lui; et, dans cet ordre de tableaux, il se plaît à considérer de belles dames et des cavaliers courant à toute bride sur les magnifiques chevaux de Wouvermans : ils reviennent de la chasse : voici les veneurs, les fauconniers, les chiens, les valets chargés de gibier qui les suivent; les paysans sont sur le pas de leurs portes pour admirer de tels équipages, et les mères montrent du doigt à leurs enfants la grosseur du sanglier victime des chasseurs.

«Mais voilà un rival de Wouvermans : Jean Bol. Rien n'échappe à ce dernier. La pêche, la chasse, occupations et amusements de la campagne; oiseaux, quadrupèdes, poissons, insectes, reptiles, fleurs, fruits, plantes et coquillages: il vous présente tout cela dans le petit espace où il a établi son domaine. Enfin Plehenbourg permet à Diane et à ses nymphes de se baigner devant lui, et Rotheamer n'a pas moins de complaisance.»

«Telles sont les illusions que procure l'aspect des œuvres de ces artistes aux amateurs faits pour les apprécier.

«Comme contraste, ils ne sauraient oublier ceux qui prennent plaisir à leur représenter l'hiver avec ses neiges et ses frimas, que l'on peut affronter sans danger. Leurs tableaux sous les yeux, ils peuvent s'exposer sur mer sans le moindre péril, en jugeant de toutes les horreurs de tempêtes; parcourir les labyrinthes sans s'égarer, se retirer dans des grottes sans en craindre l'humidité, voir des ours et des sangliers sans redouter leurs griffes ou leurs dents meurtrières, partager les travaux des paysans et des laboureurs sans se fatiguer ou leurs divertissements sans se compromettre, et enfin, séduits par les traits naïfs des plus aimables bergères, ils ont le droit de les approcher sans craindre les envieux et les jaloux.»

Et Moulinneuf, loin d'être épuisé après avoir déroulé ce panorama, que nous avons singulièrement écourté, semble, comme les chevaux de fond, avoir acquis dans sa course plus de vitesse et une nouvelle vigueur. Il reprend avec une verve intarissable : «A la suite des tableaux de l'école flamande, veut-on, après s'être rassasié du naturel, du champêtre, veut-on du grand, du pathétique, du sublime, de l'extraordinaire? Voici les artistes de l'école française et de l'école italienne qui se chargent de fournir un aliment sérieux à notre admiration.»

L'orateur, que nous ne saurions plus suivre que de loin, car il résume l'histoire des trois écoles précitées, et son discours dura plus de deux heures, passe en revue Florence, Venise, Naples, Gênes et Paris. Selon lui, l'école romaine, depuis Raphaël jusqu'à Carle Marate, brille par la correction, la précision des contours et le choix des belles formes. Raphaël charme par la douce majesté de ses figures; et Jules Romain vous surprend par l'air imposant qu'il donne aux siennes.

Dans l'école florentine, Michel-Ange, Benedetto, Lutti, le Rosso, André del Sarte, Pontorme, Salviati, Procacini, Pietro de Cortone, Tempeste, Stephano, della Bella, se sont rendus célèbres par leur invention, leurs traits hardis et gracieux, et par le beau feu de leur imagination.

Dans l'école Lombarde, Corrège a possédé une grâce de pinceau que n'ont pu éclipser en le rivalisant les Parmesan, les Baroche, les Caraches, les Guide, le Dominiquain, le Lanfranc, le Guerchin.

L'école vénitienne, depuis les Bellin jusqu'à Sébastien Rici, offre des morceaux véritablement dignes d'admiration. L'orateur cite : Paul Véronèse, ses principales œuvres; les palais de Venise, etc.; puis, passant aux écoles napolitaine, génoise, lucquoise, après avoir signalé la singularité de la manière de Gangiage, il décrit les beaux morceaux de Salvator Rosa, de Lucas Jordans, de Solimène, etc.; et il arrive enfin à l'école française, qui depuis deux cents ans, à dater de Freminet et de Jean Cousin, a produit les Vouet, les Blanchard, les Poussin, les Bourdon, les Lesueur, les Lebrun, etc., dans l'œuvre desquels l'élégance du dessin s'allie à une profonde érudition et au charme des pensées et du coloris.

En entendant juger ainsi des œuvres d'art, on ne pouvait qu'éprouver le désir de s'instruire. L'érudit professeur, après avoir engagé de nouveau les élèves à mûrir leurs pensées et leurs réflexions, à s'habituer à discerner avec justesse, et à s'astreindre à dessiner avec précision, termine par cette péroraison :

« La maturité du jugement, la pénétration de l'esprit, la fertilité des idées, les richesses de l'imagination, la douceur de l'harmonie, les grâces des attitudes, la hardiesse des figures, le feu du génie, la fougue de l'enthousiasme, l'assortiment merveilleux des nuances, qui parfois paraissent incompatibles, voilà les traits principaux pour faire un peintre d'histoire. Y a-t-il lieu de s'en étonner ? Non ! car il a pour mission de retracer l'histoire de l'univers, en montrant aux hommes les événements du passé, en leur présentant les idées les plus grandes et les plus merveilleuses de la religion, en réalisant les fictions des poètes.

« Aussi le peintre doit-il rassembler tout ce que la science et les arts fournissent de plus noble, de plus élevé. Plus agréable et aussi instructif que le philosophe, il embellit, il développe la nature, il en assortit les effets par la hardiesse de ses invitations; en un mot, le vrai peintre doit être également et tout à la fois orateur, philosophe, géographe, physicien, astronome; il doit animer la toile, la rendre parlante et faire passer dans le cœur des spectateurs les sentiments et les passions qu'il y aura lui-même exprimés et représentés.

« A vous jeunes élèves à tenter de grandir pour toucher à ces hauteurs ! »

IV

Moulinneuf possédait une certaine dose d'humour et de causticité. Voici une pièce écrite de sa main qui doit être son œuvre. Nous la reproduisons à titre de curiosité :

MÉDAILLES À FRAPPER POUR LA VILLE DE MARSEILLE.

La ville. — Une horloge mal réglée.

Devise : *Interno laborat vitio.* « Travaillée par un mal intérieur [1]. »

Le conseil de ville. — Un aveugle conduit par des chiens.

Devise : *Urbi num sumus?* « Sommes-nous dans une ville policée ? »

Le bureau du vin. — Le mont Vésuve en éruption.

Devise : *Fugite cives.* « Fuyez, citoyens. »

La chambre de police. — Un bois de voleurs.

Devise : *Vita aut crumena.* « La bourse ou la vie. »

La patrouille. — Un lièvre qui fuit.

Devise : *In fuga salute.* « Par le salut dans la fuite. »

Le comte de Pilles. — Le singe qui tire un marron du feu avec la patte du chat.

Devise : *Etiam pro nobis.* « Il en fait autant de nous. »

[1] Traduction libre; elle n'est pas de Moulinneuf.

M. de Beaumont, maire. — Fabius.
Devise: *Cunctando restituit res.* «En temporisant il rétablit nos affaires.»

M. Ricaud, échevin. — Un prie-Dieu.
Devise: *Oremus.* «Prions.»

M. Roman, échevin. — Une cinquième roue à un carrosse.
Devise: *Inutilis obstat.* «Obstacle inutile.»

M. Brés, assesseur. — Un homme qui se réveille.
Devise: *Quid mihi?* «Que me veut-on?»

M. Cadière, échevin. — Le bouc émissaire [1].
Devise; *Vox populi, vox dei.* «Voix du peuple, voix de Dieu.»

M. Pastoret, procureur du Roi à la police. — Une enclume.
Devise: *Durior et gravior.* «Plus dur et plus lourd (qu'une enclume).»

Les capitaines du quartier. — Des vers acharnés à une charogne.
Devise: *Ex putredine vita.* «De la pourriture, la vie.»

M. Thiers, archivaire. — Actéon changé en cerf.
Devise: *Levis si deaurata.* «Légère (la corne) si elle est dorée.»

Les soldats du régiment de la Sarre. — Le bourreau les bras croisés.
Devise: *Expecto.* «J'attends!»

M. Rémuzat, fils (mort). — Un tombeau avec l'inscription.
Devise: *Clamat sanguis.* «Le sang crie vengeance.»

Le capitaine hollandais expirant. — Un vaisseau fuyant à toutes voiles.
Devise: *Quæ barbara gens!* «Quelle nation barbare!»

M. de Rosambrun. — Un hercule.
Devise: *Monstra domitat.* «Il dompte les monstres.»

---

[1] Le 22 novembre 1772, une scène atroce avait lieu au théâtre de Marseille. Les échevins pour complaire à Mme d'Albertas, femme du premier président du Conseil supérieur, remplaçant l'ancien parlement supprimé par Maupou, avaient commandé, par ordre, la représentation d'un ballet dont le public était fatigué. L'aristocratie aixoise était mal vue par les Marseillais. Il y eut une opposition formidable et l'échevin Cadière pour faire cesser le tumulte, commanda la force armée. M. A. Fabre raconte cette collision dans son IIIe vol., p. 368 et suiv. Il y eut 88 blessés et 8 morts. De là la devise de Moulinneuf pour cet échevin. Les médailles qui suivent se rapportent en partie à des acteurs ou des victimes de ce drame sanglant, par exemple, Rémuzat et le capitaine hollandais.

MOULINNEUF

ARCHITECTE, PEINTRE, DÉCORATEUR.

S'il faut en croire les allégations contenues dans la demande qu'il avait adressée aux échevins, tendant à ce que les fonctions de directeur des peintures de la ville lui fût conservée, Moulinneuf devait avoir des talents universels. Architecture, peinture, paysages, marines, histoire, portrait, techniques à l'huile ou à la détrempe, il pratiquait tout. Il avait travaillé pour les églises et décoré en entier des théâtres. Sûr de son fait, Moulinneuf ne mettait péril en rien. Cette foi robuste en lui-même et en ses talents devait être sincère; mais à en juger par sa propre assurance il ne dépassait sans doute pas comme artiste les bornes d'une honnête médiocrité. Ceci n'est toutefois qu'une hypothèse; nous ne connaissons aucune œuvre exécutée de sa main. Nous nous bornerons donc à relever ici les documents qui se rattachent à sa carrière de peintre.

I.

Le premier document que nous offrent les archives ne porte ni date, ni signature. Nous avons lieu de croire qu'il remonte à 1756, au moment où la ville venait de doter l'Académie. Il s'agit de la demande précitée, adressée par Moulinneuf aux échevins; en voici le texte :

À MESSIEURS LES MAIRES ET ÉCHEVINS DE MARSEILLE.

« Dans le nouvel arrangement de l'Académie de peinture et sculpture que Messieurs les échevins, lieutenants généraux de police dans la ville de Marseille veulent bien donner en fournissant les pensions suffisantes pour l'entretenir avec succès et honneur, le sieur Étienne Moulinneuf, natif de cette ville, peintre et membre de ladite Académie, ose représenter qu'ayant été nommé depuis quelques années par MM. les échevins, peintre de la ville, on voulût bien lui continuer la même prérogative, en lui accordant le titre de directeur de peinture, qui n'a rien de commun avec celui de sculpture, d'autant mieux que, MM. les magistrats ayant déjà fait cette observation, le sieur Verdiguier, ensuite du sieur Moulinneuf, a été nommé sculpteur de la ville et que la même Académie en avait aussi nommé un de chaque talent, savoir : le sieur Fenouil, peintre, qui est mort sans être remplacé; et le sieur Verdiguier, sculpteur.

« Les peintures qu'il a faites depuis qu'il est ainsi titré lui font croire qu'on l'a jugé capable d'exécuter et de faire exécuter tous les ouvrages, dont MM. les échevins voudraient bien le charger, tant à l'huile qu'à la détrempe et de quelque genre qu'ils puissent être, comme architecture, figures, paysages, marines, histoire, portraits et autres; d'ailleurs, comme la ville a quelquefois besoin de grands ouvrages, il sera toujours en état de remplir ses fonctions, ayant travaillé pour les églises et connaissant le théâtre qu'il a souvent décoré en entier dans toutes les parties qui le concernent.

« Après tous ces motifs, il prie encore de vouloir observer que le sieur Verdiguier, quoique étranger, comptant d'être continué, le sieur Moulinneuf, enfant de la ville, neveu de M. Louis Artaud, avocat du roi et connu de tous les principaux habitants de Marseille, ose espérer le même avantage, tandis que son art a le pas sur la sculpture et que ses mœurs et ses talents lui font croire que sa demande paraît assez juste pour ne pas perdre un rang qu'il se flatte de mériter dans les occasions où il sera employé, surtout lorsqu'un directeur est essentiellement nécessaire dans toutes les entreprises. »

À M. DE BER...., MARQUIS DE LUBIÈRES, CONSEILLER AU PARLEMENT D'AIX.

Résumé d'une lettre du 11 octobre 1762.

Moulinneuf a reçu une commande de tableaux à la détrempe; il envoie des estampes, afin que le marquis choisisse les sujets qui lui plairont, et, s'il en désire d'originaux, il lui propose entre autres : *Le train de Marseille ou ses plaisirs champêtres*, « qu'aucun peintre ou graveur n'ont jamais mis au monde ».

Il demande six mois pour exécuter cette commande. Il est convenu avec M. le comte d'Arcucia, mandataire de M. de Lubières, que ces tableaux décoratifs seront payés vingt louis. Il en demande quatre à titre d'avance pour ses premiers frais.

Il propose de placer dans la pièce principale : *La grande chasse au cerf* et celle du *Sanglier forcé*.

M. d'Arcucia a permis à Moulinneuf de choisir dans sa collection d'estampes de Wouvermans les sujets propres à les assortir.

II.

NOTES DES OUVRAGES ET FOURNITURES FAITS PAR LE SIEUR MOULINNEUF.

Pour Messieurs les Députés du commerce.

Deux tableaux de 7 pieds de hauteur sur 5 1/2 de largeur, représentant les armes de France décorées de leurs cordons et soutenues à droite par le génie de la France et à gauche par celui de Marseille; les deux supports, ornés chacun des attributs qui les caractérisent. Convenus 200 ᵗᵗ pièces, soit.........	400ᵗᵗ 00ˢ
Deux cadres de profil de 4 pouces 1/2 ayant 7 pieds 9 pouces de hauteur, sur 6 pieds 3 pouces de largeur, chacun avec son parquet pour y poser les tableaux, soit 60 ᵗᵗ pièce.....................	120 00
Pour la dorure des deux cadres.........................	144 00
Pour les deux plaques de plomb qui couvrent le dessus de chaque tableau	26 10
Pour avoir fait passer trois couches à l'huile sur les parquets et plaques de plomb...................................	12 00
Pour petits frais, caisse, papier, vis, clous, corde, emballage....	18 00
TOTAL........	720ᵗᵗ 10ˢ

Monsieur, frère du Roi, fit une entrée solennelle à Marseille le 1ᵉʳ juillet 1777. La fourniture ci-dessus (elle n'est point datée) se rapporte probablement à cette cérémonie.

De son côté, Kapeller, le confrère de Moulinneuf à l'Académie, avait été chargé de l'exécution de deux arcs de triomphe (ce fait est constaté dans les archives de la ville) : l'un était placé à la porte d'Aix, l'autre à la porte de Toulon. Bien que Moulinneuf ne soit pour rien en cette dernière affaire, nous donnons la description de cette œuvre, puisque Kapeller appartient à l'Académie.

Le premier arc de triomphe consistait en un portique d'ordre dorique, d'environ 36 pieds de hauteur sur une largeur proportionnée, couvert d'emblèmes, de figures allégoriques, de devises, de trophées d'armes.

Les figures les plus importantes représentaient : 1° celle de la Provence, tenant d'une main ses armoiries et de l'autre une corbeille remplie d'oranges, de pommes, de grenades, etc.; 2° celle de Marseille avec ses armoiries, tenant de la main droite une corne d'abondance et de l'autre une petite chaîne d'or attachée à un globe terrestre.

On remarquait en outre le buste du Prince, couronné de fleurs par un génie et, au milieu de l'attique, ses armes soutenues par une Renommée et le Génie de l'histoire groupés avec des trophées d'armes.

Les pilastres, corniches, chapiteaux, bases et piédestaux étaient en relief, et les figures et armes étaient isolées.

Le second arc de triomphe placé à la porte de Toulon était un portique d'ordre toscan, à pilastres et arrière-corps; l'attique portait les armes de Monsieur, surmontées d'une Renommée et les chapiteaux des pilastres supportaient deux emblèmes: l'un Marseille, sous la figure d'une femme qui s'éveille, et l'autre un vaisseau toutes voiles dehors avec ces mots[1] : *Heheu! sic rapido fugient mea gaudia cursu... et vota sequentur.*

---

[1] Ces arcs de triomphe étaient loin d'être sans précédents dans notre ville. Parmi les plus remarquables nous devons citer l'arc de triomphe qui fut élevé au milieu du Cours, lors des réjouissances publiques organisées à Marseille le 25 septembre 1729, à l'occasion de la naissance du Dauphin, la nouvelle de cet évènement étant parvenue dans cette ville, le 12 du même mois. Les archives nous en ont transmis la description suivante :

« Cet édifice composé de deux ordres avait depuis le socle jusqu'au fronton qui le couronnait 54 pieds de hauteur sur 36 de largeur; ses deux principales faces étaient tournées, l'une vers la porte Royale, l'autre vers celle de Rome. Il y avait au milieu de chacune un grand arc, dont l'ouverture était de 37 pieds de haut sur 20 de largeur.

« Le premier ordre était placé sur un socle de marbre brun, de trois pieds de hauteur, d'où s'élevaient quatre pilastres saillants, d'un marbre jaspé, dont les bases et les chapiteaux étaient d'or, portant une corniche qui régnait tout autour, et qui servait d'imposte à l'ouverture de l'arc; les plus voisins de cette ouverture formaient un avant-corps et des piédestaux de marbre blanc ornés de moulures d'or qui s'élevaient du socle, y étaient adossés. L'entrée d'un des pilastres était remplie de panneaux et de cartouches à devises dont les bordures étaient d'or sur un fond de marbre gris, dont tout l'édifice était bâti, et tout l'entablement était de marbre blanc, excepté la frise qui était de lapis, enrichi de tous les ornements de son ordre.

« Des pilastres accouplés et saillants qui s'élevaient dessus, dont les bases et les chapiteaux étaient aussi d'or, formaient le second ordre qui était couronné d'une corniche de marbre blanc régnant tout autour, de laquelle s'élevait un fronton triangulaire dont le tympan était de marbre noir, les entre-deux de ces pilastres étaient remplis de cartouches à devises suspendues à des festons de fleurs, attachés par des masques bronzés, aux volutes et aux chapiteaux.

Dans la face tournée vers la porte Royale on voyait dans le frontispice, les armes du Roi soutenues par deux grands génies, et dans un riche cartouche qui formait la clef de l'arc, on lisait cette inscription en lettre d'or : *Publicæ lætitiæ monumentum Massillia civitas posuit*: MDCXXIX.

« Sur le sommet du fronton, qui couronnait tout l'édifice, s'élevait une grande et belle figure richement drapée, représentant Marseille, tenant le portrait de Mgr le Dauphin, avec ces mots qu'on lisait dans un cadre d'or sur son piédestal de marbre jaspé : *Massillia voti compos.*

« Sur les deux piédestaux du fronton à côté de Marseille, on voyait à droite une figure représentant la Religion habillée en vestale, tenant un vase d'or qui exhalait des parfums, et à gauche la Justice tenant une balance d'une main et un faisceau d'armes de l'autre.

«Sur la corniche de l'arrière-corps du premier ordre, d'un côté on voyait *Apollon* et de l'autre *Minerve*, élevés en pieds, accompagnés de tous leurs attributs, et devant les pilastres de l'avant-corps, sur les piédestaux qui s'élevaient du socle étaient placés, *Mercure* d'un côté et *Thétis* tenant un vaisseau à voiles enflées, avec des coquillages, des perles, du corail à ses pieds.

«Tous les cadres et cartouches étaient remplis de peintures symboliques; ceux dont étaient embellis les pilastres supérieurs contenaient ces quatre devises :

«Le premier avait pour corps un aigle volant et un aiglon un peu moins élevé, avec ces mots : *Superas docet ire per auras*.

«Pour corps de la seconde, on avait peint *Alcide* dans le berceau étouffant deux serpents, avec ces mots : *Nunc Alcides, mox Hercules*.

«Le corps de la troisième était formé d'une corne d'abondance présentant trois roses et un lis au-dessus et les mots en faisaient l'âme : *Dives som* (*sic*) *copia cornu*.

«Le quatrième avait pour corps un dauphin couronné sortant de la mer, environné d'une multitude d'autres poissons avec ces mots : *Patruis regnabit in undis*.

«Sur le piédestal d'où s'élevait la figure de Minerve, on avait peint dans un cadre d'or une ancre où était entortillé un dauphin, avec ces mots : *Firmat et ornat* et sur celui d'où s'élevait Thétis, la planète de Jupiter et un de ses satellites avec ces mots : *Monstrat minor ignis iter*.

«Dans les cartouches qui, au-dessus de Mercure et de Thétis, remplissaient les entre-deux des pilastres du premier ordre, on voyait ces deux autres devises.

«L'une avait pour corps trois hommes regardant un arc-en-ciel et tournant le dos au soleil levant, avec ces mots : *Dat signa et fœdera pacis*. Le corps de l'autre était un soleil naissant et trois étoiles qui commençaient à disparaître, et ces mots en faisaient l'âme : *Majora dabit sol lumina terris*.

«Dans la face tournée vers la porte de Rome, on lisait dans le frontispice de marbre noir cette inscription en lettres d'or : *Serenissimo Galliar. Delphino, nato prid. non sept. conss. n. Joan Ravel. Grancis Martin. Jac. Remuzat. Joan Romano.* MDCCXXIX.

«Sur la clef de l'arc, un riche cartouche contenait ce distique :

Expectate diu, per te gens francica nectit
Perpetuas paci lætitiæque moras.

«Sur le tympan on voyait s'élever trois grandes figures en pied, sur leurs piédestaux richement peintes. Celle du milieu qui paraissait sur le sommet, représentait la France tenant d'une main les armes du Dauphin, de l'autre des chaînes de fleurs dont elle enlaçait la Paix et la Joie représentées par deux autres figures placées à ses côtés.

«La Paix, placée à droite, avait à ses pieds trois génies; l'un lui présentait une branche d'olivier; l'autre une corne d'abondance et le troisième brisait des lances et des flèches. La Joie tenant à la main le caducée, avait à ses pieds des feux d'artifices, des pavots, et des instruments de musique.

«Sur les piédestaux qui s'élevaient du socle, adossés aux pilastres du premier ordre, on voyait de chaque côté une grande figure, à droite était celle du maréchal-duc de Villars, gouverneur de la Provence, armé d'une cuirasse et d'un bouclier, tenant le bâton de commandement, à ses pieds un petit génie portant l'écu de ses armes, sur le piédestal on lisait ces vers :

La guerre au plus haut point avait porté ma
[gloire]
C'est à mes soins qu'on doit la paix.
Mais son plus sûr garant et le plus plein d'attraits
Manquait à ma double victoire.
Un héros en naissant y mit les derniers traits.

«A gauche Marseille sous les traits d'une nymphe dans une attitude majestueuse,

23.

(miniature), et en 1763 deux tableaux (natures mortes) plus trois portraits (miniatures).

Ce sont les seules œuvres peintes de Moulinneuf qu'il nous a été permis de relever; nous devons y ajouter le portrait du peintre Veyrier, dessiné par lui d'après un portrait authentique de cet artiste. Il faut voir à ce sujet la lettre de Moulinneuf du 8 février 1765.

CORRESPONDANCE.

Les dix volumes de la correspondance du secrétaire contiennent environ onze cents minutes de lettres, et on ne saurait évaluer le nombre de celles qui ont disparu. Certes, les lettres banales et de politesse y abondent, mais le plus grand nombre avait passionné l'auteur, mettant en jeu son enthousiasme pour l'œuvre entreprise, sa soif du progrès, «son amour de l'art, de la gloire et de la patrie.»

Là cependant ne se bornait pas la tâche du secrétaire; nous avons cité ses nombreux discours; d'autre part les suppliques, les mémoires à adresser aux échevins, à d'André Bardon, aux ministres, les circulaires, les règlements, les statuts se renouvelant par intervalles,

regardait le portrait du Dauphin, que la France présentait du haut du tympan, auquel elle adressait ces vers inscrits sur le piédestal :

> Moi qui dans des temps moins heureux
> Mettais ma gloire à n'avoir point de maître.
> Au bonheur d'obéir au Roi qui vous vit naître
> Se bornent aujourd'hui mes vœux ;
> Comme il est mon héros, vous deviez un jour
> [l'être.]
> Mais ne vous pressez pas, le plus tard c'est le
> [mieux.]

«Deux grands génie s'élevant sur la corniche du premier ordre tenaient chacun un cartouche à devises. On avait peint sur l'un une colonne supportant une partie d'un édifice avec ces mots : *Columenque decusque* et sur l'autre des illuminations et des feux d'artifices avec ces mots : *Pectora ardentius*.

«Dans deux autres cartouches placés au-dessous, dans les entre-deux des colonnes, on lisait d'un côté ces mots : *Oleas fecondat ab ortu*, surmonté d'oliviers recevant les rayons du soleil levant, et de l'autre : *Cantu precibusque vocatus*, surmonté d'un vaisseau sur la poupe duquel Amon jouait de la lyre, et sur l'eau un dauphin.

«Les entre-deux des pilastres supérieurs contenaient quatre autres devises : 1° sous l'emblème de la Joie, un lion, un aigle et un léopard regardant le soleil levant avec ces mots : *Unum suspiciunt omnes;* 2° un dauphin sur la surface de la mer, avec ces mots : *Mole minor, sed majestate verendus;* 3° comme emblème de la Joie, deux bergers élevant leurs mains vers le ciel à la vue d'une pluie qui tombe, la terre étant couverte de fleurs desséchées, avec ces mots : *Precibus cœlestia;* 4° trois étoiles dont l'une plus éloignée touchée par les rayons du soleil naissant et ces mots pour âme : *Pulchrior exibit si præcessere minores.*

«Cet arc de triomphe, ajoute le rapport, par la beauté du dessin, la magnificence de sa structure et la réussite de l'exécution avait fixé tous les regards.»

(Archives de la Préfecture.)

réclamaient également sa plume. Aussi était-elle un juste tribut payé à Moulinneuf, cette parole du secrétaire perpétuel de l'Académie des belles-lettres et sciences de Marseille, adressée en séance à ses confrères de l'Académie de peinture : «Messieurs, le zèle de votre secrétaire perpétuel est digne de notre admiration.» En effet, on ne saurait lire sans émotion certaines de ses lettres, lorsque l'Académie était menacée dans sa réputation, ou quand son prestige pouvait être affaibli. La correspondance de d'André Bardon, on l'a vu, s'occupe incidemment de quelques-uns des démêlés intérieurs qui, à leur heure, jetèrent le trouble dans le sein de cette institution; mais elle laisse des obscurités. Afin qu'il n'y ait pas de malentendu, il faut donner la parole à Moulinneuf; il faut l'entendre, pour apprécier la bienveillance et la sagesse des décisions de la compagnie. Mais nous ne saurions, comme pour d'André Bardon, reproduire ses lettres une à une. Lorsque nous arriverons aux incidents qui ont marqué dans l'histoire de l'Académie, aux relations qui l'unissaient à celles de Paris, de Rome, de Toulouse, de Marseille, etc., aux notices à donner sur les membres de cette compagnie, nous relèverons les lettres qui relateront ces incidents et celles qui toucheront à ces académies et à ces artistes.

Nous nous bornerons actuellement à donner le sommaire de toutes ces lettres.

Correspondance de 1761.

Le peintre Loys, né à Montpellier, fut le premier à jeter une note discordante dans le sein de l'Académie. Il avait été reçu comme associé, le 5 janvier 1761. Une lettre de Moulinneuf, du 23 mars, annonçait au directeur que le tableau de cet artiste représentant *Salomon entouré de ses concubines qui encensent des idoles*, offert comme son morceau de réception, avait été trouvé assez bien, qu'il méritait quelques éloges et le secrétaire ajoutait: « L'Académie s'efforce à s'adjoindre des membres capables afin de bien mériter de son directeur. »

L'œuvre seule était jugée, mais le caractère de l'homme restait inconnu. Six mois ne s'étaient point écoulés que Loys, jaloux et vindicatif, troublait par ses violences les exercices de l'École. Son fils n'avait pas obtenu le premier prix et il insultait publiquement ses confrères.

Le lendemain 26 juin, l'Académie demandait au duc de Villars l'autorisation d'expulser de son sein ce peintre « indigne de lui appartenir ».

Mais ce premier mouvement passé, les sentiments de bonté prévalurent. Moulinneuf écrivait trois jours après à Verdiguier, directeur alors en exercice : « Plusieurs assemblées ont été tenues depuis. L'Académie est prête à pardonner si cet artiste fait des soumissions, porte fermée, dans la salle du Modèle où il nous a insultés. Nos protecteurs veulent bien qu'il soit exclu à perpétuité ; mais nous avons considéré que son honneur, sa fortune, sa famille même seraient couverts d'une tache ineffaçable dont il faudrait le sauver. »

Le même jour, 29 juin, le secrétaire donnait également de longs détails sur cet incident à Beaufort, ainsi qu'à d'André Bardon ; après avoir expliqué les faits, il ajoutait : « Les échevins voulaient faire arrêter le délinquant ; mais l'Académie a cru devoir agir avec la plus extrême circonspection [1]. »

Bref, le duc de Villars était informé le 30 de la décision de l'Académie. L'arrêt portait : « Le sieur Loys sera exclu pendant deux mois des salles de service de l'Académie, et il devra faire ses soumissions, afin qu'il soit possible de lui conserver son titre. »

Mais le peintre Loys persistait à refuser toute réparation. La correspondance du mois de juillet ne cesse de mentionner cet artiste ; puis le silence se fait. L'Académie, usant de clémence, ne prononça point de verdict d'expulsion. Loys s'exclut lui-même.

Voici deux autographes du duc de Villars relatifs à ce peintre ; le premier en réponse à la lettre de l'Académie du 26 juin :

A Aix, le 26 juin 1761.

« Je ne puis qu'approuver, Messieurs, le dessein où vous êtes de chasser de votre Académie, suivant le droit que vous en aviez, un membre qui s'est rendu indigne par l'indécence de sa conduite à votre égard, et vous devez être assurés que, dans toutes les occasions, je me ferai un plaisir comme dans celle-ci de vous donner des marques de mon amitié, Messieurs, et de la parfaite estime que j'ai pour vous. »

Le duc DE VILLARS.

[1] Voir la lettre de d'André Bardon à l'Académie, du 6 juillet 1761, parfaite de modération.

A la suite de la décision de l'Académie du 30 juin, le duc répondait également à la Compagnie le jour même.

À MESSIEURS LES ASSOCIÉS PROFESSEURS DE L'ACADÉMIE
DE PEINTURE ET DE SCULPTURE.

A Aix, le 30 juin 1761.

« J'approuve, Messieurs, le parti que vous avez pris de ne pas user rigoureusement de votre droit contre le sieur Loys; je crois comme vous qu'il y a beaucoup d'imprudence dans sa faute. Il m'est revenu que c'est d'ailleurs un très bon sujet, et je vous avoue que je serais bien aise que vous puissiez même adoucir la peine prononcée contre lui. Soyez toujours bien assurés de mon amitié et de la parfaite estime que j'ai pour vous. »

Le duc DE VILLARS.

Cette lettre du duc avait dû contribuer à étouffer l'affaire.

Dans la lettre du 27 février 1761, adressée par le secrétaire à Beaufort et contenant cette phrase : « Le sieur Loys continue ses cabales; il dit tout le mal possible de ses collègues... », nous trouvons également la description d'un tableau étrange présenté par le peintre Decugis pour son morceau d'agrégation, et qui fut refusé par l'Académie.

Le peintre Decugis avait été reçu depuis comme associé, car nous le trouvons dix ans plus tard, soit en 1771, attaché à la Compagnie en qualité d'adjoint à professeur. Cet artiste assez excentrique devait à son tour causer un certain scandale.

La lettre d'André Bardon du 20 novembre 1771 donnait des instructions à ce sujet, recommandant encore la circonspection. Voici la réponse du secrétaire; elle clôt cet incident :

Marseille, 2 décembre 1771.

« Monsieur,

« La lettre du 6 novembre dernier que le sieur Decugis de Bargemont vous a écrite et que vous avez eu la bonté de nous renvoyer ne nous a pas surpris. Ce n'est pas la première fois que, pendant ses divers séjours en cette ville, il a fait montre de son imbécilité et de sa malice en essayant de nous détruire. Il avait eu pourtant jusqu'à ce jour la prudence de cacher la main qui essayait de nous porter des coups malins, mais sans force. Nous n'ignorions pas qu'il en était l'auteur; mais nous attendions des preuves pour nous débarrasser d'un membre plus qu'inutile, car il méritait d'être regardé comme indigne d'être associé à notre Compagnie et de porter le titre d'académicien.

« Aujourd'hui il lève le masque; il est temps de mettre des bornes à sa hardiesse et de donner un exemple à quiconque voudrait suivre ses pas. Il se plaint que la Compagnie lui a refusé ses suffrages pour la place devenue vacante de l'un de nos professeurs, et que le bureau l'a accordée à un autre académicien; mais, s'il en a été ainsi jugé, c'est qu'il avait été trouvé incapable de la remplir.

« Il a ensuite osé avancer que notre Académie était interdite et que les échevins en étaient charmés; quand nous lui avons demandé pourquoi il vous avait écrit pareil mensonge, alors que le concours de nos exercices dans toutes les salles de notre Académie n'a jamais été plus brillant et plus nombreux, ce même cerveau creux n'a présenté d'autre excuse qu'en répondant qu'il l'avait entendu dire.

« Cependant, comme dans ses lettres il était question d'un prétendu vol d'une miniature, que M. Nicolas, sculpteur, et un de nos professeurs lui avait fait, et que cette miniature était actuellement entre les mains de M. Kapeller, nous avons été bien aise de vérifier le fait, afin que, si ce cas était vrai, elle lui fût rendue, d'autant mieux que notre considération à votre égard nous fera toujours un devoir d'apporter une exacte attention à tout ce que vous nous avez recommandé.

« A cet effet, après nous être informés auprès de nos deux confrères s'ils avaient connaissance de cette miniature, et qu'il nous fut répondu qu'ils ne savaient ce que le sieur Decugis voulait dire, nous l'avons mandé pour qu'il eût à se trouver en bureau assemblé pour porter sa plainte. Il a eu la hardiesse de s'y présenter et de soutenir ce qu'il vous avait écrit; mais il a refusé, malgré les instances les plus pressantes, de fournir d'autres preuves de sa propre accusation.

« Comme nous lui remontrions l'indignité de ce procédé en accusant ainsi d'un vol deux artistes de notre Compagnie sans produire ni témoins ni preuves, il s'est contenté de dire qu'on devait l'en croire sur parole.

« A la fin indignés de l'effronterie de cet homme, nous lui avons répondu que sa parole pouvait marcher de pair avec les impostures qu'il vous avait écrites; et, indignés de voir des sentiments si pervers, outre que M. Kapeller et M. Nicolas demandent justice contre les atteintes portées à leur honneur, il a été conduit à la porte, et le bureau a unanimement décidé de rayer le nom du sieur Decugis de la liste de l'Académie.

« C'est pourquoi, Monsieur, nous avons l'honneur de vous prévenir de notre délibération à ce sujet, ne voulant pas la lui signifier avant d'avoir obtenu votre sanction.

« D'après votre dernière du 6 novembre, le secrétaire a appris que le mémoire envoyé à M. de La Tour est parvenu dans les bureaux de M. de La Vrillière et qu'il a été de nouveau renvoyé à M. de Montyon, nouvel intendant de la Provence, pour l'examiner avec nos règlements et en porter sa décision. Puisse-t-elle nous être favorable et nous permettre de vous témoigner, pour tout ce que nous vous devons en conséquence du succès que nous attendons, combien nous vous sommes avec un profond respect,

« Monsieur, etc. »

Ce dernier paragraphe avait trait à la délivrance des lettres patentes promises à la Compagnie par le marquis de Marigny.

———

Le troisième incident un peu grave du même genre fut le complot ourdi contre l'Académie par le peintre Chays. Nous en avons rapporté déjà les péripéties antérieurement, en tête de l'année 1780. Nous pouvons n'y pas revenir.

———

Correspondance de 1762.

De cette année nous trouvons tout d'abord la circulaire suivante, adressée le 17 mars à MM. Gougenot, de Caylus, et Watelet :

« Monsieur,

« Permettez, dans les conjonctures où se trouve aujourd'hui notre

Académie, par le rétablissement d'un campement de marine à Marseille, que nous ayons recours à votre protection et à votre amour pour les beaux-arts, afin d'intercéder en notre faveur auprès de M. le duc de Choiseul, pour qu'il veuille bien nous conserver le logement que notre école occupe dans l'Arsenal, M. Dufraigne, commissaire-ordonnateur, nous ayant signifié d'en sortir.

« Un tel délogement est capable d'interrompre le grand concours des élèves de toute sorte d'arts, habitués à venir dans un endroit préparé exprès pour les exercices et qui ne leur est propre qu'après avoir été réparé à nos frais et dépens quand ce n'était qu'un galetas inutile et totalement délabré, et ce local nous avait été accordé par M. Charron de Machault.

« M. le duc de Villars qui, par le vif intérêt qu'il prend à une académie où il est par lui-même témoin de notre zèle et des avantages qu'elle procure au commerce, à la marine et aux manufactures, s'étant chargé d'écrire à M. le duc de Choiseul, daignez, Monsieur, en même temps, nous servir d'appui auprès de ce ministre qui se rendra infailliblement à de si puissantes sollicitations et qui sera sans doute bien aise de soutenir et de protéger, ainsi que l'ont fait ses précécesseurs, une académie qui s'est établie depuis dix ans avec succès dans une des principales villes du royaume et qui a eu le bonheur de mériter quelques applaudissements et d'obtenir par un arrêt du conseil que Marseille pourvût à ses dépenses.

« D'ailleurs, Monsieur, permettez-nous de vous faire considérer que notre Académie est la mieux exposée pour la commodité des pensionnaires qui vont à Rome et que nous accueillons comme dignes des récompenses et des bienfaits dont le Roi les honore.

« Nous finissons, Monsieur, en vous priant de nous être propice et, par vos généreux soins, d'avoir l'avantage de dire que les beaux-arts vous doivent un asile.

« Nous avons l'honneur d'être avec un profond respect,

« Monsieur,

« Vos etc. »

Le 31, le secrétaire écrivait pour le même objet une supplique au duc de Villars et une lettre très chaleureuse dans laquelle il rappelait à l'intendant toutes les bontés qui lui valaient la plus vive reconnaissance de la Compagnie.

Le duc de Villars, avec une ponctualité toute militaire, avait l'habitude de répondre courrier par courrier aux lettres qu'il recevait; en voici encore un exemple. La Compagnie lui avait adressé sa supplique du 31 mars 1762; il répond :

Aix, le 1ᵉʳ avril 1762.

« Je viens d'écrire à M. Dufraigne, Messieurs, sur la crainte où vous êtes de perdre le logement que vous occupez dans l'Arsenal, et je crois qu'il empêchera votre déplacement si la chose dépend de lui. Dans le cas qu'il n'en fût pas le maître, je m'adresserai avec plaisir au ministre même. Je serai très aise de pouvoir dans toutes les occasions vous donner des preuves, Messieurs, de la considération et de la parfaite estime que j'ai pour vous. »

Le duc DE VILLARS.

Poursuivant son but, le secrétaire écrivait de nouveau le 7 mars au duc, et le même jour à d'André Bardon, la lettre suivante :

« Monsieur,

« Le ministre ayant jugé à propos de rétablir le département de la marine à Marseille et d'y remettre les galères et autres bâtiments du Roi, M. Dufraigne, commissaire-ordonnateur, nous a fait signifier que le logement occupé par notre Académie lui était nécessaire, et que nous eussions à prendre des arrangements, afin qu'il fût bientôt libre. En conséquence, nous avons écrit à M. l'Intendant, à M. le duc de Villars, pour vouloir bien intercéder pour nous auprès du commissaire-ordonnateur, comme aussi auprès de M. d'Hurson, intendant de la marine à Toulon et du département de celle de Marseille; mais, comme ces messieurs ne nous promettent rien, se repliant qu'ils ne peuvent faire autrement que de suivre les ordres du ministre, nous avons agi de nouveau vis-à-vis de M. le duc de Villars, qui veut bien écrire en notre faveur à M. le duc de Choiseul.

« Étant ainsi appuyés de notre protecteur, nous avons délibéré qu'il convenait de prier en même temps nos amateurs honoraires, MM. Gougenot, de Caylus, et Watelet, de vouloir bien s'intéresser dans cette affaire, pour que nous puissions conserver le local qui vous est connu et qui depuis que l'Arsenal existe n'a été qu'un galetas délabré, inutile et inhabité.

« A la veille de le perdre, nous avons sondé les échevins pour qu'ils nous procurent un endroit convenable; mais ils nous ont objecté que la ville était assez chargée d'impôts et d'autres dépenses extraordinaires occasionnées par les malheurs des temps, sans y ajouter de nouvelles charges, et que, par conséquent, nous devions sentir leur impossibilité d'adhérer à notre demande.

« D'après ces raisons et ce que nous avons eu déjà l'honneur de vous dire, nous voyons notre Académie exposée à une rude secousse si nos amateurs ne nous appuient de leur crédit. Il serait douloureux qu'après dix ans d'établissement, avec le même concours des élèves, le même zèle des professeurs à la soutenir, lorsque aucun honoraire les engage, que nous voyons tous les arts et métiers, par le moyen de notre école, se perfectionner à l'avantage du commerce, de la marine et des manufactures; il serait douloureux, dis-je, de nous voir forcés de faire à nos frais une rente considérable pour avoir un logement convenable, et de plus de faire des réparations extraordinaires et indispensables pour y placer nos écoles, ce qui absorberait la moitié des mille écus que la ville nous donne.

« Nous espérons, Monsieur, que vous daignerez faire agir vos amis et vous joindre aux personnes auxquelles nous avons l'honneur d'écrire sous votre pli, pour que nos représentations puissent attirer l'attention du ministre et mériter la continuation autant des bontés dont ses prédécesseurs nous ont honorés, que de nous rendre dignes de celles dont vous nous comblez et qui remplissent à jamais nos cœurs de la plus juste reconnaissance.

« Nous avons l'honneur d'être, etc. »

A la réception d'une nouvelle lettre datée du 17 mai, le duc s'était informé; au bout de six jours, l'Académie recevait de lui la réponse suivante :

A Aix, le 23 mai 1762.

« Je vous envoie, Messieurs, la réponse que j'ai reçue de M. d'Hurson, à qui j'avais écrit sur le logement que vous avez dans l'Arsenal; il me paraît très disposé en votre faveur, et je ne doute pas que, lorsqu'il sera sur les lieux, il ne prenne à cette occasion des arrangements qui vous seront avantageux. Soyez toujours assurés, Messieurs, de mon amitié et de la parfaite estime que j'ai pour vous. »

Le duc DE VILLARS.

Correspondance de 1763.

La solution de l'affaire reste encore en suspens. Le secrétaire entretient le directeur, les 7 et 21 juin, des nouvelles démarches de la Compagnie auprès de M. le duc de Villars, qui a écrit en sa faveur au ministre, de M. d'Hurson, de l'intendant de la marine à Toulon en le suppliant de stimuler le zèle des amateurs de Paris. Le 28 juin il lui envoie avec de nouvelles doléances, le plan demandé de l'Arsenal, et le 12 juillet il explique enfin les motifs que fait valoir l'administration pour justifier la mesure.

« L'Académie a reçu l'ordre de sortir sans délai de l'arsenal; le motif principal n'est pas le manque de place dans le parc, mais la grande quantité des élèves dont la cohue, et les polissonneries auxquelles les jeunes gens sont enclins, est incompatible avec l'ordre de la police qui va être établi dans la marine, et dans l'artillerie. Ce fatal congé ne décourage pas la Compagnie. Les échevins sont sensibles à sa situation, ils ont promis de chercher les moyens de la loger à nouveau.

« Si cette promesse ne se réalise pas, la Compagnie usera du premier expédient proposé par leur directeur perpétuel dans sa lettre du 1ᵉʳ juillet 1763, en laissant de côté les deux autres. » Suivent les compliments.

En effet, d'André Bardon proposait trois expédients : le *premier*, prendre sur les mille écus fournis par la Ville de quoi louer un local convenable, fût-ce même dans un couvent de religieux; le *second*, faire contribuer les étudiants par une somme de dix sols par mois, comme cela se pratiquait alors à Paris; et *troisièmement*, intéresser les élèves par l'appât d'un gain éventuel, en établissant une sorte de loterie dont il expliquait le mécanisme.

On le voit : toujours fidèles aux sentiments désintéressés qui les avaient soutenus et animés, les professeurs s'étaient arrêtés à l'expédient le plus digne de leur caractère, et sur ce point nous ne les verrons jamais se démentir.

La constance de la Compagnie est à la hauteur de la situation; elle persiste, et de nouveau elle écrit, le 28 juillet 1762, par la plume du secrétaire.

Après un exorde, que nous supprimons, les professeurs rappellent l'empressement unanime de tous les ordres de la ville, lors de leur établissement et combien leur propre zèle a contribué aux succès de Marseille.

A MESSIEURS LES ÉCHEVINS, CONSEILLERS DU ROI, LIEUTENANTS GÉNÉRAUX DE POLICE ET MESSIEURS DU CONSEIL DE VILLE ASSEMBLÉS.

«Les élèves, ajoutent-ils, puisent dans nos écoles des principes assurés et faciles. Le public en est persuadé; la foule qui se presse à nos leçons en est la preuve : elle tend à faire renaître dans ce siècle les beaux jours de la sœur de Rome et de la rivale d'Athènes, etc.»

Suit cette supplique, signée de tous les professeurs :

«Le rétablissement d'un corps royal de la marine à Marseille, nous ayant obligés d'abandonner le local que notre Académie occupait dans l'Arsenal, permettez que sous votre généreux appui, comme pères de la patrie, et comme nos protecteurs, nous osions porter nos représentations au conseil de ville assemblé.

«Nous vous demandons un logement perpétuel, décent et convenable à nos exercices. En nous applaudissant d'un tel bienfait, notre Académie le marquera dans ses fastes avec les sentiments de la plus vive reconnaissance, heureux d'en mériter la continuation, et de nous rendre dignes de la protection que vous accordez aux beaux-arts.

«Nous avons l'honneur, etc.»

On ne peut se défendre d'un sentiment triste, quand on songe que ces pionniers de la première heure sont morts à la peine, et qu'il a fallu plus d'un siècle pour que leur vœu devînt une réalité.

Mais l'action est engagée; suivons-en les péripéties. Le secrétaire écrit à d'André Bardon, le 2 août 1762. Dans une lettre du 22 juillet, le directeur reprochait à la Compagnie de ne l'avoir point instruit du véritable motif de son changement de domicile : l'impossibilité pour une école turbulente de rester dans un lieu d'ordre et de discipline. Le secrétaire justifie la Compagnie; c'est une mesure générale. L'Académie des belles-lettres, qui certes ne saurait troubler l'ordre, subit le même sort. Les échevins avouent que l'Académie de peinture, doit être soutenue de préférence à toute autre; mais les ressources de la ville sont épuisées; force est de prendre la somme nécessaire au logement sur les 3,000 livres octroyées.

Bref, la Compagnie a trouvé une maison, le propriétaire doit l'aménager selon le plan qui lui est imposé. En attendant, elle prépare son exposition publique, qui doit suivre son assemblée de distribution des prix à l'hôtel de ville; afin de ne point interrompre ses exercices elle campe dans un grand magasin où elle a logé tous ses meubles. Elle a loué ce local aux Carmes déchaussés. L'Académie des belles-lettres a trouvé un abri dans le même couvent.

Ces contretemps n'ont point diminué le désir d'obtenir le portrait de son directeur et la continuation de ses bontés, etc.

Les esprits se calment; l'Académie a pris un parti; elle ne cessera pas moins de poursuivre constamment le même but. En attendant, elle a repris sa physionomie habituelle. Nous sommes au 30 août. D'André Bardon reçoit le compte rendu de la séance publique annoncée. M. Coste fils a obtenu la première médaille, Antoine Blanc la seconde, et Michel Henry la troisième. Verdiguier a complimenté les fondateurs, exhorté les élèves. Dageville a parlé sur l'état des eaux de la ville, leur distribution, et il développe un projet de *Décoration générale relativement à l'hydraulique;* Moulinneuf a terminé par quelques observations sur la peinture et la sculpture. L'assemblée était très nombreuse et très brillante; elle comptait les magistrats et les membres de l'Académie des belles lettres.

L'exposition était installée rue Paradis, dans la maison située vis-à-vis l'église Saint-Régis; elle était très variée et se distinguait par la qualité des ouvrages.

En somme l'Académie est rassurée sur son existence, elle a contracté un bail de neuf années. La maison qu'on bâtit pour son service, hors la porte des Fainéants, possédera un grand salon pour la peinture, dans lequel la Compagnie se réjouit de placer le portrait de son directeur, une vaste salle pour le modèle, une salle pour la bosse, une pour le dessin, une pour les sciences, bas-offices et diverses chambres ou cabinets: « L'Académie ose dire qu'elle est enfin chez elle. »

Puis, comme nouvelles intéressantes, le secrétaire ajoute : « M. Guis, de l'Académie des belles-lettres, à son retour de Copenhague, a annoncé à la Compagnie que M. Dejardin, architecte du roi de Dannemark, et M. Sally, sculpteur du même monarque, dont il fait la statue équestre, l'avaient chargé de présenter leur candidature à l'Académie de peinture de Marseille, le premier se proposant de présenter le projet d'une église, le second, le modèle de la figure équestre qu'il exécute. »

Le secrétaire a de son côté mission de témoigner à ces artistes, combien l'association de deux noms aussi célèbres sera agréable à la Compagnie.

A ce même moment, d'André Bardon reçut du duc de Choiseul, une lettre, datée du 23 août, où le ministre, revenant sur sa précédente décision, assignait à l'Académie un emplacement dans le bagne, à la suite du logement des officiers, s'il lui était agréable d'en jouir.

Le secrétaire annonce à d'André Bardon, le 20 octobre, que la Compagnie a renoncé à l'Arsenal. Sa maison se bâtit; les échevins en chaperon et l'Académie des belles-lettres, comptent assister à son ouverture.

Ainsi se termine cet incident pour l'année 1762.

Nous avons vu plus haut la question du logement de l'Académie agitée sans plus de succès en 1763 et en 1768. Nous allons apprendre qu'il en fut de même en 1771 et en 1779.

LE DUC DE VILLARS
PROTECTEUR DE L'ACADÉMIE.

Le duc de Villars portait un vif intérêt à l'Académie; elle s'était placée sous sa protection à son début en 1752, elle lui devait son premier logement.

La correspondance de l'Académie, de 1752 à 1760 a été perdue; onze autographes du duc ont été conservés. La Compagnie n'avait pas cessé de lui offrir ses hommages à chaque renouvellement d'année. Voici la premières lettres du duc que nous offrent les archives :

A Aix, 2 janvier 1760.

« Je suis très sensible, Messieurs, au compliment que vous avez bien voulu me faire à l'occasion de la nouvelle année, recevez-en mes remercîments, avec les témoignages d'estime et de satisfaction que je dois, Messieurs, au succès de vos talents. »

Le duc DE VILLARS.

Nous avons vu la façon dont le duc avait accueilli la plainte qui lui était adressée au sujet du peintre Loys, et l'intérêt qu'il avait pris au délogement de l'Académie. Cette dernière poursuivait alors l'obtention de lettres patentes. A cet effet, elle avait soumis à son jugement ses nouveaux statuts et règlements; la réponse de son protecteur ne se faisait pas attendre :

Aux Délices, près Genève, le 16 août 1761.

« J'ai reçu, Messieurs, le projet des statuts et règlements de votre Académie, ils m'ont paru très sages et très utiles. Je les ai approuvés et je vais comme vous le souhaitez, écrire à M. le comte de Saint-Florentin, pour obtenir du Roi, par la médiation de ce ministre, les lettres patentes qui vous sont nécessaires. Soyez toujours bien assurés, Messieurs, du désir que j'ai de vous donner dans toutes les occasions des marques de mon amitié et de la parfaite estime que j'ai pour vous. »

Le duc DE VILLARS.

« J'ai remis à M. d'Hurson, le projet pour qu'il vous le fasse passer. Au reste, je songe que si j'écrivais à présent à M. le comte de Saint-Florentin, il aurait peut-être le temps d'oublier l'objet de ma recommandation, et j'attendrai pour lui écrire que vous lui ayez envoyé le projet. »

Ce dernier paragraphe montre que les paroles du duc n'étaient point eau bénite de cour. Le duc s'est sincèrement intéressé au succès des académiciens.

Le 11 septembre le secrétaire lui écrit : « Les règlements sont entre les mains de M. le comte de Saint-Florentin. » Il reçoit bientôt après la réponse suivante :

Aux Délices près Genève, le 28 septembre 1761.

« Voilà, Messieurs, la lettre que vous m'avez demandée pour M. le comte de Saint-Florentin. Je souhaite que ce ministre ait égard à ma recommandation, et je suis bien aise de pouvoir en cette occasion vous donner une nouvelle preuve, Messieurs, de mon amitié, et de la parfaite estime que j'ai pour vous. »

Le duc DE VILLARS.

Lorsque la duchesse mère mourut, la compagnie envoya son compliment de condoléance au duc :

À MONSEIGNEUR LE DUC DE VILLARS, EN SON HÔTEL À PARIS.

30 mars 1763.

« Monseigneur,

« Permettez que, pénétrés des sentiments les plus marqués, nous ayons l'honneur de vous témoigner combien nous prenons intérêt à la perte que vous venez de faire, en la personne de Mme la Duchesse mère. Veuille le ciel, Monseigneur, exaucer les souhaits que nous renouvelons sans cesse dans nos cœurs pour la conservation de votre illustre personne. »

Après la perte de la duchesse le duc a quitté Paris. Cette lettre va le joindre; il répond :

De Genève, le 15 avril 1763.

« Je reçois avec reconnaissance, Messieurs, le compliment que vous voulez bien me faire, pour le malheureux événement qui m'est arrivé. Je vous en remercie, et désire de vous donner en toute occasion, Messieurs, des preuves de mon amitié, et de la parfaite estime que j'ai pour vous. »

Le duc DE VILLARS.

La formule des lettres de remercîments du duc, au sujet des compliments de bonne année que lui adresse l'Académie, varie fort peu jusqu'en 1765. Le 31 décembre, toutefois, il termine par ces mots :

« Je souhaite trouver des occasions de vous prouver l'estime et la considération que j'ai pour une Académie, qui cultive et exerce les beaux-arts avec autant de distinction que la vôtre. »

Le duc DE VILLARS.

Le duc, homme très droit, sincère, ne flattait pas l'Académie; il mourut le 27 avril 1770, entre 4 et 5 heures du matin.

LE MARQUIS DE MARIGNY

PROTECTEUR DE L'ACADÉMIE.

Correspondance de 1760.

Parmi les grands seigneurs qui, dans notre siècle, ont soutenu les artistes et cultivé avec talent les beaux-arts, il faut citer le comte de Forbin et le duc de Luynes. Tous deux étaient originaires de notre région. Au XVIIIe siècle, les esprits de même nature que le leur se rencontraient en grand nombre à Paris. Mais il y en avait aussi en province, et notamment en Provence. La plupart figurent sur la liste des associés de l'Académie de Marseille, à côté des trois plus célèbres amateurs que la France possédât alors : le comte de Caylus, le marquis de Marigny et le comte d'Angiviller. C'est un titre de gloire pour la première école de peinture de Marseille d'avoir possédé ces grands noms parmi ceux de ses associés.

Du marquis de Marigny nous possédons dix-neuf lettres; quinze sont écrites par son secrétaire et revêtues seulement de la signature du marquis; les quatre autres sont de sa main. Les premières semblent au premier abord lui appartenir, le secrétaire reproduisant assez fidèlement son écriture. Nous y avons été trompé un instant. L'encre de la signature, un peu plus pâle, nous a fait reconnaître la différence. La signature, moins mâle ou moins accentuée que celle de Verdiguier, ne décèle pas moins, comme celle de ce maître, dans sa parfaite régularité, une sûreté et une légèreté de main remarquables.

D'André Bardon lui a écrit le premier de l'an 1760; le marquis répond de Versailles :

10 janvier 1760.

« Je reçois, Monsieur, avec les sentiments de la plus vive reconnaissance, les vœux que vous et MM. les associés Professeurs de l'École académique de Marseille voulez bien faire pour moi au renouvellement de l'année. Je souhaiterais ardemment qu'elle me procurât quelque occasion de vous donner des marques de ma sensibilité; je la saisirais avec bien du plaisir, pour vous persuader, ainsi qu'à ces Messieurs, du désir que j'ai de les obliger quand les circonstances s'en présenteront, et je vous prie de leur dire que c'est avec ces sentiments que je suis,

« Monsieur,

« Votre très humble et très obéissant serviteur. »

Le marquis DE MARIGNY.

Correspondance de 1761-1762.

L'occasion d'obliger les membres de l'Académie ne tarda pas à se présenter. La Compagnie, en vue d'obtenir ses lettres patentes, avait adressé au ministre, en 1761, une copie de ses statuts et règlements. Le duc de Villars avait appuyé leur demande, après avoir approuvé ces règlements. Le marquis, à son tour, ajouta son apostille à celle du duc, et il se chargea de remettre en personne les pièces au secrétaire perpétuel de l'Académie royale [1].

Jusqu'en 1770, on ne trouve nulle autre trace de correspondance directe, que la lettre précitée entre le marquis et l'Académie. D'André Bardon, chaque année, en son nom et en celui de la Compagnie qu'il représentait, rendait ses devoirs à M. de Marigny, et il en recevait des réponses. Le secrétaire perpétuel lui écrivait aussi probablement; mais, à l'exception d'une seule, aucune des minutes datant de cette période n'a été conservée.

Voici la lettre unique dont nous venons de parler :

À MONSEIGNEUR LE MARQUIS DE MARIGNY, À LA COUR.

•Marseille, le 24 décembre 1762.

« Quel avantage plus glorieux pour les professeurs de l'Académie de peinture et de sculpture de Marseille que de renouveler leurs hommages au respectable protecteur des arts qui les chérit, les encourage,

[1] Lettre de d'André Bardon du 11 avril 1761.

lés caresse. Imitateur en cela des célèbres artistes qui vous environnent et qui se ressentent de vos bienfaits, permettez-nous, Monseigneur, de vous demander la continuation de votre protection. Ce sera par les soins que nous mettrons nous-mêmes à cultiver ces beaux arts, en faisant progresser notre école, que nous emploierons tous nos efforts pour les imiter et vous donner des preuves du très profond respect avec lequel nous avons l'honneur d'être,

« Monseigneur,

« Vos très humbles et très obéissants serviteurs. »

La minute de cette lettre ne porte pas de signature. Il est probable que la signature des membres du bureau fut apposée sur l'original.

La correspondance de d'André Bardon nous a mis au courant des démarches tentées pour les lettres patentes. La conclusion seule nous manquait. Moulinneuf nous la donne dans sa lettre du 18 décembre 1761. Le secrétaire, en envoyant sous le même pli une série de lettres de bonne année à l'adresse des amateurs honoraires de l'Académie habitant Paris, annonçait à son directeur l'insuccès des démarches de la Compagnie. Et il ajoutait : « L'Académie regrette infiniment ces contre-temps, et elle renvoie cette poursuite à une époque plus propice. »

L'incident était donc clos. D'André Bardon, par sa lettre du 26 mai 1762, priait les membres de l'Académie de retirer les fonds qu'ils lui avaient fait parvenir pour l'objet en question.

Correspondance de 1770.

Nous sommes en 1770. Neuf années se sont écoulées sans que l'Académie renouvelle sa tentative quant aux lettres patentes. Beaufort, répondant aux vœux de bonne année de ses confrères, leur annonce que D'André Bardon a été dangereusement malade, qu'on a craint pour ses jours. Il écrivait de nouveau le 15 mars : « Une attaque de paralysie a frappé le côté droit de notre cher directeur ; les remèdes qu'on lui applique, vésicatoire, etc., le font beaucoup souffrir. On espère. » A quoi, il recevait la réponse suivante du secrétaire :

À MONSIEUR BEAUFORT, À PARIS.

12 avril 1770.

« Monsieur et cher confrère,

« Nous vous remercions de la peine que vous avez prise pour nous faire savoir que notre cher directeur vient d'avoir une attaque de paralysie; cet événement nous afflige profondément; nous adressons nos vœux au Ciel pour que les suites n'en soient pas funestes. La perte que ferait en sa personne notre Académie nous serait d'autant plus sensible, qu'après tout ce dont elle est redevable à son zèle nous osions nous flatter qu'il arriverait à combler nos succès.

« Comme jusqu'à son rétablissement il serait inutile de lui écrire, veuillez-bien vous charger de lui témoigner notre douleur et nous donner de ses nouvelles, etc. »

Pendant que la Compagnie se préoccupait de l'état de son directeur, un événement d'une haute gravité vint tout à coup faire diversion à ces soucis en réveillant ses espérances pour l'obtention du privilège dont dépendait sa stabilité. Le secrétaire, sans attendre la réponse à sa dernière lettre à Beaufort, lui adressait la suivante, en joignant sous le même pli une autre lettre à l'adresse de d'André Bardon, au cas où sa santé n'empêcherait plus ce dernier de vaquer aux affaires de l'Académie.

À MONSIEUR BEAUFORT, À PARIS.

30 avril 1770.

« M. le duc de Villars est mort, son décès a eu lieu le 27 du courant, de 4 à 5 heures du matin. Comme sa qualité de protecteur était un obstacle à l'obtention des lettres patentes, attendu que ce titre, *pour quelle Académie que ce soit du royaume*, doit être dévolu à M. de Marigny, elle en informe avec empressement M. d'André Bardon pour qu'il prescrive les arrangements et les démarches nécessaires à ce sujet, et la façon dont notre lettre doit être conçue, si tant est qu'il trouve à propos que nous en fassions la demande. Ci-joint une lettre pour lui. Ayant foi en sa convalescence, nous le supplions de nous aider de ses conseils et nous indiquer la marche à suivre en cette circonstance.

« Si, au contraire, il n'était pas possible à M. d'André Bardon d'agir par suite de sa santé compromise, voyez, avec son consentement, MM. Cochin, Vernet, Soufflot: leur qualité de membres de notre Académie les mettent dans le cas de s'intéresser en notre faveur pour le même objet, c'est-à-dire pour obtenir la protection de M. le marquis de Marigny.

« Cependant, cher confrère, il nous serait très flatteur d'être redevable d'un tel bienfait au digne chef qui nous a si généreusement défendu et servi depuis notre établissement; notre bonheur alors serait parfait.

« Veuillez, etc. »

À MONSIEUR D'ANDRÉ BARDON, À PARIS.

30 avril 1770.

« Monsieur et cher directeur,

« Peut-être interrompons-nous la tranquillité qu'exige le rétablissement de votre santé; mais la mort de M. le duc de Villars, notre protecteur, exige que nous rompions le silence pour vous prier de nous prêter vos soins, afin d'obtenir de M. le marquis de Marigny qu'il veuille bien lui succéder, ainsi que les règlements émanés du Roi l'exigent comme un droit sur toutes les Académies du royaume.

« En appréciant l'étendue de vos bontés à notre égard et dont nous ne saurions assez vous remercier, faites-nous la grâce, si votre convalescence vous le permet, de nous marquer les voies et les arrangements que nous avons à prendre pour obtenir ce que nous demandons. Si ce n'était pas une indiscrétion, nous vous prierions de nous préciser les termes de la lettre qu'il nous faudrait écrire à M. le marquis de Marigny, si tant est que vous jugiez convenable d'agir de la sorte pour lui faire parvenir notre demande.

« Enfin, nous nous flattons que vous voudrez bien nous dire tout ce qui est nécessaire; vous avez si glorieusement réussi pour assurer le bien de notre Académie, que nous mettons tout notre espoir en vous.

« Dans cette attente, etc. »

D'André Bardon, bien que souffrant encore, répond le 8 mai suivant : « Il est temps que votre société se range sous la protection immédiate de M. le marquis de Marigny. »

Le lendemain, 9 mai, il confirmait sa lettre en précisant les termes de celle que l'Académie devait lui adresser pour être remise à M. de Marigny.

Beaufort, de son côté, mande à ses confrères de Marseille :

Paris, 9 mai 1770.

« La santé de M. d'André est toujours chancelante; néanmoins il s'occupe toujours de l'Académie : il lui recommande de ne rien entreprendre sans l'en instruire préalablement et sans qu'il ne lui ait lui-même tracé sa conduite. Il agit comme un père qui chérit tendrement ses enfants. Dieu veuille lui rendre la sánté! »

Suit un *post scriptum* étranger au sujet, mais intéressant à reproduire : « Voici bien de grandes réjouissances que l'on prépare à l'occasion du mariage de M. le Dauphin. L'argent n'en est que plus rare pour bien du monde; malgré cela j'ai, à la vente de M. de La Live, vu vendre un tableau de Rubens, ouvrage de deux jours, au premier coup 20,000 livres. »

D'André Bardon a envoyé le modèle d'une lettre très digne pour être adressée à M. de Marigny; mais Moulinneuf éprouve le besoin de la rendre pompeuse. Le 18 mai, il écrit à son directeur :

« Nous répondons avec empressement à vos deux dernières lettres, et nous vous envoyons celle qui est destinée à M. le marquis de Marigny, puisque vous voulez bien vous charger de la lui remettre. Elle est conforme au plan que vous en avez tracé vous-même.

« Que de reconnaissance, que d'amitié! etc. »

À MONSEIGNEUR LE MARQUIS DE MARIGNY, À VERSAILLES.

18 mai 1770.

« Permettez que les associés professeurs de l'Académie de peinture et de sculpture établie à Marseille osent vous demander de leur accorder votre généreuse protection, et, qu'en la qualité de son illustre protecteur, ils en inscrivent le respectable titre dans les fastes de leurs archives.

« Pénétrés de reconnaissance, ils en sentiront toute la gloire, d'autant plus qu'un si parfait bonheur auquel ils aspirent depuis longtemps est pour leur Compagnie le comble de son attente, quand même la volonté du Souverain, par ses lettres patentes de 1676 concernant les écoles académiques établies en province, ne les prescriraient pas.

« Heureux si le Mécène de la France, si le restaurateur des beaux-arts daigne combler leurs désirs et agréer les vœux qu'ils adressent au Ciel pour la conservation de votre illustre personne!

« Nous avons l'honneur d'être, avec un très profond respect,

« Monseigneur,

« Vos etc. »

On a vu, par les lettres de d'André Bardon des 6 et 11 juin, l'effet produit par la demande des professeurs; il leur avait adressé copie de la réponse de M. de Marigny, en leur dictant les termes dans lesquels ils devaient remercier celui-ci.

De son côté, le nouveau protecteur avait envoyé au secrétaire de l'Académie une lettre dont la teneur variait fort peu relativement à celle qu'avait reçue leur directeur.

Moulinneuf écrivait à son tour à ce dernier :

À MONSIEUR D'ANDRÉ BARDON, À PARIS.

22 juin 1770.

« Le même courrier nous apporte votre lettre du 3 et celle de M. de Marigny du 9, dont ci-joint copie.

« C'est à vos soins que nous devons le succès de notre demande. Nous ne saurions assez vous en témoigner toute notre reconnaissance, qui nous rappelle sans cesse tout ce que vous avez daigné faire pour l'intérêt et la gloire de notre Académie.

« En attendant d'envoyer à cet illustre protecteur une copie de nos règlements, que l'on transcrit, conformément à ce qu'il prescrit dans sa lettre, en joignant à la suite desdits règlements des nouvelles observations sur quelques articles qui nous paraissent essentielles et dont nous aurons l'honneur de vous faire part avant de les envoyer, pour agir selon vos lumières et sous les auspices de vos sages conseils.

« En attendant, nous usons de la formule que vous avez eu la bonté de nous adresser, sans y rien diminuer, ni augmenter, pour répondre à la lettre obligeante que ce Mécène des beaux-arts a bien voulu nous écrire.

« Appuyés de vos bontés, nous osons nous flatter du plus heureux succès, tandis que nos cœurs ne respirent que zèle et que profond respect pour notre cher directeur, que le Ciel daigne conserver aux vœux de ceux qui ont l'honneur d'être,

« Monsieur,

« Vos très humbles et très obéissants serviteurs. »

D'André Bardon avait répondu le 18 juillet. Il possédait l'original des changements préparés aux statuts. Il attendait la copie qu'on lui avait promise pour conférer avec le secrétaire du Ministre; mais cette lettre du directeur se croisait avec la suivante du secrétaire de l'Académie :

À MONSEIGNEUR LE MARQUIS DE MARIGNY, À LA COUR.

23 juillet 1770.

« Nous avons l'honneur de vous envoyer la copie de nos statuts et règlements. Vous les trouverez conformes aux originaux déposés l'un dans les archives de l'Académie royale, et l'autre, que nous gardons, signé par M. Restout, directeur, et M. Cochin, secrétaire.

« Les articles vérifiés, nous nous flattons, Monseigneur, que vous voudrez bien les autoriser de votre signature, et dans l'espoir que la demande que nous avons osé vous adresser mettra le comble à la gloire de notre Académie.

« C'est sur notre illustre protecteur que nous fondons notre plus solide appui, heureux si, par nos soins, nous en méritons la continuation et l'honneur d'être, avec un très profond respect,

« Monseigneur,

« Vos etc. »

Le 30 juillet, d'André Bardon était prévenu de l'envoi des règlements en question.

Le directeur annonce, le 7 août, qu'il a eu une longue conférence avec M. de Montucla, premier commis du ministre, que l'envoi des statuts a produit un excellent effet; en raison de cet acte spontané d'obéissance à leur protecteur, l'Académie royale couronnera toutes les approbations dès que les échevins auront approuvé de leur côté ces règlements.

Mais le ministre est en villégiature à Ménard jusqu'en septembre. Les appréhensions de l'Académie éclatent alors dans le compte rendu de la séance publique, dont voici le résumé :

27 août 1770.

La séance a eu lieu le 26. MM. Kappeler et Moulinneuf ont pris la parole. L'assemblée était nombreuse et choisie; elle était présidée par MM. les maires et échevins. Après avoir cité les lauréats, le rapporteur s'écrie : « La Compagnie craint d'avoir blessé son directeur en précipitant l'envoi des règlements à M. de Marigny sans avoir reçu ses instructions plus détaillées. » Elle s'excuse; elle proteste. « Nous sommes toujours disposés à suivre vos leçons, vos conseils salutaires, à profiter de vos sages lumières; elles nous ont été jusqu'à ce jour si glorieuses et profitables. Pourquoi cesserions-nous de nous y conformer? Non, vous n'aurez jamais lieu de soupçonner ceux qui vous révèrent, vous honorent, et dont les sentiments du plus profond respect qu'ils vous ont voués durera autant que leur vie.

« Nous avons l'honneur d'être, etc. »

Vient après cela un *post scriptum* assez triste :

« La mort a éclairci nos rangs; le nombre de nos professeurs est réduit à huit pour les exercices, et le neuvième occupe la place de directeur-recteur.

« A l'égard des sciences, on ne compte plus que MM. Kapeller, Dageville, Dorange et Lepêtre.

« De plus, les artistes résidant à Marseille ne montrent que fort peu d'empressement à se faire recevoir comme académiciens. Celui qui serait en état de se faire honneur de son talent ne saurait s'établir dans cette ville, à moins qu'il n'ait déjà une fortune assurée. Peut-être, lorsque nous aurons le bonheur d'obtenir des lettres patentes, verrons-nous l'émulation des externes se réveiller et s'unir à nous pour soutenir la gloire de notre Académie. »

L'Académie, comme on le voit, traversait une crise qui affectait sensiblement ses premiers fondateurs.

Par sa lettre du 26 septembre, le directeur complimente la Compagnie sur son assemblée publique, sur le choix des discours, sur ses soins pour les élèves et sur leurs progrès. Il a compris les angoisses des professeurs ; il juge nécessaire de les encourager. De là ces louanges, qu'il ne ménage pas : « Continuez à mériter ainsi la considération de vos fondateurs et l'estime de vos concitoyens, il vous en reviendra la vénération publique. »

L'élève que la Compagnie lui a adressé a été placé par lui chez M. Vien. Le directeur demande, après cela, communication de la lettre qu'elle a dû recevoir de M. de Marigny à la suite de l'envoi des statuts ; il veut être fixé sur un bruit qui court à Paris et d'après lequel l'Académie de peinture aurait été réunie par M. le duc de Villars à l'Académie des belles-lettres. Il annonce ensuite que son protecteur est dans ses terres et n'en reviendra qu'à la fin de novembre.

M. de Marigny avait accepté le protectorat de l'Académie le 9 juin. La Compagnie lui avait adressé ses statuts le 23 juillet. La réponse tardait à venir, au gré de son impatience. L'obtention des lettres patentes était aux yeux des professeurs une question de vie ou de mort. Le duc de Villars les avait habitués à une ponctualité militaire ; pas une communication de l'Académie ne sommeillait dans ses bureaux ; il y était répondu le jour même ou le lendemain. La réponse du secrétaire à d'André Bardon est néanmoins très sereine :

À MONSIEUR D'ANDRÉ BARDON, À PARIS.

(Résumé).

15 octobre 1770.

« Le directeur a bien accueilli l'élève de Toulouse recommandé. La Compagnie le remercie ; M. de Marigny n'a pas encore répondu ; l'Académie compte sur lui pour la tenir au courant.

« Le duc de Villars avait réuni sous le titre de l'*Académie des belles-*

lettres, celui *des sciences et arts* ; mais ce dernier terme n'a rien de commun avec les exercices relatifs au dessin. Ces messieurs ne s'occupent que d'agriculture, de mathématiques, d'histoire naturelle, etc., tandis que l'Académie de peinture, depuis son établissement, n'a essayé ni mutation, ni réforme. Elle ne travaille que pour mériter de plus en plus son titre d'École de peinture et de sculpture. A ce titre, elle vient d'acquérir une figure d'écorché, moulé sur nature, pour faciliter aux élèves la connaissance des muscles du corps humain. L'auteur de ce moulage l'a présenté à la faculté de Montpellier; il se propose d'en faire de même vis-à-vis de l'Académie royale.

« Jugez, Monsieur, etc. »

Sur quoi, d'André Bardon écrit le 26 novembre :

« Rien de nouveau concernant les lettres patentes. De concert avec M. de Montucla, premier commis des bâtiments, toutes les difficultés sont aplanies. Ci-joint le modèle des lettres à écrire [1]. »

M. de Montucla, premier commis des bâtiments, va jouer désormais un rôle important dans l'histoire de l'Académie. Chaque ministère avait son premier commis. Ces postes importants étaient d'ordinaire remplis par des hommes de valeur. Les gagner à sa cause était le commencement du succès. M. de Marigny, une fois à Versailles, vivait à la cour et ne pouvait consacrer que quelques instants à sa direction. M. de Montucla, chargé par lui de pourvoir à tout, était haut placé dans l'estime du ministre. D'André Bardon, jaloux de le rendre favorable à l'Académie, n'avait eu garde de le négliger. Il avait recommandé à la Compagnie de se l'attacher comme amateur honoraire.

D'André Bardon de son côté était alors un personnage très considéré. Sa qualité de directeur de l'École des élèves protégés du Roi lui donnait le pas sur ses confrères de l'Académie royale. Sa place était marquée dans toutes les solennités publiques immédiatement après celle du directeur de l'Académie. S'appliquant à rendre justice aux talents de ses confrères, il n'avait point d'ennemis. M. de Montucla ne pouvait

---

[1] Il s'agit ici des deux lettres insérées déjà : l'une à M. de Marigny, l'autre à l'Académie royale.

donc que se trouver honoré des avances d'un tel homme. Ils étaient faits pour se comprendre et pour se lier d'une amitié d'autant plus solide qu'une estime réciproque en formait le lien.

L'Académie, de son côté, sentait l'importance d'un auxiliaire comme M. de Montucla. Le secrétaire écrivait le 24 décembre 1770 à ce dernier que la Compagnie « avait appris par son directeur combien il s'intéressait à ses vues et aux succès des démarches de l'Académie; qu'elle le remerciait chaleureusement, le priait instamment de vouloir bien accepter une place parmi ses honoraires amateurs; qu'elle serait très flattée et fière de son adhésion. »

Cette lettre et la suivante que le secrétaire adressait le même jour à d'André Bardon faisaient partie du même pli.

LE SECRÉTAIRE À M. D'ANDRÉ BARDON.

A Paris, 24 décembre 1770.

« Les témoignages réitérés de l'intérêt que vous prenez à tout ce qui peut rehausser la gloire de notre Académie sont autant de motifs qui vous assurent notre plus vive reconnaissance; le renouvellement d'année ne saurait augmenter la sincérité de nos sentiments à l'égard de notre cher directeur. Puissions-nous forcer le destin à perpétuer ses jours bien au delà des nôtres! Ce sont les vœux que nous adressons continuellement au Ciel : heureux s'il daigne les exaucer!

« En ne doutant nullement de ce que vous faites pour nous auprès de M. de Montucla, afin d'obtenir par M. Marigny des lettres patentes, permettez-nous de vous adresser les lettres conformes au modèle que vous nous en avez tracé [1]. Nous souhaitons que celle écrite à M. de Marigny fasse son effet.

« Vous trouverez ci-joint les lettres adressées à nos amateurs que vous voudrez bien leur faire tenir. Le secrétaire a pris la liberté d'écrire personnellement à M. Cochin, auquel il pense chaque année.

« La Compagnie est intimement convaincue que c'est grâce aux soins de son directeur perpétuel qu'elle doit tous les avantages dont l'Académie royale l'honore. Ses bontés l'enhardissent, augmentant son zèle

---

[1] Il s'agit toujours des lettres à M. de Marigny et à l'Académie royale dont d'André de Bardon avait envoyé le modèle dans sa lettre du 26 novembre.

à lui donner des marques du profond respect avec lequel elle a l'honneur d'être, etc. »

M. de Montucla répond le 15 décembre au secrétaire perpétuel :

« Vous devez être, Monsieur, un peu surpris de n'avoir reçu aucune réponse de M. le marquis de Marigny, au sujet de l'envoi que vous lui avez fait des règlements de votre Académie pour qu'en les approuvant il fasse le premier acte du protectorat qu'elle lui a déféré et qu'il a accepté. »

M. de Montucla expliquait les causes de ce retard : courses de M. de Marigny, une absence de lui-même; puis il donnait ses conseils sur la conduite à tenir, assurant l'Académie de tout son dévouement.

Correspondance de 1771.

D'André Bardon a répondu à ses confrères de Marseille le 12 janvier. Il remercie successivement tous les professeurs; il souffre beaucoup de sa paralysie, mais ses souffrances ne sauraient ralentir son zèle pour la gloire et la prospérité de l'Académie. Il lui restera fidèle jusqu'au dernier instant de sa vie.

Le marquis de Marigny écrit de Marly, le 18 janvier, qu'il est très reconnaissant des vœux que lui adresse la Compagnie; qu'il s'occupe sérieusement de ses règlements et des moyens de lui procurer la stabilité et l'authenticité qui lui sont nécessaires. Il remercie ensuite la Compagnie pour l'offre d'amateur honoraire qu'elle lui a faite : il ne lui a point donné encore des preuves de son zèle; il attendra, voulant se rendre digne de l'honneur qu'on lui réserve.

M. de Montucla répond le 21, de Paris, que « l'Académie a dû recevoir une lettre de son protecteur; que celui-ci a donné son acquiescement à la demande des lettres patentes pour elle; il lui a paru juste que cette Académie ne fût pas traitée moins favorablement que les autres précédemment autorisées ».

La lettre de d'André Bardon, du 12 janvier, contenait ce paragraphe : « J'ai remis vos lettres; ci-joint une partie des réponses; si vous me faites part de celle de votre protecteur, je jugerai si on pense à vous dans cette cour. » Et le secrétaire de le mettre au courant comme il suit :

À M. D'ANDRÉ BARDON À PARIS.

4 février 1771.

« Les obligations que nous vous avons sont si grandes que nous ne saurions assez vous en témoigner notre reconnaissance. La Compagnie souhaite et espère que la belle saison remettra leur cher directeur; il a demandé communication de la réponse de M. Marigny, la voici. » Et comme la lettre du protecteur est très vague, le secrétaire donne ici une partie de la teneur de celle de M. de Montucla :

« M. de Montucla nous a écrit à cet effet : « M. le marquis de Ma-
« rigny a donné son agrément à la demande que je lui ai faite de sol-
« liciter des lettres patentes pour l'Académie de peinture et de scul-
« pture de Marseille; je compte lui proposer à une de ses premières
« signatures, celle de la lettre par laquelle il enverra au ministre vos
« règlements en lui demandant l'expédition des lettres patentes dont
« nous avons concerté, M. d'André Bardon et moi, le préambule, il y a
« quelque temps. »

Suivent des réflexions sans importance et la prière de faire connaître à la Compagnie le montant de la dépense des frais de sceau et des formalités requises; une lettre de change sera aussitôt envoyée à leur directeur.

Le 11 février, d'André Bardon félicite la Compagnie des lettres flatteuses qui lui ont été adressées par MM. de Marigny et de Montucla. Ce début présage le succès. Ces messieurs doivent remercier M. Pierre, premier peintre du Roi, et il a minuté lui-même leur lettre; il a l'argent nécessaire pour faire face à toutes les dépenses. Beaufort a été reçu à l'Académie royale. L'Académie doit compter sur lui jusqu'aux derniers instants de sa vie.

A ce moment, d'André Bardon est tellement persuadé de réussir qu'il voit tout et ordonne tout avec un entrain juvénil. Nous ne devons plus analyser ses lettres, jusqu'à la fin de cette année 1771; nous renvoyons le lecteur à cette partie de sa correspondance. Mais voici les lettres du secrétaire; elles éclairent et complètent l'historique de cette phase des annales de l'Académie.

D'André Bardon vient de citer le nom de Beaufort; nous verrons ce dernier mêlé, jusqu'à la fin, à cette question des lettres patentes, qui n'aura sa solution qu'en 1780. Mais il faut saluer son succès au passage :

BEAUFORT À L'ACADÉMIE.

27 janvier 1771.

« Mes chers confrères et amis,

« Le dernier samedi de janvier a été le plus beau jour de ma vie, l'Académie royale m'ayant fait l'honneur de me couronner en me recevant dans son corps illustre.

« Le sujet de mon tableau est le serment de Brutus et Colatin pour venger l'honneur de Lucrèce outragée et donner à Rome sa première liberté en chassant les Tarquins.

« J'ai reçu beaucoup d'éloges sur la composition et les expressions de mes personnages, ainsi que sur la vigueur et l'harmonie que je me suis efforcé d'y répandre et sur la correction. Ne croyez pas que ces détails soient dictés par la vanité; comme je suis certain que vous prenez part à ma gloire, car elle vous revient comme ayant l'honneur d'être votre confrère.

« M. d'André, notre cher directeur, m'a chargé de beaucoup de choses pour vous; sa santé est toujours chancelante. C'est lui qui en qualité de parrain m'a présenté à l'Académie.

« Recevez, chers confrères, etc. »

Et le secrétaire perpétuel de répondre :

À M. BEAUFORT, ASSOCIÉ DE L'ACADÉMIE ROYALE DE PEINTURE ET DE SCULPTURE DE PARIS, PROFESSEUR DE CELLE DE MARSEILLE.

« Monsieur et cher confrère,

« Si quelque chose peut flatter notre sensibilité, ce sont les nouvelles que vous nous donnez de votre réception à l'Académie royale; mais en vous félicitant d'être admis dans la Compagnie des artistes les plus célèbres qu'il y ait au monde, il nous est doux de vous devoir des compliments sur la bonté de votre talent qui vous a mérité un honneur si distingué.

« Enfin vous voilà parvenu au comble de la gloire la plus brillante; il nous reste à faire des vœux au Ciel pour que vous jouissiez de votre position pendant une longue suite d'années.

« Nous recevons assez souvent des lettres de M. d'André Bardon, dont nous souhaitons le rétablissement; nous espérons en la belle saison pour le remettre. Ce qui nous a fait plaisir, c'est d'apprendre que malgré ses infirmités il a pu remplir l'office de présentateur dans cette heureuse circonstance. Qu'avez-vous de plus à prétendre? Avoir un parrain si respectable que notre cher directeur et présenter un beau tableau? Quel champ pour un triomphe!

« Cependant, au milieu de vos prospérités dont nous souhaitons que la durée soit infinie, daignez agréer la parfaite considération avec laquelle nous avons l'honneur d'être très parfaitement,

« Monsieur et cher confrère, vos etc. »

Le secrétaire, après avoir rempli ses devoirs vis-à-vis de Beaufort le 13 février, répond tout d'abord à la lettre de d'André Bardon du 11 :

À M. D'ANDRÉ BARDON À PARIS.

20 février 1771.

« Ci-joint une lettre pour remercier M. Pierre de ses bontés à l'égard de l'Académie; elle est conforme à la minute envoyée.

« Par ce que vous nous marquez, il paraît que nous aurons bientôt lieu de vous témoigner toute notre reconnaissance, attendu le succès de nos lettres patentes; les obligations que nous vous avons dans l'attente d'un tel don, en mettant le comble à notre gloire, nous font sentir de plus tout ce que nous vous devons, en ne laissant échapper aucune occasion quand il est question des intérêts de notre Académie.

« M. Beaufort nous a fait savoir comment il a été reçu à l'Académie royale et présenté par vous. Ce bonheur marquera dans sa vie.

« Il nous reste à recevoir des nouvelles de votre rétablissement et à vous témoigner le profond respect avec lequel nous avons l'honneur d'être,

« Monsieur, vos etc. »

Le 14 février, d'André Bardon avait envoyé un énorme factum où il traçait à l'Académie la voie qu'elle devait suivre. Le secrétaire lui répond courrier par courrier. A cette époque les lettres mettaient de

Paris à Marseille cinq jours en été et un délai sans limite en hiver, à l'époque des neiges. Voici le résumé de cette lettre :

À M. D'ANDRÉ BARDON À PARIS.

27 février 1771.

Après avoir répondu à sa lettre du 11, la Compagnie a reçu celles du 14 et du 17 courant. Son attention est fixée sur les cinq minutes et sur la délibération qu'elle doit prendre touchant M. de Montucla, comme amateur honoraire, soit encore pour célébrer autant que les circonstances le permettront, ce jour de gloire qui se prépare, selon le plan tracé par son directeur.

Mais, tandis qu'elle attend ce jour heureux qui doit combler son bonheur et fixer la stabilité de son établissement, elle ne doit pas oublier de témoigner à M. d'André Bardon combien elle est sensible aux précieuses et infinies obligations qu'elle lui doit. Les lettres consécutives qu'elle a reçues sont la preuve la plus authentique de son amour inaltérable pour la Compagnie. Aussi, quelles que soient les expressions dont elle puisse se servir pour immortaliser dans ses fastes le zèle de son cher et respectable directeur, elles seront toujours trop faibles eu égard aux sentiments dont les cœurs de ses membres sont pénétrés.

Suivent quelques questions : « Sera-t-il permis à l'Académie de Marseille, lorsqu'elle aura reçu ses lettres patentes, de se titrer *Académie royale*, à l'instar de celle de Toulouse. Bien entendu qu'un tel titre ne lui conviendrait pas vis-à-vis de l'Académie royale de Paris.

« De plus, ainsi que la lettre du 14 l'indique, elle jouira de la prérogative d'être *la première Académie* de toutes celles établies en province.

« Cette prérogative lui donne-t-elle quelque droit de préséance sur les autres, et les privilèges attachés aux lettres patentes lui donnent-ils droit à quelques exemptions? Le directeur est prié d'éclairer la Compagnie à ce sujet. Elle est de son directeur avec le plus profond respect, etc. »

D'André Bardon a donné à ses confrères de Marseille, par sa lettre du 15 mars, toutes les explications demandées; il termine par ces mots : « Vivez dans l'attente d'être bientôt comblés d'honneur ! »

L'Académie attendit trois mois; ne voyant rien venir, elle se décida à rompre le silence le 3 juin 1771.

D'André Bardon dans sa lettre du 11, lui fait part du triste état de sa santé, de la maladie de Mlle de Montucla, qui préoccupe son père, de la multiplicité des affaires qui assiégent le ministre, des changements survenus dans sa situation propre. Le marquis tiendra sa promesse, il n'en doute pas, mais il faut savoir attendre.

Dans une nouvelle lettre du 26 juillet, il annonce que les papiers relatifs aux lettres patentes sont entre les mains du duc de la Vrillière, ci-devant comte de Saint-Florentin. L'affaire sera probablement terminée dans un des voyages de la cour à Compiègne ou à Fontainebleau.

L'Académie prend patience; elle envoie, selon sa coutume à son directeur, le 2 septembre 1771 le compte rendu de la séance publique. Voici le résumé de ce compte rendu :

La distribution des prix a eu lieu hier 1er du mois. Ont été couronnés : MM. Duvaudet, Panisse et Montagne. M. Dageville a exposé les *Moyens d'embellir Marseille*, M. Moulinneuf a traité de *L'art d'exprimer les passions en peinture*. Les œuvres nouvelles étant peu nombreuses, on a grossi l'exposition au moyen de quelques tableaux du salon de l'Académie. Le secrétaire revient à la question des lettres patentes. L'intendant a fait appeler les professeurs; le duc de la Vrillière lui a envoyé les règlements; il réclame un mémoire témoignant des progrès de l'Académie. Moulinneuf annonce qu'il travaille à ce mémoire. L'Académie ne saurait rien taire à un directeur « qu'elle considère comme le père le plus tendre, le plus sensible; aussi ses enfants prient le Ciel de le conserver pour leur bonheur et pour leur gloire ».

D'André Bardon, par sa réponse en date du 12, réconforte l'Académie. Il entretient ses espérances. « Elle ne manque pas de bonnes raisons à faire valoir dans le mémoire demandé : Beaufort reçu académicien, Bounieu agréé, Julien et Foucou pensionnaires du Roi; les services qu'elle rend aux arts et métiers, etc. Il est persuadé que M. de La Tour la soutiendra auprès de M. de Marigny, M de Montucla sera mis au courant, et son propre zèle ne finira qu'avec sa vie. »

Le secrétaire écrit le 23 septembre que la Compagnie a reçu et fêté MM. Vincent et Lebouleux, peintres ainsi que MM. Mouette et Foucou, sculpteurs, pensionnaires du Roi, qui allaient à Rome et avaient été recommandés par le directeur. Il a envoyé lui-même le mémoire demandé par M. le duc de la Vrillière à M. l'Intendant.

Le secrétaire écrit de nouveau à d'André Bardon, ainsi qu'à M. de Montucla : « Le directeur prendra connaissance de cette dernière lettre, et il la remettra lui-même au secrétaire de M. de Marigny s'il le juge nécessaire. L'important est de savoir si M. de la Vrillière est en possession du mémoire envoyé. Un nouvel intendant ayant pris la place de M. de la Tour depuis le commencement du mois, nous craignons que votre mémoire n'ait pas été envoyé au ministre. » Cette nouvelle lettre porte la date du 28 octobre 1771. Celle qui est adressée la même jour à M. de Montucla n'est que la reproduction de celle écrite à d'André Bardon.

Le secrétaire croit ses craintes « justifiées par l'absence de toute nouvelle des lettres patentes; si le mémoire était égaré, la Compagnie s'empresserait d'envoyer un duplicatum. »

D'André Bardon répond le 6 novembre que « la lettre à M. de Montucla lui a été remise, que la cour sera à Fontainebleau jusqu'au 22, que des perquisitions seront faites pour retrouver le mémoire égaré », et il termine par ces mots :

« Patience; laissons au souverain Maître le soin de faire réussir des projets où toute la prudence humaine devient impuissante. »

Or d'André Bardon est sur les lieux; il est au courant des événements du jour, mais il reste constamment muet sur ce qui se passe à la cour et même à Paris. La vérité est que le Roi est tout entier à Mme Dubarry, et que le duc de la Vrillière n'a pas le courage de présenter à la signature ces lettres patentes promises par M. de Marigny, car ce serait, en distrayant le Roi de ses plaisirs, risquer de compromettre son propre crédit.

Correspondance de 1772.

L'Académie reçut une lettre de M. de Montucla en date de Paris 28 décembre 1771. Une longue maladie avait retardé la réponse du premier commis à la communication du 28 octobre. M. de Livry, premier commis de M. de la Vrillière, au bureau duquel devait retourner la réponse de l'intendant de Provence étant mort, il s'était informé :

« La retraite de M. de La Tour a tout arrêté; il est question de remettre l'affaire en train. On doit solliciter M. de Montyon, le nouvel intendant, pour qu'il réponde à la lettre du ministre. »

L'ACADÉMIE À M. DE MONTUCLA.

8 janvier 1772.

L'Académie a appris la convalescence de M. de Montucla avec autant de joie, qu'elle eût été affligée en apprenant sa maladie; elle ne saurait cesser de le remercier. Selon ses conseils, elle a agi auprès de Montyon et des fondateurs qui ont tout promis, auprès de l'intendant attendu à Marseille, auquel on rendra visite pour presser l'exécution de ce dont M. le duc de Vrillière l'a chargé. Le magistrat est très bien disposé; il apprécie les services et l'utilité de l'Académie pour le pays. Si M. de Montucla veut bien l'appuyer de nouveau, il faudrait écrire à M. Michel avocat son subdélégué général, qui plus que tout autre a quelque ascendant sur l'esprit de l'intendant.

L'ACADÉMIE À M. D'ANDRÉ BARDON.

27 janvier 1772.

Conformément aux conseils de M. de Montucla, l'Académie a vu M. de Montyon; elle a été très bien reçue. Communication lui a été donnée des lettres de M. de Marigny et de l'Académie royale qu'il a prises en considération. Il s'occupera bientôt de l'affaire; il en rendra compte au ministre; il a ajouté que M. Pierre était fort de ses amis. En conséquence de cette amitié le directeur est prié d'obtenir une lettre de recommandation de M. Pierre, en faveur de la Compagnie auprès de M. de Montyon. Cette lettre prouverait à M. le duc de La Vrillière que l'Académie royale s'intéresse véritablement à celle de Marseille.

« L'intendant a accepté une place d'amateur honoraire[1] dans l'Académie. Inclus une lettre pour M. de Montucla en date du 27 janvier, qui confirme les faits relatés dans la présente lettre à d'André Bardon. »

L'ACADÉMIE À M. D'ANDRÉ BARDON.

20 avril 1772.

M. de Montyon, attendu à Marseille depuis le mois de janvier, n'y

---

[1] Voir la délibération en faveur de M. Michel, avocat subdélégué de l'intendant et de M. de Montyon; lettre M.

est apparu qu'en avril; la lettre si chaleureuse de M. Pierre lui a été remise. L'accueil a été gracieux au possible. La conversation a duré une grosse heure. M. de Montyon a félicité l'Académie d'avoir en M. Pierre un ami aussi zélé. Toutes les instructions sont entre les mains de M. de La Vrillière; elles sont très favorables à la Compagnie. Le directeur plaidera pour que M. de Montucla lui continue ses bontés auprès du ministre.

Ci-inclus une lettre pour M. Pierre : « Nous sentons parfaitement que c'est à l'intérêt que vous prenez à la gloire de notre Académie que nous sommes redevables de la recommandation du directeur de l'Académie royale, vis-à-vis de M. de Montyon. C'est par un surcroît de zèle que nous devons mériter un tel bienfait, et vous donner des marques du plus profond respect avec lequel nous avons l'honneur d'être,

« Monsieur, etc. »

« P. S. Sur le prospectus du *Costume des anciens peuples*, envoyé à MM. Dageville et Moulinneuf, la Compagnie a délibéré de souscrire pour un exemplaire. Ce recueil, d'environ trois cents dessins, déposé dans nos archives, deviendra d'un grand secours à nos professeurs, et il leur sera d'autant plus précieux, que c'est l'ouvrage de notre cher directeur, à qui nous devons tout ce que nous sommes. »

L'ACADÉMIE À M. PIERRE, PREMIER PEINTRE DU ROI, DE M. LE DUC D'ORLÉANS ET DIRECTEUR DE L'ACADÉMIE ROYALE, RUE DE RICHELIEU, AU COIN DE LA RUE NEUVE-SAINT-AUGUSTIN, À PARIS.

L'absence de M. de Montyon, en voyage dans diverses villes de la Provence, ne nous avait pas permis, jusqu'à ce jour, de lui remettre la lettre que vous avez bien voulu lui écrire en notre faveur; nous la lui avons présentée à son arrivée. L'affabilité avec laquelle il l'a reçue, la façon dont il nous a parlé, après l'avoir lue, nous font espérer le prompt succès de notre demande; il a fait parvenir au ministre toutes les instructions qu'il souhaitait, et elles nous sont des plus favorables.

« Comment, Monsieur, pourrons-nous dignement vous remercier de vos bontés et de vos soins généreux ? Nos cœurs en sont pénétrés; heureux si notre Compagnie, n'oubliant jamais ce que vous daignez faire pour elle, pouvait trouver l'occasion de vous en témoigner par des effets sa reconnaissance, et vous donner des marques du profond respect avec lequel nous avons l'honneur d'être, etc. »

L'Académie avait à peine envoyé les deux lettres précédentes, qu'elle en recevait elle-même une autre de M. de Montucla:

A Paris le 25 avril 1772.

« M. Pierre, sur les instances de M. d'André Bardon, a fait une démarche auprès de M. de Montyon, pour l'engager à reprendre l'affaire des lettres patentes; il est surpris que sa lettre soit restée sans réponse. M. de Montucla a écrit une longue lettre à M. Michel, subdélégué de l'intendant afin qu'il presse l'expédition de cette affaire ou qu'il explique les raisons qui la lui font tenir en suspens.

« En effet, pourquoi, tandis que les académies de Toulouse et de Lyon se sont érigées par lettres patentes, celle de Marseille, qui s'est mise sous la direction de l'Académie royale de Paris, le centre d'où émanent le bon goût et les lumières, éprouverait-elle des difficultés pour obtenir la même faveur ? Il n'y a d'ailleurs pas de comparaison entre l'utilité de cet établissement et celle de nombre d'académies des belles-lettres établies en province, dont quelques-unes sont fondées dans des villes, où il y a à peine vingt habitants qui sachent les règles de leur langue. » Et M. de Montucla ajoute que M. Michel est prié de le mettre au courant de ce qui se passe.

L'Académie s'empressa de répondre à M. de Montucla le 22 mai 1772 :

Le secrétaire débute par des témoignages de reconnaissance pour l'intérêt que prend M. le premier commis à la gloire de l'Académie, pour les lettres qu'il a envoyées à la Compagnie et à M. Michel. Ces lettres se sont croisées avec celles envoyées à d'André Bardon et à M. Pierre. M. de Montyon est toujours disposé à appuyer l'Académie. « Et puisque M. le duc de La Vrillière détient les informations qu'il souhaitait, pourquoi ces longs retards ? Mais tel est le sort de tout ce qui peut contribuer au bien de l'humanité; des siècles entiers souvent ne suffisent pas pour faire sentir les avantages qui doivent en résulter.

« La lettre de M. Pierre devait être remise en main propre à M. de Montyon, mais il parcourait alors les différentes villes de la Provence. Les pluies abondantes régnant depuis le commencement de décembre avaient rendu les chemins impraticables. Ces contre-temps inspiraient à la Compagnie des réflexions très affligeantes, en lui représentant qu'elle semblait mésuser des bontés de M. d'André Bardon et du directeur de l'Académie royale. M. de Montucla est prié d'excuser ce retard involontaire et de continuer à l'Académie les bontés dont il n'a jamais cessé de la combler. »

M. de Montucla répond le 8 mai, que «M. Pierre a reçu une lettre très obligeante de M. de Montyon, lui annonçant qu'il a envoyé au ministre tous les éclaircissements demandés à son prédécesseur, et qu'il se fait un plaisir de donner ces détails à l'Académie. »

Ainsi donc, le dénoûment ne doit plus se faire attendre. C'est le sentiment de l'Académie. Elle compte sur la bienveillance et l'appui du duc de La Vrillière. N'a-t-elle pas reçu de lui tout nouvellement l'assurance de sa protection en réponse à la lettre de bonne année qu'elle lui a adressée? Voici cette réponse :

A Versailles le 15 janvier 1772.

«Je suis fort sensible, Monsieur, aux nouvelles assurances que vous voulez bien me donner des vœux que vous formez pour moi dans ce renouvellement d'année; je vous prie d'en recevoir mes remercîments ainsi que des sentiments que vous témoignez, et de croire que je serai très aise de trouver pendant son cours des occasions de vous rendre service, et de vous marquer combien je suis véritablement,

«Messieurs, votre très humble et affectionné serviteur.»

Le duc DE LA VRILLIÈRE.

Hélas! un événement imprévu n'allait pas tarder à déjouer encore toutes les espérances.

L'ACADÉMIE À M. D'ANDRÉ BARDON.

18 mai 1772.

La Compagnie comptait que M. le duc de La Vrillière ayant reçu les informations qu'il exigeait, tout devait être terminé pour obtenir les lettres patentes. Mais voici une nouvelle difficulté. Il est question maintenant de savoir s'il existe dans le royaume des académies ayant des statuts conformes à ceux qui concernent celle de Marseille et dont le protecteur de l'académie Royale est aussi le leur.

Cet incident est soulevé par M. de Montyon. La Compagnie prie son directeur de voir M. de Montucla, pour qu'il donne à l'Académie les notes nécessaires pour suivre la route prescrite par les règlements.

Le 3 juin 1772, nouvelle lettre du secrétaire au directeur perpétuel, réclamant la note demandée à M. de Montucla. « La Compagnie espère que cette pièce mettra fin aux objections. »

M. de Montucla envoie de Paris le 6 juin 1772, « un mémoire propre à aplanir toute difficulté. Celle qu'on soulève n'a pas sa raison d'être. L'Académie peut du reste modifier ses statuts, pour satisfaire les échevins que M. de Montyon a consultés. »

L'ACADÉMIE À M. DE MONTUCLA.

22 juin 1772.

« Comment pourrions-nous reconnaître jamais les soins que vous prenez à l'égard de notre Académie? Tous les remercîments ne sauraient vous témoigner assez combien nos cœurs en sont pénétrés et combien un amateur tel que vous est cher à notre Compagnie. Ce sera pour elle, et pour chacun en particulier, un jour très flatteur quand elle sera à même de vous donner des preuves aussi précieuses à leurs souhaits qu'à leur reconnaissance. »

Le secrétaire annonce que le mémoire a été remis à MM. les maires, échevins et assesseurs; que son contenu décèle un esprit juste et éclairé; qu'à ce mémoire a été joint un précis historique, soit le tableau abrégé de tout ce qui s'est passé de remarquable dans l'Académie, afin que ces magistrats soient au courant des avantages auxquels aboutissent les exercices. Il observe qu'il est étrange de voir toutes les académies du royaume revêtues de lettres patentes, tandis que celle de Marseille, qui se recommande si particulièrement par sa position et les services qu'elle est appelée à rendre, est, sans cause, ni raison, en butte à une infinité d'obstacles pour les obtenir.

Cette lettre était incluse dans celle que l'Académie adressait le jour même à d'André Bardon, chargé de la remettre en main propre :

À M. D'ANDRÉ BARDON À PARIS.

« Nous sentons que c'est au vif intérêt que vous portez à la gloire de l'Académie que nous devons le mémoire de M. de Montucla.....

« Nous avouons toutefois qu'après avoir satisfait M. de La Vrillière, il nous est douloureux de voir naître des difficultés auxquelles il nous était impossible de songer, mais il en est ainsi de tous les établissements avantageux et profitables à la société; leur stabilité exige des soins et des peines infinies. Enfin peut-être que le terme n'est pas loin, et qu'en vous témoignant nos remercîments vous voudrez bien agréer les marques de notre profond respect, etc. »

Les réflexions du secrétaire perpétuel étaient fort justes. D'où venaient les obstacles? La correspondance ne contient ni réflexions, ni hypothèses. Pour pénétrer ce mystère, nous avons interrogé l'histoire du temps, et nous croyons avoir trouvé la clef des atermoiements du duc de La Vrillière.

Le marquis de Marigny jouissait depuis longues années des bonnes grâces du Roi. Ses qualités personnelles autant que celle de frère de la marquise de Pompadour lui avaient valu la bienveillance royale, et bien que sa sœur eût été remplacée par Mme du Barry, il conservait la faveur du monarque. Le duc et le marquis étaient rivaux, quoique leurs attributions fussent très distinctes. Le duc de La Vrillière, s'il faut en juger par le caractère que lui prête l'histoire, devait jalouser intérieurement la place du marquis sur la liste de l'Académie royale, où le nom de celui-ci se lisait immédiatement après celui du Roi, et dans les assemblées où il occupait la place du Roi lui-même, dont il avait l'autorité dans « le département des arts ». La situation de protecteur de l'Académie royale, qui lui conférait un tel privilège et qui ne pouvait lui être ravie, devait déplaire au duc; sa qualité de protecteur de l'Académie de Marseille, entraînait ainsi la condamnation de cette dernière. Dans son esprit elle ne devait jamais obtenir ses lettres patentes tant que le marquis resterait à sa tête.

Ce nouvel incident avait été probablement soulevé par M. de Montyon, à l'instigation du duc, pour faire pièce au marquis de Marigny. Suivons-en les phases jour par jour.

À M. D'ANDRÉ BARDON.

Juillet 1772.

« Il nous semblait, après avoir remis le mémoire de M. de Montucla à nos échevins, que toutes les difficultés avaient disparu. Quelle était notre erreur. Voici que les obstacles s'accumulent. Ces messieurs, instruits par ce mémoire que l'article 1ᵉʳ des statuts donnés par Louis XIV en 1676, était détruit par ceux de 1751, le Roi devenait protecteur immédiat de l'Académie royale de Paris; de plus, que toutes les académies de province et notamment celle de Toulouse avaient à leur tête pour protecteurs, ou les capitouls, ou les jurats, ou les échevins, sans que leur primauté eût empêché ces académies d'obtenir des lettres patentes. « Pourquoi les maires échevins et assesseurs de Mar- « seille, » nous disent-ils, ne « jouiraient-ils pas des mêmes honorifi- « ques? N'ont-ils pas toute sorte de droit pour y prétendre, n'ont-ils « pas assuré la stabilité de notre école en fournissant à son entretien ? Sans leurs rapports favorables aux ministres, lui serait-il permis d'exister?» Devant ces raisons, et d'autres encore aussi concluantes, la Compagnie ne sait à quel saint se vouer pour trouver une issue qui la conduise à une heureuse fin.

« En 1760, l'Académie tente d'obtenir des lettres patentes. L'article 1ᵉʳ des statuts de 1676 démontre que l'existence du protectorat de M. le duc de Villars s'y oppose. Car toutes les académies du royaume doivent être soumises à un protecteur désigné par le Roi.

« Le duc de Villars mort, sur les conseils de son directeur, elle choisit le marquis de Marigny, qui remplit les conditions requises, et voici les fondateurs qui prétendent que cette qualité doit leur être dévolue, et que la reconnaissance de la Compagnie ne saurait la leur refuser. Les esprits sont montés à ce point qu'ils menacent de supprimer les 3,000 livres que la communauté accorde à l'Académie.

« Puis, une ombre noire vient s'ajouter à ce tableau. Le bail du logement que l'Académie occupe au cours des Capucines est fini; la Compagnie se flattait que ses fondateurs lui accorderaient une place dans l'enceinte de l'ancien collège des Jésuites restitué à la ville, comme un capital lui appartenant. Aucune de ses demandes, et de ses comparants, bien que revêtus de la signature de quantité de ses honoraires amateurs les plus distingués n'a produit le moindre effet, malgré qu'elle y ait installé très commodément l'Académie des belles-lettres, et qu'il y ait encore des salles inoccupées, propres à ses exercices, et l'Académie est obligée de se loger à ses frais dans un quartier très éloigné.

« Ainsi abandonnés, sans espoir que les échevins signent les nouveaux règlements qu'ils considèrent comme très judicieusement conçus, après vingt ans de peines, de travail, et de temps généreusement sacrifié pour le bien de la patrie, voilà où tous les efforts des professeurs ont abouti.

« Dans cette perplexité, c'est aux sages lumières de leur cher directeur qu'ils font appel. Il a constamment applaudi à leur zèle, ses conseils, dans les cas épineux ont toujours été profitables et glorieux à la Compagnie. Tout semblait lui sourire jusqu'à cette époque fatale qui paraît n'avoir pris naissance que pour marquer l'heure de l'écroulement d'un édifice, où tant de sollicitude a été dépensée pour assurer sa stabilité.

« Daigne la Providence tendre une main secourable à la Compagnie et la tirer de ce mauvais pas. Cependant quelle que soit sa position, elle est loin d'oublier tout ce qu'elle doit de sentiments de reconnaissance à son bien aimé directeur, et elle sent au contraire augmenter sans cesse le profond respect avec lequel elle a l'honneur d'être, etc. »

On a vu dans la lettre d'André Bardon du 25 août, qu'il était vivement touché de la situation faite à l'Académie, et après lui avoir tracé la ligne de conduite à suivre, il l'engageait à ne point s'alarmer des menaces, « qui couvriraient d'une éternelle honte les pères de la patrie si elles étaient effectuées ».

La correspondance du directeur pour l'année 1772, s'arrête à cette dernière lettre. Celles qu'il écrivit ensuite contenaient des détails intimes, où certains personnages étaient en cause. Elles lui avaient paru dangereuses et lui-même avait ordonné de les détruire.

L'Académie avait pris note de ces instructions. Arrivée à l'époque des concours des élèves, elle renvoyait l'exécution des conseils de son directeur après la distribution des prix. Toutefois, en adressant la relation de son assemblée publique à d'André Bardon, elle n'a garde d'oublier de l'entretenir des préoccupations de la Compagnie touchant le conflit soulevé par les échevins. Voici l'abrégé de cette relation.

À M. D'ANDRÉ BARDON.

7 Septembre 1772.

« L'Académie a tenu sa séance publique le 30 août à l'hôtel-de-ville; elle était présidée par les échevins. Ont été couronnés :

« 1° M. Duvaudet sculpteur;
« 2° M. Louche, sculpteur;
« 3° M. A. Constantin, peintre.

« M. Kapeller directeur a discouru sur la *manière de poser le modèle*, et M. Moulinneuf a traité *de la physionomie relativement à la peinture*. Ces discours applaudis ont été très goûtés par les jeunes artistes qui ont apprécié les observations judicieuses et raisonnées de leurs auteurs.

« Cependant, les magistrats, bien que très polis, sont restés froids. M. le maire et M. le premier échevin n'avaient pas paru, témoignant par leur absence qu'ils conservaient vis-à-vis de l'Académie leur façon de penser, signalée dans la lettre du 17 août.

« En présence de ce conflit entre M. de Marigny et les échevins, la prudence conseille par la voix du directeur de suspendre la poursuite de la demande des lettres patentes. Les professeurs se rallient à cette idée; ils laisseront les choses en l'état. Mais ils se demandent avec effroi : comment est-il possible qu'un tel arrangement ait lieu quand nos fondateurs paraissent si jaloux de conserver la préséance dans notre académie : « nommez nous, ne cessent-ils de s'écrier, une Académie établie « dans le royaume, qui ait pour protecteur immédiat, M. le marquis « de Marigny, et nous souscrirons volontiers à tout ce qui dépendra de « nous tous, autant pour votre gloire que pour votre intérêt. »

« Quand M. de Montyon leur a envoyé les règlements à approuver, il est à présumer que cet intendant nouvellement venu dans la Provence avait reçu des instructions à cet égard.

« M. de La Tour son prédécesseur avait reçu du ministre (duc de La Vrillière) trois demandes successives, auxquelles il avait été satisfait, savoir :

« 1° Sa situation vis-à-vis de l'Académie royale;
« 2° Les élèves qui s'étaient distingués comme peintres et sculpteurs;
« 3° Son action sur les progrès des arts et métiers.

« Les magistrats auxquels ces mémoires avaient été soumis avant de les envoyer, les avaient fort approuvés, ils avaient alors promis leur protection à l'Académie. Mais leurs dispositions ont changé du tout au tout, depuis que M. de Montyon a écrit à ces messieurs. »

C'est ici que nous croyons trouver la main du duc de La Vrillière pour faire échouer la demande de son rival auprès du Roi. Mais revenons à la lettre du secrétaire. Il ajoute ceci : « On imprime tous les ans un almanach à Marseille où tous les établissements qui y existent sont mentionnés. Comment établir l'ordre de la liste des membres de l'Académie, sans que MM. les maire échevins et assesseurs s'en formalisent en ne se voyant pas à la tête de la Compagnie revêtus du titre qu'ils réclament. Il est à craindre que dès ce moment ils ne tournent la main qui nous soutient.

« C'est à de pareilles perplexités que nous sommes réduits, et qui nous font envisager la prochaine dissolution de notre Académie, si ces messieurs n'obtiennent pas la satisfaction qu'ils souhaitent.....

« Événement fâcheux qui ne serait pas arrivé si d'abord, après la mort de M. le duc de Villars, nous avions obtenu les lettres patentes. Bien loin de craindre l'écroulement de l'édifice qui nous a coûté tant de labeurs, pour l'élever, nous n'aurions qu'à continuer à mériter par notre zèle, et par nos soins, l'estime de nos supérieurs et de vous témoigner par les effets de la plus vive reconnaissance, le profond respect avec lequel nous avons l'honneur d'être, Monsieur, etc. »

Le moment étant venu de mettre à exécution les conseils contenus dans la lettre du 25 août, l'Académie insère, sous le pli qu'elle adresse au directeur deux nouvelles lettres, l'une pour M. de Montucla, l'autre pour M. de Marigny.

L'ACADÉMIE À M. D'ANDRÉ BARDON.

5 octobre 1772.

Ci-joint un pli pour M. de Marigny, un autre pour M. de Montucla; ils sont ouverts. Le directeur les pourra lire; s'il les désapprouve, il les supprimera. Les droits de M. le marquis sont incontestables; on a grand tort de les lui disputer. Mais quel remède apporter? Sans appui, sans secours, est-il en son pouvoir de surmonter les obstacles qui lui barrent le passage?

Or, c'est de l'autorité qui gouverne l'Académie royale qu'elle attend son secours. Elle compte que M. de Montucla ne négligera rien pour réussir au gré des sollicitations de son directeur, dont elle a reçu un mémoire nouveau; elle attend le moment opportun pour mettre ce mémoire sous les yeux des échevins.

L'ACADÉMIE À M. DE MONTUCLA, À PARIS.

5 octobre 1772.

La Compagnie lui expose sa situation vis-à-vis des échevins. D'André Bardon a dû déjà le mettre au courant; mais elle croit devoir en informer également M. de Marigny. Ce conflit la met à deux doigts de sa perte, s'il ne lui tend une main secourable. M. de Montucla jugera si la lettre adressée au protecteur est convenable; dans ce cas, il la lui remettra. Sa prudence en décidera. Les échevins autrefois si bienveillants pour l'Académie se sont refroidis; ils paraissent prêts à l'abandonner s'ils ne sont pas mis à la tête de son école. Ils fondent leurs prétentions sur les subventions qu'ils lui accordent, il leur est démontré que l'autorité immédiate qu'ils réclament appartient de droit à M. de Marigny en sa qualité de directeur général des bâtiments du Roi, qu'il représente, et dont il ne fait que maintenir l'autorité, en exécutant des ordres. Ils sont inflexibles, et ils ne cessent de répondre : « *nommez nous une seule académie établie, ainsi que vous le dites, nous souscrirons volontiers à tout ce que vous voudrez* ». Ce seul obstacle paralyse tout. Il serait cependant levé si M. de Marigny voulait user de son crédit auprès du Roi en faveur de l'Académie. La Compagnie s'adresse à M. de Montucla pour l'aider à prévenir la chute de l'Académie, qui serait très préjudiciable au pays, sans porter atteinte aux intérêts des professeurs. « Car, disait-elle, si après vingt ans de travail notre académie succombe, comme la récompense de notre zèle gît dans notre seule gloire, elle ne saurait nous être enlevée, et nous jouirions enfin de plus de tranquillité et de moins de peine, sans qu'on puisse nous blâmer d'avoir contribué à sa destruction.

« Le seul regret sincère que nous pourrions éprouver ce serait de voir les études de nos élèves anéanties, et perdues sans ressource pour des sujets distingués, prêts à sortir de son école, car elle en compte en ce moment plusieurs qui lui font tout l'honneur possible. A cela il faut joindre l'amour de la patrie qui anime les professeurs, et qui maintenait leur zèle à soutenir cet établissement qui, par sa position et la célébrité qu'il commençait à acquérir aurait mérité encore plus d'égards et plus d'attention que ceux qu'on a prodigués à des établissements similaires, qui se sont formés dans les autres villes du royaume.

« Voilà Monsieur, les motifs de nos regrets, qui ne nous feront jamais perdre de vue tout ce que nous vous devons, car nos cœurs sont pénétrés de trop de reconnaissance pour ne pas saisir toutes les occasions de vous donner des preuves du profond respect avec lequel nous avons l'honneur d'être,

« Monsieur, vos etc. »

L'ACADÉMIE À M. LE MARQUIS DE MARIGNY, EN SON HÔTEL, À PARIS.

5 octobre 1772.

« Monseigneur,

« Un événement inattendu menace d'entraîner la chute de l'Académie. M. de Montyon ayant succédé à M. de La Tour comme intendant de la province, après avoir reçu de M. le duc de La Vrillière, les pièces nécessaires à l'obtention des lettres patentes sollicitées, les avait soumises à MM. les maire, échevins et assesseurs. Ces messieurs se sont arrêtés au premier article. Ils prétendent que la protection immédiate de l'Académie doit leur être dévolue, attendu qu'elle leur est redevable de son établissement, et qu'ils fournissent à son entretien; qu'il en est ainsi dans presque toutes les Académies établies dans différentes villes du royaume. »

Dans cette perplexité, la compagnie s'adresse à M. le marquis de Marigny, « qui, dans la place éminente et distinguée qu'il remplit si dignement, et qui le rend à juste titre le père et le protecteur des arts, peut seul tirer l'académie de ce mauvais pas en faisant entendre raison aux fondateurs. »

L'existence et la gloire de l'Académie sont attachées à l'obtention des lettes patentes : voici plus de trois ans qu'on les lui fait espérer; l'affaire est au pouvoir de M. le marquis de Marigny. Son accès auprès du Roi, peut d'un mot faire accélérer, dans le bureau du ministre, l'expédition de ces lettres, en écartant toute nouvelle difficulté. Son rang, ses titres, et plus encore l'illustre protection qu'il accorde si généreusement à tout ce qui est de nature à rehausser la gloire de l'État, ne peuvent que l'engager à soutenir l'académie de Marseille, qui depuis son établissement s'est fait un devoir de mériter cette protection dont il a bien voulu l'honorer. Ses membres pénétrés des sentiments de la plus vive reconnaissance, ne cesseront jamais de lui témoigner le très profond respect avec lequel ils ont l'honneur d'être, etc.

Devant une situation aussi fausse, le marquis de Marigny n'avait qu'un parti à prendre : donner sa démission de protecteur. En effet, au moment où il faisait connaître cette résolution à l'Académie, cette dernière recevait la lettre suivante de M. de Montucla :

A Paris, le 21 novembre 1772.

« Messieurs,

« La lettre que vous recevrez de M. de Marigny vous causera quelque surprise, mais, me confiant à votre discrétion, je vous en dévoilerai les motifs. Il y a, comme vous l'avez soupçonné, tout lieu de croire que les difficultés de MM. vos consuls viennent d'ici même. Pour forcer la résistance qu'ils opposent, il faudrait précisément recourir aux personnes dont les instructions secrètes traversent la chose[1]. Vous sentez aisément que M. de Marigny ne doit pas s'y exposer.

« D'ailleurs, en forçant MM. vos consuls à renoncer à leurs prétentions, c'eût été vous brouiller avec eux, et cela vous eût probablement privé des secours qu'ils vous donnent.

« Enfin, quand même de bons ordres du Roi obtenus ici pour passer sur leurs difficultés vous eussent conservé et attribué ces secours, il est aisé de sentir que vous eussiez essuyé des tracasseries sans nombre. Tous les corps municipaux extrêmement arriérés ne manquent pas de bonnes raisons pour éloigner un payement qu'ils ne veulent point faire.

« Ainsi M. de Marigny, en vous procurant l'existence que vous désiriez, vous eût rendu le plus mauvais service du monde. Telles sont les raisons que j'ai pressenties et qui ont engagé M. de Marigny à se désister de la poursuite des lettres patentes proposées.

« MM. vos consuls, ou peut être, comme vous le croyez, M. de Montyon, ont donc le champ libre pour aspirer au titre de votre protectorat.

[1] C'est le duc de La Vrillière qui paraît être nommé ici implicitement.

« Si cela vient de M. de Montyon, M. de Marigny n'avait pas lieu de s'attendre à ce tour de maître Gonin, à moins que d'avoir obligé quelqu'un ne soit un titre pour être desservi.

« Je pense enfin que vous sentez que M. de Marigny, renonçant au titre que l'académie de Marseille lui avait déféré, ne pouvait écrire que de la manière qu'il a faite. Mais il distingue très bien ceux qui comme vous ont fait leurs efforts pour se ranger sous le chef des arts, et, s'il se présentait quelque occasion de les obliger, je crois pouvoir répondre de sa bonne volonté, et en mon particulier je n'en serai pas moins empressé à vous donner des marques du parfait attachement avec lequel j'ai l'honneur d'être,

« Messieurs, votre très humble et très obéissant serviteur. »

MONTUCLA.

On conçoit le désappointement que les professeurs éprouvèrent en lisant les lettres de M. de Marigny et de M. de Montucla. Ils étaient incapables de pénétrer les replis de ces hommes de cour qui, sans se préoccuper de l'utile mission de l'Académie, la sacrifiaient à leur orgueil personnel.

Le lien d'étroite parenté qui l'unissait à l'Académie de Paris mettait leur compagnie en première ligne après elle. Aucune académie de province autre que celle de Marseille ne jouissait du même privilège, et ce privilège les grandissait à leurs propres yeux. Aussi leur parti avait été pris sur-le-champ : ils préféraient être démembrés que de se séparer de l'Académie royale. Ils font connaître sur l'heure leur résolution à M. de Montucla et à leur directeur perpétuel dans les lettres suivantes :

À MONSIEUR DE MONTUCLA, À PARIS.

7 décembre 1772.

« Monsieur,

« Bien que nous fussions prévenus par votre lettre du 21 novembre, touchant celle de M. de Marigny, écrite à notre académie, son contenu nous a surpris extrêmement; notre pensée est unanime. Quelle que soit la façon dont notre compagnie peut être traitée par ses fondateurs quand ils mettraient à exécution leurs menaces dans toutes leurs rigueurs, notre infortune serait peu de chose en la comparant à la perte de notre protecteur immédiat actuel, qui entraînerait notre démembrement de l'Académie royale.

« C'est pourquoi, Monsieur, nous vous prions ardemment de joindre vos instances aux nôtres, afin qu'un si fâcheux événement soit conjuré. MM. les échevins exagèrent les droits qu'ils croient avoir sur notre école.

« Mais être protégé par un des dignes successeurs de Colbert et affilié à la première académie du monde mettra probablement nos magistrats en considération avant qu'ils n'osent porter la main sur elle, d'autant plus que, dans notre ville maritime et commerçante, tous les arts et métiers en profitent. Il est à présumer qu'ils penseront plus d'une fois à ce projet avant de l'exécuter.

« Telles sont, Monsieur, les réflexions que nous suggère la situation de l'Académie. Nous avons mis toute notre confiance en M. le marquis de Marigny; c'est de lui que nous attendons nos lettres patentes. En les obtenant, c'est à vous, Monsieur, que nous en serons redevables; faites-nous la grâce d'accepter parmi nous une place d'honoraire amateur: vous combleriez ainsi nos désirs, en nous procurant les occasions de vous témoigner combien nous sommes avec un profond respect,

« Monsieur, vos etc. »

À MONSIEUR D'ANDRÉ BARDON, À PARIS,

7 décembre 1772.

« Monsieur,

« Nous avons été très surpris de la lettre de M. de Marigny. Nous écrivons de nouveau à M. de Montucla, afin que M. le marquis, loin de nous retirer sa protection, veuille bien nous la conserver. Nous sentons trop combien elle est avantageuse à notre illustration et combien il nous est glorieux d'être affiliés à l'Académie royale pour balancer un instant sur le parti que nous avons à prendre. En demandant à notre protecteur immédiat des lettres patentes, avec quelque empressement, ce n'est pas sa démission qui nous rendrait plus heureux.

« Qu'avons à craindre des échevins? Qu'ils négligent de soutenir notre École! qu'ils se désintéressent de sa prospérité! qu'ils cessent de fournir à son entretien! Dans ce cas, il nous sera plus glorieux de périr dans les bras du père des beaux-arts et de l'Académie royale, notre illustre mère, que de nous trouver enfermés dans une espèce de cercle, où ceux qui le forment, indifférents à notre zèle à concourir au bien des arts, considèrent notre établissement comme fort inutile.

« Nous avons vu se produire tant de diverses façons de penser parmi les échevins, nos fondateurs, qui se sont succédé depuis que nous existons, qu'il n'y aurait rien d'extraordinaire qu'en les ayant seuls pour protecteurs, de nous voir, du comble de la gloire, tomber dans un complet oubli. Où serait alors notre recours, après avoir perdu nos plus fermes, nos plus respectables appuis?

« Avoir un protecteur tel que M. le marquis de Martigny, être dirigés par l'Académie royale, parvenir à être utiles et profitables à tous les arts, dans ces conditions peut-être serait-il plus difficile de précipiter notre chute.

« Ainsi, Monsieur, priez M. de Montucla de joindre ses instances aux nôtres auprès de M. de Marigny, afin qu'il ne soit apporté aucun changement dans les plans arrêtés pour obtenir des lettres patentes, et à nous continuer sa protection; comme à vous, Monsieur et cher directeur, de nous continuer vos bontés : elles nous sont trop flatteuses pour ne pas vous témoigner la douce satisfaction de les mériter et d'avoir l'honneur d'être avec un profond respect, Monsieur, etc. »

Correspondance de 1773.

Les lettres précédentes écrites, l'académie adresse ses vœux de bonne année à M. de Montucla et à d'André Bardon, ainsi qu'à tous ses honoraires amateurs, et elle attend le résultat de ses démarches. D'André Bardon répond le premier, le 2 janvier 1773 : « Renvoyez-moi copie de la lettre par laquelle M. de Marigny vous retire sa protection; je tenterai d'obtenir grâce pour vous. » M. de Montucla écrit à son tour de Versailles, le 10 janvier :

« L'académie n'a point encore reçu de réponse à ses deux dernières lettres. Mais elle ne tardera pas à en recevoir une de M. de Marigny qui la satisfera.

« Il est très sensible à l'insistance qu'elle met à lui offrir une place dans sa compagnie. Il s'en trouve très honoré; il l'acceptera avec reconnaissance. Il les remercie de leurs souhaits, il sera heureux de pouvoir les servir utilement. »

Il mande encore de Paris, le 13 janvier :

« L'académie recevra sous peu de jours la lettre annoncée de M. de Marigny; elle sera telle que la compagnie aura lieu d'être satisfaite. » Et il ajoute :

« Il est même à propos que vous me renvoyiez celle qu'il vous écrivit de Fontainebleau. Car je juge, et vous jugerez aussi sans doute convenable que, dans cette nouvelle lettre, il ne soit point question de la première et qu'il ne paraisse pas que l'Académie de Marseille ait cessé un moment d'être sous sa protection et sous la direction de celle de Paris. »

M. de Montucla pensait que les ennemis de M. de Marigny auraient pu gloser à la cour sur l'aventure, et qu'il ne convenait pas de leur donner cette satisfaction. De là la suppression des dernières lettres de d'André Bardon.

LE SECRÉTAIRE À D'ANDRÉ BARDON.

15 janvier 1773.

Une indisposition du secrétaire ne lui a pas permis d'envoyer plus tôt la copie demandée. La compagnie compte sur son directeur pour dissuader son protecteur de donner sa démission; ses remercîments ne sauraient jamais lui exprimer toute sa reconnaissance.

La compagnie n'a jamais songé à se soustraire à une illustre protection; elle avait pensé que l'obtention des lettres patentes aurait coupé court aux difficultés soulevées par les échevins, et que tout se serait ainsi pacifié.

« Tels sont nos souhaits, écrit-il, et le mémoire que nous avons présenté à ces magistrats sera toujours une preuve irrécusable de notre façon de penser, ainsi que du respect et des égards que nous devons à nos supérieurs, sans qu'on puisse nous juger coupables ni d'inconséquence, ni d'aucune innovation. »

Le 22 janvier, le secrétaire écrit à M. de Montucla :

« C'est avec les sentiments de la plus vive reconnaissance que nous vous remercions de vos soins...... M. de Marigny veut bien nous continuer sa protection. C'est à l'intérêt que vous prenez à la gloire de notre compagnie que nous en sommes redevables. Aussi permettez-nous d'insérer votre nom sur notre liste à la première assemblée, pour jouir du bonheur de vous posséder.....

« Ci-inclus la lettre de M. de Marigny du 17 novembre dernier... M. d'André Bardon nous en avait demandé copie; puisqu'elle doit être anéantie, la copie doit subir le même sort, afin qu'à Paris, pas plus qu'à Marseille, il ne reste aucune trace qui puisse faire douter d'une interruption à notre égard de la protection que nous avait accordée le Mécène des beaux-arts, qui ne peut que contribuer à notre illustration.

« Pardonnez, etc. ».

Cette lettre n'était pas arrivée à Paris que la compagnie recevait la suivante :

A Versailles, le 17 janvier 1778 [1].

« Messieurs,

« La détermination que les associés professeurs de l'Académie de Marseille ont prise de rester sous la direction de l'Académie royale de peinture de Paris, malgré les difficultés par lesquelles on tâche de les en désunir, est trop louable pour que M. de Marigny ne la seconde de tout son pouvoir. Elle peut compter sur ses bons offices à cet égard. Chargé par le roi des détails des arts, et en sa qualité de protecteur, titre qu'il se fait un plaisir de porter, il va se faire représenter les statuts de l'Académie pour en cimenter en particulier son affiliation à l'Académie royale de Paris, en les approuvant provisionnellement, en attendant que les oppositions qui pèsent sur les lettres patentes puissent être levées. Il reçoit avec un vrai plaisir les souhaits que l'Académie lui adresse; il désire fort lui marquer combien il y est sensible. »

Le marquis DE MARIGNY.

RÉPONSE DE L'ACADÉMIE À M. DE MARIGNY.

27 janvier 1778.

« Monseigneur,

« ..... Ce que vous daignez nous promettre par votre lettre du 17,

[1] Cette lettre comme les précédentes de M. de Marigny, est écrite par son secrétaire et ne porte que sa signature.

dont tous les mots sont autant de traits qui nous comblent de bontés, précieux témoignage qui fera à jamais une des plus essentielles et des plus brillantes époques de nos fastes, et qui doit exciter dans nos cœurs le noble désir de mériter cette attention dont vous daignez nous honorer.

« Heureux si, après de tels bienfaits de notre respectable protecteur, nous pouvions enfin obtenir le sceau qui doit couronner notre gloire et par un zèle inaltérable lui témoigner le profond respect avec lequel nous avons l'honneur d'être,

« Monseigneur, etc. »

Après cela, le secrétaire écrit avec plus d'abandon à M. de Montucla le 29 janvier :

À MONSIEUR DE MONTUCLA, À PARIS.

« Monsieur,

« Quelques remercîments que la compagnie puisse vous adresser, ils ne seront jamais à la hauteur de sa reconnaissance. C'est avec toute la satisfaction possible que votre lettre du 17 a été entendue en pleine assemblée. M. le marquis de Marigny a bien voulu nous écrire. Sa bonté, sa bienveillance, son attention pour notre académie y sont marqués avec tant de générosité que nous en avons ressenti tout l'amour et toute la vénération que des enfants chéris doivent à un père respectable. Cette main favorable qu'il étend sur nous est soutenue par une personne estimable telle que vous, pour rendre ce bienfait encore plus durable.

« Nous avons envoyé à notre directeur l'extrait de notre délibération en conséquence de votre association à notre académie. Nous nous flattons qu'après l'avoir honoré de sa signature, il aura autant de plaisir à vous la présenter, que nous en avons eu à la dresser et à vous témoigner combien il nous est glorieux de vous posséder dans notre académie. Heureux si des occasions favorables nous mettaient dans le cas de vous donner des marques encore plus effectives de notre zèle à mériter la continuation de vos bontés et du profond respect avec lequel nous avons l'honneur d'être,

« Monsieur, etc. »

Ci-joint notre délibération.

On trouve au reste ce qui suit dans les registres de l'Académie :

« Le 26 janvier 1773, le bureau, assemblé extraordinairement, après avoir fait lecture de la lettre de M. le marquis de Marigny, notre protecteur, du 17, lettre aussi pleine de bontés qu'elle exprime de générosité et d'attention pour notre académie, comme aussi celle de M. d'André Bardon, notre directeur perpétuel, du 19 du même mois, et dans laquelle nous goûtons la douce joie de voir des sentiments conformes aux nôtres; à la réquisition de notre respectable directeur, nous avons adjugé à M. de Montucla, premier commis des bâtiments de Sa Majesté, une place parmi nos honoraires amateurs. Dans la présente délibération, les suffrages réunis unanimement, chaque membre a témoigné, avec autant d'applaudissements que de reconnaissance, la satisfaction particulière qu'il ressentait d'avoir fait l'acquisition d'un amateur si cher aux beaux-arts, et d'autant plus recommandable à notre académie que l'intérêt qu'il a toujours pris à sa gloire et à son illustration graveront à jamais dans nos cœurs l'heureuse époque de son association. »

Cette délibération et la lettre à M. de Montucla étaient incluses dans celle que le secrétaire écrivait au marquis le même jour 27 janvier.

L'ACADÉMIE À D'ANDRÉ BARDON.

29 janvier 1773.

« Monsieur,

« Si la lettre de M. de Marigny nous a causé un sensible plaisir, nous en avons éprouvé autant en lisant la vôtre. C'est avec des larmes de joie que vous annoncez ces bonnes nouvelles à vos enfants; et ces attentions raniment notre tendresse. Tous nos remercîments ne sauraient vous peindre notre reconnaissance. A en juger par la lettre de notre illustre protecteur, notre académie lui devient très intéressante, et il va mettre ses soins à rehausser sa gloire et à lui procurer tous les avantages possibles. Pour répondre à tant de bienfaits, nous allons travailler à mériter de plus en plus l'effectuation de ses promesses.

« Nous vous envoyons l'extrait de notre délibération au sujet de M. de Montucla. Lorsque vous l'aurez autorisée par votre signature, nous vous prions de la lui présenter comme le moindre témoignage de nos cœurs, attendu le vif intérêt qu'il prend à notre compagnie. Le recevant de la main de notre respectable directeur, il ne pourra l'accepter qu'avec plus de plaisir.

« Il nous reste à adresser nos vœux au Ciel pour la prospérité de vos jours. En nous procurant l'avantage de les perpétuer avec autant de satisfaction que nous avons de plaisir à vous témoigner le profond respect avec lequel nous avons l'honneur d'être,

« Monsieur, vos etc. »

M. DE MONTUCLA AU SECRÉTAIRE DE L'ACADÉMIE.

A Paris, le 2 février 1773.

« Je compte, Monsieur, que vous avez reçu en ce moment la lettre de M. de Marigny. J'ai reçu de mon côté celle qu'il vous avait écrite en novembre dernier, et même la copie envoyée à M. d'André Bardon. Il vous a probablement fait part de la satisfaction qu'il a eue lorsque je lui ai fait lecture de la nouvelle lettre de M. le directeur général des bâtiments. J'ai vu ce respectable vieillard verser des larmes de joie. Je m'occupe actuellement à faire donner, par M. le marquis de Marigny, aux statuts de votre académie l'autorisation, qu'en qualité de protecteur et comme chef des arts en France il peut y donner provisoirement. Vous ne tarderez pas à les recevoir munis de son approbation qui cimentera votre affiliation à l'Académie royale de peinture.

« J'apprends, par la lettre que vous m'avez fait l'honneur de m'écrire, mon admission au nombre de vos honoraires amateurs. Je reçois avec la plus vive reconnaissance cette distinction flatteuse, et je vous prie de faire agréer mes remercîments à MM. de l'Académie dont j'ai l'honneur d'être avec un parfait attachement,

« Monsieur, le très humble et très obéissant serviteur. »

Rien n'égale la reconnaissance de M. de Montucla. Il a reçu des mains de M. d'André Bardon la délibération qui le concerne : rien ne pouvait le flatter davantage. Il écrit à Versailles le 16 février 1773 : « Un dévouement entier, tout ce qui peut être agréable à l'Académie et lui être utile est le moins que je lui doive. Je la prie d'être convaincue que je ne laisserai échapper aucune occasion pour lui témoigner mon zèle, etc. » Après avoir confirmé sa lettre de remercîments à MM. les professeurs associés le 17 février 1773, il leur adresse ses noms de baptême (*Jean-Étienne*) et ses qualités, pour son inscription dans le catalogue des membres de l'Académie, « puisqu'ils sont nécessaires ». Indépendamment de sa place de premier commis des bâtiments du Roi, il est *censeur royal et membre de l'Académie royale des sciences et belles-lettres de Prusse*. Si l'Académie ne possédait pas « un bon écorché », il serait heureux de lui en procurer un excellent.

Le 12 mars, l'Académie lui répond :

« Monsieur,

« Si votre association à notre Académie a paru vous être agréable, elle a été pour notre compagnie un motif de plus pour son illustration. Des amateurs tels que vous, Monsieur, doivent intéresser sensiblement les membres d'un corps jaloux d'augmenter leur gloire; nous avons l'obligation d'une si précieuse acquisition à M. d'André Bardon, et c'est à lui que nous devons toute notre reconnaissance.

« Quand il plaira à notre respectable protecteur de nous favoriser de l'autorisation dont vous nous flattez et que nous devrons à vos soins, nous vous prierons de la faire parvenir ayant déjà prévenu MM. nos fondateurs que leur prétention d'être mis à la tête de notre compagnie ne saurait avoir lieu, et que nous n'aurions jamais pour protecteur immédiat que le chef des arts en France.

« Ces messieurs paraissent revenus de leur prétention, et, pour consolider les arrangements actuels, cette pièce nous est nécessaire comme preuve authentique de ce que nous sommes envers M. de Marigny comme à l'égard de l'Académie royale.

« Notre délibération, qui vous associe à notre Académie, ne mentionne pas tous vos titres; un renvoi à la marge y suppléera [1].

« Vous nous parlez d'un écorché : nous en possédons un moulé sur nature; mais il nous sera toujours très flatteur d'en avoir un second venant de votre part, d'autant mieux que, les attitudes étant différentes, la connaissance du jeu des muscles nous deviendra plus familière, ainsi qu'à nos élèves; et qu'en vous remerciant de votre attention

---

[1] Délibération envoyée à M. d'André Bardon le 29 janvier.

à contribuer au progrès de notre art, nous nous ferons sans cesse un plaisir de vous témoigner combien nous sommes avec un profond respect,

« Monsieur, vos etc. »

Cette lettre était renfermée dans celle qui suit, adressée à d'André-Bardon :

12 mars 1773.
« Monsieur,

« Vos deux dernières lettres (du 12 janvier et du 16 février) ont été lues en assemblée; tous les membres vous marquent leur joie d'apprendre que les sentiments de M. Marigny et de M. Montucla sont conformes aux vôtres.

« La compagnie n'a pas été moins charmée de la réponse de son cher et digne nouvel amateur. Elle n'attendait pas moins de son attachement à l'académie. L'acquisition d'un tel honoraire lui fait gloire et honneur. Mais ce qui la rend encore plus intéressante, c'est de vous en avoir toute l'obligation, et de nous donner ainsi l'occasion de vous en témoigner toute notre reconnaissance.

« Il nous reste également à vous remercier de toutes les peines et soins que vous prenez pour tout ce qui nous regarde. M. de Montucla nous a promis l'autorisation que M. de Marigny, en sa qualité de protecteur et de chef des arts en France, peut donner provisionnellement à nos statuts, lesquels, approuvés de sa main, cimenteront notre affiliation à l'Académie royale.

« Cette pièce nous sera nécessaire vis-à-vis de nos fondateurs déjà avertis, afin de prévenir de nouveaux obstacles à notre élévation. Ces messieurs paraissent se rendre à nos raisons et vouloir bien se contenter de leur titre honorifique. S'il plaît à Dieu, nous espérons que tout ira bien, et que, parvenus au comble de notre gloire, nous continuerons de vous témoigner la vivacité de notre reconnaissance et combien nous sommes avec un profond respect, Monsieur, vos, etc. — Puisque vous voulez bien nous faire parvenir les cahiers du *Costume des anciens peuples* auquel nous avons souscrit pour un exemplaire, nous en remettrons le montant à M. Cochin. »

Trois mois se sont écoulés, l'Académie ne voyant rien venir écrit de nouveau à d'André Bardon :

« Monsieur,

« Nous avons reçu les neuf cahiers des *Costumes antiques*... Nous sommes flattés de posséder un tel recueil, dont tout le dessin vous appartient; nous aurons ainsi l'avantage de nous instruire en profitant de vos recherches.

« Il règne assez de tranquillité dans notre Académie. Cependant nous avouons ingénument que nous serions bien aises d'obtenir ces lettres d'autorisation promises par le chef des arts..... Munis de cette pièce, nous sommes presque assurés d'obtenir de MM. nos échevins tout ce qui pourrait nous être agréable auprès du ministre, d'autant plus que ces messieurs, en présence de la fermeté de nos représentations, ont abandonné leurs prétentions.

« Ce serait le comble qui manque à la gloire de ceux qui, pénétrés de la plus parfaite reconnaissance, s'applaudissent toujours d'être avec un profond respect,

« Monsieur, vos etc. »

Un mois après l'Académie voyait, cette fois, la première partie de ses vœux réalisée.

M. LE MARQUIS DE MARIGNY À L'ACADÉMIE.

A Compiègne, le 19 février 1773.

« Monsieur,

« Après s'être fait remettre sous les yeux les statuts de l'Académie et les avoir examinés, M. le directeur et ordonnateur des bâtiments les a approuvés. Il en joint ici une sorte d'expédition accompagnée de son approbation, en attendant qu'il plaise au Roi de leur donner sa sanction par ses lettres patentes.

« M. le directeur serait ravi d'avoir quelque autre occasion de montrer à l'Académie de Marseille l'intérêt qu'il prend à ce qui peut lui être honorable et avantageux. »

Le marquis DE MARIGNY.

Ces statuts, on l'a vu antérieurement, portent la même date et le même timbre de départ que la lettre précédente :

L'ACADÉMIE À M. DE MONTUCLA.

9 août 1773.

« Monsieur,

« Nous ne saurions assez vous exprimer les sentiments de nos cœurs... C'est à vous, digne et respectable amateur, que nous devons l'acte authentique de notre affiliation à l'Académie royale, dont notre généreux protecteur nous a favorisés..... Cette pièce si précieuse nous fera obtenir sans difficulté nos lettres patentes. » Et le secrétaire manifeste hautement les espérances de l'Académie qui croit toucher au succès.

Et en même temps il écrit à M. le marquis de Marigny :

9 août 1773.

« Monseigneur,

« Pénétrés de la plus vive reconnaissance, permettez-nous de vous présenter nos remerciements pour toutes les bontés dont vous daignez nous favoriser, en nous mettant, par un acte de votre généreuse protection sous la direction et l'affiliation de l'Académie royale de peinture et de sculpture de Paris. Sensibles à l'envoi que vous avez bien voulu nous faire en y joignant de nouveaux règlements à cet effet, nous mettrons tous nos soins à nous rendre dignes de votre attention et à mériter de plus en plus le précieux bienfait qui doit mettre le comble à notre gloire.

« Nous avons l'honneur d'être avec un très profond respect,

« Monseigneur, vos très humbles et très obéissants serviteurs. »

Il restait à remercier d'André Bardon; l'Académie le fait le même jour : « C'est toujours à l'intérêt que leur directeur prend à la gloire de l'Académie qu'elle doit l'acte authentique qui consacre son affiliation à l'Académie royale... » Suivent des protestations. Le secrétaire annonce la prochaine assemblée publique, où l'Académie pourra publier combien elle est attachée à l'Académie royale et l'honneur qui en résultera pour Marseille lorsqu'elle possédera une académie de peinture dotée par le Roi de lettres patentes.

Tout semblait donc sourire à l'Académie. Elle n'avait plus apparemment d'obstacles à redouter, lorsqu'un événement imprévu vint non pas ruiner ses espérances, qui devaient survivre à toutes les épreuves, mais ajourner la réalisation de ce qu'elle appelait le couronnement de sa gloire. M. de Marigny avait donné tout à coup sa démission de directeur et ordonnateur des bâtiments du Roi.

Quels étaient les motifs de cette détermination? La correspondance garde le silence à cet égard. Force nous est de consulter de nouveau l'histoire pour nous rendre compte des tiraillements qui compromettaient la stabilité de l'Académie.

En 1745, lorsque Jeanne-Antoinette Poisson fut créée marquise de Pompadour, elle ne tarda pas à solliciter le Roi de réserver à son frère la succession de M. de Tournehem, ordonnateur de ses bâtiments. M. de Marigny, passionné pour l'art, avait acquis dès sa jeunesse des connaissances étendues en géométrie et en architecture. Pour se mettre à la hauteur du poste qui lui était destiné, il entreprit le voyage d'Italie en compagnie de Soufflot, du célèbre graveur Cochin, et de l'abbé Le Blanc qu'il s'était adjoint à eux. Ce voyage devait porter ses fruits [1]. Dès son retour, M. de Marigny obtint la surintendance des bâtiments. On le vit alors tendre la main aux artistes, augmenter le prix des tableaux d'histoire à l'Académie de peinture, fixer une somme annuelle pour faire sculpter les statues des grands hommes de la France, encourager l'architecture, faire venir Soufflot de Lyon, où il s'était établi, pour lui confier la construction de Sainte-Geneviève [2].

En 1755, M. de Marigny reçut le cordon bleu et il fut nommé secrétaire de cet ordre. Il voulut achever le Louvre; mais il ne put jamais parvenir qu'à y construire le guichet auquel il a laissé son nom. Les dépenses nécessitées par la guerre de Sept ans avaient entravé ses projets autant que les tracasseries sourdes du contrôleur général des

---

[1] Cochin a publié le récit de ce voyage, avec des notes. Le préambule en est remarquable.

[2] M. de Marigny commandait de plus bon nombre de tableaux pour les Gobelins et la superbe collection des principaux ports de France de Joseph Vernet; il faisait nommer Carle Vanloo premier peintre du Roi, et lui donnait Boucher pour successeur; il confiait à Coustou le magnifique mausolée élevé au Dauphin, père de Louis XVI, mausolée placé dans la cathédrale de Sens et que Cochin regrettait beaucoup de ne pas voir à Paris. MM. de Montaiglon et de Chennevières se sont occupés de ce monument dans les *Archives de l'art français* (livr. du 15 nov. 1855 et du 15 janv. 1856, p. 130 et suiv).

finances, qui lui était hostile. Néanmoins M. de Marigny avait vu son crédit se maintenir après la mort de la marquise de Pompadour (15 avril 1764), dont il hérita. La nomination du duc de Choiseul, comme premier ministre, était l'œuvre de la marquise et le duc avait son frère en grande considération. Mais lorsque, le 24 décembre 1770, le duc reçut la notification de son exil, tout fit présager que le poste de M. de Marigny allait lui être enlevé. Il commença dès lors à être battu en brèche. Les tracasseries grandissantes que lui suscita l'abbé Terray, les sourdes menées qui mettaient en échec ses projets favorables aux arts et dont l'Académie de Marseille devait profiter, datent de cette époque. Sa mésaventure à propos du protectorat de l'Académie de Marseille avait comblé la mesure. Son acte du 19 juillet 1773, qui cimentait l'affiliation de l'Académie de Marseille à celle de Paris, était le dernier de son administration.

D'André Bardon, dans sa lettre du 8 août, a annoncé à l'Académie la démission de M. de Marigny. On ne lui a pas encore donné de successeur, et d'André engage les professeurs à solliciter la continuation de son protectorat. Il écrit de nouveau le 8 septembre pour féliciter la compagnie de la suprême sanction que vient d'apporter l'Académie royale à son acte d'affiliation, et à ses statuts qu'elle a approuvés.

Les indications du directeur devant être suivies, le secrétaire perpétuel prend la plume à son tour; nous résumons :

L'ACADÉMIE À M. D'ANDRÉ BARDON.

30 août 1773.

M. de Montucla et M. de Marigny ont sous ce même pli les lettres que leur adresse l'Académie. Elle a tenu son assemblée publique à l'hôtel-de-ville. Les fondateurs la présidaient. M. Constantin a obtenu la première médaille, M. Grégoire la deuxième, et M. J. Guay, neveu du fameux Guay, graveur du Roi, la troisième. M. Revelly, directeur, a annoncé l'affiliation authentique de l'Académie de Marseille à l'Académie royale. MM. les échevins, MM. des belles-lettres, MM. les honoraires amateurs et un nombreux public ont applaudi à cette délibération, ainsi qu'aux discours de MM. d'Ageville et Moulinneuf.

L'ACADÉMIE À M. DE MONTUCLA.

30 août 1773.

L'Académie se flatte que la démission de M. de Marigny ne la privera pas des bontés de M. de Montucla, et elle le félicite de la faveur dont le Roi l'a honoré à la requête de M. de Marigny.

Il s'agissait d'une pension de 1,500 livres reversible sur Mme de Montucla.

L'ACADÉMIE À M. DE MARIGNY.

30 août 1773.

L'Académie a appris la retraite de M. de Marigny par M. d'André Bardon. Elle souhaite ardemment que ce changement volontaire, et honorable par les nouvelles distinctions dont il a été comblé, ne la prive point de sa protection, et le secrétaire ajoute, «ni de répandre sur notre compagnie les effets de ce génie noble, généreux et bienfaisant qui forme votre caractère. Nous osons vous assurer, Monseigneur, que nous ne cesserons de travailler à mériter de plus en plus vos bontés, et vos faveurs, n'ayant pas de plus forte ambition que de nous rendre dignes du titre de vos très respectueux protégés, et de vous témoigner la profonde vénération avec laquelle nous avons l'honneur d'être,

«Monseigneur, vos etc.»

On sait quelles étaient ces «nouvelles distinctions». M. de Marigny s'en félicite en répondant à l'Académie :

M. DE MARIGNY À L'ACADÉMIE.

A Ménars, le 11 septembre 1773.

«Je suis, Messieurs, bien sensible au sentiment que vous me faites l'honneur de me témoigner dans la circonstance la plus heureuse de ma vie, et aussi la plus honorable par les distinctions dont Sa Majesté a daigné m'honorer. Je vous prie de croire que je n'en connaîtrais jamais mieux le prix que lorsqu'elles me mettront à portée de vous rendre service et de vous prouver les sentiments inviolables avec lesquels j'ai l'honneur d'être,

«Messieurs, votre très humble et très obéissant serviteur.»

le marquis DE MARIGNY.

L'ABBÉ TERRAY

PROTECTEUR DE L'ACADÉMIE.

M. DE MONTUCLA À L'ACADÉMIE.

A Paris, le 22 septembre 1773.

M. de Montucla a reçu les deux lettres de la Compagnie: l'une touchant l'approbation de ses statuts par M. de Marigny, l'autre parlant de sa retraite, que la *Gazette de France* a fait connaître. Ce changement ne portera aucune atteinte à ce qui a été fait par M. de Marigny pour l'Académie. M. le Contrôleur général, devenant par là chef des arts en France, on ne peut espérer que plus de facilités pour obtenir les lettres patentes depuis si longtemps désirées.

MM. les consuls ne soutiendront probablement plus leurs prétentions vis-à-vis un ministre du Roi. La Compagnie peut adresser au nouveau directeur sa demande de lettres patentes : tout est prêt à cet égard et le succès ne se fera pas attendre.

Ces dernières lignes montrent bien que la présence de M. de Marigny à la tête de l'Académie était un obstacle à la réalisation de son vœu le plus cher.

L'ACADÉMIE À M. DE MONTUCLA.

27 septembre 1773.

« Monsieur,

« Sensibles autant qu'on peut l'être à votre attention, nous avons écrit, selon vos instructions, à M. du Terray pour le féliciter de son élévation au poste de directeur et ordonnateur des bâtiments du Roi, en lui demandant de daigner nous faire obtenir des lettres patentes.

« En conséquence, Monsieur, nous vous prions de vouloir bien appuyer notre demande : votre intercession ne pourrait qu'assurer son succès.

« Depuis que M. du Terray remplit le poste de contrôleur général, nous n'avons jamais manqué, à chaque renouvellement d'année, de lui présenter nos respects. Notre Académie lui est donc connue. Sou-

DE L'ACADÉMIE DE PEINTURE DE MARSEILLE.

tenus par un amateur aussi respectable que vous, peut-être viendrons nous à bout de voir mettre le comble à notre gloire.

« Nous avons, etc.[1] »

À M. L'ABBÉ DU TERRAY, CONTRÔLEUR GÉNÉRAL DES FINANCES, DIRECTEUR ET ORDONNATEUR GÉNÉRAL DES BÂTIMENTS DU ROI, JARDINS, ARTS, MANUFACTURES ET ACADÉMIES ROYALES, EN SON HÔTEL, À PARIS.

27 septembre 1773.

Monseigneur,

« Pénétrés de la plus vive reconnaissance pour toutes les bontés dont vous avez honoré notre Académie, permettez qu'aujourd'hui nous vous témoignions la satisfaction que nous éprouvons de vous voir le protecteur et Mécène des beaux-arts en France. Le choix que notre illustre monarque a fait de votre respectable personne pour remplir un poste si distingué et si honorable ne peut qu'augmenter leur perfection et leur gloire.

« C'est avec de tels sentiments, Monseigneur, qu'occupés de la discipline et des études de nos élèves en vue d'accroître leurs talents dans les différentes professions auxquelles ils se destinent, nous nous ferons toujours un devoir de nous rendre dignes de votre attention.

« Cette attention, Monseigneur, ne peut qu'intéresser la célébrité de notre Académie qui, se flattant d'avoir acquis quelque réputation depuis son établissement, par les progrès des arts qu'elle a occasionnés dans une ville comme Marseille, florissante par son port de mer, et l'étendue de son commerce; cette Académie ose vous demander qu'elle puisse obtenir par vos soins généreux des bienfaits du Roi des lettres patentes.

« M. le marquis de Marigny avait bien voulu nous envoyer des réglements à cet effet, et par un acte authentique nous affilier à l'Académie royale.

« Daignez, Monseigneur, mettre le comble à notre gloire, avec d'autant plus de raison, que plusieurs académies établies dans diffé-

---

[1] Ce ministre avait écrit de Paris, le 8 janvier 1773, à l'Académie:

« Vous me trouverez, Messieurs, aussi disposé cette année que la précédente à vous marquer ma reconnaissance de l'intérêt que vous prenez à ce qui me regarde et les vœux que vous faites en ma faveur. Je suis Messieurs, entièrement à vous. »

rentes villes ou provinces de ce royaume, peut-être moins essentielles que la nôtre, jouissent depuis longtemps de ce même privilège. Sensibles à une faveur si insigne, nous ferons nos efforts pour la mériter de plus en plus, et à vous donner des preuves du très profond respect avec lequel nous avons l'honneur d'être,

« Monseigneur, etc. »

Le ministre répondit de sa propre main :

A Fontainebleau, le 16 octobre 1773.

« J'ai reçu, Monsieur, la lettre par laquelle l'Académie de peinture et sculpture de la ville de Marseille me témoigne sa joie de ma nomination à la place de directeur et ordonnateur général des bâtiments du Roi. Une des fonctions de cette place étant de veiller au progrès et à l'encouragement des arts, je serai charmé d'avoir occasion de lui faire sentir les effets de la protection de Sa Majesté. Les liens par lesquels elle tient à l'Académie royale de peinture de Paris, sont pour moi un nouveau motif de la distinguer et de la favoriser dans les circonstances qui se présenteront. Je vais me faire mettre sous les yeux ses règlements et, en suite de l'examen que j'en aurai fait, renouveler à M. le duc de La Vrillière, la demande des lettres patentes nécessaires pour les revêtir de l'autorité royale et donner à cette Académie la stabilité après laquelle elle soupire depuis si longtemps.

« Je suis, Monsieur, entièrement à vous.

TERRAY.

« A M. Moulinneuf, secrétaire perpétuel. »

Le secrétaire de l'Académie écrit à d'André Bardon le 8 novembre 1773. Il lui fait part des lettres écrites à M. de Montucla et à M. l'abbé Terray. Le succès paraît assuré. Un point préoccupe l'Académie : lui convient-il d'écrire à M. Terray, puisqu'il est à la tête de l'Académie royale, pour qu'il daigne accepter le titre de son protecteur, sans aliéner les droits acquis à ce titre par M. de Marigny? Elle mettrait en tête de ses listes *Protecteurs* au pluriel, en désignant les qualités et titres de chacun. L'Académie devra probablement ses lettres patentes à M. l'abbé Terray. Le directeur est prié de s'entendre avec M. de Montucla pour tracer à l'Académie sa ligne de conduite.

D'André Bardon répond le 28 novembre 1773 :
« M. de Marigny, consent à ce que l'Académie, sur sa liste, lui donne la qualité d'adjoint. M. de La Vrillière est prié de faire expédier les lettres patentes.

« L'Académie devra donner du : *Monseigneur* et de la *Grandeur*, au nouveau ministre qui va être son protecteur, en le priant de vouloir bien en accepter le titre; elle écrira en même temps à M. de Marigny dont elle ne doit jamais oublier les bontés. »

La Compagnie a été sensible à cette lettre au delà de toute expression; elle envoie à d'André Bardon, sous cachet volant, le 6 décembre 1773, les deux lettres demandées :

L'ACADÉMIE À M. DE MARIGNY.

6 décembre 1773.

« Pénétrés des bontés dont vous avez comblé notre Académie, permettez, Monseigneur, que les associés professeurs vous remercient du fond du cœur, en vous témoignant ici la plus vive reconnaissance.

« Nous osons vous prier de joindre votre protection aux bonnes dispositions qu'a M. du Terray de couronner l'œuvre commencée, celle de nos lettres patentes. Nous nous estimerons heureux si par l'effet de votre amour pour les beaux-arts, vous vouliez bien nous permettre de placer sur notre liste, votre nom après celui du directeur et ordonnateur des bâtiments en fonctions, et de vous donner des preuves du très profond respect avec lequel nous avons l'honneur d'être,

« Monseigneur, vos etc. »

L'ACADÉMIE À L'ABBÉ TERRAY.

6 décembre 1773.

« Monseigneur,

« L'Académie de peinture et de sculpture établie à Marseille prend la liberté de demander au digne successeur de Colbert de lui rendre les droits que par lettres patentes de 1676, Louis XIV accorda à ce ministre [1].

« Nous osons donc, Monseigneur, supplier Votre Grandeur de vouloir bien nous prendre sous votre protection. Daignez nous permettre d'orner la tête de notre liste de votre nom respectable, et de nous glorifier de nous ranger sous vos auspices, grâce dont Votre Grandeur a bien voulu favoriser notre Société pénétrée de ses bontés, en la flattant d'obtenir de ses bienfaits des lettres patentes ambitionnées avec le plus vif empressement.

« Nous avons l'honneur d'être avec un très profond respect,

« Monseigneur, vos etc. »

Sur quoi, le directeur des bâtiments répond à l'Académie :

L'ABBÉ TERRAY À L'ACADÉMIE.

A Paris le 23 décembre 1773.

« Je suis fort sensible, Monsieur, au désir que l'Académie de peinture et sculpture de Marseille me témoigne par votre entremise, de me déférer le titre de son protecteur. Je l'accepte avec plaisir, et je serai charmé de contribuer en cette qualité à tout ce qui pourra lui être honorable et avantageux.

« Il y a déjà quelque temps que j'ai adressé à M. le duc de La Vrillière le projet des lettres patentes qu'elle désire depuis longtemps, et, sur quelques observations qu'il m'a faites relativement aux difficultés qui avaient arrêté l'exécution de ce projet, je lui ai répondu de manière à l'engager à en reprendre le fil. Je compte que l'Académie de peinture de Marseille ne tardera pas à voir ses vœux à cet égard satisfaits.

« Je suis, Monsieur, très parfaitement à vous.

TERRAY.

« A M. Moulinneuf, secrétaire perpétuel. »

---

(1) Ces lettres patentes plaçaient toutes les académies du Royaume sous le protectorat de Colbert, droit que ses successeurs avaient négligé d'exercer de fait, sinon pour l'Académie royale de peinture de Paris ; l'Académie de Marseille ambitionnait le même honneur.

Cette lettre du contrôleur général des finances devenu ministre des arts, prouve qu'il était résolu à donner enfin satisfaction à l'Académie.

L'Académie s'adresse à M. de La Vrillière dès le lendemain, 24 décembre. Après les vœux les plus chaleureux et les protestations les plus vives, le secrétaire demande pour elle « de vouloir bien coopérer aux intentions formelles de M. l'abbé du Terray, de la doter de lettres patentes en usant de son crédit en sa faveur; puissent bientôt les professeurs qui la dirigent, ajoute-t-il, annoncer à l'Europe entière combien, par une protection distinguée, vous savez concourir à la solidité des établissements fondés pour cultiver les arts, pour le plus grand éclat de leur gloire.

« Nous sommes avec un très profond respect,

« Monseigneur, vos etc. »

La Compagnie a écrit à la même date à tous ses honoraires amateurs, au sujet du renouvellement de l'année, notamment à d'André Bardon, à M. de Montucla, à M. de Marigny, à M. l'abbé Terray, ainsi qu'à l'Académie royale, et à Beaufort. Ces lettres ne contiennent rien de saillant. Nous ne reproduirons ici que les principales réponses qui ont suivi.

Correspondance de 1774.

LE DUC DE LA VRILLIÈRE À L'ACADÉMIE.

A Versailles, le 1ᵉʳ janvier 1774.

« Je suis bien sensible, Messieurs, aux nouvelles assurances que vous voulez bien me donner des vœux que vous formez pour moi dans ce renouvellement d'année. Je vous prie de recevoir mes remerciements, et d'être persuadés que je vous recommanderai avec plaisir à M. le Contrôleur général, au sujet de la demande que vous projetez de faire des lettres patentes, et que je serai fort aise si le Roi veut bien vous les accorder, étant véritablement,

« Messieurs,

« Votre très humble et affectionné serviteur. »

Le Duc de La Vrillière.

Le duc de La Vrillière sait qu'il doit ménager le contrôteur général, en sorte qu'il écrit d'une manière non moins énigmatique que par le passé. Mais l'habile courtisan sait aussi qu'il doit présenter les lettres patentes à la signature du Roi; il ne le fera qu'à la dernière extrémité; il veut que le bénéfice de cette grâce lui soit attribué par l'Académie.

Voici maintenant la lettre d'un galant homme. L'Académie pouvait compter sur sa parole :

A Paris, le 7 janvier 1774.

« Je reçois, Messieurs, avec bien de la reconnaissance, le témoignage obligeant que vous me faites l'honneur de me donner dans ce renouvellement d'année.

« Je vous prie de croire que j'y réponds par les vœux les plus sincères pour tout ce qui peut contribuer à vos succès, et à votre illustration, et que je me tiendrai heureux d'avoir occasion d'y contribuer.

« J'ai l'honneur d'être avec un très sincère attachement, Messieurs, votre très humble et très obéissant serviteur. »

Le Marquis DE MARIGNY.

M. de Montucla répond à l'Académie le 13 janvier. Après les compliments et les remerciements d'usage, nous relevons ce passage :

« Je compte, Messieurs, que les choses sont en bon train.

« M. le Contrôleur général ayant renouvelé, avec marques d'un vif intérêt, à M. le duc de La Vrillière, la demande de l'expédition des lettres patentes, je ne présume pas que les difficultés qu'on n'y a d'abord opposées se renouvellent, ou du moins qu'elles soient un obstacle, parce que j'engage M. le Contrôleur général à les lever.

« Le projet des lettres patentes doit être entre les mains de l'intendant de Provence. Il serait à propos de le prévenir favorablement et accélérer son avis.

« Je suis, etc. »

MONTUCLA.

Plus tardif est l'abbé Terray; il écrit à l'Académie le 21 janvier seulement :

« Je vous suis très obligé, Messieurs, des vœux que vous voulez bien faire pour moi. Je vous prie de croire que rien ne me serait plus agréable que de pouvoir vous persuader, Messieurs, de la sincérité de mes sentiments pour vous. »

Terray.

D'André Bardon, lui, avait répondu dès «le 7 de l'an 1774. » Après avoir remercié la Compagnie de ses vœux, il lui disait :

« Craignez, de tomber dans le vice d'importunité en sollicitant avec trop d'ardeur ce que vous devez attendre de la bonté du ministre et des circonstances favorables. Continuez simplement à rafraîchir de temps à autre la mémoire de M. de Montucla. »

Et le secrétaire de lui écrire le 17 janvier, que la Compagnie tiendra compte de ses avis.

Fidèle en effet aux ordres de son directeur, l'Académie se garde d'écrire à ses protecteurs. Elle attend. Sept mois s'écoulent; le secrétaire ne reprendra la plume que le 29 août, pour rendre compte à d'André Bardon de l'exposition de l'assemblée publique. Cependant un événement grave s'est produit : Louis XV est mort; la nouvelle en est parvenue à Marseille. La Compagnie croit néanmoins toujours en l'abbé Terray, au duc de La Vrillière, mais surtout en M. de Montucla.

L'abbé Terray méritait cette confiance; on ne saurait suspecter la bonne foi de ce directeur et ordonnateur des bâtiments. Son amitié pour les artistes a été reconnue. N'avait-il pas inauguré son entrée en fonctions en remettant en vigueur l'usage d'envoyer les élèves pensionnaires du Roi à Rome, et eu l'heureuse idée de consacrer à l'exposition des tableaux et des sculptures du monarque la galerie du Louvre?

Mais il n'en est pas de même du duc de La Vrillière. Né en 1705, le duc, jadis comte de Saint-Florentin, avait été nommé secrétaire d'État à vingt-quatre ans, et ministre d'État en 1751. Bien que subordonné dans le principe au premier ministre, dont il expédiait les ordres, il avait conquis à la fin, comme doyen des ministres, une situation en quelque sorte indépendante. Louis XV lui était attaché par habitude, car le duc le flattait et suivait ses caprices. « Il ne faut pas que vous me quittiez, lui disait le roi, vous avez trop besoin de moi, et moi de vous. » La politique du duc consistait avant tout à épargner à son souverain l'ombre même d'un ennui. En l'état d'esprit où se trouvait ce monarque, lui demander une simple signature eût été une maladresse. Senac de Meilhan avait remplacé de Montyon[1], dans son poste d'intendant de la généralité de Provence; les papiers de l'Académie lui avaient été envoyés pour les soumettre à son visa, et nous avons tout lieu de croire qu'un avis secret l'engageait à ne se point presser.

Les professeurs de l'école de l'Académie attendaient. Ne voyant rien venir, le secrétaire, obligé de tenir le directeur perpétuel au courant de ce qui se passait, se décidait à rompre le silence. L'Académie écrit donc à d'André Bardon le 29 août 1774 :

L'ACADÉMIE À D'ANDRÉ BARDON.

« Monsieur,

« Nous profitons avec empressement de l'occasion que nous procure notre séance publique, autant pour vous en communiquer le résultat que pour vous renouveler nos sentiments de vénération et de reconnaissance.

« Dimanche 28 de ce mois, à 4 heures de l'après-midi, nous étant assemblés, selon l'usage à l'hôtel de ville, MM. les maire et échevins en qualité de fondateurs, ont présidé à la distribution des prix.

« M. Revelly, directeur, a ouvert la séance par un allocution aux élèves tendant à encourager leurs progrès. Ensuite le premier prix a été décerné à M. Gagnereau, de la ville de Dijon; le second à Corneille sculpteur, de la ville de Marseille[2], et le troisième à M. Leydet de Saint-Chamas.

« Les médailles distribuées, M. Dageville a prononcé l'éloge de P. Puget, et la séance a été terminée par une dissertation sur la peinture des Chinois par M. Moulinneuf.

« Ces trois discours semblent avoir été goûtés par Messieurs des belles-lettres, aussi bien que des honoraires amateurs et du public qui formaient l'assistance. Nous avons été complimentés et félicités sur

---

[1] Voir, ultérieurement, une délibération en faveur de M. Michel, avocat, subdélégué de l'intendant, et de M. de Montyon. — [2] Ce Corneille a obtenu plus tard le prix de Rome.

notre zèle, sur nos travaux par nos fondateurs, nous exhortant à continuer de la sorte, et comme nous l'avons fait depuis notre établissement.

« Nous souhaiterions cependant d'être plus heureux que nous ne l'avons été jusqu'à ce jour dans nos demandes si souvent répétées, et qui semblent intéresser si peu les personnes sur lesquelles nous serions en droit de compter, et qui n'ont cessé de nous faire espérer.

« Nous nous flattions d'obtenir au commencement de cette année ce qui devait rendre notre établissement stable. Nous nous sommes trompés, puisque M. le duc de La Vrillière, en réponse à notre lettre de bonne année, où nous rappelions notre demande de lettres patentes, à lui adressée par notre protecteur, nous dit qu'*il sera charmé de nous les faire expédier, lorsque M. l'abbé Terray lui communiquera ses intentions à ce sujet.*

« D'autre part, il ne nous a jamais été possible d'obtenir la moindre satisfaction pour cet objet de M. Sénac de Meilhan, intendant de notre province, ayant succédé à M. de Montyon, et nous sommes enfin convaincus que toutes les peines et soins que s'était données M. de Montucla, ce respectable amateur, qui s'intéresse si vivement à notre illustration, n'avaient été qu'en pure perte. Notre seul recours est de nous consoler, tandis que nous voyons le frivole et l'inutile comblés de grâces préférablement au nécessaire, et à l'utile, qui rencontrent à chaque pas des obstacles presque insurmontables.

« Toutes les académies de France sont patentées; celle de Marseille, la plus importante, soit par sa position, autant que par les biens qui en résultent en faveur des arts, des manufactures, des fabriques et du commerce est la seule privée d'un tel bienfait. Quel est donc le motif qui la distingue si malheureusement, quand nous avons satisfait à toutes les objections qu'on nous opposait?

« Nous comprenons parfaitement que la mort du Roi, et les événements auxquels elle a donné suite, ne nous étaient rien moins que favorables; mais nous ne pouvons nous empêcher de vous avouer que cette affaire mise en si bon train au commencement de novembre 1773, dont nous attendions le succès au renouvellement de l'année, nous paraissait devoir nous être accordée comme un présent pour nos étrennes.

« Patience, nous durerons tant que nous pourrons sans autre vue d'intérêt que l'amour des beaux arts, et le bien de la patrie.

« Nous nous glorifions pourtant, d'avoir le précieux avantage d'être affiliés à l'Académie royale et de jouir à l'ombre de notre illustre mère, de cette consolation la plus solide et la plus flatteuse. Mais si dans cette occurrence, nous nous estimons heureux, notre bonheur est à son comble en trouvant dans notre respectable directeur, tout ce qui peut augmenter nos sentiments de vénération à son égard.

« Nous sommes avec un profond respect, Monsieur, vos etc. »

LE COMTE DE LA BILLARDERIE D'ANGIVILLER
PROTECTEUR DE L'ACADÉMIE.

A la mort de Louis XV, l'opinion publique fit éloigner les hommes qui avaient pris part au gouvernement pendant les dernières années. Le duc de La Vrillière fut obligé de se démettre de toutes ses fonctions, quelques mois après l'avènement de Louis XVI en 1774. L'abbé Terray, qui malgré son titre d'abbé n'était que sous-diacre et n'avait pas reçu les ordres, était devenu non moins impopulaire ; la haine de ceux dont il avait blessé les intérêts le poursuivait, malgré son incontestable esprit d'ordre et ses capacités en finances.

L'abbé Terray aimait les artistes et les protégeait ; l'Académie de Marseille perdait en lui un protecteur sincère. Voici en quels termes laconiques d'André Bardon annonçait le 2 septembre 1774 à l'Académie la retraite de ce ministre :

« M. l'abbé Terray n'est plus en place ; le Roi a nommé directeur et ordonnateur de ses bâtiments M. le comte de La Billarderie d'Angiviller. L'Académie n'a rien de mieux à faire que de répéter ce qu'elle a écrit à son prédécesseur, en réclamant préalablement les bons offices de M. de Montucla. »

Correspondance de 1774.

Le 12 septembre, le secrétaire écrit à d'André Bardon :

« Nous avons reçu votre lettre du 2 courant ; nous vous avions écrit le 28 août ; nos lettres se sont croisées ; nous nous hâtons de nous conformer à vos sages avis. Ci-joint deux nouveaux plis sans cachet : l'un pour M. d'Angiviller, l'autre pour M. de Montucla; vous les remettrez vous-même à leur adresse.

« Nous souhaitons que ces révolutions soient à la fin favorables à notre Académie.

« Les nouvelles publiques nous apprennent que M. de Sartines a remplacé M. de La Vrillière, et que le second ministre protége beaucoup les arts. Ne serait-il pas à propos de lui écrire, ainsi que nous procédions à l'égard de son prédécesseur ?

« En plaçant en tête de notre liste M. le comte de La Billarderie d'Angiviller, dites-nous s'il convient d'y inscrire M. de Marigny en qualité d'adjoint?

« C'est en nous soumettant entièrement à vos avis que nous éviterons toute fausse démarche, en vous témoignant le profond respect avec lequel nous avons l'honneur d'être,

« Monsieur, vos etc. »

A M. de Montucla, le secrétaire demande la continuation de ses bons offices. La Compagnie prend la liberté de supplier le nouveau directeur, M. d'Angiviller, de la prendre sous sa protection et de laisser placer à ce titre son nom en tête de la liste de ses membres.

D'André Bardon avait répondu le 21 septembre. Nous avons précédemment inséré sa lettre. Il y était dit que la nouvelle déplaçant M. de La Vrillière était fausse et que M. de Sartines avait remplacé simplement M. de La Borde comme ministre de la marine; qu'il convenait de conserver à M. de Marigny son titre d'adjoint au protecteur, puisque c'était à ce titre qu'il jouissait de l'hôtel du directeur et ordonnateur général des bâtiments du Roi; qu'on avait tout à attendre de M. d'Angiviller, briguant depuis longtemps une place d'honoraire amateur dans la Compagnie, mais que ce ministre entrait dans un labyrinthe d'affaires très sérieuses qui le distrairaient longtemps encore de l'affaire de Marseille; de plus, que l'on pouvait compter sur M. de Montucla comme sur lui-même d'André Bardon. En effet, l'Académie ne tardait pas à recevoir du nouveau ministre la réponse suivante :

À M. DE MOULINNEUF, PROFESSEUR ET SECRÉTAIRE PERPÉTUEL
DE L'ACADÉMIE DE MARSEILLE.

A Versailles, le 30 septembre 1774.

« Je ne puis être que très sensible, Monsieur, au compliment que m'adresse l'Académie sur ma nomination à la place de directeur et ordonnateur général des bâtiments du Roi. Chargé en cette qualité du soin d'encourager et faire fleurir les arts, j'ai vu avec satisfaction les liens établis entre elle et l'Académie royale de peinture et de sculpture de Paris, liens si propres à entretenir et augmenter dans la première le bon goût et les bons principes d'enseignement.

« J'accède avec plaisir au désir qu'elle me témoigne; je vais me faire rendre compte de ce qui a été déjà fait relativement aux lettres patentes qu'elle sollicite depuis si longtemps, et je donnerai à cette affaire une attention toute particulière.

« Je serai flatté de pouvoir lui procurer enfin un titre aussi essentiel à la solidité de son établissement et à son illustration.

« Je suis, Monsieur, votre très humble et très obéissant serviteur ».

D'ANGIVILLER.

Le 10 octobre, le secrétaire adresse à d'André Bardon une copie de cette lettre. Comme l'Académie n'avait fait nulle mention des lettres patentes dans sa lettre du 12 septembre, elle comprend qu'elle doit à son respectable directeur l'espoir qu'on fait luire à ses yeux.

Pendant les mois de novembre et décembre suivants, la correspondance de l'Académie est assez compliquée. Un nouveau régime était inauguré; la Compagnie comprenait qu'il lui était avantageux d'entretenir le zèle de ses associés amateurs, de s'attirer les sympathies des nouveaux ministres, et de cultiver celles de l'Académie royale et de son directeur, M. Pierre.

Le directeur avait communiqué à l'Académie, le 2 octobre, la copie de la lettre que lui avait adressée M. d'Angiviller; le 15 du même mois, il lui avait recommandé les pensionnaires du Roi Lemonier et Segla. Le secrétaire lui répondait :

14 novembre 1774.

« MM. Lemonier et Segla, ainsi que les deux architectes allant avec eux à Rome, ont été très bien reçus par la Compagnie; ils doivent être très satisfaits.

« De semblables voyages se renouvelant fort souvent et l'Académie rendant des services à ces jeunes artistes, soit pour leur embarquement, leur séjour, etc., elle pense que cette circonstance peut également militer en sa faveur pour l'obtention des lettres patentes.

« La Compagnie connaît l'influence qu'exerce M. de Montucla sur le directeur et ordonnateur général; elle attend avec impatience de ses nouvelles. »

Mais M. de Montucla est trop occupé en ce moment; il prendra son temps pour répondre à la Compagnie.

Pour clore l'année 1774, transcrivons encore les deux lettres suivantes :

L'ACADÉMIE À M. D'ANDRÉ BARDON.

26 décembre 1774.

« Il est flatteur pour nous, Monsieur, de vous réitérer avec nos cœurs, chaque année, nos sentiments de vénération, et d'une entière reconnaissance. Que de grâces, que d'honneurs, que de gloire notre Académie n'a-t-elle pas recueillis par l'effet de vos généreux soins!

« Sous quelqu'autre direction que ce puisse être, aurions-nous jamais osé nous promettre d'obtenir tant de bienfaits? Non, Monsieur, et nous en sentons tout le prix. Daigne le Ciel exaucer nos vœux pour la conservation de vos jours respectables et l'accomplissement de vos plus chers désirs! Ces sentiments dont nous sommes pénétrés nous seront toujours chers, ainsi que le profond respect avec lequel nous avons l'honneur d'être,

« Monsieur, vos etc. »

L'ACADÉMIE À M. LE COMTE D'ANGIVILLER.

26 décembre 1774.

« Monseigneur,

« L'Académie de Marseille, dans la douce attente des bienfaits qu'elle se promet de votre protection, adresse, dans ce renouvellement d'année, ses vœux les plus fervents au Ciel pour la conservation des jours si précieux de votre illustre personne, etc.

« Puisse-t-elle être bientôt à portée d'annoncer à l'Europe entière que le Colbert de nos jours, soigneux d'encourager les arts par une protection distinguée, concourt de tout son crédit à la solidité des établissements créés en leur faveur et pour le plus grand éclat de leur gloire.

« Nous sommes avec un très profond respect,

« Monseigneur, vos etc... »

Nous voici en présence du nouveau directeur et ordonnateur des bâtiments du Roi, M. le comte de La Billarderie d'Angiviller, protecteur de l'Académie. Il a accueilli avec faveur la demande des lettres patentes que lui a adressée la Compagnie. Ses réponses ne laissent aucun doute sur la sincérité de son désir de donner à celle-ci une satisfaction complète. Cependant quatre années s'écouleront avant qu'il ne soit de nouveau question des lettres patentes.

Sur l'avis de son directeur perpétuel, la Compagnie n'a plus osé insister auprès de lui; mais son protecteur n'a pas oublié ses promesses; quand l'heure aura sonné il viendra de lui-même au devant d'elle. Si on considère l'état des affaires à la mort de Louis XV, on s'explique facilement ces retards.

Comme ses collègues Vergennes, Turgot, Malesherbes, le comte d'Angiviller, auquel incombait non seulement la direction des bâtiments, mais encore celle des arts, jardins, académies, manufactures royales, s'efforçait d'introduire dans toutes les parties de son département l'économie et l'ordre, si impérieusement réclamés. Ainsi que l'avait dit d'André Bardon, le protecteur de l'Académie ne pouvait procéder que lentement. M. d'Angiviller était droit, éclairé, jaloux de rester à la hauteur de ses fonctions. Les gens de lettres et les artistes sur lesquels il exerçait son patronage eurent constamment à se louer de lui. Membre de l'Académie des sciences, il était, comme ministre des arts, le protecteur direct de l'Académie royale de peinture de Paris. Il jouissait d'une grande influence; le Roi lui-même le consultait parfois. L'abbé Terray avait conçu l'idée de réunir dans le Louvre les

DE L'ACADÉMIE DE PEINTURE DE MARSEILLE.　433

collections de tableaux et de sculptures du Roi pour en former une exposition. Le comte d'Angiviller eut la gloire d'assurer l'exécution de ce projet et de faire proclamer la liberté des arts; il eut la gloire aussi de continuer l'œuvre de Buffon dans les accroissements que ce grand naturaliste avait donnés au jardin des Plantes. M. d'Angiviller avait épousé une veuve, célèbre par sa beauté et son esprit, Mme Marchais, née de La Borde, dont le salon, du vivant de son premier mari, réunissait toutes les illustrations contemporaines: Buffon, Thomas, La Harpe, Ducis, l'abbé Maury, Marmontel, etc. Le salon de la comtesse d'Angiviller servit à rehausser encore l'éclat du ministre des arts.

Correspondance de 1776 [1].

L'Académie n'oubliait pas, à chaque renouvellement d'année, de rendre ses devoirs à son protecteur et à M. de Montucla. Nous avons reproduit la réponse de M. de Montucla en date du 14 janvier 1776. Il s'excusait de n'avoir pas écrit l'année précédente. «Le comte, disait-il, est très occupé à solliciter une décision du conseil du Roi sur les vues qu'il se propose relativement à la liberté des arts, de la peinture et de la sculpture, et la correspondance des académies établies en province avec celle de Paris.»

Il s'agissait là d'une grosse question; les privilèges et les intérêts majeurs de maîtrises et de corporations étaient battus en brèche.

On trouvera plus loin une lettre de Cochin, secrétaire perpétuel de l'Académie, du 27 janvier 1777, qui donne la mesure de l'émoi causé par cette affaire dans le monde des artistes et plus particulièrement dans le sein de l'Académie de peinture de Paris.

En attendant, M. d'Angiviller à son tour croyait devoir rassurer les professeurs de Marseille en leur montrant, comme il suit, qu'il s'occupait d'eux :

Versailles, le 15 janvier 1775.
«Monsieur,

«Chargé par Sa Majesté du soin des arts en France, je ne puis qu'être excessivement sensible à cet hommage de votre Académie. Je

[1] La correspondance de 1775 a été perdue.

vous prie de lui en faire mes remerciements, et de l'assurer de mon désir de contribuer, en tout ce qui sera en mon pouvoir, à son bien-être et à son illustration.

« M. d'André Bardon, son directeur, doit l'avoir instruite des vues particulières que j'ai sur l'objet général des arts en France; je compte qu'elles ne tarderont pas à avoir le succès que j'en espère, et l'Académie de Marseille, comme la première et l'aînée des filles de l'Académie royale de Paris, doit compter d'être distinguée parmi les associations semblables établies en divers lieux pour le progrès des arts.

« J'ai l'honneur d'être, Monsieur, votre très humble et très obéissant serviteur. »

D'ANGIVILLER.

« A M. Moulinneuf, secrétaire perpétuel de l'Académie de peinture et sculpture de Marseille »

Au commencement de 1777, la grande question que suivait le ministre des arts soulevait des difficultés sérieuses. Elle n'est point encore résolue. Il est fixé, toutefois, sur ce que l'Académie de Marseille attend de lui, et, n'ayant rien d'essentiel à annoncer à ses professeurs, sa réponse à leurs vœux de bonne année est calquée sur le moule courant d'une circulaire banale de circonstance.

Pendant le laps de temps qui nous sépare de la reprise des négociations touchant les lettres patentes, nous trouvons dans la correspondance du secrétaire certaines particularités assez intéressantes : ce sont des échanges de lettres entre l'Académie et ses associés artistes ou amateurs honoraires. La place de cette correspondance viendra ultérieurement. En attendant, voici les principales lettres adressées directement par Moulinneuf à d'André Bardon. Nous avons déjà donné l'intéressante lettre du 22 janvier 1776. D'André Bardon a répondu le 14 février suivant. Le secrétaire réplique :

À M. D'ANDRÉ BARDON.

18 mars 1776.

« Nous ne saurions assez vous exprimer, Monsieur, combien votre dernière lettre nous a causé de plaisir; vos témoignages d'amitié correspondent à nos sentiments de vénération et de reconnaissance. C'est en ne cessant de vous réitérer nos remerciements pour les dons précieux que nous tenons de votre générosité, que nos idées pour le progrès des arts se trouvent d'accord avec celles que vous nous avez communiquées.

« Après avoir mis votre digne portrait, dessiné par Carle Vanloo, sous verre enrichi d'une bordure, nous lui avons réservé une place d'honneur dans notre bureau.

« De plus, nous n'avons rien de plus pressé que de profiter, ainsi que nos élèves, des belles études que nous offrent ces dessins. Du reste, ce sera une fête pour nous de les étaler avec faste aux yeux des amateurs, et même du public, à la première exposition de nos ouvrages.

« Nous venons de perdre un de nos professeurs de dessin en la personne de M. Zirio. Ce cher confrère, outre son talent de peintre, se faisait estimer autant par ses mœurs que par sa probité. Comme il était établi depuis longtemps à Marseille, il se proposait à la fin de l'année de revoir son pays natal (Menton) pour retirer le prix d'un champ qu'il avait vendu et dont depuis vingt-huit années il n'avait retiré ni capital ni intérêt. Parti au commencement de janvier, loin de recevoir l'argent qui lui était dû, il y trouva la mort, malgré sa robuste santé, le 20 février, jour du carnaval; il fut pris subitement de violentes coliques accompagnées de fièvre et d'un violent mal de tête. On le saigna, et deux jours après il expirait dans l'effort d'une convulsion. Une fin si funeste et si précipitée nous a jetés tous dans un étonnement inexprimable.

« Conservez-vous, notre cher et respectable directeur : heureux de pouvoir vous continuer pendant une longue suite d'années la douce satisfaction de vous témoigner avec le plus profond respect combien nous avons l'honneur d'être,

« Monsieur, vos etc. »

D'André Bardon, le 16 juillet 1764, avait demandé à l'Académie qu'il lui fût envoyé une esquisse du bas-relief de Puget conservé à la consigne de Marseille. Zirio et David avaient été chargés de ce soin. Le directeur complimentait ces artistes sur leurs dessins, le 24 octobre suivant : « L'un, disait-il, est esquissé avec facilité; l'autre est rendu avec esprit. » Le comte de Caylus avait pris à sa charge les frais de la gravure de ces dessins, ce dont l'Académie s'était trouvée fort honorée. Or un de ces artistes, Zirio, venait d'être victime d'un crime, c'était à n'en pas douter. Mais la circonspection du secrétaire ne saurait l'abandonner; il pourrait se tromper et il ne se reconnaît pas le droit de formuler le moindre soupçon.

Le 12 septembre 1776, d'André Bardon a félicité la Compagnie sur sa séance publique. Voici quelques détails sur cette solennité :

À M. D'ANDRÉ BARDON.

12 septembre 1776.

« Monsieur, nous avons tenu notre séance publique dimanche 1er septembre à 4 heures après midi, à l'hôtel de ville. MM. les maire, échevins et assesseurs la présidaient. MM. les membres des belles-lettres joints à nos amateurs et à un public nombreux formaient un bel auditoire pour entendre les discours que nous devions prononcer et voir les ouvrages de nos élèves. M. Revelly a ouvert la séance en donnant l'*Histoire de la sculpture*.

« Les médailles ont été ensuite distribuées : la première à M. Ignace Vivier, natif de Rians; la seconde à M. Guay, de Marseille; et la troisième à M. Mortier, de Paris.

« M. Dageville, qui n'avait donné qu'un essai sur *Pierre Puget*, a fait cette fois *son éloge* complet, en l'examinant *comme architecte, peintre et sculpteur*.

« M. Moulinneuf a terminé la séance par un discours sur les *progrès des arts à Marseille;* tous les discours ont paru intéresser vivement l'assemblée, et le dernier n'a pas été un des moins bien accueillis.

« Notre exposition contient indépendamment de nos ouvrages, la précieuse collection que nous devons à votre générosité; placée aux places d'honneur, elle enrichit extraordinairement notre salon. Les amateurs ont plus particulièrement admiré votre portrait dessiné par Carle Vanloo et plusieurs figures académiques que nous avions choisies. Mais on l'appréciera encore davantage à nos prochaines expositions, car nous n'avons eu garde d'exhiber tout à la fois.

« Quant à cette exposition, permettez-nous de vous en envoyer la liste indiquant pour chaque tableau le sujet représenté, avec le nom de l'artiste l'ayant exécuté.

« Nous vous prions, Monsieur, etc. »

Dans la lettre où d'André Bardon applaudissait au zèle des professeurs, il réclamait leurs discours et il terminait par ces mots : « mais voici bientôt le temps que, pour mettre un intervalle entre la vie et la mort, je renoncerai à tous les honneurs du monde et je me réserverai, auprès de vous, Messieurs, que le titre de votre très humble et très obéissant serviteur. »

L'Académie avait été sensible à ces dernières paroles; le secrétaire s'empressait de répondre :

À M. D'ANDRÉ BARDON.

23 septembre 1776.

« Monsieur, ayant fait lecture de votre lettre du 12 courant et à M. Revelly, notre directeur en exercice, et à M. Dageville, associé correspondant de l'Académie royale d'architecture de Paris, ces messieurs, sachant que vous désiriez avoir en main les discours qu'ils ont prononcés à notre séance publique, sont heureux de vous satisfaire. M. Revelly m'a remis incontinent le sien, que vous trouverez sous cette enveloppe. M. Dageville mettra le sien au net, et vous l'enverra sitôt après. Le secrétaire en fera de même.

« En nous faisant connaître vos sentiments sur la vie à venir, vous nous édifiez. Mais dans ces héroïques dispositions, daignez nous conserver toutes les bontés dont vous n'avez cessé de nous combler, et de ne pas nous affliger au point de vous voir les modifier à notre égard, nous qui sommes avec vénération et un profond respect,

« Monsieur, vos etc. »

Le mois de janvier approche. Le secrétaire, au nom de la Compagnie, envoie, le 25 décembre, ses compliments de bonne année à tous ses associés, artistes et honoraires. M. Amelot, ministre d'État, qui occupe le poste devenu vacant par la disgrâce du duc de La Vrillière, n'est pas oublié. Les lettres qu'il adresse à M. Cochin, secrétaire de l'Académie royale, à M. Pierre, directeur de cette compagnie et à l'Académie elle-même, à Vien, directeur de l'Académie de France à Rome, à Natoire, résidant aussi dans la ville éternelle, se font plus particulièrement remarquer par la chaleur des souhaits et par la flatteuse opinion que l'Académie de Marseille professe pour leur mission, leur talent, et leur personne.

Correspondance de 1777.

M. Aujolest Pagès, « directeur de l'École royale académique de peinture, sculpture, architecture et autres arts de Poitiers », écrit à l'Académie, le 2 février 1777, pour cimenter l'union de sa compagnie avec celle de Marseille par une sorte d'affiliation. Le 10 mars, le secrétaire répond à ces avances. D'André Bardon sera mis au courant. Nous voyons le directeur porter cette question devant l'Académie royale, et celle-ci déclare avoir seule le droit d'avoir des affiliés (9 novembre 1777)[1].

Laurent a été nommé graveur du Roi. Ancien élève de l'Académie lors de sa fondation (1752), il a écrit le 20 mars pour annoncer à ses anciens professeurs son élévation. Le secrétaire le complimente dans les termes les plus amicaux le 2 avril suivant. La correspondance qui s'établit à ce propos viendra plus tard.

Le 8 septembre, le secrétaire rend compte de la séance publique de l'Académie à son directeur : « M. Revelly a ouvert la séance par un *Essai sur la gravure* qui a vivement intéressé. Premier prix à M. Mortier, de Paris; deuxième prix à M. Valette, de Namur en Flandre, et à M. Nicolas Joseph, tous deux sculpteurs; troisième à M. Barthélemy, architecte. M. Duplessis, adjoint à M. Melicy, professeur d'anatomie ayant succédé à M. Dorange, que la compagnie a perdu, a prononcé son éloge, non moins bien goûté que le discours de M. Revelly. M. Duplessis a été très complimenté et applaudi. M. Moulinneuf a terminé la séance par quelques paroles de circonstance. »

Le 14 septembre, d'André Bardon témoigne sa satisfaction : ces détails l'ont vivement intéressé; il a communiqué cette lettre à M. le premier peintre du Roi. Il envoie trois exemplaires d'un de ses petits

---

[1] Cette lettre est très explicite à ce sujet, ainsi qu'une autre du 2 décembre.

ouvrages et fait ses recommandations au sujet des élèves qu'on lui adresse. L'Académie s'empresse de répondre à son directeur le 22 septembre par une lettre dont voici le résumé :

« L'Académie a pris connaissance des discours contenus dans la brochure à elle envoyée. Elle a admiré la sagacité des observations et la justesse des idées de l'auteur autant que la netteté de sa diction. Qu'il lui soit permis en terminant de le féliciter du nouveau titre d'adjoint à recteur qui lui a été décerné par l'Académie royale. Cela prouve que sa santé ne s'altère pas. Puisse-t-elle jouir longtemps des bontés de son cher directeur et lui témoigner le profond respect avec lequel elle a l'honneur d'être, etc. »

Une lettre du 9 novembre 1777, de d'André Bardon, avait fait part, non seulement des décisions de l'Académie royale à propos de M. Pagès, et fait des recommandations au sujet des médaillistes qu'on lui envoyait ; mais d'André applaudissait à la nomination du peintre Lelu comme associé de l'Académie. Voici la lettre qui avait motivé ce dernier paragraphe :

À M. D'ANDRÉ BARDON.

29 octobre 1777.

« . . . . . M. Lelu, peintre d'histoire, natif de Paris, que nous avons reçu académicien, nous a paru par ses talents, ses mœurs et sa naissance, digne d'avoir une place parmi nous. Après avoir habité l'Italie pendant quinze ans pour s'y perfectionner, il pourra, à son arrivée à Paris, vous dire dans quel état il a trouvé notre Académie.

« Comme nous nous sommes fait un plaisir de lui marquer notre considération en voyant ses ouvrages, nous osons nous flatter qu'à votre tour en les examinant vous applaudirez à la délibération que nous avons prise à cet effet, quand il aura l'honneur de la présenter à votre signature.

« Nous sommes extrêmement mortifiés des soucis que vous ont causés quelques-uns de nos élèves recommandés ; nous croyons qu'en partant de Paris ils avaient eu la précaution de se réserver un petit fonds pour s'entretenir en attendant d'être placés, sans rester à votre charge. Nous nous étions contentés de les voir étudier et dessiner pour constater leurs aptitudes ; nous vous sommes obligés de votre avis : à l'avenir, nous serons plus circonspects, aussi bien qu'envers notre cher directeur, à qui nous voulons toujours donner des preuves de nos sentiments et du profond respect avec lequel nous sommes, Monsieur, vos etc. »

La correspondance de l'Académie, à la fin de 1777, est marquée par une lettre du 4 novembre, qui en motive une de d'André Bardon, le 2 décembre. Il est spécialement question dans celle-ci de M. Aujolest Pagès, directeur de l'école de Poitiers. Dans une autre lettre du 15 décembre, le secrétaire répond aux demandes de son directeur en lui donnant la date du 15 janvier 1776, où le titre de : *La première et l'aînée des filles de l'Académie royale de peinture* lui a été décerné par le protecteur de l'Académie M. de Marigny. Le directeur espère que cette particularité, qu'il ignorait, pourra lui fournir quelques avantages, lui donner jour à quelques espérances, et lui permettre de remettre les fers au feu. D'André Bardon a-t-il remis les fers au feu? C'est ce dont il n'est plus parlé. Mais les espérances de l'Académie vont se ranimer; le comte d'Angiviller en personne va se charger de les réveiller.

Correspondance de 1778.

Selon sa coutume, l'Académie avait envoyé ses lettres de bonne année, notamment à son protecteur et à d'André Bardon qui, muni des renseignements fournis par le secrétaire, était le premier entré en campagne. Sa réponse à la Compagnie, du 12 janvier, et sa lettre du 19 du même mois, où il réclame encore de nouveaux éclaircissements, nous mettent au courant de ses négociations préliminaires. Voici toutefois la circonstance qui allait imprimer à ces négociations une direction toute nouvelle :

LE COMTE D'ANGIVILLER À M. MOULINNEUF, SECRÉTAIRE PERPÉTUEL.

A Versailles, le 21 janvier 1778.

« On ne peut être, Monsieur, plus sensible que je le suis aux marques d'attention que l'Académie de Marseille veut bien me donner dans ce commencement d'année. Elles me seront toujours particulièrement précieuses comme partant de la fille aînée de l'Académie royale, dont Sa Majesté m'a spécialement confié l'administration.

« Je serai toujours charmé de l'obliger en ce qu'elle pensera lui être utile, soit pour son bien-être, soit pour son illustration.

« La fin de votre lettre paraît m'annoncer qu'elle attend quelque chose de moi; si vous voulez bien m'expliquer ses vues, je les examinerai, et je ferai très volontiers ce qui sera en mon pouvoir pour les remplir.

« J'ai l'honneur d'être,

« Monsieur, votre très humble et obéissant serviteur. »

D'ANGIVILLER.

La Compagnie ne tarde pas à communiquer cette lettre importante à son directeur.

L'ACADÉMIE À M. D'ANDRÉ BARDON.

4 février 1778.

« Monsieur,

« Vos lettres des 12 et 19 janvier ont été lues dans notre dernière assemblée. Les professeurs réunis vous réitèrent l'expression de leur reconnaissance pour toutes les obligations dont il vous sont redevables et pour l'illustration que votre zèle inaltérable projette sur la Compagnie.

« Cependant, Monsieur, nous vous disions qu'il y avait en province des académies moins importantes que celle de Marseille qui jouissaient de lettres patentes : nous voulions parler de celle de Poitiers, dont M. Pagès est le directeur. Bien qu'elle soit établie depuis peu de temps, il paraît qu'elle est patentée, puisque M. Pagès, dans sa lettre du 2 février 1777, nous écrit : « Je me fais un devoir, un plaisir, de vous
« annoncer, avant les papiers publics, la constitution légale et solide
« de l'Académie royale, académique de peinture, de sculpture, archi-
« tecture et autres arts de Poitiers, etc. »

« Pour s'annoncer de la sorte avec ce titre de *royale*, ce ne peut être que parce qu'elle a reçu ses lettres patentes; du moins, c'est ce qui nous a semblé.

« Vous trouverez ci-joint copie de deux lettres : l'une de notre protecteur ouvrant le champ à nos demandes de lettres patentes, l'autre notre réponse à M. d'Angiviller, ou pour mieux dire à notre cher directeur, pour qu'il soit à même de transmettre à ce dernier des éclaircissements qu'il paraît désirer touchant notre Académie. »

L'Académie entre là dans de longs détails, qui ne sont que la répétition des avantages espérés, à tous les points de vue de son institution, et qui sont déjà formulés en maints endroits de sa correspondance ou des pièces d'archives. Il s'agit des pensionnaires du Roi, qui sont fêtés à Marseille « et accueillis dans la salle du modèle, où ils peuvent travailler à loisir »; il s'agit de l'École, qui a fourni à la France des artistes distingués, ayant obtenu le grand prix de l'Académie ou devenus membres de cette illustre compagnie royale : Beaufort, Bounieu, Julien, Foucou, Poncet « sculpteur domicilié à Rome, choisi et mandé à Fernay pour y exécuter en buste le portrait de M. de Voltaire. » « Un tel choix, disait le secrétaire, fait de lui dans la métropole de la chrétienté, prouve la confiance qu'on avait en cet artiste pour l'exécution d'un tel morceau. »

Parlant ensuite de la perfection des ouvrages manufacturés, qui n'est due selon elle qu'à ses enseignements, l'Académie s'écrie de nouveau : « On n'a qu'à parcourir les ateliers de Marseille, puis venir dans nos salles à l'heure de nos exercices; la foule innombrable des élèves qui s'y pressent et qu'elles ne peuvent plus contenir, est un témoignage parlant de l'empressement avec lequel l'étude du dessin est suivi, et par cela même combien tous les arts et métiers auxquels il est appliqué profitent de son utilité.

« Nous souhaiterions que notre protecteur et le premier chef de notre Académie fussent témoins des peines et fatigues que se donnent continuellement les professeurs : on verrait en eux le véritable zèle qui mérite les éloges; il semble qu'un même esprit les anime en travaillant gratuitement toute l'année avec un désintéressement absolu, en se sacrifiant au progrès de l'Académie.

« Croyez, Monsieur, que le tableau que je trace en ce moment est d'une rigoureuse exactitude; vous pouvez l'affirmer hautement. Si nous n'étions pas convaincus de l'utilité de notre établissement, oserions-nous demander des lettres patentes? Nous comptons sur vous pour les obtenir. Si vous ne réussissiez pas, toute autre protection que la vôtre nous deviendrait inutile.

« Pardonnez-nous les peines que nous vous occasionnons; regardez-nous comme des enfants chéris qui, dans les bras de leur père, attendent de son amitié leur bonheur et leur gloire et qui sont et resteront toujours avec le plus profond respect,

« Monsieur, vos etc. »

« M. Mouraille a assuré vous avoir écrit et qu'il vous adresserait une nouvelle lettre pour vous remercier au nom de l'Académie des belles-lettres de la brochure que vous lui avez envoyée. »

L'ACADÉMIE À M. LE COMTE D'ANGIVILLER.

4 février 1778.

« Monseigneur,

« La compagnie profite de votre lettre du 21 janvier pour vous exposer le glorieux but de son ambition. Il s'agirait d'obtenir du Roi pour elle des lettres patentes.

« Une précédente demande avait été adressée à M. le marquis de Marigny, qui l'avait fort bien accueillie. Notre établissement existe depuis vingt-six ans; les professeurs ont jusqu'à ce jour sacrifié gratuitement leurs talents et leurs veilles pour former un nombre infini d'élèves de tous états et talents. Nous espérons intéresser le respectable restaurateur des beaux-arts à faciliter notre glorieuse illustration.

« M. d'André Bardon, notre directeur, vous fournira tous les éclaircissements qui vous donneront la mesure de l'utilité de notre établissement et combien il mérite que vous vous intéressiez à lui.

« Nous sommes, Monseigneur, avec le plus profond respect, vos très humbles et très obéissants serviteurs. »

D'André Bardon répond le 15 février.

Il gourmande assez vertement l'Académie, dont la lettre à son protecteur ne correspond nullement à la question qui lui est adressée. Il donne lui-même le canevas à remplir, et il s'écrie à propos du titre pompeux de la soi-disant Académie royale de peinture de Poitiers, au sujet de laquelle le secrétaire a respecté le texte que lui avait donné M. Aujolest Pagès : « Vous devez comprendre que cette *Constitution légale* n'est qu'une gasconnade. »

L'Académie entrevoit de nouveau le but. La question de faire attribuer des honoraires aux professeurs est en jeu. La correspondance, à dater de ce moment, prend des proportions importantes. Celle de d'André Bardon est très nourrie, mais celle du secrétaire l'est davantage. Beaufort, ce confident intime de l'Académie, que l'on voit toujours apparaître dans les circonstances graves ou épineuses, entre de nouveau en scène. On a fait courir des bruits injurieux sur l'Académie. Instruit des machinations du peintre Chay, qui éclatèrent à la fin de 1779, Beaufort n'hésite pas à signaler le danger :

BEAUFORT À L'ACADÉMIE.

8 mars 1778.

« Chers confrères et amis,

« M. d'André Bardon a fait savoir à l'Académie que M. le comte d'Angiviller a pris à cœur les intérêts de la compagnie. Notre cher directeur se donne tous les mouvements possibles pour que cela réussisse. Il demande un état de vos dépenses. Je lui en ai remis un dont je vous envoie le double.

« Je désire ardemment que vous ayez enfin des honoraires. J'ai joint au mémoire des dépenses des notes relatives au zèle que vous avez déployé dans l'exercice de votre professorat pour former des artistes en tout genre, et cela avec une générosité et un désintéressement qui n'ont point d'exemple, et qu'enfin il était temps de récompenser votre zèle et vos travaux. J'attends avec impatience le moment de vous féliciter, etc. »

A part et confidentiellement :

« Comme dans la nature tout décline, il ne serait pas étonnant que votre ardeur première se fût ralentie, ainsi qu'il m'a été rapporté indirectement; je vous conseille de reprendre avec vigueur et chaleur vos anciens exercices pour que vous n'ayez pas gens qui soient dans le cas de vous décrier, tels que les échevins ou autres personnes de considération. Et si le bonheur veut que cet instant soit celui d'avoir des honoraires, faites que par vos soins tout le monde soit content, que les supérieurs ne se plaignent pas et ne donnent pas à regret.

« Vous m'excuserez, mais c'est pour le bien que je vous écris. Honorezmoi toujours de votre estime et soyez persuadés du respect avec lequel je suis,

« Messieurs et chers confrères, votre très humble et très obéissant serviteur. »

BEAUFORT.

Après avoir expédié cette lettre, Beaufort a causé avec d'André Bardon. Il sait que ce dernier a écrit à l'Académie le 7; il est au courant du contenu de sa lettre alors en route pour Marseille. Il prend la plume, afin de compléter les renseignements que le directeur donne à ses collègues.

BEAUFORT À L'ACADÉMIE.

10 mars 1778.

« Messieurs et chers confrères,

« M. le comte d'Angiviller et d'André Bardon, toujours animés d'un nouveau zèle lorsqu'il est question de votre gloire et de vos intérêts, s'occupent d'assurer votre stabilité. Ils trouvent étonnant que MM. les échevins se montrent si froids et qu'ils apprécient si peu les avantages de l'établissement d'une académie des beaux-arts qui doit perfectionner tous les ouvriers dont la profession exige du dessin qui leur donne de la grandeur, de la justesse dans les idées et du goût dans l'exécution, d'où il s'ensuit qu'une ville qui possède d'excellents ouvriers, non seulement se passe des étrangers, mais force les habitants des autres villes à employer et rechercher les travaux que celle-ci possède parce qu'ils sont plus parfaits et infiniment mieux récompensés.

« Ce sont donc de nouvelles richesses que la ville de Marseille acquiert; elle doit donc par conséquent protéger ceux qui comme vous, Messieurs, y contribuez. C'est l'esprit qui doit animer tout bon citoyen et principalement les magistrats d'une ville de commerce l'une des plus importantes du royaume. Pour des négociants, c'est inconcevable; tandis que Rouen, Bordeaux, Dijon et autres sollicitent, demandent au directeur général des arts de vouloir bien s'intéresser auprès du Roi pour protéger de pareils établissements.

« Que conclure d'une pareille léthargie? Ces égards que l'on doit avoir pour eux font naître des idées désavantageuses sur votre compte, font soupçonner que vous vous êtes relâchés du zèle que vous déployez dans le principe : négligence vous les rendant peu propices à prendre vos intérêts.

« Voici le moment favorable; redoublez d'ardeur, remettez en vigueur certains exercices que vous avez peut être abandonnés en vous voyant si mal récompensés; *ne communiquez point vos espérances prochaines*, mais tâchez avec adresse d'y intéresser les amateurs ou des personnages distingués qui remuent en votre faveur auprès des magistrats, afin qu'il vous soit donné dans l'arsenal ou dans la ville un endroit commode pour y établir votre Académie; qu'il ne soit pas dit que la ville vous abandonne et laisse à votre charge le prix d'un loyer; qu'ils ennoblissent les idées qu'on doit avoir pour vous, et qu'ils engagent ces mêmes magistrats à s'adresser à M. le directeur général; qu'ils soient certains de réussir et d'obtenir tout ce qui peut vous être favorable.

« Mais, je vous le répète, reprenez votre ancien zèle; enchérissez s'il est possible, et sitôt ma lettre reçue mettez-vous en action. Il s'agit d'un coup de partie; de lui dépend le succès; je le désire de tout mon cœur, et je suis avec respect,

« Messieurs et chers confrères, vos etc. »

BEAUFORT.

Beaufort a le respect de l'autorité; il préfère incriminer la malechance de ses confrères que la mauvaise volonté des échevins; mais Moulinneuf ne veut pas laisser son ami sous le coup de telles impressions; il écrit :

L'ACADÉMIE À M. BEAUFORT.

23 mars 1778.

« Notre cher confrère,

« Nous vous remercions de vos deux lettres si intéressantes à notre Académie : affabilité, conseils, amitié s'y trouvent réunis. En nous applaudissant de ces marques de bienveillance, nous ne devons pas moins vous avertir pour vous prémunir contre les mauvais propos que l'on tient sur notre compte. Nos échevins, dit-on, n'appuient pas notre demande de lettres patentes, c'est une pure calomnie. Nos fondateurs vont écrire incessamment à M. le comte d'Angiviller, et sa réponse fera tomber tous ces bruits. Nos échevins sont convaincus des avantages que notre établissement offre à Marseille, à la Provence et même à tout le royaume.

« En effet, si notre zèle était refroidi, que notre nonchalance nous fît négliger les devoirs que nous nous sommes imposés d'instruire et de former des élèves dans tous les genres, pensez-vous que nos délateurs se contenteraient de simples propos? Plus osés, ils trouveraient facilement le moyen de nous détruire si nous donnions prise à leurs calomnies.

« Ce dont nous pouvons vous assurer, cher confrère, c'est que vous-même, qui avez été témoin de nos commencements, vous seriez aujourd'hui étonné d'y trouver la même chaleur, le même entrain, le même désintéressement. Bien plus, nous ne craignons pas de l'affirmer, la fourmillière de nos élèves augmente chaque jour, et nos fatigues et nos veilles suivent la même progression.

« Aussi voyons-nous avec scandale combien la malice des envieux est grande, puisque plus nous sacrifions pour le bien de la patrie, plus nous trouvons des méchants qui nous déchirent; mais les progrès de l'Académie donnent un éclatant démenti à ces vils calomniateurs.

« Nous vous sommes obligés de l'état des dépenses que vous nous envoyez. Merci de vos favorables intentions; nous vous dirons que depuis votre départ de Marseille tout a presque doublé de prix, huile, charbon, loyer des maisons; la quantité des élèves grossissant sans cesse, nos dépenses deviennent plus considérables. Cependant, pour concilier notre état avec le vôtre, en diminuant quelques-uns de vos articles, nous avons ajouté à ceux dont le prix fixé était insuffisant. Cet état de dépenses est actuellement entre les mains de M. d'André Bardon, auquel nous avons écrit le 20 de ce mois[1].

« Comme notre cher directeur est tout porté pour le bien et la gloire de notre Académie, il est juste qu'il soit tenu au courant de toutes nos opérations, d'autant mieux que nous mettons à profit ses conseils et ses lumières.

« Nous vous prions, cher confrère, de nous continuer votre amitié, vos attentions et vos avis en ce qui touche notre compagnie. Ce que vous avez déjà fait pour elle nous prouve combien vous nous êtes attaché. Nous serions bien ingrats si nous n'y correspondions pas avec tout

---

[1] Cette lettre, qui justifie celle de d'André Bardon du 27 mars 1778, est longue; nous l'avons résumée ci-dessus. L'état des dépenses envoyé par Beaufort n'était qu'un projet à réaliser lorsque l'Académie aurait reçu ses lettres patentes.

l'empressement et la cordialité possibles. Enfin, si le succès couronne notre attente, nous pourrons nous flatter que vous y avez contribué en confrère digne de ce nom qui n'a pas oublié les artistes ses amis, avec lesquels il était lié à Marseille et qui, tant qu'ils vivront, seront avec les sentiments de l'estime et de la considération la plus parfaite,

« Monsieur et cher confrère, vos très humbles et très obéissants serviteurs. »

L'ACADÉMIE A D'ANDRÉ BARDON.

20 mars 1778.

« Monsieur,

« Conformément à vos deux dernières lettres, la compagnie a délibéré au sujet du mémoire qui doit être envoyé à M. d'Angiviller; vous en trouverez ci-joint une copie, avec l'état des dépenses de l'Académie.

« Les membres qui ont droit de prétendre à des honoraires sont : 1° M. le directeur perpétuel; 2° le directeur recteur en exercice; 3° les six professeurs de dessin qui, par leurs fonctions doublées, en représentent douze; 4° les six professeurs des sciences; 5° le secrétaire.

« Voilà les officiers qui paraissent les mériter. Il est également un officier chargé de l'administration des dépenses de l'Académie qui est en droit de demander une rétribution, en considérant l'attention et le temps que son emploi exige.

« Notre réponse tend à nous rendre nos fondateurs favorables. Nous avons reçu une lettre très obligeante de M. Pierre[1]; nous vous prions de le remercier, ainsi que M. de Montucla.

« Nous sommes, etc. »

D'André Bardon avait été satisfait du mémoire. M. Pierre lui avait communiqué la lettre qu'il écrivait à la compagnie. Il est de la dernière importance pour cela, portait-elle, que les échevins sollicitent en sa faveur le directeur général; il prie donc instamment l'Académie de supprimer le nom de d'André Bardon sur la liste des officiers prétendant à des honoraires. « Je suis trop payé, si, pendant mon administration, j'ai pu vous être de quelque utilité[2]. » Le désintéressement de d'André Bardon ne devait jamais se démentir.

[1] Cette lettre n'a pas été conservée. — [2] Lettre du 27 mars 1778.

L'ACADÉMIE À M. D'ANDRÉ BARDON.

8 avril 1778.

« Monsieur,

« Après avoir reçu votre lettre du 27 mars, nous nous sommes rendus à l'hôtel de ville, en compagnie de MM. de Valabres, de Fontainieu et Campion, honoraires de notre Académie, pour représenter à MM. nos fondateurs combien il était avantageux à la ville de Marseille de soutenir notre établissement dans sa demande de lettres patentes. Ils nous ont répondu avec toute la cordialité possible que par le même courrier ils adresseraient une lettre à ce sujet au ministre des arts, notre mémoire partant le même jour.

« Nous présumons que cette démarche de nos échevins engagera plus volontiers notre illustre protecteur à nous être favorable, notre respectable directeur ayant déjà préparé les voies.

« Nous apprécions le silence de M. de Montucla. Quel appui ne nous ménagez-vous pas en sa personne et en celle de M. Pierre ?

« En ce qui touche les honoraires demandés, il suffit de jeter les yeux sur notre mémoire pour juger si jamais l'intérêt nous a guidés : soins, peines, veilles, démarches et surtout le temps toujours si précieux pour des artistes. Tout a été constamment sacrifié par nous depuis plus de vingt-cinq ans, sans que notre désintéressement se soit jamais lassé, sans que notre zèle ait jamais faibli.

« Enfin, Monsieur, en attendant les lettres patentes, nous ne négligeons rien. Nos professeurs concourent tous au résultat qu'on peut attendre d'un corps académique, dont le but doit être le bien de la société civile.

« Dans votre lettre du 7 mars, vous nous faites apercevoir que l'Académie royale n'a eu jusqu'au règne actuel que 4,000 livres du Roi, et qu'elle payait douze professeurs et quatre recteurs, tandis que celle de Marseille, pour son seul entretien, sans gratifier aucun de ses officiers, en consommait 3,000. Mais la note envoyée à cet effet-là certifie :

« Une académie qui se forme se trouve constamment en présence de dépenses imprévues et qui sont indispensables.

« Outre la salle du modèle et celle de la bosse, la salle du dessin affectée aux élèves occasionne une dépense très considérable, attendu la quantité immense de jeunes gens de tous états que l'étude y rassemble, ce qui n'existe pas à l'Académie royale.

« De plus, celle-ci à un logement au Louvre, tandis que la nôtre est assujettie à un loyer de 600 livres tous les ans, et que nous sommes à la veille de voir augmenter de plus de la moitié pour avoir un logement convenable, ce qui nous cause en sus des frais de réparations inévitables.

« Nous vous prions également d'examiner combien toutes les denrées ont haussé de prix. Autrefois on faisait beaucoup plus avec trois qu'aujourd'hui avec quatre. Mais ce que nous cherchons avant tout, c'est la gloire et les progrès des arts et l'occasion de vous marquer le profond respect avec lequel nous avons l'honneur d'être,

« Monsieur, vos etc. »

D'André Bardon avait écrit le 19 avril en termes pressants au chevalier de Valabres pour l'engager à plaider la cause de l'Académie devant les échevins. Il avait appris que cette lettre, précieusement recueillie par l'Académie, était placée par elle dans ses archives. Il témoigne le 8 mai du plaisir que lui a causé cette attention. Il fait part en conséquence à la compagnie de ce qui se passe à son sujet à Paris. Le secrétaire répond tout aussitôt :

L'ACADÉMIE À M. D'ANDRÉ BARDON.

28 mai 1778.

« Monsieur,

« Quand on aime les arts et ceux qui les cultivent avec honneur, on est toujours porté à contribuer à leur gloire. Telle est la façon de penser de M. le chevalier de Valabres, cet ami des talents, du mérite et de la vertu, et par conséquent le vôtre. Il s'est fait un plaisir de nous remettre la lettre que vous lui avez écrite le 19 avril dernier; nous l'avons déposée dans nos archives à côté de celles qui célèbrent votre zèle inaltérable à illustrer notre compagnie; quel dépôt pour des cœurs sensibles! Oui, nous nous ferons un devoir de perpétuer ces sentiments dans l'âme de nos successeurs, des uns aux autres, jusqu'aux temps les plus reculés.

« Notre protecteur n'a point encore répondu à MM. nos fondateurs; ainsi de nous, tant de ce côté que de celui de M. de Montucla; ces magistrats sont toujours bien disposés en notre faveur. Nous sommes allés en corps les remercier et leur témoigner notre reconnaissance, en les priant de nous permettre de les attacher à notre Académie comme honoraires amateurs. Ils ont accepté, et ils sont charmés de figurer ainsi dans nos registres à côté des Watelet, des Boulongne, des Soufflot, etc.; de sorte que, pour nous remercier avec distinction, ces messieurs, M. le maire, tant que les quatre échevins, sont venus rendre visite en personne à notre Académie pour nous assurer de toute leur gratitude.

« Le moment était très favorable ; le modèle était posé. C'était le lundi de la Semaine sainte : il était couché sur la croix. Cette attitude les avait vivement intéressés. Ils l'examinèrent longuement, puis ils parcoururent les salles ; la grande quantité des élèves de celle du dessin les frappa d'étonnement. Ils applaudirent avec éloges à nos fonctions, louèrent notre zèle, l'utilité de notre établissement ; puis nous les fîmes passer dans notre salon de peinture, et nous mîmes sous leurs yeux les dons précieux de l'Académie royale, le Recueil des ruines d'Herculanum, présent du roi de Naples ; nous étalâmes à leurs regards les beaux et inestimables morceaux conservés dans ces portefeuilles que nous tenons de votre générosité, et qui sont une de nos collections les plus riches.

« Cette visite suffira pour confondre, vis-à-vis de nos fondateurs, la malice de nos ennemis et démontrer la fausseté de leurs rapports, et de leurs calomnies.

« Enfin, dans la position actuelle, nous osons nous flatter que notre récompense n'est pas éloignée, grâce à notre protecteur, à notre cher directeur, à M. de Montucla, à M. Pierre, et à tous ses amis.

« L'Académie de Bordeaux s'adresse à vous pour obtenir ses lettres patentes ; c'est son bon génie qui l'a inspirée.

« Nous avons l'honneur d'être avec un profond respect,
« Monsieur, vos etc. »

Avant l'établissement de l'Académie à Marseille, les fabricants de faïences, de tapisseries peintes ou tissées, de toutes choses exigeant des dessinateurs et des peintres, entretenaient de petites écoles privées pour y former leurs apprentis. Les produits des plus habiles étaient naturellement les plus recherchés, tandis que les fabricants moins bien pourvus en talent personnel ou en ouvriers de choix, condamnés à ne produire que des objets usuels et communs, végétaient péniblement. Le jour où l'Académie eût vulgarisé par son enseignement l'art du dessin, élevé le goût public, fourni des ouvriers dessinateurs pour tous états, la concurrence porta un coup sensible aux monopoleurs. De là de sourdes animosités contre l'Académie. D'un autre côté, certains artistes médiocres, repoussés par la compagnie ou n'y ayant pas trouvé la situation qu'ils croyaient mériter, venaient grossir le nombre de ses adversaires. En un mot, le cortège de jalousie et d'envie qui se groupe fatalement autour de tout individu ou de toute institution qui grandit, ne pouvait faire défaut à l'Académie. Stimulés par ces clameurs qui, colportées à Paris, avaient impressionné Beaufort lui-même, les professeurs n'apportaient que plus d'ardeur et de conscience dans l'accomplissement de leur tâche journalière.

Le jour de la distribution des prix s'avançait. Voulant donner tout l'éclat possible à l'exposition qui en était la suite, Moulinneuf, le porte-parole de la compagnie, écrit le 11 août, puis le 16, à M. Lombard, commissaire général de la marine, à Toulon, pour lui demander l'autorisation d'exposer les ouvrages de la société dans les appartements de l'hôtel de l'Intendance de la marine à Marseille, situés au 1ᵉʳ étage en montant par le grand escalier. Cette faveur est généreusement accordée. M. Veyrier, ingénieur en chef de la marine, a plaidé et obtenu gain de cause pour la compagnie. Moulinneuf le remercie le 16, puis, le 23 août, il fait part à M. Lombard d'une délibération qui lui défère en reconnaissance le titre d'honoraire amateur : « L'Académie est heureuse de voir son nom dans ses fastes, inscrit à côté de ses illustres associés. » La distribution des prix est faite, l'exposition est ouverte; le secrétaire l'annonce en ces termes à son directeur :

À M. D'ANDRÉ BARDON.

31 août 1778.

« Monsieur,

« Notre exposition a eu lieu hier à 4 heures après midi dans la salle de l'hôtel de ville en présence des échevins. MM. des belles-lettres et nos honoraires amateurs y assistaient. M. Revelly, en qualité de directeur, a débuté par un discours intitulé *Essai sur la perspective*, fort applaudi; nos prix consistaient en grandes médailles d'argent. La première a été décernée à M. Mortier; la seconde à M. Basse, et la troisième à M. Gras.

« Les prix une fois donnés, M. Dageville, professeur d'architecture et de perspective, associé correspondant de l'Académie royale d'architecture de Paris, fit un discours sur les *Embellissements, décorations et commodités relativement à la ville de Marseille*. Ce discours, aussi bon que celui de M. Revelly, n'a pas été moins bien goûté de toute l'assemblée.

« M. Moulinneuf a par quelques observations terminé la séance. MM. les maire, échevins et assesseurs étant bien aises de voir nos ouvrages, nous les conduisîmes à l'hôtel de l'Intendance de la marine où se trouve notre exposition, dont vous trouverez la liste ci-après des œuvres qu'elle contenait. Cette ouverture faite, le public tout entier a été admis à la visiter.

« C'est dans ce jour destiné à solenniser notre Académie et que nous renouvelons tous les ans, que nous donnons des preuves constantes des effets de nos travaux : former des sujets utiles à la société, accroître chez eux l'amour et le goût des sciences et des arts, c'est là notre but, tant pour mériter l'attention de nos chefs, que l'estime de nos concitoyens. »

La suite de cette lettre ne contient que des doléances au sujet du retard apporté à l'expédition des lettres patentes. « Hélas! s'écrie le secrétaire, il en est presque toujours ainsi pour les instituteurs des établissements utiles : ils vieillissent et meurent sous le poids de la peine, et leurs successeurs ont seuls l'honneur de la récompense. »

D'André Bardon, le 8 septembre, a quelque peu réconforté la compagnie : « Il partage la surprise de ses confrères. L'Académie de Bordeaux a attendu trente ans pour jouir des droits acquis actuellement à celle de Marseille; mais en fait de lettres patentes, elle n'est pas plus avancée qu'elle; s'il est, dans le monde, des affaires qui exigent que l'on prenne patience, ce sont celles dont le succès ne dépend pas de nous et où l'agrément du souverain est indispensable. L'académie, n'ayant point essuyé de refus, doit toujours espérer. »

L'Académie se résigne. Le secrétaire continue à s'entretenir par correspondance : le 7 septembre, avec M. Balze, sculpteur du roi d'Espagne; le même jour avec de Joux, sculpteur, ancien élève de l'école, devenu membre de l'Académie royale; avec Pierre Laurent, graveur du Roi et de la Reine, autre élève de Marseille; le 25 décembre, il se met en devoir d'envoyer ses lettres de bonne année à tous les associés importants de l'Académie. Nous ne relèverons ici que les trois suivantes :

À M. DE MONTUCLA, PREMIER COMMIS DE M. D'ANGIVILLER.

« Monsieur,

« Permettez qu'en ce renouvellement d'année nous nous acquittions d'un devoir bien flatteur en vous présentant nos vœux et nos souhaits pour la conservation de vos jours et l'accomplissement de tous vos désirs puisés dans nos cœurs et dictés par les sentiments d'une juste reconnaissance; notre satisfaction sera complète si vous daignez nous continuer vos bontés.

« Nous n'ignorons pas, Monsieur, tout ce que vous avez tenté en notre faveur auprès de notre respectable protecteur, pour que notre Académie puisse obtenir des lettres patentes, et qu'en conséquence votre zèle est inaltérable. C'est en lui que, pour le succès, nous osons mettre notre confiance, et que lorsque la chose sera possible vous vous ferez un véritable plaisir de contribuer de tout votre pouvoir à combler notre attente.

« Aussi de quelles obligations et de quels remerciements ne vous sommes-nous pas redevables? Heureux de posséder dans notre Académie un amateur si généreux et dont nous sommes avec un profond respect,

« Monsieur, vos etc. »

À M. PIERRE, PREMIER PEINTRE DU ROI.

« Veuillez agréer, Monsieur, en ce renouvellement d'année, les vœux et les souhaits que nous formons pour la conservation de vos jours; entraînés par notre zèle et nos sentiments, il nous est glorieux de nous acquitter envers un des plus célèbres maîtres de la première Académie du monde. Heureux si nous nous rendons dignes de vos bontés!

« Nous avons été instruits par notre cher directeur de toutes les faveurs dont vous daignez honorer notre Académie, en la considérant comme fille aînée de l'Académie royale, et en vous intéressant à nous faire obtenir des lettres patentes. De combien de remerciements ne vous sommes-nous pas redevables! C'est en vous témoignant le profond respect avec lequel nous avons l'honneur d'être,

« Monsieur, vos etc. »

À M. LE COMTE D'ANGIVILLER, PROTECTEUR DE L'ACADÉMIE.

« Monseigneur,

« En ce renouvellement d'année, nos cœurs sont flattés de vous présenter l'hommage de nos vœux. Puissions-nous à jamais les renouveler avec cet empressement et cette satisfaction qui font actuellement le bonheur et la gloire de notre Académie; cependant, si elle osait, elle vous demanderait d'y mettre le comble en lui faisant obtenir des lettres patentes, par la protection dont vous daignez l'honorer.

« Après avoir travaillé bien longtemps avec tout l'empressement possible pour nous mettre en état de les mériter et vous avoir exposé dans un mémoire circonstancié les avantages de notre établissement, c'est de votre bonté seule, Monseigneur, que l'Académie attend une solide stabilité.

« Cette stabilité sera la juste récompense du zèle des professeurs qui mettent tous leurs soins à faire fleurir la fille aînée de l'Académie royale, et en rendent ainsi leurs fastes mémorables, grâce aux biens dont ils seront redevables au protecteur des beaux-arts, en vous témoignant, Monseigneur, combien nous sommes avec le plus profond respect,

« Vos très humbles et très obéissants serviteurs. »

Correspondance de 1779.

D'André Bardon, en remerciant la compagnie, dans sa lettre du 3 janvier 1779, des vœux qu'elle lui adresse, la félicite sur certaines de ses résolutions, et lui donne d'excellents conseils : « Rien n'est désespéré. » En effet, voici une lettre de M. de Montucla, suivie d'une autre de M. d'Angiviller, l'une et l'autre propres à ranimer les espérances.

A Versailles, le 28 janvier 1779.

« La terminaison de l'affaire qui intéresse l'Académie est prochaine. Elle recevra une lettre de M. le comte d'Angiviller contenant un projet de lettres patentes; elle eût été signée ce jour même si un voyage ne l'eût distrait de ce soin.

« M. d'Angiviller écrit également à MM. les maire et échevins auxquels ces lettres patentes doivent être communiquées, puisque, en qualité de fondateurs, tout honneur leur est dû. M. d'Angiviller en adresse une copie à M. d'André Bardon, afin qu'il puisse communiquer ses réflexions à l'Académie royale. Connaissant son impatience si légitime, M. de Montucla croit devoir sans plus tarder mettre la compagnie au courant de ce qui se passe. En retour des marques d'attachement et de distinction qu'il doit à l'Académie, il croit ne pouvoir lui en exprimer sa reconnaissance d'une façon plus certaine qu'en mettant enfin M. le directeur général en état de lui donner la satisfaction à laquelle la compagnie a tous les droits, et à laquelle depuis si longtemps elle ne cesse d'aspirer. »

MONTUCLA.

À M. MOULINNEUF, SECRÉTAIRE PERPÉTUEL DE L'ACADÉMIE.

A Versailles, le 30 janvier 1779.

« Vous avez dû être prévenu, Monsieur, il y a environ neuf mois, par M. d'André Bardon, des arrangements dont j'étais convenu avec M. Pierre, pour procurer à l'Académie de Marseille ce qu'elle désire depuis si longtemps : savoir des lettres patentes confirmatives de son établissement.

« L'enregistrement de la déclaration du Roi, du 15 mars 1777, au parlement d'Aix, était un préliminaire essentiel. J'ai enfin reçu des nouvelles de cet enregistrement, et en conséquence j'ai fait dresser le projet des lettres patentes que je joins ici, afin que vous le communiquiez tant à l'Académie qu'à MM. vos maire et échevins, en sorte qu'il ne se trouve rien qui ne soit, et selon leurs souhaits, puisque en qualité de fondateurs ils ont droit et conforme aux circonstances locales.

« D'un autre côté, l'expérience ayant pu faire connaître dans les règlements proposés en 1773 par votre Académie, et arrêtés par M. le marquis de Marigny, quelques inconvénients, ou des changements utiles à faire, l'Académie fera bien de délibérer sur cet objet et de m'adresser ses réflexions; et même, si elle le juge à propos, une nouvelle rédaction de ses statuts, afin que j'aie égard dans ceux que je suis dans le cas d'arrêter en conséquence de l'artice 2 des lettres patentes.

« Lorsque j'aurai reçu les réflexions de MM. vos fondateurs sur le projet ci-joint, je ferai à M. Amelot les représentations nécessaires pour qu'il obtienne de Sa Majesté l'autorisation pour MM. vos maire et échevins de vous fournir des secours plus considérables que par le passé.

« Il faudrait au reste que l'Académie eût sur cela l'aveu de ces magistrats, parce que cette demande leur sera certainement communiquée par l'intendant, et qu'il faut qu'elle soit répondue par eux d'une manière qui permette d'y avoir égard; ce qui dépend de leur bonne volonté et des charges dont la communauté est tenue.

« Je suis fort sensible aux marques d'attention que me donne l'Académie en ce commencement d'année. Je la remercie, et je souhaite qu'elle soit convaincue qu'étant maintenant en état de faire terminer son affaire à sa satisfaction, je n'omettrai aucun des soins qui sont nécessaires pour cela.

« J'ai l'honneur d'être, Monsieur, votre très humble et très obéissant serviteur. »

D'ANGIVILLER.

L'Académie a également reçu de d'André Bardon une lettre très explicite, du 16 janvier 1779. Le secrétaire s'empresse d'écrire à ses correspondants :

À MONSEIGNEUR LE COMTE D'ANGIVILLER.

12 février 1779.

« Nous avons reçu, Monseigneur, ainsi que MM. les maire et échevins, le projet des lettres patentes; il nous reste à nous entendre avec ces messieurs qui, en qualité de fondateurs de notre Académie, doivent s'intéresser à la stabilité d'un établissement aussi avantageux qu'il est honorable pour Marseille.

« Lorsque le conseil municipal aura délibéré à cet effet, nous nous ferons un devoir de vous faire parvenir les pièces nécessaires, l'extrait de nos règlements et les observations qu'ils auront pu soulever pour qu'ensuite vous vouliez bien mettre le comble à notre gloire, et marquer dans nos fastes que c'est au protecteur des beaux-arts que nous devons notre félicité et notre bien-être.

« Nous sommes avec un très profond respect,

« Monseigneur, vos etc. »

À M. DE MONTUCLA, À PARIS.

12 février 1779.

« Monsieur, nous vous sommes essentiellement redevables des bontés généreuses de notre respectable protecteur. Son attention envers notre compagnie nous pénètre de reconnaissance, et son amour pour la gloire des beaux-arts et des artistes mérite de notre part un zèle inaltérable.

« Après avoir reçu le projet, nous avons vu MM. les échevins qui, en ayant reçu une copie, nous ont promis de contribuer de tout leur pouvoir au succès de notre stabilité. Le conseil municipal délibérera; nous ferons agir nos protecteurs et nos amis pour nous le rendre favorable, d'autant mieux qu'on est persuadé depuis longtemps des avantages et de l'utilité de notre Académie, sans parler de l'honneur qui en revient à la patrie.

« Vous serez prévenu des résultats, ainsi que M. le comte d'Angiviller.

« Nous sommes avec un profond respect,

« Monsieur, vos etc. »

À M. D'ANDRÉ BARDON À PARIS.

12 février 1779.

« Monsieur,

« Il nous est doux de voir dans les lettres de notre respectable directeur la satisfaction qui remplit son âme quand il est question de l'illustration de notre Académie.

« M. de Montucla nous avait prévenus de l'envoi du projet des lettres patentes et d'un duplicata pour les échevins pendant que ce projet vous était également soumis.

« Nos fondateurs avec lesquels nous en avons déjà conféré nous sont très favorables. Vous serez instruit du résultat de leur délibération. Nos règlements resteront les mêmes, à moins que nos fondateurs n'y introduisent quelques observations. A l'égard du sceau, le protecteur en décidera.

« Nous allons mettre en campagne nos amis et M. le chevalier de Valabres pour nous appuyer près des membres du conseil.

« Par ce que vous nous mandez sur les villes de Bordeaux, de Toulouse, etc., nous sentons combien il est nous avantageux que l'Académie de Marseille ait été la première à se mettre sous la protection du ministre des arts et sous la direction de l'Académie royale; c'est à vos sages conseils que nous en avons l'obligation. Puissions-nous longtemps en profiter, et vous perpétuer le plaisir de vous témoigner le profond respect avec lequel nous avons l'honneur d'être,

« Monsieur, vos etc. »

Nouvelle lettre de d'André Bardon, du 2 février, à M. de Valabres, et le secrétaire prie M. de Joux, sculpteur du Roi, auquel il écrit à son tour le 15, d'annoncer à son directeur que ladite lettre et la précédente ont été remises à la compagnie.

D'André Bardon, que son infirmité tenait cloué sur son fauteuil, n'avait pas de visiteur plus assidu que Beaufort, dont il avait été le patron à l'Académie royale. Il prenait plaisir à s'entretenir avec lui de ses espérances et de tout ce qu'il projetait en faveur de cette compagnie qui lui était si chère et dont il rêvait constamment l'élévation. De leur côté, ses confrères de Marseille n'avaient rien de caché pour Beaufort, et ce fut au sortir d'une de ses visites que ce dernier écrivit à ses anciens amis une longue lettre que nous résumerons ici :

Paris, le 17 février 1779.

« Messieurs et chers confrères,

« J'ai éprouvé des transports de joie à la nouvelle que m'a transmise

M. d'André. Les officiers de l'Académie, grâce à M. d'Angiviller qui l'a obtenu du souverain, vont donc toucher enfin des honoraires dus à leurs soins et à leur mérite. C'est un honneur pour les magistrats d'une cité que de fonder de pareils établissements, et d'assurer leur stabilité. Le nom de ces consuls doit aller à la postérité, et rendre jaloux ceux qui les ont précédés.

« Le Roi laisse les académiciens libres de demander ce qui leur est nécessaire, et il est enjoint aux échevins de pourvoir au logement de l'Académie. Il faut donc faire bâtir une maison commode à tous les exercices, et qui ait le caractère d'un endroit consacré à l'étude des arts, et contenir tous les chefs-d'œuvre que l'Académie a reçus et recevra de ses membres, ou de la générosité des amateurs qui, ne pouvant être ni vendus, ni troqués, deviendra insensiblement un *museum*. »

Beaufort, poursuivant son idée, décrit une à une les pièces nécessaires aux exercices de l'Académie. Pour plus de clarté, il trace sur la même lettre une esquisse de la construction avec ses divisions; elle affecte la forme d'un carré long; elle est isolée, avec vaste cour à l'intérieur. Après quoi, pour subvenir aux dépenses de l'Académie transformée, l'écrivain estime que douze mille livres sont nécessaires, savoir :

Le directeur, chaque année..................	800 livres.
Le recteur, professeur de dessin.............	700
Cinq autres professeurs de dessin à 500 livres...	2,500
Six professeurs pour les sciences à 350 livres....	2,100
Un secrétaire.............................	500
Un modèle................................	400
Un concierge avec logement.................	600
Un portier................................	300
Pour frais journalier, lumière, feu, frais de bureau du secrétaire, ports de lettres, médailles, etc...	2,400
Pour retraite à divers officiers, professeurs qui ont vieilli et ne peuvent plus travailler..........	1,500
TOTAL............	12,000

Beaufort termine en priant ces messieurs de lui pardonner son bavardage : « Mais j'ai si grande envie, dit-il, de vous voir heureux, que c'est ajouter à mon bonheur que de vous en entretenir.

« J'ai l'honneur d'être avec respect,

« Messieurs et chers confrères, votre très humble et très obéissant serviteur. »

BEAUFORT.

L'Académie ne partage pas l'enthousiasme de Beaufort. Elle a été tant de fois déçue! Ses illusions se sont envolées. Elle a comme le pressentiment des épreuves qui l'attendent encore. Elle ne s'épargnera pas; rien ne sera oublié. La réponse du secrétaire se ressent de ces préoccupations :

À M. DE BEAUFORT, PEINTRE ORDINAIRE DU ROI,
COUR DU VIEUX LOUVRE À PARIS.

22 février 1779.

« Votre lettre du 7, cher confrère, nous montre combien vous vous intéressez à l'illustration de notre Académie; nous admirons le zèle et les bontés généreuses dont M. d'André Bardon, notre cher et bien-aimé directeur, nous accable. Peut-être notre Académie jouira-t-elle enfin d'une stabilité aussi honorable qu'elle nous sera avantageuse. Cependant, malgré le sacrifice que nous avons fait de notre temps et de nos veilles pendant vingt-six ans, et cela gratuitement, nous comprenons parfaitement que, sans l'amour des beaux-arts qui anime notre respectable protecteur, nous ne serions pas plus avancés qu'au premier jour de notre établissement. Ses soins ne nous laissent rien à désirer; mais il faut que, de notre côté, nous agissions vivement vis-à-vis de MM. les maires et échevins.

« C'est ce que nous avons déjà tenté auprès des membres du conseil municipal. Ils doivent s'assembler tant pour nous accorder des honoraires que pour pourvoir à notre logement. Ce dernier point présente des difficultés que nous nous efforcerons d'aplanir par le crédit de nos honoraires amateurs, de nos protecteurs, et de nos amis. Ces messieurs, unanimes dans leur sentiment, se donnent mille mouvements pour arriver à un heureux succès.

« Nous avons même délibéré, de concert avec ces messieurs, d'aller jeudi, 25 du courant, tous en corps à l'hôtel de ville solliciter MM. nos fondateurs, afin qu'ils ne négligent aucun moyen pour soutenir et illustrer un établissement aussi avantageux qu'il est honorable à la patrie.

« Nous pensons que cette visite ne peut que produire un bon effet, surtout quand MM. les échevins verront combien les personnes les plus notables de la ville s'intéressent à notre cause.

« Nous vous remercions du projet d'administration et du devis que vous nous avez envoyés. Si nous étions les maîtres, l'exécution en serait facile; mais nous prévoyons qu'il faudra en décompter, et que nous serons fort heureux d'obtenir un bien moindre honoraire. Le conseil municipal en décidera.

« Nous attendons M. l'intendant à Marseille, auquel nous rendrons également visite. Enfin nous ne manquerons pas d'instruire M. d'André Bardon du résultat de ces opérations. En attendant, nous vous prions de lui communiquer cette lettre, et de lui présenter l'hommage de nos vœux, en vous assurant combien nous sommes avec un respectueux attachement,

« Monsieur et cher confrère, vos etc. »

D'André Bardon a répondu le 19 février par une lettre concise. Il attend impatiemment le résultat des conférences de la Compagnie avec ses fondateurs, « ces généreux pères de la patrie ». Le secrétaire se conforme aux prescriptions de son directeur :

À M. D'ANDRÉ BARDON.

1er mars 1779.

« Monsieur,

« J'avais cru vous avoir annoncé, par ma lettre du 12 février, la réception des lettres patentes que nous avait adressées M. le comte d'Angiviller, comme il en avait envoyé un duplicata à MM. les échevins; c'est une distraction dont je vous prie de m'excuser.

« Nous renverrons aussitôt que possible à notre protecteur ce projet avec une copie de nos règlements, en y joignant les observations de nos fondateurs, concertées avec les nôtres.

« Nous avons déjà eu l'honneur de vous dire combien ces MM. paraissent s'intéresser à nous. Nous avons vu un a un en particulier chacun des membres du conseil municipal, et nonobstant ces démarches, nous sommes allés, le 25 février, tous en corps, accompagnés d'un grand nombre de nos amateurs les plus distingués, à l'hôtel de ville.

« Cette affluence des personnes les plus notables réunies à notre Compagnie a produit vis-à-vis des magistrats tout l'effet que nous en pouvions attendre. M. le chevalier de Valabres, le marquis de Jarente, M. Campion, le chevalier d'Anjou, M. Dauphin de Trébillanne et plusieurs échevins ne firent qu'exalter nos travaux avec les plus grands éloges.

« Maintenant le conseil doit délibérer. Si tant est qu'il tienne compte de nos peines et des avantages que notre établissement a procurés à la société civile, sa deliberation nous sera favorable. Cependant ne nous applaudissons de rien d'avance.

« Enfin le moment décisif approche ; vous serez instruit du résultat soit par écrit, soit autrement. En attendant, permettez-nous de vous remercier des généreux souhaits que vous nous adressez, aussi bien que des observations que vous avez ajoutées à nos lettres patentes, ainsi que notre protecteur vous l'avait demandé.

« Pénétrés de la plus vive reconnaissance, nous sommes convaincus que vos observations n'ont d'autre objet que notre illustration et notre bien-être ; heureuse l'Académie qui a le bonheur de posséder un si digne, si cher et si bien-aimé directeur ! C'est en nous applaudissant d'une telle possession que nous perpétuons nos vœux pour la conservation de vos jours et que nous avons l'honneur d'être, avec un profond respect,

« Monsieur, vos etc. »

« Nous sommes extrêmement sensibles à la lettre obligeante du 10 février que M. Pierre a bien voulu nous écrire en réponse à la nôtre le vif intérêt qu'il prend à la gloire de notre Académie nous pénètre d'une vive reconnaissance [1]. »

---

[1] Cette lettre de M. Pierre, comme la précédente, n'a pas été conservée.

Le « conseil municipal » délibère le 6 mars, et le 8 il fait part de sa décision à M. de La Tour, intendant de Provence. Il a voté 1,000 livres de supplément aux 3,000 livres accordées annuellement à la Compagnie. Ce vote est son dernier mot. Les échevins savent trop bien que les artistes sont attachés à leurs œuvres comme à leur propre vie, que le patriotisme et l'amour de l'art qui les animent ont assez de puissance pour étouffer en eux tout sentiment d'intérêt.

Mais voici une nouvelle lettre du secrétaire où la tactique de ces officiers municipaux commence à se dessiner. Les professeurs, se fiant aux paroles dilatoires des échevins, sont loin de désespérer. Ils ignorent que leur sort est irrévocablement fixé. Moulinneuf écrit au directeur :

À M. D'ANDRÉ BARDON.

2 avril 1779.

« Nous n'aurions pas tardé si longtemps à vous écrire si nous avions pu prévoir que notre affaire fût si longue à décider. La première délibération du conseil de ville n'ayant rien statué, l'Académie a répondu par une autre délibération. Quatre professeurs délégués à ce sujet ont présenté une copie dûment collationnée à ces MM. du Conseil, les priant de l'examiner.

« Nous pensions qu'à leur première réunion ils délibéreraient sur le tout, et nous avons attendu ; mais, comme il est avéré aujourd'hui que cette affaire ne sera point terminée de sitôt, voici où nous en sommes.

« Deux jours après notre délibération communiquée à MM. du Conseil, nos députés la présentèrent à M. l'intendant de passage à Marseille ; il la lut par deux fois avec attention. Il fut facile à nos députés de lui démontrer que les 1,000 livres accordées ne pourraient suffire à un loyer et à des honoraires à appliquer à nos officiers ; que notre délibération ne passait pas les bornes de la décence, et que MM. les échevins pouvaient sans difficulté en faire lecture dans un prochain conseil de ville et délibérer à ce sujet. C'est ce que nous attendons, ainsi que le rapport des quatre commissaires nommés par le maire pour examiner le projet des lettres patentes et en rendre compte au conseil.

« Nous avons prié les commissaires de ne rien décider par écrit avant que nous ne leur ayons fourni les éclaircissements nécessaires; ils n'ont point encore commencé leurs opérations; les choses marchent très lentement, tant il est vrai que plus un établissement est honorable et utile à la patrie, plus les difficultés s'accumulent à son encontre. On nous fait cependant espérer qu'à la prochaine assemblée, il sera question de nous. En attendant, M. Salze, subdélégué de l'Intendant, lui a envoyé le rapport sur notre Académie dont il l'avait chargé et qui nous est de tout point favorable.

« Notre éloge est sur toutes les lèvres; nos fondateurs sont si satisfaits de notre administration qu'ils veulent nous abandonner les mille livres ajoutées aux trois mille que nous touchons chaque année, sans être tenus à aucune reddition de compte. Cela fait honneur à notre intégrité, mais cette somme est insuffisante. Il faut que ces messieurs s'expliquent dans l'article 4 du projet des lettres patentes, et c'est là ce que nous leur demandons.

« Quand on aura statué sur cet article, nous donnerons nos soins à l'arrangement de toutes les autres pièces, pour envoyer le tout à M. le directeur général, afin qu'il veuille bien mettre le comble à notre gloire.

« Pénétrés de reconnaissance pour les soins généreux dont nous sommes redevables à M. de Montucla, pour les bontés particulières de M. Pierre, et pour toutes les obligations que la Compagnie vous doit, nous ne cesserons d'adresser nos vœux au ciel pour la conservation de vos jours, et vous témoigner le profond respect avec lequel nous avons l'honneur d'être,

« Monsieur, vos, etc. »

D'André Bardon répond le 2 mai en se plaignant. « Ces Messieurs auraient dû prévenir M. le comte d'Angiviller des faits dont ils viennent de l'entretenir. » Le 14, le secrétaire exécute l'ordre du directeur. La minute de sa lettre, très raturée, très diffuse, n'est qu'une reproduction, avec quelques variantes, de celle du 2 avril; seulement, il avait joint une copie de la délibération de l'Académie du 9 mars, qui se résume en ceci:

« La Compagnie reçoit avec reconnaissance les 1,000 livres que le conseil lui a votées comme un supplément devenu nécessaire à son entretien annuel et journalier, mais elle refuse cette donative (*sic*)

en tant qu'elle serait appliquée à remplir le double objet d'un logement et des honoraires pour les professeurs, ainsi qu'il est prescrit par l'article 4 des lettres patentes, et devant être à la charge de la ville. »

Le comte d'Angiviller ne pouvait forcer la main aux échevins de Marseille ; il devait donc être réservé. Il écrit à l'Académie :

À M. MOULINNEUF, SECRÉTAIRE PERPÉTUEL.

A Versailles, le 27 mai 1779.

« Monsieur,

« A la dernière de vos lettres est jointe copie de la délibération de l'Académie relative à celle du corps de ville, qui a porté de 3,000 livres à 4,000 livres le secours annuel qu'il lui payait pour subvenir à ses dépenses.

« Il aurait été en effet à désirer que MM. vos maire et échevins eussent pu porter ce secours plus haut. Car, vu l'extension donnée à votre établissement, il fera à peine face à ses dépenses courantes de logement et d'entretien. Mais il faut croire qu'ils n'ont pu faire davantage en sa faveur et l'Académie a très bien fait d'accepter cette augmentation, sauf ses représentations respectueuses. Elle peut espérer, dans la suite, une augmentation plus proportionnée à ses besoins.

« MM. vos maire et échevins m'avaient aussi informé de la nomination de quatre commissaires pour leur faire part de ses observations sur le projet des lettres patentes et statuts que je leur ai envoyés, ainsi qu'à l'Académie. Je n'en attends plus que le renvoi pour l'adresser à M. Amelot et le prier de faire le rapport au conseil.

« J'ai l'honneur d'être,

« Monsieur,

votre très humble et très obéissant serviteur. »

D'ANGIVILLER.

L'Académie avait adressé le même jour à M. de Montucla une lettre qui n'est qu'un décalque de celle adressée au directeur général, et la réponse de ce dernier ne faisait que refléter celle de son supérieur. On y lit ce paragraphe, au milieu de deux pages de réflexions :

A Versailles, le 1ᵉʳ juin 1779.

« M. d'Angiviller a donné son avis à l'Académie, faisant remarquer qu'il eût été à désirer que ces MM. du conseil portassent plus loin leur générosité. Je me bornerai à vous faire observer qu'en général les corps de ville ont de prodigieuses charges; qu'ils ne peuvent, par cette raison, faire de grands efforts; que l'Académie royale de peinture de Paris n'a eu elle-même, pendant longtemps, que 41,000 livres, somme à la vérité augmentée, depuis une trentaine d'années, par le produit de sa capitation qu'elle a autorisé à verser dans sa caisse, et qu'en conséquence je crois que l'Académie de Marseille a bien fait, malgré l'insuffisance de ce secours, de l'accepter; des circonstances plus favorables peuvent se présenter pour obtenir une augmentation. »

....

MONTUCLA.

Le 14 mai, le secrétaire avait mandé à d'André Bardon :

« C'est une fatalité attachée aux beaux-arts dans Marseille, ou plutôt au peu d'intérêt qu'ils inspirent. La gloire de l'Académie et sa stabilité ne méritent pas qu'on se presse, et l'on diffère d'y pourvoir. Cependant on promet de décider de notre sort au premier conseil. »

———

Néanmoins, l'Académie ne considère pas la partie comme perdue. On a voté 1,000 livres en sa faveur; mais l'article 4, où doit être inscrit le chiffre de la somme à affecter par la ville aux honoraires des professeurs et au logement de l'Académie, n'est pas rempli; elle pense que les échevins se rendront à l'évidence. La cause paraît si juste et leurs prétentions si modérées ! L'Académie ne doute point qu'en raison de ses services passés la ville ne finisse enfin par la satisfaire, invitée implicitement qu'elle y est par le ministre des arts et par le Roi lui-même.

Les professeurs attendent donc fiévreusement depuis près de trois mois. Cependant, l'heure sonne. Le conseil a délibéré le 21 mai. La somme de mille livres votée le 6 mars, cette fois en toute connaissance de cause, remplit l'article 4 comme devant être appliquée aux honoraires des officiers et au logement de leur école. Toute équivoque a donc disparu, et l'Académie doit en prendre son parti. Mais loin de se dissoudre, comme on croyait qu'elle le ferait à Paris, l'Académie prenait, le 26 du même mois, une délibération qui ne devait laisser d'autre trace que celle que nous avons recueillie; seulement, son indignation s'exprimait dans la correspondance qui suit :

À M. D'ANDRÉ BARDON.

31 mai 1779.

« Monsieur,

« Le conseil municipal, oubliant toutes ses promesses et les éloges qu'il avait prodigués à l'Académie, n'a pas tenu compte de sa délibération du 9 mars tendant à fixer des honoraires convenables pour les professeurs, et une somme pour le logement de l'Académie, ainsi que l'article 4 des lettres patentes laissé en blanc l'établissait en principe, laissant à la munificence de ces magistrats le soin d'en fixer le chiffre.

« L'Académie touche 3,000 livres par an depuis 1756; or, le conseil porte cette fois dans ledit article 4 le chiffre de 4,000 livres, c'est-à-dire que le chiffre de 1,000 livres doit servir à nos honoraires et à notre logement, et c'est là toute la récompense de nos vingt-six ans de service gratuits [1]. Un employé dans les fermes, bien que payé tous les ans, après vingt ans de travail, obtient une honnête retraite, et nous, que nous reste-t-il à espérer de ce peu de reconnaissance des pères de la patrie? De travailler sans plus de succès à l'avenir. Une telle ingratitude nous ayant navré l'âme, par émulation, par zèle, par sentiment, par gloire, par amour de l'Académie, humiliés par nos fondateurs, nous avons refusé unanimement cette somme de 1,000 livres, et de continuer, comme par le passé, et avec tout l'attachement possible nos exercices journaliers.

« Vous trouverez ce résultat dans notre délibération du 26 de ce mois. Nous pensons que, loin de blâmer notre procédé, vous n'en estimerez que davantage les sentiments qui nous animent. Nous osons nous flatter, Monsieur, que vous voudrez bien nous appuyer de vos

---

[1] Ce calcul n'est pas précisément juste. Fondée en 1752, l'Académie existe donc depuis vingt-sept ans; les professeurs l'ont soutenue de leurs propres deniers pendant les trois premières années.

lumières, et, de votre crédit pour attester devant l'Europe que l'Académie avait mérité ces lettres patentes qu'elle doit à la bonté du Roi.

« Nous avons l'honneur d'être, avec un très profond respect,

« Monsieur, vos etc. »

À M. DE MONTUCLA.

31 mai 1779.

« Monsieur,

« Nous envoyons par le même courrier, à M. le comte d'Angiviller, le contenu de ce qu'ont statué, à propos des lettres patentes, les membres du conseil de ville.

« Notre lettre et notre délibération l'instruiront du procédé de MM. nos fondateurs; alors qu'ils applaudissaient à notre zèle, ils nous humilient par l'allocation d'une somme de 1,000 livres. Croient-ils par une telle générosité avoir satisfait à l'article 4 des lettres patentes. En vain nous leur avons demandé de réduire nos honoraires actuels au prix le plus minime, puisque les circonstances présentes sont défavorables, en laissant la porte ouverte à une augmentation, lorsque les temps seraient devenus meilleurs, ils sont restés insensibles, et ils ont passé outre.

« Voilà comment nos services sont récompensés par les Pères de la patrie! Pour notre dignité, et le cœur pénétré d'amertume, nous avons dû refuser une somme pareille.

« Ce qui nous console, c'est d'être placés sous la protection du respectable ministre des arts, dont l'attention, les soins, les bontés, ont si vivement contribué à l'illustration de notre Académie.

« En lui faisant parvenir notre délibération, nous y avons joint quelques observations à propos de quelques articles du projet de nos lettres patentes; ses dignes lumières en décideront; ses bienfaits nous sont un dédommagement à l'ingratitude dont nous sommes victimes : nous osons réclamer votre crédit, et nous sommes avec respect,

« Monsieur, vos etc. »

« P. S. Une réflexion : Si vous croyez que le Roi ou, ce qui est le même notre Protecteur, ne puisse trancher la question en ce moment critique, en nous accordant au moins 3,000 livres imputables à nos honoraires et au logement de l'école académique, nous vous prierions de faire remplir l'article iv desdites 1,000 livres en augmentation des dépenses devenues nécessaires depuis plus de vingt ans, sauf aux bontés de Sa Majesté de nous accorder, dans la suite, telle autre somme qu'il jugera devoir être attribuée à des honoraires si justement et si longtemps mérités. »

À M. LE COMTE D'ANGIVILLER.

La minute de cette lettre forme quatre pages d'une écriture fine et serrée. C'est un long historique dont on retrouve les points essentiels dans les lettres précédentes. Nous n'en citerons que les arguments principaux. Ainsi, à propos des démarches des députés de l'Académie auprès les membres du conseil, nous relevons ce passage, qui précise enfin la durée des services des professeurs :

À M. LE COMTE D'ANGIVILLER.

31 mai 1779.

« Nous eûmes soin d'instruire ces messieurs que l'Académie était établie depuis vingt-sept ans, que nous avions gracieusement fourni à son entretien pendant les trois premières années... On nous avait accordé 3,000 livres en 1756 ; on ajoute aujourd'hui 1,000 livres à cette somme...

« Ce procédé, s'il n'est pas flétrissant, est du moins bien humiliant. Est-il possible d'imaginer que 1,000 livres puissent suffire à des honoraires et au logement d'une académie ? Nous serions heureux que cette somme pût suffire à ce dernier objet : salle du modèle ; étude de la bosse ; classe de géométrie, de perspective, d'architecture civile, d'architecture navale, d'anatomie et une pièce commune pour les éléments du dessin. *Cette dernière branche, que l'on ne trouve en aucune autre académie qu'en celle de Marseille*, qui exige une pièce devant contenir cent élèves, enfants du peuple, mais pépinière de grands sujets, tels qu'il en est déjà sorti de notre école, salle qui exige la présence continuelle d'un professeur et d'un surveillant, plus une petite salle pour les élèves de haut rang, d'une certaine distinction, et les enfants des administrateurs eux-mêmes. Outre les quatre officiers, journellement en exercice, il en est détaché un cinquième pour soigner cette partie.

« En second lieu, cette somme de 1,000 livres peut-elle suffire aux honoraires, fussent-ils des plus modiques, pour plus de quinze officiers : un directeur, dix professeurs (leurs adjoints), un secrétaire, un chancelier, un trésorier, et un administrateur.

« Il n'a été tenu aucun compte de nos observations ; l'article IV a été rempli par cette somme ; si on l'eût appliquée à un supplément de dépense devenu nécessaire depuis notre établissement, l'avenir eût été réservé ; mais l'article 4 est trop formel pour qu'on puisse y revenir plus tard, si nous négligeons aujourd'hui de réclamer contre une pareille insuffisance.

« Il nous sera bien plus glorieux, Monsieur, de continuer à servir notre patrie gratuitement, bien plus agréable de tenir à nos devoirs par la douce chaîne de l'indépendance, du zèle, du désintéressement, que d'être mû par le lien d'un fantôme de salaire.

« Quoiqu'il arrive, Monsieur, daignez recevoir comme un gage certain de notre profond respect pour vous, de notre amour pour les arts et pour la conservation de l'Académie que vous honorez de votre protection, l'assurance unanime de tous ses membres, de redoubler leurs efforts et leur attention pour soutenir et augmenter la gloire d'un établissement dont l'utilité est incontestable, que nos administrateurs louent et exaltent sans la récompenser ; mais le bonheur de vous être agréable sera notre première récompense et le salaire le plus précieux qu'elle puisse ambitionner.

« Tels sont les vœux d'une société d'artistes qui se croira heureuse si elle a pu vous inspirer quelque intérêt et qui ne cessera de faire des vœux pour votre conservation précieuse, pour l'honneur des arts et la félicité de ceux qui les cultivent et qui les aiment.

« Nous sommes, Monsieur, avec le plus profond respect, vos très humbles et très obéissants serviteurs. »

Nous avons lieu de croire que M. de Montucla et le comte d'Angiviller avaient répondu aux lettres du 31 mai que leur avait adressées le secrétaire. Nous voyons, en effet, Moulinneuf écrire de nouveau à ces messieurs, le 11 juin 1779.

Avec M. de Montucla, il reprend le thème déjà exposé au sujet de l'article IV des lettres patentes. Le dernier paragraphe témoigne simplement que les magistrats de la cité tiennent essentiellement à ce que l'*art des constructions navales* soit enseigné à l'Académie, qui devra s'intituler désormais : *Académie de peinture, sculpture et architecture, tant civile que navale.*

L'Académie des sciences était alors chargée de cet enseignement; mais il paraîtrait que ce n'était qu'au point de vue théorique, car Moulinneuf disait : « Ce que cette Académie professe n'a rien de commun avec ce que nous enseignons; chez elle tout se traduit par des discours et non par des démonstrations »; le mot technique est ici sous-entendu. On sait que les chantiers de constructions de Marseille occupaient un grand nombre d'ouvriers ; ce que la ville voulait, c'était obtenir de l'Académie des praticiens.

Moulinneuf rappelle au comte d'Angiviller qu'il a, dans sa lettre du 31 mai, inséré la délibération motivée du 26 mai, protestant contre la décision du conseil municipal; M. d'Angiviller décidera; l'Académie met tout son espoir en lui. Les règlements antérieurs ne lui paraissent mériter aucun changement. Il ne lui reste qu'à rédiger ses statuts en adoptant le titre d'*Académie de peinture, de sculpture et d'architecture, tant civile que navale,* qui sera admis par les échevins. Elle l'espère du moins; elle est en pourparlers avec ces messieurs, et leur protecteur recevra avis de tout dans peu de jours.

Nous ne trouvons aucune trace de réponse à ces deux dernières lettres; mais, nous n'en saurions douter, M. de Montucla a écrit à l'Académie pour l'engager à accepter purement et simplement la donation des 1,000 livres. Les lettres suivantes, du même jour, à M. de Montucla et à M. d'Angiviller, en fournissent la preuve :

À M. DE MONTUCLA.

8 juillet 1779.

« Monsieur,

« La Compagnie a l'honneur de vous adresser les observations qu'elle a cru devoir soulever sur certains articles des statuts et règlements. M. de Montucla appréciera si les changements sont justes et bien motivés. Duplicata en est adressé aux échevins dont la générosité n'est rien moins qu'excessive.

« Cependant, puisqu'il convient à l'Académie de retirer son refus et d'accepter les 1,000 livres en sus des 3,000 que la communauté lui accorde, elle prie son respectable protecteur de vouloir bien arranger l'article 4, de façon à ce que, les événements devenus plus favorables, elle puisse demander des honoraires.

« Le comte d'Angiviller ayant en main toutes les pièces nécessaires, la Compagnie ose se flatter qu'elle ne sera pas trompée dans son attente.

« L'Académie, pénétrée des bontés d'un si digne amateur, n'oubliera jamais de porter sa reconnaissance au plus haut degré et d'en déposer, dans ses fastes, les témoignages éclatants. Heureuse si quelque circonstance la mettait à même de lui donner des marques de son dévouement et du profond respect avec lequel elle a l'honneur d'être, etc.

« M. D'André Bardon recevra, par le même courrier, le détail de nos opérations. »

À M. LE COMTE D'ANGIVILLER.

Cette lettre n'est, au fond, qu'un duplicata de la précédente, à cela près qu'elle attribue au protecteur l'honneur d'avoir assuré la stabilité de l'Académie.

Elle se termine ainsi :

« Peu satisfaits de la délibération du conseil de ville, témoin de nos sacrifices faits à la patrie, depuis plus de vingt-cinq ans, il nous sera facile de nous consoler si l'article 4 laisse la porte ouverte à nos demandes dans l'avenir. Nous ne cesserons de continuer nos exercices avec le même zèle jusqu'au jour où notre auguste monarque voudra bien déposer, en vos généreuses mains, le soin de reconnaître nos services. »

Le même jour Moulinneuf met son directeur au courant des lettres qu'il adresse à M. de Montucla et à M. d'Angiviller ; « l'Académie lui doit la protection de l'un et l'association de l'autre ». Il ajoute :

À M. D'ANDRÉ BARDON.

« Comment reconnaître, Monsieur, tous les bienfaits dont vous nous comblez ! Avec quel zèle, quel empressement, n'avez-vous pas agi lorsqu'il a été question du bien-être et de la gloire de l'Académie depuis son établissement ! Elle vous est redevable de l'éclat de son existence, et l'une des plus grandes satisfactions qu'elle puisse goûter, c'est de vous voir jouir du plaisir de considérer vos vœux pour elle enfin réalisés.

« Puissiez-vous, notre cher directeur, participer longtemps à notre bonheur, et être témoin de notre zèle ! Vous posséder toujours, c'est le souhait unanime de la Compagnie, tandis qu'elle sent qu'elle doit se consacrer de plus en plus à l'utilité publique.

« Une idée nous est venue : serait-il indiscret de demander son portrait à notre protecteur ? Vos conseils en décideront. Cependant nous serions charmés de placer dans notre salon un tableau qui nous représentât l'illustre auteur de la stabilité de notre établissement.

« Nous avons l'honneur d'être, avec un profond respect,

« Monsieur, vos etc. »

« M. Boyer de Fonscolombe nous a fait remettre trois paquets contenant chacun l'éloge de J.-B. Vanloo et celui de M. Lemoyne : le premier pour M. de Valabres, le deuxième pour ces MM. des belles-lettres, le troisième pour l'Académie, qui aura ainsi l'avantage de lire la vie de ces hommes célèbres.

« C'est en applaudissant au digne auteur qui a écrit ces éloges et à la main généreuse qui nous les a offerts, que nous venons ici lui marquer toute notre reconnaissance.

La réponse de d'André Bardon (24 juillet 1779) est un modèle de modération et de sagesse ; tout y est pesé, mûri et déduit avec clarté ; nous devons y renvoyer le lecteur. Aussi le secrétaire s'empresse-t-il de donner à son directeur satisfaction sur tous les points.

À M. D'ANDRÉ BARDON.

11 août 1779.

« Monsieur,

« Votre lettre reçue, nous avons convoqué une assemblée. L'Académie veut profiter de vos judicieuses observations pour y maintenir l'ordre et l'arrangement.

« Ainsi que nous vous l'avons mandé dans notre lettre du 12 juillet, vous ajouterez, supprimerez ou corrigerez tout ce que vous trouverez à propos dans les nouveaux articles de nos statuts et règlements. Nous vous en prions instamment, en faisant disparaître le moindre sens équivoque qui confondrait le directeur perpétuel, officier de l'Académie royale de peinture, avec le directeur en exercice de notre Académie, dont les fonctions ne sont que triennales et qui est choisi parmi nos professeurs, assurant à la distinction primitive les prérogatives et préséances qui sont dévolues à notre directeur perpétuel, outre la vénération que nous conservons précieusement dans nos cœurs pour celui qui nous dirige.

« Ces difficultés sur l'article 4 ont disparu. M. Kapeller s'est chargé avec plaisir d'enseigner la mécanique; il aura chez nous le titre de professeur de dessin et celui de professeur de géométrie et de mécanique.

« Quant aux articles 23 et 24 ayant trait à la perpétuité accordée à M. Verdiguier, comme il est fixé à Cordoue depuis dix-huit ans, cette perpétuité doit cesser. Après trois ans d'absence, nos professeurs perdent leur droit, selon nos règlements.

« Votre observation sur l'article 55 est juste : l'augmentation de nos médailles en or et en argent que nous nous proposions de distribuer aux élèves pour stimuler leur émulation, nous montrent en cela plus généreux que n'avait été pour nous le conseil municipal, doit être, comme vous le dites, ramené à l'ancien article de nos règlements.

« L'addition de l'article 56 ne doit pas vous surprendre ; nous sommes charmés d'entretenir une liaison étroite avec MM. de l'Académie des belles-lettres ; nous ferons toujours les premiers pas en notre qualité de sœur cadette. Ils nous rendront nos égards avec décence, et d'accord avec ces messieurs, quand nous serons munis de nos lettres patentes fixant la stabilité de notre établissement, cette Académie agira envers la nôtre comme avec son égale.

« Après avoir pris connaissance de tout ceci, vous aurez l'obligeance de la communiquer à notre protecteur.

« Vous voyez, monsieur, avec quel soin, nous nous empressons de soutenir notre Académie, sans nous aliéner notre protecteur, ni l'Académie royale, ni les chefs, ni les amateurs, ni les professeurs, ni aucun des membres qui la composent.

« Depuis notre différend avec MM. nos fondateurs, ces messieurs se confondent en belles promesses : notre acquiescement semble leur faire plaisir. Enfin nous approchons du jour de notre assemblée publique, où sans doute cette matière sera traitée; vous serez instruit du résultat.

« En finissant notre dernière lettre, nous manifestions le désir de posséder le portrait de notre protecteur; daignez nous marquer si cette demande ne serait pas hasardée. Votre décision déterminera ceux qui ont l'honneur d'être, avec un profond respect,

« Monsieur, vos etc. »

« Vos lettres sont toujours communiquées avec empressement à tous nos professeurs. »

D'André Bardon avait répondu le 15 août. Il se déclarait satisfait et il devait faire part à ces messieurs de la réponse de leur protecteur, auquel, suivant leur désir, il avait communiqué leur lettre, et, de plus, un mémoire explicatif au sujet des changements à introduire dans les statuts.

Mais le jour de l'assemblée publique de l'Académie est arrivé. La distribution des prix a eu lieu le 29. Le secrétaire en rend compte le 30. L'assistance, très nombreuse et des plus choisies, a fort applaudi aux discours prononcés. Les échevins ont félicité les professeurs sur la réception prochaine de leurs lettres patentes, les assurant que « leur zèle et leur attachement à soutenir l'Académie méritaient un tel bienfait ».

Correspondance de 1780.

Occupons-nous maintenant d'une manière plus spéciale de l'action exercée sur l'Académie par ses protecteurs et des incidents qui se sont produits dans le sein de l'Académie sous leur protectorat. Nous avons noté déjà ce qui s'est passé sous celui du duc de Villars, du marquis de Marigny, de l'abbé Terray; nous avons vu échouer toutes les tentatives pour obtenir les lettres patentes. C'est à M. le comte d'Angiviller que devait revenir l'honneur d'en doter l'Académie.

L'affaire Chay, qui, à dater de janvier 1780, donne lieu à une correspondance des plus actives en troublant si profondément les professeurs, n'arrive à sa conclusion qu'au bout de trois mois, et les esprits resteront encore quelque temps à se calmer. C'est du reste en ce moment une question entendue. Pendant ce conflit, quelle est l'attitude du comte d'Angiviller et de M. de Montucla?

En décembre 1779, le secrétaire a présenté aux protecteurs les vœux de la Compagnie. Ils sont instruits des bruits malveillants qui courent sur l'école de Marseille, puisque le mémoire diffamant du sieur Chay leur a été envoyé directement le 1ᵉʳ janvier; mais ils semblent dédaigner ces bruits, car les lettres suivantes, de leurs mains, n'y font aucune allusion.

À M. MOULINNEUF, SECRÉTAIRE PERPÉTUEL DE L'ACADÉMIE.

A Versailles, le 12 janvier 1780.

« C'est avec une véritable satisfaction, Messieurs, que j'ai reçu les nouvelles marques d'attention que vous avez bien voulu me donner à l'occasion de ce renouvellement d'année. J'y suis extrêmement sensible, et je vous prie d'en recevoir mes remerciements, avec l'assurance du désir que j'ai de voir prospérer votre établissement et d'y contribuer en ce qui peut dépendre de moi.

« Il y a déjà plusieurs mois que j'ai envoyé à M. Amelot le projet des lettres patentes relatives à votre Académie. Mais un événement en avait encore arrêté l'expédition. Comme il y a un article qui est relatif à la finance, savoir : l'augmentation de secours accordé par vos magistrats municipaux, j'écrivis à M. le directeur général des finances pour avoir l'assurance de l'autorisation du Roi, pour cette augmentation. J'étais dans la persuasion, d'après ce qui m'avait été marqué, que la délibération du corps de ville de Marseille lui avait été envoyée par M. l'intendant pour en recevoir la confirmation.

« Mais cela n'avait point encore été fait, et M. Necker me répondit aussitôt qu'il n'avait pas même connaissance de cette affaire. J'ai en conséquence écrit à M. de La Tour, dont j'ai reçu, il y a quelques semaines seulement, une réponse par laquelle il me marque que, pénétré de l'utilité de votre Académie ainsi que de la nécessité de ce surcroît de secours, il avait envoyé à M. Necker la délibération de vos magistrats avec un avis très propre à le déterminer favorablement.

« Je viens en effet de recevoir à l'instant une lettre de M. Necker, qui m'informe de l'autorisation de Sa Majesté; en sorte que je vais en faire part à M. Amelot, afin qu'il puisse aller en avant sur l'expédition des lettres patentes dont il s'agit; je crois que cela ne peut désormais tarder, et j'ai une véritable impatience de voir cette affaire consommée.

« Ce qui tient uniquement à moi est prêt depuis longtemps, et suivra immédiatement l'expédition des lettres patentes.

« J'ai l'honneur d'être, Messieurs, votre très humble et très obéissant serviteur. »

D'ANGIVILLER.

M. de Montucla écrit à son tour de Versailles, le 14 janvier, pour remercier les professeurs des souhaits qu'ils lui adressent. Il leur confirme ce que vient de leur dire le ministre des arts. Ces retards l'ont vivement peiné, mais les lettres patentes ne tarderont pas à être envoyées à l'enregistrement du parlement d'Aix.

En effet, pendant que l'affaire Chay arrive à son dénouement, l'expédition des lettres patentes suit son cours. Enfin, le 26 mars, le ministre des arts prévient d'André Bardon qu'après les éclaircissements qu'il lui doit il ne lui reste *pas le plus léger nuage sur les abus graves et importants dont on accusait la Compagnie*, et qu'en conséquence les lettres patentes ont été envoyées au parlement de Provence pour l'enregistrement. Le secrétaire adresse le 5 avril au directeur une lettre enthousiaste de remerciements.

Il semble que la Compagnie est au bout de ses épreuves, que toutes les difficultés sont aplanies. Il n'en est rien. Le secrétaire écrit à d'André Bardon le 26 avril 1780 :

« Monsieur,

« Depuis la réception de votre lettre du 15, nous songions à écrire à notre protecteur, à l'Académie royale, à M. Pierre, à M. de Montucla, pour les remercier. Nous prisons trop haut le bienfait dont nous leur sommes redevables pour ne pas reconnaître toutes nos obligations. M. le procureur général nous avait promis un extrait de nos lettres patentes une fois enregistrées. Nous devions vous en envoyer copie et présenter cet extrait à nos échevins; ceci vous explique notre retard.

« Pour accélérer la marche de cette affaire, nous avons fait une première visite à nos fondateurs, auxquels nous avons communiqué votre lettre du 27 contenant copie de celle de M. le comte d'Angiviller et dont ils nous félicitèrent.

« M. le procureur général nous ayant enfin envoyé trois exemplaires imprimés de l'enregistrement de nos lettres patentes, nous remîmes un de ces exemplaires à nos magistrats auxquels nous avions fait une seconde visite; ils furent sensibles à cette attention, et ils ordonnèrent que cet imprimé fût déposé dans leurs archives.

« Mais il ne s'agissait là que des extraits de l'enregistrement de ces lettres. Ce que nous attendons encore, c'est l'extrait textuel du contenu desdites lettres patentes. Trois de nos officiers députés à Aix, près M. le procureur général, fort bien reçus par lui, n'ont pu obtenir que sa promesse de nous satisfaire à ce sujet. La pièce originale doit selon lui rester au greffe du parlement de Provence.

« Nous nous flattons que dans les divers articles, il sera fait mention de celui motivé dans le projet des lettres patentes, ainsi conçu, omis dans les imprimés que nous avons reçus, savoir : que « par suite « de cette affiliation, l'Académie de peinture et de sculpture de Mar-« seille, participera aux privilèges de l'Académie royale de peinture et « de sculpture de Paris, dans l'étendue de la Provence seulement, « voulant en conséquence que le directeur, le recteur, le chancelier, « les dix professeurs, le trésorier, le secrétaire, et deux des plus anciens « académiciens artistes soient exempts de tutelle, curatelle, guet et « garde, ainsi qu'ils en sont exempts par l'article 7 des nouveaux « règlements et statuts de notre Académie royale de peinture et de « sculpture de Paris ».

« Ces privilèges nous sont trop précieux pour en négliger l'explication dans nos statuts. Il est encore un point passé sous silence à l'article 8, du même projet, se rapportant à un événement antérieur, au sujet d'une espèce d'école du modèle, que le sieur Robert (un des auteurs de l'infâme mémoire qui nous diffamait) avait tenté d'établir chez lui, dans la louable intention de nous faire tomber, et dont la malice jalouse ne cesse de fomenter contre nous.

« Ce même supplément est ainsi rédigé « comme aussi défendons

« sous les mêmes peines à tout artiste ou autre personne, sous quelque
« prétexte que ce puisse être, de dresser une école de modèle sans la
« permission de l'Académie ».

« Pour éviter de nouveaux troubles, permettez-nous cette observation; elle n'a qu'un but, le progrès de nos exercices.

« Enfin, Monsieur, notre Académie en se félicitant d'être unie par des liens indissolubles à la première académie du monde, en qualité de sa fille aînée, et que par une bonté particulière, elle a bien voulu se prêter à son élévation, et à sa gloire, c'est par des effets redoublés et par un zèle inaltérable que ses professeurs s'efforceront de mériter de plus en plus son estime et sa considération, animés et éclairés des lumières de leur cher et respectable directeur, auquel ils ne cesseront jamais de marquer leur reconnaissance, en lui témoignant le profond respect avec lequel ils ont l'honneur d'être,

« Monsieur, vos etc. »

« L'arrangement de nos lettres patentes terminé, nous travaillerons à nos règlements particuliers dont vous avez agréé le projet, pour les soumettre à votre autorisation. »

Le moment de remercier les protecteurs de l'Académie est à présent venu. Moulinneuf prend la plume et écrit :

À M. D'ANDRÉ BARDON.

1er mai 1780.

« L'extrait de nos lettres patentes nous est enfin parvenu. L'original collationné par M. de Régina, greffier, sera conservé précieusement dans les archives du Parlement, et l'extrait enfermé dans les nôtres. Cet extrait, au dire du procureur général, a une valeur égale à l'original. Aussi, Monsieur, nous avons présenté cette pièce, dans une troisième visite, à Messieurs nos fondateurs qui nous ont complimenté. Ils ont promis d'écrire à M. le directeur général pour le remercier de notre illustration.

« Mais, Monsieur, lorsque nous admirons sans cesse l'intérêt généreux que vous prenez à notre élévation, pourrions-nous oublier un instant que c'est à vos soins, à vos bontés, à votre empressement,

DE L'ACADÉMIE DE PEINTURE DE MARSEILLE.

à votre crédit, joints à vos conseils et à vos lumières qui ont si heureusement dirigé nos démarches; c'est à tout cela que nous devons la stabilité de notre établissement, et dont nos fastes manifesteront le plus grand lustre dans tous les temps.

« Nous avons l'honneur d'être avec un profond respect,
   « Monsieur, vos etc. »

« Vous trouverez sous ce pli, nos lettres à ces MM. de Paris. »

À M. PIERRE, CHEVALIER DE L'ORDRE DE SAINT-MICHEL, PREMIER PEINTRE DU ROI ET DE MGR LE DUC D'ORLÉANS, DIRECTEUR DE L'ACADÉMIE ROYALE DE PARIS.

« Monsieur, » 1er mai 1780.

« Notre Compagnie par vos soins généreux vient d'obtenir des lettres patentes; permettez-nous de vous en témoigner notre reconnaissance. Nous nous efforcerons sans cesse de mériter l'estime et la considération dont vous avez daigné honorer notre Académie. Le titre de sa fille aînée nous est d'autant plus glorieux qu'il nous est doux en l'inscrivant dans nos fastes de constater, que c'est sous votre directoriat que nous sommes parvenus au faîte de notre illustration.

« Nous avons l'honneur d'être, etc. »

À MM. DE L'ACADÉMIE ROYALE, À PARIS.

1er mai 1780.

« Vous avez contribué, Messieurs, avec autant de générosité que de noblesse à assurer la stabilité de notre établissement, et vous nous avez jugé dignes de vous appartenir. Notre ambition n'a plus rien à désirer, car son affiliation la met au-dessus de toutes les académies de peinture et de sculpture du royaume.

« Loin de nous énorgueillir de ces prérogatives, nous les ferons servir d'aiguillons pour exciter notre zèle et nous ranimer dans l'exercice de nos devoirs, et à mériter les sentiments dont vous nous favorisez.

« Nous avons l'honneur d'être avec un profond respect, Messieurs, vos etc. »

À M. LE COMTE D'ANGIVILLER, À PARIS.

1ᵉʳ mai 1780.

« Monseigneur, quelle satisfaction plus flatteuse à nos cœurs, que de vous présenter nos sincères remerciements. Notre sensibilité est extrême. Notre embarras ne l'est pas moins. Les expressions nous manquent pour manifester dignement toute notre reconnaissance. Le bienfait que vous avez obtenu pour nous de la bonté du Roi est une preuve authentique de votre crédit, de votre complaisance, de votre amour pour les arts, et qu'eût fait de plus en notre faveur Colbert lui-même? Digne successeur de ses emplois, héritier zélé de son goût pour les talents, vous honorez les uns, vous illustrez les autres, et vous faites voir que les grands ministres ne se servent de la confiance de leur souverains que pour la félicité publique, et pour combler à propos les louables désirs, et la sage ambition des sociétés qu'ils protègent.

« Veuille le ciel, Monseigneur, pour prix de vos généreux soins, rendre votre nom immortel comme le seront dans nos fastes notre gratitude pour l'extrait de ces lettres qui constate la solidité de notre établissement en assurant notre bonheur et notre gloire!

« Nous sommes, Monseigneur, avec le plus profond respect, vos etc. »

Il adressait à M. de Montucla, le 1ᵉʳ mai 1780 également, une lettre non moins enthousiaste que les précédentes où nous ne relevons que cette particularité :

« Nos lettres patentes ont été enregistrées au parlement de Provence le 17 mars dernier, et à la sénéchaussée de Marseille, par ordre du Parlement, le 17 avril de cette même année. »

L'Académie vient à peine de remplir ses devoirs que d'André Bardon tombe dangereusement malade. On a craint un instant pour sa vie. A la lettre écrite à cette occasion par Beaufort le 4 mai, le secrétaire s'empresse de répondre :

À M. BEAUFORT, À PARIS.

12 mai 1780.

« Cher confrère, la nouvelle de la maladie de notre cher et bien aimé directeur que vous nous apprenez, nous met dans une alarme bien affligeante. Si nous avons été abreuvés d'amertume et de chagrin par ce mémoire diffamant que la malice avait enfanté pour nous détruire, et que nous ayons traversé une épreuve bien dure, notre sensibilité est encore plus vivement excitée. Ce serait avec la joie la plus pure que nous apprendrions, s'il plaît à Dieu, sa convalescence. Hélas! quelle perte serait la nôtre s'il venait à nous être ravi. Mais nous espérons que la divine Providence exaucera nos vœux en nous conservant un si bon père. »

Moulinneuf relate ensuite à son ami les démarches de la Compagnie auprès des protecteurs nés de l'Académie : le ministre des arts, les fondateurs, ces MM. du parlement d'Aix, dont l'accès est assez difficile aux professeurs; heureusement le premier président honore la Compagnie de ses bontés, car il est satisfait de compter au nombre de ses anciens honoraires amateurs, et il s'intéresse à lui procurer un logement digne d'un établissement si utile.

« Voici donc l'intendant bien disposé; M. le président de Latour-d'Aigues, M. de Lisle, conseiller, M. le baron de Lauris, les trois frères de Fons-Colombe, et plusieurs autres personnes notables, tous habitant à Aix, et amateurs honoraires de l'Académie, ne lui sont pas moins dévoués : leur correspondance intime le prouve. Nous n'avons de plus qu'à nous louer de la façon dont M. Le Blanc de Castillon, procureur général au Parlement en a agi avec nous, en se chargeant lui-même de retirer du greffe, l'extrait de nos lettres patentes, pour nous en épargner les frais. Aussi, pour lui témoigner notre reconnaissance, nous l'avons inscrit, avec son agrément, parmi nos amateurs. Il nous a écrit une lettre charmante, nous faisant sentir tout le prix qu'il attachait à ce titre et combien il avait de vénération pour notre Compagnie.

« Enfin nous pouvons vous assurer que nous sommes au mieux avec tous ceux qui, distingués par leur rang, leur état et leurs connaissances, peuvent s'intéresser à nos progrès et à notre gloire.

« Nos lettres de remerciements ont subi quelque retard; rassurez M. d'André Bardon, ignorant les démarches qui nous étaient imposées; nous n'avons obtenu rien de positif des hommes de loi que nous avons consultés. L'incertitude où ils nous ont tenu à occasionné ces retards qui nous affligent d'autant plus, qu'on a pu les considérer comme un manque d'égards très répréhensible, pour les bienfaits du Roi, tandis que nos cœurs sont dans la joie et la satisfaction la plus complète.

« En attendant le rétablissement de notre cher directeur et ses instructions au sujet des articles mis sous ses yeux par notre lettre du 26 avril dernier, permettez-moi de vous témoigner ma reconnaissance pour la lettre de consolation que vous avez daigné m'écrire, en réponse de ma dernière et de vous assurer combien mon amitié est vive, comme la vôtre m'est chère, et de vous donner ici des marques de la respectueuse considération avec laquelle je suis bien, cher confrère et ami, votre etc. »

A la tristesse qu'a causée la crainte de perdre son directeur, succède pour la Compagnie l'ennui d'un contre-temps. Le 5 mai d'André Bardon a prévenu ces messieurs, que leurs statuts étaient égarés ; qu'ils eussent à les rechercher. Le secrétaire écrit au procureur général au Parlement :

À M. LE BLANC DE CASTILLON, À AIX.

15 mai 1780.

« Monsieur,

« Les lettres obligeantes que vous avez bien voulu écrire à notre Compagnie et à deux de nos principaux officiers nous enhardissent à vous communiquer ce que nous prescrit notre directeur perpétuel, le 5 de ce mois, au sujet de nos statuts qui devraient être annexés à nos lettres patentes et que nous n'avons point reçus :

« Je me suis enquis avec M. Pierre, des motifs de cette absence des
« statuts ; dans tous les cas ils ont dû être annexés auxdites lettres pa-
« tentes, et s'ils ne vous ont pas été envoyés, dépêchez un exprès à
« Aix pour les réclamer au greffe ou à M. le procureur général, de qui
« vous tenez l'extrait imprimé ; son secrétaire peut les avoir oubliées.
« Au cas où ils ne s'y trouveraient pas, nous les ferons chercher dans
« les bureaux de M. d'Angiviller. »

« Vous avez bien voulu, Monsieur, nous gratifier dudit extrait ; nous osons nous flatter que vous daignerez achever l'œuvre, et que, si vous les avez sous la main, vous voudrez bien nous les envoyer.

« Nous sommes, Monsieur, etc. »

Le secrétaire transmet à d'André Bardon la réponse du procureur général :

22 mai 1780.

« Monsieur,

« Au reçu de votre lettre du 5, nous avons écrit à M. Le Blanc de Castillon. Voici ce qu'il nous a répondu :

« Messieurs, je vous aurais certainement envoyé en même temps que
« l'extrait de vos lettres patentes les statuts s'ils y avaient été joints, mais
« bien loin de penser qu'ils y avaient été annexés, il résulte au con-
« traire, des dispositions de l'article 2 desdites lettres, que l'Académie
« doit se retirer par devant M. d'Angiviller pour faire autoriser et con-
« firmer vos statuts; ils ont été sans doute portés dans les bureaux
« pour remplir cette opération, et c'est là que M. d'André Bardon doit
« les faire chercher ou dans les bureaux du ministre qui a fait l'ex-
« pédition des lettres patentes.

« Je suis avec respect, Messieurs, votre etc. »

Signé : LE BLANC DE CASTILLON.

« Il est donc certain, Monsieur, que ces statuts ne sont ni à Aix, ni à Marseille.

« Ménagez votre santé, notre cher et bien aimé directeur ; nos vœux seront comblés si le ciel daigne exaucer nos souhaits pour votre conservation et vous perpétuer le profond respect avec lequel nous avons l'honneur d'être vos etc. ».

Les statuts sont retrouvés, le ministre des arts prévient l'Académie qu'il les a remis à son directeur :

A Versailles, le 1ᵉʳ juin 1780.

« J'étais sur le point, Messieurs, de signer les statuts et règlements de l'Académie de peinture, sculpture et architecture civile et navale de Marseille, que j'avais agréés, lorsque j'ai reçu la lettre de M. d'André Bardon, votre directeur perpétuel, qui me témoignait votre inquiétude de ce qu'elle ne les avait point encore reçus ; je ne perds, en conséquence, point de temps à vous tranquilliser, ainsi que lui, en vous les adressant par son entremise.

« Vous les trouverez donc ci-joints, rédigés conformément aux observations que vous m'avez adressées, il y a quelque temps, ainsi que

M. d'André Bardon, et que j'ai trouvées fondées. L'Académie y verra probablement avec plaisir que j'ai eu soin, dans la rédaction du préambule, de la distinguer des autres académies qui pourront être établies dans la suite, par un titre qui lui assure sur toutes ces autres académies une sorte de droit de primogéniture, qui la lie étroitement avec l'Académie royale de peinture et de sculpture de Paris.

« Je suis charmé d'avoir enfin terminé à votre satisfaction cette affaire, qui non seulement vous intéresse essentiellement, mais qui intéresse aussi les beaux-arts, dans cette partie du royaume, puisque, assurés d'une existence solide et invariable, vous serez plus à portée de continuer vos travaux pour les faire fleurir de plus en plus.

« J'ai l'honneur d'être, Messieurs, votre etc. »

D'ANGIVILLER.

Enfin, d'André Bardon envoie les statuts à l'Académie le 3 juin; après trois mois de maladie, sa première sortie consistera à se faire porter le lendemain à l'Académie royale pour y entendre la lecture des lettres patentes de l'Académie de Marseille et les faire déposer dans ses archives. Mais l'incident a eu son côté comique, et M. de Montucla en fait part à l'Académie :

A Versailles, le 20 juin 1780.

« Messieurs, une faute de copiste assez grossière s'est glissée dans le mis au net des statuts et règlements de l'Académie de Marseille.

« Il s'agit du mot *astronomie* qui, dans l'article 28, s'est glissé au lieu et place d'*anatomie*.

« Je ne conçois pas comment le chef de mon bureau, que j'avais spécialement chargé de conférer sur ce mis au net à la première rédaction, corrigée et arrêtée, a laissé échapper cette faute.

« Quoi qu'il en soit, il est bien certain que l'intention de M. le comte d'Angiviller n'a point été de donner à l'Académie de peinture de Marseille un professeur d'astronomie, et il est suffisamment évident que le mot qui doit être substitué à celui-là est celui d'*anatomie*. »

Ce mot a nécessairement suspendu l'envoi de ces statuts, et M. de Montucla a tranché la question en ordonnant que la correction fût faite à la main. Il espère que l'Académie sera satisfaite de la distinction particulière qu'il a engagé M. le directeur général à lui accorder dans son préambule.

« Cette distinction vous était au reste bien due, ajoute l'écrivain, et ce n'est que justice dont je lui ai fait faire l'observation.

« J'ai l'honneur d'être avec un parfait attachement, Monsieur, votre très humble et très obéissant serviteur. »

Montucla.

« À M. Moulinneuf, secrétaire perpétuel de l'Académie de peinture de Marseille. »

Aussitôt que l'Académie fut dotée de ses lettres patentes, elle se fit un devoir de remercier chaleureusement tous les personnages auxquels elle devait ce succès, sans oublier l'Académie royale. Elle tenait enfin dans ses archives ces papiers précieux. Le secrétaire, prenant de nouveau la plume, adressait aux trois auteurs principaux de ce bienfait le renouvellement de toute sa gratitude, et d'abord à d'André Bardon :

12 juin 1780.

« Nous ne saurions assez vous témoigner, Monsieur, le plaisir et la joie que nous cause le rétablissement de votre santé. Sans doute l'ange tutélaire de notre Académie prend soin de vos jours; il sait combien leur durée est précieuse et intéressante à toute la Compagnie.

« Nous vous remercions de l'envoi de nos nouveaux statuts; nous voici parvenus au comble de nos vœux, malgré les contre-temps qu'il a fallu surmonter, l'orage qu'il a fallu essuyer. Les bontés de notre protecteur et celles de l'Académie royale, et les soins empressés de notre cher directeur, nous ont bien consolés des attaques insensées de la calomnie.

« Nous comptons au premier jour communiquer nos statuts à Messieurs nos fondateurs, en leur laissant une copie collationnée par notre secrétaire, pour être déposée dans les archives de la ville de Marseille, tandis que l'original sera soigneusement conservé dans les nôtres, ainsi que l'extrait de nos lettres patentes, gage de notre stabilité.

« Nous attendons d'y joindre les réponses de M. le comte d'Angiviller, de M. Pierre, et de l'Académie royale. Ces lettres et ces pièces réunies seront un monument fait pour stimuler notre émulation et notre zèle, devant manifester à nos successeurs l'estime et la considération que les artistes doivent mériter quand ils marchent avec sentiment dans le chemin de la gloire.

« Depuis notre établissement, pénétrés de cette vérité, il est doux à nos cœurs de vous assurer du profond respect avec lequel nous avons l'honneur d'être, Monsieur, vos etc. »

La seconde lettre est pour M. de Montucla :

16 juin 1780.

« M. d'André Bardon nous ayant envoyé les statuts que vous lui aviez adressés, c'est, Monsieur, avec la satisfaction la plus vive que nous avons vu dans le préambule le titre si distingué accordé à notre Académie, celui de *Fille aînée de l'Académie royale*, nous donnant le premier pas sur toutes celles établies dans les provinces du royaume. Ces deux distinctions redoublent notre reconnaissance envers notre illustre protecteur.

« Daignez, Monsieur, agréer nos remerciements. Nous serions bien ingrats si nous n'apprécions pas à leur valeur tous vos bons offices. C'est à vous, respectable amateur, à vos soins généreux que nous devons un succès si glorieux. C'est de retrouver également dans le cœur de notre digne directeur perpétuel les mêmes sentiments dont nous sommes pénétrés et qui, consignés dans nos fastes, apprendront à nos successeurs quels sont les chers auteurs de notre bonheur et de notre gloire. »

Le secrétaire, après avoir payé ce tribut, éprouve le besoin de se renseigner sur la portée des termes nouveaux introduits dans les statuts de l'Académie, et il ajoute :

« Cependant, Monsieur, permettez-nous de vous faire observer ceci. L'article 4 porte : « Ladite Académie sera sous la conduite et admi-
« nistration de l'Académie royale de peinture et de sculpture de Paris
« et participera à ses privilèges dans l'étendue de la Provence seule-
« ment, en tant et de la manière spécifiée par les lettres patentes du
« 18 février de la présente année, enregistrées au parlement de Pro-
« vence le 17 mars suivant. »

« Si cet article nous donne des privilèges, comme ils sont omis dans nos lettres patentes, nous serions bien aises de savoir si nous avons droit de les faire valoir tels qu'ils y sont énoncés.

« Nous désirerions également savoir si l'édit du Roi, relatif aux arts, du 15 mars 1777, enregistré dans nos dits statuts a tout le pouvoir et la validité possible dans son exécution, sans qu'il soit absolument nécessaire de les faire enrégistrer au Parlement, d'autant mieux que cet édit du Roi a été enrégistré.

« Nous ne demandons ces éclaircissements que pour être en règle et pouvoir soutenir nos droits à l'abri de toute discussion. Vous n'ignorez pas, Monsieur, que nous avons des jaloux. Nous devons pourvoir à ce qu'on ne puisse ni quereller nos opérations, ni ce que nos règlements nous prescrivent. Mille pardons des soins que cette demande peut vous occasionner; mais c'est en raison de la bonne discipline de l'Académie, que nous osons vous l'adresser. D'ailleurs, les bonnes mœurs, les progrès des arts y sont d'autant intéressés que nous avons d'empressement à vous témoigner le profond respect avec lequel nous sommes, Monsieur, vos etc. »

La troisième lettre s'adressait au comte d'Angiviller:

16 juin 1780.

« Monseigneur, les statuts que vous avez eu la bonté de rédiger nous serviront désormais de guide et de lois. M. d'André Bardon, auquel vous les avez remis, nous les a envoyés.

« C'est en méritant par nos travaux les distinctions que vous nous accordez, que nous nous efforcerons de vous témoigner notre reconnaissance.

« Ce haut degré d'élévation, dont nous sommes redevables à notre respectable protecteur, sera exalté dans nos fastes, pour inspirer à nos successeurs une vénération égale à celle que nous éprouvons pour son auguste personne, dont nous sommes avec le plus profond respect,

« Monseigneur,

« Les très humbles et très obéissants serviteurs. »

Signé : les Associés professeurs de l'Académie de peinture, de sculpture, etc., de Marseille.

Beaufort, à son tour, félicite l'Académie :

Paris, 10 juin 1780.

« Chers confrères et amis,

« Je suis au comble de mes vœux lorsque vous triomphez; enfin, votre persévérance est couronnée par des lettres patentes, méritées depuis si longtemps tant par vos travaux assidus que par votre désintéressement, sentiments patriotiques qui méritent les plus grands éloges et la reconnaissance de vos concitoyens.

« Je ne doute pas que les échevins ne saisissent avec empressement les bonnes volontés du Roi pour votre établissement, en prenant plaisir à récompenser vos peines, ainsi que de faire bâtir une maison assez grande pour contenir et mettre en évidence toutes les choses relatives à vos arts, tant par les chefs-d'œuvre de réception que par les beaux morceaux rares que les amateurs déposeront comme témoignage de leur amour pour les arts, qui insensiblement deviendra le *museum de Marseille*. Quel beau moment pour vos fondateurs !

« Qu'il serait agréable pour M. d'André, votre respectable directeur, à qui vous devez tous les succès de votre gloire, s'il pouvait vivre assez pour savoir que la ville de Marseille érige un monument consacré aux beaux-arts. Vous saurez qu'il est très malade depuis près d'un mois; il ne s'occupe que de vous, et il parle de votre Académie à tout le monde.

« Le premier samedi de ce mois, jour d'assemblée, j'ai craint que l'excès du plaisir ne lui fût préjudiciable. Étant encore malade et ayant pris médecine, il se fit conduire à l'assemblée pour être témoin de la lecture de l'imprimé des lettres patentes que vous lui avez envoyé et pour qu'elles soient déposées aux archives de l'Académie royale. Les larmes lui coulaient des yeux de joie, ce qui lui a attiré des compliments d'un chacun, touchés de son amour pour le progrès des arts.

« Tout homme artiste et sensible ne peut que prendre part à vos succès. Ainsi, jugez de la satisfaction de celui qui a eu le plaisir de commencer avec vous cet édifice, d'y avoir professé, que vous avez honoré de votre amitié et du respect avec lequel j'ai l'honneur d'être,

« Messieurs et chers confrères,

« Votre très humble et très obéissant serviteur. »

BEAUFORT,
ancien professeur.

Dès cette année 1780, Beaufort, esprit enthousiaste, prophétisait la construction des deux plus beaux monuments, qui aujourd'hui décorent la ville de Marseille : le palais de Longchamps et l'École des beaux-arts. L'Académie était arrivée, sinon à la fortune pour ses membres, du moins « au comble de sa gloire » comme institution, pour me servir de ses propres expressions. Sa stabilité est assurée ; elle n'a plus qu'à poursuivre sa carrière.

Le rôle du protecteur de l'Académie, toutefois, va rester assez platonique, car sa puissance ne saurait aller jusqu'à faire obtenir des honoraires à ses professeurs. Il ne conservera pas moins pour ces officiers de Marseille et pour leur institution un véritable attachement. A chaque renouvellement d'année, l'Académie lui présente ses hommages et ses vœux ; le comte d'Angiviller, à son tour, leur adresse les paroles les plus bienveillantes. Nous reproduirons ici six lettres de sa main.

À MESSIEURS LES ASSOCIÉS PROFESSEURS DE L'ACADÉMIE DE MARSEILLE.

A Versailles, le 2 janvier 1781.

« On ne peut être plus sensible, Messieurs, que je le suis aux nouvelles marques d'attention que vous me donnez à l'occasion de l'année que nous commençons. Vous ne devez point douter de ma reconnaissance, et de l'empressement avec lequel je saisirai toujours les occasions de marquer à l'Académie de Marseille les sentiments avec lesquels je la distingue de toutes les autres commises à mes soins.

« J'ai l'honneur d'être, Messieurs, votre très humble et très obéissant serviteur. »

D'ANGIVILLER.

À MESSIEURS DE L'ACADÉMIE DE MARSEILLE.

A Versailles, le 11 janvier 1782.

« On ne peut être plus sensible, Messieurs, que je le suis aux nouvelles marques d'attention que vous voulez bien me donner à l'occasion de l'année que nous commençons.

« Vous ne devez point douter de ma reconnaissance, ainsi que de ma satisfaction de vos efforts soutenus pour faire fleurir dans votre ville les arts dont vous êtes, en quelque sorte, les dépositaires ; ce sera toujours avec plaisir que je profiterai des occasions de vous en donner des marques, ainsi que du désir que j'ai de contribuer à tout ce qui pourra vous être utile et honorable.

« J'ai l'honneur d'être, Messieurs, votre très humble et très obéissant serviteur. »

D'ANGIVILLER.

À M. MOULINNEUF, SECRÉTAIRE PERPÉTUEL.

A Versailles, le 6 janvier 1783.

« Je viens de recevoir, Messieurs, les témoignages des vœux que l'Académie de peinture de Marseille veut bien faire pour moi dans ce renouvellement d'année; j'en suis extrêmement flatté, et elle ne doit point douter de ma sensibilité à cette marque de son attention pour moi. Je vous prie de lui en faire part et de l'assurer de l'intérêt véritable que je prendrai toujours à ce qui le concerne.

« J'ai l'honneur d'être, Messieurs, votre très humble et très obéissant serviteur. »

D'ANGIVILLER.

L'année 1783 nous fournit encore deux autographes de M. d'Angeviller : le premier, du 16 mai, présentant ses doléances à l'Académie pour la perte de son directeur.

À MESSIEURS LES ASSOCIÉS PROFESSEURS DE L'ACADÉMIE DE MARSEILLE.

A Versailles, le 7 janvier 1784.

« Je reçois avec bien du plaisir, Monsieur, les marques d'attention que vous me donnez au nom de votre Compagnie à l'occasion de ce renouvellement d'année. On ne peut être plus sensible que je le suis aux souhaits que vous voulez bien faire pour moi en cette circonstance. J'en suis très flatté, et je vous en fais mes sincères remerciements, en vous assurant du plaisir que j'aurai toujours à contribuer au bien-être et à la prospérité d'un établissement aussi utile que celui que vous régissez.

« C'est avec ces sentiments que je suis bien véritablement, Messieurs, votre très humble et très obéissant serviteur. »

D'ANGIVILLER.

On a souvent parlé de la répugnance du comte d'Angiviller à répandre son portrait. En voici une preuve nouvelle. L'Académie de Marseille sollicitait cette faveur depuis 1779. D'André Bardon avait été son porte-parole, et il avait échoué. La Compagnie ne s'étant pas rebutée, son protecteur lui répondait :

À MESSIEURS LES OFFICIERS DE L'ACADÉMIE DE MARSEILLE.

A Versailles, le 12 janvier 1785.

« Ce sera toujours, Messieurs, avec le même plaisir, que je recevrai les marques d'attention que votre Compagnie a coutume de me donner chaque année par votre entremise. Je suis très sensible aux souhaits que la circonstance actuelle vous engage à faire pour moi, et dont votre lettre contient l'expression. Je vous en fais, ainsi qu'à l'Académie de sincères remerciements.

« Je ne suis pas moins sensible au désir que vous me témoignez de posséder mon portrait pour le placer dans votre salon d'assemblée. Mais il ne m'est pas encore possible d'accéder à cet égard à l'empressement de l'Académie, quelque flatté que j'en sois; je ne vous dissimulerai même point que j'ai eu toujours une grande répugnance à me faire peindre pour un pareil objet, et que ce n'est pas sans peine que j'ai cédé aux instances de l'Académie royale de peinture elle-même, en faisant faire mon portrait pour elle, à quoi j'ajouterai que différentes circonstances ne m'ont pas encore permis de le lui faire donner.

« J'ai l'honneur d'être, Messieurs, votre très humble et très obéissant serviteur. »

D'ANGIVILLER.

Le comte d'Angiviller savait reconnaître ses erreurs ou ses oublis, lorsqu'ils étaient de nature à froisser de justes susceptibilités ou à faire douter de ses sentiments. Le dernier autographe que nous ayons à citer de lui en fournit un exemple :

À MESSIEURS LES OFFICIERS DE L'ACADÉMIE DE MARSEILLE.

A Versailles, le 1er avril 1785.

« Je viens de retrouver, Messieurs, parmi des papiers malheureusement égarés, la lettre que vous avez pris la peine de m'écrire à l'occasion de la nouvelle année; je serais fâché que l'Académie de peinture de Marseille fût par le défaut d'une réponse, dans le cas de penser que j'ai été indifférent à cette marque d'attention de sa part : je me fais donc un plaisir de réparer cette omission involontaire, et de remercier, quoique tard, votre Compagnie de ses souhaits obligeants. Mes sentiments pour elle seront toujours les mêmes, et je serai charmé d'avoir des occasions de lui en donner des preuves.

« J'ai l'honneur d'être, Messieurs, votre très humble et très obéissant serviteur. »

D'ANGIVILLER.

On ne doit pas douter que ce protecteur de l'Académie n'ait entretenu pareille correspondance avec elle jusqu'en 1790, mais ses lettres ont disparu.

M. d'Angiviller fut autant que personne hostile à la Révolution. A la séance de l'Assemblée nationale du 7 novembre 1790, où Lameth, Barnave et Duport battaient en brèche la popularité de Mirabeau, M. d'Angiviller est accusé de multiplier les dépenses et d'en présenter un emploi exagéré; Lameth prend lui-même la parole, sur le rapport de Camus : M. d'Angiviller, est, le 15 juin 1791, atteint par un décret qui prononce la saisie de tous ses biens, il émigre. Après avoir séjourné en Allemagne et en Russie, où l'impératrice Catherine lui avait accordé une pension, il mourut à Altona en 1810.

Quant à son précieux auxiliaire, M. de Montucla, nous retrouvons sa trace dans les papiers de l'Académie jusqu'au 3 février 1788. Nous l'avons montré à l'œuvre. Ses biographes ont oublié cette page; elle méritait d'être mise en lumière. Voici l'article que consacrent à M. de Montucla, MM. Chaudon et Delandine, dans leur Dictionnaire publié en 1804 :

« Joseph de Montucla, né à Lyon le 5 septembre 1725, fit ses premières études chez les Jésuites de cette ville, et annonça dès sa jeunesse une véritable passion pour les mathématiques. Après avoir fait son droit à Toulouse, il se rendit à Paris, où il se livra entièrement à son goût pour l'étude. Il n'avait encore que trente ans, lorsqu'il publia son *Histoire des mathématiques*, lue avec intérêt par des hommes de lettres, avec fruit par des savants. Après avoir suivi le chevalier Turgot à Cayenne, Montucla devint premier secrétaire des bâtiments du Roi sous M. de Marigny.

« La suppression de cet Administration lui ôta presque toutes ses ressources ; mais Bonaparte lui accorda une pension de 2,400 livres dont il ne jouit pas longtemps, étant mort à Versailles le 27 frimaire de l'an VIII.

« On lui doit : 1° *Histoire des recherches de la quadrature du cercle*, 1754, in-12 ;

« 2° *Histoire des mathématiques*, 1758, 2 vol. in-4°. L'auteur en préparait une seconde édition fort augmentée ; les savants espèrent que M. de La Lande, à qui des manuscrits ont été remis, ne tardera pas à la publier.

« Montucla était membre de l'Académie de Berlin, et de l'Institut national.

« La pauvreté relative de Montucla donne la mesure de son intégrité. La pension de 1,500 livres que M. de Marigny, en se retirant, lui avait fait accorder par Louis XV, et qui était reversible sur son épouse, devait lui avoir été enlevée en même temps que son emploi. »

On lit dans une autre notice due à M. E. Merlieux :

« Jean-Étienne Montucla, savant mathématicien, né à Lyon en 1725, mort à Versailles le 18 décembre 1799, fit ses études au collège des Jésuites de sa ville natale ; sa famille était pauvre. Resté orphelin à l'âge de 16 ans, il alla terminer ses études à Toulouse, puis à Paris, où il se lia avec d'Alembert. Il fit partie de la rédaction de la *Gazette de France*, et commença à rassembler les matériaux de son *Histoire des mathématiques*, parue en 1758.

« Un autre mathématicien, François Montmort, avait entrepris un travail analogue. Mais il était mort sans l'achever, et ses manuscrits étaient perdus ; l'*Histoire des mathématiques* de Montucla est donc une œuvre entièrement originale. »

M. Merlieux loue sans réserve les deux premiers volumes ; quant aux deux autres, arrangés et complétés par Lalande, il cite l'opinion de M. Barginet prétendant qu'ils sont très inférieurs sous tous le rapports au deux premiers. M. Weiss, lui, ajoute : « Ils n'offrent le plus souvent qu'une lourde gazette d'optique et d'astronomie, où se trouvent parfois des jugements hasardés. »

M. Merlieux cite également de M. de Montucla «une excellente édition des *Récréations mathématiques d'Ozanam* (1778, 4 vol. in-8°), et il note que ses *Recherches sur la quadrature du cercle* sont reproduites en partie à la suite du tome Ier de son *Histoire des mathématiques*».

CORRESPONDANCE DE L'ACADÉMIE DE MARSEILLE
AVEC L'ACADÉMIE ROYALE DE PEINTURE.

Nous avons vu Fenouil, peintre du Roi et membre de l'Académie royale, présider à la fondation de l'Académie de peinture de Marseille en 1752 et en devenir le directeur perpétuel. Les deux titres qu'avait cet artiste établissaient un trait d'union entre les deux sociétés.

En 1754, Fenouil, mort, avait été remplacé par d'André Bardon, un des dignitaires de l'Académie royale. A dater de ce moment, l'union des deux sociétés devient définitive. En 1756, les nouveaux statuts et règlements de l'Académie de Marseille établissent en principe que ses directeurs perpétuels sont désormais choisis parmi les membres de l'Académie royale de Paris. C'était lier les destinées de cette dernière à celles de sa glorieuse devancière, qui devait lui donner le titre de *fille aînée*.

Heureux de se placer sous la sauvegarde de l'Académie de Paris, et en quelque sorte sous sa tutelle, les officiers de Marseille s'engagent par l'article 10 de leurs nouveaux statuts à lui adresser, chaque année, comme tribut, un certain nombre d'académies dessinées d'après nature par les professeurs de dessin de la Compagnie. Elle compte douze titulaires chargés de cet enseignement; quatre d'entre eux, à tour de rôle, acquitteront ce tribut. Le secrétaire, ensuite, selon les prescriptions du directeur perpétuel, adressera chaque année, les vœux et les compliments de bonne année de la Compagnie.

En retour, l'Académie royale ne ménage ni sa protection, ni ses conseils. Nous voyons en 1760 les professeurs lui adresser une supplique par l'entremise de d'André Bardon, afin qu'il soit accordé à la Compagnie de jouir des privilèges attachés aux écoles académiques. Leur directeur répond alors que «le titre qu'elle sollicite n'ajouterait rien à la force des pièces qu'elle possède; l'autorisation et la protection de l'Académie royale et celle de M. de Marigny, suffisent pour confirmer l'établissement de l'Académie de Marseille si des ennemis jaloux venaient à l'inquiéter». Puis, après leur avoir indiqué la voie des lettres patentes, il ajoute : «L'Académie royale se fera un plaisir de vous aplanir les difficultés à cet égard.»

La correspondance de d'André Bardon et celle de Moulinneuf nous ont suffisamment instruits sur les relations de ces deux compagnies, pendant leur existence. Nous n'avons plus à reproduire que quelques lettres de Moulinneuf, et les réponses des secrétaires ou des dignitaires de l'Académie royale aux vœux ou aux hommages que leur adressaient chaque année leurs confrères de Marseille.

Une lettre de d'André Bardon, du 10 avril 1760, contient ce paragraphe : «M. de Silvestre, notre respectable directeur, est dangereusement malade; peut-être n'existe-t-il plus en ce moment? Vous perdez en lui un protecteur zélé qui s'intéressait avec chaleur à tout ce que je lui proposais de votre part; heureux si son successeur possède un cœur aussi généreux que le sien, et qui s'intéresse aussi vivement à tout ce qui regarde vos succès et votre gloire!»

Correspondance de 1762.

M. de Silvestre est mort. Il est remplacé par Restout. Le secrétaire adresse au nouveau directeur de l'Académie royale, le 25 décembre 1761, les souhaits de la Compagnie à l'occasion du renouvellement de l'année. Après les protestations d'usage, il ajoute : «Vos bontés, et vos attentions pour procurer à l'Académie de Marseille les moyens d'appartenir à la plus célèbre académie du monde nous pénètrent de reconnaissance pour son illustre directeur, qui veut bien en cela nous continuer les mêmes bontés dont M. de Silvestre, son digne prédécesseur, nous avait toujours honorés.»

Voici la réponse :

À MESSIEURS DE L'ACADÉMIE DE PEINTURE DE MARSEILLE.

A Paris, le 2 janvier 1762.

«Messieurs,

«Je suis bien sensible à votre politesse, et vous remercie des vœux favorables que vous me faites; j'en fais aussi pour vous de bien sincères, et souhaite que vos désirs soient bientôt accomplis; vous pouvez compter que je ferai tout ce qui sera en mon pouvoir pour accélérer l'adoption que vous sollicitez, et que si feu M. Silvestre, mon respectable prédécesseur vous était favorable, je ne vous le serai pas moins.

« J'ai l'honneur d'être, avec la plus parfaite considération,

« Messieurs, votre très humble et très obéissant serviteur. »

Restout.

Moulinneuf, à la même date, avait envoyé son compliment de bonne année à l'Académie royale. Cochin, secrétaire perpétuel, répond :

Paris, le 19 janvier 1762.

« Messieurs,

« L'Académie reçoit avec la plus tendre affection les marques d'un attachement inviolable que vous continuerez à lui donner. Elle a été infiniment touchée de la considération que vous avez fait paraître pour elle dans la rédaction des statuts que vous vous proposez de suivre, et les nouvelles preuves que vous lui en donnez, en les mettant à exécution lui sont extrêmement chères. Elle espère qu'ils contribueront à rendre votre école de plus en plus florissante, et se propose de vous seconder de toutes ses forces dans un but aussi louable et de saisir avec ardeur toutes les occasions de vous en donner de nouveaux témoignages en tout ce qui pourra dépendre d'elle.

« Je suis, Messieurs, votre très humble et très obéissant serviteur. »

Cochin.

Le marquis de Marigny venait de faire nommer Carle Vanloo, premier peintre du Roi. On connaît le mot du Dauphin, auquel il était présenté sous ce titre : *Il y a longtemps qu'il l'est*. Or Carle Vanloo un compatriote, était un dignitaire de l'Académie royale. Les artistes de Marseille ne pouvaient négliger l'occasion de le complimenter. Le secrétaire lui adressa la lettre suivante :

À M. CARLE VANLOO, PREMIER PEINTRE DU ROI, À PARIS.

21 juin 1762.

« Permettez, Monsieur, que notre Compagnie vous témoigne combien elle est sensible aux honneurs et aux bienfaits dont le Roi vous a si dignement favorisé. C'est avec plaisir que nous voyons augmenter dans notre siècle, l'estime pour le mérite et le talent. La distinction marquée, à si juste titre, qui a couronné la perfection de ceux que vous possédez prouve que quiconque marchera sur vos pas dans la carrière doit parvenir au temple par la gloire.

« Mais quand la Renommée publie partout votre nom et votre élévation, quel exemple pour notre Académie, et quelle émulation ne doit-elle pas donner à tous ses membres! Heureux alors d'approcher de votre savoir, ils le seront encore davantage si votre bonté leur est accordée!

« Nous avons l'honneur d'être, avec un profond respect,

« Messieurs, vos très humbles et très obéissants serviteurs. »

Nos recherches nous ont permis de constater que Carle Vanloo a écrit maintes fois à l'Académie; mais ses lettres ont été distraites des archives. Ses autographes avaient trop de prix pour ne pas tenter des amateurs, avant que la ville de Marseille n'eût fait l'acquisition de ces archives; une seule lettre de la main de ce peintre, du 7 janvier 1765, a été sauvée. On en trouvera le texte à sa date.

———

Le 24 décembre 1762, le secrétaire adresse à M. Restout les vœux ardents de la Compagnie pour la conservation de ses jours « aux beaux arts et à ceux qui les professent ». A la même date, il s'exprime ainsi en écrivant à MM. de l'Académie royale :

« Messieurs,

« L'objet le plus flatteur, et qui nous affecte le plus est celui de perpétuer dans nos cœurs l'hommage que nous avons l'honneur de vous renouveler à chaque commencement d'année. Pénétrés de vos bontés, quelle doit être notre attention pour les mériter à juste titre, et pour nous rendre propices les maîtres les plus célèbres de l'Europe?

« C'est en nous efforçant de marcher sur vos traces, qu'il nous sera permis d'obtenir vos faveurs, et c'est en quoi nous ne cesserons de redoubler nos efforts pour nous rendre dignes d'un tel bienfait.

« Nous avons l'honneur d'être avec un très profond respect,

« Messieurs, vos etc. »

Correspondance de 1763.

Les autographes de Restout ont subi le même sort que ceux de Carle Vanloo; aucune de ses réponses, sauf celle qui a été reproduite plus haut, ne figure dans les archives. Mais celles de Cochin ont été presque toutes respectées; nous ne donnerons *in extenso* que les deux dernières :

Paris, 10 février 1763.

« L'Académie royale reçoit avec la plus grande sensibilité les marques d'attachement que lui témoigne l'Académie de Marseille. Elle ne désire rien avec plus d'ardeur que de pouvoir concourir avec elle au progrès de son école, à l'utilité de ses élèves, aussi bien qu'à ce qui peut lui être agréable; et on la trouvera toujours disposée à seconder efficacement ses louables efforts. »

COCHIN.

Correspondance de 1764.

Paris, 16 janvier 1764.

« L'Académie de Paris renouvelle à l'Académie de Marseille les assurances de sa plus tendre affection. Elle ne peut lui donner une plus grande satisfaction qu'en lui procurant les moyens de lui être utile. Cette union gracieuse entre des corps qui n'ont qu'une même fin, dirigés par les mêmes vues, suivant les mêmes sentiers, ne peut qu'assurer le perfectionnement des arts, que l'une et l'autre de ces académies professent, et leur fournir les moyens les plus assurés d'y parvenir. »

COCHIN.

En cette année 1764, Restout à dû céder sa place à Carle Vanloo, car nous voyons, le 24 décembre 1764, le secrétaire lui adresser les vœux de la Compagnie comme directeur de l'Académie royale de Paris. « Nos vœux ainsi formés, écrit-il, pour un des premiers artistes du monde, font honneur et intéressent trop notre Académie pour ne pas nous empresser à vous les offrir. »

Correspondance de 1765.

À MESSIEURS DE L'ACADÉMIE DE MARSEILLE.

Paris, le 7 janvier 1765.

« Messieurs,

« Je suis sensible comme je le dois aux vœux que vous adressez au ciel pour moi, dans ce renouvellement d'année; les miens seront comblés, si j'ai le bonheur de vous témoigner les sentiments d'estime avec lesquels je suis sans réserve,

« Messieurs, votre très humble et très obéissant serviteur. »

Carle Vanloo.

Ce dernier autographe est d'autant plus précieux que, le 15 février suivant, la France perdait en Vanloo un de ses grands artistes; il avait 61 ans. Delandine en a tracé ce portrait : « Ce peintre était d'une figure intéressante, et d'une humeur enjouée, laborieux, dur à lui-même; il travaillait toujours debout et sans feu, même durant les plus grands froids. Une bonté naturelle qui corrigeait ordinairement les saillies de sa vivacité formait le caractère de son cœur. Il était sincère, ingénu, liant, affectueux; il vivait avec ses élèves comme avec ses enfants, et avec ses enfants comme avec ses amis. Aussi le chérissaient-ils les uns et les autres comme leur ami et leur père [1]. »

Un homme aussi fortement doué devait inspirer des amitiés solides;

---

[1] Voir pour la liste des ouvrages, la manière et les qualités du peintre, Chaudon et Delandine.

celle de d'André Bardon lui était acquise depuis quarante années, et l'Académie, qui ne voyait que par les yeux de son directeur perpétuel, professait le même sentiment pour « le premier peintre du Roi ».

Correspondance de 1766.

Cochin a négligé, cette année, de répondre en temps utile à l'Académie de Marseille, mais il s'excuse avec empressement, le 7 novembre 1766 : « La mort du Dauphin l'a surchargé; il avait dû exécuter un certain nombre de dessins, soit pour son catafalque, soit pour les oraisons funèbres, ce qui, joint au courant des affaires, lui a fait perdre de vue cette obligation. L'Académie royale tient essentiellement à maintenir une correspondance qui lui est si agréable. »

Le 5 mai 1766, le secrétaire adresse à Joseph Vernet, peintre ordinaire du Roi, les compliments les plus chaleureux, à propos de la distinction dont l'Académie royale vient de l'honorer en le nommant conseiller.

Le 20 décembre, le secrétaire, qui adresse ses vœux à Joseph Vernet, le remercie du superbe dessin dont il a fait hommage à l'Académie, lequel « fait l'admiration des connaisseurs qui visitent son salon »; puis il adresse également les compliments de bonne année à ces MM. de l'Académie royale.

Correspondance de 1767 à 1779.

Durant cette période de douze années, la correspondance entre l'Académie de Paris et celle de Marseille suit son cours; mais en 1770, les liens qui les unissent prennent une nouvelle force. Le duc de Villars est mort; le protectorat dont il était investi passe, on l'a vu, à M. le marquis de Marigny, également protecteur de l'Académie royale. A ce propos, le secrétaire adresse la lettre suivante à cette illustre Compagnie :

À MESSIEURS DE L'ACADÉMIE ROYALE DE PEINTURE ET SCULPTURE À PARIS [1].

26 décembre 1770.

« Messieurs, l'Académie de Marseille qui jouit de l'avantage d'avoir M. le marquis de Marigny pour protecteur, et qui a le bonheur de vous être affiliée, adresse ses vœux au ciel pour la conservation de vos jours, et l'accomplissement de vos plus chers désirs.

« Quelque étendue qu'elle prête à son hommage, elle se considérerait comme bien au-dessous de ce que vous doit sa reconnaissance si, en vous l'offrant, elle ne suivait d'autres lois que les lois de l'usage. Non, Messieurs, le tribut que nous vous rendons ici, part d'une source plus pure; il est le résultat de nos sentiments, et ce sont nos cœurs qui vous l'offrent.

« Permettez-nous de joindre à cette assurance les témoignages de la juste vénération et du profond respect avec lesquels nous avons l'honneur d'être,

« Messieurs, vos très humbles et très obéissants serviteurs. »

Le 2 janvier 1771, Cochin répondait dans une première lettre : « L'Académie de Paris éprouve les désirs les plus ardents de donner des preuves de son attachement à l'Académie de Marseille, en retour de ses sentiments d'estime et d'amitié. Son union avec elle sous le même chef, M. le marquis de Marigny, ce digne protecteur des arts, lui cause la plus grande joie : il ne peut qu'exciter la plus noble émulation et être très utile à la Compagnie. »

Il disait dans une seconde lettre : « L'Académie de Paris envoie ses vœux à l'Académie de Marseille; elle la félicite du protectorat que lui accorde M. le marquis de Marigny, qui possède la puissance de consolider son établissement. »

M. d'André Bardon, malgré son état de faiblesse, ne cesse pas, alors, de servir l'Académie. Pierre aussi, premier peintre du Roi et directeur de l'Académie royale, s'occupe fort de l'Académie de Marseille. Le secrétaire lui adresse également, le 20 février 1771, de vifs remercie-

---

[1] Cette lettre était en quelque sorte calquée sur la minute que d'André Bardon avait envoyée à la Compagnie dans sa lettre du 26 novembre 1770.

ments. En 1772, Pierre a écrit pour elle une lettre des plus chaleureuses à M. de Montyon, intendant de Provence. Ce dernier a félicité la Compagnie d'avoir dans le premier peintre du Roi un ami aussi zélé. Le secrétaire lui répond :

À MONSIEUR PIERRE, PREMIER PEINTRE DU ROI, DE Mgr LE DUC D'ORLÉANS, ET DIRECTEUR DE L'ACADÉMIE ROYALE, RUE DE RICHELIEU, AU COIN DE LA RUE NEUVE SAINT-AUGUSTIN, À PARIS.

20 avril 1772.

« Monsieur, l'absence de M. de Montyon, en voyage, ne nous avait pas permis jusqu'à ce jour, de lui remettre la lettre que vous avez bien voulu lui écrire en notre faveur. A son arrivée à Marseille, nous la lui avons présentée. L'affabilité avec laquelle il nous a reçus, la façon dont il nous a parlé après en avoir lu le contenu, nous fait espérer le prompt succès de notre demande, d'autant plus qu'il nous a dit avoir donné au ministre les avis les plus favorables.

« Comment, Monsieur, pourrons-nous dignement vous remercier de vos bontés et de vos soins généreux ? Nos cœurs en sont pénétrés. Heureux si notre Compagnie, n'oubliant jamais ce que vous daignez faire pour elle, pouvait trouver l'occasion de vous en témoigner par des effets sa reconnaissance et vous donner des marques du profond respect avec lequel nous avons l'honneur d'être,

« Monsieur, vos etc. »

En cette même année 1772, les échevins disputent au marquis de Marigny son titre de protecteur, et le 7 décembre l'Académie déclare à d'André Bardon qu'elle préfère encourir la disgrâce des magistrats de la cité, se dissoudre au besoin, plutôt que de se séparer de l'Académie royale.

Le 24 décembre 1773, l'Académie écrit à MM. de l'Académie royale à Paris : « Dans la flatteuse attente d'avoir M. l'abbé Terray pour protecteur immédiat et de joindre à cet avantage le bonheur de vous être affilié, l'Académie se fait un devoir de vous présenter les vœux qu'elle forme, etc. Elle joint à cette assurance les témoignages de la juste vénération et du profond respect avec les quels, etc. »

DE L'ACADÉMIE DE PEINTURE DE MARSEILLE.

Voici des lettres de Cochin en 1774 :

RÉPONSE À MM. DE L'ACADÉMIE DE PEINTURE DE MARSEILLE.

Paris, 31 janvier 1774.

« L'Académie de Paris reçoit toujours avec sensibilité les marques d'estime et d'attachement que lui donne l'Académie de Marseille. L'attente où elle est d'avoir pour nouveau protecteur M. l'abbé Terray, si le fait se réalise, ne peut que resserrer son affiliation avec elle; il ne leur manque que d'être réunies sous un même chef pour exister dans l'ordre indiqué par Louis XIV, etc. »

COCHIN.

Le 26 décembre 1774, le secrétaire adresse au nom de la Compagnie ses vœux à M. Pierre, « chef d'une célèbre et respectable académie qui comble celle de Marseille de ses bienfaits comme une mère tendre qui lui est non moins chère ». A la même date, il envoie son compliment de bonne année à l'Académie royale.

À MESSIEURS DE L'ACADÉMIE DE PEINTURE DE MARSEILLE.

14 janvier 1776.

« C'est avec les sentiments d'une sincère affection que l'Académie reçoit, Messieurs, les témoignages d'attachement que lui donne annuellement l'Académie de Marseille. Elle y est extrêmement sensible, d'autant plus qu'unie à elle par son affiliation, elle l'est encore davantage par son zèle à concourir au bien et à l'avancement des arts.

« Cette conformité d'intention, cette tendance au même but achèvent de resserrer les liens qui leur sont également chers; puisse-t-elle en retirer toute la satisfaction que méritent ses soins assidus et des vues aussi louables ! Ce sont les vœux que forme l'Académie de Paris.

« Permettez-moi, messieurs, de joindre aux sentiments que j'ai l'honneur de vous exposer de la part de l'Académie, ceux du profond respect avec lequel je suis,

« Messieurs, votre très humble et très obéissant serviteur. »

COCHIN,
Secrétaire perpétuel de l'Académie
de peinture et de sculpture.

Nous sommes à la fin de 1776. Le secrétaire continue à remplir ses devoirs au nom de la Compagnie envers l'Académie royale et ses dignitaires :

À M. PIERRE, DIRECTEUR DE L'ACADÉMIE ROYALE.

25 décembre 1776.

« Monsieur, il nous est doux de profiter du renouvellement de l'année pour vous présenter nos vœux les plus parfaits qu'on puisse adresser au ciel pour la conservation de vos jours. Entraînés par notre zèle et par nos sentiments, il nous est glorieux de nous en acquitter envers un des plus célèbres maîtres de la première Académie du monde, dont le talent, le rang, les dignités, lui attirent l'admiration universelle. Heureux, Monsieur, si vous voulez bien nous conserver vos bontés, tandis que nous nous efforcerons de les mériter par notre zèle à concourir au bien des arts et à vous marquer le profond respect avec lequel nous sommes,

« Monsieur, vos très humbles et très obéissants serviteurs. »

À M. COCHIN, SECRÉTAIRE PERPÉTUEL DE L'ACADÉMIE ROYALE.

25 décembre 1776.

« Monsieur, si le devoir de vous renouveler tous les ans mes vœux pour la conservation et la prospérité de vos jours me donne une satisfaction des plus vives, je vous prie, Monsieur, de les agréer avec quelque sensibilité; ils sont dictés par des sentiments de vénération pour une personne, dont les talents et les vertus lui attirent une considération universelle.

« De quel plus doux avantage puis-je me flatter, sinon de lui témoigner les sentiments d'un cœur pénétré de reconnaissance et lui donner des marques du profond respect avec lequel j'ai l'honneur d'être,

« Monsieur, votre très humble et très obéissant serviteur. »

MOULINNEUF,
Secrétaire perpétuel
de l'Académie de Marseille.

Suivait la lettre de compliments à Messieurs de l'Académie royale, n'offrant que de légères variantes avec les précédentes.

L'ACADÉMIE ROYALE À L'ACADÉMIE DE MARSEILLE.

27 janvier 1777.

« Monsieur, j'ai l'honneur de vous adresser la lettre que j'écris à Messieurs de l'Académie de Marseille de la part de la nôtre de Paris; en même temps j'ai l'honneur de vous remercier des politesses dont est remplie celle que vous m'avez fait l'honneur de m'adresser, et de vous demander la continuation de votre amitié, en vous assurant de la réciprocité.

« Je fais mention dans ma lettre à l'Académie d'un fait dont peut-être on n'est pas instruit à Marseille ou peut-être qui n'y fait pas une si grande sensation, soit parce que vous n'avez pas de maîtrise ou parce qu'elles ne sont pas peut-être aussi persécutrices que l'était à Paris la maîtrise des peintres de Saint-Luc. Mais c'est pour nous à Paris un très grand événement que la liberté des arts, et la destruction du droit de saisir qu'avait sur eux la communauté de Saint-Luc. Vous y avez aussi un très grand intérêt en ce que, si aucun des artistes de votre corps fût venu à Paris, il ne lui aurait pas été permis d'exercer ses talents sans être auparavant entré à prix d'argent dans cette funeste communauté; tyrannie cruelle, et qui n'existait en aucun autre pays de l'Europe. Partout les arts étaient libres, excepté dans celui qui passe pour le mieux policé; je n'ai pu résister au plaisir de vous faire part de notre joie.

« J'ai l'honneur d'être avec la plus parfaite estime et le plus sincère attachement, Monsieur, votre très humble et très obéissant serviteur. »

COCHIN.

Moulinneuf ne répond à cette lettre que dix mois après, en présentant ses vœux pour l'année qui va s'ouvrir :

MOULINNEUF À COCHIN.

26 décembre 1777.

« Rien n'est plus flatteur pour la Compagnie et plus agréable pour le secrétaire que de lui présenter les vœux de l'Académie et les siens. Merci de la nouvelle si favorable à la liberté des artistes que vous nous avez donnée; désormais, ils pourront travailler sans craindre les vexations et les tyrannies que leur imposaient des lois gothiques enchaînant l'essor du génie. C'est à notre siècle éclairé que nous sommes redevables des lumières qui portent leur éclat sur l'humanité et font disparaître les faux préjugés et la barbarie.

« Je suis avec un profond respect, Monsieur, votre etc. »

En 1778, l'Académie a rempli ses devoirs envers l'Académie royale. Il ne lui a pas été répondu. Elle témoigne son étonnement de ce silence, et cette réclamation donne lieu à la dernière lettre que lui écrira Cochin :

COCHIN À MOULINNEUF.

Le 2 janvier 1779.

« Monsieur, j'ai été fort surpris à la lecture de votre lettre d'apprendre que l'Académie de Marseille n'eût pas reçu de réponse à la lettre qu'elle a adressée à l'Académie royale l'année passée. Cette faute ne vient pas de moi; j'ai encore, il est vrai, le titre de secrétaire de l'Académie royale, mais je n'exerce presque plus aucune fonction; il y a trois ans je demandai à l'Académie de vouloir bien me nommer un adjoint. Cette demande n'était point déplacée, après avoir servi près de 24 ans. Je l'obtins; je continuai cependant encore un an, et j'aurai persévéré sans quelque mécontentement de quelques procédés que j'ai éprouvés de la part de M. Pierre, premier peintre du Roi et directeur de notre Académie.

« C'est maintenant M. Renou qui exerce le secrétariat; il demeure dans la cour du Louvre, l'escalier sous la porte du côté des Pères de l'Oratoire. Je suis surpris qu'il ait oublié de répondre. Quoi qu'il en soit, je vais prendre soin que cette année il n'ait pas la même négligence; nous devons entretenir bonne correspondance avec une Compagnie respectable, et qui depuis si longtemps nous est affiliée.

« J'ai l'honneur d'être, avec la plus parfaite estime et le plus sincère attachement, votre très humble et très obéissant serviteur. »

COCHIN.

Correspondance de 1780 à 1789.

A l'occasion du nouvel an 1780, Renou n'omet pas de rendre à l'Académie de Marseille sa politesse par la lettre suivante :

À MESSIEURS DE L'ACADÉMIE DE PEINTURE,
SCULPTURE ET ARCHITECTURE CIVILE ET NAVALE DE MARSEILLE.

A Paris, au Louvre, le 10 janvier 1780.

« Messieurs,

« C'est toujours avec un nouveau plaisir que l'Académie royale de peinture et de sculpture reçoit chaque année les vœux de sa fille aînée, l'Académie de Marseille.

« En mère tendre, elle désire voir confirmer par Sa Majesté un titre que sa fille a si bien mérité et qu'elle obtiendra sans doute par les bons offices de son respectable protecteur M. le comte d'Angiviller, quoique, d'après le zèle bienfaisant de ce ministre, elle regarde ses sollicitations auprès de lui, comme en quelque sorte inutiles et de surabondance. Cependant, Messieurs, l'Académie royale vous promet par ma voix de ne point les épargner, pour hâter l'obtention de cette grâce.

« La mère et la fille n'auront bientôt plus qu'à faire entendre un concert de louanges pour ce nouveau Mécène et des transports de reconnaissance, et d'amour pour notre jeune monarque qui, entouré de ministres éclairés, et forcé de porter au dehors, pour la liberté du commerce de tous les peuples, le flambeau de la guerre, entretient au sein de ses États paisibles le feu sacré des arts.

« C'est à nous, Messieurs, dans ces moments de crise à redoubler de soins pour que ce feu ne s'éteigne pas dans notre patrie, et à ne point souffrir que le sceptre des talents, dont nous nous sommes emparés depuis près de deux siècles passe chez les nations étrangères.

« Quant à moi, je me félicite d'être l'interprète des sentiments du corps illustre auquel j'ai l'honneur d'appartenir, et de pouvoir sous ses auspices vous assurer combien je suis avec un profond respect,

« Messieurs, votre très humble et très obéissant serviteur. »

Renou.

Au moment où Renou écrivait cette lettre, l'Académie de Marseille qui s'était recommandée de l'Académie royale, n'avait point encore reçu ses lettres patentes, mais elle allait obtenir un plein succès. Lorsqu'elle possède enfin ces lettres, un de ses premiers soins est de remercier les académiciens de Paris :

À MESSIEURS DE L'ACADÉMIE ROYALE.

1ᵉʳ mai 1780.

« Vous avez contribué, Messieurs, avec autant de générosité que de noblesse à assurer la stabilité de notre établissement, et vous nous avez jugés dignes de vous appartenir. Nous n'avons plus rien à désirer car son application la met au-dessus de toutes les académies de peinture et de sculpture du royaume.

« Loin de nous enorgueillir de ces prérogatives, nous les ferons servir d'aiguillons pour exciter notre zèle, et nous ranimer dans l'exercice de nos devoirs, et à mériter les sentiments dont vous nous favorisez.

« Nous avons l'honneur d'être, avec un profond respect,

« Messieurs, vos etc. »

Renou répond le 10 juillet suivant :

« La lettre de l'Académie de Marseille a été lue en séance; l'obtention de ses lettres patentes est le prix de ses soins généreux et constants à faire éclore et naître les arts au sein de la ville de Marseille. L'Académie de Paris la félicite; elle ordonne que ses lettres patentes soient déposées dans ses archives comme un témoignage de l'intérêt maternel qu'elle lui porte. »

L'Académie ayant rempli ses devoirs en 1782 et 1783 envers celle qui l'avait adoptée comme sa fille, Renou avait répondu le 5 janvier 1783 :

« Autant vous montrez de zèle et d'empressement dans vos respects et vos hommages, autant l'Académie royale en mère tendre reçoit avec attendrissement ces témoignages d'affection de sa fille aînée. »

Le 13 avril de cette même année 1783, d'André Bardon avait cessé de vivre. De là une correspondance des plus suivies entre les deux académies et les dignitaires de celle de Paris; les regrets, le choix ensuite d'un nouveau directeur perpétuel, avaient mis en émoi les deux compagnies. Cette fois, les liens qui les unissaient allaient encore se resserrer, car le directeur de l'Académie royale devenait tout à la fois directeur perpétuel de celle de Marseille avec M. Bachelier pour adjoint. Également placées sous le même protectorat (celui du comte d'Angiviller), elles ne devaient plus faire qu'un seul corps. Les jeunes, non par l'âge, mais par le talent et la notoriété, s'inclinaient devant leurs aînés.

La correspondance de cette période a été reproduite plus haut.

« L'Académie de Marseille, disait Renou dans sa réponse du 24 janvier 1784, ne peut douter de la tendresse maternelle de l'Académie royale, car son estime particulière se manifeste par la nomination de M. Pierre, comme successeur de M. d'André Bardon avec M. Bachelier pour directeur, selon les vœux qu'elle a exprimés.

« Ce choix, présenté par M. Renou, a été adopté sur-le-champ par toute l'assemblée. »

La correspondance de Renou pour les années 1785-1786 et 1787, a été sûrement distraite des archives, car nous voyons le secrétaire de Marseille lui écrire chaque année, ainsi qu'à MM. Pierre et Bachelier, sans oublier l'Académie royale. Ce sont les lettres les plus intéressantes qui ont disparu. En voici un exemple :

Moulinneuf écrit à Renou le 19 décembre 1785, après lui avoir adressé ses vœux; il le remercie des renseignements qu'il a pris la peine de lui faire parvenir sur Beaufort; il travaille à l'éloge de ce dernier, et il doit le prononcer à la séance publique du dimanche après la Saint-Louis, à l'hôtel de ville. Moulinneuf a également reçu, indépendamment des observations de Renou sur la façon de penser de Beaufort, d'autres renseignements qui prennent ce dernier à son enfance, le montrent dans son voyage à Rome, à Marseille et jusqu'à son arrivée à Paris, son pays natal, et tout cela dans l'exercice de son art, jusqu'à sa mort.

Il ne reste trace ni de cette lettre de Renou, ni de l'éloge de Beaufort.

En 1786 (22 décembre), nouvelle lettre du secrétaire à Renou. Il le remercie encore de ses renseignements sur Beaufort, dont l'éloge a été prononcé à la dernière séance publique de l'Académie de Marseille.

En 1787, le secrétaire a sans doute écrit à Paris; la réponse de Renou n'en laisse aucun doute :

À MESSIEURS DE L'ACADÉMIE DE PEINTURE,
SCULPTURE ET ARCHITECTURE CIVILE ET NAVALE DE MARSEILLE.

A Paris, au Louvre, le 15 janvier 1788.

« Messieurs,

« L'Académie que le Roi a bien voulu nommer la mère commune des académies établies dans son royaume, pour le progrès et la culture des arts du dessin, se trouve bien flattée d'un titre si honorable, quand elle reçoit les hommages d'une fille aussi tendrement attachée que l'est l'Académie de Marseille. Elle goûte vraiment dans cet instant le plaisir d'une mère : loin d'être jalouse des succès de sa fille aînée, elle y applaudira avec transport, et elle m'a chargé de vous assurer qu'elle fait les vœux les plus sincères pour la conservation de ses membres en particulier et pour sa gloire en général.

« Après m'être acquitté de mes fonctions, permettez-moi de me dire avec un profond respect,

« votre très humble et très obéissant serviteur. »

RENOU.

Nous arrivons en 1788. Le secrétaire, avec les années, semble redoubler d'attentions envers de ses confrères de Paris. Il a écrit le 21 janvier à M. de Montucla, à propos d'une grammaire de grec moderne que ce dernier lui a demandée : « S'il en existe, c'est au collège des Quatre-Nations, à Paris ou à Rome. Le Pape possède une imprimerie consacrée à toutes les langues orientales, par suite de la propagande *de fide* et des missions étrangères. M. de La Grenée, directeur de l'Académie de France, pourrait en faire parvenir un exemplaire à M. de Montucla par la voie de quelque pensionnaire du Roi revenant à Paris. »

Le 25 avril, il remet à M. de Gaillard, directeur de l'Hôtel des monnaies à Marseille, une lettre pour Bachelier. M. de Gaillard va solliciter un logement plus étendu, nécessité par l'accroissement de la fabrication des pièces. « Si ce monsieur réussit, ne serait-il pas possible de consacrer son logement au service de l'Académie? Les professeurs travaillent gratuitement, depuis 36 ans, pour former des sujets utiles à la patrie. Ce sont là des titres assez glorieux, pour qu'on daigne s'intéresser à l'Académie? »

Le 10 juin, nouvelle lettre à Bachelier, qui a réclamé les services du secrétaire; un de ses amis poursuit le recouvrement d'une créance, le débiteur est à Marseille; de plus, Gibelin, l'auteur des peintures du Val-de-Grâce, a reçu des confidences, il doit voir ces messieurs. Tout cela est chose terminée, et Moulinneuf l'annonce au directeur perpétuel.

Ce M. de Saint-Léger fait des dettes; M. Hémery le poursuit et il n'est pas le seul; ce preux chevalier est insolvable; il continue à duper du monde; le secrétaire serait heureux d'agir contre lui, mais il en serait pour ses peines, et M. Hémery, ce qui est plus grave, en serait pour les frais de procédure.

M. Gibelin est enfin arrivé. Bien qu'il n'ait passé que 24 heures à Marseille, le secrétaire a pendant plus d'une heure agité avec lui les moyens de doter l'Académie. Il en résulte qu'il convient dès le début d'intéresser à sa cause MM. les maire et échevins; les 4,000 livres que touche l'Académie ne pourraient suffire aux dépenses courantes si l'Administration ne s'astreignait à la plus rigoureuse économie. Ensuite il faudrait solliciter la chambre de commerce, lui démontrer que la classe d'architecture navale lui fournit des constructeurs de navire. On peut faire observer tout à la fois aux chefs de corps et de métiers qu'il est de leur intérêt de coopérer au soutien d'une académie qui devient de jour en jour plus utile, et plus nécessaire à la perfection de leurs ouvrages; qu'elle ouvre la porte de son école à tous ceux qui veulent profiter de ses leçons, qu'il serait juste de reconnaître les services des officiers de ladite Académie qui, dans leur zèle inaltérable, se sacrifient aux élèves pour former des sujets capables dans tous les genres. Les dons que feraient ces chefs de corps seraient volontaires, de façon qu'ils ne prissent pas le caractère d'une contribution forcée. Il n'est pas douteux que tous les corps des arts et métiers ne se prêtent avec plaisir à être favorables à l'Académie; il n'en faudrait qu'un qui commençât, les autres suivraient son exemple.

Il est certain que le total fourni par la communauté, la chambre de commerce et les corps des arts et métiers donnerait une somme suffisante pour prélever sur elle les honoraires des officiers de l'Académie.

Cependant les circonstances présentes ne permettent pas encore de mettre au jour un projet pareil. Pour agir avec quelque espoir de succès, il faut attendre des temps plus tranquilles. M. Gibelin a promis de revenir à Marseille avant de partir pour Paris; il séjournera quelque peu; il lui a déjà été proposé de se faire recevoir comme agrégé, et cette association lui a souri. On compte profiter de ce séjour pour le recevoir dans la Compagnie, et placer dans le salon quelques-uns de ses ouvrages.

Mais à l'arrivée de M. de Gaillard, le secrétaire a été instruit de certaines particularités qui rendent la précédente demande inutile : « Si l'Hôtel de la monnaie est transférée ailleurs, le local actuel, par une délibération du conseil, a reçu une autre destination : celle d'y entretenir des fous et non pas des artistes, etc. »

———

Le 13 septembre, Bachelier est mis au courant de la séance publique de l'Académie, qui a eu lieu à l'hôtel de ville le 7 du mois présent : « M. Dageville a ouvert la séance en appréciant le mérite exceptionnel du concours de cette année. M. Moulinneuf a ensuite donné l'analyse des ouvrages couronnés. Les élèves ayant reçu leurs prix des mains des échevins, M. Dageville a prononcé un second discours sur *Les avantages de l'union des lettres, des sciences et des arts*, et le secrétaire a terminé la séance par un précis du *Costume religieux des Grecs et des Romains*. Moulinneuf écrit :

« Tous ces discours ont fixé l'attention de l'assemblée; les applaudissements et les éloges n'ont pas été épargnés.

« Le concours du modèle avait réuni un grand nombre d'élèves; par suite de leur mérite, deux figures académiques ont été jugées dignes d'obtenir chacune une première médaille. Ont été ainsi couronnés : M. Dandrade, peintre; et M. Alibert, peintre et sculpteur. La seconde médaille a été décernée à M. Cas, peintre; et la troisième à M. Eymard, sculpteur.

« Nous n'avions jamais eu concours aussi nombreux et aussi brillant;

aussi a-t-il intéressé vivement le zèle et l'attention de la Compagnie.

« A la fin de juin, nous avons eu la visite de MM. les comtes de Vaudreuil, de Polignac et de Parroy. Ils nous ont témoigné le plaisir qu'ils éprouveraient à être comptés parmi nos associés honoraires amateurs. M. de Parroy y avait tous les droits, car il appartient comme honoraire amateur à l'Académie royale de Paris, où il a succédé à M. Watelet.

« Vous le voyez, Monsieur, nous nous efforçons de nous rendre recommandables par de telles associations en marchant sur les traces de notre illustre mère. Puissions-nous par ce moyen venir à bout de nos projets, en ne cessant de vous marquer le profond respect avec lequel nous avons l'honneur d'être, etc. »

Enfin le 9 décembre, Moulinneuf recommande à M. le comte d'Angiviller un artiste distingué, M. Charpentier, peintre en miniature sur émail. Ce dernier « est autorisé par lettres patentes à établir dans Marseille, une manufacture dont les productions seront très profitables au commerce et en partie à l'Académie; son talent et ses qualités personnelles lui ont mérité l'estime générale et l'amitié la plus sincère de la compagnie ».

L'année 1789 approche. Le moment est venu pour l'Académie de remplir ses devoirs de bienséance envers ses associés honoraires de Paris, aussi bien qu'avec ses chefs. Moulinneuf oubliera moins que jamais d'adresser une double lettre à ses principaux correspondants : l'une en son nom personnel, l'autre au nom de la Compagnie. Il débute par M. Pierre, pour son compte privé. Après les souhaits et les compliments consacrés par l'usage, il continue :

À M. PIERRE, DIRECTEUR DE L'ACADÉMIE, À PARIS.

15 décembre 1788.

« ...Je pense, Monsieur, qu'il est en même temps de mon devoir de vous donner tous les ans des nouvelles de notre Académie, placée sous votre direction comme sous la direction de M. Bachelier, que nous instruisons de son état. N'est-il pas juste que nous ayons les mêmes attentions à votre égard, afin que vous puissiez juger si le succès de notre établissement répond à ce que vous avez lieu d'en attendre?

« Oui, Monsieur, les progrès de notre Académie sont sensibles; sa réputation s'établit de plus en plus; les arts se développent avec goût à Marseille. Les manufactures y acquièrent des lumières plus étendues, et le commerce et la marine se ressentent de tous ses avantages qui leur étaient inconnus autrefois.

« Les divers exercices que nous professons dans le courant de l'année à l'Académie forment de plus en plus des sujets utiles à la société civile. Nos fondateurs ont dû cette année décerner deux premières médailles lors de la distribution des prix; des discours intéressants ont été prononcés dans le but de servir à l'instruction des artistes, et ils ont été fort applaudis.

« J'aurai aussi l'honneur de vous dire que nous avons en juin dernier reçu la visite de MM. les comtes de Parroy, de Vaudreuil et de Polignac, qui ont pris place parmi nos amateurs; nous avions précédemment reçu M. le duc de Rohan-Chabot, M. son fils et M. de Rohan de Guémenée, ainsi que plusieurs personnages d'un rang distingué; de pareilles réceptions ne peuvent être qu'honorables à la Compagnie.

« Nous avons également vu avec plaisir, l'an dernier, M. Corneille, sculpteur, passer par Marseille pour se rendre à Rome, en sa qualité de pensionnaire du Roi; nous nous félicitons d'autant plus volontiers du titre que son talent lui a mérité que le sieur Corneille est né à Marseille et qu'il est élève de notre école académique.

« Voilà, Monsieur, quels sont depuis trente-six ans les résultats de nos opérations académiques : de contribuer aux progrès et à la gloire des arts, en leur donnant gratuitement jusqu'à ce jour nos soins et nos peines? Peut-être viendra-t-il un temps où nous serons récompensés. Cependant notre zèle ne se ralentit point. C'est la gloire de l'Académie qui nous occupe et nous anime. Notre objet est toujours de la rendre de plus en plus digne de son illustre mère.

« Pardonnez, Monsieur, si je suis entré dans tous ces détails au risque de devenir ennuyeux. Mais en ma qualité de l'un des principaux officiers de notre Compagnie, j'ai cru de mon devoir de vous instruire comme je le fais à l'égard de M. Bachelier, au moins une fois tous les ans, autant cependant que cet exposé pourra plaire à notre

DE L'ACADÉMIE DE PEINTURE DE MARSEILLE. 517

illustre directeur, auquel je témoigne ici le profond respect avec lequel j'ai l'honneur d'être son très humble et très obéissant serviteur. »

Moulinneuf,
Secrétaire perpétuel de l'Académie.

A cette lettre personnelle était jointe la suivante, écrite au nom de la Compagnie. En tête, tous les titres de Pierre étaient étalés :

à M. PIERRE, PREMIER PEINTRE DU ROI ET DE MGR LE DUC D'ORLÉANS, DIRECTEUR DE L'ACADÉMIE ROYALE DE PEINTURE ET DE SCULPTURE DE PARIS, CHEVALIER DE L'ORDRE DU ROI, DIRECTEUR DES MANUFACTURES DES GOBELINS ET DE LA SAVONNERIE, HONORAIRE AMATEUR DE L'ACADÉMIE ROYALE D'ARCHITECTURE, HONORAIRE ASSOCIÉ LIBRE DE L'ACADÉMIE IMPÉRIALE DE SAINT-PÉTERSBOURG, DE L'ACADÉMIE IMPÉRIALE ET ROYALE DE VIENNE ET DE HESSE CASSEL, ETC.

15 décembre 1788.

« Monsieur,

« Les officiers de l'Académie de peinture de Marseille ont le cœur extrêmement satisfait de présenter au chef illustre de la première académie du monde leur hommage et leurs vœux les plus sincères, en ce renouvellement d'année pour la conservation de ses jours si précieux aux arts et à leur Compagnie. Puisse le ciel, etc. »

Puis vient le tour de Bachelier. Le secrétaire lui adresse ses vœux :

« Monsieur, en jouissant du plaisir d'être l'interprète des sentiments dont nous sommes tous pénétrés à votre égard, au moment de vous adresser nos vœux, permettez-moi de vous présenter personnellement ceux que je forme pour la prospérité et la conservation de vos jours. Ils me sont d'autant plus précieux que j'ose me flatter qu'aucun de mes confrères ne sent peut-être aussi vivement que moi le puissant intérêt que vous prenez au bien et à la gloire de notre Compagnie, et combien ses officiers vous auront d'obligations le jour où le succès de vos projets assurera leur bien-être, en récompense de leurs fonctions académiques contribuant au progrès des arts.

« J'ose espérer que vous voudrez bien me continuer les marques d'amitié dont vous m'honorez, qui sont pour moi d'un prix inestimable, et d'accepter les marques de respect avec lequel je suis,

« Monsieur, votre très humble et très obéissant serviteur. »

MOULINNEUF,
Secrétaire perpétuel.

Suivait la lettre officielle, qui variait peu de formule avec les précédentes. Nous n'y relevons que ce paragraphe :

« Le 13 octobre dernier, nous avons perdu M. Cariol, sculpteur, un de nos professeurs en exercice; pour le remplacer, nous avons choisi parmi nos adjoints à professer M. Sarazin, peintre et architecte, devant compléter le nombre des professeurs en exercice. »

Après quoi c'est à Renou que le secrétaire s'adresse. Il a devant lui un confrère plus jeune, de sorte que sa lettre est toute familière et amicale. Renou a eu mal aux yeux; Moulinneuf lui conseille de se les bassiner le matin, en se levant, avec de l'eau mêlée d'un peu d'eau-de-vie; il s'est très bien trouvé de cette ordonnance. Il est chargé de présenter la lettre suivante à sa Compagnie :

À MESSIEURS DE L'ACADÉMIE ROYALE DE PEINTURE ET DE SCULPTURE DE PARIS.

15 décembre 1788.

« Messieurs, si c'est un devoir satisfaisant à des cœurs sensibles que de témoigner leur attachement et leur respect aux personnes que le mérite et la vénération leur rendent recommandables, quel doit être, Messieurs, celui de l'Académie de Marseille qui, à chaque renouvellement d'année, en qualité de fille tendre et reconnaissante, vient faire hommage à l'Académie royale, son illustre mère, de ses vœux les plus sincères et les plus empressés, pour la conservation et la prospérité des précieux jours, des dignes et célèbres maîtres qui la composent.

« Mais, Messieurs, en voulant bien agréer un tel hommage, nous permettez-vous d'espérer la continuation de vos bontés, et de votre attention? C'est ce dont nous osons nous flatter, quand nous sommes assurés que, ne les refusant jamais aux artistes qui travaillent à les obtenir, vous les accordez encore avec plus de plaisir à ceux qui, pénétrés d'un zèle inaltérable, s'occupent du soin de les mériter de plus en plus, et qui, par les titres distingués qui les lient à la première académie du monde, se glorifieront toujours de vous témoigner le très profond respect avec lequel ils ont l'honneur d'être,

« Messieurs, vos très humbles et très obéissants serviteurs. »

Les minutes suivantes sont sans date. Ce sont des compliments de bonne année monotones, mais de toute sincérité chez leur auteur. La première est pour Joseph Vernet, auquel depuis trente ans le secrétaire ne manque jamais d'écrire au moins une fois, dans le courant de l'année. La seconde est adressée à M. de Montucla, dont les services lui ont valu la reconnaissance inaltérable de la Compagnie. La troisième remplit une grande page, d'une écriture serrée. Les protestations chaleureuses autant que respectueuses y abondent. Elle est écrite à M. le comte d'Angiviller, le digne protecteur de l'Académie.

Moulinneuf n'oublie aucun des personnages de marque protégeant l'Académie ou associés à elle, puis il s'adresse à la province : à Toulouse d'abord, à Aix ensuite. M. d'Orbessan, président à mortier au parlement de Toulouse, ancien secrétaire perpétuel de l'Académie de peinture de cette ville et fondateur d'une école de dessin à Auch, attaché à l'Académie de Marseille comme amateur depuis 1761, recevra ses vœux dans une lettre personnelle et ceux de la Compagnie sous une deuxième enveloppe.

Moulinneuf restera sur la brèche jusqu'au dernier jour de l'année. Ses deux dernières lettres, l'une adressée à M. le marquis d'Albertas, l'autre à Mgr de La Tour, président au Parlement et intendant de la généralité de Provence, portent la date du 31 décembre 1788. A partir de ce moment, l'obscurité enveloppe l'Académie. La Révolution commence. L'Assemblée des États, bientôt convertie en Assemblée nationale, entre en séance le 5 mai 1789. Noblesse, clergé, tiers, se disputent la préséance autour de la royauté ébranlée. La France s'agite. L'Académie ne pouvait échapper à ces commotions. Le 26 juillet 1790, trois de ses membres envahissaient sa séance, réclamant à main armée une réforme radicale de son organisation. La ville, à bout de ressources, ne payait plus de dotation, et la misère envahissait l'Académie.

Moulinneuf mourait au début de l'année 1789. Avec lui la suite régulière des documents historiques se termine. Elle est à tout jamais interrompue. Les membres de l'Académie n'allaient pas tarder à être dispersés [1].

[1] Nous écrivons en ce moment une étude documentaire relative à l'instruction publique et aux beaux-arts en Provence et notamment à Marseille de 1788 à 1808, où seront recueillis les derniers documents connus sur l'Académie.

TABLE DES MATIÈRES.

	Pages.
Dédicace	I
Avant-propos	III

PREMIÈRE PARTIE.
FONDATION ET FONCTIONNEMENT.

Composition de l'Académie	1
Documents et pièces d'archives de 1752 à 1756	2
1756-1770. Transformation de l'Académie	19
1763-1770	31
1770	37
1772	38
1773	41
1774	55
1778	57
1779	59
1780	68
1780-1793	74

DEUXIÈME PARTIE.
BIOGRAPHIE ET CORRESPONDANCE.

Directeurs perpétuels : Fenouil et Verdiguier	79
Verdiguier architecte et sculpteur	82
Verdiguier dans l'exercice de ses fonctions	91
Correspondance	96
OEuvres de Verdiguier	117
D'André Bardon, directeur perpétuel : biographie	119
Ses ouvrages littéraires	122
Ses ouvrages didactiques	128
Son enseignement	140
Son action	144

Sa correspondance... 146
Choix de son successeur... 314
Pierre et Bachelier directeurs perpétuels........................... 321

TROISIÈME PARTIE.

MOULINNEUF SECRÉTAIRE PERPÉTUEL.

Biographie et caractère de Moulinneuf............................... 335
Moulinneuf écrivain... 337
Moulinneuf architecte, peintre, décorateur.......................... 351
Correspondance.. 356
Le duc de Villars protecteur de l'Académie.......................... 368
Le duc de Marigny protecteur de l'Académie.......................... 371
L'abbé Terray protecteur de l'Académie.............................. 418
Le comte d'Angiviller protecteur de l'Académie...................... 428
Correspondance de l'Académie de Marseille avec l'Académie royale.... 496

OUVRAGES DU MÊME AUTEUR.

Salon marseillais de 1860, petit in-8°.

Monographie des Parrocel, petit in-8°.

Annales de la Peinture, contenant l'histoire des écoles d'Avignon, d'Aix, de Marseille et des diverses écoles du midi de la France, etc., in-8°.

Fragments faisant suite aux annales de la Peinture, in-8°.

L'Art dans le Midi. — Des origines, in-8°.

L'Art dans le Midi. — Célébrités marseillaises. — Marseille et ses édifices. — Architectes et Ingénieurs du XIX° siècle. 4 vol. in-8°.

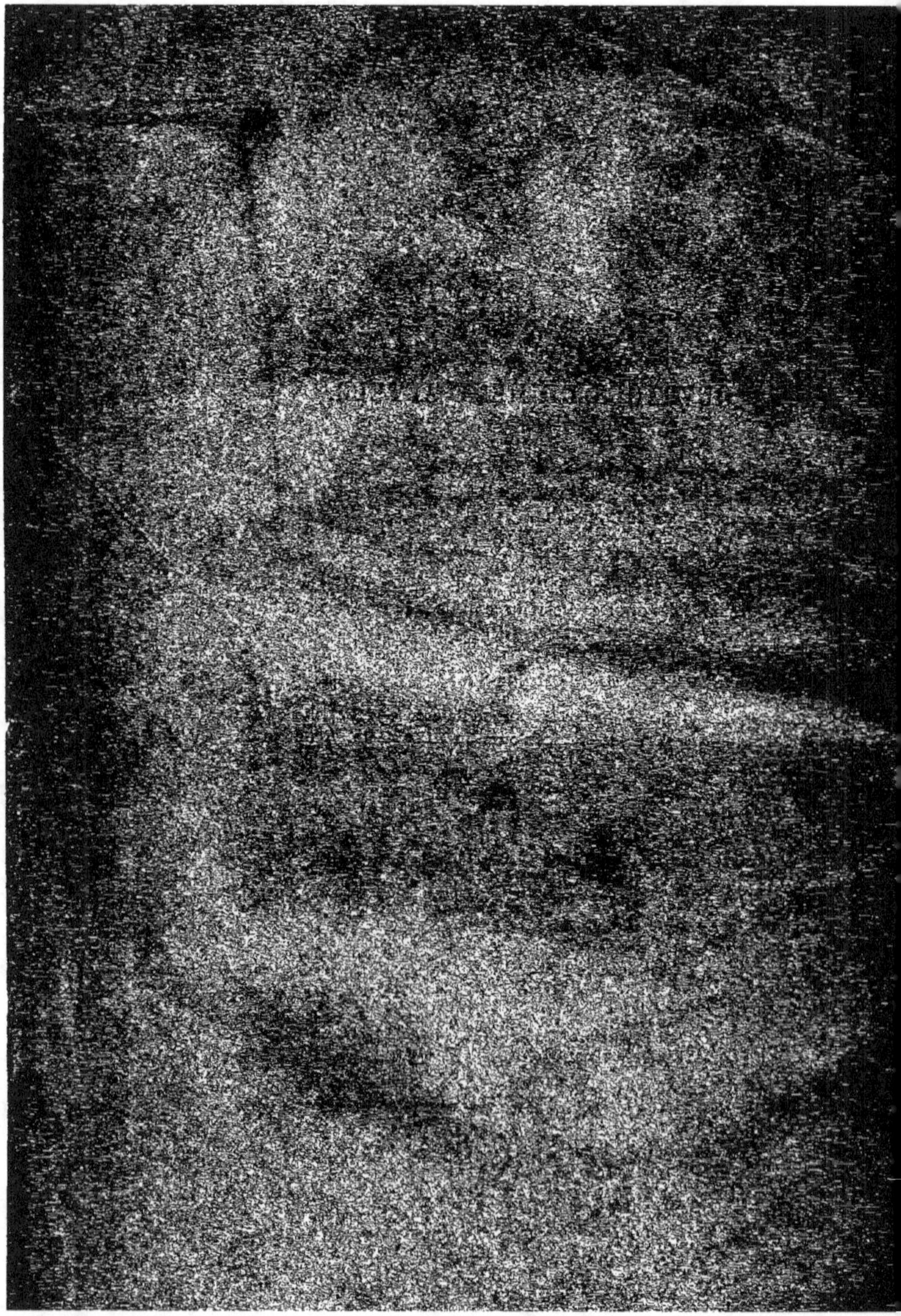

www.ingramcontent.com/pod-product-compliance
Lightning Source LLC
Chambersburg PA
CBHW071406230426
43669CB00010B/1469